HEINZ NEUKIRCHEN

Seefahrt
im Wandel der Jahrtausende

Wenn du das Meer nicht geschaut hast,
das Meer mit den spielenden Wellen
und schäumenden Wogen im Sturm
und den endlos sich dehnenden Weiten,
verrauschend im All –

Wenn dir das Lied nicht geworden,
von Winden und Wellen gesungen
aus sehnender Tiefe der Flut
und des Meeres vergessenen Fernen,
das Lied von der See –

Schweige! Du hast der Gottheit
erhabenes Antlitz noch niemals
geschaut und ihr Wehen verspürt.
Denn nur Sehnsucht allein darf ihr nahen.
Sehnsucht ist Meer!

Lebenslied der Polynesier

HEINZ NEUKIRCHEN

SEEFAHRT

im Wandel der Jahrtausende

Gondrom

Sonderausgabe für den Gondrom-Verlag 1987
© 1985 by transpress VEB Verlag für Verkehrswesen,
1086 Berlin, Französische Straße 13/14
Lektor: Ulrich Leopoldi
Gestaltung: Günter Nitzsche
Illustrationen: Johannes Christian Rost
Titelfoto: Ausschnitt aus dem Gemälde »Bewegte See mit Schiffen«
von Ludolf Backhuysen, Staatliches Museum Schwerin
Bildredaktion: Hein Wenzel
Printed in the German Democratic Republic
ISBN 3-8112-0451-3

Inhaltsverzeichnis

Der Mensch und das Meer

Am Anfang war das Meer ...

»Am Anfang schuf Gott Himmel und Erde. Und die Erde war wüst und leer, und es war finster auf der Tiefe, und der Geist Gottes schwebte über den Wassern. Und Gott sprach: Es werde Licht! Und es ward Licht. Und Gott sah, daß das Licht gut war. Da schied Gott das Licht von der Finsternis. Und nannte das Licht Tag und die Finsternis Nacht. Da ward aus Abend und Morgen der erste Tag. Und Gott sprach: Es werde eine Feste zwischen den Wassern, und dies sei ein Unterschied zwischen den Wassern! Da machte Gott die Feste und schied das Wasser unter der Feste von dem Wasser über der Feste. Und es geschah also. Und Gott nannte die Feste Himmel. Da ward aus Abend und Morgen der andere Tag. Und Gott sprach: Es sammle sich das Wasser unter dem Himmel an besonderen Orten, so daß man das Trockene sehe! Und es geschah also. Und Gott nannte das Trockene Erde, und die Sammlung der Wasser nannte er Meer. Und Gott sah, daß es gut war ...«

Dieser biblischen Schöpfungsgeschichte, poetisch-bildhaft geschildert, stellen Astronomen, Geologen und Paläontologen ihre wissenschaftlich begründete Theorie vom Werden der Erde gegenüber. Sie unterscheiden zwischen einem Sternzeitalter und dem geologischen Zeitalter unseres Planeten. Im Sternzeitalter bewegte sich die Erde als ein Ball aus kreisenden, heißen Gasen mit glühender Oberfläche im Kosmos. Als sich in einem unendlich langen Zeitraum die Gase abzukühlen begannen, flüssig und fest wurden, trat die Erde in ihr geologisches Zeitalter ein.

Über den Beginn dieses Stadiums, der Erdurzeit, in dem sich über Hunderte von Millionen Jahren die Erdkruste bildete, gibt es unterschiedliche Auffassungen. Wissenschaftlich sicher liegt dieser Zeitraum vier Milliarden Jahre zurück, neuere Erkenntnisse lassen sogar über fünf Milliarden Jahre wahrscheinlich erscheinen. Nach Urzeit, Frühzeit, Altertum und Mittelalter der Erde begann mit dem Tertiär vor siebzig Millionen Jahren die Erdneuzeit. Das Quartär bildet mit Eiszeitalter und geologischer Gegenwart die jüngste geologische Formation. Sie begann vor einer Million Jahren und in ihr vollzog sich die Herausbildung des Menschen.

Die Erde ist, vom Kosmos aus betrachtet, ein Wasserstern. Fast drei Viertel ihrer Oberfläche, genau 72,7 Hundertstel, sind von Wasser bedeckt. Auch die Masse des Wassers ist größer als die des Landes, das sich über dem Meeresspie-

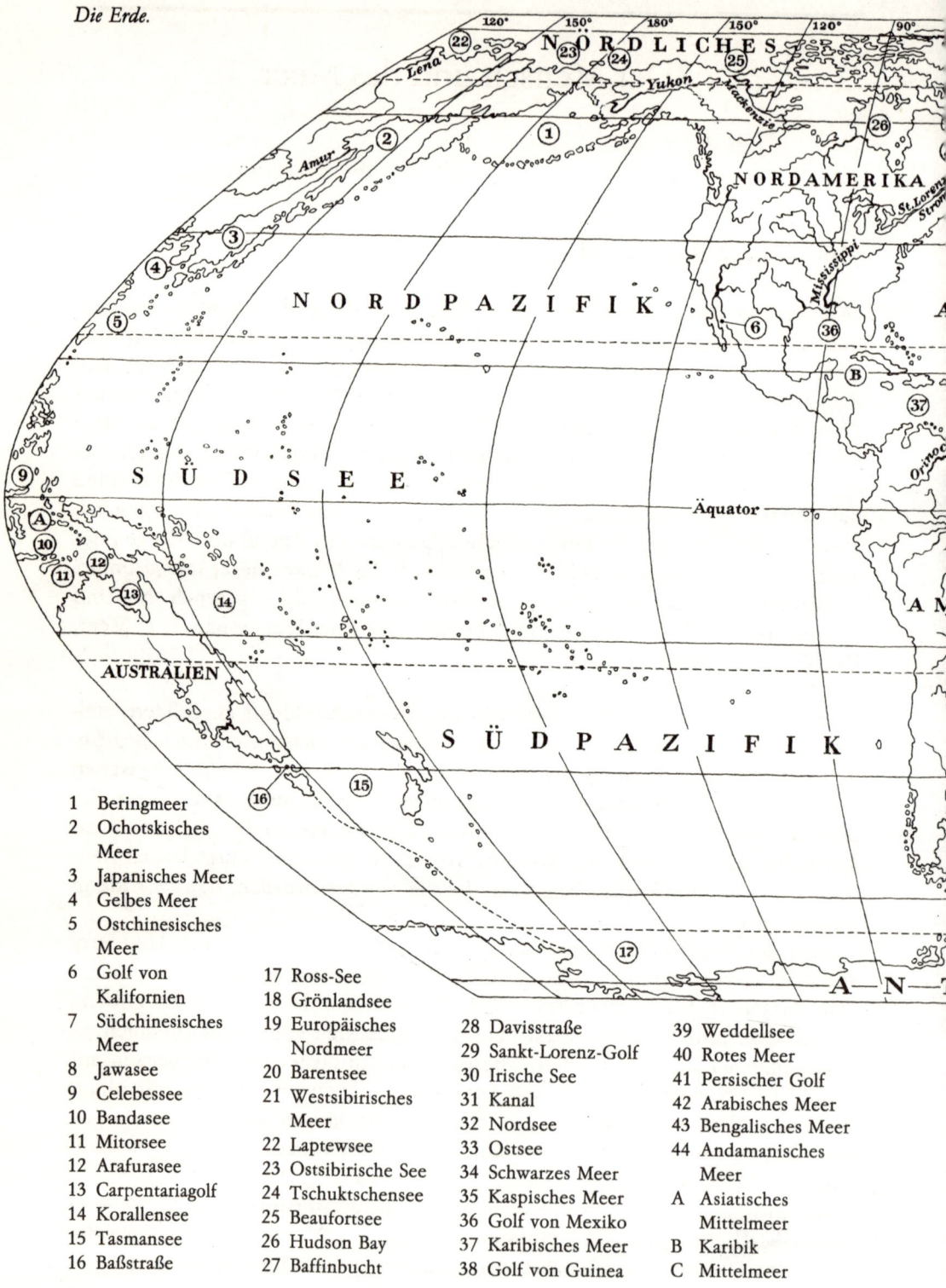

1 Beringmeer
2 Ochotskisches
  Meer
3 Japanisches Meer
4 Gelbes Meer
5 Ostchinesisches
  Meer
6 Golf von
  Kalifornien
7 Südchinesisches
  Meer
8 Jawasee
9 Celebessee
10 Bandasee
11 Mitorsee
12 Arafurasee
13 Carpentariagolf
14 Korallensee
15 Tasmansee
16 Baßstraße

17 Ross-See
18 Grönlandsee
19 Europäisches
   Nordmeer
20 Barentsee
21 Westsibirisches
   Meer
22 Laptewsee
23 Ostsibirische See
24 Tschuktschensee
25 Beaufortsee
26 Hudson Bay
27 Baffinbucht

28 Davisstraße
29 Sankt-Lorenz-Golf
30 Irische See
31 Kanal
32 Nordsee
33 Ostsee
34 Schwarzes Meer
35 Kaspisches Meer
36 Golf von Mexiko
37 Karibisches Meer
38 Golf von Guinea

39 Weddellsee
40 Rotes Meer
41 Persischer Golf
42 Arabisches Meer
43 Bengalisches Meer
44 Andamanisches
   Meer
A Asiatisches
  Mittelmeer
B Karibik
C Mittelmeer

gel erhebt. Einige Forscher nehmen an, daß glühendflüssige Schmelzmassen aus dem kochenden Inneren des Erdballs die sich bildende Erdkruste durchbrachen und bei ihrer Erkaltung und Erstarrung zu Gesteinen sich die gasförmigen Beimengen, vor allem Sauerstoff und Wasserstoff, vereinigten und als Wasser die Erdoberfläche bedeckten. Nach einer anderen wissenschaftlichen Theorie haben sich beim Erkalten der Erdkruste freigesetzte Mengen von Wasserdampf und Kohlensäure über der heißen Erdoberfläche zu riesigen Wolkenmassen verdichtet, die über Jahrmillionen auf die Erde abregneten.

Keinen wissenschaftlichen Meinungsstreit gibt es darüber, daß alles Leben auf unserer Erde seinen Ursprung den Urozeanen und seinen Fortbestand dem Weltmeer verdankt. In der geologischen Gegenwart steigen jährlich 500 000 Milliarden Liter Wasser durch Verdunstung von der Meeresoberfläche auf und regnen in einer Durchschnittsmenge von tausend Litern auf einen Quadratmeter der Erdoberfläche wieder ab. Vom Festland fließt das Wasser über Bäche, Flüsse und Ströme erneut dem Meere zu. Ohne diesen Kreislauf gäbe es auf unserem Planeten weder pflanzliches noch tierisches oder menschliches Leben.

Das Meer ist so für den Menschen ein lebenerhaltendes und lebenförderndes Element seiner Umwelt. Er hat diese, seine maritime Umwelt nicht geschaffen, aber er kann sie zerstören. Und an dieser Zerstörung arbeiten gegenwärtig mit bemerkenswertem Eifer Menschengruppen aus Nachlässigkeit, Profitsucht und Bequemlichkeit. Das ständig steigende Ausmaß der Verschmutzung und Vergiftung von Flüssen, Strömen, Meeren und auch der Atmosphäre ist nur möglich, weil viele Regierungen diese Verbrechen dulden oder gar begünstigen und sich die Mehrheit der Menschheit der Bedeutung des Weltmeeres als Voraussetzung ihrer physischen Existenz noch nicht bewußt geworden ist.

Als die Menschen der Urgesellschaft auf ihren Wanderungen an die Grenzen des Festlandes stießen oder als Küsten- und Inselbewohner die Auseinandersetzung mit dem Meer aufnahmen, waren es vier große Reizgruppen, auf die sie nacheinander oder auch nebeneinander reagierten. Sie entdeckten das Meer als Nahrungsquelle, als Transportweg, als potentielle Machtbasis und als Erlebnis, das sich in Kultur, Religion und Sprache widerspiegelte.

Die nahezu magische Ausstrahlungskraft des Meeres auf den Menschen dauert bis in unsere Tage an. Seefahrt – das war und das ist Abenteuer und Mut, Disziplin und Entsagung und immer wieder Opfer. Wieviel Opfer mag die See allein verschlungen haben, bis es dem Menschen gelang, ein winziges Stück von ihr zu bezwingen?

Der Beginn der Seefahrt ist im Dunkel der Urgeschichte verborgen. Vermutlich wurde er in Zeitdifferenzen von Jahrhunderten oder auch von Jahrtausenden an besonders günstigen Küstenabschnitten unabhängig voneinander vollzogen. Die aus der biblischen Geschichte abgeleitete Deutung, daß Flutkatastrophen und Überschwemmungen den ersten Schiffbau hervorbrachten, ist nicht haltbar. Die Arche war mit Sicherheit nicht das erste Wasserfahrzeug des Menschen, weil zu ihrem Bau bereits bestimmte Erfahrungen erforderlich waren. Vielleicht entdeckte der Urzeitjäger zufällig die Tragfähigkeit eines treibenden Baumstammes und nutzte ihn zum Überqueren eines Stromes oder zur Fahrt flußabwärts. Oder aber eine sichtnahe Insel weckte den Willen und den Mut des Menschen, den Sprung über See zu wagen. Wahrscheinlicher ist es jedoch, daß der Hunger den Menschen auf das Meer hinaustrieb, ihn Boote und Flöße bauen ließ, um dem Meer die dringend benötigte Nahrung abzugewinnen.

Als sich mit dem Ende der letzten Eiszeit, vor ungefähr zwanzigtausend Jahren, der Grundwasser- und Meeresspiegel bedeutend hob und zahlreiche Flüsse, Seen und ozeanische Randmeere entstanden, bot deren Fisch- und Tierreichtum den Menschen eine neue Nahrungsquelle. Zu dieser Zeit wandelte sich in den nördlichen Breiten der Jäger zum Jägerfischer, der sich mit seinem ursprünglichen Wasserfahrzeug zum erstenmal auf die ihm fremde, unheimliche See hinauswagte. Für diese Annahme sprechen Gräten von Kabeljau und Schellfisch sowie Knochen von Tümmlern und Seehunden, die an verschiedenen Meeresküsten inmitten riesiger Haufen von Muschelschalen gefunden wurden. Die in der Urgemeinschaft lebenden Sippen, die diese Abfälle hinterlassen haben, müssen Jägerfischer gewesen sein, weil sie die schwimmende Beute nur auf offener See fangen oder mit Pfeil und Bogen oder angeseiltem Speer erlegen konnten. Die Dänen nennen diese auch an ihrer Küste gefundenen Abfallhaufen treffend Kjökkenmöddinger, das heißt Küchenabfall.

Doch nicht im Raum der Nord- und Ostsee und auch nicht im Mittelmeer begann die Geschichte der Seefahrt, sondern in geographisch und klimatisch günstiger gelegenen Gebieten der Erde. Vermutlich nahm die Seefahrt vor zwanzig- bis dreißigtausend Jahren an der südostasiatischen Küste und im Raum der äquatorialen Inselwelt des Pazifik ihren Anfang.

Die Ausbeutung des Meeres durch den Menschen

Die aktive Ausbeutung des Meeres durch den Menschen war und ist abhängig vom Niveau der Produktivkräfte und den jeweils herrschenden Produktionsverhältnissen. Zwischen der Tätigkeit des Jägerfischers in der Urgesellschaft und der Hochseefischerei unserer Tage liegen Welten technisch-technologischer Entwicklungen und gesellschaftlichen Fortschritts.

Das Leben im Meer hängt ebenso wie auf dem Lande von Pflanzen ab, die mit Hilfe des Lichts aus anorganischen Substanzen Kohlehydrate, Fette und Eiweiße bilden. Die Biomasse des Weltmeeres beträgt 20 bis 30 Milliarden Tonnen. Das Plankton, in diese Schätzung nicht eingeschlossen, ist die wichtigste Nahrungsgrundlage für die Tierwelt des Meeres. Es existiert als eine Lebensgemeinschaft von im Wasser schwebenden einzelligen Pflanzen und kleinsten Krebstierchen, die sich von den Pflanzen ernähren. Die kleineren Meeresbewohner nehmen das Plankton unmittelbar auf, während die größeren Fische ihren Hunger gewöhnlich mit dem Verzehr ihrer schwächeren Artgenossen stillen.

Im Weltmeer leben rund 80 Prozent aller Tiere dieser Erde. Bekannt sind mehr als 300 000 Arten Wassertiere, darunter 25 000 Fischarten, von denen jedoch nur etwa 200 für die menschliche Ernährung verwendet werden. Im Verlauf des 20. Jahrhunderts hat sich die weltweite Seefischanlandung von einigen Millionen Tonnen auf knapp 80 Millionen Tonnen jährlich erhöht. Für das Jahr 2000 wird sie auf 130 Millionen Tonnen geschätzt. Dank der großen Vermeh-

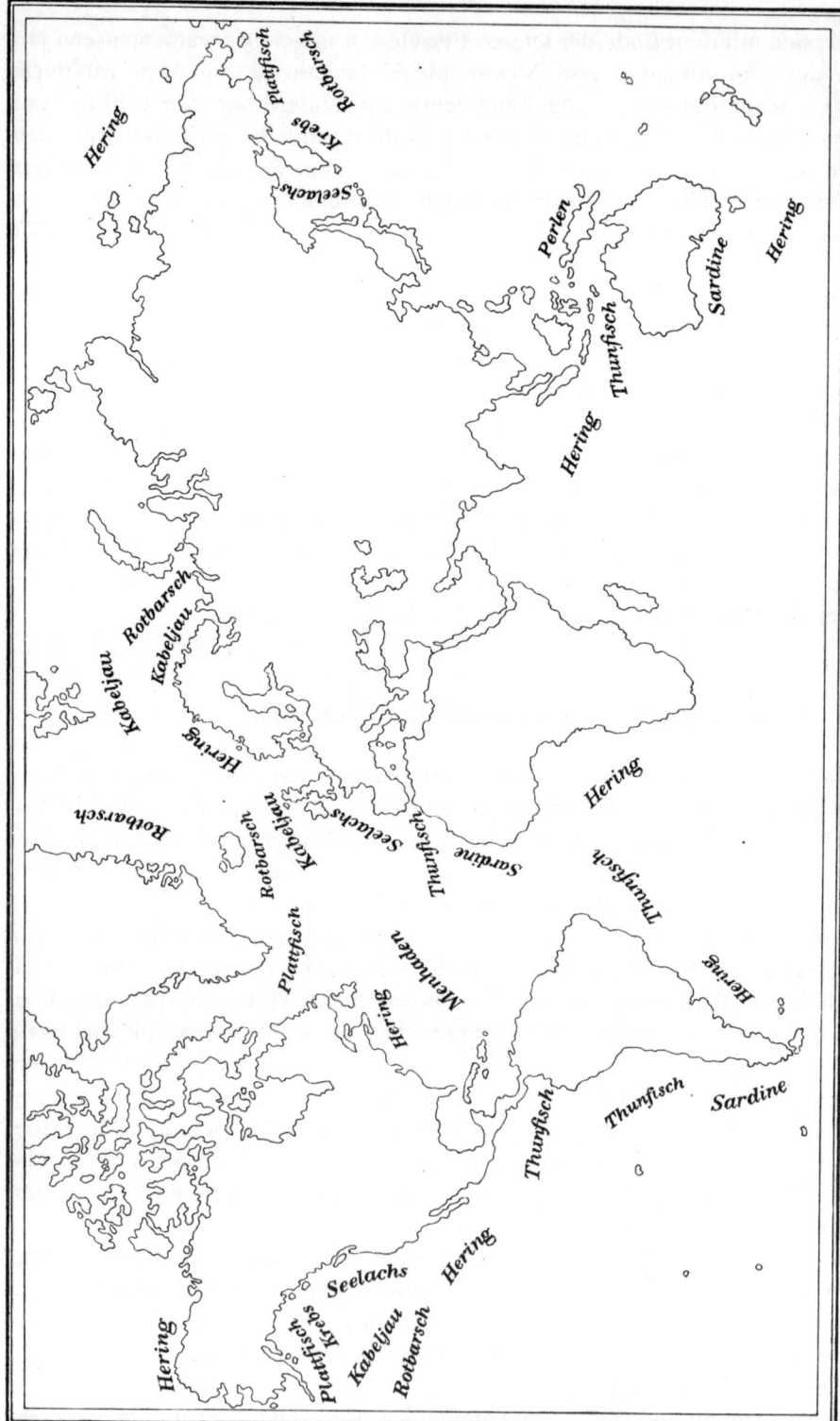

Fischvorkommen im Weltmeer.

rungskraft vieler Fische könnten die Fangerträge bis auf 250 Millionen Tonnen gesteigert werden, ohne die Reproduktion der Fischbestände zu gefährden, wenn das Weltmeer sauber bliebe!

Das Heringsweibchen legt zum Beispiel in der Laichzeit bis zu 30 000 Eier ab. Nur so konnte dieser Fisch überleben, denn der Hering ist der von allen größeren Meeresbewohnern und auch von den Menschen am meisten verfolgte Fisch. In Europa und Nordamerika werden als Speisefisch außerdem der Kabeljau, der Rotbarsch und der Schellfisch, die Plattfische Scholle und Flunder, aber auch Makrele und Menhaden geschätzt. Thunfisch und Sardine haben vor allem in den südlichen Breiten eine größere Bedeutung für die menschliche Ernährung. Aus Fischabfällen, kleineren Fischen und Beifang wird Fischmehl gewonnen, das zur Schweinemast und zu Geflügelfutter oder auch als Dung verwendet wird.

Seefischerei wird in Flußmündungen und an der Küste, in den Randmeeren und auf hoher See betrieben. Die Fangtiefe liegt maximal bei 400 bis 500 Metern unter der Meeresoberfläche. Die moderne Hochseefischerei – sie hat die Millionen-Tonnen-Fangerträge erst ermöglicht – ist ein nahezu vollautomatisiertes Industriegewerbe, in dem der traditionelle Fischer vom spezialisierten Fischfacharbeiter abgelöst worden ist. Und dennoch finden sich an den Küsten in aller Welt immer noch die jahrhundertealten Fischereihäfen, kleine Naturhäfen oder auch nur Anleger in geschützter Bucht, mit ihren Fischerkähnen und Krabbenkuttern. Hier existiert noch der Fischer als Allein- oder als Familienunternehmer, hier hat auch der genossenschaftlich organisierte Fischfang sein Zuhause.

Die standortfeste Seefischerei wird gewöhnlich an Flußmündungen und Küsten mit starker Strömung ausgeübt. Es ist fast unglaublich, aber in Amerika arbeiten bis heute mehr Fischer mit Standgeräten als mit Schleppnetzen. Standgeräte sind Buhnen, Reusen, Hamen und Stellnetze. Die Buhnen, auch Fischzäune genannt, sind auf dem Fluß- oder dem Meeresboden befestigte trichterförmige Wände aus Reisig oder Rohr, die in einem Fangkorb oder Steert enden. Die Fische werden durch die Strömung in die Netze gedrückt. Die Reuse aus Korb, Garn oder Draht besteht aus Leitkorb und Fangkorb oder Steert; sie wird auf Pfählen errichtet. Die Beute – Stint, Quappe, Aal, Krebs oder Garneele – wird mit Ködern in den Korb gelockt. Der Hamen ist der Reuse ähnlich, nur besteht die Netzwand aus Einzelrahmen. Die Stellnetze sind am Grund verankerte Netzwände, die durch Korken, Plast- oder Glaskugeln senkrecht gestellt werden. Die anschwimmenden Fische bleiben mit ihren Kiemen in den Netzmaschen hängen.

Die Seefischerei in den Randmeeren, wie Nord- und Ostsee, wird als kleine Hochseefischerei, vielfach auch als küstennahe oder einfach als Küstenfischerei bezeichnet. Gefischt wird mit der Ringwade, dem Treib- und dem Schleppnetz. Das Fahrzeug für die Ringwade ist der Seiner, der für das Einholen des Netzes über das Heck eine typische Form aufweist. Die Ringwade, dem Fischernetz des Mittelmeeres nachempfunden, ist ein Umfassungsnetz. Sie besteht aus der

Schwimmleine mit Korken, den beiden vorderen grobmaschigen Netzstücken, den sogenannten Flügeln, und dem feinmaschigen Mittelstück. Mit der Zug- oder Purseleine wird das Netz um die eingeschlossenen Fische zusammengezogen und an Deck geholt. Die Ringwade eignet sich besonders für den Fang dichtstehender Fischschwärme.

Die Hansefischer fischten noch mit Wadennetzen, als die Holländer bereits das Treibnetz einsetzten. Fahrzeuge für das Treibnetz waren die seit 1700 in Holland gebauten Heringsbuisen, die Vorgänger der Logger. Das Treibnetz, 1760 auch in Deutschland eingeführt, hängt als senkrechte Netzwand im Wasser und wartet auf den Fisch. Die Größe der Netzmaschen wird nach dem Fanggut bestimmt. Ein oder zwei Stunden vor Sonnenuntergang wird das Fangschiff mit dem Bug in den Wind gelegt und bei langsamer Rückwärtsfahrt das Fischreep mit der Endboje über Bord gegeben. Nach Ausbringen der 4 bis 5 Kilometer langen Fleet, das sind die am Fischreep befestigten Netzteile, läßt man noch einige hundert Meter Leine ablaufen, um dem Schiff die nötige Manövrierfreiheit zu sichern.

Das in der Küstenfischerei traditionsreichste Fahrzeug ist der Fischkutter, ein Nachkomme des plattbodigen Ewer mit den beiden Seitenschwertern. Über Jahrhunderte blieb der Kutter ein reines Segelfahrzeug, bis sich in den zwanziger Jahren dieses Jahrhunderts ein einfacher Motor als Hilfs- oder auch als Hauptantriebskraft durchsetzte. Der Fischraum, die Bünn, wird durch Löcher in der Außenhaut ständig mit frischem Seewasser versorgt. Das erlaubt den Transport lebender Fische bis zu ihrer Anlandung.

Der herkömmliche Kutter ist auch heute noch in Betrieb. Er wird auf einfachen Bootswerften kostengünstig für Einzelfischer oder kleinere Genossenschaften gebaut. Die trotz mancherlei Verbesserungen bestehende technische Rückständigkeit dieser Kutter nimmt man in Kauf oder versucht, ihr durch eine spezialisierte Serienanfertigung zu begegnen. So sind von den über 2 000 Fischkuttern, die es heute noch in der Nord- und Ostsee gibt, rund 700 Krabbenkutter.

Mit den Kuttern der neuen Generation haben die traditionellen Fischkutter allerdings nur noch den Namen gemeinsam. In der UdSSR, den USA, Japan und anderen Küstenfischerei betreibenden Industrieländern werden von staatseigenen Betrieben, großen Genossenschaften oder Privatunternehmern moderne Kutter in Betrieb genommen, die mit Automatik, Verstellpropeller und Getriebe mit Schleppgang ausgerüstet sind. Diese technisch hervorragenden Allzweckfahrzeuge können wechselweise für die Waden-, Treib- und Schleppnetzfischerei eingesetzt werden.

Wie Seiner und Kutter gehört auch der Logger zu den typischen Fischereifahrzeugen. Seit 1872 in Deutschland als Anderthalb- und Zweimastsegler gebaut, ist er heute ein Motorschiff von etwa 40 Metern Länge, das vornehmlich mit Treibnetz für die Küstenfischerei, aber auch mit Treib- oder Schleppnetz noch in der Hochseefischerei eingesetzt wird. Allerdings wird der Logger in der Hochseefischerei immer mehr vom Trawler mit Schleppnetz verdrängt. Das

Treibnetz bleibt beschränkt auf den Heringsfang im Sommer. Mit 4 bis 6 Knoten ziehen Logger oder Trawler das Schleppnetz an zwei Kurrleinen, die auf drei- bis vierfache Fangtiefe eingestellt sind, durch das Wasser. An den Kurrleinen sind die Scherbretter befestigt. Während die beiden großen Scherbretter den Netzzug auf über 50 Meter Breite spreizen, öffnen die kleinen inneren Scherbretter, die sogenannten Ponybretter, den Netzmund. Die übrigen Netzteile sind das Dachstück, das Bauchstück, die Tasche, der Flabber (er verwehrt den Fischen den Rückzug), der Tunnel und der Steert.

In den letzten Jahren ist der Trawler zu dem beherrschenden Hochseefischereifahrzeug geworden. Seine Entwicklung begann als Seitentrawler, bei dem die Handhabung des Netzes an der Bordseite erfolgte. Das Schiff mußte zum »Hiev-up«-Manöver so beidrehen, daß es das Netz in Luv hatte. Das Jahr 1954 wurde zur Geburtsstunde des Hecktrawlers, eines weitgehend automatisierten Fahrzeuges. Ein Holmanöver über den Heckslip, auf dem die bereits unter Wasser ansetzende Förderbandanlage läuft, dauert seitdem nur noch fünfzehn Minuten. Der Trawler hat eine Länge von etwa 60 bis 65 Metern, läuft 12 bis 15 Knoten Geschwindigkeit und besitzt ein Fassungsvermögen von 5 000 bis 6 000 Korb (Zentner). Die Fangmenge eines Netzhols von zwei Stunden schwankt zwischen 50 und 100 Korb, in günstigen Fanggründen zwischen 100 und 200 Korb.

Eine weitere Verbesserung bedeutete die Einrichtung des Hecktrawlers zur Verarbeitung des eigenen Fanges. Dieser Fabriktrawler, auch Supertrawler genannt, verlangt allerdings die Spezialisierung auf ein bestimmtes Fanggut, denn unterschiedliche Fischarten verlangen eine unterschiedliche Verarbeitung. Hartflosser, wie zum Beispiel der Rotbarsch, können als Tiefseefische mit fettem Fleisch über das Förderband direkt durch Wasch- und Filettieranlage laufen, um anschließend tiefgefrostet zu werden. Weichflosser dagegen, wie zum Beispiel der Kabeljau, müssen als Magerfische zunächst ausgeschlachtet werden, um die groß ausgebildete Leber, das wichtigste Beiprodukt der Weichflosser, vor der Filettierung zu entnehmen. Heringsartige Fische wiederum können als Ganzes maschinell verarbeitet werden.

Um nicht durch den Einbau von drei verschiedenen Band- und Maschinensystemen, zusätzlich zu den obligatorischen Fischmehl- und Trangewinnungsanlagen, die Qualität des Trawlers als Fangschiff zu mindern, ist man zum Bau spezialisierter Fangschiffe und großer Fabrikmutterschiffe übergegangen, die als Zentrum ganzer Fangflotten dienen. Während die Fang- und Verarbeitungsschiffe über Jahre ununterbrochen auf See am Fisch bleiben – die Besatzungen werden per Flugzeug oder Schiff ausgewechselt – transportieren Spezialkühlschiffe mit einer Tragfähigkeit von 20 000 bis 30 000 Tonnen den industriell verarbeiteten und tiefgefrosteten Fisch in die Heimathäfen.

Zu den modernen Fischfangflotten gehören selbstverständlich moderne Fischortungsgeräte. In der Zeit vor dem zweiten Weltkrieg mußte sich der Fischer auf übernommene oder eigene Erfahrungen stützen, um aus der Anwesenheit bestimmter Seevögel oder von Tümmlern und Delphinen im Seegebiet auf Fischschwärme unter der Wasseroberfläche schließen zu können. Größere Fischansammlungen konnte er auch mit dem bloßen Auge erkennen. Am Abend steigt nämlich das lichtempfindliche Plankton in die oberen Wasserschichten; der Fisch folgt seiner Nahrung bis unter die Wasseroberfläche. Die dichtgedrängten Fischleiber erscheinen dann dem Beobachter als eine phosphoreszierende Schicht.

In der UdSSR werden bereits seit 1930 Flugzeuge für die Fischortung eingesetzt. Besonders günstig sind hierfür die sonnigen Stunden des Tages, denn je tiefer das Licht in die Wasserschichten eindringt, umso tiefer sind die Fische auszumachen. Durch Luftbeobachtung im Schwarzen Meer werden vor allem Sardellen, im Fernen Osten Sardinen und in der Barentssee Heringe an die Fischereistationen oder auch unmittelbar an die Fangflotten gemeldet. Die charakteristischen Eigenarten der Bewegung, die Umrisse des Schwarmes und seine Farbtönung lassen den erfahrenen Beobachter erkennen, um was für Fische es sich handelt. Bei grober See und bei Schaumkämmen wird die Beobachtung unsicher; der Nordatlantik ist deshalb für eine Sichtortung wenig geeignet.

Die Fangfahrzeuge der Hochseefischerei haben fast ausnahmslos akustische Ortungsgeräte an Bord. Sie wurden aus dem Echolot entwickelt. 1936 unternommene Versuche ergaben, daß die vom Schiffsboden abgestrahlten Ultraschallwellen nicht nur das Echo des Meeresbodens, sondern auch das Echo von Fischschwärmen reflektierten. Im zweiten Weltkrieg wurde nach diesen Erkenntnissen ein Ultraschallgerät für die Ortung von Unterseebooten gebaut und eingesetzt. 1948 verband man dieses Gerät mit einem anderen Gerät, der Fischlupe. Die Fischlupe ermöglicht die Vergrößerung bestimmter vom Schallgerät erfaßter Fischschwärme und macht sie auf dem Bildschirm sichtbar. Fische um 50 Zentimeter Länge bilden ein Lichtzeichen von einem Zentimeter; Fischschwärme zeigen sich als leuchtende Nebelwolken. Man fischt heute also nur noch dort, wo sich das Fischen lohnt!

Der Mensch fängt neben Fischen auch Säugetiere im Meer, beispielsweise Wale. Die bekanntesten Arten sind der Pottwal (12 bis 16 Meter lang), der Finnwal (25 Meter lang) und der Blauwal als das größte lebende Säugetier auf der Erde. Er erreicht eine Länge bis zu 30 Metern und ein Gewicht bis zu 150 Tonnen.

Die ersten Menschen, die Wale jagten, waren vermutlich die Eskimos. Sie trieben den Wal mit ihren Kajaks von See aus auf die Küste zu, hinein in die offenen Wasserrinnen zwischen den Eisfeldern. Hier töteten sie das Tier durch Einstiche mit Knochenharpunen, die unmittelbar hinter dem Ohr angesetzt wurden. Nach den Wikingersagas haben auch die Nordmänner – Norweger, Isländer und Grönländer – den Wal gejagt. Auch sie drängten ihn in Ufernähe, um ihn töten und ausschlachten zu können. Geschichtlich eindeutig belegt ist der Walfang der Basken. Sie harpunierten die Tiere mit angeseiltem Speer auf

Fischer im Einbaum auf dem Volta-River.

Senknetze einheimischer Fischer an der Malabarküste.

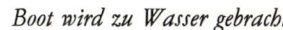

Bretterboot indischer Fischer.

Boot wird zu Wasser gebracht.

Fischer mit Hundeschlitten im Wattenmeer.

Fischkutter auf See. ▷

Trawler bei schwerem Sturm im Nordatlantik. ▷ ▷

offener See in der Biskaya, schleppten sie ans Ufer und speckten sie ab. Als sich der Wal in nördliche Gewässer zurückzog, folgten ihm die Basken bis vor Island und Grönland. Den Basken folgten nun auch Franzosen, Niederländer, Deutsche, Dänen, Engländer und Schotten. Vor allem um die Jagdgründe bei Spitzbergen entbrannte im 17. Jahrhundert ein heißer Kampf. Der Nordkaper und der Grönlandwal, beiden Arten wurde am eifrigsten nachgestellt, wurden im 17. und 18. Jahrhundert nahezu ausgerottet.

Mit der Einführung des Dampfers und der Harpunenkanone setzte ein Massenmorden der Wale im Nordatlantik ein. Die Jagd in den nördlichen Gewässern lohnte sich bald nicht mehr. Seit 1910 wurden daher die antarktischen Seegebiete das Revier der Walfänger. Innerhalb von zwei Jahrzehnten verringerte sich nun hier durch die ständige Jagd der Walbestand erheblich, so daß die Gefahr des Aussterbens der großen Wassersäuger drohte. 1936 wurde eine Konferenz der am Walfang interessierten Länder einberufen, doch die Ergebnisse blieben unbefriedigend.

Nach dem zweiten Weltkrieg trat man erneut zusammen. Die am 2. Dezember 1946 abgeschlossene Konvention schützt Grau- und Glattwale vollständig, für die übrigen Arten gibt es Schutzgebiete und Beschränkungen der Jagd nach Mindestgrößen, Fangzeit und Fangzahl. Freigegeben wurden rund 15 000 Blauwaleinheiten je Fangsaison, wobei zwei Finnwale einer Blauwaleinheit entsprechen. Das Abkommen wurde von siebzehn Staaten ratifiziert, darunter von den Hauptfangstaaten Großbritannien, Japan, den Niederlanden, Norwegen und der UdSSR.

Eine Walfangflotte besteht aus dem Walfangmutterschiff (Walkocherei) und 20 bis 25 Fangbooten. Die Fangboote, seetüchtige Fahrzeuge von 40 bis 60 Metern Länge und 6 bis 8 Metern Breite, tragen auf dem hochgezogenen Vorschiff am Bug die Harpunenkanone, aus der Granatharpunen verschossen werden, die im Walkörper explodieren. Moderner sind Harpunen, die den Wal nach einem Treffer durch Stromstoß töten. Um das Absinken des Wals zu verhindern, wird der Körper mit Druckluft aufgepumpt und für das Wiederfinden mit einer Fahne markiert. Die treibenden Walkörper werden später von den Fangbooten oder von speziellen Schleppboten an das Walfangmutterschiff herangebracht, wo man sie über eine Aufschleppe im Heck auf das Schlachtdeck zieht.

Hier wird die 35 Zentimer dicke Speckschicht abgezogen, der Wal wird abgespeckt, das Fleisch vom Skelett gelöst und das Skelett zersägt. Anschließend verarbeitet man die Teile des Wals unter Deck mit Spezialmaschinen. Man gewinnt Walöl für die Herstellung von Margarine und Seife, Leberöl und Walrat für die Pharmazeutik, Ambra für die Kosmetik, Walhaut als Rohmaterial für Handtaschen und Fischbein als Schildpattersatz. Aus dem enttranten Walfleisch erhält man Gefrierfleisch, Fleischkonserven und Fleischextrakt, und die Rückstände von Fleisch, Leber und Blut ergeben noch ein hochwertiges Viehfutter. Die Walkocherei, das Mutterschiff, auf dem das alles geschieht, hat eine Größe um 30 000 Bruttoregistertonnen und eine Besatzung bis zu 400 Mann. Es ist in der Tat ein schwimmender Großbetrieb!

Außer Fischen und Walen holt der Mensch für seine Ernährung Krebstiere, Muscheln, Schildkröten und manch anderes Getier aus dem Meer. Bei den Krebsen genießen die mehrere Kilogramm schwer werdende Königskrabbe, der Hummer und der Kamtschatkakrebs besonderes Ansehen. Garnelen (Granat) und Langusten ebenso Seemuscheln, gehören in vielen Ländern zur täglichen Nahrung. Austern, in Europa eine Muscheldelikatesse, sind in Japan und den USA ein alltägliches Gericht. Ebenfalls bekannte Meeresprodukte, wenn auch ganz anderer Art, sind Perlen, Korallen und Bernstein, die zu wertvollem Schmuck verarbeitet werden.

Das Meer verfügt über einen riesigen Pflanzenreichtum. Ohne menschliches Dazutun entfallen auf jeden Quadratkilometer Meeresfläche 2 000 Tonnen verschiedener Pflanzen. Bereits seit Jahrzehnten wird mit Hilfe von Unterwassermähmaschinen Tang geerntet und für die Rindermast genutzt. Die Ozeane könnten jährlich 5,5 Tonnen Pflanzenmasse pro Hektar liefern, während an Land der Durchschnitt bei 3 Tonnen pro Hektar liegt. Meerespflanzen werden in immer größer werdendem Umfang auch für die menschliche Ernährung verwendet. In Japan, China und Korea kennt man schon lange verschiedenartig zubereitete Tang- und Algengerichte, die inzwischen auch auf den Speisekarten in Europa und Amerika zu finden sind. Künstlich angelegte Algenfelder vor der Küste erbringen bis zu 10 Tonnen Trockenalgen pro Hektar. Das bedeutet einen größeren wirtschaftlichen Nutzen, als ihn ein ebenso großes Getreidefeld hergeben kann.

Das Weltmeer enthält oder bedeckt über 50 Billionen Tonnen Mineralien, vorwiegend Magnesium, Brom, Uran, Kupfer, Mangan, Gold und Silber. Diese Riesenvorräte lassen sich selbstverständlich nicht einfach den bekannten und relativ kleinen Vorräten an Land gegenüberstellen. Bei den Landvorräten handelt es sich um nachgewiesene, wirtschaftlich ausbeutbare Vorkommen, während bei den geschätzten Meeresvorkommen eine wirtschaftlich vertretbare Ausbeutung erst in wenigen Fällen gegeben ist.

Allein im Pazifik lagern etwa 1 650 Milliarden Tonnen Manganknollen, die rund 360 Milliarden Tonnen Mangan, 207 Milliarden Tonnen Eisen, 43 Milliarden Tonnen Aluminium, 25 Milliarden Tonnen Magnesium, 15 Milliarden Tonnen Nickel, 10 Milliarden Tonnen Zinn, 7,9 Milliarden Tonnen Kupfer und 6 Milliarden Tonnen Kobalt enthalten. Gerade um die Ausbeutung der Mineralien vom Meeresboden, in dem sogenannten Gebiet, entbrannte auf der III. UN-Seerechtskonferenz der große Streit.

Wissenschaftler vieler Länder arbeiten auch systematisch daran, das Seewasser als Energiequelle nutzbar zu machen. Da ein Liter Seewasser in Form des Wasserstoffisotops Deuterium vergleichsweise ein Energiepotential von 300 Litern Benzin enthält, würden die Energievorräte des Weltmeeres ausreichen, das Hundertfache des derzeitigen Energieverbrauchs für einen Zeitraum von zehn Milliarden Jahren sicherzustellen. Die Forschung rechnet damit, daß um die Jahrtausendwende die für die Umwandlung erforderlichen Fusionsreaktoren hergestellt werden können. Das alles zeigt: Die Ausbeutung des Meeres durch den Menschen hat erst begonnen!

Das Meer als Träger des Welthandels

So groß die Schätze des Meeres sind, so wichtig es mit seinem Tier- und Pflanzenreichtum für die menschliche Ernährung ist, die überragende Bedeutung des Weltmeeres und seiner Randmeere lag über Jahrtausende in der Nutzung seiner Wasseroberfläche als einzigartige und konkurrenzlose Verkehrsstraße des Welthandels. Die Gütertransportleistung des Seeverkehrs ist größer als die aller übrigen Verkehrsträger wie Straße, Schiene, Binnenwasserstraße und Luft zusammengenommen.

Die Eigenschaft des Wassers zu tragen und damit zu ermöglichen, daß sich Schiffe mit Hilfe von Strömung, Wind oder Muskelkraft auf der Wasseroberfläche fortbewegen können, hat Flußläufe und Meere zum ersten Verkehrsträger des Menschen gemacht. Zwar hat es bereits in frühen Epochen der Menschheitsgeschichte natürliche oder künstlich angelegte Wege und Straßen gegeben, doch waren Ladelast und Umfang sowie Geschwindigkeit der Transporte geringer als auf dem Wasser. Außerdem behinderten Urwälder, Sümpfe, Gebirge und Flüsse sowie Unsicherheiten aller Art den Transport über Land. Aus diesem Grunde entstanden größere Siedlungen meistens an Flußläufen und Flußmündungen. Von hier aus wurde die Verbindung über See mit anderen Küstensiedlungen gesucht und aufrechterhalten.

Die frühen Seefahrer tasteten sich mit ihren ursprünglichen Fahrzeugen vorsichtig die Küste entlang, immer das feste Land im Blickfeld und stets nur am hellichten Tage. Nachts zog man die Fahrzeuge auf den Strand. Der Aktionsradius dieser Fahrten vergrößerte sich nur langsam, aber er vergrößerte sich ständig. Schließlich kam es zur Berührung mit anderen Küsten- und Inselbewohnern und zum Austausch von Naturprodukten und selbstgefertigten Waren, für die der Tauschpartner Interesse zeigte. Eine Vorstellung über diese Form des Handels überlieferte Herodot (484–425 v. u. Z.) der Nachwelt am Beispiel eines westafrikanischen Stammes. »Die Karthager«, schreibt er, »haben mir erzählt, daß sie mit ihren Schiffen zu einem Volk an der libyschen Küste fahren. Dort angelangt, legen sie ihre Waren am Ufer aus, geben ein Rauchzeichen und kehren zu ihren Schiffen zurück. Auf das Rauchzeichen kommen die Eingeborenen an den Strand, legen Gold neben die Waren und entfernen sich wieder. Darauf sehen die Karthager nach, ob sie mit der Goldmenge zufrieden sind. Sind sie es, nehmen sie das Gold und segeln davon; sind sie es nicht, warten sie auf ihren Schiffen, bis so viel Gold hinzugelegt wurde, daß sie zufrieden sind. Bei diesem stummen Handel tut keiner dem anderen Unrecht, denn die einen berühren das Gold nicht, bis es dem Wert der Ware gleichkommt; die anderen lassen die Waren liegen, bis jene das Gold genommen haben.«

Es kann mit Sicherheit angenommen werden, daß sich gegen Ende der Steinzeit ein Seehandel entwickelte, der relativ kleine, in sich geschlossene Verkehrskreise umfaßte, die einander tangierten und während der Bronzezeit von Südostasien bis Nordeuropa reichten.

Während sich in der pazifischen Inselwelt die Seefahrt im wesentlichen auf den Personenverkehr beschränkte, kam es an der südostasiatischen Küste und vor allem im Indischen Ozean schon früh zu einem Warenaustausch. Über die von China ausgehenden Handelsbeziehungen nach Indien ist relativ wenig überliefert worden, nachvollziehbar ist dagegen die Handelsschiffahrt zwischen Indien, Arabien und Ostafrika im Indischen Ozean. Beherrscht wurde dieser Handel von den Indern. Vorstellungen über ihre Handelsschiffe kann man anhand verschiedener Tempelreliefs gewinnen, auch wenn die dargestellten Fahrzeuge einer späteren Epoche angehören.

Die Monsunwinde, die in präziser Regelmäßigkeit während des Sommerhalbjahres von Südwest nach Nordost und ab Dezember für ein halbes Jahr genau in umgekehrter Richtung wehen, ließen den Transport von Handelswaren über See auch auf noch unvollkommenen Fahrzeugen zu. Die Inder beförderten ihre an der arabischen und afrikanischen Küste so begehrten Landesprodukte wie Edelsteine, Perlen, Elfenbein, Sandelholz, Baumwoll- und Seidenstoffe, Gewürze und Farbstoffe zum Persischen Golf, von wo sie mit Kamelkarawanen in das Landesinnere und bis zum mächtigen Babylon transportiert wurden. Am Horn von Afrika war es die Insel Sokotra – der Name entstammt dem altindischen Sanskrit –, die die Inder zu ihrem Handels- und Schiffahrtszentrum ausbauten. Von Sokotra liefen die Seeverbindungen die afrikanische Küste entlang bis zur Insel Sansibar, aber auch an die Küste Süd- und Westarabiens und durch das Rote Meer bis nach Ägypten. Als Fracht für die Rückfahrt luden die Inder Gold, Straußenfedern, Gummi, wohlriechende Harze, Räucherwerk, Früchte und andere Landesprodukte.

Von den Endpunkten der indischen Seefahrt in Arabien und Ägypten fanden die indischen Waren ihren Weg weiter nach Vorderasien und an die Küsten des Mittelmeeres. Es waren die Phönizier, die schrittweise den gesamten Seehandel im Mittelmeerraum in ihre Hände brachten. Sie gründeten zahlreiche Niederlassungen, brachten auch eigene Waren auf den Markt, wie Schmuck, Glaswaren und den teuren Purpur, beuteten die reichen Bergwerke Spaniens aus und lieferten deren Silber nach Indien.

Die Handelsnachfolge der Phönizier im Mittelmeer traten die Griechen an. Zwischenhändler für indische und chinesische Waren wurden die Araber. Gestützt auf ein leistungsstarkes Handwerk und eine überlegene Flotte verdrängten die griechischen Kaufleute die Phönizier aus Sizilien, Italien, Gallien und Afrika. Der Welthandel verlagerte seinen Schwerpunkt von der syrischen Küste nach dem Ägäischen Meer. Nur Karthago, die phönizische Tochterstadt an der Nordküste Afrikas, machte den Griechen ihr Handelsmonopol streitig.

Die Griechen beherrschten zwar uneingeschränkt den Ostteil des Mittelmeeres, doch karthagische Schiffe befuhren ebenso souverän das westliche Mittelmeer und über die Säulen des Herkules (Gibraltar) hinaus den Atlantik sowohl nach der Westküste Afrikas als auch nach den zinnreichen britischen Inseln und den bernsteinhaltigen Gewässern der Nord- und Ostsee. Erst die völlige Zerstörung Karthagos 146 v. u. Z. durch die Römer veränderte die Lage grundsätzlich.

Es war kein Handel im eigentlichen Sinne, den die Römer betrieben, dennoch war der Hafen Roms, Ostia, ständig überfüllt mit Frachtenseglern. Sie brachten Kostbarkeiten aus aller Welt: Seide aus China, Elfenbein aus Indien, Duftstoffe aus Arabien, Gold aus Afrika, Kunsterzeugnisse aus Griechenland, Silber aus Spanien, Weine aus Gallien, Zinn aus Britannien, Bernstein aus Germanien, Edelhölzer aus dem Kaukasus, Getreide von der nordafrikanischen Küste, Luxusgüter aus Ägypten und Sklaven aus vielen Ländern. Doch diese Waren wurden weder gekauft noch erhandelt, sie waren erpreßt als Tribute und Steuern von den unterworfenen Völkern. Nur außerhalb ihres Machtbereichs zahlten die Römer in Goldmünzen, die in Rom geprägt waren.

Die Teilung des römischen Reiches, der Niedergang Westroms und die Überflutung Italiens, Spaniens und Nordafrikas vom 3. bis 5. Jahrhundert u. Z. durch germanische Stämme, deren Seefahrt mehr dem Seeraub als dem Seehandel diente, beschränkte den Handel über See auf den Ostteil des Mittelmeeres und auf den Indischen Ozean. Konstantinopel, das alte Byzanz, stieg zum neuen Handelszentrum zwischen Ost und West, dem Morgenland und dem Abendland, auf.

Als die unter Mohammed geeinten Araber ihre Eroberungszüge begannen, nach Nordafrika vorstießen und zur Iberischen Halbinsel übersetzten, wurden von ihnen die alten Kanäle des Handels mit Indien und Afrika wieder geöffnet und neue Seewege in Europa erschlossen. Bald kreuzten die arabischen Handelssegler, die Daus, ebenso selbstverständlich im gesamten Mittelmeer wie im Indischen Ozean. Von der aktiven Handelstätigkeit der Araber blieb das Oströmische Reich ausgeschlossen, denn Kreuz und Halbmond standen sich als unversöhnliche Feinde gegenüber. Für Jahrhunderte tobte zwischen ihnen ein erbitterter Konkurrenz- und Machtkampf um die Vorherrschaft im Mittelmeer.

Die Kreuzzüge (1096–1270) machten Europa mit dem Luxus und den Handelsgütern des Orients bekannt. Religiös getarnt, trugen sie wesentlich dazu bei, den Reichtum der Städte Marseille, Amalfi, Genua, Pisa, Florenz, Venedig und manch anderer Stadt an der nördlichen Mittelmeerküste zu begründen. Hier wurden die Kreuzzüge organisiert, hier war der Umschlagplatz für indische, arabische, afrikanische und vorderasiatische Waren. Byzanz verlor an Bedeutung. Wien und Regensburg stellten den Verkehr über Donau und Schwarzes Meer nach Konstantinopel ein und wandten sich den günstiger gelegenen oberitalienischen Seestädten zu. Köln am Rhein wurde zum Mittler des Warenaustausches zwischen Oberitalien, Deutschland und den Niederlanden.

Mit ihren Raub- und Handelsfahrten hatten die Wikinger, im südlichen Europa Normannen genannt, die Seeverbindungen aus Ost- und Nordsee ins Mittelmeer begründet. Jahrhunderte später traten die Städte der deutschen Hanse und die oberitalienischen Stadtrepubliken in dieses Verkehrsgebiet ein.

Gemeinsam bauten sie im 14. und 15. Jahrhundert einen Warenverkehr über See auf, wie er bis dahin in Europa noch nicht existiert hatte. Die italienischen Kaufleute erwarben die indischen und arabischen Produkte in Alexandria oder anderen ägyptischen und syrischen Häfen. Bezahlt wurde nicht mehr in Gold, sondern mit Tauschwaren, die aus Deutschland, den Niederlanden oder auch aus Italien selbst kamen.

Während die italienischen Seestädte den Levantehandel und das Mittelmeer beherrschten, bemächtigten sich die Hansestädte des nordischen Seehandels, verbunden mit einer Seeherrschaft im Raum der Nord- und Ostsee. In den Hafenstädten der niederländischen Küste, im Mündungsgebiet von Rhein, Maas und Schelde, erfolgte der Warenaustausch zwischen Süd und Nord. Bevorzugter Stapelplatz war für lange Zeit Brügge, später entwickelte sich Antwerpen zum größten Hafen.

Alte Chroniken geben Zeugnis darüber, was in Brügge an wichtigen Waren umgeschlagen wurde: Eisen, Zinn, Kupfer, Messing, Holz, Getreide, Wolle, Leinen, Pelze, Felle, Heringe und weitere Artikel aus den Ländern des Nord- und Ostseeraums sowie Weine, Südfrüchte, Zucker, Öl, Gewürze, Seide, Baumwolle, Gold- und Silberdraht aus dem Raum des Mittelmeeres und des Indischen Ozeans. Die drei großen Handelsgebiete der alten Welt, Asien, Afrika und Europa, wurden über See an der niederländischen Küste zusammengeführt. Der Handelsbogen spannte sich von Kalikut in Indien bis nach Bergen in Norwegen, von Nowgorod in Rußland bis nach Lissabon in Portugal. Alexandria, Venedig und Lübeck waren die entscheidenden Zwischenstationen und Basen dieses langen Seeweges.

Eine völlige Umwälzung für Schiffahrt und Welthandel brachten die großen Entdeckungsfahrten Ausgang des 15. Jahrhunderts. Marco Polo, Sohn eines Kaufmanns aus Venedig, war auf den Spuren seines Vaters auf dem Landweg in den Fernen Osten gereist. Im Mongolenreich gewann er die Gunst des Großkhans, in dessen Auftrag er mehrere Fahrten über Land und See nach China, Indien, Ceylon, Java und Sumatra unternahm. Marco Polo war der erste Europäer, der diese für Europa im Dunkel der Sagen- und Wunderwelt liegenden Länder besuchte. Die Gerüchte, die nach seiner Rückkehr über den gewaltigen Goldreichtum Indiens in Umlauf kamen, vor allem die Schilderung des Seeweges von China nach Europa, auf dem Polo zurückgekehrt war, lösten in Europa ein großes Echo aus. Es waren die alten Handelswege der Chinesen, Inder und Araber.

Mit einer Dschunkenflotte trat Marco Polo die Rückfahrt an. Sie verlief von der südostchinesischen Küste über Vietnam, durch die indonesische Inselwelt und die Straße von Malakka, nach Malaya. Längere Zeit hielt sich Marco Polo mit der Flotte an der Küste Sumatras auf, bevor er zu den Nikobareninseln weitersegelte und in freier Fahrt, ohne Landsicht, den Indischen Ozean überquerte. Auf Ceylon legte er eine größere Ruhepause ein, um danach entlang der Westküste Indiens bis nach Kanam (bei Bombay) zu segeln. Nach mehreren Landaufenthalten, bei denen er überall auf arabische Händler traf, verfolgte Marco Polo die Küste bis in den Persischen Golf, wo er in Bagdad einen Auftrag des Großkhans zu erfüllen hatte. Nach Erledigung des Auftrages entließ er die Dschunkenflotte – der Großkhan war inzwischen verstorben – und schiffte sich auf einer arabischen Dau ein, die ihn ins Rote Meer brachte. Von dort kehrte Marco Polo über Alexandria mit einer Galeere in seine Vaterstadt Venedig zurück.

Es war der Bericht des Venezianers, der den König von Portugal darüber nachdenken ließ, die Südspitze Afrikas erkunden zu lassen, um unter Umgehung des Mittelmeeres Indien auf dem Seeweg zu erreichen. Der Bruder des Königs, Heinrich der Seefahrer, organisierte die Fahrten. Seemeile um Seemeile kämpften sich portugiesische Karavellen entlang der afrikanischen Westküste nach Süden vor. 1487 erreichten sie das Kap der Guten Hoffnung – Nomen est omen! 1498 landete der Portugiese Vasco da Gama mit einer Flotte an der indischen Westküste.

Der Genuese Christoph Kolumbus wollte schon Jahre zuvor Indien auf dem Seeweg erreichen, aber in Richtung West. Er war im Besitz von Karten, auf denen die Ostküste Asiens bis auf 70 Grad West, also bis zu den Antillen, eingezeichnet war. Kolumbus zog daraus die logische Schlußfolgerung, daß der kürzeste Weg nach Indien westwärts zu suchen sei. 1483 trug er seinen Plan dem portugiesischen König vor, der ihn jedoch abwies. 1485 ging Kolumbus nach Spanien. Sechs Jahre dienerte er am königlichen Hof, bis ihm 1492 drei alte Schiffe für die Fahrt bereitgestellt wurden. Nach zehn Wochen banger Ungewißheit auf dem Atlantik war Kolumbus am Ziel! Er glaubte Japan entdeckt zu haben und nannte es Westindien. Als der Portugiese Magalhaes, ebenfalls in spanischen Diensten stehend, bei der ersten Weltumseglung von 1519 bis 1522 auf westlichen Kursen den Atlantik sowie den Pazifik überquerte und Indien erreichte, war man der Wahrheit über Lage und Gestalt der Erde ein gutes Stück näher gekommen. Eine neue Zeit des Welthandels und der Seeschiffahrt brach an!

Für rund einhundert Jahre sicherten sich die Entdeckermächte Spanien und Portugal ein vom Papst abgesegnetes Welthandelsmonopol: Portugal beanspruchte das Alleinrecht für den Seeverkehr und den Handel mit allen entdeckten oder noch zu entdeckenden Ländern in Afrika und Asien, und Spanien erhob Anspruch auf das gleiche Recht für Amerika. Doch das geraubte Gold und Silber, der Sklavenhandel und die Gewürzprofite brachten den Kolonialmächten keinen echten Gewinn, denn die Produktivkräfte im eigenen Land blieben zurück. Den Nutzen hatten die aufstrebenden bürgerlichen Staaten, vor allem die Niederlande und England, von deren Kaufleuten die Feudalherren in Spanien und Portugal alle benötigten Waren bezogen.

Als Engländer und Holländer 1588 die »Unüberwindliche Armada« König Philipp II. von Spanien vernichtet hatten, war das Seehandelsmonopol Spaniens und Portugals gebrochen. Der niederländische Jurist Grotius formulierte

1609 den Grundsatz von der »Freiheit der Meere«, von dem die Holländer am kräftigsten Gebrauch machten. 1670 hatte die Welthandelsflotte eine Größe von 3 Millionen Tonnen. Davon entfielen allein auf die Niederlande 0,9 Millionen Tonnen, auf Spanien und Portugal je 0,25 Millionen Tonnen, auf die deutschen Küstenländer und Skandinavien je 0,25 Millionen Tonnen und auf England 0,15 Millionen Tonnen.

Doch dann setzten sich die Briten mit ihrem Anspruch »Rule, Britannia, rule the waves« gegen die Handels- und Seefahrerkonkurrenz der Niederländer, Deutschen, Skandinavier, Franzosen und anderer Mächte mit allen Mitteln der Politik und militärischen Gewalt durch. Ende des 18. Jahrhunderts war das Ziel erreicht: Britannien besaß mit 2 Millionen Tonnen Schiffsraum die größte Handelsflotte der Welt und war zur führenden Seemacht aufgestiegen. Dennoch ging der Konkurrenzkampf zwischen den Industrienationen um den größten Anteil am Welthandel und der sie tragenden Seeschiffahrt weiter.

Es entwickelten sich die Anfänge eines Weltseeverkehrs, der mit seinem Warenaustausch die bekannten Länder der Erde verband und noch unbekannte Länder, deren Existenz man vermutete, zu entdecken versuchte. Dabei war der Umfang des Seeverkehrs, gemessen an heutigen Vorstellungen, relativ gering. Die Schiffe erreichten bis zu Beginn des 19. Jahrhunderts nur Größen von durchschnittlich 300 bis 500 Tonnen Tragfähigkeit. Und jede Fahrt über See blieb ein Abenteuer mit ungewissem Ausgang, denn die Sterblichkeit an Bord war groß und die Seetüchtigkeit der kleinen Segler gering. Dazu kamen Krieg und Piraterie als unabdingbar scheinende Begleiter des Handels.

Ein Weltseeverkehr im modernen Sinn entstand erst in der zweiten Hälfte des 19. Jahrhunderts. Durch die rasche Entwicklung der Produktivkräfte kam es zu einem enormen Aufschwung von Industrie und Handel. Das eiserne Dampfschiff verdrängte das hölzerne Segelschiff. Um die Wende zum 20. Jahrhundert waren 30 Millionen Bruttoregistertonnen Schiffsraum registriert. Mit dem weiteren Wachsen des Welthandels stieg auch die Welthandelstonnage an. Nach dem ersten Weltkrieg betrug der registrierte Schiffsraum 50 Millionen Bruttoregistertonnen, 1955 waren es 100 Millionen Bruttoregistertonnen, 1969 bereits 200 Millionen Bruttoregistertonnen und 1977 hatte sich die Welthandelstonnage mit 400 Millionen Bruttoregistertonnen erneut verdoppelt. Transportiert wurden mit dieser Tonnage rund 4 Milliarden Tonnen Güter. Der vorhandene Schiffsraum schlug also rund zehnmal im Jahr um.

Piraterie, Kaperei und Krieg zur See

Die Piraterie ist so alt wie die Seefahrt selbst. Mit Auflösung der Urgesellschaft galt es als naturgegebenes Recht, sich an fremder Küste das zu holen, was man zum Leben brauchte oder was man besitzen wollte. Noch Aristoteles (384–322 v. u. Z.) begriff unter Seefahrt nur Fischerei und Piraterie, die beide der Nahrungssuche dienen sollten. Die Seezüge zu fernen Ufern und die dort voll-

brachten Heldentaten wurden von Dichtern besungen und von Geschichts-
schreibern der Nachwelt überliefert. Die Einstellung zur Piraterie hat sich im
Verlauf der Geschichte verändert: Gepriesen wurde sie jeweils von denen, die
Vorteile aus ihr zogen, verurteilt von jenen, die den Schaden hatten. Piraterie
gibt es, wenn auch in verdeckter Form, bis heute.

Noch im 19. Jahrhundert bezeichnete der bekannte und geachtete preußische
Patriot Joachim Nettelbeck (1783–1824) in seinem Buch »Ein Mann« den Men-
schenraub an der afrikanischen Küste – er selbst war Obersteuermann und Kapitän auf einem holländischen Sklavenschiff gewesen – als ein durchaus ehren-
wertes Handwerk. Dieser Bekennermut fehlt den heutigen Piraten.

Das Gegenstück zum Küstenraub war der Strandraub. »Herr, segne unseren
Strand!«, beteten die Pfarrer von Küstenortschaften bis zum Anfang dieses
Jahrhunderts sonntagmorgens in der Kirche. Und die Gläubigen halfen dem
Gebet kräftig nach: Seezeichen wurden versetzt, Leuchtfeuer gelöscht oder an
falschen Stellen gezündet. Strandete ein Schiff, schlug man die Überlebenden
nicht selten tot, um sich das »Strandgut« ohne Zeugen aneignen zu können.
Selbst heute sind an manchen Küsten Überfälle auf gestrandete oder vor Anker
liegende Schiffe keine Seltenheit.

Schauplatz des klassischen Seeraubs war das offene Meer, auf dem sich die
Piraten vor dem Zugriff staatlicher Macht sicher wähnten. Hier, außerhalb jegli-
cher Rechtsprechung, hißten die Außenseiter der Gesellschaft, wenn sie zum
Angriff auf ein Opfer ansetzten, ihre schwarze oder rote Flagge. Im Auf und
Ab der Geschichte lassen sich deutlich Schwerpunkte der Piraterie erkennen,
die mit der Blütezeit des Seehandels und seiner Konzentration in bestimmten
Seegebieten zusammenfallen.

Für das europäische Kulturgebiet sind Raubfahrten über und auf See seit
dem 3. Jahrhundert v. u. Z. von Angehörigen der bronzezeitlichen Klassengesellschaft nachgewiesen. Noch älter sind die Spuren in der Chinasee, an der
südostasiatischen Küste und im Indischen Ozean. In den Jahrhunderten vor
und nach der Zeitenwende bildeten das Mittelmeer, die Ost- und Nordsee, der
Kanal, die Karibik, die Ostküste Nordamerikas, die Westküste Afrikas und der
Nordatlantik Knotenpunkte des Seeverkehrs und damit auch des Seeraubs.

Einige Piratenkapitäne und Piratenadmirale sind mit ihren Taten und Unta-
ten als legendäre Gestalten in die Geschichte eingegangen: Klaus Störtebecker
und Godeke Michel, Vizeadmiral Hawkins und Sir Francis Drake, der grausame
Lolonois und General Grammont, der zweideutige Kidd und Schwarzbart
Teach, die beiden Frauen Anne Bonny und Mary Read, der seemächtige Chai-
reddin Barbarossa, der Prinz Kuo-Hsing-Yah und Madame Tsching. Diese Namen sind eine Auswahl der bekanntesten deutschen, englischen, französischen,
arabischen und chinesischen Piraten, von denen mancher noch heute als Volks-
held gefeiert wird.

Die meisten Regierungen von Seemächten und Nichtseemächten nahmen
während eines Krieges Piraten in ihre Dienste. Sie stellten ihnen Kaperbriefe

aus. Unter dem Namen der Kaperei wurde der Seeraub zu einem legalen Akt der Seekriegsführung. Besonders erfolgreiche Kaper erwarben auf diese Art sogar Adels- und Admiralstitel. Der Kapitän eines Kaperschiffes mußte sein Schiff auf eigene Kosten ausrüsten und unterhalten. Einen Teil der Beute lieferte er seinem Schutzherrn ab, der übrige Teil war für ihn rechtmäßig erworbenes Eigentum.

Die Kaperbriefe durften von den kriegführenden Staaten selbstverständlich nur gegen feindliche Kriegs- und Handelsschiffe ausgestellt werden; manchmal wurden die Aktionen zusätzlich auf ein bestimmtes Seegebiet beschränkt. Blieb die Beute unter diesen Voraussetzungen zu gering, so daß die Mannschaft murrte, überschritt mancher Kaperkapitän allzu bereitwillig die Grenze zur Piraterie und griff neutrale Schiffe oder Feindschiffe auch außerhalb des ihm vorgegebenen Gebietes an. Diese Übergriffe wurden von den Schutzmächten fast immer stillschweigend geduldet.

Die Grenzen zwischen Kaperei und Piraterie waren auch zeitlich fließend. In den vom 16. bis zum 19.Jahrhundert fast ununterbrochen andauernden Kriegen auf See vertauschten allzuoft und allzuschnell Freund und Feind die Rollen. Im Zwielicht der wechselnden Bündnisse und bei der nur langsamen Nachrichtenübermittlung durch Kurierschiffe, die nicht selten noch absichtlich verzögert wurde, konnte mancher Admiral zum Seeräuber und mancher Seeräuber zum Admiral werden. Der Brite Francis Drake ist nicht das einzige Beispiel.

Die Kaperei erlebte in den Kriegen der französischen Revolution ihre letzte Blütezeit. Mit dem Jahre 1815 stellten die europäischen Großmächte keine Kaperbriefe mehr aus. Dennoch war es voreilig, als in der Pariser Seerechtsdeklaration von 1856 behauptet wurde: »Die Kaperei ist und bleibt abgeschafft!« Die USA hatten die Pariser Vereinbarung nicht unterschrieben, weil man sich über die grundsätzlichen Unterscheidungsmerkmale zwischen einem Kriegsschiff und anderen Seefahrzeugen nicht hatte einigen können. Leidtragende waren die USA selbst, denn während des amerikanischen Bürgerkrieges spielten Piraterie und Kaperei noch einmal eine Rolle.

Erst die VII. Haager Konvention von 1907 legte die Merkmale für Kriegsschiffe fest, die ebenso für umgewandelte Handelsschiffe gelten, die als Kriegsschiffe eingesetzt sind. Danach müssen Schiffe, die im Krieg militärische Aufgaben erfüllen, die äußerlichen Erkennungszeichen eines Kriegsschiffes tragen, insbesondere die Kriegsflagge führen. Die Besatzung muß einem militärischen Kommando unterstehen und verpflichtet sein, die Regeln der Kriegsführung einzuhalten.

Dennoch dauerte es bis 1958, ehe in der »UNO-Konvention über das offene Meer« das Verbot der Piraterie als gültiges Völkerrecht kodifiziert wurde. Der in der UN-Seerechtskonvention bestätigte Piratereibegriff umfaßt: »Jede rechtswidrige Gewalttat oder Gefangenhaltung oder Plünderung, die zu privaten Zwecken von der Besatzung oder den Passagieren eines privaten Schiffes oder eines privaten Luftfahrzeuges auf dem offenen Meer gegen ein anderes Schiff oder Luftfahrzeug oder gegen Personen oder Vermögenswerte begangen wird bzw. gerichtet ist.« Mit dieser Definition ist ein klarer Trennungsstrich zwischen Seeraub – gleichgültig ob Piraterie oder Kaperei – und Kriegshandlung gezogen worden.

Keine völkerrechtliche Regelung gibt es über die Bewaffnung von Handelsschiffen, die nicht in Kriegsschiffe umgewandelt sind. Im ersten und im zweiten Weltkrieg bewaffneten die kriegführenden Seiten ihre Handelsschiffe zum Schutz gegen Flieger- und U-Bootangriffe mit Abwehrgeschützen. Es wurden aber auch Handelsschiffe mit verdeckt aufgestellten Geschützen, Torpedorohren und Katapultflugzeugen ausgerüstet, um sie als Handelsstörer oder U-Bootfallen in entfernten Seegebieten einzusetzen. Unabhängig davon, ob diese Schiffe zivile oder militärische Besatzungen an Bord haben, ob sie unter der Handelsflagge des eigenen oder eines neutralen Staates fahren, selbst wenn sie im Augenblick des Angriffs die Kriegsflagge zeigen, sie sind weder Kriegs- noch Handelsschiff und damit ohne Völkerrechtsstatus. Übergriffe dieser Schiffe fallen nach geltendem Völkerrecht ebenso wie die von Kriegsschiffen, Unterseebooten und Militärflugzeugen zwar nicht unter den Begriff der Piraterie, stellen aber unter voller Verantwortung des Flaggenstaates Kriegsverbrechen dar.

Das älteste Zeugnis für einen über See ausgetragenen Kampf ist ein Feuersteinmesser mit geschnitztem Elfenbeingriff aus der Gezeh-Kultur (3 100 bis 2 800 v. u. Z.), das in Oberägypten gefunden wurde und im Louvre aufbewahrt wird. Zu dieser Zeit gab es noch keine speziellen Kriegsschiffe, sondern die Fahrzeuge waren sowohl Träger von Kriegern mit ihren Waffen als auch Transporter für Waren.

Ein Fundstück der bronzezeitlichen Yortan-Kultur aus der zweiten Hälfte des 3. Jahrtausends v. u. Z. zeigt auf einer silbernen Schwertklinge Abbildungen von Kriegsschiffen, deren Kiele vorn zu Rammbalken ausgebildet sind. Anders als ihre Vorläufer waren diese Schiffe damit bereits Waffen des Seekrieges. Das Kampfziel war nicht mehr allein die Tötung der feindlichen Krieger, sondern die Vernichtung der feindlichen Schiffe selbst.

Ausgrabungen auf der Kykladeninsel Thera (Santorin) legten Fresken aus dem 16. Jahrhundert v. u. Z. frei, die in vier zusammenhängenden Reliefdarstellungen eine Seeschlacht schildern. Die nach heutigem Erkenntnisstand früheste Seeschlacht der Geschichte hat vermutlich vor der libyschen (afrikanischen) Küste stattgefunden. Auf den Szenenbildern vernichtet eine kretische Flotte libysche Schiffe. An Bord der siegreichen Schiffe stehen Krieger mit wurfbereiten Speeren in der Hand, andere halten Enterhaken bereit. Die getöteten Feinde treiben leblos an Felsenriffen vorbei, zwischen ihnen Schilde und Speere.

Die berühmteste Seeschlacht des Altertums fand 480 v. u. Z. während der Perserkriege bei der Insel Salamis statt. Herodot hat sie der Nachwelt, wenn auch mit stark übertriebenen Zahlen, überliefert. Nach jüngeren Forschungen standen etwa 200 griechischen Trieren in günstiger Defensivposition vor der Insel rund 600 angreifende persische Riemenschiffe gegenüber. Während die Perser den Enterkampf Mann gegen Mann anstrebten, wichen die Griechen mit ihren beweglicheren Dreireihern diesem Kampf aus. In geschickten Manövern setzten sie zum Rammstoß auf die feindlichen Schiffe an. Um der sich anbahnenden Katastrophe zu entgehen, denn ein großer Teil der Perserschiffe war gesunken, gab der am Ufer stehende Perserkönig seiner Flotte den Befehl zum Rückzug.

Nicht wenige Geschichtsschreiber leiten aus dem Sieg der Athener bei Salamis die These ab, die Flotte des kleinen Stadtstaates Athen habe in den Perserkriegen die Entscheidung zugunsten Griechenlands herbeigeführt. Es sei der früheste geschichtliche Beweis, daß Seemacht unbesiegbar sei, wenn sie nur die ihr eigenen Mittel konsequent einsetze. Ohne Zweifel hatte die Seeschlacht bei Salamis einen entscheidenden Einfluß auf den Verlauf der Perserkriege, aber ebenso einflußreich waren die Niederlage des persischen Heeres bei Plataiai und weitere Kriegsereignisse. Letzten Endes trugen die höhere Moral der Kämpfenden und die bessere Technik der Waffen in einem zu Lande und zur See ausgetragenen Krieg den Sieg davon.

Dennoch bleibt es unbestritten, daß es im Verlauf der Geschichte Völker gegeben hat, die die Möglichkeiten der See sowohl ökonomisch als auch politisch-militärisch besser zu nutzen verstanden als andere Völker. Die Phönizier, die Griechen und die Karthager gehörten dazu. Das bekannteste Beispiel lieferten die Briten.

Rund dreihundert Jahre lang behauptete Großbritannien mit allen nur erdenkbaren politischen und militärischen Mitteln seine Vorherrschaft auf See. Es errichtete in dieser Periode ein Weltreich von kaum vorstellbarem Ausmaß. Seemacht, wie Großbritannien sie ausübte, schützte den eigenen Handel und machte dem Konkurrenzhandel den Weg über See streitig. Für die Beherrschung wichtiger Seeverbindungen wurden Seeschlachten geschlagen, an strategisch wichtigen Küsten, an Kaps oder auf Inseln Truppen angelandet und Stützpunkte errichtet. Auch die Eroberung ganzer Länder und die Gründung von Kolonien erfolgte über See. Es war ein Kampf um Siedlungsräume, um Rohstoffquellen und Absatzmärkte.

Kein Land war in der Ausübung von Seemacht erfolgreicher als Großbritannien. Immer fanden die Briten einen »Festlanddegen«, immer standen sie auf Seiten der siegreichen Koalition und immer zogen sie den größten Nutzen aus den Friedensverträgen.

Der amerikanische Admiral A. Th. Mahan schrieb Anfang des 20. Jahrhunderts nach einem Studium der Geschichte und des Aufstiegs Englands zur Weltmacht, daß die Seemacht in der Weltgeschichte eine bedeutende Rolle gespielt habe. Er empfahl der amerikanischen Nation, sich nach dem Vorbild Großbritanniens als Seemacht zu etablieren, denn nur der Staat, der Seemacht ausübe, erwerbe und bleibe im Besitz von Seeverbindungen, Handelsvorteilen und militärischer Überlegenheit. Die Voraussetzungen für die Entwicklung zu einer Seemacht, vor allem die geographische Lage, die Beschaffenheit der Küste, der Charakter und die Zahl der Bevölkerung, seien für die USA gegeben.

Wird die Theorie Mahans von der ethnischen Voraussetzung für das Werden einer Seemacht und seine Behauptung, daß sich in allen bisherigen Kriegen die Seemacht als überlegen erwiesen habe, durch den Geschichtsverlauf tatsächlich bestätigt? Ein Rückblick auf die Geschichte läßt Zweifel aufkommen:

Im Peloponnesischen Krieg besiegte die »Landmacht« Sparta die »Seemacht« Athen. Rom besaß kein einziges Kriegsschiff, als es gegen das seebeherrschende Karthago antrat, und dennoch wurde Karthago und nicht Rom zerstört. Die Wandalen waren zu Beginn der Völkerwanderung ein Reitervolk, zweihundert Jahre später beherrschten sie mit ihren Flotten das Mittelmeer. Japan war über Jahrhunderte ein in Isolation verharrender Feudalstaat, 1853 kaufte es die ersten Schiffe und Schiffswaffen in Europa. Nur fünfzig Jahre später schlug die japanische Flotte die russischen Geschwader bei Tsushima. Die Briten galten noch bis vor wenigen Jahrzehnten als die Seenation überhaupt, den Russen dagegen sagte man nach, daß sie dem Lande verhaftet seien und das Meer nicht liebten. Heute ist die Sowjetunion eine Seemacht ersten Ranges und Großbritanniens Seegröße nur noch Vergangenheit.

Die Geschichte beweist also, daß es keine von Natur und Nationalcharakter auserwählten Seemächte gibt, sondern einige Küsten- und Inselstaaten es verstanden haben, auf der Grundlage fortgeschrittener gesellschaftlicher Verhältnisse und der daraus resultierenden ökonomischen und militärischen Stärke, große und mächtige Handels- und Kriegsflotten zu schaffen, mit denen sie für einen begrenzten geschichtlichen Zeitraum eine Vormachtstellung auf See errangen.

Im Kampf der Kriegsflotten haben sich von den Anfängen bis heute – abhängig vom Stand der Produktivkräfte – bedeutende Veränderungen vollzogen. Im Altertum war das Riemenschiff das entscheidende Kampfmittel zur See. Weil es noch keine schiffsvernichtenden Fernwaffen gab, mußte das feindliche Schiff durch Rammstoß versenkt oder seine Mannschaft im Enterkampf mit der blanken Waffe besiegt werden. Die in mehrere Geschwader unterteilten feindlichen Flotten ruderten zu Beginn des Gefechts aufeinander zu. Nach einfachen Manövern in einer oder mehreren Dwarslinien kam es gewöhnlich zu Massenkollisionen, die sich in Kämpfen Schiff gegen Schiff und Mann gegen Mann auflösten.

Das Segelschiff, das als Kriegsschiff erstmals von Holländern und Engländern gegen Ende des 16. Jahrhunderts eingesetzt wurde, führte mit seiner Artillerie das Gefecht auf Distanz. Das Breitseitenfeuer der in Linie hintereinander segelnden Schiffe versenkte die den Rammstoß oder Enterkampf suchenden Riemenschiffe, bevor sie an die Segelschiffe herankamen. Bei der Vernichtung der spanischen Armada 1588 wandten die Engländer diese Taktik an. Standen sich gleichwertige Segelschiffsflotten gegenüber, entschieden das bessere Manöver und die stärkere Bestückung oder die Feuerkonzentration auf Teile der feindlichen Linie über Sieg oder Niederlage. Nach dem Artillerieduell und dem Auflösen der Linie kam es zwischen einzelnen Schiffen auch zum Enterkampf.

Die Dampfschiffe der Kriegsflotten übernahmen anfangs einfach die Taktik der Segelkriegsschiffe, nur daß sie unabhängig vom Wind manövrierten und aufgrund der verbesserten Artillerie das Gefecht auf größerer Distanz führten. Ende des 19. Jahrhunderts wurden Minen und Torpedos als neue Seekriegswaffen eingeführt. Gegen die das Artillerieduell führenden gepanzerten Linienschiffe stießen nun gepanzerte Torpedoboote überraschend durch die eigene Linie vor, um auf kürzeste Entfernung ihre Torpedos gegen die feindliche Linie abzuschießen. Auch Unterseeboote operierten mit Torpedos gegen große Überwasserschiffe. Schlachtentscheidend blieben die schweren, auf über 20 Kilometer Entfernung schießenden Langrohrgeschütze von 300- bis 405-Millimeter-Kaliber, die in drehbaren Geschütztürmen an Oberdeck der Schlachtschiffe aufgestellt waren.

Als im zweiten Weltkrieg massenhaft Fliegerkräfte in das Kampfgeschehen auf See eingeführt wurden, mußten die Flotten ihre Taktik einschneidend ändern. Die Zusammenfassung der Hauptkräfte in der Linie, ihr tagelanger Kriegsmarsch über See und die störungsfreie Entfaltung zur Schlachtordnung waren nicht mehr praktikabel. Schon bei der Konzentration in ihren Basen wurden die Überwasserkolosse Opfer der von Flugzeugen abgeworfenen Bomben und Torpedos. Kampfstarke und bewegliche Flottengruppierungen aus Flugzeugträgern und Schlachtschiffen unter Zerstörerschutz, die gemeinsam mit U-Booten gegen ähnlich gemischte Verbände des Gegners operierten, der konzentrierte Einsatz von U-Booten auf den Seeverbindungen des Gegners und Landungsoperationen, bei denen Land-, Luft- und Seestreitkräfte zusammenwirkten, bestimmten mehr und mehr das taktische und operative Geschehen auf See.

Die Entwicklung von Raketen mit nuklearen Mehrfachsprengköpfen und von kernkraftgetriebenen Unterwasserschiffen als Träger dieser strategischen Waffensysteme führte zu erneuten Veränderungen in der Seekriegsführung. Nach dem Riemenschiff mit Rammsporn, den Segel- und Dampfschiffen mit Pulvergeschützen und den trägergestützten Flugzeugen mit Bomben und Torpedos wurde nun das raketenbestückte, kernkraftgetriebene Unterwasserschiff zur Hauptkraft moderner Seekriegsflotten.

Die Raketenunterwasserträger der achtziger Jahre, wie sie in den Flotten der USA und der UdSSR in Dienst sind, besitzen eine Wasserverdrängung zwischen 16 000 und 18 000 Tonnen, eine Länge von rund 170 Metern, eine Breite von 12 Metern und eine Höhe von 10 Metern. Druckwasser-Reaktoren mit Leistungen von 30 000 bis 40 000 Kilowatt verleihen den Schiffen Unterwassergeschwindigkeiten von über 30 Seemeilen in der Stunde. Die 16 bis 24 ballistischen Raketen mit Nuklear-Mehrfachsprengköpfen an Bord besitzen eine Reichweite bis zu 6 000 Seemeilen (11 112 Kilometer). Die Vernichtungskraft eines einzigen Raketenunterwasserträgers reicht aus, das Leben auf dem europäischen Kontinent auszulöschen, aber sie reicht ebenso aus, den Boden der USA unbewohnbar zu machen.

Der Krieg zur See hat sich zum Krieg gegen das Land, ja, zum Krieg gegen die Menschheit gewandelt. Schon seine Vorbereitung sollte als Völkerrechtsverbrechen geächtet werden!

»Das Seemannsleben ist sauer, ernst und schwer«

»Das Meer ist eine Vielfalt von Kräften, denen sich als besondere Komplikation der Wind zugesellt. Ein Schiff ist eine Vielzahl maschineller Kräfte. Den Naturkräften sind im Gegensatz zu den maschinellen Kräften keine Grenzen gesetzt. Zwischen diesen beiden Mächten, deren eine durch unerschöpfliche Kraft und deren andere durch den Verstand wirksam ist, spielt sich der Kampf ab, den man Schiffahrt nennt.«
(Victur Hugo)

Zu bestehen hat diesen Kampf der Seemann. »Und das Seemannsleben ist sauer, ernst und schwer«, schrieb Joachim Ringelnatz in einem seiner Gedichte. Wer dabei von Romantik träumt oder schwärmt, kennt die Seefahrt nicht oder nur aus Romanen. Der einfache Mann an Bord wurde über Jahrhunderte versklavt, gepreßt und ausgebeutet. In der Urgesellschaft bestanden die Bootsbesatzungen noch aus freien Männern, die Ruderer und Kämpfer in einer Person waren. Mit Herausbildung der Klassengesellschaft veränderte sich die Zusammensetzung der Schiffsbesatzung. In der Antike waren die Schiffsführer Sklavenhalter und die Schiffsoffiziere freie Bürger, die aus wohlhabenden Familien stammten. Die zum Kampf mitgeführten Soldaten und die zur Bedienung der Takelage erforderlichen Matrosen kamen aus den unteren Schichten der Bevölkerung, während die Ruderer sich aus Kriegsgefangenen, Sklaven oder Sträflingen rekrutierten.

Dieser Zusammensetzung entsprach das Regime an Bord der Schiffe. Die Galeere kannte allein sieben verschiedene Verpflegungsnormen, abgestuft für den Kapitän, die Schiffsoffiziere, die Unteroffiziere, für Soldaten und Matrosen sowie für die Ruderknechte der ersten, zweiten und dritten Kategorie. Die Ruderer saßen zu drei bis fünf Mann an Ketten geschmiedet auf der Ruderbank, wo sie durch die Peitsche des Aufsehers zu zehn- bis zwölfstündiger Ruderarbeit angetrieben wurden. Die Galeerensklaverei hat sich, so lange wie die Galeere selbst, bis zum Ende des 17. Jahrhunderts erhalten. Noch 1685 schickte Ludwig XIV. seine protestantischen Landsleute als Ruderer auf die Galeeren.

Das Leben der Mannschaften an Bord der Segelschiffe war ebenfalls unmenschlich hart. Der Kapitän eines Schiffes konnte die Matrosen in Eisen legen, kielholen, foltern oder gar töten lassen. Die Strapazen einer längeren Seereise waren furchtbar. Besonders litten die Seeleute an der mangelhaften Ernährung, deren Hauptbestandteile Pökelfleisch, Salzhering und Zwieback waren. Das in Holzfässern mitgeführte, rasch faulende Wasser, wurde nur in kleinsten Rationen zugeteilt. In vielen Fällen reichten Proviant und Wasser nicht einmal für die Dauer der Reise aus. Rund die Hälfte der Besatzung war ständig krank; Skorbut und Typhus forderten zahlreiche Todesopfer. Die körperliche Schwerstarbeit an den Pumpen und in der Takelage mußte dann vom Rest der Mannschaft geleistet werden.

Unter diesen Arbeits- und Lebensbedingungen fanden sich nur wenige Männer freiwillig bereit, Dienst und Heuer auf einem Segelschiff anzunehmen. Deshalb wurden Seeleute an Bord »gepreßt« oder »shanghei t«, wie der Seemann diesen Vorgang nannte. Man machte starke junge Burschen oder auch Seeleute anderer Schiffe in den Hafenkneipen betrunken, gab ihnen ein Handgeld und verschleppte sie an Bord.

In manchen Staaten war es üblich, Verbrechern den Rest ihrer Freiheitsstrafe zu erlassen, wenn sie sich zum Dienst an Bord verpflichteten, in anderen Fällen wurde Straffreiheit selbst für noch ungesühnte Verbrechen gewährt, um ein paar Schiffe bemannen zu können. Das alles waren auch die Gründe dafür, daß Meutereien und Desertionen die Zeit der Segelschiffe bis ins 19. Jahrhundert begleiteten.

Die britische Marine verlor im amerikanischen Unabhängigkeitskrieg nur 1243 Mann im Kampf, aber 42 069 Mann durch Desertion. Dabei gab es in der Behandlung der Mannschaft keinen Unterschied, gleichgültig ob sie unter der Flagge des Königs auf einem Kriegsschiff oder unter der Flagge einer staatlich organisierten Compagnie auf einem Handelsschiff Dienst leisteten.

Die kapitalistischen Produktionsverhältnisse und die Ablösung des hölzernen Segelschiffes durch das eiserne Dampfschiff brachten den Seeleuten den gleichen Fortschritt, wie er sich an Land mit der Umwandlung der leibeigenen Bauern in den Lohnarbeiter der Fabrik vollzog. Die Transportarbeiter zur See wurden mehr als die Lohnarbeiter an Land durch große und kleine Reeder ausgebeutet.

Der Arbeitstag des Seemanns betrug täglich bis zu achtzehn Stunden, wobei in den Kesselräumen der Dampfer Temperaturen von 60 bis 70 Grad Celsius herrschten. Die Verpflegung war traditionsgemäß schlecht und für die Mannschaft bei der schweren Arbeit auch nicht ausreichend. Beim Zusatzkauf von Nahrungs- und Genußmitteln oder Gebrauchsgegenständen an Bord verdienten der Reeder und auch der Kapitän als Kommissionshändler an den erhöhten Preisen. Das Mannschaftslogis im Vorschiff war ein dunkler Holzverschlag, immer von Ratten und anderem Ungeziefer mitbewohnt.

Für ihre Arbeit erhielten die Seeleute zu Anfang des 20. Jahrhunderts in Deutschland eine Monatsheuer von 54,– Mark. Weil sie aber nur von Fahrt zu Fahrt angeheuert, zwischen den Reisen also nicht bezahlt wurden, bestand ihr Jahreseinkommen nur aus rund zehn Monatsheuern.

Im Verlauf des 20. Jahrhunderts haben sich die Arbeits- und Lebensbedingungen an Bord auch für den einfachen Mann erheblich verbessert. Moderne Schiffe bieten den Mannschaften heute einen Komfort, der das Leben an Bord

Strandgeröll.

Vor Sonnenuntergang.

erträglich macht. Daneben gibt es allerdings immer noch »Seelenverkäufer«, die an die von B. Traven geschilderten Zustände vergangener Zeiten erinnern. Die »Billigflaggen« (Liberia, Panama u. a.), unter denen geschäftstüchtige amerikanische und westeuropäische Reeder ihre Schiffe laufen lassen, spielen dabei eine besonders üble Rolle. An Bord dieser Schiffe genießen die Angeheuerten, meist die Ärmsten der Armen aus der Dritten Welt, weder gewerkschaftlichen noch staatlichen Schutz. Sie sind der Willkür der Unternehmer ausgeliefert, weil sie in ihrer Hoffnungslosigkeit bei irgendeinem einheimischen Vermittler die Unterschrift unter einen Vertrag setzten, den sie weder lesen noch begreifen konnten.

So mußte die Gewerkschaft ÖTV in der BRD noch in den siebziger Jahren feststellen, daß acht Hamburger Reeder mit vierhundert Seeleuten von den Gilbert-Inseln (Südsee) regelrechte »Sklavenarbeitsverträge« abgeschlossen hatten. Die Monatsheuer für einen Decksmann lag bei 146,– Mark. Fluchen kostete eine halbe, unverschämtes Reden eine und An-Bord-Bringen einer Schnapsflasche drei Tagesheuern.

Aber auch die besten Schiffe bieten keinen Vergleich mit den Arbeits- und Lebensbedingungen, wie sie der Arbeiter an Land vorfindet. Das dürfte einer der Gründe sein, weshalb im internationalen Maßstab die Fluktuation im seemännischen Beruf höher ist als bei jeder anderen Tätigkeit. Der Seemann, der keine Hochschulausbildung zum Schiffsoffizier durchlaufen hat, verläßt im allgemeinen zwischen 25 und 28 Jahren seinen Beruf und bewirbt sich um eine Stellung an Land. Aber auch die Schiffsoffiziere haben ihre Sorgen, wie es die Stellengesuche von Patentträgern in den Tageszeitungen beweisen.

Die außerordentlich vielschichtigen Probleme des Lebens der Menschen auf See umfassen nicht nur berufliche Probleme, sondern auch soziale, familiäre und menschliche Fragen, die nur allmählich mit dem weiteren technischen Fortschritt und unter menschenwürdigen gesellschaftlichen Verhältnissen gelöst werden können.

Der Seemannsberuf, einer der ältesten Berufe des Menschen, gehört ebenso wie der Beruf des Flugzeugführers, Binnenschiffers, Eisenbahners und Kraftfahrers zu den Verkehrsberufen. Nur weist er einige Besonderheiten auf. Die relativ lange Abwesenheit des Seeschiffes von seinem Heimathafen, sie kann mitunter viele Monate betragen, und der große Wert, den ein Seeschiff mit seiner Ladung verkörpert, sind zunächst nur quantitative Gegensätze.

Der grundlegende Unterschied besteht jedoch in der unmittelbaren Abhängigkeit des seemännischen Berufs von der Gewalt der Elemente. Diese Feststellung gilt nicht nur für die Vergangenheit, sondern auch für die Schiffahrt unserer Tage. Bis heute gehen Jahr für Jahr Hunderte von Schiffen mit ihren Besatzungen im Toben der Elemente verloren. Natürlich ist auch das Flugzeug den Naturgewalten ausgesetzt. Aber bei der kurzen Dauer der Flüge kann das Flugzeug eine Wetterentwicklung auf dem Flugplatz abwarten oder ein Unwetter umfliegen. Für das Seeschiff bestehen solche Möglichkeiten nur beschränkt.

Es muß auf seinen langen Wegen über die Ozeane mit jedem Wetter fertig werden.

Und noch etwas unterscheidet den Beruf des Seemanns von allen anderen Berufen. Das ist die enge und isolierte Bordgemeinschaft, auch heute vielfach eine reine Männergesellschaft, in der der Seemann über Wochen und Monate während einer Reise zu leben gezwungen ist. Alle übrigen Berufe, allein die Kosmonauten ausgenommen, bieten ständige Kontaktmöglichkeiten zu anderen Menschen. Der Binnenschiffer zieht mit seinem Kahn an Städten und Dörfern vorüber, findet überall einen Ankerplatz und erreicht innerhalb weniger Tage den Lade- und Löschhafen. Eisenbahner, Kraftfahrer und Flugpersonal beenden bereits nach einigen Stunden oder Tagen ihren Reiseabschnitt und können so fast täglich eine abwechslungsreiche Erholung für sich in Anspruch nehmen oder die freie Zeit im Kreise ihrer Familie verbringen.

Nicht so der Seemann! Er kennt weder ein normales Familienleben noch hat er Möglichkeiten, sich in dem Umfang wie die Menschen an Land kulturell und sportlich zu betätigen. Auch nach schwerer Tagesarbeit muß er auf schaukelndem Untersatz an Bord bleiben. Lesen, künstlerische Selbstbetätigung, Karten- und Gesellschaftsspiele, raumenger Sport und der Besuch des Bordkinos, das sind die üblichen Formen der Freizeitgestaltung auf See.

Auch der fremde Hafen bietet dem Seemann kaum Chancen einer echten Erholung. Sprachschwierigkeiten, die Zurückhaltung der einheimischen Bevölkerung gegenüber dem unbekannten Seemann und fragwürdige Betreuungseinrichtungen und Klubs bilden spürbare Grenzen. So bleibt für die wenigen wachfreien Stunden gewöhnlich nur die billige Zerstreuung in den hafennahen Vergnügungsvierteln.

Aberglaube, Brauchtum und Sprache der Seeleute

Der Aberglaube scheint in der Seefahrt stärker als irgendwo sonst verbreitet gewesen zu sein. Die Menschen, die in der Vergangenheit zur See gingen, waren überwiegend wenig gebildet. Die starke Abhängigkeit von Wind und Wasser und der ständige Kampf mit diesen Naturgewalten, denen sie sich ohnmächtig ausgeliefert fühlten, ließ bei den Seeleuten ein starkes Bedürfnis nach einem überirdischen Beschützer entstehen, das seinen Ausdruck, abhängig von den jeweiligen religiösen Vorstellungen, in einem intensiven Glauben an die Götter oder später an den einzigen Gott und seine Heiligen fand. Da sich aber oft auch die Ohnmacht oder das Nichtwollen der Götter im Toben der Elemente zeigte, suchte man zusätzlich Schutzgeister und Verbündete gegen die Naturgewalten.

Viele Seeleute lassen sich heute noch tätowieren, obgleich sie wissen, daß sie damit weder die Gefahren der See bannen noch die Treue der fernen Braut beschwören können. Aber gerade die Beschwörung oder die Abwehr eines Unheils ist der ursprüngliche Sinn des Tätowierens, das bei den Indianern, Polynesiern, Eskimos und anderen, in spätgentilen Verhältnissen lebenden Menschengruppen als Bestandteil des Kults bis in die jüngste Gegenwart üblich ist.

Weit verbreitet war das Tätowieren in Südchina und Japan. Von dort brachte der Seemann auch am liebsten diese mehrfarbigen Kunstbilder auf seiner Haut mit, obgleich in jedem europäischen Hafen die farbigen Einstiche auf Matrosenhaut ebenfalls zu haben waren. Am häufigsten wurden und werden die Hautbilder auf sichtbaren Stellen des Körpers, wie Handrücken und Unterarm, getragen, aber auch Oberarme, Brust und Rücken bleiben nicht verschont. Die Operation wird entweder mit der Hand oder mit einer kleinen elektrischen Maschine ausgeführt und ist wegen der vielen Nadelstiche in die Haut schmerzhaft. Meistens haben sich die Tätowierer für verschiedene Motive Papierschablonen angefertigt, nach denen sie die Einstiche vornehmen. Beliebte Motive sind immer wieder Anker, Rettungsringe, Leuchttürme, Segelschiffe, Herzen, Rosen, Frauenbüsten, Meerjungfern und ähnliches mehr. Alle Motive haben eine magische Bedeutung: So soll der Rettungsring die Rettung aus Seenot bringen, der Leuchtturm die glückliche Heimkehr sichern und Herzen oder Rosen die Treue der fernen Geliebten beschwören.

Es gibt noch weitere Arten des Aberglaubens, die sich bis in die jüngste Vergangenheit der Seefahrt erhalten haben. So soll der Antritt einer Seereise an einem Freitag Unheil für Schiff und Besatzung bringen, während der Mittwoch als Glückstag gilt. Frauen wollte man in vergangenen Jahren nur im Hafen zu Besuch haben; denn auf See bedeuteten »Frauen an Bord – Totschlag und Mord!« Auch Priester waren auf einer Seereise unerwünscht, da sie angeblich Unglück für das Schiff brachten. Die Namensänderung eines Schiffes war so verpönt, daß viele Seeleute es ablehnten, auf einem umgetauften Schiff Heuer zu nehmen. Natürlich glaubt kein moderner Seemann mehr an diese Dinge, denn die heutige Seefahrt läßt dazu keinen Raum mehr und doch spielt er ein bißchen mit dem Gedanken an ihre Wirksamkeit.

Aus Unkenntnis und fehlendem Deutungsvermögen haben sich in der Seefahrt in einem Gemisch aus Dichtung und Wahrheit viele Geschichten überliefert, in deren Mittelpunkt Fabelwesen, Geister, Gespenster und Kobolde stehen. Einen beliebten Erzählstoff liefert beispielsweise die große Seeschlange. Natürlich gibt es Seeschlangen. In den tropischen Gewässern des Indik und Pazifik sind viele Arten von Seeschlangen bekannt, von denen allerdings nur wenige über 2 Meter lang werden. Es handelt sich um lebend gebärende und fischfressende, vielfach bunt gefärbte Schlangen, die mit Giftzähnen und seitlich abgeflachtem Ruderschwanz ausgestattet sind. Einige Ausnahmen dieser Meeresbewohner werden auch bis zu 4 Metern lang. Allerdings gibt es Schlangenarten, wie die Anakonda, die eine Länge von 6 bis 8 Metern, Einzelexemplare bis zu 11 Metern erreichen. Doch diese Riesenschlangen halten sich nur zeitweise im Wasser auf.

Aber weder See- noch Wasserschlangen sind identisch mit jenem Wesen der

Meere, das seit Jahrhunderten die Gemüter erregt: die große Seeschlange. Aufgrund von vielen Beobachtungen in den letzten hundert Jahren und glaubwürdigen Aussagen, darunter auch von Wissenschaftlern, kann angenommen werden, daß es noch große Meerestiere gibt, über die wir kaum etwas wissen.

Besatzungen und Passagiere amerikanischer, englischer, französischer und deutscher Schiffe haben wiederholt von einem Tier von 10 bis 20 Metern Länge berichtet, das beim Schwimmen seinen robben- oder katzenartigen Kopf ungefähr einen Meter über dem Wasser trägt.

Ein solches Tier wurde im Sommer 1817 an der nordamerikanischen Küste in der Massachusetts-Bay über zwei Monate lang von Land aus beobachtet. Tatsächlich wurde 1971 dort ein Tierkadaver an Land gespült, der, 9 Meter lang und etwa 20 Tonnen schwer, auf langem Hals einen kleinen Kopf trug. Der Körper war mit Flossen versehen.

Anfang des Jahres 1969 meldeten sowjetische Walfänger in der Antarktis die Beobachtung eines unbekannten Meerestieres. Die Besatzung eines Hubschraubers bemerkte bei einem Flug über See aus 30 Metern Höhe eine etwa 15 Meter lange Seeschlange. Der ein Meter dicke Schlangenkörper war gleichmäßig braun gefärbt und bewegte sich krampfartig an der Wasseroberfläche. Wenige Minuten später sichtete die Besatzung eine zweite gleiche Seeschlange. Wissenschaftler vermuten, daß es sich bei der legendären Seeschlange um einen Tiefsee-Aal handelt, von dem in jüngster Zeit Larven von 1,30 Meter Länge im Nordatlantik gefangen wurden. Umgerechnet auf die Masse eines erwachsenen Tieres könnte das eine Körperlänge bis zu 30 Metern ergeben.

Nicht weniger als die Seeschlange schlug der fliegende Holländer die Seeleute in seinen Bann. Richard Wagners gleichnamige Oper hat ihn weltberühmt gemacht.

Ihre historischen Wurzeln haben die Geschichten über Geisterschiffe fast alle in der Segelschiffszeit. Damals kam es häufiger vor, daß Segler in windstillen Breiten wegen Proviant- oder Wassermangels von den Besatzungen verlassen wurden. Die Männer versuchten, mit ihren Booten das nächstgelegene Ufer zu erreichen. Die verlassenen Segler, vielfach noch mit gesetzten Segeln, hielten sich ebenso wie viele umhertreibende Wracks oft jahrelang auf dem Wasser. Die Begegnung bemannter Schiffe mit solch einem Geister- oder Totenschiff bot immer Anlaß zu wilden Gerüchten und zügelloser Panik. Gelegentlich kam es sogar zu Kollisionen mit einem dieser herrenlosen Schiffe oder Wracks, die zum Untergang des bemannten Schiffes führten.

Auch heute werden manchmal noch solche Geisterschiffe gesichtet. So wurde 1971 vor der ostafrikanischen Küste ein 1 600 Bruttoregistertonnen großer Frachter herrenlos aufgefunden. Der Verbleib der 23 Mann Besatzung konnte nicht aufgeklärt werden.

Hinter dem fliegenden Holländer verbirgt sich wahrscheinlich die historische Gestalt eines holländischen Kapitäns aus dem 17. Jahrhundert. Diesen Kapitän schildert die Legende als einen hervorragenden Seemann und harten Segler, aber zugleich auch als einen gottlosen Gesellen, der es wagte, an einem Karfreitag aus dem Hafen zu gehen, um nach Ostindien zu segeln. Die Strafe erreichte ihn am Kap der Guten Hoffnung. Dort traf er solch hartnäckigen Gegenwind an, daß es ihm trotz wochenlanger Bemühungen nicht möglich war, das Kap zu umsegeln. In seiner Wut soll der Holländer Gott verflucht und geschworen haben, so lange gegen den Wind zu kreuzen, bis das Kap hinter ihm liege, und dauere es bis zum jüngsten Tag. Dieser Fluch wurde ihm nach der Legende zum Verhängnis. Das Schiff ging mit der gesamten Besatzung vor dem Kap verloren. Der Kapitän aber muß seinen Schwur erfüllen und kreuzt mit dem verlorenen Schiff bis in alle Ewigkeit vor der südafrikanischen Küste. Für Schiffe und ihre Besatzungen, die dem fliegenden Holländer dort unten begegnen, soll der Anblick des Geisterschiffes den sicheren Untergang bringen.

Wenn sich für die große Seeschlange Tatsachendeutungen und für den fliegenden Holländer historische Vorbilder und Vorgänge finden lassen, so ist der Klabautermann eindeutig ein Produkt der Phantasie und des Aberglaubens der Seeleute, vor allem im Bereich der Nord- und Ostsee. Er gilt als der Schiffsgeist, der mit der Kiellegung des Schiffes oder spätestens mit der Aufrichtung des Großmastes seine Herrschaft an Bord antrat. Die Deutung seines Namens geht auf Poltermann, vielleicht auch auf Klettermann oder auf Kalfatermann zurück.

Der Klabautermann ist nach der Vorstellung der Seeleute kein bösartiger Geist, eher ein Schiffskobold, der seine Späße mit der Besatzung treibt und, ähnlich wie die Heinzelmännchen, der Besatzung hilft, Segel und Tauwerk in Ordnung zu bringen, das Deck zu kalfatern oder der sonstige nützliche Dienste an Bord verrichtet.

Als Geist kennt er das Schicksal des Schiffes im voraus. Deshalb verläßt er das Schiff vor dessen Untergang. Zuvor aber versucht er, den Kapitän oder ein anderes Mitglied der Besatzung zu warnen, zeigt sich zu diesem Zweck an Oberdeck, auf den Mastspitzen oder Rahen des Schiffes und tritt zuletzt leibhaftig vor den Kapitän hin, um sich von ihm zu verabschieden. Jedes Schiff hat selbstverständlich nur einen, eben seinen Klabautermann.

Bei der Unwissenheit und Furcht der Menschen vor den Gefahren des Meeres spielte das Menschenopfer in der Seefahrt eine besonders große Rolle. Man opferte den Göttern bei der Kiellegung und beim Zuwasserbringen des Bootes, aber auch vor der Ausfahrt und noch auf See, wenn sich widrige Umstände zeigten, einen Menschen. Während man an Land meistens einen Gefangenen als Opfer wählte, traf dieses Schicksal auf See ein Besatzungsmitglied. Der »Jonas« wurde gesucht!

Diese Menschenopfer wurden später durch Tieropfer ersetzt, und mancher Segelschiffkapitän hat noch Anfang dieses Jahrhunderts seinen Bordhund ins Meer geworfen, um gutes Wetter zu erhalten. Die Sorge um günstigen Wind konservierte an Bord der Segelschiffe noch manchen anderen Brauch aus uralter Zeit. So warf der Kapitän als Symbol für das frühere Menschenopfer auf See seine Mütze oder aber der Rudergänger einen alten Schuh in Luv über Bord.

Das historische Bauopfer hat sich in der Seefahrt bis in die Gegenwart hinein erhalten. Auch hier war es zunächst das Menschen-, später das Tieropfer, das in verschiedenen Formen dargebracht wurde. Das lebende Opfer wurde schließlich durch ein Goldstück ersetzt, das vor dem Einsetzen des Großmastes in den Mastschuh eingelegt wurde. Die heute übliche Form der Schiffstaufe, die beim Stapellauf am Bug zerschellende Flasche Sekt, die dem Schiff »Allzeit glückliche Fahrt« gewähren soll, kam in Europa Ende des 17.Jahrhunderts auf. Bis dahin leerten Werftbesitzer und Reeder einen silbernen Becher Wein auf das Wohl des Schiffes. Der Becher wurde anschließend über Bord ins Wasser geworfen.

In anderen Teilen der Welt gibt es andersartige Bräuche. So vollziehen bei indischen Schiffen, gleich wo sie in der Welt gebaut werden, eigens zu diesem Zweck anreisende Priester mit Räucherstäbchen und Kokosmilch die Schiffstaufe. Im Bereich des Islams verwendet man für denselben Zweck geweihtes Wasser.

Frauen als Taufpatinnen von Schiffen gibt es in Europa erst seit Beginn des 19.Jahrhunderts. Vorher war es Frauen unter Androhung von Strafe verboten, das Bauobjekt überhaupt zu betreten oder auch nur zu berühren.

Die Galionsfigur symbolisiert das ursprünglich bei der ersten Ausfahrt dargebrachte Menschenopfer. An die Stelle des längsseits des Schiffes mitgeschleppten Menschen oder Tieres trat im Laufe der Zeiten die kunstvoll aus Holz geschnitzte Menschen- oder Tiergestalt. Später wurden dann Götter, Könige oder Helden, Sinnbilder der Stärke, der Geschwindigkeit und des Glückes zum Symbol und als Name des Schiffes gewählt.

Die heute noch an Bord fast aller Schiffe übliche Linientaufe geht ebenfalls auf frühere Menschenopfer zurück. An besonders kritischen Stellen der Seereise, wie vor Kaps und Riffen oder vor Eintritt in Seegebiete, in denen gewöhnlich Stürme oder Flauten herrschen, opferte man den Meeresgöttern und erflehte ihren Schutz vor den zu erwartenden Gefahren. In Abwandlung der Menschen- und Tieropfer wurde durch christlichen Einfluß die Taufe aller Besatzungsmitglieder und Passagiere, die zum erstenmal die Gefahrengebiete durchfuhren, eingeführt. Aber es waren grobe und lebensgefährliche Abarten der christlichen Taufe, die an Bord praktiziert wurden.

Da war zuerst das Kielholen, das nicht selten tödlich verlief und im 17. und 18.Jahrhundert, ja teilweise noch im 19.Jahrhundert, als Strafe verhängt wurde. Das Opfer wurde hierbei von der Großrah ins Meer gestoßen, unter dem Kiel des Schiffes durchgeholt und auf der anderen Bordseite wieder bis auf die Großrah gezogen. Durch den starken Muschelbewuchs am Schiffsboden sowie durch herausragende Bolzen und Nägel erlitt das kielgeholte Opfer meistens schwere Verletzungen oder es ertrank.

Bei einer anderen Art der Taufe wurde das Opfer ebenfalls von der Großrah ins Meer gestoßen, blieb aber auf der gleichen Bordseite und wurde während der Fahrt dreimal hochgezogen und wieder ins Meer getaucht, ehe es halb oder manchmal auch ganz ertrunken wieder zurück auf die Großrah gezogen wurde.

Die mildeste Form der Schiffstaufe, die ab Mitte des 19. Jahrhunderts die alten Formen der Taufe an Bord ersetzte, war das Übergießen des Täuflings mit einigen Bottichen Seewasser. Aus dieser Form hat sich dann die heute noch an Bord der Schiffe übliche Linientaufe entwickelt.

Der Linientaufe beim Überqueren des Äquators, manchmal auch bei der Einfahrt in ein neues Meer, müssen sich alle Besatzungsangehörigen und Passagiere unterziehen, die diese Linie zum erstenmal passieren. Während Matrosen kaum eine Möglichkeit offensteht, dieser Prozedur zu entgehen, können sich Passagiere von der Taufe loskaufen.

Die Taufe wird durch den Meeresgott Neptun vollzogen. Mit Blechkrone und Dreizack kommt seine Meergöttliche Majestät aus seinem Unterwasserreich über das Fallreep an Bord gestiegen. Zu seinem Hofstaat gehören als wichtigste Personen der Minister oder Protokollchef, der die Taufzeugnisse ausstellt, und der Barbier, der die Reinigung durchführt. Während der Minister die Täuflinge aufruft oder die Loskaufsumme bekanntgibt, seift der Barbier die Opfer mit einer Mixtur aus Schmierseife und Ruß ein, um ihnen anschließend mit einem riesigen Holzmesser den Bart zu schaben. Danach werden die Täuflinge in ein an Oberdeck aufgebautes Wasserbassin gestürzt und aus Eimern und Kübeln mit Seewasser begossen. Schließlich hält Neptun seine Schlußansprache und übergibt den also Gereinigten ihre Taufurkunden.

Häufig befinden sich im Gefolge Neptuns noch Trabanten als Helfer, phantastisch aufgeputzte Meerjungfrauen und eine Kapelle, die mit allen nur erdenklichen Lärminstrumenten die ganze Zeremonie musikalisch untermalt. Nach Abschluß des Taufaktes beginnt ein fröhliches Bordfest, das von den Täuflingen und mit den Loskaufgeldern der Passagiere finanziert wird.

Der Seemann spricht seine eigene Sprache, die ihm aus dem Erleben der See und über Traditionen zu eigen geworden ist. Mit der Bezeichnung Seemannssprache sind nicht Fachausdrücke und technische Begriffe gemeint, wie sie auch in anderen Berufen existieren, sondern die Metaphorik, die Sinnbildlichkeit, die sich in den Nationalsprachen aller seefahrenden Völker wiederfindet.

Für den Seemann ist das Schiff ein Lebewesen. Es besitzt einen »Rumpf«, trägt einen Namen und führt »Lichter«. Der Matrose ist eine »hand«, »allhands« ist die gesamte Besatzung; die wirkliche Hand heißt Flosse. Beim Arbeiten in der Takelage stehen die Seeleute »auf dem Pferd«, dem unter der Rah gespannten Tau. Das Schiff »stampft« durch die See, es »giert« nach Luv oder Lee, »reitet« vor Anker oder »reitet« einen Sturm ab. Das runde Kajütenfenster ist ein »Bullauge« und das »Eselshaupt« verbindet auf einem Segler Mast und Gestenge.

Die Seemannssprache unterscheidet zwischen Seeleuten und Nichtseeleuten, Seefahrern und Nichtseefahrern. Echte Segelschiffsmatrosen sind »Jantjes«, »Gents« oder »Lords«. »Jan Braß«, vom Segelbrassen abgeleitet, ist der Aufschneider, der Angeber an Bord. Er bewundert sich selbst, obwohl gewöhnlich alle Seeleute gern »Seemannsgarn spinnen«. Der Schiffsjunge, der Jüngste, ist der »Moses«. Maschinisten und Heizer sind keine Seeleute, sondern Stoker, Kesselbumse oder Ölkannenschwenker. Leute an Bord, die weder von Decks- noch von Maschinenarbeit etwas verstehen, sind »Badegäste«, Binnenländer sind »Quiddjes«, »Landratten« oder »Sandpatscher«.

Große Segelschiffe heißen »Windjammer«, aus dem englischen »to wind« und »to jam« (pressen) zusammengesetzt. Die alten Segelschiffer haßten die aufkommenden Dampfer und fanden immer neue Spottnamen für sie, wie »Ascheimer«, »Kohlenfräter«, »Stinkkasten« oder »Smogschlitten«. Passagier- schiffe sind bis heute »Musikdampfer« geblieben, Kriegsschiffe »Hurradamp- fer«.

Auch see-, seemanns- und schiffsbezogene Sprichwörter und Redensarten zi- tiert der Seemann gern:

»Schiffe ohne Rum stinken nach Jauche.« (Altes Sprichwort)
»Ein Schiffer darf keinen guten Wind versäumen.« (Altes Sprichwort)
»Wer nicht über die Reling pissen kann, soll von Bord bleiben.« (Alter Spruch)
»He krigt de Wind van vörn!« (Plattdeutscher Spruch)
»Wer gegen den Wind pißt, kriegt nasse Hosen.« (Spruch aus dem deutschen Mittelalter)
»Bei einem Sturm nützen die schönsten Worte nichts.« (Altnordischer Spruch)

Als nach der Erfindung des festen Steuerruders die Segelschiffe immer grö- ßer wurden und immer mehr Segel führten, mußten die notwendigen Manöver des Schiffes, wie das Ankermanöver, das Brassen und Vorheißen der Rahen, das Bedienen der Segel sowie der Pumpen und viele andere Arbeiten durch den vereinten Krafteinsatz vieler Männer erfolgen. So entstand das Shanty als ein Arbeitsgesang der Matrosen. Ihre Vorläufer haben die Shantys der Segel- schiffe in den Rudergesängen auf Riemenschiffen, und entstanden sind sie aus den Songs der schwarzen Hafenarbeiter, die von den Seeleuten in Text und Melodie anfangs einfach übernommen wurden.

Doch bald schon bildeten die Vorsänger an Bord ihre eigenen Texte, in de- nen die schwere Arbeit des Seemannes, seine Erlebnisse an Land sowie sein Wunsch nach Rückkehr in die Heimat den Mittelpunkt bildeten. Gerne wur- den im Text des Vorsängers die Zustände an Bord des eigenen Schiffes in im- mer wieder neuen Variationen gegeißelt, während der Refraintext des Matro- senchors die allgemeine Sehnsucht der Seeleute nach der Heimat oder der Geliebten ausdrückte. Eines der bekanntesten und beliebtesten Shantys über- haupt ist das Capstan-Shanty »Rolling home«.

Capstan ist das englische Wort für Gangspill, das die Matrosen zum Anker- hieven mit schweren Spillspaken ähnlich einem Karussel drehen mußten. Ihre große Beliebtheit erhielten diese Shantys durch das mit dem Ankerhieven auf- kommende Heimweh, den Wunsch, nach längerem Seetörn zurück in die Hei- mat zu segeln.

Bekannt wurde »Rolling home« in der deutschen Fassung »Magelhan« von R. HILDEBRANDT.

Hildebrandt, der 1888 bei der Strandung seines Schiffes ums Leben kam, wurde für seinen Text mit drei Monaten Heuerabzug bestraft.

»Magelhan«

Dor weer eenmol een ollen Kassen,
een Klipper namens »Magelhan«,
dor weer bi Dag keen Tid to Brassen,
det Abends denn wör allens dahn.
Bi Dag dor kunn dat weihn un blasen,
dor wör noch lang keen Hand anleggt,
doch slög de Klock man erst acht Glasen,
denn wör de ganze Plünnkram streckt.
   Rolling home, rolling home,
   rolling home across the sea,
   rolling home to di old Hamborg,
   rolling home, dear land, to thee.

Dat weer so recht den Ooln sien Freten,
dat gung em över Danz un Ball,
harr Janmaat graad een Pip ansteken,
denn grööl he: Pull in't Grootmarsfall!
Dat kunn de Kerl verdüvelt seggen,
he jöög uns rüm von Fall to Fall.
Dor kunn man pullen, riten, trecken
und kreeg gewöönlich kenen Toll.
   Refrain

Un up den heil'gen stillen Fridag
geevt middags gele Arftenjüch,
un ok eenmal up'n Buß- und Beeddag
Dor seed de Kerl, den kennt wi nich,
he harr sik aber böös verrekent,
de Lüüd de seed'n, wie arbeit' nich.
Dor schraal de Wind ok noch fif Streeken,
wat weer de Kerl dunn gnatterich.
   Refrain

Un ok den Groot nicht to vergeten,
dat weer en richt'gen oolen Klaas.
Den kunn de Ool wie'n Buurjung necken,
he leckt em dorum doch in'n Mors.
An Land, dor hunn he dat woll blasen,

dor praalt de Kerl, ik weet nich wie,
doch fung't up See mal an to asen,
kreeg he vör Angst de Schiterie.
   Refrain

Doch nun mal erst bei Licht bikeken,
weer Kaptein Wortmann lang nich slecht,
harr Smutje mal en Swien afsteken,
transcheer he sölber dat torecht.
Denn kreg'n de Lüüd, dat laat man lopen,
se freiten sik all up de Ti,
se kreg'n de Snuten un de Poten,
un gele Arftensupp dorbi.
   Refrain

Drum »Magelhan«, du oole Kasten,
dit Leed sall di een Dankmal sien.
Wenn't regent, schraapt de Lüüd de Masten.
De Poten kriegt se vun dat Swien.
All Daag dor wörrn de Ends terreten,
wie kunn dat denn ok anners gaan,
de heele Seefahrt de's bescheten,
toerst de Klipper »Magelhan«.
   Refrain.

Ein anderes bis heute gern gesungenes Shanty ist »De Hamborger Veermaster«, das in Anlehnung an »The Banks of Sacramento« entstand. Dieser Capstan-Shanty schildert den großen Goldrun nach Kalifornien Mitte des 19. Jahrhunderts. Ähnlich wie in »Rolling home« blieb im Deutschen nur der Refrain
erhalten, während der Text die Zustände an Bord behandelt.

»De Hamborger Veermaster«

Ick heww mol en
Hamborger Veermaster sehn,
   to my hoodah, to my hoodah.
De Masten so scheev
as den Schipper sien Been.
   to my hoodah, hoodah ho.
   Blow, boys, blow for Californio,
   there is plenty of gold,
   so I am told,
   on the banks of Sacramento.

Dat Deck weer von Isen,
Vull Schiet und vull Smeer,
  Refrain

dat weer de Schietgäng
eer schönstes Pläseer.
  Refrain

Dat Logis weer vull Wanzen,
de Kombüüs weer vull Dreck,
  Refrain

de Beschüten de löpen
von sülben all weg.
  Refrain

Dat Soltfleesch weer gröön,
un de Speck weer vull Maden,
  Refrain

Kööm geev dat bloß
an'n Winachtsabend.
  Refrain

Un wull'n wi mal seil'n,
ik segg dat jo nur,
  Refrain

denn lööp he dree vörut
und veer werrer retur.
  Refrain

As dat Schipp.
so weer ok de Kaptein,
  Refrain

de Lüüd für dat Schipp,
wörrn ok bloß schanghaied.
  Refrain

Das Weltmeer

Die Ozeane und ihre Nebenmeere

Bis zur Jahrhundertwende sprach und schrieb man von den sieben Meeren. Diese »Sieben« galt in der Antike als eine heilige, sinnbildhafte Zahl. Die sieben Meere waren das Mittelmeer, das Rote Meer, das Äußere oder Westafrikanische Meer, das Ostafrikanische Meer, der Persische Golf, das Indische Meer und das Chinesische Meer. Im Zeitalter der Entdeckungen übernahm der europäische Kulturkreis die »Sieben«. Man kam zu der Zahl durch die Teilung des Pazifiks und des Atlantiks in je einen Nord- und einen Südteil, wobei der Äquator die Trennlinie bildete. Als selbständige Ozeane galten weiterhin der Indik und die beiden Polarmeere.

Noch im Jahre 1845 bestätigte eine Gruppe britischer Wissenschaftler, eingesetzt zum Studium der Meereseinteilung, die alte Bedeutung der Zahl Sieben. Und in der Poesie heißt es bis heute: »Die sieben Meere!«

Das räumlich zusammenhängende Weltmeer unterteilt man wissenschaftlich seit dem 20. Jahrhundert in drei Ozeane: den Pazifischen oder Stillen Ozean mit einer Wasseroberfläche von 180 Millionen Quadratkilometern, den Atlantischen Ozean mit einer Fläche von 106 Millionen Quadratkilometern und den Indischen Ozean mit einer Oberfläche von 75 Millionen Quadratkilometern.

Die beiden Polarmeere werden seit dem 20. Jahrhundert nicht mehr als Ozeane anerkannt, denn nach einer geographisch-mathematischen Abgrenzung durch die Polarkreise verbleiben nur Buchten und Randmeere. Atlantik und Pazifik sind in sich geschlossene Meere, eine gedachte Trennungslinie kann diese Tatsache nicht aufheben. So kam es zu den drei Ozeanen.

Jedem Ozean sind Rand- oder Nebenmeere zugeordnet. Die Geographen benennen 19 solcher Nebenmeere. Im Pazifik die Beringsee, das Ochotskische Meer, das Japanische Meer, das Ostchinesische Meer, den Kalifornischen Golf, das Asiatische Mittelmeer und die Baßstraße; im Atlantik das Nördliche Eismeer, die Hudson-Bay, der St.-Lorenz-Golf, die Irische See, der Kanal, die Nordsee, die Ostsee, das Amerikanische Mittelmeer und das Europäische Mittelmeer; im Indik das Rote Meer, der Persische Golf und die Andamanensee. Daneben gibt es eine ganze Reihe weiterer Meere, Seen und Buchten, wie die Barentssee und das Schwarze Meer, die zusammen mit den Nebenmeeren etwa ein Zehntel der Gesamtmeeresfläche ausmachen.

Die Ozeane stehen miteinander in Verbindung und beeinflussen sich gegenseitig durch einen mehr oder weniger großen Austausch von Wassermassen. So kommt das Tiefenwasser aller Ozeane im wesentlichen aus der Arktis und Antarktis, während das Wasser des Roten Meeres sich bis in die Antarktis verfolgen läßt. Der Wasseraustausch zwischen dem Nordatlantik und dem Südatlantik wird auf 6 Millionen Kubikkilometer pro Sekunde in jeder Richtung geschätzt.

Die Gesamtwassermenge der Ozeane und ihrer Nebenmeere beträgt 1 370 Millionen Kubikkilometer. Wenn man alles Festland systematisch abtragen und ins Meer schütten würde, dann wäre damit nur etwa ein Achtel der Wassermassen verdrängt, denn die mittlere Höhe des Festlandes beträgt im Durchschnitt nur 700 Meter, die durchschnittliche Tiefe des Weltmeeres dagegen 3 800 Meter. Auch die höchste Erhebung auf dem Land, der Mount Everest, ist mit 8 882 Metern niedriger als die größte Meerestiefe, die im Marianengraben mit 11 034 Metern vermessen wurde.

Von den Kontinenten ausgehend, gliedert man das Weltmeer in ein Küsten- oder Flachseegebiet, den sogenannten Schelf, der sich, zumeist nur leicht abfallend, bis auf 200 Meter Wassertiefe erstreckt. Dahinter beginnt der steilabfallende Kontinentalabhang mit dem Übergang zur Tiefsee. Der Tiefseeboden, der bis zu 6 000 Meter Meerestiefe gerechnet wird, umfaßt rund 75 Prozent der Gesamtfläche der Ozeane, durchzogen von zahlreichen Tiefseegräben.

Das Seewasser wechselt in seiner Farbe von Weißgrau über Gelb bis zu Grün und Blau, abhängig vom Anteil des Planktons im Wasser. Wo es fehlt, scheint das Wasser von einer tiefblauen Färbung. Da das Plankton die Nahrungsgrundlage der Fische und übrigen Meeresbewohner ist, spricht man bei der blauen Farbe auch von der Wüstenfarbe des Meeres.

Der Salzgehalt des Wassers beträgt durchschnittlich 35 Promille. Während er in den verdunstungsreichen tropischen Gebieten bis auf 40 Promille ansteigt, nimmt er bei den in höheren Breiten gelegenen Nebenmeeren stark ab, besonders dann, wenn große Ströme in fast geschlossene Meere fließen. In der Ostsee beispielsweise beträgt der Salzgehalt im Skagerrak 28 Promille, bei der Insel Rügen nur noch 8 Promille und im nördlichen Teil des Bottnischen Meerbusens sinkt er auf 4 bis 1 Promille.

Das Seewasser hat in den unteren Schichten eine Temperatur von durchgehend 2 bis 4 Grad Celsius. An der Oberfläche wird die Temperatur durch die klimatischen Verhältnisse der jeweiligen geographischen Breite bestimmt und schwankt im allgemeinen zwischen 27 und 5 Grad Celsius. Extremwerte sind 36 Grad Celsius im Arabischen Golf und minus 1,9 Grad Celsius im Polarmeer. Die Vereisung des Seewassers beginnt bei einem Salzgehalt von 35 Promille bei minus 1,9 Grad.

Die beiden Polarmeere unterscheiden sich von den übrigen Meeren durch eine Reihe von Besonderheiten. Das Nördliche Eismeer ist ein ursprüngliches, ein altes oder frühes Meer, das von 2 bis 4 Meter dicken riesigen Eisschollen bedeckt wird. Dieses aus Salzwasser gebildete Meereis wird auch im Winter und im Zentrum des Polarmeeres nicht dicker. Packeis ist zusammengeschobe-

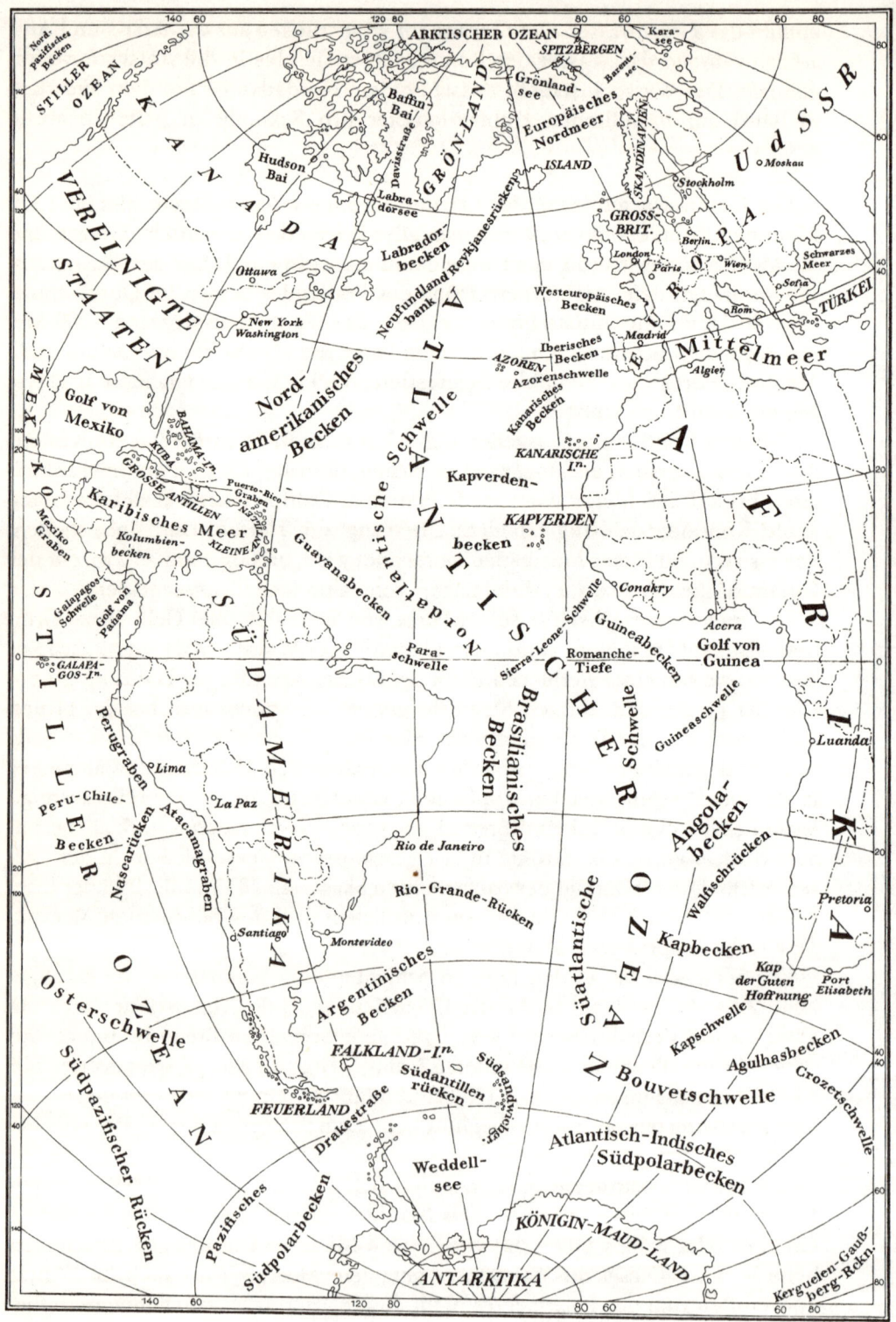

nes Meereis mit wallartig aufgetürmten Eispressungen bis zu 30 Metern Höhe. Es hat eine zerklüftete, von Spalten durchzogene Oberfläche. Treibeis schließlich entsteht am sich auflösenden Rand von Packeis und Meereis. Wenn es durch Strömung oder Wind in die Ozeane getrieben wird, schmilzt es durch die höheren Wassertemperaturen langsam ab.

Im Unterschied zu diesem, für die Schiffahrt relativ ungefährlichen morschen Eis, stellen die aus Süßwasser bestehenden festen Eisberge, die mit ihrer Hauptmasse unter der Wasseroberfläche treiben, eine erhebliche Gefährdung für die Schiffahrt dar. Bekannt ist in diesem Zusammenhang der Zusammenstoß des Luxus-Liners TITANIC mit einem Eisberg auf seiner Jungfernfahrt im April 1912. Die Eisberge im Nordatlantik stammen von der grönländischen Küste. Aus dem Inneren Grönlands fließen mächtige Eisströme zur Meeresküste. Im Wasser brechen die Gletscherzungen durch die Wirkung von Ebbe und Flut ab; sie kalben, wie man diesen Vorgang nennt. Jährlich treiben so Tausende Eisberge mit dem Labradorstrom nach Süden. Wenn auch viele schon vor der Labradorküste oder vor Neufundland steckenbleiben, bilden die weitertreibenden Eisberge doch noch eine große Gefahr für die nördliche Schiffahrtsroute, die die kürzeste Verbindung zwischen Westeuropa und Nordamerika ist.

Das südliche Eismeer zeigt ein völlig anderes Erscheinungsbild. Das Wasser der drei Ozeane brandet offen oder eisführend gegen die Küsten Antarktikas. Über dem Kontinent liegt Festlandeis von großer Mächtigkeit und Stärke; gleichförmiger noch als die schwimmende Meereisdecke der Antarktis. Die sich hier beim Kalben bildenden Eisberge sind die größten der Erde. In der Antarktis wehen die Winde aus westlicher Richtung rund um den Pol. Die Westwinddrift war in der Segelschiffahrt des 19. Jahrhunderts bekannt und wurde für schnelle Reisen nach Australien genutzt. Die weder durch Festland noch durch Inseln gehemmten Winde erzeugen im südlichsten Teil des Weltmeeres das rauheste Klima der Erde.

Für die drei Ozeane haben sich im Verlauf der Jahrhunderte bestimmte Klischeevorstellungen ergeben, die nicht jeder Seefahrer zu bestätigen gewillt ist. Einen besonders schlechten Ruf genießt der Nordatlantik. Allan Villiers, australischer Schriftsteller und einer der letzten Segelschiffskapitäne schrieb über ihn: »Was man auch alles über den Nordatlantik sagen mag, friedlich darf man ihn ganz gewiß nicht nennen! An Norwegens düstere Westküste, im Westen Schottlands und der Hebriden, an die westlichen Küsten Irlands, an die von Cornwall, Devon und Wales, im ganzen sturmdurchtobten Golf von Biskaya, an Kap Finisterre vorbei bis zu Portugals hohen, zerklüfteten und doch so lieblichen Küsten – überall brandet der Nordatlantik gegen Europa. Nein, er ›bespült‹ diesen Erdteil wahrhaftig nicht. Seine Wasser hämmern dagegen, leidenschaftlich, ungestüm, ohne Atempause. Von Sagres beim Kap Sao Vicente bis zum Nordkap ist Millionen Jahre hindurch der wilde Kampfruf atlantischer

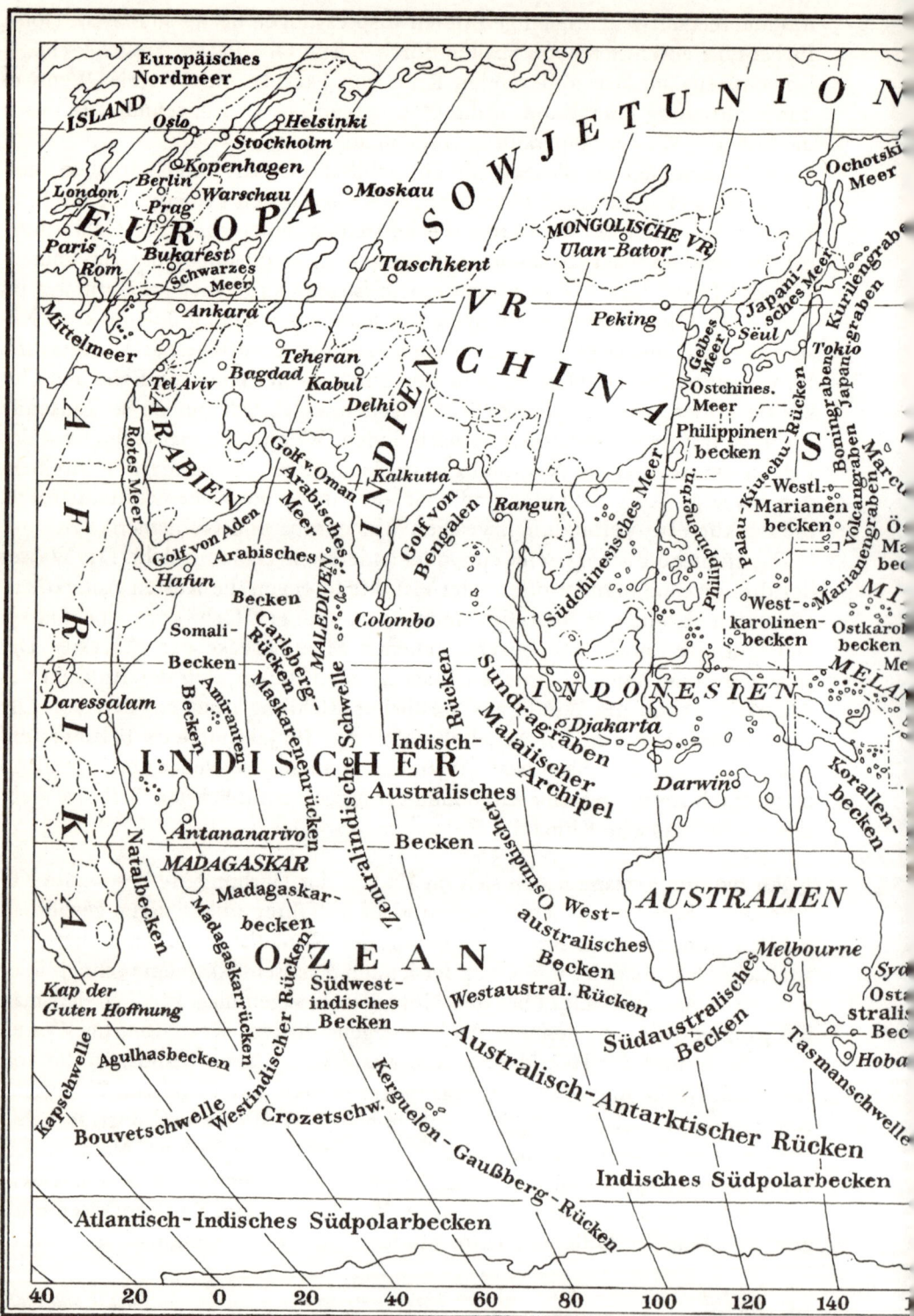

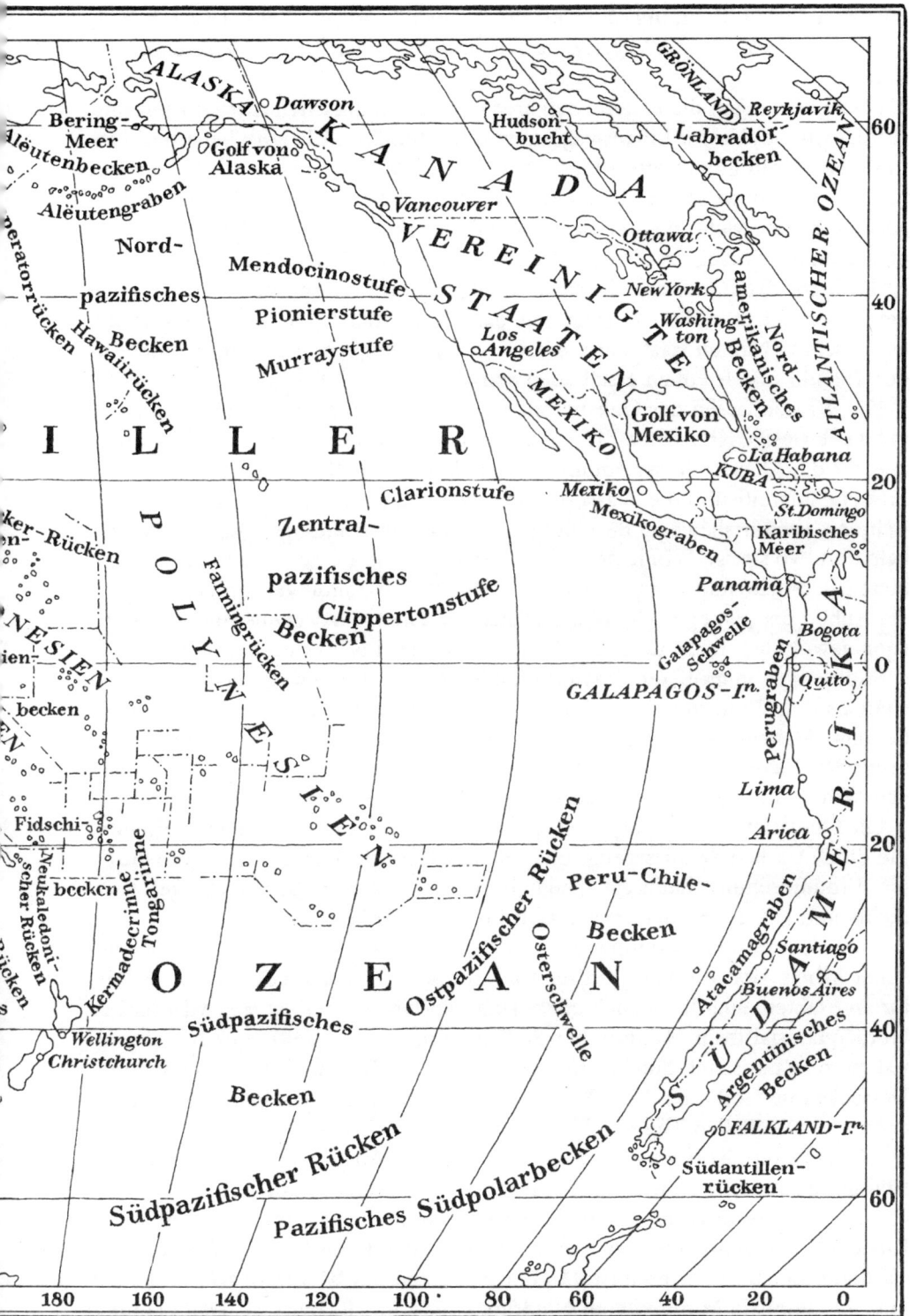

ALASKA

Bering-Meer

Äleutenbecken

Äleutengraben

Nord-

pazifisches

Hawaiirücken

Becken

...peratorrücken

I L L E R

...ker-Rücken

...en

...esien

...ien

...becken

Fidschi

...becken

Neukaledoni-scher Rücken

...rücken

Kermadecrinne

Tongarinne

O Z E A N

Wellington

Christchurch

Südpazifisches

Becken

Südpazifischer Rücken

Pazifisches Südpolarbecken

Dawson

Golf von Alaska

Vancouver

Mendocinostufe

Pionierstufe

Murraystufe

K A N A D A

V E R E I N I G T E

S T A A T E N

Los Angeles

MEXIKO

Clarionstufe

Zentral-

pazifisches

Clippertonstufe

Becken

Fanningrücken

P O L Y N E S I E N

Ostpazifischer Rücken

Osterschwelle

Peru-Chile-

Becken

Hudson-bucht

GRÖNLAND

Reykjavik

Labrador-becken

Ottawa

New York

Washington

Golf von Mexiko

Mexiko

Mexikograben

Galapagos-Schwelle

GALAPAGOS-I.n

Lima

Arica

ATLANTISCHER OZEAN

Nord-amerikanisches Becken

La Habana

KUBA

St. Domingo

Karibisches Meer

Panama

Perugraben

Bogota

Quito

S Ü D A M E R I K A

Atacamagraben

Santiago

Buenos Aires

Argentinisches Becken

FALKLAND-I.n

Südantillen-rücken

60

40

20

0

20

40

60

180   160   140   120   100   80   60   40   20   0

Stürme nie verstummt, und die Küsten, die dem Ansturm standgehalten haben, sind rauh und mit vorgelagerten Felsen bewehrt, über die eine kochende See brandet.«

Lange bevor sich die ersten Seefahrer von der atlantischen Küste lösten und auf das offene Wasser hinauswagten, wurden Indik und Pazifik befahren. Der Indische Ozean gilt als ein ruhiges, beständiges Meer, dem die regelmäßig wehenden Monsunwinde, im Sommer von Afrika nach Indien, im Winter in entgegengesetzter Richtung, den besonderen Charakter verleihen. Der erste Weltumsegler, der Portugiese Fernao Magalhaes, gab dem Stillen Ozean den Namen El Pazifico, der Friedliche. Nach den wilden Stürmen und der tobenden See bei Feuerland mag dem Portugiesen nach Durchfahrt der Meeresstraße, die heute seinen Namen trägt, das vor seinen Augen liegende neue riesige Meer in der Tat still und friedlich erschienen sein.

Die Wassermassen der Ozeane bilden sowohl an der Oberfläche als auch in der Tiefe riesige Kreisläufe, die Meeresströmungen. Die hauptsächlichste Ursache für die Oberflächenströmung ist der Wind, der die Wellenberge auf der Luvseite angreift und die Wassermassen, wenn auch nur geringfügig, in Windrichtung vorwärtsbewegt. Beständige Oberflächenströmungen entstehen deshalb dort, wo stetige Winde herrschen, vor allem also in Passat- und Monsungebieten. Deshalb sind die Oberflächen- oder Windströmungen im allgemeinen ein Abbild der planetarischen Luftzirkulation. Die Oberflächenströmungen reichen gewöhnlich nicht tiefer als 200 Meter unter die Wasseroberfläche.

Strömungen in größeren Wassertiefen haben für ihre Bewegung andere Ursachen als den Wind, meistens sind sie durch den Wärmeausgleich des Wassers bedingt. Manchmal werden derartige Strömungen auch schon wenige Meter unter der Wasseroberfläche wirksam, so daß ein tiefergehendes Schiff selbst gegen Windrichtung und Oberflächenströmung treiben kann.

Die Oberflächenströmungen bilden in den Ozeanen geschlossene Kreisläufe, die durch starken Wind erzeugt und von der Coriolis-Kraft – das ist die durch die Erdumdrehung bedingte Trägheitskraft – auf der Nordhalbkugel nach rechts und auf der Südhalbkugel nach links abgelenkt werden.

Die bekanntesten Strömungen, die in der Segelschiffahrt eine große Rolle gespielt haben, sind die Passatdriften, die durch die Passatwinde entstehen. Mit ihrem exakten, allerdings auch etwas längeren Namen heißen sie: Atlantischer Nordäquatorialstrom, Atlantischer Südäquatorialstrom, Pazifischer Nordäqatorialstrom, Pazifischer Südäquatorialstrom und Indischer Südäquatorialstrom. Der bekannte Golfstrom, die »Winterheizung« Nordeuropas, bildet den westlichen und nördlichen Teil des Nordatlantischen Kreislaufs.

Die Gezeiten, häufig mit dem niederdeutschen Ausdruck Tiden bezeichnet, sind das gigantische Naturspiel des regelmäßigen Steigens und Fallens der ozeanischen Wassermassen, wie es besonders eindrucksvoll an der atlantischen Küste, aber auch noch an der Nordseeküste und auf den Unterläufen von Weser und Elbe zu beobachten ist. Mit der Flut steigt das Wasser in sechs Stunden und zwölfeinhalb Minuten vom Niedrigwasser zum Hochwasser. Dann kentert der Strom, und es beginnt die Ebbe, die im gleichen Zeitraum das Wasser wieder auf das Niveau des Niedrigwassers bringt. In Flußmündungen kann das zeitliche Verhältnis von Ebbe und Flut durch die natürliche Flußströmung etwas verschoben sein, doch bleibt die Gesamtzeit einer Tide, dort, wo sie täglich zweimal auftritt, zwölf Stunden und fünfundzwanzig Minuten.

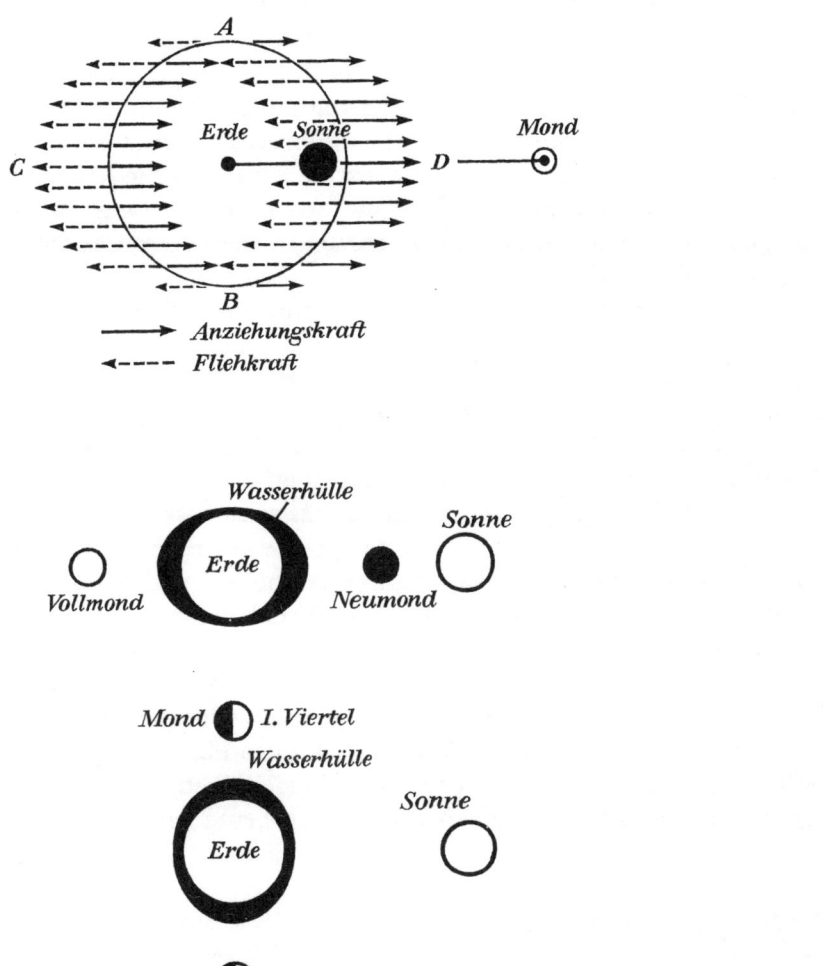

Auf die Gezeiten einwirkende Kräfte.

Hauptursachen für die Gezeiten sind die Anziehungskraft des Mondes und die durch die Kreisbewegung des Systems Erde – Mond um seinen Schwerpunkt hervorgerufene Fliehkraft. Nach dem Gravitationsgesetz von Newton ziehen sich zwei Massen mit einer bestimmten Kraft an. Diese Anziehungskraft nimmt mit der Masse zu und mit der Entfernung ab. Andererseits wird ein Körper, der sich auf einer Kreisbahn bewegt, mit einer bestimmten Kraft, der Fliehkraft, vom Mittelpunkt des Kreises fortgetrieben.

63

Erde und Mond üben nach diesem Gesetz eine Anziehungskraft aufeinander aus. Beide Himmelskörper bewegen sich um einen gemeinsamen Schwerpunkt. Das entstehende Kräfteverhältnis zwischen Anziehungskraft und Fliehkraft gleicht sich im Erdmittelpunkt aus; doch überwiegt auf der dem Mond zugekehrten Seite der Erdoberfläche die Anziehungskraft und auf der dem Mond abgewandten Seite der Erdoberfläche die Fliehkraft. Das leicht bewegliche Wasser der Ozeane gibt sowohl der Anziehungskraft als auch der Fliehkraft nach, und so entsteht auf beiden Seiten der Erde je ein Fluthügel. Diese beiden einander gegenüberliegenden Flutberge würden im Vierundzwanzig-Stunden-Rhythmus der Erdumdrehung über die Erdoberfläche wandern. Da sich aber gleichzeitig der Mond auf seiner Bahn um die Erde, die er in neunundzwanzig-einhalb Tagen durchläuft, jeden Tag ein Stück weiter bewegt, braucht jeder Punkt der Erde weitere fünfzig Minuten, um wieder in seine Ausgangsstellung zum Mond zu kommen.

Auch die Sonne übt eine fluterzeugende Anziehungskraft auf die Erde aus, obgleich diese Kraft, durch die große Entfernung bedingt, kaum die Hälfte der Mondwirkung erlangt. Liegen aber die Kraftwirkungen von Sonne und Mond auf die Erde in einer Ebene, wie das bei Neumond und Vollmond der Fall ist, treten sowohl bei Hochwasser als auch bei Niedrigwasser extreme Werte auf. Man spricht dann von einer Springtide. Stehen Sonne und Mond dagegen in einem rechten Winkel zueinander, hebt die Anziehungskraft der Sonne die des Mondes zum Teil auf. Es kommt zur Nipptide mit einem sehr geringen Niveauunterschied des Tidenhubs zwischen Nipphoch- und Nippniedrigwasser. Diese Erscheinung tritt dann auf, wenn der Mond im ersten und dritten Viertel steht. Besonders große Gefahr droht der Küste, wenn die Springflut durch heftige auflandige Stürme verstärkt zur Sturmspringflut wird. In diesen Fällen werden mitunter selbst die Schutzdeiche überspült oder eingerissen und weite Teile des flachen Küstenlandes durch die salzigen Fluten verwüstet.

Derartige Katastrophen, die meistens auch viele Menschenleben fordern, ereignen sich trotz aller Schutzmaßnahmen auch heute noch.

Wind und Wellen als Elementarkräfte

Der Wind spielte nicht nur für die Segelschiffahrt eine große Rolle, sondern die Wissenschaft von Wind und Wetter, die Meteorologie, ist auch heute noch ein unentbehrliches Hilfsmittel der Schiffsführung.

Die Luftbewegung – der Wind – vollzieht sich in Form von Strömungen einzelner Luftteilchen. Ursache dieser Bewegung ist letztlich die Sonnenwärme. Wird die Luft durch Sonneneinwirkung erwärmt, so dehnt sie sich aus, wird dadurch leichter – die Dichte je Volumeneinheit nimmt ab – und steigt nach oben. In den so entstehenden Raum niedrigen Drucks, das Tief, strömt die umgebende druckhöhere Kaltluft wirbelförmig ein. Bedingt durch die Drehung der Erde, strömt der Wind auf der Nordhalbkugel entgegen dem Uhrzeigersinn, auf der Südhalbkugel dagegen im Uhrzeigersinn zum Tiefdruckzentrum. Sobald das Tief zu wandern beginnt, wird es als Störung oder Zyklone bezeichnet. Meistens entsteht eine Zyklonenfamilie aus drei, vier oder fünf, manchmal sogar aus sechs oder sieben Zyklonen, die in einem Abstand von ein bis zwei Tagen hintereinander ganz bestimmten Zugstraßen folgen.

Beim Hoch ist ein umgekehrter Vorgang wie bei der Bildung des Tiefs zu beobachten. Aus einem Raum hohen Luftdrucks, der Antizyklone, strömen die Luftmassen nach außen in Gebiete mit niedrigem Druck. Auch bei dieser Luftbewegung von innen nach außen werden die Luftmassen durch die Erdumdrehung abgelenkt, doch jetzt in umgekehrter Richtung; auf der Nordhalbkugel im Uhrzeigersinn und auf der Südhalbkugel entgegen dem Uhrzeigersinn.

Der Wind entsteht also durch die Ausgleichbewegung der Luft zwischen Gebieten verschiedenen Luftdrucks. Je größer der Druckunterschied ist, desto stärker ist der Wind. Zyklone und Antizyklone, die meistens mit einer Geschwindigkeit von etwa 30 Kilometern pro Stunde wandern, halten sich über See wegen der geringen Reibung an der Wasseroberfläche länger als über Land. In Äquatornähe, wo die ablenkende Kraft der Erdumdrehung auf Null zurückgeht, füllen sich Zyklone schneller auf. Das ist der Grund, weshalb tropische Stürme unterhalb von 5 Grad nördlicher und südlicher Breite nur von kurzer Dauer sind.

Die Tiefdruck- und Hochdruckgebiete können als unregelmäßige Naturerscheinungen infolge unterschiedlicher Erwärmung und Wärmeausstrahlung der Erdoberfläche entstehen. Sie erfassen aber auch als eine regelmäßige Naturerscheinung beständig weite Gebiete der Erde und erzeugen in Richtung und Stärke stetige Luftbewegungen in einem geordneten Windsystem. Da nach dem ärologischen Grundgesetz in den höheren Schichten der Atmosphäre über Kaltluft tiefer Druck und über Warmluft hoher Druck herrscht, bewegen sich die Luftmassen in der Höhe in entgegengesetzter Richtung zu den Luftmassen am Boden. Demnach müßte die am Äquator stark erwärmte Luft aufwärts steigen und in der Höhe polwärts abfließen, während in den unteren Schichten die Luft vom Pol zum Äquator strömen müßte.

Diese theoretische Gesetzmäßigkeit der Luftbewegung wird jedoch durch die ungleichmäßige Erdoberfläche, vor allem durch die unterschiedliche Wasser- und Landverteilung sowie durch die ablenkende Kraft der Erdumdrehung gestört. Trotzdem kommt es zu einem im wesentlichen geordneten planetarischen Windsystem mit folgenden fünf Zonen:

Die Äquatorialzone oder Zone der innertropischen Konvergenz ist der schmale Gürtel nördlich und südlich des Äquators, in dem die Passatwinde beider Erdhalbkugeln an einer Front zusammentreffen und infolge starker Erwärmung wieder in die Höhe steigen. Typisch für das Wetter dieser Zone sind kräftige Wolkenbildung und starker Regen, der als Äquatorialregen sogar seinen eigenen Namen hat. Berüchtigt und gefürchtet wurde die Äquatorialzone in der Segelschiffzeit als Gebiet der Windstille beziehungsweise der nur schwach umlaufenden Winde, der sogenannten Mallungen oder Doldrums.

Die Passatzone erstreckt sich bis etwa 35 Grad nördlicher und südlicher Breite vom Äquator. Hier wehen die berühmten Passatwinde, bei den Seeleuten auch »trade winds« genannt. Die Entstehung dieser einst für die Segelschiffahrt in den Tropengebieten so außerordentlich wichtigen Winde ist gleichfalls auf die Sonneneinstrahlung zurückzuführen. Die über dem Äquator aufgestiegene und polarwärts abfließende Warmluft sinkt zu einem Teil zwischen dem 30. und 40. Breitengrad auf beiden Erdhalbkugeln abgekühlt wieder nieder und strömt nun in Bodennähe erneut dem Äquator zu. Dabei werden die Luftmassen durch die Erdrotation in westlicher Richtung abgelenkt, so daß der Passat auf der nördlichen Halbkugel aus Nordost und auf der südlichen Halbkugel aus Südost weht. Die Passatwinde, die 1 bis 2,5 Kilometer hoch reichen, steigen am Äquator in die Höhe und gehen dort in den Urpassat über, eine bis 12 Kilometer hoch reichende Gegenströmung zum Passat. Im allgemeinen herrscht in der Passatzone trockenes und wolkenfreies Wetter, wobei es nur gelegentlich zu eng begrenzten, doch kräftigen Regenschauern kommt.

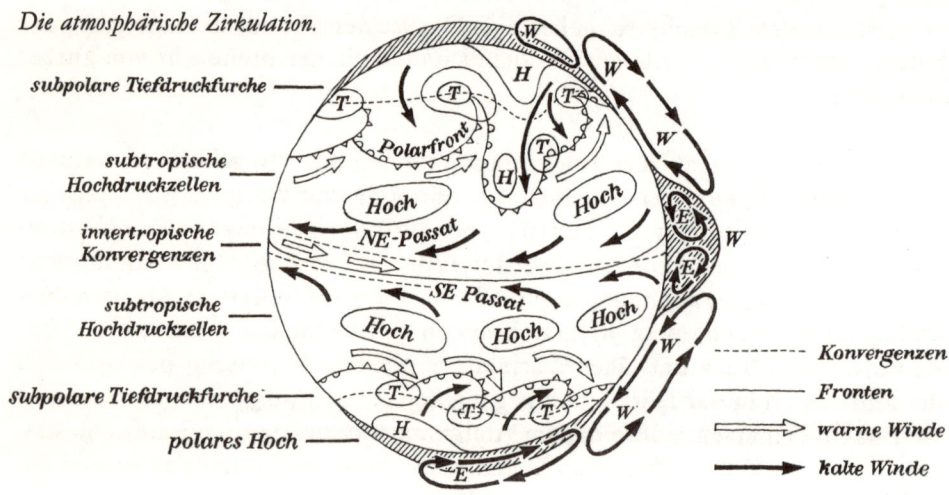

Die atmosphärische Zirkulation.

subpolare Tiefdruckfurche

subtropische Hochdruckzellen

innertropische Konvergenzen

subtropische Hochdruckzellen

subpolare Tiefdruckfurche

polares Hoch

Polarfront

Hoch

NE-Passat

SE Passat

Hoch

Hoch

Hoch

Konvergenzen

Fronten

warme Winde

kalte Winde

Die Roßbreiten sind das Gebiet zwischen 35 und 40 Grad Breite, in dem auf beiden Seiten der Erdhalbkugel ein subtropischer Hochdruckgürtel vorhanden ist. Hier ist das Ursprungsgebiet des Passats, in dem durch die niedersteigende Kaltluft ständig wolken- und regenarmes Wetter herrscht. Die Roßbreiten erhielten ihren Namen in der Segelschiffszeit. Da die Schiffe in diesen Breiten durch die vorherrschende Windstille häufig lange festlagen, gingen bei Pferdetransporten viele Pferde an Futter- und Wassermangel ein, und ihre Kadaver wurden über Bord geworfen. Die Zone subtropischer Hochdruckgürtel, wie die Roßbreiten in der Meteorologie bezeichnet werden, verschiebt sich mit dem Sonnenstand im Hochsommer polwärts und bewirkt zum Beispiel im Mittelmeergebiet die sommerliche Trockenzeit.

Der Westwindgürtel umfaßt die geographische Breite von etwa 40 bis 65 Grad auf beiden Seiten des Äquators. Während die Wirksamkeit des Windgürtels auf der Nordhalbkugel durch die Kontinentalmasse abgeschwächt wird, ist er auf der Südhalbkugel voll wirksam. Deshalb spricht hier der Seemann von den braven Westwinden. In diesem Gürtel wandern an Frontalzonen Tiefdruckgebiete von West nach Ost. Ein Teil der vom Äquator zum Pol fließenden Luft lagert sich in dieser gemäßigten Zone über die noch kältere Bodenluft, kühlt weiter ab und sinkt, während die unteren Luftschichten sich erwärmen und aufwärts steigen. Die polwärts ziehende Luft bewirkt eine bis in Bodennähe reichende Windströmung, die auf der nördlichen Erdhälfte durch die Erdumdrehung als Südwestwind und auf der südlichen Erdhälfte als Nordwestwind wirksam wird. In 8 bis 12 Kilometer Höhe entwickeln sich bei großen Druckunterschieden auf engstem Raum besonders hohe Windgeschwindigkeiten, die sogenannten Höhenstürme, auch Düsen- beziehungsweise Strahlströmung genannt.

Die Polarzone, auch polare Ostwindzone genannt, ist ein Gebiet hohen Drucks zwischen dem 80. und 90. Breitengrad, aus dem kalte Polarluft in Bodennähe äquatorwärts strömt. Durch die Erdrotation abgelenkt, wehen östliche Winde von geringer Stärke, die bei 60 bis 65 Grad Breite mit den Westwinden zusammentreffen. Zwischen der tropischen Warmluft und der polaren Kaltluft im Bereich der mittleren Breiten ziehen Zyklone polwärts und Antizyklone äquatorwärts. Dabei wehen, durch die Erdrotation bedingt, die zum Äquator hin ziehenden Winde aus östlicher und die polwärts gerichteten Winde aus westlicher Richtung.

Dem Zenitstand der Sonne folgend, wandern die planetarischen Luftdruck- bzw. Windgürtel nordwärts und wieder südwärts. Als Folge dieser Verlagerung, die über See 5 bis 10 Breitengrade beträgt, über den Kontinenten wegen der extremen Temperaturschwankungen aber 40 bis 50 Breitengrade erreicht, kommt es für viele Gebiete der Erde zu einem jahreszeitlich bedingten Witterungswechsel. Diesem Phänomen verdankt auch der Monsun, der über sechs Sommermonate als Antipassat im Indischen Ozean weht, seine Existenz.

An heißen Sommertagen läßt sich unmittelbar an der Küste ab Mittag das Einsetzen eines von See kommenden Windes beobachten. Das Land erwärmt sich an der Oberfläche durch die Sonneneinwirkung schneller als das Meer. Die über Land erwärmten Luftmassen dehnen sich aus, steigen nach oben und fließen in der Höhe dem Meer zu. Nach ihrer Abkühlung sinken sie, schwerer werdend, auf die Meeresoberfläche ab und wehen als frische Seebrise landwärts.

Da das Land sich nach Sonnenuntergang aber auch schneller abkühlt als das Meer, kommt es nachts zum umgekehrten Vorgang. Die wärmere Luft über der Meeresoberfläche steigt nach oben und strömt in den höheren Schichten dem Lande zu, wo sie sich abkühlt, sinkt und als ablandiger Wind den Seglern und Fischern günstige Bedingungen zum Auslaufen aus dem Hafen schafft.

Dieser Vorgang gehört nicht mehr zur planetarischen Zirkulation, sondern ist örtlich bedingt und eng begrenzt. Deshalb findet auch keine Ablenkung durch die Erddrehung statt, sondern der Wind weht direkt in Richtung des Druckgefälles.

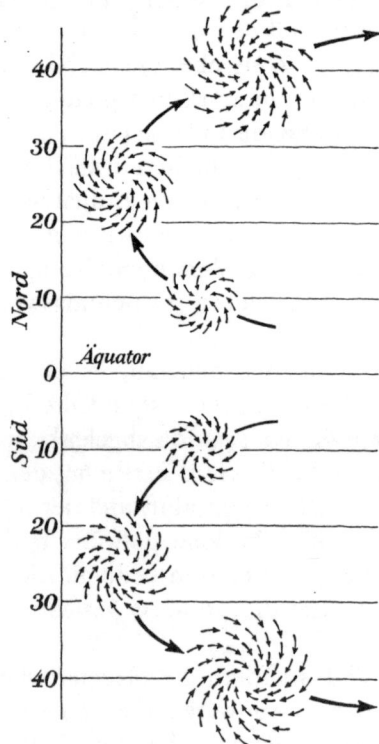

Entstehung tropischer Wirbelstürme.

Die tropischen Wirbelstürme werden in den verschiedenen Gebieten der Welt unterschiedlich als Orkan, Hurrikan, Tornado, Taifun oder auch als Zyklon bezeichnet. Ihre häufigsten Entstehungsgebiete sind die warmen und stillen Meeresgebiete der äquatorialen Zone: die westliche Südsee, die westindischen Gewässer, der südliche Teil des Indischen Ozeans und die ostasiatischen Randmeere. Von dort aus wandern sie oft auf einer nach Osten offenen Parabelbahn polwärts. Da in Äquatornähe die ablenkende Kraft der Erdrotation fast völlig fehlt, weht der Wind mit hoher Geschwindigkeit in das sich bildende kräftige Tief. Die Windstärke nimmt zum Zentrum des Orkans hin schnell zu und kann dort Geschwindigkeiten erreichen, die schon nicht mehr mit der gewöhnlichen Beaufort-Skala zu messen sind, da sie die sogenannte Windstärke zwölf um mehr als das Doppelte übertreffen. Der Orkan wird fast immer von schwerstem Seegang und wolkenbruchartigen Regengüssen begleitet. Das Zentrum des Orkans bewegt sich mit einer Geschwindigkeit von 10 bis 20 Kilometer/Stunde vorwärts, manchmal bleibt es auch stehen, und in anderen Fällen beschleunigt der Orkan sein Zugtempo bis auf 100 Kilometer/Stunde.

Die Lebensdauer des Orkans ist vom Zugtempo des Zentrums abhängig. Über dem Atlantik hält er sich meistens acht bis zehn Tage, seltener zwei bis drei Wochen, bis er über Land kommend sich auflöst. Auf der nördlichen Erdhälfte bilden sich tropische Wirbelstürme vor allem in der Zeit von Juli bis Oktober und auf der südlichen Halbkugel von Dezember bis März. Mit Hilfe der modernen Nachrichtentechnik läßt sich heute bei aufmerksamer Wetterbeobachtung fast immer die allzugroße Annäherung eines Schiffes an das Zentrum eines Orkans vermeiden. Trotzdem richten die tropischen Wirbelstürme auf ihrem Weg über Meere und Küsten noch unermeßlichen Schaden an.

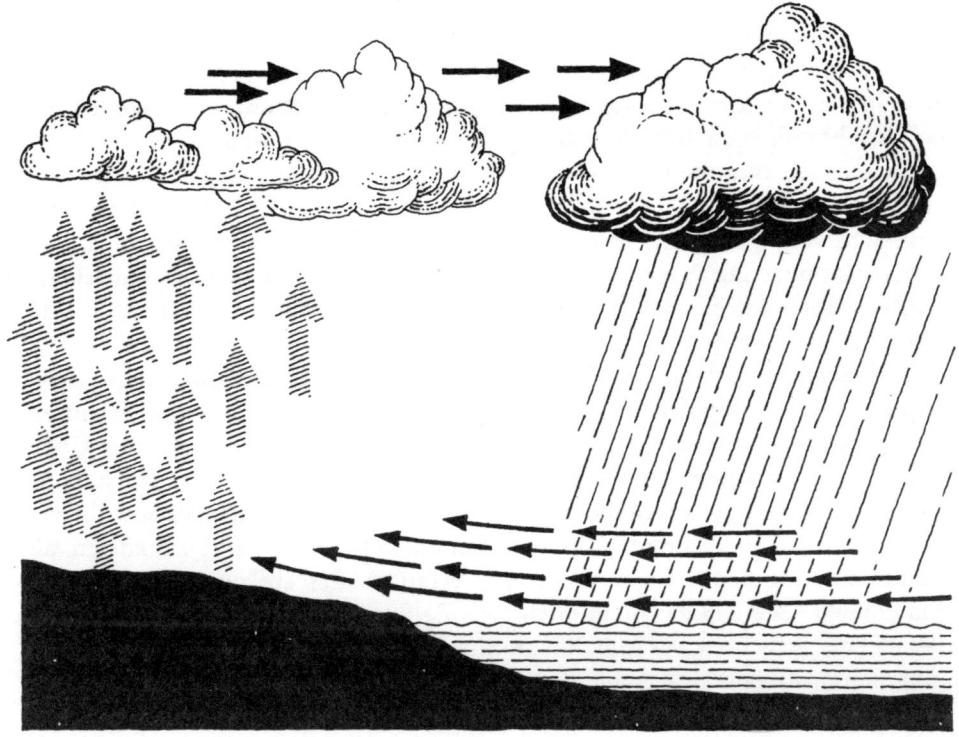

Ursachen des Seewindes.

Wellen werden fast ausschließlich durch den über die Wasseroberfläche streichenden Wind erzeugt. Die Skala der winderzeugenden Wellen reicht von kleinen, die spiegelglatte See kaum kräuselnden Wellen, bis zu riesigen Wellenbergen von über 300 Metern Länge und 15 Metern Höhe.

Die Bewegung der einzelnen Wasserteilchen im Seegang geht ähnlich vor sich wie das Wogen der Halme in einem reifen Getreidefeld. Die Wasserteilchen reagieren wie die Halme auf den Winddruck; sie schwingen von oben nach unten und kehren in einer Kreisbewegung wieder zurück zu ihrem Ausgangspunkt.

Während sich also die Welle mit Wellenberg und Wellental in Windrichtung mit einer bestimmten Geschwindigkeit waagerecht über die Wasseroberfläche fortbewegt, verbleiben die Wasserteilchen als Wellenträger nahezu an dersel-ben Stelle. Es kommt nur zu einer unwesentlichen Ortsveränderung der Was-serteilchen.

Als Wellenberg bezeichnet man den höchsten, als Wellental den tiefsten Punkt einer Welle. Der Höhenunterschied zwischen Wellenberg und Wellental ist die Wellenhöhe und der horizontale Abstand von Wellenberg zu Wellen-berg die Wellenlänge. Die Wellenperiode ist die Zeit, die ein Wellenberg benö-tigt, um den Platz des voranlaufenden Wellenbergs zu erreichen. Die Ge-schwindigkeit der Wellen erreicht in stürmischer See bis zu 20 Meter/Sekunde, das sind 70 Kilometer/Stunde. Dabei überrollt die See manchmal selbst schnelle Schiffe von achtern.

Ist der Seegang erst erzeugt, kann der Wind mit größerem Effekt auf die Luvseite der Welle wirken, die dadurch gestreckt wird. Werden die Wellen hö-her, so überschlagen sich ihre oberen Teile und bilden weiße Schaumköpfe.

Wenn es zur Bildung von großen Wellen mit einer Länge von 50 Metern und einer Höhe von 3 bis 5 Metern kommt, brechen sich die Kämme der Wellen-berge und erzeugen große weiße Schaumflächen. Der Seemann spricht in die-sem Zusammenhang von Brechern. Da bei Brechern die Wassermassen schlag-artig von oben auf das Schiff fallen, kann diese Wellenart für kleinere Schiffe sehr gefährlich werden.

Die Brandung entsteht im Küstenbereich, wo die vertikale Schwingungsbe-wegung der Wasserteilchen durch den ansteigenden Meeresboden gehemmt wird, dadurch in eine horizontal gerichtete Bewegung übergeht und zum Über-stürzen und Ablaufen der Wellen führt. Diesen imposanten und lautstarken, für die Schiffahrt selbst äußerst gefährlichen Vorgang kann man sowohl vor Steilküsten als sogenannte Klippenbrandung, als auch vor Flachküsten als Strandbrandung beobachten. Wenn der Wind wieder abflaut, bleibt die von ihm erzeugte Wellenbewegung noch eine Zeitlang bestehen. Manchmal laufen die Wellen auch über das eigentliche Sturmgebiet hinaus. Diese Wellenbewe-gung nennt man im Unterschied zum Seegang Dünung. Sie ist immer ein Zei-chen dafür, daß in dem betreffenden Gebiet kurz vorher ein Sturm geherrscht hat oder unmittelbar bevorsteht. In der Dünung sind die Wellen länger als im Seegang, aber niedriger. Natürlich macht sich der gesamte Wellenvorgang auch unter der Wasseroberfläche bemerkbar. Aber hier werden die Kreisbewegun-gen der Wasserteilchen mit zunehmender Wassertiefe geringer. Schon bei einer Tauchtiefe von 100 Metern ist in einem Unterseeboot von schwerem See-gang kaum etwas zu spüren.

Große Wellen, die durch Seebeben entstehen, nennt man »Tsunami«. Das Wort kommt aus dem Japanischen und heißt »Hohe Welle im Hafen«. Diese riesigen Wellenberge, die plötzlich mit einer Geschwindigkeit von über 500 Ki-lometer/Stunde die Küsten überfluten, gehören zu den verheerendsten Natur-katastrophen. Bekannt und registriert wurden bisher etwa tausend Fälle, die sich besonders im pazifischen Raum ereigneten. So kostete 1896 ein Tsunami bei Sanriku in Japan 30 000 Menschen das Leben.

Die Erforschung der Meerestiefen

Bis vor wenigen Jahrzehnten war die Beschaffenheit der Meerestiefen noch mehr ein Gegenstand der Phantasie als des wirklichen Wissens. Man glaubte, der Meeresboden sei eine weite, leere Ebene, die sich von Kontinent zu Kontinent erstrecke. Erst durch die moderne Ultraschall-Echolotung konnte die Gestalt und Form größerer unterseeischer Gebiete aufgezeichnet werden. Die nach den Lotungen angefertigten Profilschnitte zeigen, daß es in der ozeanischen Tiefenwelt Gebirgsketten, Einzelberge, Hochflächen, Täler, Ebenen, Vulkane und Talabgründe – die berühmten Tiefseegräben – gibt. Es zeigt sich das Bild einer Landschaft, die in ihrer Vielfalt und Großartigkeit der des festen Landes nicht nachsteht, sie sogar übertrifft.

Die wissenschaftliche Erforschung des Weltmeeres begann erst um die Mitte des 19. Jahrhunderts. Während man sich anfangs mit einer systematischen Auswertung der Schiffstagebücher begnügte, setzten etwa um 1860 gezielte Forschungsfahrten ein. Sie dienten vorrangig dazu, vor der Verlegung von Telegrafenkabeln den Meeresgrund auszuloten. Anfangs setzte man einfach ausgediente Kriegsschiffe für diese Aufgabe ein, später rüsteten die interessierten Großmächte und einzelne Küstenstaaten spezielle Vermessungs- und Forschungsfahrzeuge aus. Berühmt geworden ist die Expedition der britischen Korvette CHALLENGER, die von 1872 bis 1876 über 130 000 Kilometer durch Atlantik, Indik und Pazifik zurücklegte.

In der ersten Hälfte des 20. Jahrhunderts kam es zu erfolgreichen Expeditionsfahrten, die der Erforschung des Weltmeeres dienten, durch das deutsche Schiff METEOR von 1925 bis 1927, durch das schwedische Schiff ALBATROS von 1947 bis 1948, durch die sowjetische WITJAS von 1949 bis 1955 und durch das dänische Schiff GALATHEA von 1950 bis 1952. In den sechziger und siebziger Jahren wurden weitere Fahrten unternommen, die vornehmlich Tiefenmessungen im Meer dienten. Die Forschungsfahrten werden heute vielfach in internationaler Zusammenarbeit fortgesetzt. Dennoch sind gegenwärtig nicht mehr als 10 Prozent der von den ozeanischen Wassermassen bedeckten Erdoberfläche kartographisch erfaßt.

Die gewonnenen Erkenntnisse der Expeditionen weisen nach, daß allen Kontinenten, mit Ausnahme weniger Küstenstreifen, ein Flachseegebiet, der Schelf, vorgelagert ist. Er wird geologisch noch zu den Landfesten gerechnet, stellt also gewissermaßen ihren überfluteten Rand dar. Die Außenkante der Schelfe liegt etwa 200 Meter unter dem Meeresspiegel. Berechnet man die Gesamtfläche der Schelfe aller Kontinente, vom Ufer bis zum Abfall in die Tiefsee, so entspricht das einem Zehntel des Weltmeeres oder einem Fünftel der über dem Meeresspiegel liegenden Erdoberfläche.

In diesem Zusammenhang gewinnt die an manchen Meeresufern feststellbare Vertikalbewegung der Kontinentalfesten an Bedeutung. Für menschliche Zeit- und Raumwerte fast unmerklich heben oder senken sich die Uferränder einiger Meere geringfügig gegenüber dem Meeresspiegel. Langjährige Messun-

71

gen haben zum Beispiel ergeben, daß die Küsten der Nordsee stetig sinken. In der Ostsee senkt sich die westliche Südküste jährlich um einen Millimeter, während sich im Nordosten die Küste im gleichen Zeitraum um einen Zentimeter hebt.

Ein Millimeter, ein Zentimeter! Was für geringe Veränderungen, könnte man fragen. Setzt sich diese Vertikalbewegung aber zehntausend Jahre lang fort, so ist das Land um 20 Meter gesunken oder der Meeresspiegel um 20 Meter gestiegen. Und in hunderttausend Jahren wären es Senkungen oder Hebungen von 200 Metern. Die Verteilung von Wasser und Land auf der Erdoberfläche würde damit, nach einer erdgeschichtlich kurzen Zeit, eine entscheidende Veränderung erfahren haben.

Jenseits der Schelfkante fällt der Kontinentalabhang – richtiger wohl der Tiefseeabhang – im Durchschnitt bis auf 3 600 Meter steil nach unten ab, an manchen Stellen auch bis auf 9 000 Meter Wassertiefe. Fehlt der Schelf und beginnt der Kontinentalabhang unmittelbar an der Küste, wie in Chile, Ostaustralien, Südostafrika und Mexiko, dann stellen die Gebirge mit den Abhängen eine Einheit dar. So ergeben die 6 000 Meter hohen Anden mit dem Abhang des Atakamagrabens einen Abfall von insgesamt 13 000 Metern. Es ist der größte zusammenhängende Höhenunterschied auf dieser Erde.

Der Tiefseeboden ist abwechslungsreich geformt. Gebirge, Schwellen und sogenannte Rücken wechseln mit Talbecken riesiger Größe und Talgräben äußerster Tiefe. Im Atlantik bildet zum Beispiel ein reich gegliederter Bergzug von 17 000 Kilometern Länge die mittelatlantische Schwelle von Grönland bis zur Antarktis. Von dem 5 000 bis 6 000 Meter tiefen Meeresboden steigt die Schwelle auf 3 000 bis 4 000 Meter an, ein hochalpines Gebirge also. Die Schwelle verläuft in S-Form, den Küsten Amerikas und Afrikas auffallend parallel, und teilt den Atlantik in eine westliche und eine östliche Mulde. Von der Mittelatlantikschwelle erstrecken sich viele Querrücken zu den Festlandküsten; die meisten Inseln und Inselgruppen im östlichen Atlantik sind die Überwasserspitzen dieser Bergrücken.

Auch das Bodenrelief des Indik hat zum Teil Gebirgscharakter. Ein von Nord nach Süd durchlaufender Höhenzug mit steilen Böschungen und seitlich abzweigenden Rücken bildet das Gerippe für vier große Meeresbecken. Kaum erforscht ist der Boden des Pazifiks. Bekannt sind hier nur drei große, mächtige Becken: das Nordpazifische, das Zentralpazifische und das Südpazifische Becken. Zwischen Australien und Neuseeland dehnt sich eine alpine Unterwasserwelt aus. Im Pazifik gibt es besonders viele Tiefseegräben. Es sind schmale, nur selten breitere, wannenförmig ausgebildete Schluchten, die stets in der Nähe von Küsten oder Inselgruppen verlaufen. Die bekanntesten Tiefseegräben sind der Japangraben östlich von Hondo mit 10 374 Meter Tiefe unter der Wasseroberfläche und der Mariannengraben südlich der Marianen, dessen tiefste Stellen von der WITJAS mit 11 034 Metern und von dem Ozeanforscher Jacques Piccard in seinem Tauchboot TRIESTE mit 10 916 Metern vermessen wurden.

Die Leistung Piccards wurde durch neu entworfene ingeniöse Tauchboote

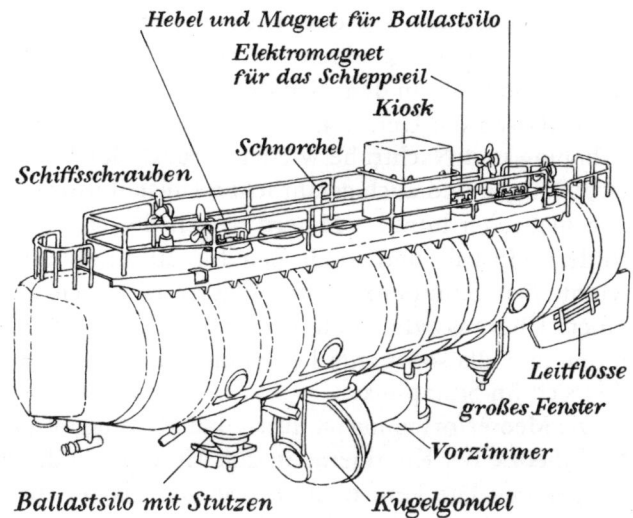

Ein Bathyscaph.

Hebel und Magnet für Ballastsilo
Elektromagnet für das Schleppseil
Kiosk
Schnorchel
Schiffsschrauben
Leitflosse
großes Fenster
Vorzimmer
Ballastsilo mit Stutzen
Kugelgondel

möglich, sogenannte Bathyscaphe, deren Schwimmer das Tiefenwasser eindringen lassen und so für einen Druckausgleich zwischen innen und außen sorgen. Die Beobachterkugel hat eine 90 Millimeter dicke Stahlwand, die den Wasserdruck noch in 16 000 Meter Tiefe aushalten könnte. Diese Tiefseetauchboote können unter Wasser nicht verlassen werden. Sie bieten Arbeitsplätze für zwei bis drei Ozeanauten, die in luft- und wasserdicht abgeschlossenen Räumen unter normalen Druckverhältnissen arbeiten und leben. Kräne, Greifer und künstliche Hände übernehmen die erforderlichen Außenarbeiten. Die Verbindung des Bathyscaph zur Außenwelt wird durch ein Überwasserfahrzeug aufrechterhalten. Bei einer Tauchtiefe von rund 10 000 Metern beträgt die mögliche Tauchdauer rund einhundert Stunden.

Während die Ozeanologie anfangs die Meere nur in ihrer horizontalen und vertikalen Gliederung beschrieb sowie Meeresströmungen untersuchte, wird heute mit Hilfe der Bathyscaphe und anderer Spezialgeräte die Erforschung des Weltmeeres komplex betrieben. Zusammen mit dynamischen, physikalischen und chemischen Vorgängen werden nun auch biologische und geologische Prozesse in ihrer Gesamtheit dargestellt. Wie die Kosmonauten in ihren Raumschiffen das Weltall, so erkunden die Ozeanauten in ihren Unterwasserschiffen die Tiefen und Gründe der Ozeane. Leider geschieht dies nicht nur aus wissenschaftlichen und wirtschaftlichen Gründen, sondern die Erkundung der Ozeane dient auch militärischen Zwecken, die gegenwärtig immer mehr an Bedeutung gewinnen.

Bis vor einiger Zeit war es noch allgemein üblich, die Basis für Unterwasserarbeiten auf der Wasseroberfläche zu stationieren. Dauer und Tiefe des Unterwasseraufenthalts waren bei diesem Verfahren beschränkt. Für eine relativ kurze Zeit schafften leichte Taucher bis zu 30 Meter, Helmtaucher im Gummianzug bis zu 18 Meter und Panzertaucher in schwerer Rüstung bis zu 250

Meter Wassertiefe, um dort Unterwasserarbeiten auszuführen. Moderne Verfahren senken heute einen Stützpunkt mehrere hundert Meter tief auf den Meeresboden ab, in dem sich die Ozeanauten für eine längere Zeit einrichten. Sie verlassen die Unterwasserwohnung zur Arbeit und kehren zu Mahlzeiten, Erholung und Nachtruhe wieder zurück. Der Vorteil ist, daß der Taucher die langwierigen und auch gefährlichen Umstellprozesse, die ein Ab- und Aufstieg von mehreren hundert Metern wegen der sich ändernden Druckverhältnisse fordert, einspart und somit Zeit für die produktive Arbeit unter Wasser gewinnt. Der Stützpunkt unter Wasser ist durch Telefon und Fernsehen mit einem Überwasserfahrzeug verbunden. Lebensmittel, Trinkwasser, Elektrobatterien und alle sonst zum Leben und für die Arbeit notwendigen Dinge befinden sich im Stützpunkt.

Die Meeresforschung ist durch den Meinungsstreit über die Permanenz- und Drifttheorie der Kontinente in den Mittelpunkt des wissenschaftlichen Interesses gerückt. Die Permanenztheorie geht davon aus, daß bei der Erderkaltung der sich bildende Krustpanzer, immer noch glühendes Granit, durch Spannungen an verschiedenen Stellen brach und sich so die Urkontinente bildeten. Die großen Landmassen wären damals schon in die ungefähre Lage von heute gebracht worden. Nach dieser Theorie hätten sich die nachweisbaren großen Verlagerungen der Meeresküste und die Ausweitung oder Einengung des Weltmeeres ausschließlich durch Hebungen und Senkungen der Landfesten vollzogen.

Überprüfbare Tatsachen ließen Zweifel an der Permanenztheorie aufkommen. Grönland verschiebt sich um 36 Meter im Jahr nach Westen, Amerika um etwa 4 Meter im Jahr nach Süden und um einen Meter nach Osten. Madagaskar bewegt sich jährlich einen Meter auf die afrikanische Küste zu. Die meisten Städte, zum Beispiel Paris, Rom, Neapel, selbst Greenwich, nach dessen Lage die Messungen erfolgen, befinden sich nicht mehr auf der geographischen Position, die sie noch vor fünfzig Jahren eingenommen haben.

Der Geologe Alfred Wegener stellte der Permanenztheorie 1929 seine Hypothese von der Kontinentaldrift entgegen. Danach bildeten sich die Kontinente im Ergebnis der Zerreißung eines einzigen Urkontinents. Die verhältnismäßig leichten Kontinentalschollen sollen entsprechend dieser Theorie erst allmählich unter dem Einfluß verschiedener Kräfte (Polflucht, Gezeiten, Präzessionskraft im schweren plastischen Untergrund) bis in ihre heutige Lage abgedriftet sein, und sie driften weiter.

Doch ebenso wie die Permanenztheorie stößt auch die Drifttheorie auf geologische und geophysikalische Einwände. Nachprüfbare und für nachfolgende Generationen bedeutsame Naturvorgänge warten also auf eine eindeutige wissenschaftliche Aufklärung. Doch auch uns, die wir heute leben, interessiert die Frage: Wie wird die Wasser-Land-Verteilung auf der Erdoberfläche morgen sein?

Territorialgewässer von Küstenstaaten

Die Grenzen eines Küstenstaates enden nicht an seiner Uferlinie, sondern schließen einen Teil des vorgelagerten Meeres ein. Die völkerrechtlich erlaubte Breite dieses als Territorialgewässer bezeichneten Meeresstreifens war lange umstritten. Aus der Zeit des Feudalismus rührte das Gewohnheitsrecht, die Ausdehnung des eigenen Machtbereiches auf das Meer mit der Reichweite der von Land aus verwendbaren Waffen oder auch mit der Sichtweite gleichzusetzen. Es gab auch Versuche einzelner Staaten, sich ganze Meeresteile zu unterwerfen. Papst Alexander Borgia teilte 1493 das Weltmeer einfach in zwei Hälften und schenkte den Westteil Spanien und den Ostteil Portugal.

Auch die Vertreter des aufkommenden Bürgertums, die diese willkürlichen feudalen Forderungen zurückwiesen, billigten einem Küstenstaat die Ausdehnung seiner Hoheitsbefugnisse auf einen Meeresstreifen zu, soweit er sie wirksam auszuüben in der Lage war. Die meisten Seemächte folgten dem Beispiel Großbritanniens, das als Kriterium für die Ausübung seiner Hoheitsrechte eine fiktive Kanonenschußweite von 3 Seemeilen annahm. Im Norden Europas legte man sich auf 4 Seemeilen, im Süden auf 6 Seemeilen Breite fest. Im 18. und 19. Jahrhundert wurde es zu einem Gewohnheitsrecht, daß jeder Küstenstaat Breite und Status seiner Territorialgewässer selbst bestimmen konnte, wenn er dabei die Interessen der internationalen Schiffahrt wahrte.

Auf einer 1930 in Den Haag tagenden Seerechtskonferenz wurde das Prinzip der Souveränität des Küstenstaates über seine Territorialgewässer grundsätzlich bestätigt, obwohl keine vertragliche Fixierung erfolgte. Über die erlaubte Breite der Territorialgewässer konnte keine Einigung erzielt werden. In der seerechtlichen Praxis der nachfolgenden Jahre nahmen die meisten Küstenstaaten Hoheitsgewässer von 3 bis 12 Seemeilen für sich in Anspruch, aber es gab auch Staaten, die ihre Seegrenze bis auf 200 Seemeilen Entfernung von der Küste ausdehnten, zum Beispiel Argentinien, Brasilien, Panama, Peru, Ghana, Guinea, Liberia und weitere südamerikanische und afrikanische Küstenstaaten.

Auf der I. UN-Seerechtskonferenz 1958 konnte zwar eine Konvention über den Status der Territorialgewässer abgeschlossen werden, die vorwiegend Gewohnheitsrecht kodifizierte, aber weder auf der I. noch auf der II. UN-Seerechtskonferenz 1960 gelang es, die zulässige Höchstausdehnung von Territorialgewässern vertraglich zu fixieren. Erst auf der III. UN-Seerechtskonferenz, die von 1973 bis 1982 tagte, wurde das Recht der Küstenstaaten, ihre Territorialgewässer bis auf maximal 12 Seemeilen Breite festzulegen, als verbindliches Völkerrecht kodifiziert. Das Territorialgewässer, es umfaßt die Wasser- und Luftsäule, den Meeresboden und den Untergrund, ist wie das feste Land, die inneren Gewässer, das Erdinnere und der Luftraum im Bereich der Staatsgrenze staatliches Hoheitsgebiet und damit unantastbar für jeden anderen Staat. Der Küstenstaat hat jedoch im Frieden ohne Ausnahme allen ausländischen Schiffen die freie Durchfahrt durch seine Territorialgewässer zu gestatten. Ein Recht zum Ankern oder sonstigem Aufenthalt haben ausländische

Schiffe nur, wenn es schiffahrtsüblich ist oder durch besondere Ereignisse, wie beispielsweise bei Seenot, Nebel oder Sturm, erforderlich wird. Das fremde Schiff wiederum hat sich in Hoheitsgewässern streng an die Regeln des Völkerrechts und die Gesetze und Verordnungen des Küstenstaates zu halten.

Die UN-Seerechtskonvention von 1982 unterscheidet bei dem »Recht der friedlichen Durchfahrt« nicht mehr zwischen Nichtkriegsschiffen und Kriegsschiffen, sondern definiert den Begriff »friedliche Durchfahrt« im Artikel 19 für alle Schiffe wie folgt:

»(1) Die Durchfahrt ist friedlich, solange sie nicht den Frieden, die öffentliche Ordnung oder die Sicherheit des Küstenstaates beeinträchtigt. Die Durchfahrt soll in Übereinstimmung mit dieser Konvention und anderen Normen des Völkerrechts erfolgen.

(2) Die Durchfahrt eines ausländischen Schiffes gilt als Beeinträchtigung des Friedens, der öffentlichen Ordnung oder der Sicherheit des Küstenstaates, wenn es in den Territorialgewässern eine der folgenden Tätigkeiten vornimmt:

a) Jede Androhung oder Anwendung von Gewalt gegen die Souveränität, territoriale Integrität oder politische Unabhängigkeit des Küstenstaates oder auf jede andere Art und Weise unter Verletzung der in der Charta der Organisation der Vereinten Nationen verankerten völkerrechtlichen Grundsätze.

b) Jegliche Übung oder Anwendung von Waffen jeglicher Art.

c) Jede Handlung, die darauf abzielt, Informationen zum Schaden der Verteidigung oder der Sicherheit des Küstenstaates zu sammeln.

d) Jeden Propagandaakt, der darauf abzielt, die Verteidigung oder die Sicherheit des Küstenstaates anzutasten.

e) Das Starten, Landen oder Anbordnehmen von jeglichen Luftfahrzeugen.

f) Das Absetzen, Landen oder Anbordnehmen von jeglichem militärischem Gerät.

g) Das Laden oder Löschen von jeglichen Waren, Währungen oder Personen entgegen den Zoll-, Finanz-, Einwanderungs- oder Gesundheitsgesetzen und -vorschriften des Küstenstaates.

h) Jede Handlung einer vorsätzlichen und ernsten Verschmutzung in Zuwiderhandlung dieser Konvention.

i) Jegliche Fischereitätigkeit.

j) Die Durchführung von Forschungs- oder Vermessungsarbeiten.

k) Jede Handlung, die darauf abzielt, die Funktionstüchtigkeit von irgendwelchen Nachrichtenübermittlungssystemen oder irgendwelchen anderen Einrichtungen oder Anlagen des Küstenstaates zu stören.

l) Jede andere Tätigkeit, die keinen Bezug zur Durchfahrt hat.«

Im Artikel 20 ist zusätzlich festgelegt: »In den Territorialgewässern müssen Unterseeboote und andere Unterwasserfahrzeuge über Wasser fahren und ihre Flagge führen.« Und im Artikel 23 heißt es: »Nuklear angetriebene ausländische Schiffe und Schiffe, die nukleare und andere ihrer Natur nach gefährliche oder schädliche Stoffe befördern, haben, wenn sie das Recht der friedlichen Durchfahrt durch die Territorialgewässer wahrnehmen, Dokumente mitzuführen und besondere Vorsichtsmaßnahmen zu beachten, die durch internationale Abkommen für solche Schiffe festgelegt sind.«

Wenn ein Kriegsschiff die Gesetze und Vorschriften des Küstenstaates über die Durchfahrt durch die Territorialgewässer nicht befolgt und eine ihm übermittelte Aufforderung zu'ihrer Befolgung mißachtet, kann der Küstenstaat das Kriegsschiff auffordern, die Territorialgewässer unverzüglich zu verlassen. Der Flaggenstaat trägt die volle Verantwortung für jeden Schaden oder Verlust, den eines seiner Kriegsschiffe durch Nichtbefolgung der Gesetze und Vorschriften des Küstenstaates in dessen Territorialgewässer anrichtet.

Der Küstenstaat hat das Recht, ohne seine Verpflichtung gegenüber dem internationalen Seeverkehr zu verletzen, bestimmte Teile seiner Territorialgewässer für die Schiffahrt zeitweise zu sperren. Derartige Sperrgebiete, wie etwa für militärische Übungszwecke, sind den in- und ausländischen Seeverkehrsteilnehmern durch Einzeichnung in die amtlich herausgegebenen Seekarten, in den Mitteilungen für Seefahrer oder in anderer wirksamer Form bekanntzugeben. Begeht ein ausländisches Schiff innerhalb der Territorialgewässer eines Küstenstaates eine Rechtsverletzung oder besteht der begründete Verdacht auf eine solche Rechtsverletzung, so dürfen besonders ermächtigte Fahrzeuge des Küstenstaates, wie Fischereischutzboote, Zollkreuzer, Polizei- und Kriegsschiffe, aber auch Hubschrauber und Flugzeuge, das tatverdächtige Schiff auch über die eigenen Territorialgewässer hinaus auf offener See verfolgen. Gewöhnlich handelt es sich bei solchen Fällen um unbefugte Fischerei, Zollverstöße, Menschenhandel, Meeresverschmutzungen und ähnliche Delikte.

Das Recht der Nacheile, wie diese Art der Verfolgung völkerrechtlich bezeichnet wird, beruht auf der Annahme , daß es einem Seefahrzeug bei Annäherung eines Kontrollbootes relativ leicht möglich ist, die Territorialgewässer zu verlassen und sich damit der Strafverfolgung zu entziehen. Um einem Mißbrauch des Nacheilerechts vorzubeugen, muß sich das zu verfolgende Fahrzeug bei Beginn der Nacheile eindeutig innerhalb der Hoheitsgewässer des Küstenstaates befinden. Auch muß es vor Aufnahme der Verfolgung durch ein objektiv eindeutig wahrnehmbares optisches oder akustisches Signal zum Stoppen aufgefordert worden sein. Erst danach kann die Nacheile einsetzen, die ohne jede Unterbrechung durchgeführt werden muß. Verliert das verfolgende Fahrzeug den Kontakt zum verfolgten Fahrzeug, erlischt das Recht der Nacheile. Die Verfolgung ist auch dann abzubrechen, wenn das tatverdächtige Fahrzeug die Territorialgewässer seines Flaggenstaates oder die eines dritten Staates erreicht hat.

Das Recht der Nacheile schließt nicht das Recht zur Versenkung des flüchtigen Schiffes ein, auch wenn es durch andere Mittel nicht zum Stoppen gebracht werden kann. Dieser Auffassung liegt das Grundsatzurteil einer amerikanisch-britischen Schiedskommission von 1935 zugrunde. Ein unter britisch-kanadischer Flagge fahrender Alkoholschmuggler wurde am 20. März 1929 im Bereich der Zollkontrolle, 6,5 Seemeilen von der US-amerikanischen Küste, zum Stoppen aufgefordert. Der Schmuggler ignorierte die Stoppsignale und flüchtete in Richtung offene See. Zwei amerikanische Küstenschutzboote nahmen die Verfolgung auf, aber sie konnten das Schmugglerschiff nicht zur Durchsuchung stellen. Deshalb eröffneten sie am 22. März, etwa 200 Seemeilen vor der Küste das scharfe Feuer und versenkten das Schiff.

Die Schiedskommission stellte ein völkerrechtswidriges Vorgehen der amerikanischen Küstenschutzboote fest. Die USA-Regierung erkannte den Schiedsspruch an, entschuldigte sich auf diplomatischem Wege und zahlte ein Sühnegeld. Die Nacheile ist nur gegenüber ausländischen Schiffen von Bedeutung, da die Aufbringung eines Schiffes eigener Flagge auch auf hoher See mit allen Mitteln möglich ist.

Wenn die innerhalb der Territorialgewässer befindlichen ausländischen Schiffe auch grundsätzlich der Rechtsordnung und der Gerichtsbarkeit des Küstenstaates unterworfen sind, so gilt doch die Praxis, daß sich kein Staat in die internen Bordverhältnisse einmischt, solange nicht seine eigenen Belange berührt sind. Bei der Durchfahrt ausländischer Schiffe durch die Territorialgewässer darf der Küstenstaat überhaupt nur dann eingreifen, wenn die Durchfahrt nicht friedlich ist, sondern den Frieden und die Ordnung des Landes in den Territorialgewässern stört, oder wenn ein Fall illegalen Rauschgifthandels vorliegt.

Der Küstenstaat kann seine Rechtsmittel ferner auf ein Hilfeersuchen des Schiffskapitäns oder des Konsuls des Flaggenstaates einsetzen. Bei Festnahmen an Bord soll nach Möglichkeit den Interessen der Schiffahrt Rechnung getragen, die Weiterfahrt des Schiffes also nicht unnötig verzögert werden. Wenn Schiffe die Hoheitsgewässer nur zur Durchfahrt passieren, dürfen keine Verhaftungen oder Untersuchungen durchgeführt werden, die sich auf Handlungen des Schiffes vor dem Einlaufen in die Territorialgewässer des Küstenstaates beziehen. Jeder Küstenstaat hat das Recht, eine seinen Territorialgewässern vorgelagerte sogenannte Anschlußzone für sich in Anspruch zu nehmen. Diese Zone ist jedoch nicht Bestandteil des staatlichen Territoriums. In ihr darf der Küstenstaat nur Kontrollen durchführen, um Verstöße gegen seine Zoll-, Finanz-, Einwanderungs- oder Gesundheitsvorschriften zu verhindern oder zu maßregeln. Die Gesamtbreite der Territorialgewässer und der Anschlußzone darf 24 Seemeilen nicht überschreiten. Auch für die Anschlußzone gilt das Recht der Nacheile, wenn ein ausländisches Schiff Rechtsverletzungen begangen hat, zu deren Verhinderung oder Kontrolle die Anschlußzone eingerichtet wurde.

Wirtschaftszonen und Festlandsockel

Bereits vor Abschluß der III. Seerechtskonferenz 1982 beanspruchten zahlreiche Küstenstaaten Anschlußzonen. Soweit die Breite der Territorialgewässer unter 12 Seemeilen blieb und die Anschlußzone nichts anderes als die Ausdehnung bestimmter Rechte des Küstenstaates auf einen Meeresstreifen von insgesamt 12 Seemeilen darstellte, entsprach diese Forderung durchaus der bis dahin üblichen völkerrechtlichen Praxis. Sie war in der UN-Konvention über das offene Meer von 1958 ausdrücklich bestätigt worden.

Doch gab es Staaten, besonders solche mit langen Küsten, die bereits vor der Konferenz von 1958 ihre Anschlußzonen willkürlich bis auf einige hundert Seemeilen in das offene Meer vorgeschoben hatten. Durch Nichtratifizierung ignorierten sie die UN-Konvention von 1958 und beharrten auf der von ihnen selbst festgelegten Breite ihrer Anschlußzone. Nach 1958 und vor allem während der zehnjährigen Verhandlungen, die der III. Seerechtskonferenz vorausgingen, dehnten immer mehr Staaten ihre Anschlußzone auf eine Entfernung bis zu 200 Seemeilen von ihrer Küstenlinie aus.

Es waren vor allem die Langküstenstaaten, die auf diese Art und Weise vollendete Tatsachen schafften. Sie wollten die Nutzung der natürlichen Ressourcen in diesem Meeresgebiet der eigenen Flagge vorbehalten, anderen Staaten aber verwehren. Dieser Fragenkomplex war auf der III. Seerechtskonferenz heftig umstritten. Mehrere Entwicklungsländer legten zu Beginn der Konferenz Artikelentwürfe vor, die allen Küstenstaaten das Recht zur Ausbeutung lebender und nichtlebender Ressourcen in einem 200 Seemeilen breiten, sich unmittelbar an das Territorialgewässer anschließendem Meeresgebiet gewähren sollte.

Im Verlauf der Konferenz wurde dieser Vorschlag modifiziert, und das Recht für Anliegerstaaten in der abschließenden Konvention im Bereich sogenannter ausschließlicher Wirtschaftszonen und Festlandsockel sogar noch erweitert.

Als ausschließliche Wirtschaftszone wird derjenige Teil des Meeres außerhalb der Territorialgewässer bezeichnet, der sich in einer Breite bis zu 200 Seemeilen, von der Küstenbasislinie aus gerechnet, an die Territorialgewässer anschließt. In dieser Zone haben die Küstenstaaten umfangreiche souveräne Rechte, so das Recht auf Erforschung und Nutzung der lebenden Ressourcen, auf die Ausbeutung aller mineralischen Schätze, auf die Energieerzeugung mit Hilfe des Meeres, auf die Errichtung künstlicher Inseln, auf die Meeresforschung sowie auf die Erhaltung und den Schutz der Meeresumwelt.

»Bei der Wahrnehmung seiner Rechte und der Erfüllung seiner Pflichten in der ausschließlichen Wirtschaftszone hat der Küstenstaat in angemessener Form die Rechte und Pflichten anderer Staaten zu berücksichtigen«, heißt es in der Konvention.

In der UN-Seerechtskonvention von 1982 stehen also Rechte und Jurisdiktion des Küstenstaates neben Rechten und Freiheiten anderer Staaten. Es bleibt umstritten, ob die ausschließliche Wirtschaftszone nach wie vor Teil des offenen Meeres ist, wenn auch mit einem besonderen Rechtsstatus für die Nutzung seiner Ressourcen, oder ob es sich insgesamt um ein besonderes Meeresgebiet handelt. Hieß es noch in der UN-Konvention über das offene Meer von 1958 eindeutig, daß unter dem Begriff offenes Meer alle Teile des Weltmeeres zu verstehen sind, die nicht zu den Territorialgewässern oder den inneren Gewässern eines Staates gehören, so wurde in der neuen Konvention auf diese klare Abgrenzung verzichtet. Statt einer geographischen Definition unterscheidet sie ein Meeresgebiet, auf das die Bestimmungen über das offene Meer in ihrer Gesamtheit anzuwenden sind, und ein Meeresgebiet, auf das die Bestimmungen über das offene Meer Anwendung finden, sofern sie nicht den Rechtsnormen über die Wirtschaftszonen entgegenstehen.

Während der Küstenstaat in seinen Territorialgewässern die volle Souveränität besitzt, die sich auch auf den darüber liegenden Luftraum erstreckt, darf er in der Wirtschaftszone nur einzelne, in der Konvention genau festgelegte Rechte ausüben. Er ist nicht befugt, darüber hinausgehende staatliche Rechtsvorschriften für das Gebiet der Wirtschaftszone zu erlassen. Die Konvention bestätigt ausdrücklich, daß Schiffe oder Luftfahrzeuge, die die Wirtschaftszone eines fremden Küstenstaates durchfahren oder überfliegen, sich nicht unter der Hoheitsgewalt des fremden Küstenstaates befinden, sondern der Hoheit des Staates unterstehen, dessen Flagge sie führen bzw. in dem sie registriert sind. Wenn dennoch ein Schiff in einer fremden Wirtschaftszone unerlaubt fischt, unterliegt es zwar der Fischereijurisdiktion des Küstenstaates, aber es verbleibt unter der Hoheitsgewalt des Flaggenstaates.

Im Artikel 58 (1) werden die Freiheiten des offenen Meeres nach Artikel 87 aufgeführt, die von allen Staaten auch in fremden Wirtschaftszonen in Anspruch genommen werden dürfen: »… die Freiheit der Schiffahrt und des Überflugs, die Freiheit unterseeische Kabel- und Rohrleitungen zu legen sowie die zu diesen Freiheiten in Bezug stehende sonstige völkerrechtlich zulässige Nutzung des Meeres …«

Auch militärische Operationen zu Wasser und in der Luft können im Bereich der Wirtschaftszonen durchgeführt werden, wie sie im Gebiet des offenen Meeres zulässig sind. Die Rechte und Interessen des Küstenstaates sollen dabei »in angemessener Weise« berücksichtigt werden. Der Küstenstaat kann zur Wahrnehmung seiner ihm in der Konvention zugestandenen souveränen Rechte auf Erforschung, Ausbeutung und Erhaltung der natürlichen Ressourcen in der Wirtschaftszone die Einhaltung der dazu von ihm erlassenen Gesetze und Vorschriften an Bord ausländischer Schiffe überprüfen. Bei Beschlagnahme eines Fahrzeuges muß der Küstenstaat den Flaggenstaat unverzüglich über die ergriffenen Maßnahmen und über alle sich ergebenden Folgen informieren.

Mit der Anerkennung von Wirtschaftszonen in einer Ausdehnung bis zu 200 Seemeilen sind 15 Langküstenstaaten erheblich bevorzugt. Das Größenverhältnis ihrer Wirtschaftszone zur Landesfläche, gemessen in Millionen Quadratkilometern, beträgt:

Staat	Wirtschaftszone	Land	Größenverhältnis in %
USA	7,62	9,38	81,4
Australien	7,01	7,70	91,0
Indonesien	5,41	1,90	284,7

Staat	Wirtschaftszone	Land	Größenverhältnis in %
Neuseeland	4,83	2,69	179,5
Kanada	4,67	9,96	46,9
UdSSR	4,49	22,40	20,0
Japan	3,86	3,72	95,7
Brasilien	3,17	8,51	37,3
Mexiko	2,85	1,97	144,6
Chile	2,29	0,74	309,5
Norwegen	2,03	0,32	634,4
Indien	2,02	3,28	61,6
Philippinen	1,89	0,30	630,0
Portugal	1,77	0,92	192,4
Madagaskar	1,29	0,59	218,5

Als 1938 vor der amerikanischen Küste außerhalb der Territorialgewässer das erste Erdöllager entdeckt wurde, erhielt der Festlandsockel – auch Kontinentalschelf genannt – nicht nur eine überraschend große ökonomische, sondern auch eine nicht minder große völkerrechtliche Bedeutung. Wer war Eigentümer dieser im Festlandsockel steckenden Schätze? War es der Küstenstaat, war es die gesamte Menschheit oder handelte es sich um herrenloses Gut?

Die durchschnittliche Breite des geologischen Festlandsockels beträgt etwa 400 bis 450 Seemeilen, einige Küstenstaaten, die sogenannten Breitschelfstaaten, wie die USA, Kanada, Australien, Neuseeland und Argentinien, verfügen sogar über einen Festlandsockel von rund 700 Seemeilen. Bereits Ende der sechziger Jahre kamen 25 Prozent der in der Welt geförderten Erdgas- und Erdölmengen aus dem Festlandsockel, nachgewiesen oder vermutet werden 85 Prozent aller marinen Erdgas- und Erdölvorkommen in diesem Gebiet.

Bis zur III. Seerechtskonferenz hatten einige Staaten ihre nationale Jurisdiktion schon bis zur äußersten Grenze des geologischen Festlandsockels ausgedehnt. Sie beriefen sich dabei auf die UN-Konvention über das offene Meer von 1958, in der der Festlandsockel zum ersten Mal völkerrechtlich erfaßt worden war. In der Konvention war festgelegt, daß der Küstenstaat über den Festlandsockel souveräne Rechte zur Erforschung und Nutzung seiner Naturschätze bis auf 200 Meter Wassertiefe oder bis dahin ausüben darf, »wo die Tiefe des darüber befindlichen Wassers die Ausbeutung der Naturschätze dieser Zone gestattet.« Mit dieser Festlegung hätte sich die Außengrenze des Festlandsockels nach dem Stand der technischen und technologischen Entwicklung immer weiter in das Weltmeer hineingeschoben.

Auf den Tagungen der III. Seerechtskonferenz wurden die Auseinandersetzungen vor allem zwischen den sogenannten Breitschelfstaaten und den Staaten geführt, vor deren Küsten ein Schelf überhaupt fehlt und bei denen der Kontinentalabhang zur Tiefsee unmittelbar an der Küstenlinie beginnt. Das Ergebnis der Auseinandersetzungen, ein Kompromiß, enthält der Artikel 76 der neuen Konvention:

»Der Festlandsockel eines Küstenstaates«, heißt es in der Definition, »umfaßt den Meeresboden und den Untergrund der Unterwassergebiete, die sich über seine Territorialgewässer hinaus auf der gesamten Ausdehnung der natürlichen Verlängerung seines Landgebietes bis zur äußeren Grenze des Festlandsockelrandes oder bis zu einer Entfernung von 200 Seemeilen von den Grundlinien erstrecken, von denen aus die Breite der Territorialgewässer gemessen wird, wenn die äußere Grenze des Festlandsockelrandes diese Entfernung nicht erreicht«.

Als Ausnahmeregelung für Staaten mit breitem oder fehlendem Schelf legt der Artikel 76 (5) fest, daß ein Küstenstaat, dessen Festlandsockel mehr als 200 Seemeilen breit ist, die äußeren Grenzen des Sockels nicht weiter als 350 Seemeilen von der Küstenlinie entfernt und Küstenstaaten mit Kontinentalabhang, also ohne Schelf, die äußere Grenze des Sockels nicht weiter als 100 Seemeilen jenseits der 2 500-Meter-Wassertiefenlinie festlegen dürfen.

Der Küstenstaat übt über den Festlandsockel souveräne Rechte zum Zwecke seiner Erforschung zur Ausbeutung seiner natürlichen Ressourcen aus. Diese natürlichen Ressourcen definiert die Konvention als die »mineralischen und sonstigen nichtlebenden Schätze des Meeresbodens und des Meeresuntergrundes sowie lebende Organismen, die zu den ›seßhaften‹ Arten gehören …«

Die Rechte des Küstenstaates über den Festlandsockel sind weder von einer tatsächlichen oder nominellen Besitzerklärung noch von einer irgendwie gearteten Erklärung abhängig. Auch wenn der Küstenstaat den Festlandsockel nicht erforscht und seine Ressourcen nicht ausbeutet, darf niemand ohne ausdrückliche Genehmigung durch den Küstenstaat diese Tätigkeit vornehmen.

Rechnet man alle 200-Seemeilen-Zonen zusammen – das sind die ausschließlichen Wirtschaftszonen und die Normalbreiten der Festlandsockel – so ergibt das eine Fläche von 129 Millionen Quadratkilometern oder 36 Prozent des gesamten Weltmeeres. Zählt man die einigen Staaten zufallenden Festlandsockelanteile über den 200-Seemeilen-Bereich hinzu, das sind 17 Millionen Quadratkilometer, dann besitzen die Küstenstaaten Rechte auf 40,6 Prozent des Weltmeeres. Dennoch waren einige der meistbegünstigten Konferenzteilnehmer nicht zufrieden. Sie stimmten, voran die USA, gegen die Annahme der Konvention oder enthielten sich der Stimme. Sie wollten mehr! Auch die sozialistischen Länder enthielten sich der Stimme. Sie waren zwar mit der Konvention einverstanden, aber nicht mit den angekoppelten Resolutionen.

Nach Angaben der UNO ist der Ertrag der Meereswirtschaft im Verhältnis zur Weltwirtschaft in den letzten zwanzig Jahren um das Neunfache gestiegen. Obwohl mehr als zwei Drittel aller auf der Erde transportierten Güter ihren Weg über See nehmen, hat die Förderung von Erdöl und Erdgas aus dem Bereich der Festlandsockel eine entscheidende Verschiebung der wirtschaftlichen Bedeutung des Meeres bewirkt. Erdöl- und Erdgasgewinnung machten Anfang der achtziger Jahre bereits 58,4 Prozent aller meereswirtschaftlichen Erträge

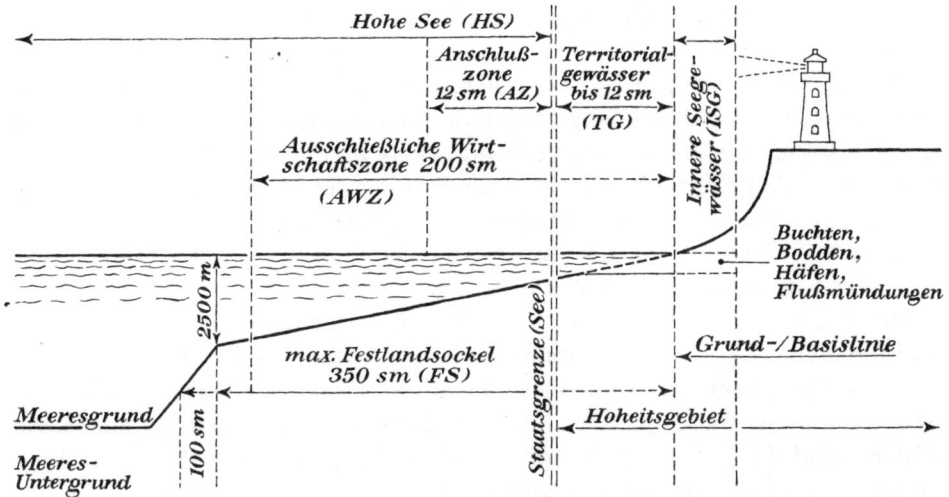

Einteilung der Meeresgewässer und des Meeresgrundes.

aus; auf die Seeschiffahrt entfielen noch 33,3 Prozent und auf die Ausbeutung der lebenden Ressourcen 8,3 Prozent.

Die Festlegungen über die Territorialgewässer, die Wirtschaftszonen und den Festlandsockel erhielten die Zustimmung aller Konferenzteilnehmer. Für die Abgrenzung der Interessensphären zwischen den Meeresanliegern muß künftig auf dem Verhandlungsweg Einigung erzielt werden, sonst gilt das Mittellinienprinzip. So scheint sicher, unabhängig von der Ratifizierung der Konvention, daß die Territorialgewässer in einer Breite von 12 Seemeilen als Hoheitsgebiet des Küstenstaates, die souveränen Rechte der Küstenstaaten zur Ausbeutung der lebenden und nichtlebenden Ressourcen in einer 200 Seemeilen breiten Wirtschaftszone und auch die Rechte zur Förderung mineralischer Schätze aus dem Meeresuntergrund des Festlandsockels völkerrechtliche Praxis werden.

Das Veto der USA und der meisten übrigen 29 Staaten, die die Konvention ablehnten bzw. sich der Stimme enthielten, zielte nicht auf diese Artikel, sondern auf die Bestimmungen der Konvention über das offene Meer, auf Leistungen, die von den hochentwickelten Industriestaaten zugunsten der Entwicklungsländer erbracht werden sollen, um die gleichberechtigte Nutzung des Weltmeeres aus einer formalen zu einer realen Möglichkeit werden zu lassen.

»Freiheit der Meere« und Streit um das »Gebiet«

Es ist in der Tat schwer, wenn nicht gar unmöglich, nach der III. Seerechtskonferenz und der von ihr verabschiedeten UN-Seerechtskonvention eine klare Definition über die Grenzen und Freiheiten des offenen Meeres zu finden. Die UN-Konvention über das offene Meer von 1958 grenzte das offene Meer, im allgemeinen Sprachgebrauch auch die »Hohe See« genannt, geographisch eindeutig gegen die Kontinente und Inseln am äußeren Rand der Territorialgewässer ab. Und doch gab es den ersten Sündenfall, denn einige Artikel der Konvention erkannten im Bereich des offenen Meeres den Sonderstatus von Anschlußzonen und Teilen des Festlandsockels an, die den Küstenstaaten einseitige Vorteile sicherten. Das schloß die Freiheit der Meere, also die gleichberechtigte Nutzung des offenen Meeres für alle, aus. Damit wandelte bereits die I. Seerechtskonferenz mit ihrer abschließenden Konvention das Willkürrecht einzelner Küstenstaaten in Völkerrecht um.

Die UN-Seerechtskonvention von 1982 unterscheidet zwischen Weltmeer und »Gebiet«. Gleich in der Einführung heißt es im Artikel 1 (1) »Der Begriff ›Gebiet‹ bezeichnet den Meeresboden und den Meeresuntergrund außerhalb der Grenzen nationaler Jurisdiktion.« Damit verbleiben für das Weltmeer die Wasser- und die Luftsäule, die im Artikel 86 über das offene Meer wie folgt umrissen werden: »Die Bestimmungen dieses Teils gelten für alle Teile des Meeres, die nicht zur ausschließlichen Wirtschaftszone, zu den Territorialgewässern oder den inneren Gewässern eines Staates oder zu den Archipelgewässern eines Archipelstaates gehören. Dieser Artikel zieht keinerlei Beschränkung der Freiheit nach sich, die alle Staaten gemäß Artikel 58 in der ausschließlichen Wirtschaftszone haben.«

Nach zehn Jahren Verhandlung eine etwas dürftige Definition, in der das Wort »offenes Meer« nicht einmal vorkommt. Ob man es wahrhaben will oder nicht, ob man sich auf die Interessen der Entwicklungsländer beruft oder auf die eigenen, die Schaffung von ausschließlichen Wirtschaftszonen für die Erforschung und Nutzung der natürlichen Ressourcen und das souveräne Recht der Küstenstaaten zur Erforschung und Ausbeutung der Naturschätze im Bereich der Festlandsockel, wie sie in der Konvention von 1982 festgeschrieben wurden, sie schränken die Freiheit der Meere für alle anderen Staaten entscheidend ein. Sie sichert den meisten Küstenstaaten, besonders den Langküstenstaaten, einseitige Vorteile und reduziert das wirklich offene Meer auf 59,4 Prozent des Weltmeeres.

Nach rund vierhundert Jahren ist der historische Kreis geschlossen worden, denn für alle Staaten bleibt als einzige Freiheit auf dem gesamten Weltmeer die Freiheit der Schiffahrt, die weder durch Territorialgewässer noch durch Wirtschaftszonen eingeengt ist. Es war der Niederländer Hugo Grotius, der 1609 seine Streitschrift »Mare liberum« veröffentlichte, in der es hieß, daß »die Hohe See weder Besitz noch Eigentum irgendeines Staates ist noch unter dauernde staatliche Herrschaft gestellt werden darf und daher auch keinem Staat die Benutzung des offenen Meeres untersagt oder in Friedenszeiten erschwert werden darf.«

Grotius war kein Hellseher – Fische gab es zwar genug vor der niederländischen Küste, doch an Meeresbergbau war nicht einmal in der wissenschaftlichen Phantastik zu denken! Der niederländische Jurist schrieb aus aktuellem Anlaß, wie der Untertitel seiner Schrift verrät: »Über das Recht, das den Niederlanden am Handel mit Ostindien zusteht«. Seine mit zahlreichen Belegen aus der Bibel, der Geschichte und Zitaten von antiken Schriftstellern untermauerten Thesen enthielten zwei Grundforderungen:

1. Allen Völkern steht es frei, die See zu befahren.
2. Jedes Volk ist berechtigt, ein anderes Volk über See aufzusuchen und mit ihm Handel zu treiben.

Die erste These setzte sich im Verlauf einer nur kurzen Geschichtsperiode durch, denn weder Spanien und Portugal noch in der späteren Zeit England waren in der Lage, gegen den Willen und den Widerstand aller anderen Staaten die Weite des Weltmeeres zu sperren. Die Verwirklichung der zweiten These hing nicht nur vom Handelspartner, sondern auch vom Handelskonkurrenten ab. Mit Krieg und Kaperei brachen die Niederlande und England die spanischen und portugiesischen Handelsmonopole in West- und Ostindien, um anschließend ihre eigenen Handelsmonopole zu errichten. Embargopolitik, Boykottmaßnahmen, Konferenzabsprachen der Schiffahrtslinien behindern bis heute einen freien Handel, allerdings nicht nur über See.

Die von Grotius auf die Meeresoberfläche als Transportmedium bezogene Forderung nach Freiheit der Meere wurde mit der Ausdehnung der Küstenfischerei zur Hochseefischerei, dem Verlegen von Kabeln und Rohrleitungen über den Meeresboden und der Gewinnung von Naturschätzen vom Meeresgrund und aus seinem Untergrund zunächst als Gewohnheitsrecht auf diese Nutzungsarten übertragen. Erst als sich mit der fortschreitenden technischen und technologischen Entwicklung die Möglichkeit abzeichnete, daß der Meeresreichtum an natürlichen Ressourcen eines Tages erschöpft sein könnte, begannen die Versuche, die sich über lange Zeiträume herausgebildeten und nie in Frage gestellten Gewohnheitsrechte zu kodifizieren. Ein schwieriges Unterfangen, wie sich zeigen sollte. Drei Seerechtskonferenzen der UNO, darunter die zehn Jahre andauernde III. Seerechtskonferenz, brachten nur Teilergebnisse.

Die »UN-Deklaration über die Prinzipien zur Regelung des Regimes des Meeresbodens und seines Untergrundes außerhalb der nationalen Jurisdiktion« erklärte 1970 die natürlichen Ressourcen dieses Gebietes zum »gemeinsamen Erbe der Menschheit«. Als die III. Seerechtskonferenz 1973 begann, lag den Delegierten eine Antragsliste mit 92 zu klärenden Einzelfragen vor, die praktisch Probleme des gesamten Seerechts berührten. Um eine völkerrechtliche Regelung zu erleichtern, trennte man das Weltmeer horizontal in das sogenannte Gebiet und das darüberliegende Weltmeer. Als nach der horizontalen Teilung des Weltmeeres auch Einigung über die vertikale Teilung in Territorialgewässer, Anschlußzonen, ausschließliche Wirtschaftszonen und Ausdehnung der Festlandsockel erreicht worden war, ließen sich die Freiheiten des offenen Meeres – das Gebiet ausgeschlossen – relativ leicht bestimmen. Nach Artikel 87 haben Küsten- und Binnenstaaten im Bereich des offenen Meeres:

a) die Freiheit der Schiffahrt;
b) die Freiheit des Überfluges;

c) die Freiheit, unterseeische Kabel und Rohrleitungen zu legen; (unter Beachtung der Bestimmungen über den Festlandsockel)

d) die Freiheit, künstliche Inseln und andere Anlagen, die gemäß Völkerrecht erlaubt sind, zu errichten; (unter Beachtung der Bestimmungen über den Festlandsockel)

e) die Freiheit der Fischerei unter Einhaltung der in der Konvention festgelegten Bedingungen;

f) die Freiheit der wissenschaftlichen Forschung unter Einhaltung der in der Konvention festgelegten Bedingungen.

Nachdem in der UN-Konvention über das offene Meer von 1958 Piraterie und Sklavenhandel definiert und die Pflicht aller Staaten zur Bekämpfung dieser Verbrechen festgestellt worden war, beschäftigt sich Artikel 109 der neuen Konvention von 1982 zusätzlich mit den sogenannten Piratensendern. Im Sinne der Konvention sind das »nicht genehmigte Sendungen, die unter Verletzung internationaler Vorschriften von einem Schiff oder einer Anlage auf dem offenen Meer aus erfolgen … und für den Empfang durch die Bevölkerung bestimmt sind …«. Neben dem Flaggenstaat des Schiffes oder dem Registrierstaat der Anlage kann von jedem Staat, in dem die Sendungen empfangen werden können, gegen die Betreiber der Anlage gerichtlich vorgegangen werden.

Auch über die bedeutsame Frage des Schutzes und der Erhaltung der Meeresumwelt wurde von den Teilnehmerstaaten der Konferenz eine Übereinstimmung erreicht. Allerdings sind die entsprechenden Artikel so abgefaßt, daß es im Ermessen des Küsten- oder Flaggenstaates liegt, die Wirksamkeit der von ihm zu erlassenden Gesetze und Vorschriften »unter Berücksichtigung internationaler Regeln und Standards« zu bestimmen. Wenn man auch den meisten Küstenstaaten die verantwortliche Wahrnehmung ihrer Rechte und Pflichten für das eigene Seegebiet zutrauen darf, so steht die Verantwortung der Flaggenstaaten, und hier ganz besonders der Billigflaggen, für die Reinerhaltung des offenen Meeres doch solange auf schwachen Füßen, wie die Regeln und Standards nicht durch internationale Schiffahrtsorganisationen verbindlich festgelegt und kontrolliert werden.

Ging die Kompromißbereitschaft aller Teilnehmer in Fragen des Seerechts soweit, daß gegenüber der UN-Konvention von 1958 bedeutende, zum Teil sogar entscheidende Verbesserungen erreicht werden konnten, so entfachte sich der Streit am Hauptanliegen der Konferenz um so heftiger: die gleichberechtigte Nutzung des »Gebietes« als »gemeinsames Erbe der Menschheit«.

Die aktuelle Bedeutung der Frage ergibt sich aus der Tatsache, daß die Förderung der in der Tiefsee lagernden Manganknollen – in der Konvention werden sie als polymetallische Knollen bezeichnet – mit ihren hohen Anteilen an Eisen, Aluminium, Magnesium, Nickel, Zinn, Kupfer und Kobalt heute bereits mit Hilfe moderner Technologien industriell möglich ist. Die Länder Asiens, Afrikas und Lateinamerikas, die diese Rohstoffe bisher exportierten, befürchten mit der Aufnahme des Meeresbergbaus einen Rückgang der Rohstoff-preise; umgekehrt sind die Hauptimporteure dieser Rohstoffe an einer raschen Aufnahme der Förderung vom Meeresboden interessiert. Und was für die poly-metallischen Knollen gilt, gilt auch für weitere Mineralien, darunter in naher Zukunft für Uran, Gold und Silber sowie für Erdgas und Erdöl.

Nach jahrelangen Verhandlungen einigte man sich auf die Bildung einer in-ternationalen Meeresbodenbehörde, die »im Namen der Menschheit als Gan-zes« den Meeresbergbau im »Gebiet« leiten, lizenzieren, betreiben, organisie-ren und kontrollieren soll. Diese Behörde ist eine zwischenstaatliche Organisation, der alle Mitgliedstaaten der UN-Seerechtskonvention von 1982 angehören. Sie ist keine Spezialorganisation der UNO, sondern muß durch Verträge mit den Vereinten Nationen, ihren Spezialorganisationen oder ande-ren zwischenstaatlichen Einrichtungen zusammenarbeiten.

Was kann, darf oder muß die Meeresbodenbehörde tun, um ihre Aufgabe zu erfüllen? Im Artikel 157 (2) der Konvention heißt es: »Die Behörde besitzt die Befugnisse und nimmt die Aufgaben wahr, die ihr durch die entsprechenden Bestimmungen dieser Konvention ausdrücklich übertragen werden. Die Be-hörde besitzt die sich aus der Natur der Sache ergebenden Befugnisse, die mit den Bestimmungen dieser Konvention vereinbar sind und die für die Wahrneh-mung dieser Befugnisse und Aufgaben in bezug auf die Tätigkeit im ›Gebiet‹ erforderlich und stillschweigend darin einbegriffen sind.«

Die Meeresbodenbehörde besitzt also ausschließlich Befugnisse, die sich aus der Konvention ableiten. Diese aber enthält nichts über eine Rechtsverbind-lichkeit für alle Staaten. Umgekehrt lassen die üblichen Normen der Zeich-nung, Ratifizierung und des Beitritts zur Konvention alle Möglichkeiten offen, daß einzelne Staaten der Konvention nicht angehören werden. Auch die Fest-stellung, daß die Tiefseebodenschätze als gemeinsames Erbe der Menschheit zu betrachten sind und von diesem Grundsatz abweichende Sondervereinba-rungen nichtig sein sollen, richtet sich nur an die Mitglieder der Konvention.

Nun haben die USA und mit ihr weitere hochentwickelte westliche Indu-strieländer die Konvention bei der Stimmabgabe abgelehnt oder sich der Stimme enthalten. Grund sind einige Bestimmungen über das Gebiet. Die Ver-pflichtungen zum Technologietransfer an den Förderbetrieb der Behörde und über die Behörde an Entwicklungsländer, die Festlegungen über zu reservie-rende Felder und eine bestimmte Reihenfolge beim Abschluß der Wirtschafts-verträge sowie weitere Bestimmungen, die zugunsten der Entwicklungsländer getroffen wurden, stießen nach Amtsantritt der Reagan-Administration auf den Protest der USA-Delegation. Die Forderung der USA, noch wesentliche Verän-derungen an einzelnen Abschnitten vorzunehmen, wurde von der überwiegen-den Mehrheit der Teilnehmerländer zurückgewiesen.

Bleiben die USA und die übrigen hochentwickelten westlichen Industrielän-der nun außerhalb der Konvention und damit außerhalb der Meeresbodenbe-hörde, und das streben sie an, wird in absehbarer Zeit ein Raubbau der Natur-schätze im Bereich des Gebietes einsetzen. Die anderen Bestimmungen der

Konvention dagegen, insbesondere die über Territorialgewässer, Anschlußzonen, Wirtschaftszonen und Festlandsockel, aber auch die Bestimmungen über die Freiheiten des offenen Meeres, werden sich unabhängig vom Beitritt zur Konvention als völkerrechtliche Praxis durchsetzen.

Das Postulat »Freiheit der Meere«, das »Gebiet als Erbe der Menschheit« eingeschlossen, verwirklicht sich heute nicht mehr in der einseitigen Nutzung oder wechselseitigen Duldung der Nutzung des Weltmeeres durch einzelne Staaten, Staatengruppen oder Privatpersonen, sondern nur noch im Recht aller Staaten auf kooperative Nutzung des Meeres und der Ausbeutung seiner natürlichen Ressourcen. In diesem Sinne bildet die Seerechtskonvention von 1982 keinen Abschluß, sondern nur eine Etappe im Ringen um eine allen Völkern gerecht werdende Regelung.

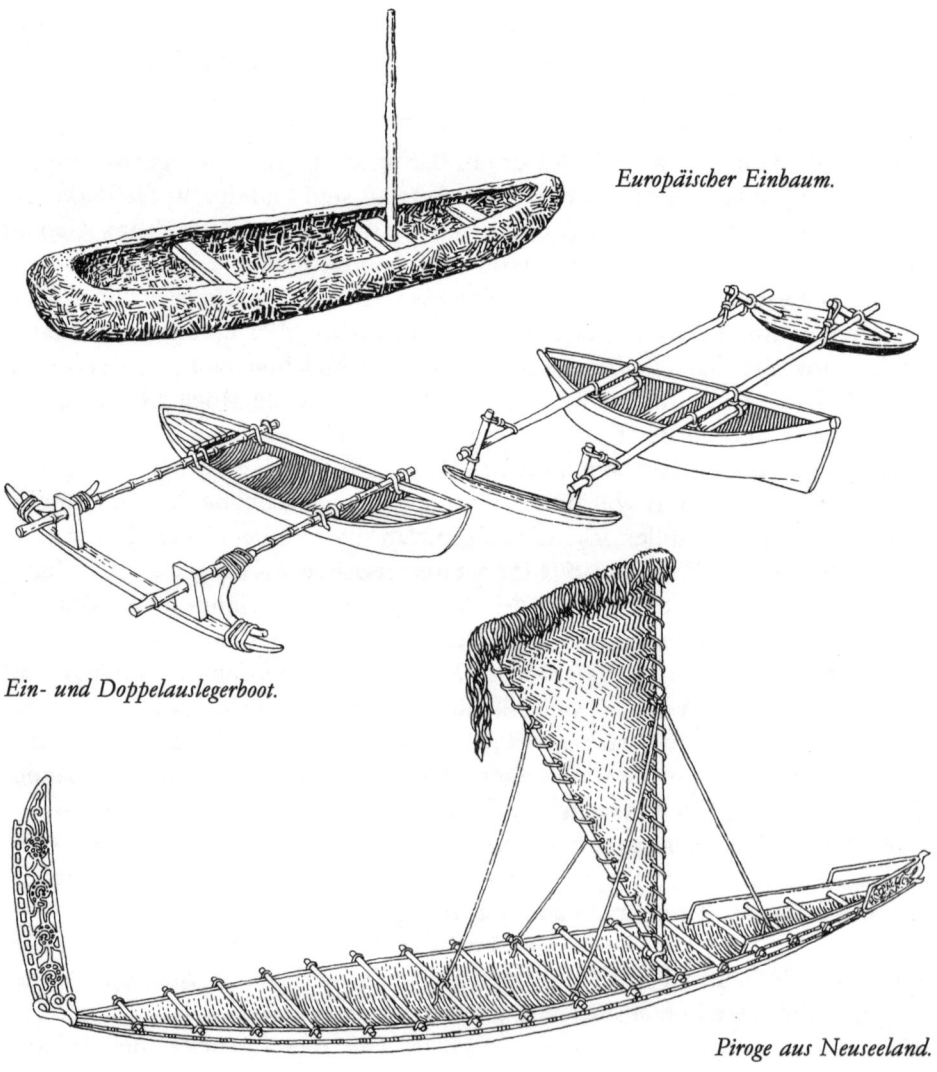

Europäischer Einbaum.

Ein- und Doppelauslegerboot.

Piroge aus Neuseeland.

Anfänge der Seefahrt

Die ersten Wasserfahrzeuge des Menschen

Es ist unsicher, ob der Einbaum das erste Wasserfahrzeug der Menschen war, sicher aber war er die erste Form des Holzbootes. An den europäischen Küsten war der Einbaum bereits in der jüngeren Steinzeit weit verbreitet. Hergerichtet wurde er aus starken geraden Stämmen der Eiche oder der Kiefer, aber auch aus anderen Bäumen. Der gefällte Baum wurde zuerst mit dem Steinbeil in langer, mühevoller Arbeit ausgehöhlt. Später benutzte man dazu Feuer oder glühende Steine. Angetrieben wurde der Einbaum durch eine Art Stechpaddel, in den Anfängen wohl auch durch einen geeigneten Zweig oder Ast.

Der Einbaum wird heute noch in vielen Teilen der Welt auf Flüssen, seltener vor der Küste auf See benutzt. Er dient als Fischereifahrzeug für die Küstenfischerei, als einfaches Transportmittel auf Urwaldflüssen und als Fähre. Finden kann man ihn noch auf den großen Seen und Flüssen in Afrika, an der ostafrikanischen Küste und vor Madagaskar. In Südamerika ist der Einbaum vor allem im Amazonasgebiet heimisch. Bei Überschwemmungen nutzen ihn die Indianer sogar als Wohnung. Die verschiedensten Formen von Einbäumen haben sich ferner auf vielen Inseln des pazifischen Ozeans als Fischerei-, seltener als Transportfahrzeuge gehalten. Vereinzelt ist der Einbaum ebenfalls noch in Nordamerika zu finden. Nur in Europa gibt es keine Einbäume mehr, außer als Ausstellungsstücke in Museen.

Im Verlaufe der Jahrtausende verbesserte und vervollkommnete der Mensch den Einbaum. Unter Wärmeeinwirkung wurden die Außenwände geformt und in der Mitte auseinandergedrückt. Zwischen die Außenwände setzte man Duchten (waagerecht liegende Querbretter) und schottenähnliche Querwände. Schließlich erhöhte man die Seitenwände durch aufgesetzte Bretter. Damit entstand ein neues Fahrzeug von größerer Seetüchtigkeit, die Piroge. Mit derartigen Fahrzeugen wagten sich die Indianer der Westküste Amerikas weit auf das offene Meer hinaus.

Im Pazifischen Ozean verband man sowohl Einbaum als auch Piroge durch Querhölzer mit einem seitlich schwimmenden Baumstamm. Dadurch gewann das Fahrzeug eine besonders hohe Stabilität. Dieses Auslegerboot war charakteristisch für Indonesien und Ozeanien und hat bei der Besiedlung der Inselwelt die entscheidende Rolle gespielt. Auch Flöße und Bretterboote wurden als Ein- oder Doppelausleger gebaut. Selbst der moderne Schiffbau greift mit der Katamaranform auf diese uralte Idee zurück.

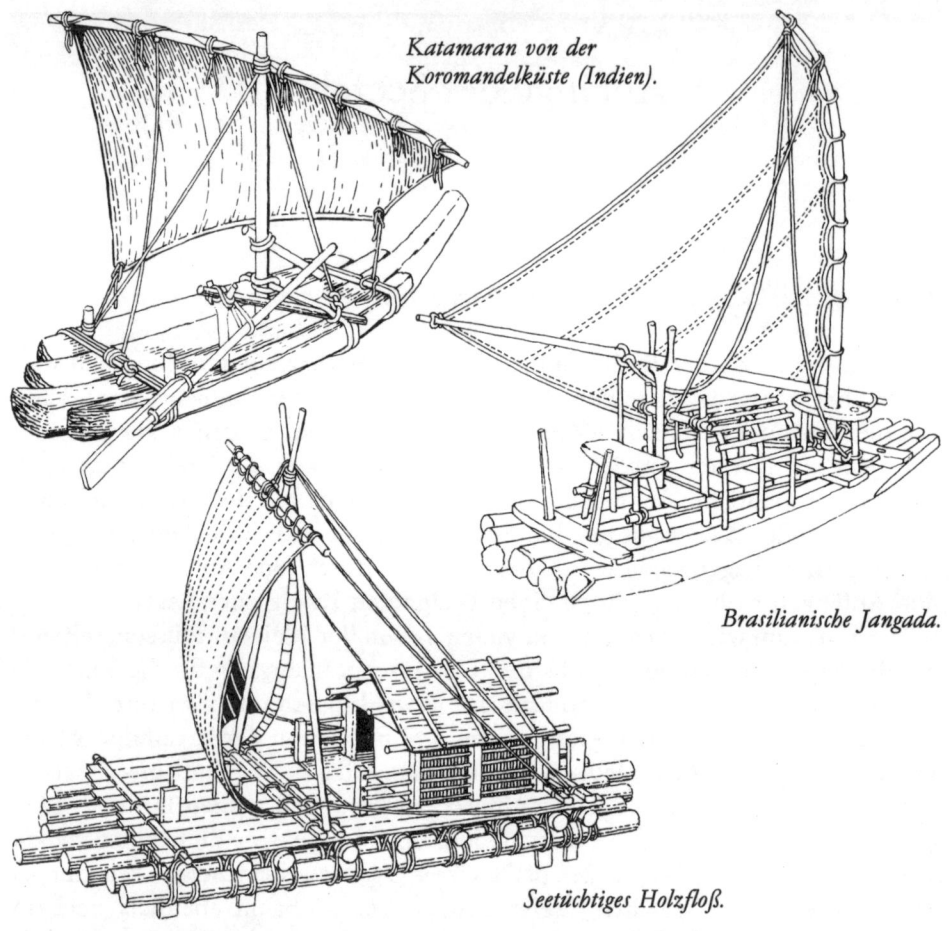

Katamaran von der Koromandelküste (Indien).

Brasilianische Jangada.

Seetüchtiges Holzfloß.

Neben dem Einbaum gehört auch das Floß zu den ursprünglichen Wasserfahrzeugen. Es ist ähnlich wie der Einbaum heute fast noch auf der gesamten Erde zu finden. Seine bevorzugten Einsatzgebiete sind große Binnenseen und Flüsse, aber es ist in seinen stabilsten Formen ebenfalls an der Küste und auf See anzutreffen. Auf den Flüssen ließ man das Floß einfach mit der Strömung treiben, auf den Seen wurde es gestakt oder durch Stechpaddel vorwärtsbewegt. Bei regelmäßigen achterlichen Winden war auch das Segel ein für das Floß geeignetes Antriebsmittel, vor allem an der Küste und auf See. So sicher allerdings das Floß auf dem Wasser liegt und mit der Strömung treibt, so schwer ist es auf See bei unterschiedlich einfallenden Winden unter Segel auf Kurs zu halten. Bei einiger Übung gelingt es mit Hilfe von Holzschwertern, die zwischen den Holzstämmen verschieden tief abgesenkt werden, das Floß mehr oder weniger gut zu steuern. Das Holzfloß wurde und wird überall dort eingesetzt, wo die Fischerei nur eine untergeordnete Rolle spielt, aber ein hohes Transportbedürfnis vorliegt. Sein Einsatz bietet sich besonders bei reißenden Strömungen oder seichtem Wasser an, also immer dort, wo der Gütertransport

durch Boote und Schiffe schwer oder gar unmöglich ist. Deshalb wird das Holz-
floß besonders auf Flüssen und Seen noch in vielen Teilen der Welt verwendet.
Vor der Küste und auf See trifft man es an der Westküste Nordamerikas, an der
Südküste Guatemalas, im Amazonasgebiet Südamerikas, in der Kongomün-
dung und vor der Küste Afrikas sowie in den Küstengewässern Indiens und
Australiens an.

Das Schilffloß ist in holzarmen und baumlosen Gebieten beheimatet. Es besteht aus fest gebündeltem oder gerolltem Schilf, Rohr, Bambus oder ähnlichem
Material. Die Bündel oder Rollen sind dicht nebeneinander gelegt und fest zusammengeschnürt. Die spitz zulaufenden Enden werden als Vor- und Achtersteven etwas nach oben gezogen, und auf den Seiten werden weitere Rollen
aufgebaut und verschnürt.

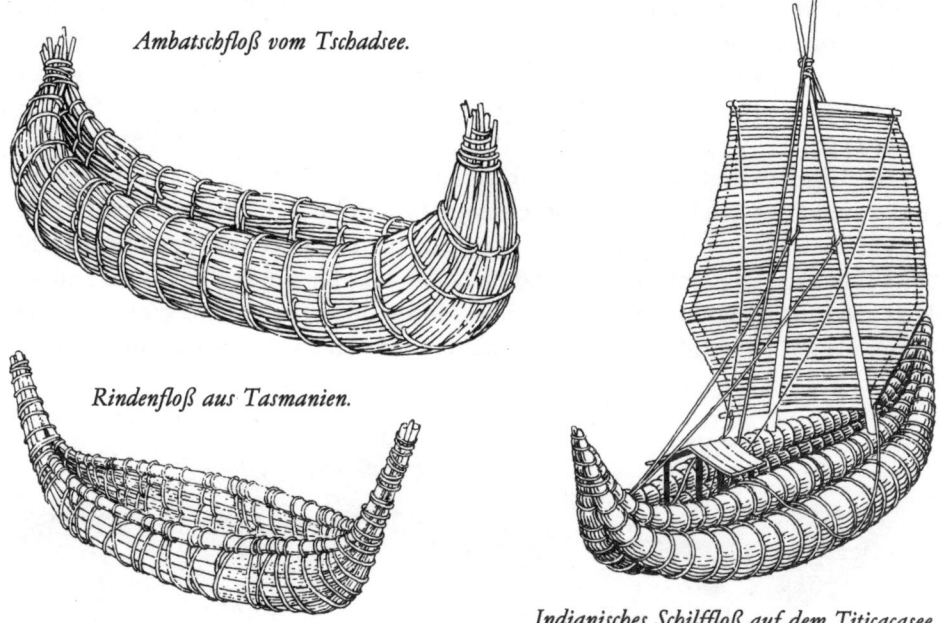

Ambatschfloß vom Tschadsee.

Rindenfloß aus Tasmanien.

Indianisches Schilffloß auf dem Titicacasee.

Das bekannteste Schilffloß ist wohl das Papyrusfloß der alten Ägypter. Zwei
bis drei trockene Papyrusbündel können einen erwachsenen Mann bereits über
Wasser halten, um zum Beispiel, wie das auch heute noch geschieht, den Nil
zu überqueren. Wie alles Schilf hat Papyrus den Nachteil, schnell Feuchtigkeit
aufzunehmen und damit an Tragfähigkeit zu verlieren. Deshalb kann man mit
Schilfflößen keine allzulangen Fahrten unternehmen. Sie müssen sehr eng ge-
flochten sein und bei jeder Gelegenheit zum Trocknen an Land gebracht werden. Wegen ihrer geringen Eigenmasse sind Schilfflöße leicht zu handhaben
und bereits mit einem Paddel gut zu steuern. Schilfflöße werden heute noch
auf den Flüssen und Seen Ostafrikas, im Bereich des Persischen Golfes, im

Gangesgebiet und an der Westküste Nord- und Südamerikas eingesetzt. Auf dem Titicacasee, dem größten See Südamerikas, sind die berühmten »Totoras« zu Hause. Ihr Boden besteht aus zwei zusammengeflochtenen Schilfbündeln, die sich nach vorn und hinten verjüngen und mit ihren Enden leicht nach oben gezogen werden. Die Seitenwände werden durch dünnere Rollen gebildet, die mit der unteren Rolle fest verschnürt sind. Die Flöße sind mit einem aus Schilf geflochtenen, großen viereckigen Segel ausgerüstet, das an einem zweibeinigen Bockmast gefahren wird.

Das Rindenfloß konnte nur bei den im 19. Jahrhundert ausgerotteten Eingeborenen Tasmaniens, einer Insel südöstlich Australiens, nachgewiesen werden. Das Floß wurde aus gebündelter Baumrinde, vorzugsweise vom Eukalyptusbaum, hergestellt. Die Rindenbündel hielt man mit Streifen von Baumrinde zusammen. Der Boden des Floßes bestand aus einem einzigen großen Bündel. Die Seitenwände wurden durch aufgesetzte und fest verschnürte kleinere Rindenbündel gebildet. Trotz seines zerbrechlichen Aussehens war das äußerst tragfähige Rindenfloß selbst bei stürmischem Wetter voll seetüchtig. Es wurde mit Paddeln vorwärtsbewegt, die ohne breites Blatt waren und so mehr Stöcken ähnelten.

Das Balgfloß, vielfach auch Kellek genannt, stammt aus dem Zweistromland und war auf der ganzen Erde, vornehmlich in waldlosen Gebieten, anzutreffen. Gewöhnlich dienten Ziegen- oder Schaffelle, die nur wenig aufgeschnitten und sorgfältig abgebalgt wurden, als Tragbasis. Sie wurden an den Gliedern und am Hals zusammengebunden und mit dem Mund aufgeblasen. Auf einer Vielzahl dieser Bälge, bei großen Kelleks manchmal bis zu hundert, brachte man ein

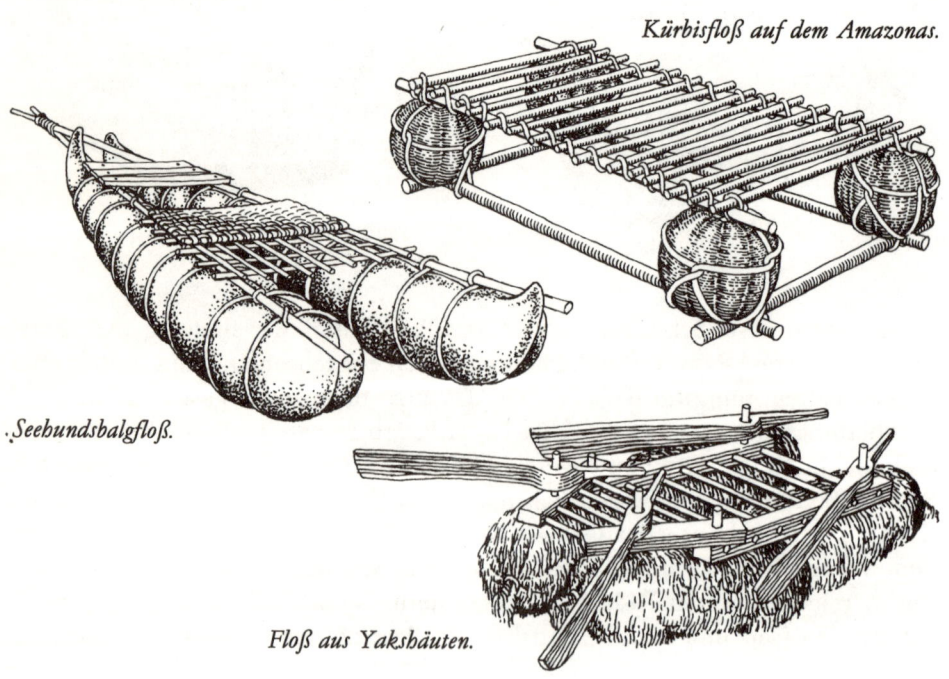

Kürbisfloß auf dem Amazonas.

Seehundsbalgfloß.

Floß aus Yakshäuten.

Auslegerboote in Negombo (Sri Lanka).

Holzfloß unserer Tage an der brasilianischen Küste.

Indianischer Einbaum vom Amazonas.

Schilfboote auf dem Titicacasee.

*Hautboot
vor der indischen Küste.*

Auch in Indien haben sich Flöße bis heute erhalten.

Tempelrelief mit indischem Segler.

Pilgerfahrt auf dem Nil im 1400 v. u. Z.

◁ *Chinesische Dschunke, seit Jahrhunderten unverändert.*

Relief aus dem Grabmal des Pharao Sahure mit ägyptischen Seeschiffen.

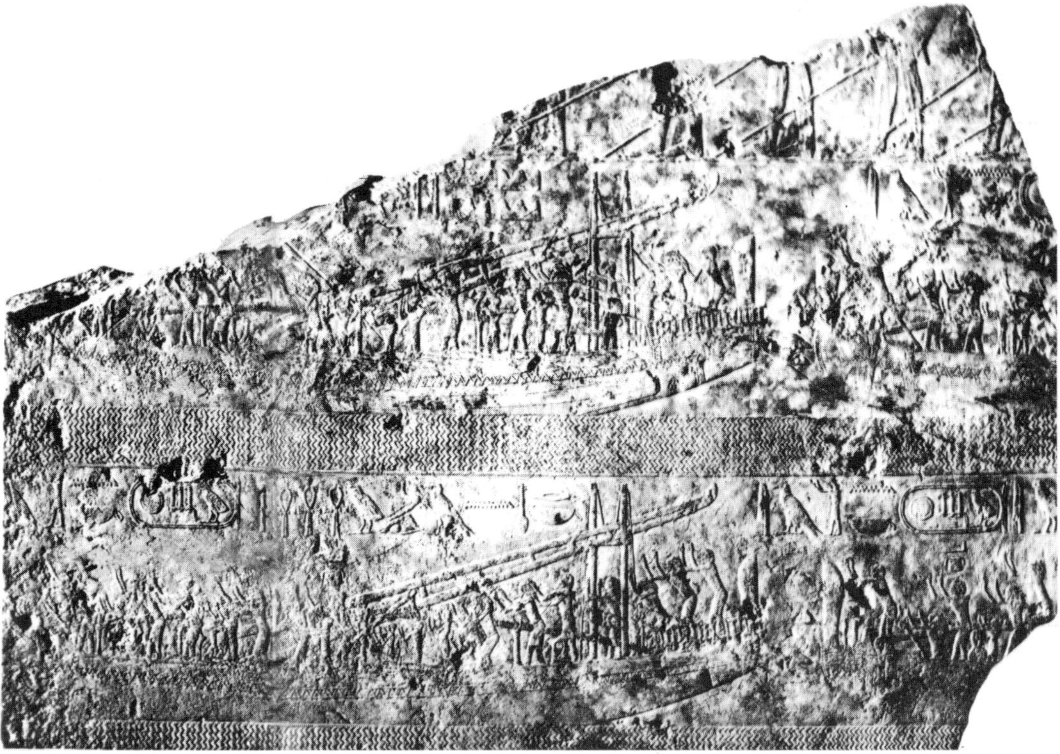

Die KON-TIKI *Thor Heyerdahls.*

Heyerdahls RAH II
überquerte 1970 den Atlantik.

Holzrost an, auf dem die Ware gestapelt wurde. In Gegenden mit starkem Rinderbestand, wie z.B. in Indien, nahm man die Bälge von Ochsen. An der Westküste Südamerikas wurden aufgeblasene Seehundhäute paarweise an einem Ende zusammengebunden und durch eine Stangen-Plattform miteinander verbunden. Diese Seehund-Balgflöße führten manchmal sogar ein Segel. Die Balgflöße haben auf Flüssen durch ihre anschmiegsame Beweglichkeit und hohe Tragfähigkeit bei nur geringem Tiefgang viele Vorteile. Auf See allerdings tanzt das Floß wie ein Ball auf den Wellen, so daß sein Einsatz im wesentlichen auf Flüsse beschränkt blieb.

Das Kürbis- oder Kalebassenfloß gab es nur im alten Mexiko, in Nicaragua und bei den Inkas in Peru. Die ausgehöhlten Kürbisse wurden durch ein netzartiges Weidengeflecht oder durch Bambusstangen eng zusammengehalten, so daß eine Tragfläche von 1 bis 1,5 Quadratmeter entstand. Diese Fläche erhielt eine Auflage aus Gras, Schilf oder Zweigen. In Vorderindien verwandte man anstelle der Kürbisse Tonkrüge. Neun Krüge wurden in drei Reihen angeordnet, und durch ein Bambusrost gehalten. Auch das Kürbisfloß blieb fast immer ein Binnenwassergefährt.

Das Hautboot ähnelt bereits weitgehend einem richtigen, wenn auch kleinen, seetüchtigen Schiff. Es besitzt ein primitives Spantensystem als Skelett und eine aus unterschiedlichem Material gefertigte Außenhaut. Mit diesen Booten können selbst bei stürmischem Wetter viele hundert Seemeilen auf offener See zurückgelegt werden.

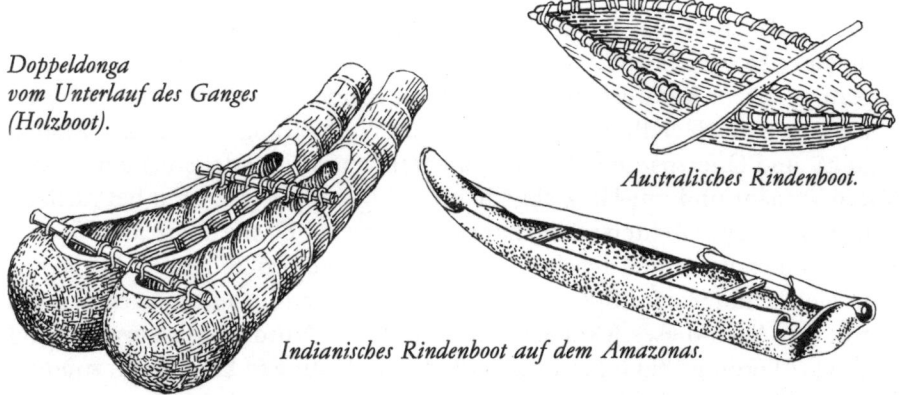

Doppeldonga
vom Unterlauf des Ganges
(Holzboot).

Australisches Rindenboot.

Indianisches Rindenboot auf dem Amazonas.

Das Rindenboot ist wahrscheinlich erst nach dem Einbaum gebaut worden. In Europa ist das Rindenboot bis heute nicht durch Funde bestätigt, obgleich seine Nutzung auch hier als sicher anzunehmen ist. Bekannt ist es von den Küstengebieten Ostafrikas. Das dort auch für längere Fahrten über See genutzte Boot war 5 Meter lang, gut ein Meter breit und hatte 0,3 Meter Tiefgang. Sein Skelett wurde durch ein regelrechtes System von Längs- und Querspanten gebildet, über das zwei große Bahnen aus Baumrinde gezogen wurden. Die Nähte dichtete man mit Harz ab. Als Sitze für die Benutzer waren Duchten zwischen

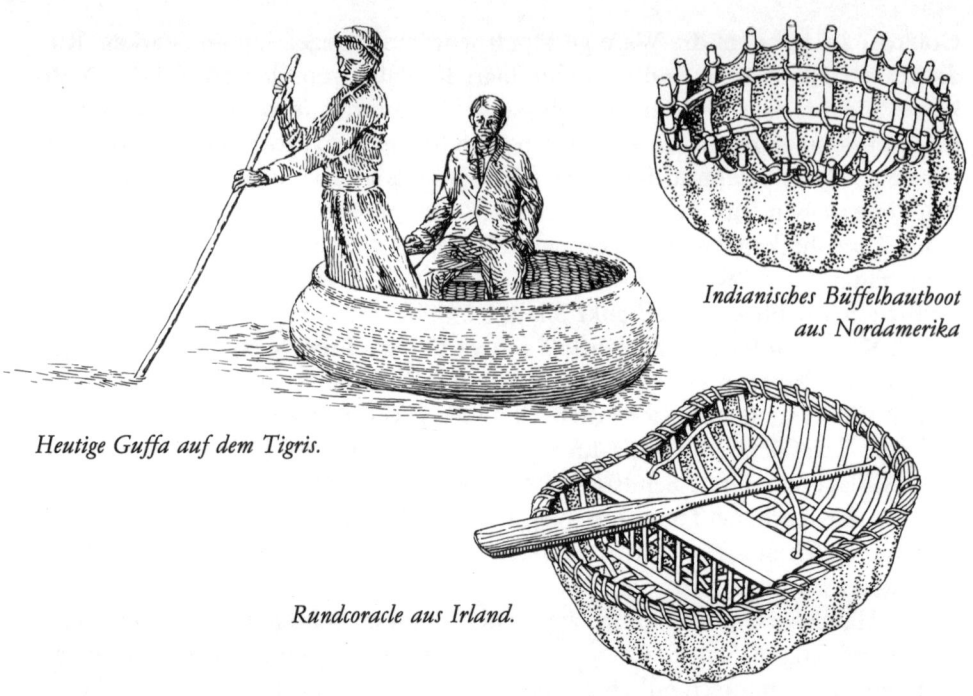

Heutige Guffa auf dem Tigris.

Indianisches Büffelhautboot
aus Nordamerika

Rundcoracle aus Irland.

den Außenwänden eingezogen, die zugleich als Masthalterung dienten, da das Schiff bei günstigem Wind außer mit Paddeln auch mit Hilfe eines Segels fortbewegt wurde.

Außer in Afrika war das Rindenboot in Asien und Australien sowie in Nord- und Südamerika beheimatet. Das bei uns bekannte und für Sport- und Erholung gern genutzte Kanu ist ursprünglich ein Rindenboot der Indianer Nordamerikas gewesen. Der Bootskörper besaß als Versteifung ein solides System von Längs- und Querspanten. Auf den Spanten wurden Rindenstücke mit Wurzelfasern vernäht und mit Harz abgedichtet. Bug und Heck waren bei hochgezogenem Vor- und Achtersteven etwas eingedeckt. Das Äußere des Bootes wurde in seiner Form den Fischen nachgebildet; die größte Breite des Kanus lag also gleich hinter dem Bug, von wo aus es sich dann langsam nach achtern zu verjüngte. Auch dieses Rindenkanu der Indianer Nordamerikas war absolut seetüchtig. Allerdings benutzten die Indianer auch auf See kein Segel, sondern trieben das Kanu mit Paddeln an.

Das Korbboot als ein anderes Hautboot ist nur an wenigen Stellen der Erde gebaut worden. Bekannt ist es im Zweistromland, in Vietnam, in Nordamerika und in Irland. Die Boote waren aus einem dichten Korbgeflecht hergestellt, das mit Harz abgedichtet wurde. Der Bootskörper hatte innen kräftige Hölzer als Versteifung. Es waren Boote für ruhige Gewässer, die wenig für die offene See geeignet waren.

Das Fellboot hat ebenso wie das Rindenboot ein festes Spantensystem. Die Außenhaut aus zusammengenähten Tierfellen wird über das Bootsgerippe ge-

102

spannt. Die bekanntesten Fellboote sind die Kajaks der Eskimos, ideale Fahrzeuge für die Wal- und Seehundjagd in arktischen Breiten. Das Eskimo-Kajak wird meistens einsitzig, seltener zwei- oder dreisitzig gebaut. Als Spanten verwendet man angetriebene Hölzer oder häufiger noch Walknochen. Die Außenhaut, zumeist aus Seehundfell, umspannt das ganze Boot und läßt nur einen kleinen runden Einstieg frei. Sobald der Eskimo durch dieses Mannloch in das Kajak gestiegen ist, breitet er seine Oberbekleidung über diese einzige Öffnung und verschließt so das Einstiegloch. Damit ist das Boot völlig wasserdicht, und wenn es bei einer Wal- oder Robbenjagd einmal kentert, richtet der Eskimo es mit einem geschickten Paddelzug unter Wasser sofort wieder auf. Das Kajak ist unter allen Bedingungen seetüchtig.

Das Umiak ist größer als das Kajak, hat eine offene Kastenform und ist damit geräumiger und auch bequemer als das Jagdboot. Es ist ebenfalls seetüchtig und dient den Eskimos als Reise- und Familienboot.

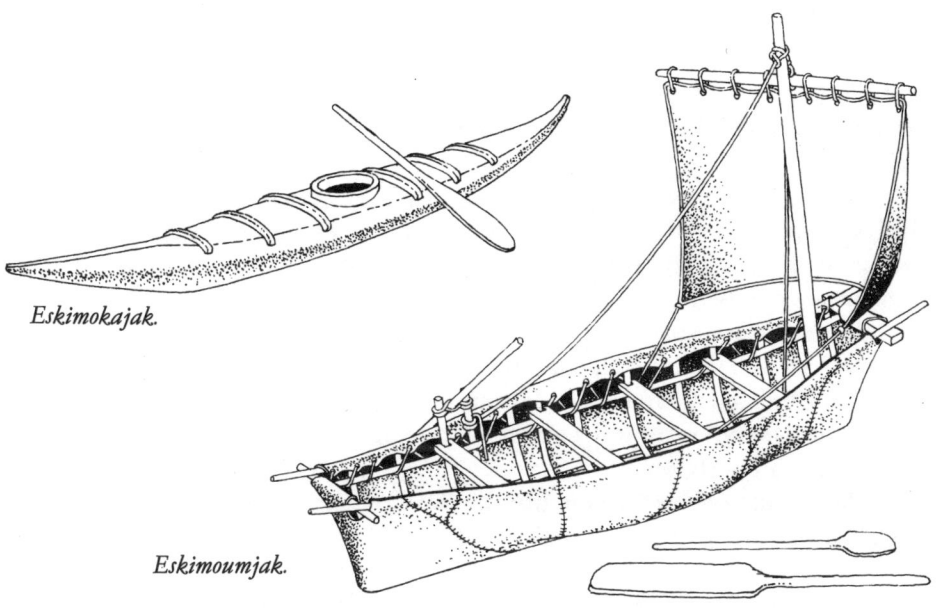

Eskimokajak.

Eskimoumjak.

Das Bretterboot, häufig auch als Kastenboot bezeichnet, ist das erste echte, wirkliche Schiff in der menschlichen Geschichte; es geht in seiner vollendeten Form weit über Einbaum, Floß und Hautboot hinaus. Doch sind Bretterboote nicht mit den auf Kiel und Spanten gebauten, äußerst seetüchtigen Plankenbooten identisch, die einer späteren Epoche angehören. Die meisten Bretterboote sind Fahrzeuge der Binnengewässer geblieben und haben nur bei ruhigem Wetter über Flußmündungen hinaus die See befahren. Die Bretter des kastenförmigen Bootes wurden durch Bast oder Tiersehnen zusammengehalten. Nachdem der Kasten fertig war, versteifte man Boden, Deck und Außenwände

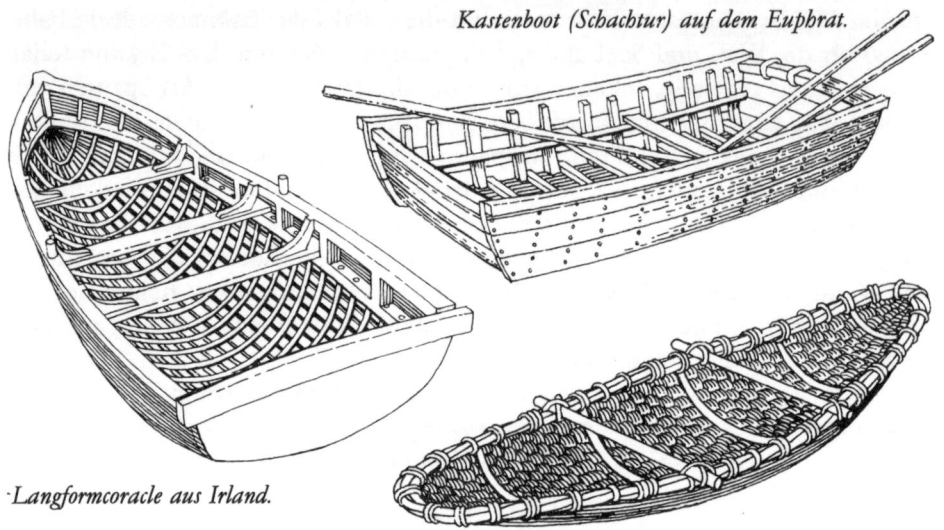

Kastenboot (Schachtur) auf dem Euphrat.

Langformcoracle aus Irland.

Bambusboot aus Vietnam.

durch Längs- und Querhölzer. Die in der Bibel erwähnte Arche war ein solches Bretterboot.

Das Bretterboot wird auch heute noch in vielen Teilen der Welt gebaut. Am häufigsten ist es in China unter der Bezeichnung »Dschunke« anzutreffen. Die Dschunke gab und gibt es in China in allen Formen und Größen und auf allen Binnenwasserstraßen und auf dem offenen Meer. Selbst ganze Stadtteile bestehen nur aus diesen Kastenbooten. Meist wird die Dschunke bis zu einer Tragfähigkeit von 500 Tonnen als Dreimaster mit Mattensegeln gebaut. Manchmal wird man über den Charakter des Bretterbootes getäuscht. So ist die bekannte italienische Gondel trotz ihres anders wirkenden Äußeren ebenfalls ein einfaches flaches Bretterboot.

Die Dschunke gehört zu den ältesten Wasserfahrzeugen der Welt. Ein altes chinesisches Sprichwort sagt, daß Götter die Dschunken erbaut haben, lange bevor Menschen lebten. Die Dschunke ist eines der wenigen Bretterschiffe, die zu einem echten Hochseeschiff entwickelt wurde. Dabei hat sie viele Wandlungen durchgemacht. Sie wurde mit Riemen gerudert und mit Segeln angetrieben, sie existierte als Handels- und als Kriegsschiff, und sie führte als Ein-, Zwei-, Drei- und als Viermaster ein bis zwölf Segel. In all ihren verschiedenen Formen hat die Dschunke immer ihre Eigenart beibehalten: Ein leistungsfähiges Schiff der frühen Seefahrt des Menschen zu sein.

Die uns bekannten Dschunken lassen sich, unabhängig von der Größe und Zweckbestimmung, in zwei Hauptgruppen unterteilen: die Dschunke des Nordens und die Dschunke des Südens Chinas. Im Gegensatz zu den Schiffen des Südens werden die Schiffe des Nordens derber und widerstandsfähiger gegen schweren Seegang gebaut. Außerdem ist der Boden sehr flach gehalten, damit das Schiff leicht auf den Strand auflaufen kann. Ein charakteristisches äußeres

Unterscheidungsmerkmal ist die Form des Bugs. Im Norden ist der Bug vierekkig und flach mit nach innen gezogenen Seitenwänden. Die Dschunke des Südens hat dagegen einen offenen Bug, bei dem die Seitenwände stark nach außen gewölbt sind und dadurch wie Flügel wirken.

Die Dschunke wird als typisches Bretterboot mit einem auffallend hohen Heck gebaut. Zuerst werden die Seitenwände errichtet und dann der Boden eingefügt. Man nimmt mit Vorliebe weiches Holz, das sich leicht verarbeiten läßt, aber trotzdem formbeständig ist. Beim Versteifen des Schiffes wird geschickt ein System von Längsspanten und Querschotten eingezogen, das dem Schiff sowohl die notwendige Festigkeit als auch eine gute Sicherheit gegen das Vollaufen bei Beschädigungen gibt.

Typisch für die Dschunke ist auch ihre Segelführung. Sie trägt Rahsegel, die so am Mast befestigt sind, daß ein Drittel des Segels vor dem Mast und zwei Drittel dahinter gefahren werden. Während im Norden das Segel rechteckig ist, bilden im Süden Ober- und Achterkante des Segels einen mehr oder minder ausgebildeten Bogen.

Chinesische Dschunken.

Der Druck des Windes wird durch in das Segel eingezogene Zwischenrahen gleichmäßig auf den gesamten Mast verteilt. Dadurch braucht der Mast nicht durch Stage und Wanten gestützt zu werden. Das bringt den Vorteil, daß das

Segel ohne Behinderung durch stehendes Tauwerk voll um den Mast herumgeholt werden kann. Da jede Zwischenrah außerdem eine eigene Schot hat, kann das Segel immer in den günstigen Winkel zum Wind gebracht werden.

Das Meervolk der Polynesier

Die Inselwelt des Stillen Ozeans, Ozeanien, zwischen Australien, Indonesien und Amerika gelegen, besitzt eine Landfläche von 1,27 Millionen Quadratkilometern, dagegen umfaßt sie eine Wasserfläche von rund 70 Millionen Quadratkilometern. Die einzig größere Insel ist Neuseeland. Melanesien bildet den inneren, Mikronesien den mittleren und Polynesien den äußeren Ring der unzähligen kleinen und kleinsten Inseln. Die Längsachse von den Palauinseln im Westen bis zur Osterinsel im Osten erstreckt sich über 120 geographische Längengrade. Das ist ein Drittel des Erdumfangs. Von den 6,5 Millionen Bewohnern Ozeaniens sind nur noch 2 Millionen Nachkommen der Urbesiedler.

Polynesien, das »Vielinselland«, hat etwa eine Million Einwohner, davon sind knapp die Hälfte Polynesier, die fast ausnahmslos auf den größeren Inseln und Inselgruppen leben. In Mittelpolynesien sind das die Fidschi-, Tonga-, Cook-, Samoa-, Manihiki-, Tokelau-, Phönix- und die Faninginseln; in Ostpolynesien sind es die Gesellschafts-, Marquesas-, Paumotu- und Tubuaiinseln sowie die Osterinsel; in Nordpolynesien schließlich sind es neben einer Vielzahl von kleineren Inseln, wie zum Beispiel Wake, vor allem die Hawaii-Inseln.

Die Polynesier waren die letzte große Völkerwelle, die nach langen, mühevollen Wanderungen durch Asien zur südostasiatischen Küste vorstießen und über Taiwan, die Philippinen und Mikronesien die polynesischen Inseln besiedelten. Die asiatische Herkunft der Polynesier mit den Merkmalen einer frühmongolischen Verwandtschaft wird heute als sicher angenommen. Die Polynesier sind hochgewachsene, breitköpfige Menschen von hellbrauner Hautfarbe, die glattes oder welliges schwarzes Haar bei spärlichem Bartwuchs haben.

Der deutsche Naturforscher Johann Reinhold Forster (1729–1778), der an mehreren Forschungsreisen Cooks und auch an seiner zweiten Weltumsegelung teilgenommen hat, schrieb in sein Reisetagebuch: »Es läßt sich den Völkerwanderungen von Asien her durch eine Inselreihe nachspüren, von denen selten zwei auf hundert Seemeilen voneinander entfernt liegen.«

Es ist unbekannt, wann das »Inselspringen« begann. Sicher scheint, daß vor Tausenden von Jahren frühmongolische Völkerstämme an die südostasiatische Küste gelangten, denen andere Stämme folgten. Im Verlauf der Jahrhunderte wurde der Lebensraum knapp, und in Sichtweite lockten große, unbewohnte Inseln. Zu diesem Zeitpunkt entstand aus der Landwanderung die Seewanderung.

Schwimmende Untersätze für die Fischerei waren schon vorher von den Urbewohnern der Küste erbaut und genutzt worden. Nach zögernden Vorstößen über erste kürzere Entfernungen wurden sie verbessert, seetüchtiger gemacht.

Und damit begann das große Seeabenteuer, mit dem die Nomaden Seeleute wurden. Das werdende »Meervolk« schob sich immer weiter in den größten aller Ozeane hinein: nach Osten, nach Norden und nach Süden. Es gibt nicht eine einzige Insel im Pazifik, auch nicht unter den heute unbewohnten, auf der nicht Spuren einer ehemaligen Besiedlung nachweisbar wären.

Zur Zeit ihrer Entdeckung durch Europäer waren die Polynesier noch Menschen der Steinzeit; sie kannten weder Eisen noch irgendein anderes Metall.

Polynesischer Einbaum.

Dieser Umstand ermöglichte es, sichere Erkenntnisse über Bootsbau und Seefahrt aus prähistorischer Zeit zu gewinnen. Betrachtet man die Forschungsergebnisse, die wissenschaftlich unanfechtbar sind, dann haben diese »Primitiven« der Steinzeit eine Seefahrt betrieben, die über Jahrtausende nicht nachvollzogen wurde.

Ozeanische Schiffsformen.

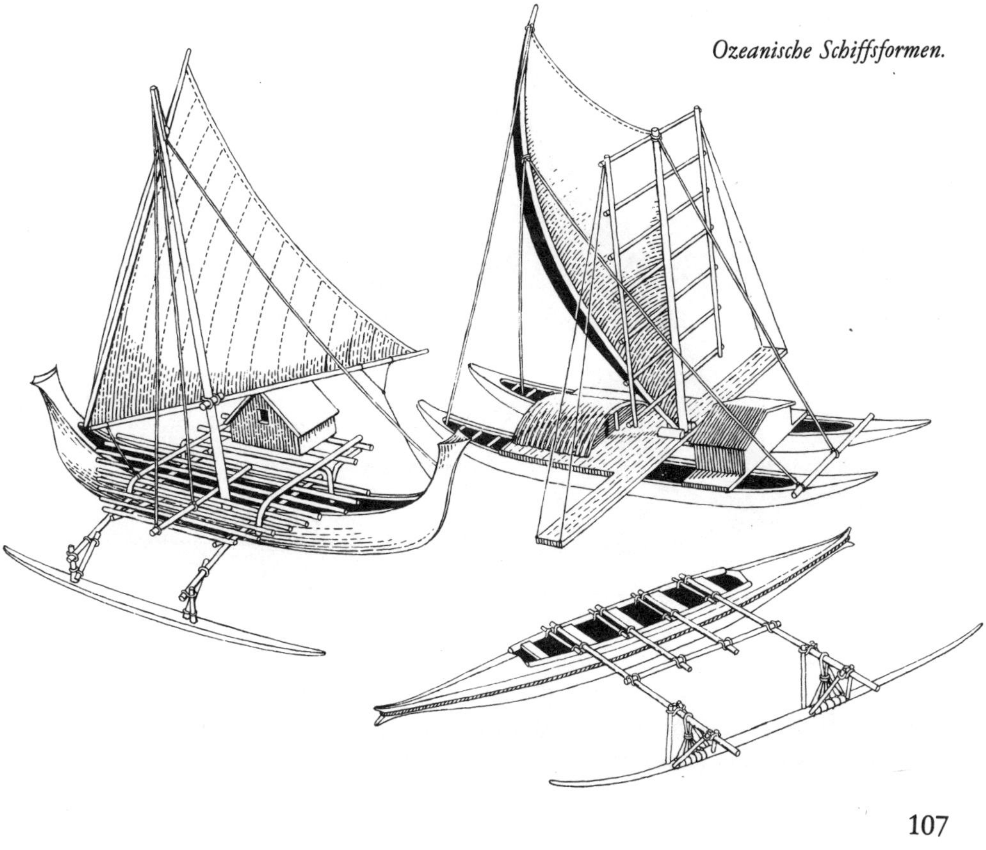

Mit Holz und Pflanzenfasern als Baumaterial, mit Steinen und Muscheln als Schlag-, Schneide- und Bohrwerkzeug, haben sie Flöße und Boote gebaut, mit denen sie in freier Fahrt über den Pazifik im Norden Hawaii, im Osten die Osterinsel und im Süden Neuseeland erreichten. Und als die gesamte pazifische Inselwelt entdeckt und besiedelt worden war, hat dieses gewachsene Meervolk noch Größeres vollbracht: Es hat die Verbindungen zwischen den Inseln aufrechterhalten, ist bis zur amerikanischen Küste vorgestoßen und endlich wieder bis zum Ausgangspunkt seiner Seewanderung zurückgekehrt. Vor diesem geschichtlichen Hintergrund wirken die sicherlich zu Recht hochgerühmten Entdeckungsfahrten eines Kolumbus, da Gamas und Magalhaes eher bescheiden.

Was sahen nun die europäischen Entdecker an ursprünglichen Wasserfahrzeugen im Seeraum Ozeaniens? Aus einem großen Variantenreichtum waren zwei Grundformen zu erkennen: eine ältere, im engeren Sinne polynesische, das Doppelboot mit einfachem Segel, und eine jüngere, mikronesische Grundform, das Auslegerboot mit einem an zwei Gaffeln befestigten, um den Mast drehbarem Segel. Formen und Leistungsvermögen der Boote waren nahezu auf jeder Insel unterschiedlich. Die größten Boote wurden auf Fidschi, Tonga, Samoa und Neuseeland gebaut. Forster berichtet beispielsweise von Kriegsbooten mit 144 Ruderern, 8 bis 10 Steuerleuten und 30 Kriegern.

Doppelboot von den Fidschi-Inseln.

Die Entdecker und Forschungsreisenden fanden aber nicht nur Hochleistungsboote, sondern auch noch die primitivsten Formen schwimmender Untersätze. Für Melanesien waren Baumwurzeln und Baumstämme typisch, die als Hilfsmittel beim Fischfang an der Küste dienten. Auf Tahiti und den Paumotuinseln Polynesiens gab es noch den kurzen, nur zwei oder drei Menschen fassenden Einbaum. Die Aushöhlung des Stammes erfolgte entweder mit dem Steinbeil oder durch Feuer. Aus diesem Einbaum hat sich das polynesische Doppelboot entwickelt. Zwei Einbäume wurden durch Querbalken fest miteinander verbunden, die Querbalken anschließend durch eine Bretterauflage zum Deck gestaltet, auf dem die Aufbauten und der Mast standen. Später wurde die Konstruktion verbessert. Angesetzte Bretter erhöhten die Bordwände der Einbäume, die selbst nur noch den Kiel des Bootes bildeten.

Auf manchen Inseln gab es beim Bau dieser Boote Schwierigkeiten, weil die einheimischen Bäume nicht die erforderliche Länge besaßen. Die Tahitianer entwickelten so schon früh die Kunst, Planken aneinander zu fügen. Die Fugen wurden durch eingepreßte Stricke oder durch Harz abgedichtet. Auf den Marshallinseln wurden die einzelnen Planken mit solcher Präzision geschnitten und aneinander gepaßt, daß die Fugen schon durch die Wasserfeuchtigkeit dicht gesetzt wurden. Zum Schutz gegen Seegang zog man die Bootsenden vorn und achtern nach oben; außerdem baute man Luftkästen ein, um das Boot unsinkbar zu machen. Der Mast stand nicht auf der Mittelachse des Bootes, sondern auf einem der beiden Bootsrümpfe und gewöhnlich weit vorn. Das Segel bildete ein ungefähr gleichschenkliges Dreieck, dessen einer Schenkel am Mast, der andere an einer Gaffel angebracht war. Es gab zahlreiche weitere Arten der Segelführung, doch immer blieb es ein Dreiecksegel aus geflochtenen Matten oder aus einem mit Bastgeflecht überzogenen Bambusgestell. Man konnte Segel setzen oder bergen, ein Reffen der Segel gab es nicht.

Neben diesem alten Doppelboot entwickelte sich vor allem im mikronesischen Raum das jüngere Auslegerboot. Die meisten Auslegerboote wurden mit gleichförmigem Bug und Heck gebaut, so daß ohne Wendemanöver sowohl nach voraus als auch nach achteraus gesegelt werden konnte. Der immer auf der Windseite gehaltene Ausleger wurde bei stärkerem Wind durch ein oder zwei Mann belastet. Der Mast mußte auf den Schwerpunkt des Bootes gezogen werden, was wiederum zur seitlichen Verschiebung der Decksaufbauten und zu verschieden hohen Bordwänden führte, wobei die äußere Bordwand die innere deutlich überragte. Das Steuerruder größerer Boote hatte eine Länge von 6 Metern; allein das Ruderblatt maß 2 Meter. Handliche Schöpfkellen zum Lenzhalten des Bootes gehörten zur selbstverständlichen Ausrüstung. Das Auslegerboot ist ein bis in die kleinsten Einzelheiten sorgfältig durchdachter und in Präzisionsarbeit gebauter Bootstyp von hervorragender Seetüchtigkeit. Und das alles ohne Nagel, ohne Schraube und ohne irgendwelches Metall.

Erstaunlich wie ihr Bootsbau war auch die seemännische und navigatorische Fähigkeit dieser Südseebewohner. Sie segelten vor dem Wind und sie kreuzten gegen den Wind. Schon die Kinder waren auf den Booten zu Hause, und mit festlichen Regatten stachelte man den Ehrgeiz der Jugend an. Zur Orientierung auf See dienten nicht nur die Gestirne, sondern auch Winde, Wasserströmungen und Dünung. In keinem anderen Ozean verlaufen die von stetigen Winden erzeugten Strömungen klarer und stärker als im Pazifischen Ozean. So maß man den Winkel, den der Kiel des Bootes mit Stromrichtung oder Dünung bildete. Die Bestimmung der Himmelsrichtung nach diesem System war nicht weniger exakt als beim späteren Magnetkompaß.

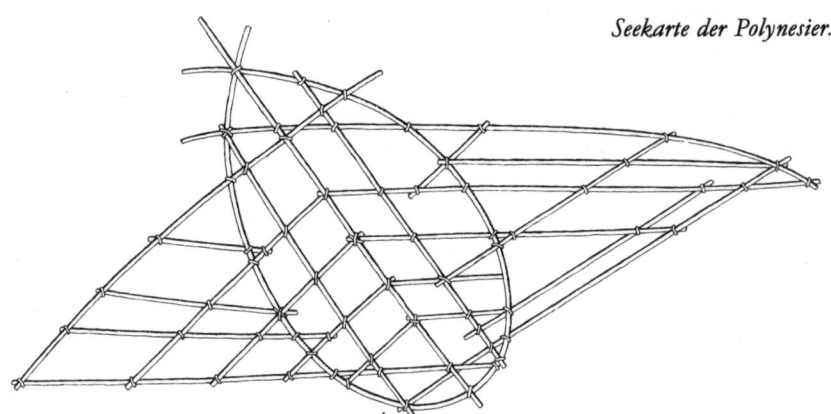

Seekarte der Polynesier.

Seekarten fertigten die Polynesier aus Stäbchen und Muscheln an, die Richtungen, Strömungen und Inseln wiedergaben. Cook erlebte Insulaner, die mit den Stäbchen eine vollständige Karte der Südsee herstellten, auf der nahezu alle Inseln angedeutet waren. Für kritische und gefährliche Wegstrecken standen auf nahegelegenen Inseln Lotsen zur Verfügung. Seefahrten von 1 000 Seemeilen und mehr waren keine Ausnahmen, sondern durchaus gewöhnliche Unternehmen. Es ist nachgewiesen, daß Hawaii über eine längere Zeitperiode in unmittelbarer Verbindung mit Neuseeland stand, was immerhin einer Entfernung von rund 3 000 Seemeilen entspricht.

Gefahren – gerudert oder gesegelt – wurde bei Teilnahme mehrerer Boote unter einheitlicher Führung in einer ungeordneten Dwarslinie. Die Verständigung von Boot zu Boot erfolgte durch Handsignale. Die Verpflegung für Langreisen bestand aus konserviertem Fleisch, Pandanusbohnen und einheimischen Früchten. Trinkwasser wurde auf den am Wege liegenden Inseln ergänzt.

Die Gebrauchsboote der Polynesier waren auffallend arm an Zierat und Schmuck. Im allgemeinen trugen sie nur Büschel aus Federn, Blättern oder Blü-

Kriegsboot der Neuseeländer.

ten, ähnlich den Tuchwimpeln am Mast der späteren europäischen Schiffe. Nur Prunk- und Kriegsschiffe zeigten reiches Schnitzwerk und symbolische Bemalung. Ein Beispiel hierfür ist das Kriegsboot der Neuseeländer, das Cook auf seiner zweiten Weltumsegelung antraf und zeichnen ließ.

Über den Charakter der Polynesier schrieb Georg Forster (1754–1794), der seinen Vater Johann Reinhold Forster auf den Cook-Reisen begleitete, bei einem Aufenthalt auf Tahiti: »Die Leute, die uns umgaben, hatten soviel Sanftes in ihren Zügen, als Gefälliges in ihrem Betragen.«

Und der Franzose Domeny de Rienzi, der nicht nur selbst viele Fahrten durch die pazifische Inselwelt unternommen hatte, sondern auch als Verfasser der »Weltgemäldegalerie« alle Reiseschilderungen über Polynesien kannte, schwärmte Anfang des 19. Jahrhunderts: »Obwohl in der heißen Zone gelegen, haben diese kleinen Inseln, weil sie beständig von erfrischenden Land- und Seewinden bestrichen werden, dieselbe Temperatur wie der Ozean, auf welchem sie mit so viel Anmut gelagert sind. Sie erfreuen sich eines ewigen Frühlings, der selten durch Stürme, Vulkane und Erdbeben gestört wird. Überall bieten sie die bezauberndsten Anblicke dar. Erblickt man vom Deck eines Schiffes durch den Abenddunst ihre mit einer Einfassung von Madreporairen umgebenen Ufer, so glaubt man in Koralle gefaßte Smaragde zu sehen, die eine geheimnisvolle Fee zwischen Wind und Wellen hin und her funkeln läßt. Das Meer bricht sich in weißem Schaume an den Felsenriffen, welche die Inseln schützend umlagern und als schillernde Lichtkreise zurückstrahlen, während Mädchen, gleich den Nymphen der Fabel, in den Gewässern schwimmen und spielen oder an herabhängenden Zweigen des Ufergesträuchs sich festhalten, untertauchen, sich wieder erheben und wieder untertauchen, als ob sie nie ein anderes Element gekannt hätten.«

In der Tat war es ein friedliches und paradiesisch schönes Bild, das sich den Reisenden der Entdeckerschiffe bot, wenn sie sich einer der vielen Inseln näherten. Schon bald nach dem Ankern lösten sich elegante Auslegerboote vom Uferstreifen, und wenn die Schiffsbesatzungen die Eingeborenen mit freundlichen Gesten zu sich an Bord einluden, war das Schiff bald mit dunkelhäutigen Menschen angefüllt, die sich wie Kinder freuen konnten und bereitwillig Erzeugnisse ihrer Insel und der eigenen Fingerfertigkeit anboten.

Nur allzuoft und allzurasch schlug die anfängliche Freundschaft in erbitterte Feindschaft um. Irgendein geringfügiges Mißverständnis, die Taktlosigkeit eines Matrosen oder Passagiers oder eine kleine Diebererei der Schiffsbesucher und schon spielte der Schiffskapitän den Herrn und Richter. Die Polynesier begriffen die Rechtsnormen einer fremden Kultur nicht und widersetzten sich den Entscheidungen der Weißen. Doch die Waffen der Europäer, Geschütze und Gewehre, waren schrecklich, und bei den Eingeborenen wuchsen Angst, Mißtrauen und Aggression. Die Notwehr eines Naturvolkes gegen das brutale Vorgehen europäischer Kapitäne und gewinnsüchtiger Sklaven- und Warenhändler wurde von eben diesen Leuten in Europa als Grausamkeit, Diebererei und Verschlagenheit umgedeutet. Einem solchen Mißverständnis ist leider auch Cook auf Hawaii zum Opfer gefallen.

Ein genauer Kenner der Psyche der Südseebewohner formulierte den Gegensatz, der in den Charakteren dieser Menschen liegt: »... neben einem idyllisch-heiteren Tagesleben und liebevoller Versenkung in Kleinigkeiten besitzen sie die Fähigkeit jäher Zusammenballung in harten, leidenschaftlichen Taten.«

Schiffe des alten Ägypten und der Ägäis

Ägypten war schon im Paläolithikum (Altsteinzeit) bewohnt, das Niltal selbst wurde etwa um 5000 v. u. Z. mit Beginn des Neolithikums (Jungsteinzeit) ständig besiedelt. Die geschichtliche Zeit Ägyptens beginnt mit Menes, dem ersten Pharao und Reichseiniger. Aus Stämmen Nord- und Ostafrikas waren Stammesverbände, die späteren Gaue, hervorgegangen, die sich in Unter- und Oberägypten zu Reichen zusammenschlossen. Durch Unterwerfung Unterägyptens schuf Menes – eine teils historische, teils mythische Gestalt – das sogenannte Alte Reich (2850–2190 v. u. Z.).

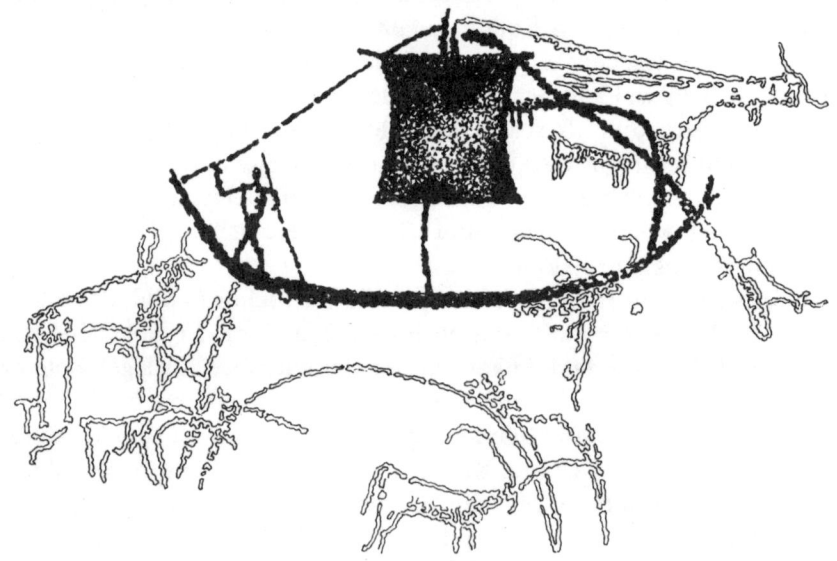

Ägyptische Steinschnitte aus dem 4. Jahrhundert v. u. Z.

Felszeichnungen und Abbildungen aus vordynastischer Zeit wie auch Funde und Darstellungen in Königsgräbern beweisen, daß in Ägypten nicht nur eine Nilschiffahrt existierte, sondern daß die Ägypter auch, mindestens seit Anfang des 3. Jahrtausends v. u. Z., eine Seeschiffahrt mit seetüchtigen Schiffen im Mittelmeer betrieben. Hieroglyphen und Bandreliefs in den von König Snofru erbauten Pyramiden ist zu entnehmen, daß der Pharao mit 40 Schiffen Zedernholz aus Byblos in Phönizien holen ließ und den Seehandel mit Palästina aufnahm. Snofru war der Begründer der vierten Dynastie (etwa 2600–2480 v. u. Z.) und gilt als Erbauer der Pyramide von Medum, der »Knickpyramide«.

Die älteste Schiffsdarstellung im Vorderen Orient, vermutlich die älteste der Welt, ist eine rund achttausend Jahre alte Felszeichnung im Süden der Nubischen Wüste. Die Zeichnung stellt ein Schiff dar, das von einem Stier getragen wird. Deutlich sind Mast und Segel sowie ein überhängender Steven zu erkennen, wie er noch Jahrtausende später für ägyptische Schiffe typisch war. Neben dieser Zeichnung gibt es weitere Steinschnitte in der Nubischen Wüste, die eindeutig als Schiffswiedergaben erkennbar sind.

Felszeichnung im Süden der Nubischen Wüste.

Ebenfalls aus vordynastischer Zeit stammt eine Vase aus Oberägypten, etwa fünf- bis sechstausend Jahre alt, auf der mit rötlicher Farbe ein Schiff, vermutlich ein Totenschiff, festgehalten wurde. Andere Vasen der Negade-II-Kultur zeigen Ruderschiffe, ein Schiff mit Steuerruder und selbst ein Segelschiff. Die hochgezogenen Steven aller Schiffe tragen Tierköpfe als Symbolfiguren, wobei Stierköpfe besonders häufig vorkommen.

Die Krone der Felszeichnungen und Abbildungen aus vordynastischer Kultur bildet die Wandmalerei in einem Grab bei Hierakonpolis (Kom-el-Ahmar), die auf die Zeit um 3200 v. u. Z. datiert wird. Noch schemenhaft und doch schon bildhaft nachvollzogen werden drei Schiffe auf einer Nilfahrt dargestellt, kombiniert mit eindrucksvollen Jagdszenen auf beiden Seiten des Stromes.

Die meisten Funde und Darstellungen aus Königsgräbern geben Nilfahrten wieder. Der Totenkult der Ägypter verlangte die Fahrt des Toten auf dem Nil zur heiligen Stätte des Osiris in Abydos. Während der Pharao und die höchsten Würdenträger des Reiches Originalschiffe mit in die Grabstätte bekamen, begnügte man sich bei den anderen »Hohen Herren« mit Modellschiffen und bildlichen Darstellungen. Modellschiffe waren die 1893 aufgefundenen, rund

10 Meter langen Grabboote von Dahschur, jedoch das Grabschiff König Snofrus war nicht darunter.

Im Mai 1954 entdeckte man am Südende der Cheopspyramide luft- und wasserdicht abgeschlossene Erdkammern. Unter 40 riesigen, rund 20 Tonnen schweren Feldsteinen, fand man die sehr gut erhaltenen Teile eines Schiffes. Zwei Jahre lang dauerte die Bergung und Konservierung der über 1 224 Einzelteile. Nach Abschluß dieser Arbeiten begannen Spezialisten sorgfältig mit dem Aufbau des Schiffes, mit dem der Pharao Cheops seine letzte Fahrt antreten wollte. Das »Cheopsschiff« steht heute als Ausstellungsstück im Restaurationslabor unterhalb der Pyramide. Es ist 43,40 Meter lang, 5,90 Meter breit und besitzt einen kiellosen Flachboden aus 3 miteinander verdübelten Zedernplanken; 12 große Paddel dienten als Antrieb. Die Nähte der Boden- und Seitenplanken wurden mit Papyrusbast abgedichtet, die Planken selbst mit Halfagrasstricken zusammengeschnürt. Nach Fertigstellung der Bootsschale wurden 12 Krummholzspanten eingelegt, die mit den Bord- und Bodenplanken sowie den querverlaufenden Duchten fest verbunden sind. Nach dem Turiner Königspapyrus herrschte Cheops als Pharao der vierten Dynastie 23 Jahre lang nach 2600 v. u. Z. Damit ist das Cheopsschiff das älteste erhaltene hölzerne Wasserfahrzeug der Welt.

Im Grabmal des Pharao Sahure bei Abusir entdeckte man 1907 Bruchstücke eines Reliefs, welche 8 ägyptische Seeschiffe zeigen, die um die Mitte des 3. Jahrtausends v. u. Z. die syrische Küste plünderten und mit phönizischen Gefangenen zurückkehrten. Die Darstellung des Unternehmens und die Zeichnung der Schiffe sind so klar, daß eine gute Vorstellung über Aussehen und Konstruktion der Fahrzeuge gegeben ist. Die aus Holz gefertigten Schiffe führten bereits Segel und erreichten bei günstigem Wind innerhalb von vier Tagen die syrische Küste. An Bord sind aber auch Riemen zu erkennen, weil nur bei achterlichen Winden gesegelt, bei vorlichen dagegen gerudert werden mußte. Die Sahure-Schiffe sind nach ihren vermuteten Ausmaßen rekonstruiert worden. Danach betrug die Länge der Bootskörper 29,4 Meter und die Breite 7,8 Meter. Bei einer Wasserverdrängung von 90 Tonnen besaßen sie einen Tiefgang von 1,2 Meter.

Da die Papyrusboote wegen ihrer Feuchtigkeitsaufnahme für längere Reisen auf dem Nil nicht geeignet waren, wurden bereits in urgeschichtlicher Zeit feste und größere Schiffe aus Holz gebaut. Ägypten verfügte im wesentlichen über alle zum Bau von Schiffen notwendigen Rohstoffe, nur nicht über den wichtigsten: gutes Schiffbauholz. Zwar führte man Zedernhölzer in geringen Mengen ein, aber die Mehrzahl der ägyptischen Holzschiffe mußte aus dem heimischen, für den Schiffbau nur wenig geeigneten Hölzern der Sykomore und der Akazie hergestellt werden. Es gab bereits in der zweiten Dynastie des Frühen Reiches eine Schiffbauanstalt, was ein erhaltenes Siegel dieser Anstalt beweist. Während noch Anfang des 3. Jahrtausends häufig Steinwerkzeuge benutzt wurden, gab es zur Zeit der zweiten Dynastie schon zahlreiche Werkzeuge aus Kupfer, unter anderem Messer und Sägen. Die ägyptischen Schiffe wurden als Bretterboote ohne Kiel und Spanten gebaut. Wegen des ungeeigneten Holzes mußte man die Außenhaut aus kurzen, dicken Holzstücken zusammensetzen, die durch starke Holznägel miteinander verbunden wurden. Bei gefundenen Originalbooten von knapp 10 Metern Länge hatten die Planken der Außenhaut die außergewöhnliche Stärke von 90 Millimetern. Die Fugen zwischen den Hölzern wurden mit Papyrusschilf abgedichtet.

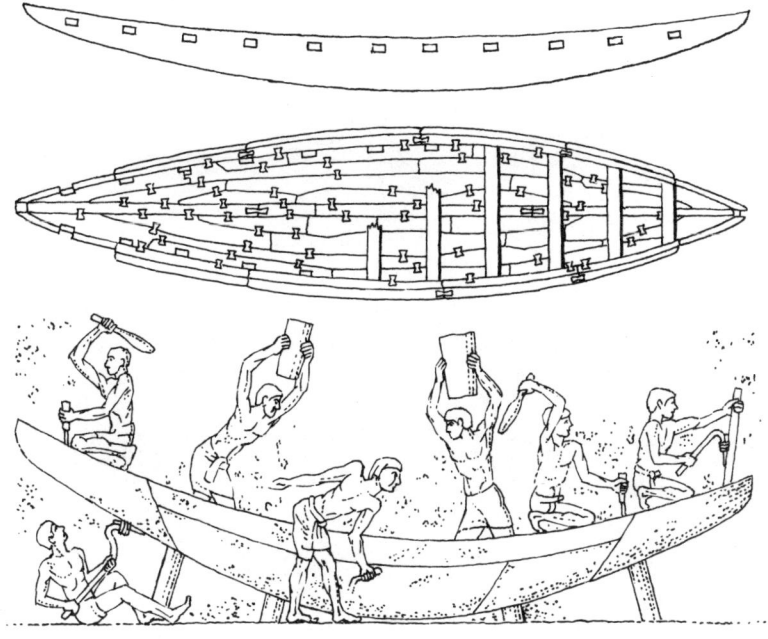

Bau von Holzbooten in Ägypten.

Bei den großen Frachtschiffen wurde die Festigkeit des Schiffskörpers durch zwei um den obersten Plankengang herumlaufende und miteinander verbundene Trossen erhöht. Diese Schiffe hatten noch kein durchgehendes Deck, sondern waren offene Fahrzeuge mit Ruderbänken von Bord zu Bord. Da man sie wegen der vielen Untiefen im Nil flach halten mußte, hatten die Schiffe eine Breite von über einem Drittel der Länge. Die meisten Schiffe konnten durch Paddel, in der späteren Zeit durch Riemen sowie bei günstigem Wind durch Segel angetrieben werden. Als Steuer dienten mehrere, meist auf beiden Seiten mit einem Stropp an der Bordwand befestigte Paddel oder Riemen. Die ägyptischen Schiffe führten nur einen Mast. Er bestand aus zwei Bäumen, die am Topp fest miteinander verbunden waren. Am Mast wurde ein schmales Rechtecksegel mit einer Ober- und Unterrah gefahren. Da das Segel nur bei achterlichen Winden genutzt werden konnte, wurde bei Paddel- oder Riemenbetrieb das Rahsegel gefiert und danach auch der zweibeinige Bockmast umgelegt.

Viele Schiffe hatten feste Aufbauten, die zur Unterbringung der Reisenden oder zur Aufnahme von kostbarem Gut dienten. Manchmal scheinen aber auch nur provisorische Deckshäuser aus Teppichen und Schilfmatten für eine Reise errichtet worden zu sein. Welche Transportleistungen mit Frachtschiffen in Ägypten erreicht wurden, übermittelt ein Bericht über den Aufbau von Theben. Danach wurden zwei Obelisken, jeder 350 Tonnen schwer, mit einem Frachtschiff von Assuan nach Theben befördert. Das Schiff soll eine Länge von 53 Metern, eine Breite von 21 Metern und einen Tiefgang von 2 Metern gehabt haben.

Altägyptisches Seeschiff.

Das Seeschiff des alten Ägypten ist aus dem Bretterboot des Nil hervorgegangen. Unter grundsätzlicher Beibehaltung der alten Form gab man ihm die notwendige Festigkeit und die erforderlichen See-Eigenschaften. Die großen Überhänge des Vor- und Achterstevens wurden verkürzt. Alle Seeschiffe erhielten ausnahmslos den Trossengürtel und den obersten Plankengang, der bei den Nilschiffen nur von den großen Frachtern gefahren wurde. Als Längsverstärkung gegen das Durchbrechen des kiellosen Fahrzeugs bei bewegter See wurde zwischen den Überhängen des Vor- und Achterstevens ein sogenanntes Sprengtau gezogen. Die für die Nilschiffe typischen Deckshäuser fehlten. Das Deck trug auf den Bordseiten ein Schanzkleid mit einer niedrigen Reling. Bug und Heck waren erhöht eingefaßt und gegen Seegang geschützt.

116

Altägyptischer Schiffbau um 2700 v. u. Z.

Phönizische Handelsschiffe um 1400 v. u. Z.

*Römische Handelsschiff zu Beginn der Zeitrechnung
(nach einem pompejanischen Wandgemälde).*

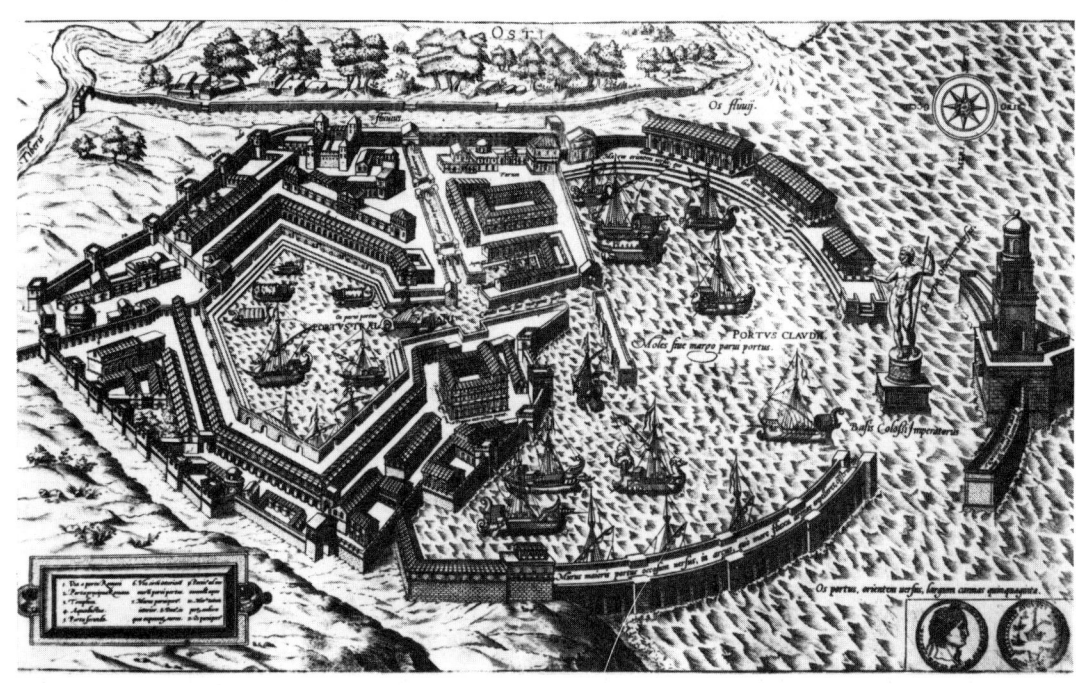

Roms Hafen Ostia.

Hafenszene aus Ostia (Relief).

Wo einst Karthago lag.
Altes Kastell in der Einfahrt zum Vorhafen von Tunis.

»Odysseus begegnet den Sirenen«.
(Darstellung auf altgriechischer Vase.)

Kuwaiter Dau vor dem Stapellauf.

Dau zur Reparatur an Land gesetzt. ▷

Teilansicht von Venedig um 1500.

Venezianische Handelsschiffe Ende des 15. Jahrhunderts.

124

Über die Takelage der ersten Seeschiffe kann wenig gesagt werden, da die Darstellungen die Schiffe mit umgelegtem Mast zeigen, der auf einem besonderen Mastbock ruht. Die Schiffe des Sahure besaßen noch den zweibeinigen Bockmast der Nilschiffe. Bei ungünstigem Wind oder auch zum Manöver im Hafen wurde nicht mehr mit Paddeln, sondern mit Riemen gearbeitet. Da die Riemen durch das hohe Freibord sehr steil im Wasser lagen, mußten die Ruderer ihre schwere Arbeit stehend verrichten. Gesteuert wurden die ersten Seeschiffe ebenso wie die Nilschiffe durch mehrere Steuerriemen. Bei den Sahure-Schiffen sind deutlich drei dieser breiten Riemen zu erkennen. Die ersten Seeschiffe des alten Ägypten sind in einem Zeitraum von mehr als tausend Jahren kaum verändert worden.

Erst zu Beginn des Neuen Reiches wurde eine Reihe von Verbesserungen an See- und Nilschiffen vorgenommen. Unter Königin Hatschepsut und König Thutmosis III. erlebte die ägyptische Seefahrt im 15. Jahrhundert v. u. Z. ihre höchste Blüte. Davon zeugt die Darstellung der »Flotte der Königin Hatschepsut« im Tempel von Deir el Bahari im Tal der Könige. Die bedeutendsten Verbesserungen bei der Konstruktion der Seeschiffe bestanden darin, daß die Querverbände jetzt durch eingezogene Decksbalken verstärkt wurden, die mit dem jeweiligen Plankengang durch Holznägel fest verdübelt waren. Die damit erreichte Versteifung des Schiffskörpers machte den früher üblichen Trossengürtel um den obersten Plankengang überflüssig. Der zweibeinige Bockmast wurde durch einen Pfahlmast ersetzt, der genau wie der alte Bockmast umgelegt werden konnte. Der Mast stand in einem Mastschuh auf dem Schiffsboden und wurde an einem bis über das Deck reichenden Pfosten mit Leinen festgelascht. Nach achtern wurde der Mast durch Stage gestützt. Anstelle des schmalen Rechtecksegels führte man jetzt ein breites, an einer stark gebogenen Rah befestigtes Segel, das durch eine Unterrah steif gesetzt wurde. Beim Segeln mit achterlichen Winden bekam das Segel so, anstelle der glatten Fläche, einen Bauch und zog besser. Diesen Segelvorteil nutzt man bis heute im Segelsport.

Auch das System der Steuerung wurde erheblich verbessert. Der Steuerriemen erhielt durch zwei Schlingen – eine an der Bordwand und eine weitere an einem höher aufgestellten Steuerpfosten – eine feste Führung. Nunmehr brauchte man den Steuerriemen nur noch um seine Längsachse zu drehen und konnte so das am Schiff vorbeiströmende Wasser zur Drehwirkung ausnutzen. Zur leichteren Handhabung erhielt der Steuerriemen eine Ruderpinne. Große Schiffe besaßen zwei dieser Ruder, an jeder Bordseite eines, die über eine Ruderpinne miteinander verbunden waren.

Auch in der Ägäis herrschte bereits um 3000 v. u. Z. ein reger Schiffsverkehr. Träger dieser Seefahrt waren die Bewohner der Kykladeninseln Andros, Tenos, Syros, Naxos, Melos und Paros zwischen dem Peleponnes und der Südwestspitze Kleinasiens. Reliefs in ägyptischen Königsgräbern und Funde von Austauschgütern bestätigen, daß schon im 3. Jahrtausend v. u. Z. ein Seeverkehr zwischen der Ägäis und Ägypten bestanden hat.

Die Schiffstypen der Ägäis unterscheiden sich grundsätzlich von denen des

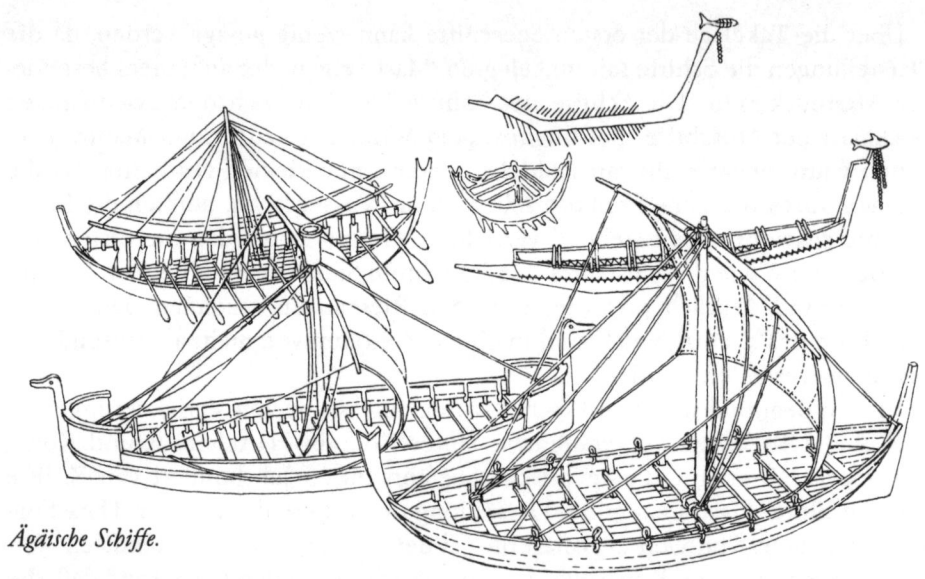

Ägäische Schiffe.

Nil. Es waren Boote, die auf Kiel und Spanten gebaut und mit Holzplanken umkleidet wurden. Dadurch waren sie leichter, elastischer und damit wohl auch seetüchtiger als das aus dem Nilschiff hervorgegangene ägyptische Seeschiff. Das Tonmodell eines ägäischen Schiffes von der Insel Melos zeigt deutlich die Spantenbauart dieser frühen Mittelmeerschiffe. Interessant ist bei den Schiffsdarstellungen der hoch emporgezogene Achtersteven mit dem Fisch als Heckverzierung sowie der flachgehaltene und in einen Sporn auslaufende Vordersteven. Sämtliche Kykladenschiffe sind stark bemannte Ruderschiffe ohne Mast und Segel.

Leider wissen wir nicht allzuviel von den Schiffen Kretas. Die kretischen Schiffsbilder, die uns von Schmuckstücken und Siegelabdrücken überliefert

Schiffe auf kretischen Siegeln.

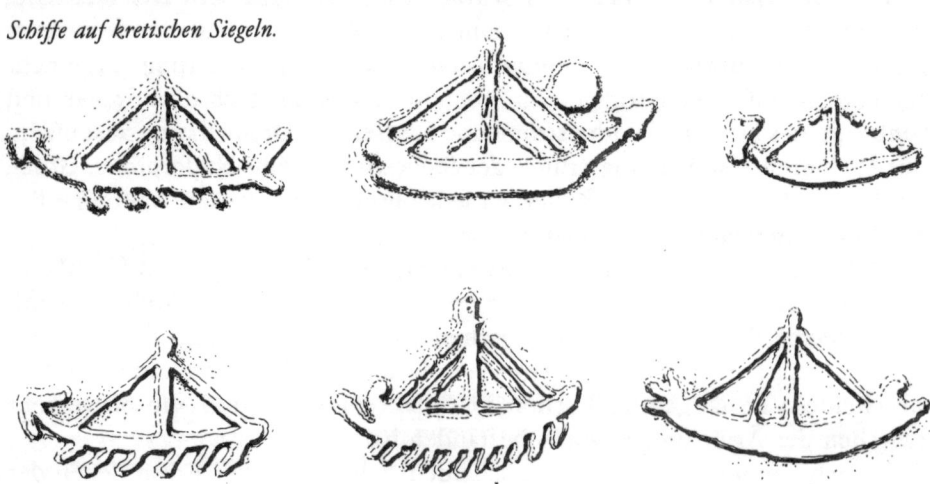

126

wurden, zeigen von Anfang an Mast und Segel, ja sie stellen bereits vielfach Zwei- und Dreimaster dar. Bei den kretischen Schiffen sind Handels- und Kriegsschiffe eindeutig zu unterscheiden. Die Kriegsschiffe sind grundsätzlich Riemenschiffe und länger gestreckt als die Handelssegler. Ähnlich wie bei den Kykladenschiffen läuft der Kiel vorn zu einem Sporn aus. Mit Hilfe dieser Kriegsschiffe soll Kreta etwa ab 1700 v. u. Z. im Gebiet der ägäischen Kleininseln und der griechischen Festlandsküste neben einer ausgedehnten Seefahrt auch eine starke Seemacht ausgeübt haben.

Funde, Felsritzungen und Seefahrt im Norden

Als zu Ende der Eiszeit Jäger- und Sammler-Gemeinschaften den abschmelzenden Gletschern folgend nach Norden vorstießen, sah die Landschaft völlig anders aus als heute. Die vom Druck des Eispanzers der letzten Vereisung entlasteten Gebiete hoben sich langsam. Eine Landbrücke von Jütland nach Schweden trat aus dem Wasser, schnürte das Baltische Meer – die Ostsee – vom Weltmeer ab und verwandelte sie nach und nach in ein Süßwasserbecken, den Ancylussee. Über die Landbrücke gelangten Menschen nach Skandinavien. Sie lernten es, ihre Jäger- und Sammler-Wirtschaft durch die Ausnutzung des Fischreichtums der im Abschmelzprozeß entstandenen Seen zu ergänzen, wurden zu Fischern und entwickelten auch Wasserfahrzeuge.

Zeugnisse der frühen Fischerbevölkerung Dänemarks sind an einem inzwischen versumpften See der Insel Seeland, dem Maglemose (Großes Moor) gefunden worden. Es sind Reste eines Paddels, dessen Alter auf neuntausend Jahre geschätzt wird. Ein vollständig erhaltenes Paddel, etwa siebentausend Jahre alt, wurde im Moor bei Duvensee in Holstein gefunden. Bei Perth am Firth of Forth in Schottland entdeckte man die Reste eines aus einem Kiefernstamm hergestellten Einbaums, der ein wahrscheinliches Alter von achttausend Jahren hat. Im Jahre 1955 legte man bei Pesse in den Niederlanden einen Einbaum frei, der ebenfalls aus der Zeit um 6000 v. u. Z. stammt. Der mit Hilfe von Feuer ausgehöhlte Kiefernstamm ist 2,98 Meter lang und 0,45 Meter breit. Ein vermutlich fünf- bis sechstausend Jahre alter Einbaum ist in jüngster Zeit bei Deblin, südöstlich von Warschau, in der Weichsel gefunden und ausgegraben worden. Er hat eine Länge von 9 Metern, eine Breite von einem Meter und wurde aus einem Eichenstamm gefertigt.

Die noch geringe Bevölkerung an den Küsten von Nord- und Ostsee erlebte etwa im 5. Jahrtausend v. u. Z. eine zweite geologisch-klimatische Veränderung. Die Landbrücke, die Landfeste zwischen Jütland und Skandinavien, versank unter den Meeresspiegel, die Wasserverbindung zwischen Nord- und Ostsee wurde wiederhergestellt. Das geschah vermutlich in jener Zeit, als die Fluten des Nordatlantik die Landenge bei Dover – Calais durchbrachen und die Nordsee stärker als bis dahin dem Einfluß des Weltmeeres aussetzten. Der Wasserzufluß aus der Nordsee verwandelte den Ancylussee in das salzige Litorinameer. Der Name Litorina stammt von einer Meeresmuschel, die während des Quartär in der Ostsee lebte und für ihren Fortbestand einen wesentlich höheren Salzgehalt des Wassers benötigte, als er heute in der Ostsee vorhanden ist.

Die Ausdehnung des Weltmeeres verstärkte aber nicht nur den Salzgehalt der Ostsee, sondern bildete auch die Voraussetzung für ein milderes, feuchtes Klima. Unter dem Einfluß des Seeklimas umsäumten neben den früher vorherrschenden Kiefern auch Eichen die Küsten von Nord- und Ostsee. Wahrscheinlich fanden um diese Zeit, etwa um 4000 v. u. Z., stärkere Menschenwanderungen nach Norden und eine dichtere Besiedlung der westbaltischen und südskandinavischen Länder statt. Zum ersten Mal erreichte eine größere Wanderwelle Norwegen. Die neuen Siedlungsräume konnten nur über See erreicht worden sein.

Das Zeitalter des geschliffenen Steins umfaßte im Norden Europas das gesamte 3. Jahrtausend v. u. Z. Die Steinwerkzeuge wurden nicht mehr wie vordem behauen, sondern bis zu einer hohen Vollendung geschliffen. Die neolithischen Bewohner im Norden Europas kannten bereits den Ackerbau. Die wichtigsten Getreidearten waren Gerste, Weizen und Hirse; zum Haustierbestand gehörten Rind, Schaf, Ziege und Schwein und der schon bei den Jägern gezähmte Hund.

Für die Herstellung von harten und schneidenden Werkzeugen verwendete man bevorzugt Feuerstein; als Bearbeitungsmaterial hatten Stein, Holz, Horn, Rinde und Bast die größte Bedeutung. Es ist vor allem der Feuerstein, der eine beständige Seefahrt in Ost- und Nordsee während der jüngeren Steinzeit bestätigt. So wurden Feuersteinwerkzeuge auf Bornholm gefunden, obwohl der Stein als Rohstoff auf der Insel nicht vorkommt. In Nordschweden sind Stapel von Feuersteinäxten ausgegraben worden, die aus Schonen stammten. Gleiche Funde wurden auf Gotland und Öland gemacht. Die Ähnlichkeit zwischen den gefundenen Werkzeugen läßt sich nur durch eine ständige Verbindung zwischen den Inseln und dem Festland erklären.

Gegen Ende der neolithischen Zeit, etwa um 2000 v. u. Z., setzte von Schweden aus eine Einwanderung über den Bottnischen Meerbusen nach Finnland ein. Es muß auch eine weitergehende Verbindung nach Rußland gegeben haben, denn Steinwerkzeuge russischer Art und Herkunft wurden an verschiedenen Orten Schwedens entdeckt. Nachgewiesen sind ebenfalls Seeverbindungen zwischen der dänischen und der deutschen Ostseeküste sowie zwischen Jütland und Südnorwegen. In der Nordsee bekunden Funde von Feuersteinwerkzeugen auf Helgoland Ende des 19. Jahrhunderts v. u. Z. frühe Seeverbindungen nach dem europäischen Festland und zu den britischen Inseln. Die weitreichendste Verbindung quer über die Nordsee verlief Ausgang des 3. Jahrtausends v. u. Z. zwischen Südschweden und England. Altertumsforscher haben in diesem Zusammenhang die Analogie zwischen Gräbern in Westgötaland (Schweden) und Gräbern gleicher Bauart (kleine längliche Steinkammern) in England und Frankreich nachgewiesen.

Zu Beginn des 2. Jahrtausends v. u. Z. gelangte das erste Metall, die Bronze,

Frühe Seewege in Nord- und Ostsee.

vom Süden her zum Norden Europas. Die Vorzüge des neuen Materials waren
so offensichtlich, daß der Feuerstein allmählich als Rohstoff für Werkzeuge
und Waffen verdrängt wurde. Aus dieser Zeit liegen, außer den Originalfunden
von Einbäumen, die ersten bildlichen Zeugnisse nordischer Seefahrt vor. Es
handelt sich um Felszeichnungen oder Hällristningar, wie sie gewöhnlich mit
einem schwedischen Wort bezeichnet werden (häll = Felsfläche, risting = Rit-
zung). Sie finden sich im mittleren und südlichen Schweden, an der norwegischen Küste bis hinauf nach Drontheim, seltener in Dänemark, zahlreich dagegen auf Bornholm. Die klassische Landschaft der Hällristningar aber ist die
schwedisch-norwegische Küste am Kattegatt, die Küste von Bohuslän und
Smaalenene.

Auf flach ansteigenden Felsenplatten sind hier über viele Quadratmeter
Schiffsmodelle eingeritzt, daneben Menschen, Krieger mit Waffen, Jagdszenen
und für uns heute unerklärliche Symbole. Über die Bedeutung der Felszeichnungen gab es einen längeren Meinungsstreit, doch scheint es heute sicher, daß
die in primitiver Bildersprache vermischten weltlichen und religiösen Motive
Kultschiffe darstellen, die die Toten in das Totenreich überführen. Die Eichen-
särge, in denen während der Bronzezeit die Toten beigesetzt wurden – ein
Brauch, der sich bis heute erhalten hat – waren nichts anderes als Einbäume.

Einige Wissenschaftler äußerten den Einwand, daß die Schiffe der Hällristningar gar keine Schiffe, sondern Schlitten seien. Bei einigen einfachen Ritzun-
gen, die vorn in zwei übereinanderstehende, hörnerartig aufgebogene Spitzen

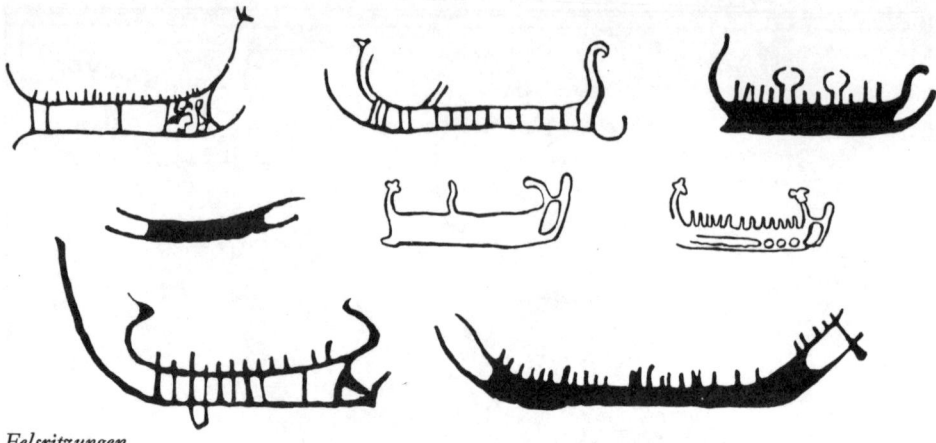

Felsritzungen.

auslaufen, wird man tatsächlich mehr an eine Schlittenform als an Schiffs- oder Bootsformen erinnert. Aber diese ältesten und einfachsten Hällristningar sind in einer lückenlosen Entwicklungskette fortgeführt worden, bis hin zu den eindeutig erkennbaren Schiffszeichnungen, wie sie auch auf Bronzemessern der auslaufenden Bronzezeit des Nordens zu sehen sind.

Da sind zunächst einfache, horizontale, vorn aufgebogene, mit senkrechten Strichen versehene Linien, die Ruderer; später werden zusätzlich der doppelte Schnabel oder Vorsteven, der Achtersteven und das darüber hinausragende Kielstück deutlich dargestellt. Noch spätere Zeichnungen zeigen zwei Hauptlinien, beide durch senkrechte Linien miteinander verbunden; auf der oberen Linie stehen die Mannschaftsstriche. Und schließlich sind auf den Zeichnungen weitere Horizontallinien zu sehen sowie bereits Planken, wie sie auch auf den Schiffen der Bronzemesser deutlich zu erkennen sind.

Ohne Zweifel gehörte der Einbaum aus Kiefern- oder Eichenstamm zu den ursprünglichen Wasserfahrzeugen im Raum von Nord- und Ostsee. Die zahlreichen Funde und die Berichte römischer Historiker aus späterer Zeit bezeugen seine weite Verbreitung. Es besteht aber absolut kein Zweifel darüber, daß die Hällristningar in der Mehrzahl bereits einen entwickelten, zusammengesetzten Schiffstyp darstellten. Die in neolithischer Zeit unterhaltenen ständigen Seeverbindungen quer über die rauhe Nordsee wären mit dem Einbaum als Transportfahrzeug kaum erklärbar.

Durch den Fund eines Originalschiffes bei dem Ort Hjortspring (Hirschsprung) auf der dänischen Insel Alsen konnten die Felsenschiffe eine eindeutige Identifizierung erfahren. Das im Moor versunkene Boot stimmt in Bau und Aussehen genau mit den Darstellungen der Hällristningar überein. Auch wenn das Alsenboot erst im 4. Jahrhundert v.u.Z. gebaut wurde, kann es doch als Typ nordischer Schiffe während der Bronzezeit angesehen werden. Es ist ein offenes Ruderboot, das von 20 Mann mit Paddeln angetrieben wurde. Dollen oder

Riemenlöcher für das Bedienen von Riemen fehlen ebenso wie ein Mastschuh für das Aufrichten eines Mastes. Das Alsenboot ist kein Kielboot, sondern ein Kastenboot mit zwei breiten und flachen Bodenplanken, die auf ihrer Außenseite zwei dachziegelartig übereinandergreifende Seitenplanken tragen. Die Bodenplanken verlaufen ebenso wie der obere Rand der Bordplanken an beiden Enden des Schiffskörpers zu einem nach oben gekrümmten Schnabel aus. In der Seitenansicht entspricht das genau der doppelten Schnäbelung an Bug und Heck, die für die Schiffe, die auf den Felszeichnungen dargestellt wurden, typisch sind.

Das Hjortspringboot.

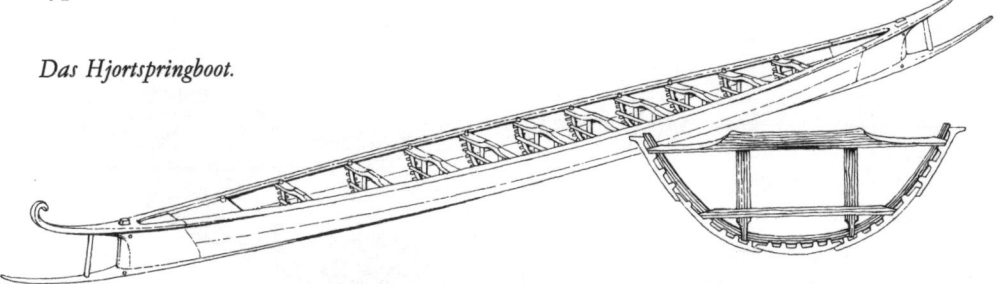

Die Planken des Bootes sind sehr breit und so dünn, wie es die Bearbeitung mit einem Beil nur zuließ. Sie waren mit Bastseilen, die durch gebohrte Löcher gezogen worden waren, aneinander genäht. Die Plankennähte wurden mit harzigem Leim abgedichtet. Der in der Seemannssprache erhaltene Ausspruch »hecht« (heften) und »dicht« erinnert an die Fertigungsart, Planken aneinander zu nähen und zu dichten. Als innere Versteifung besaß das Boot nach Fertigstellung des Kastens eingesetzte Haselstrauchäste. Das Boot war 13,28 Meter lang, etwa eine halbe Tonne schwer und besaß an Bug und Heck je ein Steuerruder, konnte also nach jeder Richtung fortbewegt werden.

Das Alsenboot führt von den bronzezeitlichen Felsenritzungen direkt zu den frühen Wikingerbooten, wie sie mit den Funden von Nydam, Gokstad und Oseberg bezeugt sind. Das Nydamboot zeigt gegenüber dem Hjortspringboot eine deutliche Weiterentwicklung, es wurde 1863 im Moor bei Nydam am Alsensund in Dänemark gefunden. Einige Wissenschaftler datieren das Alter des Bootes auf das letzte Jahrhundert v. u. Z., andere auf das 2. oder 3. Jahrhundert u. Z. In jedem Fall ist das Boot charakteristisch für mehrere Jahrhunderte Schiffbau des letzten Jahrtausends v. u. Z. im Raum der Nord- und Ostsee. Das wird auch durch die Funde bei Ralswiek auf Rügen bestätigt, die, obwohl slawischen Ursprungs, eine bestimmte Typenverwandtschaft mit dem Nydamboot aufweisen.

Beim Nydamboot handelt es sich um ein offenes Ruderboot mit 28 Riemen, noch ohne Mast und Segel, aber bereits auf Kiel und Spanten gebaut. Der Bootskörper ist 22,84 Meter lang, besitzt 19 Spanten und ist 3,26 Meter breit. Die Bordwände bestehen aus fünf starken Eichenbohlen, die dachziegelartig, also geklinkert, übereinandergreifen. Das Boot führte nur noch einen Steuerriemen an der rechten Bordseite achtern.

Der Küsten- und Seehandel, die Kriegszüge und die über See vorgetragene Besiedlung fremder Länder, müssen von der Bronzezeit an durch die ganze Frühgeschichte mit solchen offenen Ruder- oder Riemenbooten ausgeführt worden sein. Das Gokstadschiff und das Osebergschiff als Ruder- und Segelschiffe gehören der folgenden Generation an, als die Wikinger im 1. Jahrtausend u. Z. zum Schrecken der europäischen Küstenbevölkerung wurden.

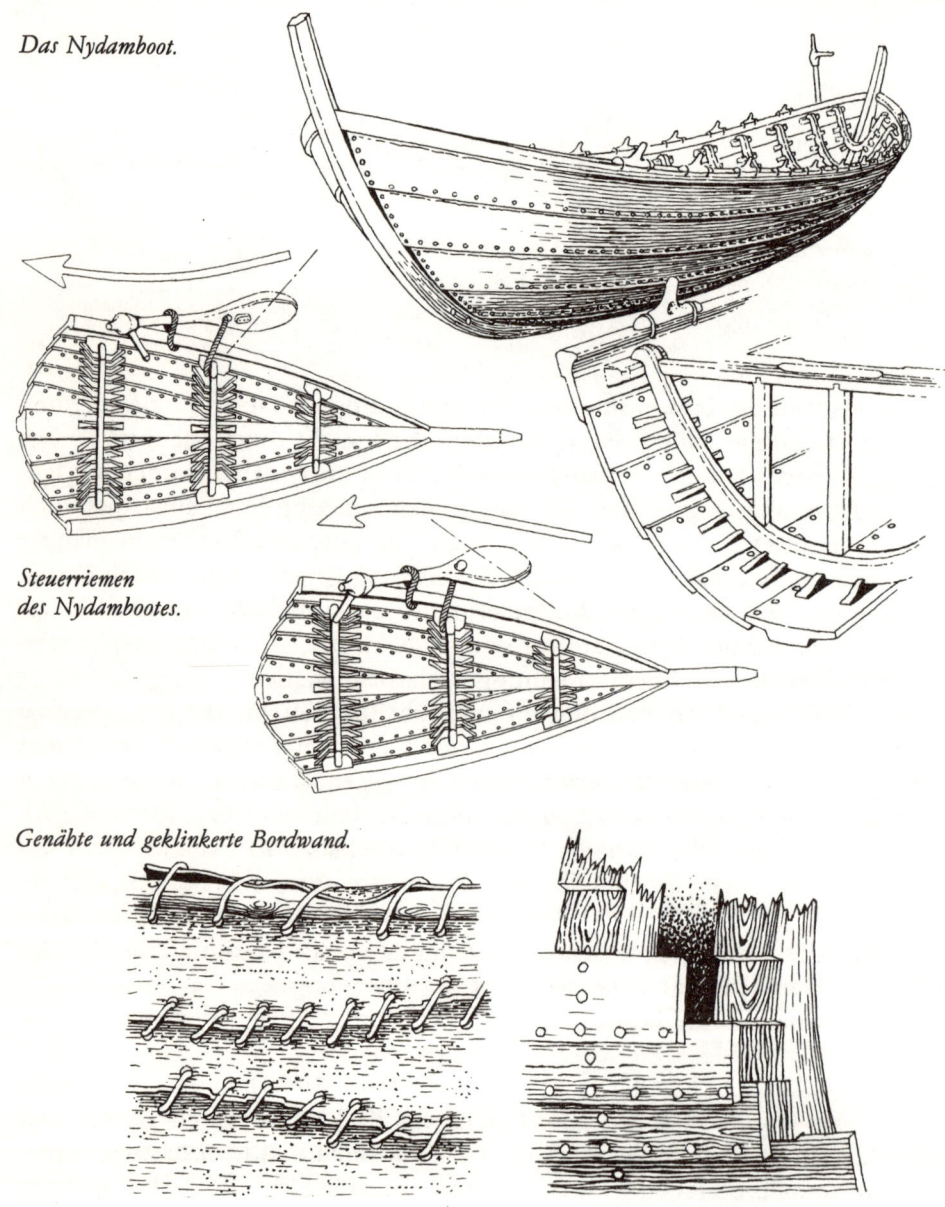

Das Nydamboot.

Steuerriemen des Nydambootes.

Genähte und geklinkerte Bordwand.

Das große frühgeschichtliche Zeitalter der Seefahrt

Der bekannte norwegische Schiffsarchäologe A. W. Brøgger schrieb über die Seefahrt der Bronzezeit: »Die Welt stand damals offen, die Erde war frei. Die Völker des 3. und 2. Jahrtausends der Vorzeit wanderten über sie dahin, als seien Tausende von Meilen nur ein vergnügliches Abenteuer.«

Es läßt sich für diese Zeit eine Parallele zu den weiten Seereisen ziehen, die die Polynesier später kreuz und quer über den Stillen Ozean unternahmen, in Booten, die weder größer noch seetüchtiger waren als die auf den nordischen Felsbildern. Die frühen Berichte über die Seefahrten der Griechen und Phönizier über die Straße von Gibraltar hinaus sind nicht der Anfang, sondern das Ende einer Periode großer Entdeckungen. Schilderungen vom Anfang dieser Periode sind nirgendwo festgehalten und gingen somit für immer verloren. An den atlantischen Küsten muß gegen Ende des 3. und im ganzen 2. Jahrtausend v. u. Z. ein reger und ausgedehnter Seehandel geherrscht haben.

Auf den Kanarischen Inseln wurden charakteristische Felsbilder der Bronzezeit entdeckt, Beweise, die darauf hindeuten, daß sie schon im 2. Jahrtausend v. u. Z. und lange vor den Phöniziern von Schiffen aufgesucht wurden und sogar eine Wohnstätte der Megalithleute gebildet haben. Die Anwesenheit der Phönizier und Karthager auf den Inseln bezeichnet die Endphase einer langen geschichtlichen Epoche von Seefahrten und Seereisen, die die Seefahrt der Antike in jeder Weise weit übertroffen haben muß.

Die Bronzezeit selbst – archäologische Funde beweisen es – wird das große Jahrtausend der frühen Seefahrt gewesen sein. Die Megalithkulturen an den europäischen Küsten bildeten die Einleitung zu dieser großartigen Epoche. In ihr wurde die Technik des Seereisens erstmalig entwickelt, zuerst im Mittelmeer und dann an den Küsten des Atlantiks.

Die Megalithkulturen, eine Zusammenfassung verschiedenartiger Kulturgruppen der späten Jungsteinzeit, für die Grabbauten aus großen Steinblöcken (Megalithen) typisch sind, hinterließen ihre Spuren an allen europäischen Küsten vom Mittelmeer bis zur Ostsee, dagegen weniger im Inneren des Kontinents. Das läßt vermuten, daß die Wege über das Festland noch unerschlossen waren, daß also die Übertragung der Gräberformen auf dem Seeweg um Europa herum erfolgt sein mußte. Es werden aber nicht Fahrten gewesen sein, die ohne Unterbrechung die ganze Strecke bewältigten. Zieht man Parallelen zu historischer Zeit, wird es sich vielmehr um eine Übertragung von Küste zu Küste gehandelt haben, also um in sich geschlossene Seeverkehrskreise, die sich nur an den Peripherien berührten oder schnitten.

Altertumsforscher nehmen fünf bis sechs solcher Seeverkehrskreise an: Als Ausgangspunkt für West- und Nordeuropa die Iberische Halbinsel entlang ihrer Westküste bis zum Kap Finisterre; der Golf von Biskaya, Nordspanien und Westfrankreich bis zur Bretagne; Kanal und Nordsee mit Häfen in England, Irland und Südskandinavien und das Gebiet der Ostsee mit den dänischen Inseln und der norddeutschen Küste. Die Herkunft der Megalithkultur ist ungewiß, wahrscheinlich bestanden Verbindungen von Südspanien über Nordafrika zu älteren Megalithbauten im Vorderen Orient. So werden auch das östliche Mittelmeer bis Sizilien und das westliche Mittelmeer bis Marokko/Spanien in die Seeverkehrskreise der Megalithkultur einbezogen.

Die Entwicklung der Produktivkräfte hatte bei den Völkern des Vorderen Orients bereits im Verlauf des 5. und 4. Jahrtausends v. u. Z. zu einem gesteigerten Warenaustausch geführt und in Verbindung damit zu einer ausgedehnten Handelstätigkeit über See. Nach der Verwendung von geschliffenen Steinwerkzeugen in der späten Jungsteinzeit gelang die Herstellung von Waffen, Werkzeugen und Geräten aus Bronze. Die für Bronze benötigten Rohstoffe, Zinn und Kupfer, mußten aus verschiedenen, weiter entlegenen Gebieten herbeigeschafft werden. Im Gegensatz zur bloßen Verwendung von Naturprodukten in der Steinzeit zwang das zu einer stärkeren Seefahrt. Nun bestimmten die neuen Rohstoffe die Reisewege.

Die Seeverbindungen von Spanien über den Atlantik nach Cornwall und Irland sind geschichtlich belegt. Andere Schiffahrtswege des 3. und des 2. Jahrtausends v. u. Z. lassen sich rekonstruieren. Die bemerkenswert reichen Funde bronzezeitlicher Gegenstände auf den Shetlandinseln bezeugen ebenso wie die Funde auf Helgoland einen regen Nordseeverkehr, der außerdem durch die Hällristningar-Schiffe bestätigt wird. Auch der Seeverkehr in der Ostsee nahm während der Bronzezeit an Umfang und Intensität zu. Abgesehen von der Materialzufuhr für die Bronzeherstellung wurden die schon bestehenden Verbindungen der neolithischen Seefahrt zwischen Schweden und den Inseln Gotland, Öland und Bornholm, zwischen Schonen, der deutschen und dänischen Küste sowie die Seewege nach Finnland und den baltischen Ostseeprovinzen durch einen erhöhten Warenaustausch gefördert und ausgebaut. Für den ausgehenden jütländischen Bernsteinhandel entwickelte sich westwärts eine feste Seeroute. Waffen und Geräte englischer und irischer Herkunft der Bronzezeit sowie Goldarbeiten aus Südeuropa, die an den Küsten und auf den Inseln der Ostsee gefunden wurden, beweisen die Existenz dieser frühen Seefahrt.

Welche Völker, Völkerstämme und Völkergruppen die einzelnen Seeverkehrskreise befuhren oder auch über sie hinaus vorstießen, ist nur in Ausnahmefällen mit Sicherheit zu sagen. Es ist anzunehmen, daß die benutzten Fahrzeuge nicht sehr groß gewesen sind – vor allem im Norden waren sie es sicherlich nicht – und auch keine großen Mengen Massengut transportierten. Fraglos aber scheint, daß dieser über Jahrhunderte abgewickelte, regelmäßige Handel mit Rohstoffen und Verbrauchsgütern seetüchtige Fahrzeuge und berufserfahrene Seeleute verlangte.

Als sich das Eisen als Rohmaterial im Süden Europas im 2. Jahrtausend v. u. Z. und im Norden im 1. Jahrtausend v. u. Z. durchsetzte, ging der Handel mit Kupfer und Zinn zurück, erlitt der Seehandel und der Seeverkehr auf den alten Schiffahrtslinien einen allmählichen Niedergang. Das neue Metall mußte nicht mehr von weither über See eingeführt werden, sondern man konnte es in den meisten Ländern, so auch in Deutschland und Skandinavien, selbst gewinnen. Über die Ostsee rollten allerdings Mitte und in der zweiten Hälfte des letzten Jahrtausends v. u. Z. neue große Wanderwellen, die sich von der Nordküste zur Südküste bewegten. Die ostgermanischen Stämme der Wandalen, Burgunder, Goten und Langobarden siedelten aus Südskandinavien in das Gebiet zwischen Oder und Weichsel über. Die Stammessagen der Langobarden und vor allem der Goten erzählen ausführlich über diese Auswanderung zu Schiff, die natürlich nicht, wie die Sage glauben machen will, auf einmal erfolgte, sondern die mittlere Ostsee über Jahrzehnte zu einer Heerstraße des Seeverkehrs gemacht hat.

Die »Wissenschaft des Spatens« hat die alten Vorstellungen über eine Seefahrt im Raum der Nord- und Ostsee berichtigt. Früher pflegte man die Anfänge der Seefahrt in diesem Gebiet nach den Berichten römischer Historiker mit den Einbäumen der Bataver und Chauken gleichzusetzen. Die prähistorische Archäologie hat die vorgeschichtliche Zeit nordischer Seefahrt, wenn auch nicht in klar umrissenen, so aber doch in erkennbarem Rahmen deutlich gemacht. Auch die Sprache liefert den Beweis einer frühen Seefahrt, noch bevor die Germanen in den Bereich römischer Politik und Kultur einbezogen wurden.

Während die Zahl der indogermanischen Worte, die mit See und Seefahrt zusammenhängen, nur gering ist, gibt es allen germanischen Völkern gemeinsame, nicht entlehnte urgermanische Seeausdrücke: See, Haff, Hafen, Flut, Woge, Sturm, Klippe, Strand, Sund, Holm, Riff, Marsch, Geest, Reede und andere; für Schiffe und Schiffsteile sind es: Schiff, Bord, Bucht, Steuer, Helm und Steven; nicht ganz sicher sind: Mast, Segel, Stag und Schot. Aus dem Lateinischen wurden relativ wenige Ausdrücke übernommen, wie Anker oder Remen.

Einem ähnlichen Irrtum wie im Norden ist die Geschichtsschreibung auch im Süden erlegen. Die Phönizier, Karthager und Griechen, mit denen die Seeschiffahrt angeblich erst begonnen haben soll, lebten in Wirklichkeit von den »Resten einer Seefahrt«, die ihre Blüte bereits ein Jahrtausend vor ihnen entfaltet hatte. Nicht zu Unrecht sprachen Historiker dieser Völker von dem versunkenen »Goldenen Zeitalter«.

Brøgger, der norwegische Historiker, schreibt: »Im Höhepunkt der Bronzezeit hatten die Völker des westlichen Mittelmeers einen klaren Begriff von der geographischen Gestalt der westeuropäischen Küsten am Atlantik und den an der Nordsee liegenden Ländern. Die Azoren, Madeira und die übrigen im Atlantik liegenden Inseln waren damals schon entdeckt und bekannt. Große Gebiete in Afrika wurden regelmäßig besucht, und wahrscheinlich hat man den Erdteil schon damals umschifft. Es ist auch sehr wohl möglich, daß der Seeweg nach Amerika während der Bronzezeit entdeckt worden ist, damals, als die Seefahrt in ihrer höchsten Blüte stand ...«

Damit wäre eine einfache Erklärung dafür gefunden, daß die amerikanischen Völker in einer Bronzezeit lebten, als die Europäer in der nächsten großen Ära der Seefahrt zu ihnen kamen, und auch, daß man überall in Nord-, Mittel- und

Südamerika auf megalithische Kulturen trifft, die denen der Alten Welt entsprechen. Man muß sich bei dieser noch ungeklärten Frage ins Gedächtnis rufen, daß, nachdem einmal die Fahrten auf die hohe See hinaus begonnen hatten, die vorherrschenden Winde und Strömungen von damaligen spanischen und portugiesischen Häfen aus förmlich zur Entdeckung Mittelamerikas zwangen.

Die Geschichte von Atlantiks, die Plato berichtet, fände damit eine natürliche Erklärung: Die großartigen Entdeckungen, die von Seeleuten in der Bronzezeit gemacht wurden und die wieder in Vergessenheit gerieten, haben sie angeregt. Vielleicht hat es damals auf einigen Inseln und Inselgruppen tatsächlich schon Königreiche gegeben, die in ihrer Entwicklungsstufe, besonders in ihrer Zivilisation, der minoischen Kultur auf Kreta glichen.

In der Tat: Bis vor kurzem zweifelte die Altertumswissenschaft noch daran, daß kretische Schiffe im 3. Jahrtausend v. u. Z. bis nach Spanien gelangt seien. Da jedoch die Bronzeverwertung auch für die östlichen Mittelmeerländer nachgewiesen ist – in Ägypten gibt es Bronzestatuen von 2300 v. u. Z. –, muß ein ausgedehnter Seeverkehr durch das gesamte Mittelmeer und über die Straße von Gibraltar hinaus nach West- und Nordeuropa auch dann noch stattgefunden haben, als der Seeverkehr der Megalithkultur (für das Mittelmeer das 3. Jahrtausend v. u. Z.) bereits zurückging. Bevor das Bronzezeitalter auf Kreta um 2500 v. u. Z. begann, unterhielt die Insel bereits weitverzweigte Handelsbeziehungen über See. Im Bronzezeitalter fertigte man auf Kreta aus dem neuen Metall die schönsten und vollkommensten Waffen und Geräte der damaligen Zeit, die an die Küstenländer und Inseln des Mittelmeers geliefert wurden. Die höchste Blüte von Seefahrt und Seehandel erlebte die Insel in der ersten Hälfte des 2. Jahrtausends v. u. Z. Zumindest für diese Zeit ist es sicher, daß die Kreter nicht nur das Mittelmeer befuhren, sondern auch unmittelbare Handelsbeziehungen zu den britischen Inseln unterhielten. Auf ägyptischen Grabreliefs sind um das Jahr 2000 v. u. Z. zum ersten Mal kretische Schiffe dargestellt.

In der Altertumsforschung wird von einer »Thalassokratie« (Seeherrschaft) gesprochen, die die Kreter von 1800 bis 1400 v. u. Z. im Mittelmeer ausgeübt haben. Zu einer geschichtlich nicht genau bestimmbaren Zeit soll der sagenhafte König Minos Athen erobert und ganz Attika unterworfen haben. Die reichen archäologischen Funde auf Kreta beweisen eine außergewöhnlich hohe Kulturstufe und die wieder freigelegten Paläste einen unvorstellbaren Reichtum der kretischen Könige und Fürsten. Auch daraus folgert man, daß Kreta große Teile der ägäischen Inseln und des griechischen Festlandes von sich abhängig und tributpflichtig gemacht hatte. Die kretische Vorherrschaft zur See wurde durch die Archäer beendet.

Die ergiebigsten Quellen über ihre frühgeschichtliche Seefahrt haben uns die alten Ägypter in Form von Hieroglyphentexten hinterlassen. Ägyptische Schiffahrt war zuerst Nilschiffahrt. Reisen und Gütertransporte waren auf dem Nil so selbstverständlich, daß die Ägypter das Wort »Reisen« überhaupt nicht kannten, sondern nur von »stromauf- und stromabfahren« sprachen und schrieben. Nach Süden segelte man mit achterlichen Winden, denn die Hauptrichtung des Windes geht am Nil von Nord nach Süd; gegen den Wind nach Norden mußte gerudert werden. Weil der Nil wegen seiner vielen Untiefen ein gefährliches Fahrwasser war, stand am Vorsteven aller Nilschiffe ein Lotse, der mit einem Peilstab oder Lot die Tiefe des Wassers maß und dem Kapitän das Ergebnis zurief. Oft wurden schwer beladene Frachtschiffe von besonders stark bemannten Ruderbooten geschleppt.

Spätestens mit Beginn des 3. Jahrtausends erweiterte sich die Nilfahrt zur Fahrt entlang der Mittelmeerküste. Einige Jahrhunderte danach befuhren ägyptische Schiffe das gesamte Mittelmeer. Aus Syrien holten sie Zedernhölzer, aus Zypern Kupfer, Kreta lieferte Waffen, Schmuck und Vasen, aus Phönizien kamen das damals neuartige Glas und der leuchtende Purpur. Mit seinem Warenaustausch entwickelte sich Ägypten zu einem Konzentrationspunkt mittelländischer Seefahrt. In Theben, der ägyptischen Hafenstadt, gingen Mitte des 2. Jahrtausends v. u. Z. Schiffe aller seefahrenden Völker, die das Mittelmeer berührten, vor Anker.

Um diese Zeit besaß Ägypten auch selbst eine große und leistungsstarke Handelsflotte. Als Pharao Thutmosis III. während seiner Kriegszüge nach Syrien Transportraum für sein Heer und dessen Ausrüstung benötigte, griff er auf diese Flotte zurück, die sich allen Anforderungen gewachsen zeigte. Die Schiffe mußten dafür aus ihrer regelmäßigen Fahrt herausgenommen werden, wie beispielsweise die in den Annalen besonders erwähnten Kefti-Schiffe (Kefti = Kreta). Die Ausdehnung des ägyptischen Seehandels konnte durch Funde ägyptischer Waren an allen Mittelmeerküsten und auf allen Mittelmeerinseln bis hin nach Troja bestätigt werden.

Die frühgeschichtliche Seefahrt des Mittelmeers besaß nicht nur Anschluß nach West- und Nordeuropa, sondern auch zum Persischen Golf und nach Arabien. Im Schwemmland der damals noch getrennt in den Persischen Golf fließenden Ströme Euphrat und Tigris – das Meer reichte um 200 Kilometer weiter in das Land hinein als heute – entstand um 3000 v. u. Z. die Hochkultur der sumerischen Städte. Die Großtat der Sumerer, die im 4. Jahrtausend v. u. Z. aus einer Bilderschrift entwickelte Keilschrift, vermittelt einen Einblick in den Tauschhandel, den die Städte mit nahen oder entfernt liegenden gleichartigen Gemeinschaften trieben. Bereits um 2900 v. u. Z., zu Beginn der dynastischen Einigung und durch das ganze pharaonische Zeitalter des Alten Reiches hindurch, bestanden regelmäßige Beziehungen zwischen den beiden Flußkulturen. Wie sich dieser Verkehr vollzog, ob auf dem Karawanenweg oder über See, ist noch ungeklärt.

Es sind Abbildungen von Seeschiffen überliefert, die jedoch keine Details verraten, und es gab eine Seefahrt im »unteren« und im »oberen« Meer (Arabisches Meer und Mittelmeer). Sargon von Akkad, »König der vier Weltrichtungen«, soll mit einer Flotte nach der Reichseinigung um 2300 v. u. Z. persönlich bis nach Zypern, dem »kupferreichen Meerland«, nach Sizilien und Südspanien gefahren sein. Unter seinem Enkel, Naram-Sin, wurde am Arabischen Meer

Magan (Omangebiet) erobert und dem Reich angeschlossen. Akkad, die Hauptstadt am Euphrat, wurde zum Stapelplatz für Metalle, Edelsteine, Hölzer sowie zum Sammelplatz für Tiere und Sklaven. Seeschiffe konnten ohne umzuladen vom Persischen Golf bis nach Nordbabylonien gelangen.

Der Stapel- und Sammelplatz am Mittelmeer war Ugarit in Syrien, der älteste und am längsten unterhaltene Hafen der Welt. Hier wurden die Güter des Mittelmeeres gelagert, u. a. Silber, Kupfer, Zedern, Nußbäume, Weihrauchgummi und Laugen zum Bleichen der Wäsche sowie Tiere und Sklaven gesammelt. Karawanen brachten die Waren, die Tiere und Sklaven nach Mari zum Euphrat, wo sie auf Schiffe verladen wurden. Ein Seefrachtbrief – den gab es also schon vor viertausend Jahren – gibt Auskunft über Waren, die ein Schiff nach zweijähriger Abwesenheit an Bord hatte und die vermutlich an der ostafrikanischen Küste geladen worden waren, um sie im Heimathafen zu löschen: Gold, Kupfer, Elfenbein, Edelhölzer, schöne Steine für Bauten, Statuen und Vasen.

Im 3. Jahrtausend v. u. Z. gab es im Zweistromland bereits eine Rechtsordnung für die Schiffahrt. Der Schiffer, der das Schiff vom Herrscher selbst oder einem »privaten« Reeder übernahm, war für das Fahrzeug und die Ladung voll verantwortlich. »Ist er unachtsam, so daß das Schiff sinkt und die Ladung verlorengeht, muß der Schiffer Schiff und Ladung ersetzen«, hieß es in einem erhalten gebliebenen Keilschrifttext.

Das heutige Wissen um die Seefahrt im Persischen Golf und Arabischen Meer schließt frühgeschichtliche Handelsbeziehungen mit Anliegerländern des Indischen Ozeans ein. Der Austausch europäischer und indischer Waren im 2. Jahrtausend v. u. Z. ist wahrscheinlich. Führte der Weg im sumerischen Reich vom Persischen Golf zum Mittelmeer noch über die kurze Landstrecke Mari– Ugarit, so wurde in Ägypten Ausgang des 3. Jahrtausends v. u. Z. ein Kanal gegraben, der vom Nil über Wadi Tumilat und die Bitterseen zum Roten Meer führte. 120 000 Menschen sollen diesen Kanal ausgehoben haben. Damit war eine direkte Seeverbindung von China/Indien in das Mittelmeer und von dort weiter nach West- und Nordeuropa gegeben. Dreieinhalb Jahrtausende vergingen, bis dieser Weg, um Afrika herum, im zweiten großen Zeitalter der Seefahrt neu entdeckt wurde.

Seefahrt der Frühzeit nachvollzogen

Es war eine echte Sensation, als am 28. April 1947 der norwegische Ethnologe Thor Heyerdahl in Callao, dem Hafen der peruanischen Hauptstadt Lima, mit fünf Mann Besatzung ein Holzfloß bestieg, um damit von Südamerika nach Polynesien zu segeln. Heyerdahl wollte mit diesem kühnen Unternehmen seine Hypothese belegen, daß Polynesien vom Osten, von der amerikanischen Westküste her, besiedelt wurde. Er hatte sein Floß genau nach dem Vorbild der sogenannten Balkenbalsas der südamerikanischen Westküste gebaut. Neun Stämme Balsa, eine Art Malvenbaum, wurden durch Stricke miteinander verbunden. Die Hölzer waren ungleich lang. Der längste Baum bildete die Mitte des Floßes, die anderen Hölzer wurden auf beiden Seiten gleichmäßig nach hinten versetzt. Während sich so eine symmetrische Spitze bildete, liefen die Bäume am Heck des Floßes gleichmäßig aus. Eine zweite Holzlage wurde quer zum Unterbau aufgelegt und bildete den Boden. Nach historischem Vorbild trug das Floß eine offene Bambushütte und einen zweibeinigen Bockmast. Das rechteckige Segel wurde an einer aus zwei Bambusstäben bestehenden Rah gefahren. Beim gesamten Floßbau wurde keinerlei Metall verwendet. Trotzdem unterlag man einem Irrtum, als man dem Floß ein den heutigen Vorstellungen entsprechendes Steuer am Heck des Fahrzeugs gab. Bald schon erkannte die Besatzung die geringe Wirkung dieser Art Steuer und lernte, das Floß mit Hilfe der zwischen den Stämmen zu versenkenden Holzschwerter auf Kurs zu halten. Getrieben vom Passat, getragen vom Humboldt- und Äquatorialstrom, kam die Kon-Tiki, den Namen erhielt das Floß nach der alten peruanischen Sonnengottheit, nach knapp 100 Tagen in Polynesien an.

Am 6. November 1956 trat der Franzose E. de Bisschop den Gegenbeweis zur Heyerdahl-Theorie an. Mit einem Bambusfloß von 12 Metern Länge und 4 Metern Breite ging er mit ebenfalls fünf weiteren Gefährten von Tahiti aus in See, um die 8 000 Kilometer weite Entfernung bis zur südamerikanischen Westküste von West nach Ost zu bewältigen. Er benutzte dazu einen Kurs, der weiter südlich als der von Heyerdahl lag und auf dem westliche Winde und eine nach Osten laufende Strömung das Floß vorwärtsbewegten. Kurz vor dem Ziel geriet Bisschop nach 194 Tagen mit seiner Tahiti-Nui in einen schweren Sturm und mußte Hilfe anfordern.

Ein weiterer Versuch glückte 1970 einer internationalen Besatzung, die mit einem Balsafloß von Ekuador nach Australien segelte. Durch die Versuche wurde bewiesen, daß es bereits vor Jahrtausenden möglich war, den Pazifik zu überqueren.

Auf die Frage, ob die Bewegung über See vom Westen nach Osten oder umgekehrt erfolgte, gab der Anthropologe George Jill Anfang der achtziger Jahre eine überraschende Antwort. Er untersuchte mit einer archäologischen Expedition auf der Osterinsel einige tausend Menschenknochen aus alten Gräbern. Die Knochen wurden gemessen, geröntgt und detailliert klassifiziert. Das Ergebnis der Untersuchung führte zu der Erkenntnis, daß die Osterinsel nicht nur durch Polynesier vom Westen her, sondern seit dem 5. Jahrhundert u. Z. auch von Indianern aus der Gegend des heutigen Peru vom Osten her besiedelt wurde. Nach Auffassung von Jill gingen die beiden Volksgruppen durch Überbevölkerung, den damit verbundenen Hunger und getrieben durch die sozialen Strukturunterschiede, die zur gegenseitigen Ausrottung führten, unter.

Der Forscher Thor Heyerdahl, durch Kon-Tiki weltberühmt geworden, lief am 25. Mai 1969 zu einem neuen sensationellen Abenteuer aus. Mit einem Boot aus 200 000 mit Hanfseilen verknoteten Papyrusbündeln, nach der ägyptischen Sonnengottheit Ra benannt, 15 Tonnen schwer, 15 Meter lang und 5 Meter breit, wollte der norwegische Ethnologe den Atlantik überqueren und somit beweisen, daß Ägypter bereits vor 5 000 Jahren Südamerika erreichen konnten.

Der wissenschaftliche Wert des Unternehmens ist umstritten. Wahrscheinlich handelte es sich bei den Vorlagen für den Bau der RA nicht um Papyrusboote, sondern um Holzschiffe aus dem 3. Jahrtausend v. u. Z. Zweibeinmast und Segel stammten in jedem Fall von jüngeren Vorlagen. Auch die Größe und die auf Hochseetüchtigkeit angelegten Proportionen entsprachen nicht den geschichtlich nachgewiesenen Papyrusbooten, sondern waren frei konstruiert. Ebenso war das Doppelruder nicht dem Ruder von Papyrusbooten, sondern den Ruderanlagen späterer seegängiger Holzschiffe nachgebildet worden. Übrigens ist dieses Doppelruder bereits am ersten Tag der Reise, trotz ruhigen Wetters, zerbrochen. Die Reise, die in dem marokkanischen Hafen Safi gestartet wurde, verlief in den ersten Wochen ohne besondere Vorkommnisse. An Proviant führte die siebenköpfige Besatzung eine Tonne Süßwasser, das in Ziegenhäute gefüllt war, Datteln, Nüsse, getrocknetes Fleisch und Honig in irdenen Amphoren mit.

Nach der Hälfte der Strecke gab Heyerdahl in Höhe der französischen Atlantikinsel Martinique SOS. Das Heck der RA war abgebrochen, und die Papyrusbündel hatten sich trotz vorbeugender Maßnahmen so voll Wasser gesogen, daß der Untergang des Bootes sich abzeichnete. So war Heyerdahl gezwungen, mit seinen sechs Begleitern an Bord eines Fischdampfers Schutz zu suchen, nachdem er bereits Tage vorher Filme, wissenschaftliche Geräte und Aufzeichnungen an Bord einer die RA begleitenden Jacht in Sicherheit gebracht hatte.

1970 wiederholte Thor Heyerdahl sein Experiment mit größerem Erfolg. Die RA-2 wurde von vier Aymyra-Indianern des Titicacasees aus nur zwei großen Papyrusrollen und einer kleinen Bodenrolle erbaut. Dadurch wurde die Feuchtigkeitsaufnahme des Schiffs gegenüber dem ersten Bau, der aus vielen kleinen Bündeln bestand, entsprechend gesenkt. Mit diesem Boot erreichte Heyerdahl sein Ziel.

Heyerdahl hat noch weitere Fahrten mit mehr oder weniger echten Formen ursprünglicher Wasserfahrzeuge unternommen. So startete er am 23. November 1977 mit seinem Schilfboot TIGRIS von Al Quarna aus, dem alten Zusammenfluß von Euphrat und Tigris durch den Persischen Golf in den Indischen Ozean. Am 10. März 1978 stand er vor der Insel Sokotra am Horn von Afrika, dem Knotenpunkt frühgeschichtlicher Seefahrt und Stapelplatz indischer, afrikanischer und arabischer Waren. Unabhängig davon, was Thor Heyerdahl als Ethnologe beweisen wollte und was er beweisen konnte, unabhängig auch davon, von welchen Völkern diese Fahrten über See ausgingen und ob sie von Ost nach West oder von West nach Ost verliefen, Heyerdahl hat ebenso wie andere Altertumsforscher im Experiment bestätigt, daß Seefahrt über Atlantik, Indik und Pazifik mit ursprünglichen Wasserfahrzeugen in ur- und frühgeschichtlicher Zeit möglich war.

Und die Fahrten haben stattgefunden! Wie sonst ließe sich erklären, daß japanische Gefäße aus dem 4. und 3. Jahrtausend v. u. Z. an der Küste des heutigen Ekuador gefunden wurden? Das bisherige Geschichtsbild, nach dem die

Ozeane die Menschen der verschiedenen Kontinente über Jahrtausende voneinander isolierte, ist nach den Fahrten Thor Heyerdahls und anderer wagemutiger Männer nicht mehr haltbar.

Die Menschen des Altertums waren nicht primitive Wilde, wie manche Schulweisheit uns glauben machen will; sie waren nicht allein Sklave allmächtiger Götter, despotischer Herrscher und trickreicher Priester; sie sammelten auch Erfahrungen, begriffen Gesetzmäßigkeiten und Launen der Natur, und sie überwanden Berge und Wüsten – und auch die Ozeane!

Seefahrt im Mittelmeer

Das Phänomen Phönizien

Die dorische Wanderung, der Einfall der dorisch-illyrischen Bauern- und Hirtenkriegerstämme aus dem Norden in das griechische Festland, setzte der kretisch-mykenischen Kultur Mitte des 2. Jahrtausend v. u. Z. ein Ende. Die Schifffahrt und der Handel über See gingen zurück. Nur die Handelsstädte an der syrischen Küste mit ihrer entwickelten Seefahrt bildeten eine Ausnahme: Der steile Aufstieg Phöniziens begann. Die maritime Ausbreitung der phönizischen Küstenstädte im gesamten Raum des Mittelmeeres und darüber hinaus war ein solches Phänomen, daß noch bis vor kurzem einige Historiker die Phönizier als das erste seefahrende Volk und das Mittelmeer als die Wiege der Seefahrt bezeichnet haben.

Über die Herkunft der Phönizier herrscht Ungewißheit. Herodot, der griechische Geschichtsschreiber, schließt auf ein Seefahrervolk vom Persischen Golf, das an die Mittelmeerküste wanderte. Spätere Forscher vermuten die Urheimat der Phönizier auf der Sinaihalbinsel oder in Südarabien. Ohne Zweifel wurden die Phönizier bereits um die Wende vom 3. zum 2. Jahrtausend v. u. Z. auf dem schmalen Landstreifen zwischen Libanon und Meeresküste ansässig. Die Lage des Landes vor einem unfruchtbaren Hinterland trug dazu bei, daß die Ankömmlinge sich dem Meer zuwandten. Fischerei und Handwerk, besonders Tuchweberei, verbunden mit einem bescheidenen Seehandel, waren die Anfangsgewerbe des zugewanderten Volkes.

Es hat keinen eigentlichen phönizischen Staat gegeben, sondern nur Stadtstaaten, die sich miteinander oder auch gegeneinander verbündeten. Die bedeutendsten Städte waren Akko, Tyros, Sidon, Byblos und Arados, jede mit ihrem eigenen König als Oberhaupt. Gegen Ende des 2. Jahrtausends v. u. Z. gelangten Sidon und Tyros zu einer gewissen Vorherrschaft. Nach der Zerstörung Sidons durch die »Seevölker« wurde Tyros die mächtigste und reichste Stadt Phöniziens, eine für die damalige Zeit richtige Weltstadt mit 40 000 Einwohnern. Als Trägerin der größten maritimen Ausdehnung der Frühgeschichte fiel ihr für vierhundert Jahre, vom 12. Jahrhundert v. u. Z. bis zum 8. Jahrhundert v. u. Z., das Erbe des ägyptischen, kretischen und achäischen Seehandels zu.

Aus dem Alten Testament ist der Name »Sidonier« nicht nur für die Einwohner Sidons, sondern auch für die Bewohner des gesamten Küstenstreifens überliefert worden. Als der König von Tyros seine Macht über mehrere Nachbarstädte ausdehnte, erhielt er den Ehrentitel »König der Sidonier«. Erst bei

Homer findet sich zum erstenmal die griechische Bezeichnung Phoeniker, die Roten, ein Name, der sowohl von der Gesichtsfarbe der Menschen als auch von der Farbe des Purpurs, dem bekanntesten Handelsprodukt Sidons, abgeleitet sein kann.

Homer berichtet auch über eine phönizische Flotte und Händler am Nilufer der Königsstadt Theben, die ihre wertvollen Purpurstoffe vor dem König und der Königin ausbreiten. Die ersten Darstellungen phönizischer Frachter, die auf einem thebanischen Grabrelief entdeckt wurden, stammen aus dem 15. Jahrhundert v. u. Z. Diese Fahrzeuge weisen starke Ähnlichkeiten mit ägyptischen Schiffen auf; wahrscheinlich haben die Künstler sie mit den Augen eines Ägypters gesehen und dargestellt. Die Schiffskörper sind stark nach unten gerundet und besitzen vorn und achtern weite Überhänge. Auch die senkrecht auslaufenden Stevenenden und die ungewöhnliche Besegelung mit den breiten, rechteckigen Rahsegeln an Oberrah und Unterrah scheint den Schiffen der Ägypter nachgeahmt zu sein. Das typische äußere Merkmal der ägyptischen Segler, das vom Bug zum Heck gespannte Sprengtau, fehlt allerdings den phönizischen Schiffen.

Phönizischer Handelssegler.

Andere Darstellungen phönizischer Handelssegler sind bei der Freilegung des Palastes des assyrischen Herrschers Sargon II. in Chorsabad entdeckt worden. Die Bilder zeigen einen Holztransport, bei dem die Stämme sowohl als

Decksladung als auch in Form geschleppter Flöße befördert werden. Als Eigentümlichkeit weisen die Schiffe an den hochgezogenen Steven vorne einen Pferdekopf und achtern einen Fischschwanz auf. Die Schiffe, die vermutlich aus dem 8. Jahrhundert v. u. Z. stammen, sind schon auf Kiel und Spanten gebaut und zeigen den für die späteren phönizischen Schiffe typischen Mastkorb. Die Rekonstruktion der Fahrzeuge ergab eine Länge von 30 Metern, eine Breite von 10 Metern und einen Tiefgang von 2 Metern.

Der älteste im Mittelmeer gefundene phönizische Frachtensegler stammt aus der Zeit um 1200 v. u. Z., der Zeit des Odysseus und des Pharao Ramses III. Dieses Schiffswrack aus der Bronzezeit entdeckten türkische Schwammtaucher vor dem Kap Gelidonya an der kleinasiatischen Küste. Das 1960 mit Ladung geborgene, nach sorgfältiger Restauration wiederhergestellte Fahrzeug, etwa 9 Meter lang und 2 Meter breit, war auf Kiel und Spanten gebaut und kraweelbeplankt. Die erhalten gebliebenen Planken besaßen im oberen Plankengang Zapfen, die genau in die gebohrten Löcher der darunter befindlichen Planken paßten. In der Bilge des Bootskörpers fand man unter der Fracht Reisigbündel, wie sie Homer in seiner Odyssee beschrieben hat. Offensichtlich dienten sie dazu, die Fracht trocken zu halten. Die Ladung bestand aus 1,5 Tonnen Kupfer-, Zinn- und Bronzebarren, jeder Barren mit 20 Kilogramm Gewicht, verschiedenen Gebrauchsgegenständen, vor allem aus diesen Metallen, und 115 Kilogramm Steinballast. Das Fahrzeug kam von Zypern und segelte die kleinasiatische Küste nach Westen entlang.

Im Jahre 1970 wurde eine aus sieben Schiffen bestehende phönizische Flotte unter einer mächtigen Sandschicht zwischen der sizilianischen Küste bei Marsala und der kleinen Insel Mothia entdeckt. 1970 war bereits auf Mothia eine Anlage freigelegt worden, die als das älteste Schiffbaubecken der Welt gilt. Die frühen phönizischen Seefahrzeuge waren reine Transportschiffe mit Segel- und Ruderantrieb, die zum Schutz gegen Seeräuber, allerdings auch zur eigenen Seeräuberei, immer Bewaffnete an Bord hatten. Erst im 9. Jahrhundert v. u. Z. setzten sich Besonderheiten im Bau von Handelsschiffen und Kriegsschiffen durch. Die Frachtensegler, wegen ihrer großen Breite im Verhältnis zur Länge auch Rundschiffe genannt, fuhren grundsätzlich unter Segel; die Kriegsschiffe, wegen der langen Riemenreihen auch Langschiffe genannt, setzten nur bei längeren Überfahrten Segel.

Die Phönizier waren fleißige Handwerker und tüchtige Händler, die ihre Handelswaren aus einheimischen und eingeführten Rohstoffen herstellten. Hauptsächlich produzierten sie Luxusgüter, darunter den kostbaren Purpur, wertvolle Webstoffe, Prunkgläser aus Quarzsand, Pokale, Krüge und Schalen aus Gold, Silber und Bronze, Schmuck aus Edelsteinen oder blauer und roter Emaille. Auch ihre kunstvoll geschmiedeten Panzer, Waffen und Streitwagen, mit Gold- und Silberarbeiten verziert, waren begehrte Kaufobjekte. Doch die »Roten« handelten nicht nur ihre eigenen Waren und tauschten sie gegen Gold, Silber oder andere für sie wichtige Rohstoffe, sie beherrschten auch den gesamten Zwischenhandel mit allen Teilen der damals bekannten Welt in Europa, Afrika und Asien. Und wo sie konnten, handelten sie auch mit Menschen. Sie raubten, kauften und verkauften Männer und Frauen oder hielten sie als Sklaven in ihren Werkstätten.

Tyros, der führende Stadtstaat im phönizischen Bunde, gründete fast alle Tochterstädte an der Mittelmeerküste. Die Orte wurden ausschließlich nach Gesichtspunkten des Handels ausgewählt. Seit dem 11. Jahrhundert v. u. Z. drangen tyrische Handelssegler systematisch nach Westen vor, nachdem bereits vorher die Kupfererzvorkommen auf Zypern und die Eisenerzvorkommen an der kleinasiatischen Küste gesichert worden waren. Handelsfaktoreien wurden auf Rhodos und weiteren griechischen Inseln, auf Malta, Sizilien, Sardinien, in Süditalien und an den Küsten Nordafrikas und Südspaniens angelegt. Es waren keine kolonisatorischen Siedlungen, sondern Warenlager, Stapelplätze und Flottenbasen, die durch Garnisonen bewacht wurden.

Die vielen Stützpunkte entlang der Fahrtrouten phönizischer Schiffe erklären sich auch aus der Art der damaligen Seefahrt. Wenn im Herbst die Tag-Nacht-Gleiche einsetzte, stellte man die Schiffahrt ein oder unterbrach die Fernfahrt, zog die Schiffe an Land und überholte sie. Erst mit der Tag-Nacht-Gleiche im Frühjahr wurde die Schiffahrt wieder aufgenommen oder die Fahrt fortgesetzt. Da die Seereise wiederholt zum Handeln oder zur Proviant- und Wasseraufnahme unterbrochen werden mußte, benötigte man für die Fahrt von Tyros bis zur Straße von Gibraltar – die Phönizier nannten die Meerenge nach ihrem Hauptgott »Säulen des Melkart« – einen ganzen Sommer. Erst im darauffolgenden Frühjahr wurde die Fahrt fortgesetzt oder die Heimreise angetreten.

Ähnlich wurde der Seeverkehr mit Indien abgewickelt. Rund 150 Tage dauerte die Reise, die im Roten Meer angetreten und an zahlreichen Orten der afrikanischen, arabischen und indischen Küste unterbrochen wurde. Nach der Überwinterung ging man im Frühjahr wieder unter Segel auf Heimatkurs.

Die wichtigsten Stützpunkte an der Atlantikküste und Ausgangspunkte für die Reisen nach den Kanarischen Inseln und an die Westafrikanische Küste sowie für die Zinnfahrten nach den britischen Inseln und die Bernsteinfahrten in die Ostsee waren Gades (Cadiz) und Tingis (Tanger). Berühmt wurde auch Tartessos (Tarschisch), das südspanische Zentrum des Metallhandels, ein Ort, der auf den Trümmern einer Megalithsiedlung errichtet worden war.

Die Phönizier kann man zwar nicht als die ersten Seefahrer bezeichnen, aber sie waren die Seefahrer des Mittelmeeres, die mit ihren Fahrten die Verkehrskreise der Bronzezeit durchstießen und ein Seegebiet von Indien bis Nordeuropa befuhren. Ende des 8. Jahrhunderts v. u. Z. gerieten die phönizischen Städte, mit Ausnahme von Tyros, unter die Oberhoheit Assyriens. Ihre Vormachtstellung auf See wahrten sie jedoch, auch im 7. Jahrhundert v. u. Z., als Ägypten und Babylonien wieder erstarkten und die phönizischen Stadtstaaten unter ihre Herrschaft brachten. So umschifften phönizische Seeleute um 600 v. u. Z. den afrikanischen Kontinent im Auftrag Pharaos Necho.

Da die Stadtstaaten Phöniziens sich nie zu einem Gesamtstaat vereinigt haben, spielte Phönizien auf politischem und kulturellem Gebiet nur eine untergeordnete Rolle in der Geschichte. In der Kunst wurden hauptsächlich ägyptische und assyrische Vorbilder nachgeahmt, in der Religion kannte man noch das Menschenopfer. Phönizien ist vor allem durch seine Seefahrt bekannt geblieben.

Eine einzige Stadt hebt sich aus diesem Geschichtsbild heraus: Karthago. Kart-Chadascht (neue Hauptstadt), wie die Phönizier die Ansiedlung an der nordafrikanischen Küste nannten, wurde vermutlich von in der Heimatstadt verfolgten und ausgewanderten tyrischen Adelsfamilien 814 v. u. Z. auf einer Halbinsel nördlich von Tunis gegründet. Sie befestigten die Halbinsel mit einer Burg und schützten sie gegen Land mit einer Festungsmauer. Der Naturhafen nahm in seinem inneren Becken die Kriegsschiffe, in seinem äußeren Becken die Handelssegler auf.

Im Unterschied zu Tyros beschränkten die Karthager ihre Herrschaft nicht auf das Stadtgebiet, sondern unterwarfen mehrere Berberstämme und machten sie seßhaft. Die sich entwickelnde Sklavenhalterrepublik verfügte so über große Flächen fruchtbaren Ackerbodens, auf dem eine in der Alten Welt beispielhafte Plantagenwirtschaft betrieben wurde. Die Römer haben sie später übernommen. Natürlich vergaßen die Karthager auch den Handel nicht. Schon früh wurde die Stadt zum Zentrum eines umfangreichen Zwischenhandels: Sklaven und Elfenbein aus dem Inneren Afrikas, Webstoffe und Teppiche aus den Ländern Vorderasiens, Gold und Silber aus Spanien, Zinn aus Britannien, Wachs aus Korsika, Wein von den Balearen, Öl und Wein aus Sizilien und Erzeugnisse des griechischen Kunstgewerbes; alle diese Waren wurden im Hafen von Karthago gesammelt und umgeschlagen.

Die Karthager erzielten ihre Erfolge in einem mit allen Mitteln geführten Konkurrenzkampf gegen Tyros und die anderen phönizischen Stadtstaaten. Gestützt auf seine starke Flotte entwickelte sich Karthago zur mächtigsten Handelsstadt im westlichen Mittelmeer. Skrupellos dehnte es seine Herrschaft über alle ehemaligen phönizischen Niederlassungen an den Küsten Siziliens, Sardiniens, Südspaniens und Nordafrikas aus. Unter Ausnutzung der erreichten strategischen Stellung auf beiden Seiten des westlichen Mittelmeers versuchten die Karthager, dieses Seegebiet für alle fremden Schiffe zu sperren.

Ende des 7. Jahrhunderts v. u. Z. begannen die erbitterten Auseinandersetzungen zwischen Karthagern und Griechen, die ihre eigene Kolonisation nach Westen vortragen wollten. Die ersten Kämpfe entbrannten um Massalia (Marseille), wo sich Griechen aus Phokaia angesiedelt hatten. Anfang des 6. Jahrhunderts v. u. Z. begann der Kampf um Sizilien, der drei Jahrhunderte andauern sollte. Nachdem Karthago große Teile der Insel unterworfen und damit die Durchfahrt vom östlichen in das westliche Mittelmeer, zwischen der Südküste Siziliens und Kap Bon an der afrikanischen Küste, unter seine Kontrolle gebracht hatte, drang es in der zweiten Hälfte des 6. Jahrhunderts v. u. Z. weiter in die Pyrienäenhalbinsel ein.

Die Vormachtstellung Karthagos im westlichen Mittelmeer, sein Handels-
reichtum und der Wohlstand seiner Oberschicht fanden erst im Konflikt mit
Rom in den drei punischen Kriegen ein Ende.

Griechische und hellenistische Seefahrt

Seit Beginn des 2. Jahrtausends v. u. Z. wanderten die als Achäer, Ionier und Äolier bekannten Griechenstämme vom Norden her in den Peleponnes ein und
überlagerten die dort ansässige ägäische Urbevölkerung. Die militärdemokrati-
schen Herrschaftsformen der Einwanderer fanden in der Kultur von Mykene,
benannt nach einer altgriechischen Stadt, in der Zeit zwischen dem 16. und
14. Jahrhundert v. u. Z. ihren Höhepunkt. Im 15. Jahrhundert v. u. Z. eroberten
achäische Seefahrer die Insel Kreta, danach folgten sie als Kaufleute den minoischen See- und Handelswegen, ließen sich aber auch als Herren und Koloniosa-
toren auf den Inseln und an den Küsten des Ägäischen Meeres nieder. Ausgang
des 14. Jahrhunderts v. u. Z. erreichte die achäisch-mykenische Ausdehnung
und Macht ihren Höhepunkt. Die letzte geschichtliche Großtat war die um
1194 v. u. Z. erfolgte Eroberung von Troja.

Im gleichen Jahrhundert drangen die noch in der Gentilgemeinschaft lebenden Dorer in die Balkanhalbinsel ein und überwanden die im Niedergang befindliche mykenische Gesellschaft. Die überlebenden Achäer retteten sich vor
ihren Vettern auf die ägäischen und ionischen Inseln sowie an die kleinasiatische Küste. Die Eroberer folgten ihnen, wurden aber zurückgeschlagen. Trotz
der Niederlage landeten sie auf Kreta und zerstörten Knossos. Für die nächsten
zwei- bis drei Jahre irrten die Bewohner Griechenlands umher, dann unterwarfen und verdingten sie sich den neuen Herren.

Es gibt weder Originalfunde noch sachgetreue Darstellungen achäischer
Schiffe. Sie sollen den kretischen Schiffen ähnlich gewesen sein, sowohl Frachtschiffe als auch Kriegsschiffe. Die einzige Quelle, die über die Seefahrzeuge
dieser Periode Auskunft gibt, sind die Epen Homers, die Ilias und die Odyssee.
Aus den Heldengesängen Homers kann man auf Einzelheiten der Achäer-
schiffe schließen, denn obwohl erst um 800 v. u. Z. entstanden, beziehen sie
sich oft auf zahlreiche Traditionen und Überlieferungen aus der älteren myke-
nischen Zeit. Die Epen sind so charakteristisch und aussagestark, daß nach
ihnen die militärdemokratische Formierungsepoche der griechischen Sklavenhaltergesellschaft etwa von 1100 bis 800 v. u. Z. – als das »Heroenzeitalter« oder
die »homerische Zeit« bezeichnet wird.

Die Schiffe, die Homer in seinen Heldengesängen so anschaulich schildert,
sind weder Handels- noch Kriegsschiffe. Es sind Transporter, die sowohl Waren als auch Menschen sowie Krieger mit ihrer Ausrüstung an Bord nehmen
konnten. Für zufällige Kämpfe auf See besaßen die Männer besonders lange
Speere, um auch auf See, jeder auf seinem Schiff stehend, für den Kampf Mann
gegen Mann gerüstet zu sein. Einen direkten Schiffskampf vor der Küste oder

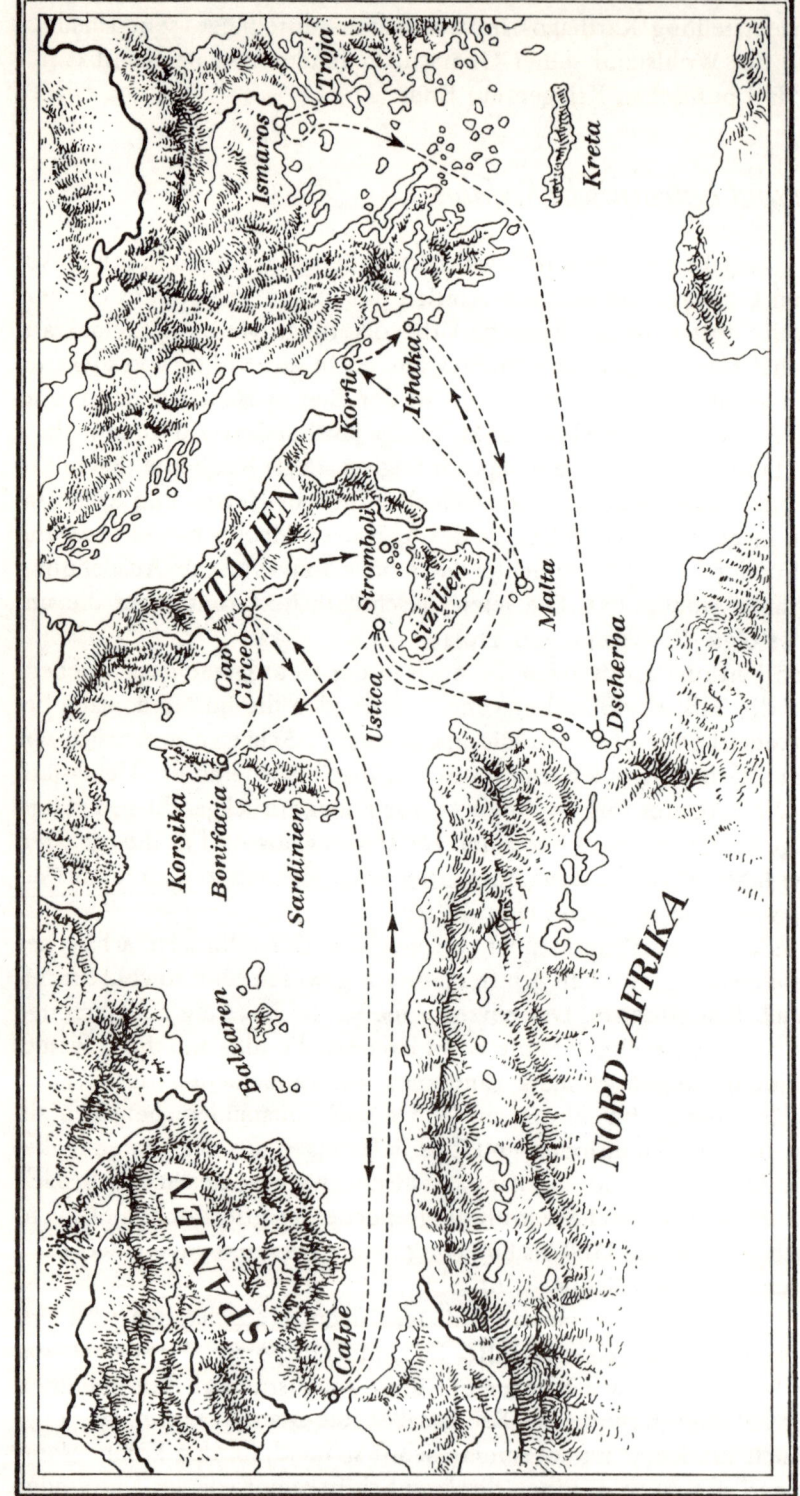

Fahrtroute des Odysseus.

auf See schildert der im Seewesen außerordentlich bewanderte Dichter nicht.

Homers Schiffe sind Fünfzigruderer, Fahrzeuge also, die auf jeder Bordseite von 25 Rojern mit Riemen angetrieben wurden. Sie waren auf Kiel und Spanten gebaut; an den Spanten wurden mit Holznägeln die Planken befestigt. Die von Bord zu Bord eingezogenen Decksbalken zur Querversteifung dienten zugleich als Ruderbänke. Ein durchlaufendes Oberdeck hatten die Schiffe noch nicht. Die Steven, vorn und achtern auf dem geraden Kiel aufgesetzt, wurden weit in die Höhe und nach innen gezogen. Die Riemen waren auf dem Dollbord in Lederschlingen befestigt. Bei günstigem, von achtern einfallendem Wind setzte man Segel. Dazu hißte man an dem umlegbaren, nach hinten abgestützten Mast ein Rahsegel. Als Steuer verwendete man einen besonders breiten Riemen, der wahlweise an der rechten oder linken Bordseite angebracht werden konnte. Die Schiffe der Heroenzeit wurden bei Fahrtunterbrechungen gewöhnlich auf den Strand gezogen. Es gab aber auch bereits durchbohrte Steine als Anker, die, an einem Tau befestigt, das Schiff auf flachem Meeresgrund festhalten sollten.

Die Schiffe, die Homer so eingehend beschreibt, dienten vorzugsweise als Transporter für Könige, Ritter und Gefolge auf dem Weg über See zu den Stätten des Landkampfes. Er läßt sie rudern und segeln von Achäern, Ioniern, Mykenern, Kretern und später auch von den dorischen Feudalen. Daneben erwähnt Homer aber auch reine Frachtschiffe, nur ordnet er sie in seinen Epen den Phöniziern, den Krämern und dem Händlergesindel zu und nicht seinen griechischen Vorgängern oder Zeitgenossen. Homer schildert auch den Bau eines Schiffes, aber auch hier vermischt er das Handwerk der Vorzeit mit der beginnenden Manufaktur der eigenen Gegenwart. So sind die homerischen Gesänge über Meer und Schiffe ein Nachhall der großen Frühzeit achäisch-mykenischer Seefahrt.

In seiner Odyssee besingt Homer die zehn Jahre andauernde Irrfahrt des Odysseus zu seiner Frau Penelope. Er vermischt dabei seine Seefahrtserzählungen mit Göttersagen. Eine der schönsten Stellen der Odyssee beschreibt die Begegnung des Odysseus und seiner Gefährten mit den Sirenen:

»Ich kehrte zum Schiffe zurück/und befahl den Genossen,
Selbst zu besteigen das Schiff/und die hemmenden Taue zu lösen.
Schnell dann stiegen sie alle hinein/an die Ruder sich setzend,
Saßen in Reih'n und schlugen/die grauliche Flut mit den Rudern.
Doch uns sandte vom Rücken/des schwarz geschnäbelten Schiffes
Kirke, die lockige Göttin,/die furchtbare, redebegabte,
Treibenden Wind, um die Segel zu blähen,/als treuen Geleiter.
Aber sobald wir ein jeglich Gerät/in dem Schiffe geordnet,
Saßen wir, sanft von dem Winde gelenkt/in des Steuerers Obhut.
Und ich begann mit den Freunden darauf/mit bekümmertem Herzen:

Trauteste, nicht nur einer und zwei nur/sollen es wissen,
Welches Geschick mir Kirke,/die herrliche Göttin, geweissagt.
Darum verkünd' ich es euch:/so sterben wir denn mit Bewußtsein
Oder entfliehn ausweichend dem Tod/und dem grausen Verhängnis.
Jene gebot vor allem,/zu flieh'n der erhab'nen Sirenen
Göttlichen Zaubergesang/und die blumigen Wiesengelände.
Ich nur darf ihm lauschen;/so bindet mich denn, daß ich im Schiffe hier
Fest an der Stelle beharre,/sofort in beschwerende Bande,
Aufrecht unten am Mast,/und schlingt um diesen die Taue!
Geh' ich indes, mich zu lösen/euch an mit Befehlen und Bitten,
Müßt ihr ohne Verzug/in mehrere Bande mich fesseln.
Also redet erklärt'/ich ein jegliches meinen Genossen.
Aber indessen gelangte/zum Eiland der Sirenen
Flugs mein stattliches Schiff;/denn gefahrlos trieb es der Fahrwind.
Alsbald ruhte des Windes Gewalt,/und heitere Stille lagerte
rings;/sanft wiegte der Gott in Ruhe die Wogen.
Meine Genossen erstanden/dem Mast zu entziehen die Segel,
Legten sie nieder im Schiff/und setzten sich dann an die Ruder,
Treibend mit Macht;/weiß schäumte die Flut/von den blinkenden Tannen.
Aber ich nahm und schnitt/die gewaltige Scheibe des Wachses
Klein mit dem Schwert und drückt' es darauf/mit den markigen Händen.
Alsbald weichte das Wachs,/von dem mächtigen Drucke bezwungen
Und von des Helios Strahl,/des gewaltigen Sohnes Hyperions:
Und ich verklebte den Freunden/der Reihe nach allen die Ohren. Die nun banden
den im Schiff mich fest/an den Händen und Füßen,
Aufrecht unten am Mast/und schlangen die Tau' um den Mastbaum,
Setzten sich dann und schlugen/die grauliche Flut mit den Rudern.
Als wir indes soweit,/wie des Rufenden Stimme gehört wird,
Leicht hinrudernd gelangt:/jetzt sahen die Sirenen das Meerschiff
Wogen heran in die Nähe;/da stimmen sie hellen Gesang an:
Komm doch, Odysseus, komm,/o gefeierter Ruhm der Achäer,
Lenke das Schiff hierher,/um unseren Gesang zu vernehmen!
Denn hier fuhr noch keiner/im dunklen Schiff vorüber,
Eh' er den holden Gesang/aus unserem Munde vernommen,
Daß er entzückt heimkehrte von uns/und reicher an Kunde,
Uns ward ja alles kund, was dort in den Ebenen Trojas
Troer und Danaer einst/nach göttlichem Rate geduldet,
Kund, was immer geschieht/auf der nahrungsspendenden Erde.
Also scholl ihr süßer Gesang;/da brannte das Herz mir,
Länger dem Liede zu lauschen,/ich bat, mich zu lösen, die Freunde
Mit zuwinkendem Blick;/sie ruderten stärker und stärker.
Eilig erhoben sich dann Eurylochos/und Perimedes,
Legten noch mehrere Bande/mir an und umstrickten mich fester.
Als wir indes an jenen vorübergeschifft,/

Und die Stimme und der Gesang der Sirenen/hinfort nicht weiter gehört ward,
Nahmen die trauten Genossen das Wachs,/mit dem ich die Ohren
ihnen verklebt,/hinweg und lösten mir wieder die Bande.«

Mit dem 8. Jahrhundert v. u. Z. begann in Griechenland eine schnelle Entwicklung der Produktivkräfte. In diesem Zusammenhang entstanden eine
Reihe von Sklavenhalterstaaten auf griechischem Boden. Die Verarbeitung von
Eisen setzte sich durch, der systematische Abbau von Eisen-, Kupfer- und Sil-
bererzen und deren Verhüttung nahm seinen Anfang. Die Landwirtschaft be-
lieferte die Städte mit Getreide, Öl, Wein und Schlachtvieh. Den größten Aufschwung aber nahmen die Handelsstädte, bei denen der Handel über See eine
hervorragende Rolle spielte. Griechische Ausfuhrerzeugnisse waren vor allem
Eisen-, Bronze- und Keramikwaren, Ledererzeugnisse und Wollstoffe sowie
Schmuck, Oliven und Wein. Diese Waren tauschte man gegen die Landesprodukte Ägyptens, der nordafrikanischen Küste, Italiens und Spaniens.

Mit der Gewerbeentwicklung in der Heimat und dem Handel über See lief
die griechische Kolonisierungsbewegung parallel. Um 750 v. u. Z. fuhr eine
Gruppe der Chalkidier von Euböa durch die Straße von Messina nach der Insel
Ischia und gründete in Kampanien und an der Ostküste Siziliens die Städte
Kyme, Naxos und Katana. Die Korinther folgten mit der Gründung von Syra-
kus. Im Golf von Tarent entstanden Siedlungen der Äolier, unter ihnen die sich
schnell entwickelnden Stadtstaaten Kroton und Sybaris. Tarent wurde von den
Spartanern gegründet. Dorer, die auf Kreta saßen, fuhren zur gegenüberliegenden afrikanischen Küste und gründeten Kyrene. Als letzte machten sich im
7. Jahrhundert v. u. Z. die kleinasiatischen Ionier auf. Einwohner Milets segelten ins Schwarze Meer und gründeten an der Küste in schneller Folge etwa
90 Städte. Phokäer wie auch Samier, auf den nördlichsten Ägäisinseln angesiedelt, fuhren nach Süden und Westen. Um 600 v. u. Z. gründeten sie Massalia
(Marseille), später folgten an der iberischen Ostküste Hemeroskopion (Denia)
und Emporion (Ampurias). Die Phokäer fuhren auch in die Adria und waren
die ersten Griechen an der Pomündung. An der Ostküste von Korsika errichteten sie Alalia.

Die großartige griechische Kolonisation förderte natürlich in ganz besonderer Weise den griechischen Handel über See. Der griechische Kaufmann begleitete gewöhnlich als Schiffsherr seine Waren und bot sie an fremder Küste zum
Kauf an. Zentrum des Seehandels war über Jahrtausende Athen, bis es von
Rhodos abgelöst wurde. Rhodos führte zum erstenmal in der Geschichte Regelungen eines privaten Seerechts ein, die im Altertum über lange Zeit anerkannt
und angewandt wurden. Wenn es den griechischen Kaufleuten und Seefahrern
auch relativ schnell gelang, die phönizischen Stadtstaaten im Raum des östlichen Mittelmeeres zu verdrängen, einen um so heftigeren Widerstand fanden
sie dagegen im Ostteil des Mittelmeeres durch die phönizische Tochterstadt
Karthago. Schließlich kam es zur Teilung des Mittelmeerhandels in eine karthagische und eine griechische Machtsphäre.

Die Handelsschiffe der Griechen waren auf Kiel und Spanten gebaut und fuhren ausschließlich unter Segel. Die Herstellung besserer Hämmer, Zangen und Stemmeisen sowie der Gebrauch von Metallnägeln, Wasserwaagen, Zirkel und Lot wirkten sich günstig auf den Schiffbau aus. Es hat über die griechischen Handelssegler, bedingt durch unterschiedliche Darstellungen, viele Vermutungen gegeben. Erst als in jüngster Zeit das Wrack eines griechischen Segelfrachters gefunden und geborgen wurde, gewann man Klarheit über diesen Schiffstyp. Das Fahrzeug, das 145 v. u. Z. vor der Küste von Massalia auf ein Riff lief und sank, ist 36 Meter lang, 12 Meter breit und hat den beachtlichen Tiefgang von 5 Metern. Wahrscheinlich gehörte das Schiff zu den Myriamphoren, das heißt, es besaß eine Tragfähigkeit von 10 000 Amphoren. Diese antiken Krüge mit einem Fassungsvermögen von 26,196 Litern wurden als Maßeinheit für die Tragfähigkeit von Schiffen genommen. Das Fassungsvermögen bezieht sich auf römische Amphoren, das im 2. Jahrhundert v. u. Z. auch für die Größenberechnungen griechischer Schiffe galt.

Griechischer Handelssegler.

Der Fund bestätigt die Vermutungen, daß die häufig auf Abbildungen dargestellten kleinen Schiffe von 10 bis 15 Tonnen Tragfähigkeit wohl nur den Verkehr von Insel zu Insel abwickelten, während für den Verkehr über größere Seestrecken Fahrzeuge von 200 bis 300 Tonnen Tragfähigkeit eingesetzt wurden. Das Verhältnis von Länge zur Breite beträgt bei dem geborgenen Fahrzeug 3:1, es ist nicht auszuschließen, daß es bei anderen Frachtern auch 4:1 betragen haben kann. Die Geschwindigkeit des Seglers dürfte bei achterlichem Wind bei 5 Knoten, das sind 9 bis 10 Kilometer pro Stunde, gelegen haben.

Der Mast bestand, wie bei allen antiken Schiffen, nur aus einem einzigen Stück Holz. Verlängerungen durch aufgesetzte Stengen kannte man noch nicht. Der Mast trug ein großes rechteckiges Rahsegel, das an den Kanten durch einen Ledersaum oder durch Tauwerk, dem sogenannten Liek, eingefaßt wurde. Zur Regulierung der Segelstellung dienten Brassen und Schoten. Bei Seitenwind wurde die Rah schräg zur Kielrichtung gestellt, sie wurde angebraßt. Dabei wurde die Leeschot an der Leereling nach achtern hin steifgesetzt, während das Segel auf der Luvseite nach vorn durch ein besonderes Tau, den Hals, gesichert wurde. Die großen Frachter führten vermutlich seit dem 6. Jahrhundert v. u. Z. an einem im Bug stehenden, nach vorn geneigten Mast, noch zusätzlich ein kleines Rahsegel, mit dem bei seitlich einfallendem Wind die durch den Bewegungsdruck auf das Großsegel entstehende Luvgierigkeit des Schiffes ausgeglichen werden konnte.

Unter Alexander von Makedonien (356–323 v. u. Z.), der Große genannt, änderte sich in der antiken Handelsschiffahrt kaum etwas. Der Beginn seiner Eroberungszüge (336 v. u. Z.) wird geschichtlich mit dem Beginn der Kulturepoche des Hellenismus gleichgesetzt. Alexander war ohne Zweifel ein genialer Feldherr zu Lande, die See blieb ihm dagegen fremd. Er bediente sich der Flotte beim Übersetzen seines Heeres über den Hellespont und bei der Einnahme von Milet. Danach schickte er seine Flotte in die Heimat zurück, wo er sie auflöste. Als Alexander in der Schlacht bei Issos (333 v. u. Z.) über den Perserkönig Dareios III. gesiegt hatte, wandte er sich in Richtung Palästina und Ägypten. Doch das auf seinem Weg gelegene Tyros leistete dem Eroberer hartnäckigen Widerstand. Trotz zahlreicher Belagerungsmaschinen und umfangreicher Erdarbeiten – Alexander ließ einen Damm aufschütten, der das Festland mit der Insel verband – bedurfte es erneut des Einsatzes einer Flotte von 200 Schiffen, bevor die Stadt im Sturm genommen werden konnte.

Und noch ein letztes Mal benötigte der Makedonier eine Flotte. Bei seinem Feldzug gegen Indien zwangen ihn die Unzufriedenheit seiner Feldherren und der Ungehorsam seiner Krieger zum Abbruch des Unternehmens. Er schiffte große Teile des völlig erschöpften Heeres bei der Stadt Pattala (Haidarabad) im Indusdelta auf Segelfrachter ein, um sie über den Indischen Ozean zum Persischen Golf an die Tigris-Euphrat-Mündung bringen zu lassen. Die Überführung gelang.

Im Rahmen der gesamten Eroberungszüge Alexanders blieben die Flotteneinsätze bescheiden. Sie richteten sich auch weniger gegen feindliche Flotten oder Flottenverbände, sondern dienten vielmehr der Unterstützung des Heeres und blieben im allgemeinen reine Transportunternehmen. Für die Handelsschiffahrt eröffneten die eroberten Gebiete jedoch neue Möglichkeiten für eine Ausbreitung des Seehandels. Die alten Seeverbindungen zwischen Indien und Arabien wurden neu belebt, die Mittelmeerfahrt erfuhr eine neue Blüte. Für Makedonien und Vorderasien ließ Alexander Goldmünzen prägen, die in allen eroberten Gebieten kursierten und den Warenaustausch förderten.

Zwanzig Jahre nach dem Tode Alexanders war der Riesenraum seiner Eroberungen bereits in drei Großreiche zerfallen. Alexanders tüchtigste Heerführer, Ptolemäus, Seleukos und Antigonos, waren in den Wirren und Kämpfen um die Erbauteilung als Sieger hervorgegangen. Sie regierten als Könige die als hellenistisch bezeichneten Staaten Ägypten, Persien und Makedonien/Griechenland. In dieser einzigartigen Kulturperiode der Antike, dem Hellenismus, einer fruchtbaren Mischung griechischer und orientalischer Formen in Politik, Wirtschaft und Geistesleben, erlebte die Handelsschiffahrt einen neuen Aufschwung.

Abgesehen vom Bau einiger Riesenfahrzeuge, die sich in der Rekonstruktion insgesamt als seeuntüchtig erwiesen, behielten die Segelfrachter der hellenistischen Seefahrtsperiode die Größe, Tragfähigkeit und Takelage ihrer griechischen Vorgänger. Es waren Einmaster von 150 bis 300 Tonnen Tragfähigkeit, 25 bis 30 Meter lang und 7 bis 8 Meter breit. Der etwa 14 Meter hohe Mast trug eine Rah von 12 Metern Länge, an die ein viereckiges, fast quadratisches Segel angeschlagen wurde.

Jeder der drei großen hellenistischen Staaten bemühte sich um eine führende Rolle im Welthandel. Das Seleukidenreich, nach dem Zerfall des Reiches Antigonos der größte hellenistische Staat, nutzte auf Grund seiner geographischen Lage vor allem die traditionellen Handelswege über Land. Der Handel über See hielt sich dagegen in bescheidenem Rahmen und stieß überall auf die Konkurrenz des Ptolemäerstaates. Ägypten brauchte Bauholz aus Phönizien, Sklaven aus Syrien, Metalle aus Kleinasien und Handwerkserzeugnisse aus Griechenland. Das Archiv eines hohen Würdenträgers unter Ptolemäus II. verrät Einzelheiten über die Wucher- und Handelstätigkeit der ägyptischen Hofaristokratie. Danach erhielten die Ptolemäer aus Palästina, Syrien und Kleinasien große Lieferungen an Sklaven, Bauholz, Kupfer, Purpur, Marmor, Wein, Möbel und Vieh. Die Ägypter lieferten Glasgeschirr, Leinenstoffe, Salben, Papyrus und Getreide. Gleichzeitig entwickelte sich der ägyptische Seehandel mit Arabien und Indien, vor allem als um 275 v. u. Z. während der Regierungszeit Ptolemäus II. der alte Kanal vom östlichen Nilarm durch das Wadi Tumilat zu den Bitterseen am Golf von Suez wiederhergestellt worden war. Nun erhielt Ägypten arabische und indische Waren auch über See.

Die größte und bedeutendste hellenistische Stadt war Alexandria, Residenz des Königs, Zentrum der Kultur und des Handels. »Dank seines vorzüglichen Hafens ist dies in ganz Ägypten der einzige Platz sowohl für den Seehandel als auch für den Landhandel, weil auf dem Fluß alles leicht befördert und an einem solchen Punkt gesammelt werden kann, welcher den größten Markt der Welt darstellt«, schrieb der bekannte griechische Geograph Strabon in seiner »Geographika«. In Alexandria legten die Schiffe der ganzen hellenistischen Welt an, hier wickelte sich der Warenaustausch zwischen West und Ost ab. Auf der Insel Pharos, mit der Alexandria durch einen Damm verbunden war, errichtete der Architekt Sostratos von Knidos um 280 v. u. Z. einen Leuchtturm von mehr als 100 Metern Höhe, der zu den sieben Weltwundern gezählt und zum

Vorbild für alle später gebauten Leuchttürme wurde. Im hellenistischen Alexandria lebten und arbeiteten die bedeutendsten Gelehrten, Dichter, Künstler und Baumeister dieser Zeit.

Die Römer und das Meer

Im 3. Jahrhundert v. u. Z. trat im Mittelmeerraum eine neue politische Kraft auf: Rom. Die Römer waren, wie die übrigen Italiker, in ihrer Frühgeschichte ein reines Bauernvolk. Das Meer überließen sie den Griechen, Etruskern und Karthagern, von denen sie auch alle überseeischen Waren bezogen. Noch während sich der römische Staat formierte, überfielen im Jahre 387 v. u. Z. gallische Kelten die Stadt und plünderten sie. Nach ihrer Vertreibung, im Bündnis mit den Bauern Latiums, eroberte Rom 340 v. u. Z. die Volskerstadt Antium (Anzio). Mit der Seestadt Neapel gewann die Tiberstadt 327 v. u. Z. einen weiteren »Meerverbündeten«.

Nach und nach dehnte Rom seine Herrschaft immer weiter aus. Die neu erworbenen Städte und Gebiete wurden als Verbündete in eine Föderation einbezogen, das heißt, man ließ ihnen ihre Unabhängigkeit und wahrte damit ihr Prestige. Dafür machte man sie wirtschaftlich um so abhängiger. Alle diese Gemeinwesen sahen die Tiberstadt als ihren Vormund an, dem sie in Notzeiten in unerschütterlicher Treue beistanden. Die Auseinandersetzungen Roms mit Karthago bewiesen das.

Rom unterhielt zu Karthago, schon aus gemeinsamer Feindschaft gegenüber den Griechen, relativ gute Beziehungen. Die Karthager ließen Rom auf dem Festland freie Hand, die Römer erkannten die Vorherrschaft Karthagos auf See an. Nach einem um 400 v. u. Z. abgeschlossenen Vertrag durfte sich kein römisches Schiff in spanischen und nordwestafrikanischen Gewässern aufhalten, es sei denn, es wäre durch Wind oder Sturm dorthin verschlagen worden. »Wenn aber jemand gegen seinen Willen zur Landung veranlaßt wird, so darf er nichts, sei es käuflich oder durch Wegnahme, erwerben, außer zur Ausbesserung seines Fahrzeuges oder zum Opfern. Der Aufenthalt darf nicht länger als fünf Tage dauern«, lautete ein Paragraph des Vertrages. Der zweite Vertrag von 348 v. u. Z. verbot den Römern Handel und Seefahrt auch in den Gewässern vor Sardinien und Libyen.

Als Pyrrhus, seit 298 v. u. Z. König von Epiros, beim Versuch, ein neues hellenistisches Großreich zu errichten, von den Römern 275 v. u. Z. bei Benevent geschlagen wurde und sich nach Griechenland zurückzog, war für Rom der Weg frei, die gesamte südliche Apenninen-Halbinsel in sein Herrschaftssystem einzubeziehen. 272 v. u. Z. fiel Tarent und nach weiteren Eroberungen in der Toscana beherrschten die Römer fünf Jahre später Italien, vom Rubikon an der gallischen Grenze bis zur Straße von Messana (Messina). Nun blickte Rom auf Sizilien, die reiche und fruchtbare Insel, auf der sich die Karthager festgesetzt hatten, aber auch auf das Meer.

Als die Karthager sich Messinas bemächtigen wollten, kam es 264 v. u. Z. zum Ersten Punischen Krieg, der über zwanzig Jahre andauern sollte. Rom baute buchstäblich aus dem Nichts heraus eine Kriegsflotte auf, die mit der Erfindung der Enterbrücke einen entscheidenden Vorteil im Kampf Schiff gegen Schiff besaß. Mit Hilfe der neuen Waffe gelang den Römern 260 v. u. Z. bei Mylae westlich von Messina ein glänzender Sieg über die karthagische Flotte. Das anschließende Unternehmen, mit einer großen Landungsflotte Karthago selbst anzugreifen, scheiterte.

Indessen ging der Kampf auf Sizilien weiter. Ohne die Unterstützung durch eine Flotte waren jedoch die von den Karthagern geschickt verteidigten Seefestungen Lilybaion und Drepanon nicht zu nehmen. Da baute Rom mit Hilfe von Geldspenden seiner reichen Bürger eine neue Flotte und blockierte mit ihr die sizilianische Westküste. Der Versuch, diese Seeblockade aufzureißen, unternommen von einer starken karthagischen Flotte, führte 241 v. u. Z. zur Seeschlacht bei Aegusa. Die karthagische Flotte erlitt eine vernichtende Niederlage. Karthago bat um Frieden und trat Sizilien an Rom ab. Die Tiberstadt hatte ihre erste »Provinz« gewonnen.

Unter Bruch des Friedensvertrages von 241 v. u. Z. besetzten die Römer bereits 238 v. u. Z. die Inseln Korsika und Sardinien. Im Jahre 229 v. u. Z. überführten sie mit 200 Schiffen etwa 20 000 Mann an die illyrische Küste und besiegten bei Cattaro (Kotor) ein Volk, das in der Hauptsache vom Seeraub lebte. Nach Vernichtung der Piratensiedlungen erlebte die römische und griechische Handelsschiffahrt in der Adria einen neuen Aufschwung.

Aber auch Karthago blieb nicht untätig; es wandte sich der Iberischen Halbinsel zu. Seine Feldherren Hamilkar und Hasdrubal unterwarfen das Hinterland der karthagischen Handelsorte, und Hasdrubal gründete Karthago-Nova, das heutige Cartagena, als strategisch wichtigen Hafen an der Südwestküste Spaniens und sicherte damit die Vorherrschaft Karthagos über die Meerenge von Gibraltar. Mit diplomatischem Geschick erreichte Karthago von Rom die Anerkennung seiner spanischen Einflußsphäre bis zum Ebro. Hannibal, Hamilkars Sohn, führte den neuen Krieg mit Rom bewußt herbei. Er belagerte 220 v. u. Z. die vom Ebrovertrag ausgenommene Stadt Sagunt, nahm sie ein und zerstörte die Stadt. Als Karthago die Freigabe der Stadt und die Auslieferung Hannibals verweigerte, kam es zum Zweiten Punischen Krieg (218 bis 201 v. u. Z.).

Der berühmte Feldherr Hannibal führte seine Söldnerarmee über die Alpen und drang in Italien ein. Doch seine Siege am Trasimenischen See und bei Cannae – hier wurden allein bei 6 000 Mann Eigenverlusten 50 000 Römer getötet – nutzten ihm nichts. Er scheiterte an der Bündnistreue der italischen Städte zu Rom und an der ihm gegenüber mißtrauischen Haltung der Regierenden in Karthago. Als ein karthagisches Heer unter Führung des Bruders Hannibals 216 v. u. Z. in Spanien von den Römern geschlagen wurde, war der Krieg praktisch bereits entschieden. Hannibal, nach fünfzehnjähriger Kriegsführung aus Italien nach Afrika zurückgerufen, verlor durch den Verrat des numidi-

Segler aus China.

schen Königs Masinissa, der, bestochen, auf die Seiten der Römer überging, die Schlacht bei Zama (202 v. u. Z.). Es war die erste und einzige Niederlage seiner militärischen Laufbahn. Sie beendete den Zweiten Punischen Krieg.

Im Frieden zwischen Karthago und Rom im Jahre 201 v. u. Z. mußte Karthago auf alle Besitzungen außerhalb Afrikas verzichten, 10 000 Talente Kriegskontributionen zahlen und sämtliche Elefanten und Kriegsschiffe – bis auf 10 Dreireiher – an Rom ausliefern. Außerdem durfte Karthago außerhalb Afrikas keine Kriege mehr führen und in Afrika selbst nur noch mit der Zustimmung Roms. Die Stadt am Tiber hatte sich zum Herrn des westlichen Mittelmeers erhoben.

Doch damit war Rom noch nicht zufrieden. Mit Diplomatie, politischer Intrige und Bestechung subventionsgieriger Könige sowie mit militärischen Interventionen gegen schwächere Länder konnte Rom in wenigen Jahren, begünstigt durch die Verfeindung der hellenistischen Staaten untereinander, auch den Osten unterwerfen. Es begann mit Makedonien, dem europäischen Diadochenreich. Ein Hilfeersuchen von Rhodos, das seit dem 3. Jahrhundert v. u. Z. zur führenden Seehandelsmacht im Mittelmeerraum aufgestiegen war, lieferte Rom 200 v. u. Z. den Vorwand, Truppen an der illyrischen Küste anzulanden. Philipp V. von Makedonien wurde besiegt, und im Jahre 196 v. u. Z. verkündete der römische Feldherr Flaminius die »Freiheit und Unabhängigkeit« für alle bisher Makedonien untertanen Staaten.

Danach begann der Kampf gegen Antiochos III., den Herrscher über Kleinasien und Syrien. Das nach Griechenland vorgestoßene Heer des Antiochos wurde von den Römern 191 v. u. Z. bei den Thermopylen geschlagen, die Flotte bei Chios besiegt. Nach diesen Erfolgen trugen die Römer den Krieg nach Kleinasien. Bei Magnesia erlitt Antiochos 190 v. u. Z. die entscheidende Niederlage. In den Friedensbedingungen dehnte Rom seine Macht bis zum Taurus aus. Antiochos hatte 15 000 Talente Kriegsentschädigung zu zahlen und mußte alle Elefanten und nahezu alle Kriegsschiffe ausliefern. Hannibal, der ebenfalls den Römern übergeben werden sollte, floh und tötete sich selbst.

Bemerkenswert ist die von Rom in allen Friedensverträgen aufgenommene Bestimmung auf eine starke Reduzierung der feindlichen Flotte. Auch Antiochos durfte nur 10 Dreireiher behalten. Der römische Senat hatte erkannt, daß eine ernsthafte Bedrohung des ständig wachsenden Reiches am ehesten von einer starken feindlichen Seemacht ausgehen konnte. Vermutlich lag auch hier der Grund für die völlig sinnlose Zerstörung des wehrlos gewordenen Karthagos im Dritten Punischen Krieg (149–146 v. u. Z.). Mit der Vernichtung Karthagos wurden gleichzeitig Makedonien und Griechenland römische Provinzen. Als Macedonia wurden sie endgültig dem Römischen Reich einverleibt. Rom war die Weltmacht geworden!

Ströme von Beute, Tribute, Steuern, Sklaven und Waren flossen über Land und See in die Tiberstadt. Doch bereicherten sich nur die großgrundbesitzende Aristokratie, die Großkaufleute und die Steuerpächter. Die Bauern und die einfachen Bürger dagegen, die in den Legionen gedient und gekämpft hatten, gingen leer aus und verloren auch noch ihren geringen Landbesitz. Die Großgüter ließ man durch Sklaven, die massenhaft ins Land geholt und unter erbärmlichen Lebensbedingungen gehalten wurden, bewirtschaften. Immer wieder aufflackernde Sklavenaufstände und ein hundertjähriger Bürgerkrieg waren die Folge dieser despotischen Herrschaft. Das Ende dieser Epoche brachte Cäsar (100 bis 44 v. u. Z.), einer der hervorragendsten Politiker und Feldherren Roms, der dem Imperium noch Gallien, Britannien und Ägypten hinzufügte. Während und nach der Herrschaft Oktavian-Augustus (63 v. u. Z.–14 u. Z.) folgte dann eine zweihundertjährige Blüte des Reiches, die relative Friedenszeit unter den Kaisern.

Römische Getreideschiffe.

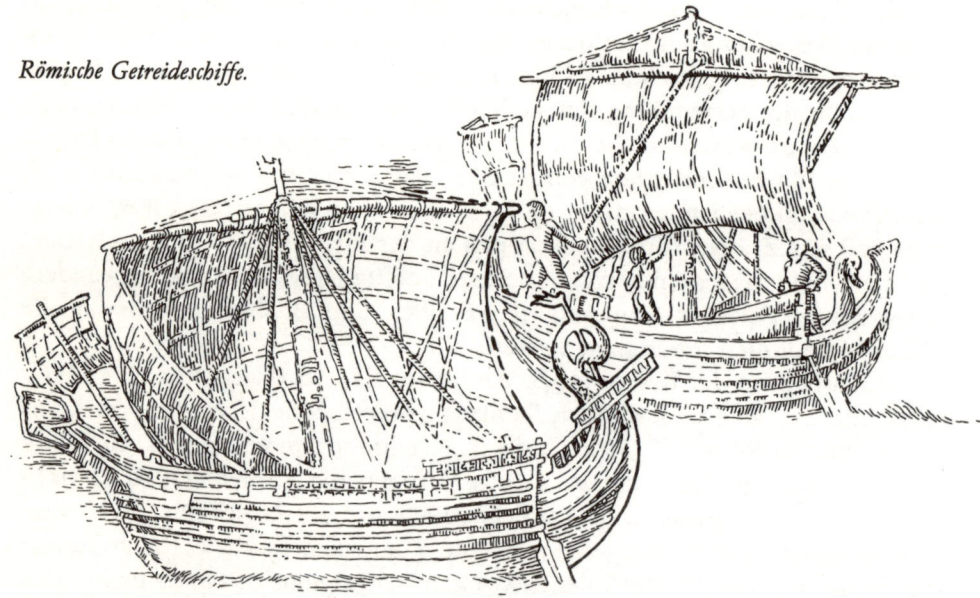

Auch auf See herrschte Frieden: Das Mittelmeer war zum römischen Binnenmeer geworden, feindliche Flotten existierten nicht mehr, die Seeräuber waren vernichtet. Eine Flotte von Liburnen, kleine, wendige Kriegsschiffe, überwachten von ihren Häfen in Neapel und Ravenna aus den Seeverkehr, vor allem die Getreidezufuhr nach Rom. Außerdem führte sie Truppen- und Waffentransporte an allen Küsten zu und von den Garnisonen durch. Der Seehandel trug in vielen Relationen einen ziemlich einseitigen Charakter. Ohne nennenswerte Ausfuhr trieb Rom von den unterworfenen Ländern Erzeugnisse zur Versorgung der Metropole und zur Befriedigung der Luxusbedürfnisse der reichen Sklavenhalterfamilien ein. Aus Syrien, Tunis, Algerien und Ägypten bezog Rom sein Getreide. Obst kam aus dem wiederaufgebauten Karthago, aus Germanien kamen Hölzer, Felle und Sklaven, Gallien lieferte Vieh und Fleisch. Doch auch Luxuswaren, wie Edelsteine, Perlen, Gold, Elfenbein, Edelhölzer, Marmor, Textilien, Weine, Honig, Austern und Gewürze wurden in Roms Hafen Ostia gelöscht.

Neben den festen Seeverbindungen zu allen Küstenprovinzen des Reiches, über die Rom seine Tribute transportierte, entwickelten sich auch Ansätze eines echten Welthandels zwischen Rom und Indien, Indochina, Sumatra und China. Beschränkte sich dieser Handel anfangs auf Luxuswaren, wie chinesische Seide und Gewürze, umfaßte er später auch die verschiedensten Gebrauchsgüter. Die römischen Exportartikel waren Öl, Wein, Tuche sowie gemünztes Silber und Gold. Der römische Seehandel, vor allem der Getreidehandel, wurde durch Handelsgesellschaften betrieben, die privat oder auch staatlich organisiert waren. Neben den Großkaufleuten, den Großgrundbesitzern, den Steuerpächtern und Sklavenhändlern gehörten die Reeder zu den reichsten Bürgern Roms. Die Berufsvereinigung der Schiffseigner, die »Navicularii«, stand unter dem besonderen Schutz des Kaisers.

Das von Rhodos entwickelte Seerecht wurde von den Römern vor allem durch die Form des Seedarlehens erweitert. Es handelte sich dabei um ein Darlehen an Einzelpersonen, die mit dem Geld Waren ankaufen und über See verschiffen konnten. Das Darlehen mußte nur zurückgezahlt werden, wenn die Seereise glücklich verlaufen war. Dann hatte der Schuldner zusätzlich eine Risikoprämie zu entrichten. Die römische Seeschiffahrt entwickelte auch die Form der »Colona«, einer Gesellschaft, in der sich Schiffseigner, Befrachter und Schiffsbesatzung für die Dauer einer Reise zusammenschlossen. Die Gesellschaft verfügte über ein vom Besitz der Teilnehmer getrenntes Vermögen, das aus dem Schiff, der Ladung und den mitgeführten Wertgegenständen der Besatzung bestand. Bei solidarischer Haftung wurde der Gewinn am Ende einer Reise anteilmäßig ausgezahlt.

Über die Schiffe der republikanischen Epoche und der römischen Kaiserzeit vermitteln Reliefdarstellungen auf Grabmälern reicher Reeder und Originalfunde gute Kenntnisse. Die typischen Frachter der Vorkaiserzeit waren kraweelbeplankte Holzfahrzeuge, auf Kiel und Spanten gebaut und als Zweimaster getakelt. Ein solcher Segler ist auf einem Marmorrelief in Ostia abgebildet. Der Segler, aus der Zeit um 200 v.u.Z., führt am Großmast ein breites, fast quadratisches Segel, das die Figuren des Romulus und Remus, nach der Sage die Gründer der Stadt Rom, mit der Wölfin zeigt. Über dem Großsegel sind zwei kleine Toppsegel gesetzt. Der Fockmast, von den Römern »Artemon« genannt, ist stark nach vorn geneigt und trägt während der Fahrt ebenfalls ein Rahsegel. Dieser vordere Mast wurde im Hafen bei der Beladung und beim Löschen als Bordkran verwendet. Auf dem Achterschiff ist ein Deckshaus für die Schiffsführung und für vornehme Passagiere zu erkennen. Zur Steuerung des Schiffes dienten zwei breite Riemen, je einer auf jeder Bordseite.

Auch wenn auf dem Relief kein Anker dargestellt ist, die römischen Schiffe dieser Zeit fuhren fast alle bereits Eisenanker, in jedem Fall aber Steinanker. Die Durchschnittsgröße römischer Frachter der Vorkaiserzeit betrug 200 bis 300 Tonnen Tragfähigkeit. Sie waren etwa 20 Meter lang, 6 Meter breit und besaßen einen Tiefgang von rund 3 Metern. Das Verhältnis von Länge zur Breite lag gewöhnlich zwischen 4 zu 1 und 3 zu 1. Aus Takelage und Steuereinrich-

Römischer Frachter.

tung ist erkennbar, daß die Schiffe nicht gegen den Wind aufkreuzen konnten. Der Wind mußte von achtern bis höchstens quer zur Schiffsrichtung einfallen, um ihn zur Vorwärtsbewegung nutzen zu können. Bei ungünstigem Wind blieben die römischen Schiffe im Hafen oder vor Anker liegen. Die Besatzungen opferten dann den Göttern, um günstigen Wind zu erhalten.

Unter Kaiser Augustus wurden die ersten Massengutfrachter für Getreide mit einer Tragfähigkeit von mehr als 500 Tonnen gebaut. Zu Beginn unserer Zeitrechnung lebten in Rom bereits über eine Million Menschen, deren Grundnahrungsmittel das Brot war. Von den für die Brotherstellung benötigten 500 000 bis 600 000 Tonnen Getreide mußten jährlich 450 000 Tonnen aus den landwirtschaftlichen Überschußgebieten in Afrika über See nach Rom gebracht werden. Allein aus Ägypten wurde ein Drittel der jährlichen Getreideproduktion nach Rom transportiert. Der damals in Athen lebende Satiriker Lukian aus Samosata (125–180 u. Z.) beschrieb ein solches Getreideschiff, die Isis, die auf der Rückreise von Alexandria nach Portus Romae, durch widrige Winde verschlagen, in Piraeus festgemacht hatte.

Nach den Angaben des Schiffszimmermanns, die von Lukian übernommen wurden, besaß das Schiff eine Länge von 120 römischen Ellen (eine Elle = 0,45 Meter), eine Breite von etwas über 30 Ellen und eine Raumtiefe vom Oberdeck zur Bilge von 29 Ellen. Die nach diesen Abmessungen berechnete Tragfähigkeit müßte etwa 1 200 Tonnen betragen haben. Schiffe solcher Größenordnungen sind nach dem Zusammenbruch des Römischen Reiches erst wieder Ende des 18. Jahrhunderts auf europäischen Werften gebaut worden.

In der Kaiserzeit wurden aber nicht nur große Getreideschiffe in Fahrt gesetzt, sondern auch Schiffe von beachtlicher Größe, die Stückgüter und Passagiere beförderten. Der jüdische Historiker Flavius Josephus (37 bis um 100 u. Z.) schildert den Schiffbruch des Fahrzeuges, mit dem er von Palästina nach Rom unterwegs war. Es hatte neben der Ladung 600 Passagiere an Bord. Der Handelssegler, mit dem der Apostel Paulus im Jahre 60 nach Rom gebracht werden sollte, transportierte neben einer Getreideladung noch 276 Menschen. Das Schiff sank vor Malta. Der Segler DIOSCURI brachte im Jahre 61 den Apostel nun wirklich von Malta nach Italien. Das Schiff segelte bei Südwind in anderthalb Tagen von Rhegium (Reggio) nach Puteoli (Pozzuoli), durchfuhr also eine Strecke von 175 Seemeilen mit einer durchschnittlichen Geschwindigkeit von 5 Knoten.

In der römischen Schiffahrt galt der Schiffbruch als unvermeidlich. Der Seefahrer wurde als »mortis est socius« (Partner des Todes) bezeichnet. Von vier auslaufenden Schiffen erreichten nur drei ihren Bestimmungshafen; eine Zwangsläufigkeit des Lebens, wie es Seneca ausdrückte, der stoische Philosoph, der im Jahre 65 von Nero zum Selbstmord gezwungen wurde. Trotz der Gefahren der Seefahrt hielten nicht zuletzt die Seeverbindungen ein Weltreich zusammen, das sich vom Norden Europas bis nach Afrika und Kleinasien erstreckte.

Der Aufstieg Roms von einem kleinen Bauerndorf an einer Furt über den Tiber bis zur Beherrscherin der Welt und ebenso der Niedergang des Reiches, die Schaffung römischer Seemacht und Seefahrt und ihr Verfall, sie sind eines der erregendsten Kapitel der Weltgeschichte. Als die durch die Sklavenhaltergesellschaft entstandenen Widersprüche zum Zerfall des Imperiums führten, verlor auch die Vorherrschaft Roms zur See ihre Basis. Die Hafenanlagen verkamen, Schiffbau und Schiffahrt verkümmerten, die letzten Reste römischer Seemacht verfielen. Nur kleine Küstensegler, Fischerboote und Flußkähne blieben erhalten. Die römische Seefahrt hatte aufgehört zu bestehen.

Schiffahrt und Schiffsführung in der Antike

Es wird vielfach behauptet, die antike Seefahrt sei reine Küstenfahrt gewesen. Diese Behauptung trifft nur für die militärische Seefahrt zu, die über keine genügend seetüchtigen Fahrzeuge verfügte. Die Seetüchtigkeit der Kriegsschiffe wurde bewußt vernachlässigt. Ausschlaggebend waren allein hohe Geschwindigkeit, gute Manövriereigenschaften und große Kampfkraft. Im Interesse einer mehrreihigen Riemenführung wurde die Bordwand bis auf wenige Zentimeter über der Wasserlinie durchbrochen; jede Krängung mußte daher zum Untergang des Schiffes führen. Deshalb blieb man gewöhnlich in Küstennähe und schleppte das Fahrzeug am Abend oder bei Schlechtwetter auf den Strand.

Ganz anders lagen die Verhältnisse in der Handelsschiffahrt. Die Frachter waren seetüchtige Segler mit einem durchlaufenden Deck, die auch schweres Wetter auf See vertragen konnten. Solche Handelssegler verließen bereits während des 2. Jahrtausends v. u. Z. die Küste, um Seestrecken zu durchsegeln, bei denen das Land außer Sicht kam.

Überliefert sind Seefahrten der Phönizier, die mit dem beginnenden Zerfall Ägyptens im 13. und 12. Jahrhundert v. u. Z. die Vorherrschaft auf See übernahmen und nach den bronzezeitlichen Seefahrern als erste wieder in den Atlantik und Indik vorstießen. Sie trugen ihren Handel um Afrika herum, erreichten Madeira und die Kanaren, und sie segelten bis Britannien und Indien. Berühmt ist die Schilderung der Fahrt zum Goldenen Ophir, eine See-Expedition, die vom König Salomo initiiert und finanziert, 945 v. u. Z. von Juden und Phöniziern durchgeführt wurde: »Salomo machte auch Schiffe zu Ezeon Geber, das bei Elotz, am Ufer des Schilfmeeres, im Lande der Edomiter liegt. Und Hiram, der König von Tyrus, sandte seine Knechte im Schiff, die gute Schiffsleute und auf dem Meer erfahren waren, mit den Knechten Salomos. Und sie kamen gegen Ophir und holten daselbst über vierhundert Kikkar Goldes und brachten es dem König, auch viel Edelholz und Edelsteine. Das Meerschiff des Königs, das mit dem Schiffe Hirams fuhr, kam in drei Jahren einmal und brachte Gold, Silber, Elfenbein, Affen und Pfauen.«

Aristoteles (384–322 v. u. Z.) weiß über die Wiederentdeckung Madeiras und der Kanaren durch phönizische Seefahrer folgendes zu berichten: »Man sagt, daß außerhalb der Säulen des Herakles im Meer von den Karthagern eine menschenleere Insel aufgefunden worden sei, die sowohl durch die Menge der Wälder wie an schiffbaren Flüssen überreich sei und an Früchten Überfluß habe. Sie sei mehrere Tagesreisen vom Festland entfernt. Als auf ihr die Karthager oftmals verkehrten und eine Anzahl sich daselbst wegen der Fruchtbarkeit des Bodens heimisch machte, verboten die Suffeten von Karthago bei Todesstrafe, nach jener Insel zu fahren, und sie ließen deren Bewohner ausrotten, damit die Kunde sich nicht verbreite und nicht die Menge eine Verschwörung gegen sie selbst anzettelte, die Insel in ihre Gewalt brächte und dem Glück der Karthager entzöge.«

Und Plutarch (46–120 u. Z.) weiß: »Zwei durch eine Fahrstraße getrennte Inseln sind zehntausend Stadien von Spanien entfernt. Sie heißen ›Inseln der Seligen‹.«

Die jahrhundertelange Anwesenheit der Karthager auf den Inseln ist auch durch Funde karthagischer Münzen aus dem 4. Jahrhundert v. u. Z. auf den Kanaren bestätigt worden. Auch die bereits erwähnte Umschiffung Afrikas von 596 bis 594 v. u. Z. zeigt die erstaunliche Weltkenntnis und das hohe seemännische und nautische Können der Phönizier. Allerdings versuchten Phönizier wie Karthager ihr Wissen geheim zu halten. Sie erzählten nicht nur Greuelmärchen über die atlantischen Gewässer, sondern sperrten auch unter Androhung der Todesstrafe die Ausfahrt in den Atlantik für alle fremden Schiffe.

Das karthagische Stadtoberhaupt Hanno unternahm um 525 v. u. Z. eine

Fahrt die afrikanische Westküste südwärts bis zum »Götterwagen«, dem Kamerunberg. In dem uns überlieferten Originalbericht heißt es: »Von Kerne (karthagische Siedlung bei Kap Juby) kamen wir südlich eines großen Flusses, namens Chretes, zu einem See. In diesem See liegen drei Inseln, die größer sind als Kerne. Eine Tagesfahrt von ihnen entfernt erreichten wir den Ausgang des Sees, über dem sich ansehnliche Berge erhoben. Diese waren von Waldmenschen bewohnt, die mit Tierfellen bekleidet waren und uns durch Steinwürfe hinderten, die Ebene zu verlassen. Weiterfahrend gelangten wir an einen großen breiten Fluß, der voll von Krokodilen und Flußpferden war. Dann kehrten wir um und gelangten nach Kerne zurück. Erneut fuhren wir zwölf Tage lang südwärts und folgten der Küste. Überall bewohnten sie Äthiopier, die uns nicht erwarteten, sondern flohen. Auch die Lixiten, die uns begleiteten, verstanden ihre Sprache nicht. Am letzten Tag stießen wir auf hohe, waldbedeckte Berge (Sierra Leone). Das Holz der Bäume war wohlriechend und von mancherlei Art. Zwei Tage lang umfuhren wir diese Berge und gelangten dann zu einem ungeheuren Meerbusen, auf dessen anderer Seite das Festland eine Ebene bildet.«

Eine andere berühmte Fahrt, die in die gleiche Epoche fällt, ist die des karthagischen Admirals Himilko nach den »Zinninseln«, wie Britannien wegen seiner Zinnlager in Cornwall genannt wurde. Die Fahrt diente allerdings nicht der Erforschung einer Reiseroute nach Norden, die war phönizischen wie karthagischen Seeleuten seit langem bekannt, sondern der Sicherung des Metallhandelsmonopols Karthagos. Den wiederholten Einbrüchen griechischer Seefahrer in ihre Interessensphäre sollte der Admiral mit militärischer Gewalt Einhalt gebieten.

Der erste griechische Seefahrer, der über die Straße von Gibraltar hinaus bis zur Stadt Tartessos an der Atlantikküste gelangte, war Kolaios von Samos. Die Fahrt muß etwa 660 v. u. Z. erfolgt sein. Tartessos wurde um 1150 v. u. Z. als Handelsniederlassung gegründet. Sie war im 7. Jahrhundert v. u. Z. die reichste Stadt Europas. Nach ihrer Entdeckung durch die Griechen entwickelte sich über hundert Jahre ein lebhafter Seehandel zwischen griechischen Hafenstädten und Tartessos. Die Karthager zerstörten im Jahre 540 v. u. Z. die Stadt und verstärkten ihre Atlantiksperre, die sie für weitere dreihundert Jahre aufrechterhielten. Dennoch gelangten griechische Seefahrer, wie die Phönizier, auf einer Expeditionsreise die westafrikanische Küste entlang bis in Höhe des Kamerunbergs und auf nördlichen Routen längs der spanischen und französischen Küste bis zur Bretagne. Kenntnis über diese Fahrten haben wir aus einem Lehrgedicht eines gewissen Avienus, in dem die bretonische Insel Quessant als »Säule des Nordens« bezeichnet wird.

Zwischen 350 und 320 v. u. Z. kam es durch den Griechen Pytheas zu einer der bekanntesten Entdeckerfahrten des Altertums, zur Fahrt nach Thule. Pytheas trat seine Reise in der damaligen griechischen Kolonie Marseille an. Er durchsegelte die Meerenge und gelangte über den Nordatlantik und um die Britischen Inseln herum in die Nordsee. Lange Zeit folgerte man aus der Fahrtroute, daß Thule mit der nördlichsten Shetland-Insel identisch sei. Doch Pytheas erkundete auch die Küste Norwegens. Gerade die einzige überlieferte Stelle seines Originalberichts der Reise beweist, daß Thule in Norwegen zu suchen ist. Pytheas schrieb: »Die Barbaren zeigten uns den Ort, wo die Sonne zur Rüste geht. Es traf sich nämlich gerade, daß die Nacht in diesen Gegenden ganz kurz war, an einigen Stellen zwei, an anderen Stellen drei Stunden, so daß die Sonne nur kurze Zeit nach ihrem Untergang gleich wieder aufging.«

Der Polarforscher Nansen nannte das mittlere Norwegen das einzig in Frage kommende Gebiet, auf das die im Bericht geschilderten kurzen Sommernächte zutreffen. Die Annahme, daß Thule eine Insel sei, ist ohne besondere Bedeutung, denn Skandinavien galt bis zum 11. Jahrhundert allgemein als Insel. Von Norwegen ist Pytheas die Ostküste Britanniens längs nach Süden gesegelt. Er sollte und wollte die Bernsteinländer finden, die von den Phöniziern besucht worden waren. Auf seiner Kreuzfahrt durch die Nordsee besuchte er die Küsten Frieslands und Jütlands. Nach der Wiedergabe von Plinius d. Ä. (23–79 u. Z.) schrieb Pytheas »..., daß die Guionen, ein germanischer Stamm, im Wattengebiet des Metuonis genannten Meeres wohnen, das sich 6 000 Stadien weit erstreckt. Von dort soll man eine eintägige Segelfahrt zur Insel Abalus (Helgoland) haben. Auf dieser Insel spülen die Wellen im Frühjahr Bernstein an, der ein Auswurf des verdichteten Meeres ist. Die Bewohner benutzen ihn als Brennmaterial an Stelle von Holz und verkaufen ihn an die benachbarten Teutonen.«

Pytheas verdanken wir die erste schriftlich überlieferte Nachricht von den Germanen, mit deren westlichsten Stamm, den Teutonen, er unmittelbar in Berührung kam. Es ist unbekannt, wie Pytheas den Heimweg bewältigt hat. Seine Tat aber, die Entdeckung der nur sagenhaft bekannten Länder des Nordens, auch wenn sie auf alten und ältesten Spuren erfolgte, macht den Griechen zu einer hervorragenden Seefahrer- und Entdeckergestalt der Antike.

Die von Phöniziern und Karthagern verhängte Gibraltarsperre und die Schreckensbilder über den Atlantik hatten weder Pytheas noch andere griechische Seefahrer von den Atlantikfahrten abhalten können. Sie wirkten über Jahrhunderte hinweg auf die nachfolgenden Seefahrergenerationen. Im christlichen Mittelalter erreichten die Phantasievorstellungen vom »Tangmeer« und vom »geronnenen Meer« einen neuen Höhepunkt. Die Entdeckungsfahrten der Portugiesen zur Südspitze Afrikas unter Heinrich dem Seefahrer litten unter dieser Belastung ebenso wie die Überquerung des Atlantiks durch Kolumbus beim Anblick des Sargassomeers. Phönizier und Karthager selbst waren von dieser Furcht frei. Vermutlich wußten sie von mündlich überlieferten Routen der megalithischen und bronzezeitlichen Seefahrt. Ihre zielgerichteten Fahrten über den Indik, ihre Atlantikfahrten nach Norden, Süden, zu den Kanaren und schließlich zu den Azoren lassen sich kaum anders deuten.

Die Anfänge römischer Fahrten über See außerhalb des Mittelmeers fallen mit der Zerstörung Karthagos zusammen. Sie standen anfangs voll und ganz im Dienst der römischen Machtausbreitung. Expeditionen zur Erkundung der

Meere und ihrer Küsten interessierten die Sklavenhalter in Rom wenig. Dagegen benötigte Cäsar aber eine Transportflotte für seinen ersten Feldzug gegen Britannien, der in den Jahren 55 und 54 v. u. Z. stattfand und mißlang. Im folgenden Jahr erreichte der Eroberer in einem zweiten Unternehmen zwar die Themse, jedoch ein Aufstand in Gallien zwang ihn zur Rückkehr über den Kanal.

Der Angriff auf Britannien wurde erst unter Claudius im Jahre 43 u. Z. wieder aufgenommen. Eine umfassende Unterwerfung bis zum Firth of Forth gelang General Agricola in den Jahren 77 bis 83 u. Z. Die Flotte des Feldherrn, die Schottland umsegelte, erbrachte den endgültigen Beweis für die Insellage Britanniens. Durch die Vorstöße der Römer nach Germanien wurde der europäische Nordosten ins Blickfeld der Antike gerückt. In drei Feldzügen drang Drusus Germanicus in den Jahren 12 bis 9 v. u. Z. gegen die Nordsee vor. Auf dem Rhein kam er bis zur Nordsee und eroberte Holland. Auf dem See Flevo, seit 1287 Zuidersee genannt, gerieten seine Schiffe bei Ebbe aufs Trockene.

Nero, römischer Kaiser seit 54 u. Z., entsandte einen Ritter und Legionstribun nach dem Samland. Er war es auch, der die erste Kunde von der Ostsee nach Rom brachte. Dennoch sind die Römer mit ihrer nordwärts gerichteten Schiffahrt nie an das herangekommen, was Phönizier und Griechen bereits vor ihnen geleistet hatten.

Es rührt merkwürdig an, daß der Seeweg nach Indien und China bereits in der Antike regelmäßig befahren wurde, also anderthalb Jahrtausende bevor Spanier und Portugiesen sich anschickten, diese Seeverbindung neu zu suchen. In den letzten Jahrhunderten v. u. Z. existierte zwischen Arabien und Indien eine küstennahe Seeverbindung, auf der sowohl arabische als auch indische Segler verkehrten. Um 100 v. u. Z. entdeckte der griechische Kapitän Hippalos die Vorzüge der Monsunwinde für die Schiffahrt im Indischen Ozean. Während vorher für die Hinreise nach Indien und für die Rückreise nach Arabien jeweils ein Jahr benötigt wurde, konnte durch die Ausnutzung der Monsunwinde, die ein halbes Jahr von Südwest nach Nordost und danach genau so lange in umgekehrter Richtung wehen, die Gesamtdauer der Reise auf ein Jahr reduziert werden. Statt der langwierigen und gefährlichen Fahrt entlang der Küste erreichte man Indien in nur vierzig Reisetagen nun im Sommer von Aden aus quer über den Indischen Ozean. Ab Dezember unterstützte dann der regelmäßige Nordost die Heimreise der Segler unter ebenso günstigen Bedingungen.

Zur Zeit des Kaisers Augustus befuhren rund 120 römische Schiffe die Route von Adana (Aden) nach Muziris (Cannanore) an der Malabarküste. Neben Muziris wurden auch Barygaza (Bharuch) und Sigenus, ein Hafenplatz nördlich von Bombay, angelaufen. Wie Strabo, der berühmte Geograph und Zeitgenosse des Augustus, berichtete, segelten in der Zeit von 30 v. u. Z. bis 14 u. Z. schon »große Flotten bis nach Indien und an die äußerste Spitze von Äthiopien, um von dort die wertvollen Waren nach Ägypten zu bringen.« Römische Handelsschiffe kamen, wenn auch »noch selten«, bis zum Ganges.

Gewöhnlich liefen die Frachter nach Umrundung des Subkontinents die Häfen Poduka (Pondicherry) und Spatma (Madras) an der Westküste Indiens an. Auf der Weiterreise nach China überquerten sie in freier Fahrt das Bengalische Meer und erreichten den Hafen Tacola, der nördlich des Inselhafens Phuket an der Westküste Indochinas liegt. Von hier verlief die Route um die Halbinsel Malakka herum oder aber durch die Sundastraße in die Chinasee und weiter nach Kanton und Kattigara, dem heutigen Hangtschou.

In Rom trug die vornehme Damenwelt seit dem 1. Jahrhundert v. u. Z. chinesische Seide. Plinius ärgerte sich darüber: »Man pilgert und fährt bis ans Ende der Welt, damit unsere Damen ihre Schönheit in durchsichtige Schleier hüllen und die Männer ihre Habe für Brokate ausgeben können, die sie tragen. Vorsichtig gerechnet, führen wir aus Indien, China und Arabien alljährlich für hundert Millionen Sesterzen Güter ein, darunter vor allem Seide. Ein so unermeßliches Vermögen geben wir für unseren Luxus aus und für unsere Damen.«

Um das Jahr 100 u. Z. dehnte sich der römische Seehandel an der ostafrikanischen Küste bis nach Kap Prason aus, das die meisten Forscher als Kap Delgado in Moçambique lokalisieren, weil auch die Insel Madagaskar in den Berichten erwähnt wird. Aus der ersten Hälfte des 1. Jahrhunderts u. Z. stammt das berühmte Segelhandbuch über den Indischen Ozean, das »Periplus Maris Erythraei«, das von einem griechischen Kaufmann verfaßt sein soll. In ihm gibt es eine Beschreibung der West- und Ostküste Indiens sowie der Küste Indochinas und der Malakkahalbinsel. Erstmalig erhielten Seefahrer und Nichtseefahrer schriftliche Kunde von Thinai (China), das nach dem Periplus nördlich hinter Chryse (Malakka) läge.

In einem späteren römischen Periplus für die äußeren Meere wird das Wissen der Antike über China zusammengefaßt: »Das Land der Siner, Thinai, wird im Norden von einem Teil des Sererlandes begrenzt, im Westen von Indien, im Osten von unbekanntem Land, im Süden vom Südmeer und vom unbekannten Südland. Kattigara ist der äußerste Handelsplatz der Siner und die Grenze der Welt!«

Der Seeverkehr zwischen dem römischen und dem chinesischen Reich dauerte bis ins 3. Jahrhundert unserer Zeitrechnung, erst dann ging er langsam zurück. Wie in den Han-Annalen vermerkt ist, besuchte in der Regierungszeit des Kaisers Marc Aurel im Jahr 166 eine Gesandtschaft des Römischen Reiches das chinesische Han-Reich.

Wie nun fanden die antiken Steuerleute zu ihren Bestimmungshäfen! In Küstennähe orientierten sie sich nach Landmarken und Leuchtfeuern, die in den Peripli (Rundfahrten) genau beschrieben waren. Die ersten Leuchtfeuer, Leuchtsäulen genannt, sind uns aus der Zeit um 400 v. u. Z. bekannt. Vermutlich ist der Gebrauch einfacher Feuerzeichen als Signal für heimkehrende oder erwartete Schiffe viel älter. Der bekannteste und berühmteste Leuchtturm des Altertums war der Pharos von Alexandria, er soll sein Feuer auf eine Entfernung von 20 Seemeilen ausgestrahlt haben. Außer dem Pharos sind etwa 20 weitere Leuchtfeuer des Altertums von Darstellungen auf Münzen oder Beschreibungen in Berichten bekannt. Bis heute ist nur ein antiker Leuchtturm erhalten, der von La Coruna an der Nordwestecke Spaniens. Er wurde um die Wende unserer Zeitrechnung von den Römern erbaut, mehrmals erneuert und dadurch in seiner Form verändert.

Antike Leuchtfeuer (Mitte: der Pharos).

Besonders sorgfältig sind in den Peripli die Besonderheiten der Meere und die Ansteuerungen zu den Häfen beschrieben worden. So hieß es in dem erwähnten »Periplus Maris Erythraei« für den Indischen Ozean: »Das ganze indische Land hat sehr viele Flüsse, sehr starke Ebbe und Flut, die bei Neumond und Vollmond bis zu drei Tagen zunimmt und in den dazwischen liegenden Phasen geringer wird. Weit mehr findet das bei Barygaza statt, so daß plötzlich der Meeresgrund gesehen wird, und bald einige Teile des Landes Meer sind, bald aber wieder trockenfallen, während sie bis vor kurzem noch von Schiffen befahren wurden. Beim Eintreten der Flut werden die Flüsse, da das ganze Meerwasser zusammengedrängt wird, entgegen ihrer natürlichen Strömung auf viele Stadien hin heftig aufwärts getrieben. Deshalb sind die An- und Abfahrten der Schiffe für die Unerfahrenen und zum erstenmal nach dem Handelsplatz Segelnden gefahrvoll ...«

Die Ansteuerung von Barygaza wird so beschrieben: »Der Busen bei Barygaza (am Golf von Cambay) ist schmal und von See her schwer zugänglich, denn die Schiffe geraten entweder nach der rechten oder nach der linken Seite, wo die Einfahrt immerhin noch am besten ist. Auf der rechten Seite des Busens erstreckt sich nämlich bei dem Flecken Kammoni eine schroffe und felsige Landzunge, die Herone heißt. Auf der linken Seite liegt das Papike genannte Vorgebirge von Astakampra, das zum Landen wegen der dort herrschenden Strömung ungeeignet ist. Auch halten die Anker auf dem rauhen und felsigen Meeresboden nicht. Wenn nun jemand in den Busen eingefahren ist, so ist die

Mündung des Flusses bei Barygaza nur schwer aufzufinden, weil das Uferland niedrig ist und die Mündung selbst aus der Nähe nicht mit Sicherheit erkannt werden kann. Wenn sie aber gefunden wird, so ist die Einfahrt wegen der seichten Stellen im Fluß schwierig. Deshalb fahren königliche Lotsen mit großen Booten, Trappaga und Kotymba genannt, den ankommenden Schiffen bis nach Syrastrene entgegen. Von ihnen werden die Schiffe bis nach Barygaza geleitet ...«

Ein Periplus für das Mittel- und für das Schwarze Meer wurde bereits um 225 v. u. Z. von einem gewissen Skylax geschrieben. Vermutlich baute der griechische Schriftsteller Arrian (95–175 u. Z.) sein Segelhandbuch über das Schwarze Meer auf dieser Rundfahrtbeschreibung auf. Bekannt ist aus dem 3. Jahrhundert ein großes Segelhandbuch, ein Führer für Kaufleute, »Stadiasmus Maris Magni« genannt, für das Mittelmeer, das Rote Meer, den Persischen Golf und für den Seeweg nach Indien.

So genau die Peripli Meer und Häfen beschrieben, Fahrwasser, Strömungen und Winde schilderten, Ratschläge für geeignete Ankerplätze, Trinkwasserversorgungen und Reparaturmöglichkeiten gaben, eines kannten die Peripli nicht: genaue Richtungsangaben. Da man den Kompaß nicht kannte, konnte man auch keinen bestimmten, nach Kompaß zu segelnden Kurs angeben.

Die Geschichte der Magnetnadel ist nur allgemein belegbar. Die Chinesen besaßen schon früh einen »Südweiser«, das war eine auf einem Magnetstein stehende Figur, die sich frei drehen konnte und mit der Hand nach Süden wies. Die Entdeckung der richtungsweisenden Eigenschaft des Magneten ist von chinesischen Historikern für das 3. Jahrhundert bezeugt. Im Jahre 658 gelangte die Kenntnis nach Japan, in einem arabischen Werk wird sie 854 erwähnt. Nach Europa kam der Kompaß erst über die islamische Schiffahrt im 12. Jahrhundert.

Von den Phöniziern ist bekannt, daß sie eine Art von lebendem Kompaß in Form gefangener Vögel an Bord hielten. Waren sie unsicher, wo das nächstgelegene Land zu suchen sei, ließ man einige der Tiere frei. Die Flugrichtung der Vögel wies dann der Besatzung die Richtung zum Festland.

Auch Seekarten hätten vollwertig nur mit Hilfe eines Kompasses genutzt werden können. Erwähnt werden Seekarten zum ersten Mal in den Perserkriegen. Sie wurden im Auftrag des Königs Dareios für den Feldzug gegen Griechenland um 490 v. u. Z. von phönizischen Seeleuten angefertigt. Diesen Karten fehlte allerdings die wissenschaftliche Grundlage, die erst von den Griechen gelegt wurde. So stellten die bekannten Gelehrten Pythagoras und Aristoteles die Theorie von der Kugelgestalt der Erde auf. Eratosthenes berechnete später den Erdumfang, Hipparch überzog die Erdoberfläche mit einem gedachten Netz von Meridianen und Breitenparallelen. Die ersten nach diesen wissenschaftlichen Erkenntnissen gefertigten Seekarten stammen aus der Zeit um 100 v. u. Z. Zweihundert Jahre später wurden Seekarten hergestellt, auf denen sich Meridiane und Breitenparallele als Linien rechtwinklig schneiden. Damit konnte der Schiffskurs auf der Karte als Gerade eingezeichnet werden, eine Verbesserung für die Navigation von größter Bedeutung. Die er-

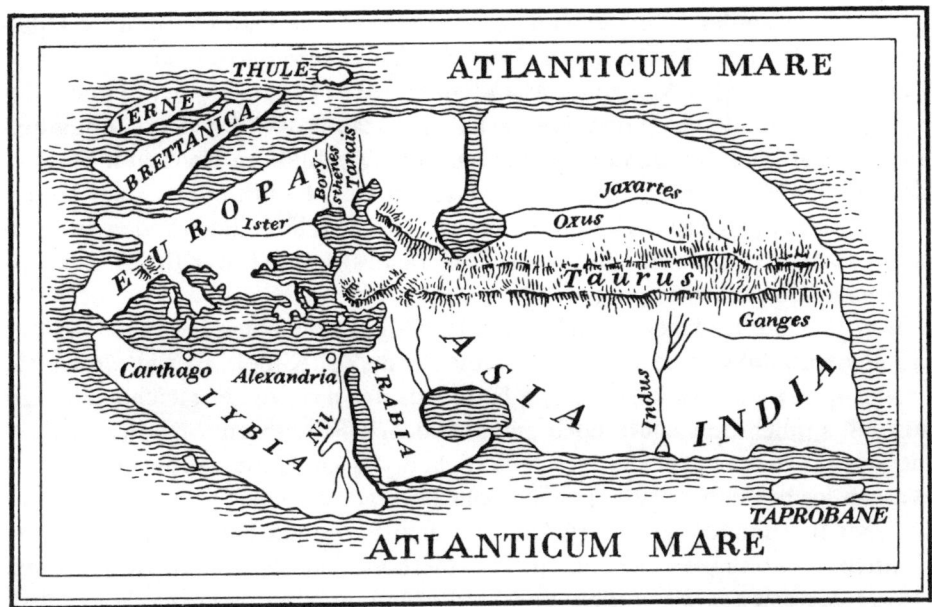

Weltkarte des Eratosthenes.

reiche Winkeltreue hob aber die Flächentreue auf, weil die Breitenparallelen zu den Polen hin auseinandergezogen wurden. Eine Seemeile auf 60 Grad nördlicher oder südlicher Breite war doppelt so lang wie am Äquator. Um dieser Schwierigkeit zu begegnen, wählte der Schiffer des Altertums den für das jeweilige Meer typischen Breitengrad; der war beispielsweise für die Mittelmeerfahrt der 36. Grad nördlicher Breite. Eine allseitig befriedigende Lösung fand erst 1569 Gerhard Mercator (1512–1594) mit der Zylinderprojektion, nach der bis heute die Seekarten hergestellt werden.

In der Antike war der zu steuernde Kurs über das offene Meer nur auf eine Art festzulegen: durch die Beobachtung der Gestirne. Tagsüber steuerte man nach der Sonne, nachts nach bestimmten Sternen. Lange Zeit glaubte man, daß der antike Schiffer eine Winkelmessung der Gestirnshöhen mit Hilfe eines Gerätes, dem heutigen Sextanten etwa entsprechend, nicht gekannt habe. Aber dann fanden Schwammtaucher 1901 in einem antiken Schiffswrack vor der griechischen Insel Antikythera ein kompliziertes Bronzeinstrument. Das Athener Nationalmuseum hat dieses nautische Gerät soweit wie möglich zusammengesetzt. Es stammt vermutlich aus dem 1. Jahrhundert v. u. Z. und besitzt Zeiger, die es gestatten, auf drei Zifferblättern astronomische Angaben abzulesen. Die Zeiger sind durch Klappen geschützt, auf denen Sonnen-, Mond- und Planetenbewegungen und ihre Erscheinungszeiten vermerkt sind. Angegeben sind die Planeten Merkur, Venus, Mars, Jupiter und Saturn. Das gefundene und restaurierte Meßgerät war an Bord in einem Holzkasten aufbewahrt. Der antike Schiffer hat also sehr wohl die astronomische Navigation gekannt. Er ist nicht nur den Sternen gefolgt, er hat auch seinen Standort nach ihnen berechnet.

Zur Messung der Schiffsgeschwindigkeit verwandte man ein anderes Hilfsmittel: die Wasseruhr. Der Antike war ein festes Stundenzeitmaß fremd. Der Tag begann mit dem Aufgang und endete mit dem Untergang der Sonne. Diesen Zeitraum und analog den der Nacht teilte man in zwölf gleiche Zeiteinheiten, die man Stunden nannte. So betrug eine Tagstunde in Rom zum Beispiel im Juni 75 Minuten, im Dezember dagegen nur 45 Minuten. Auch Unterschiede in der geographischen Breite eines Ortes machten die Stunden zur gleichen Jahreszeit unterschiedlich lang. Ein solches Zeitmaß war für die Navigation natürlich nicht geeignet.

Die Wasseruhr dagegen fixierte, unabhängig von Veränderungen in der Stundeneinteilung, eine ständig gleichbleibende Zeiteinheit. Es war ein Gefäß, dessen Boden eine kleine Öffnung hatte, aus der das Wasser gleichmäßig herausfloß, ähnlich den heute noch gebräuchlichen Sanduhren. Mit diesem Zeitmesser war es möglich, die Geschwindigkeit des am Schiff vorbeiströmenden Wassers zu bestimmen. Ein am Bug über Bord geworfenes Stück Holz und der in einer bestimmten Zeit zurückgelegte Schiffsweg am Holz vorbei, läßt die Schiffsgeschwindigkeit berechnen. Die Methode hat sich bis heute gehalten.

Zum Messen der Wassertiefe und zur Bestimmung der Meeresbodenbeschaffenheit verwendete man in der Antike das Handlot. Im Mittelmeer und an seinen Küsten sind viele Exemplare gefunden worden. Das Lot besaß unten einen Hohlraum, der mit einer Schicht Talg oder Fett bestrichen wurde. Warf man das Senkblei über Bord, konnten an der ausgerauschten Leine nicht nur die Wassertiefe, sondern ebenfalls die von der Fettschicht festgehaltenen Grundproben bestimmt werden. Nach Herodot wußte ein antiker Steuermann genau, daß er noch eine Tagesreise von der Nilmündung entfernt war, wenn sein Lot auf 11 Klafter Wassertiefe (ein Klafter = 1,8 m) schlammigen Meeresgrund nach oben brachte. Da die Peripli auch Angaben über Untiefen, vor allem in Küstennähe enthielten, war das Handlot eine wichtige Navigationshilfe für die antike Schiffahrt.

Der wichtigste Ausrüstungsgegenstand des Schiffes war der Anker. Es ist unbekannt, wann er in Gebrauch kam. Erwähnt wird der Anker erstmals um 550 v. u. Z. von Theognis, dem griechischen Dichter. In der Heroenzeit gab es Steinanker, die durchbohrt oder durch eine natürliche Öffnung von einem Kabel gehalten wurden. Man warf sie in Küstennähe aus oder legte sie auf den Strand. Die Antike kannte bereits den Stockanker aus Eisen. Beim Ausbringen legte er sich so auf den Grund, daß die Arme flach lagen, der Stock aber stand. Drohte das Schiff von Strömung oder Wind abgetrieben zu werden, spannte sich das Ankerkabel – die Alten verwendeten noch dicke Hanftaue – und zog den Stock flach auf den Boden. Dabei grub sich einer der Ankerarme im Meeresboden ein.

Weil man in der Antike noch keine Anker mit dem erforderlichen Gewicht schmieden konnte, benötigten die Schiffe immer mehrere Anker. Auf vielen Darstellungen sieht man die Frachter vor vier Ankern liegen. Vor der italienischen Insel Giannutri wurden aus einem Schiffswrack des 2. Jahrhunderts v.u.Z. insgesamt sieben Anker geborgen, vier Holzanker mit bleiernen Stöcken und drei eiserne Anker. Der Apostel Paulus berichtete über seinen Schiffbruch, daß das Schiff nach achtern durch vier Anker und nach vorn ebenfalls durch mehrere Anker gehalten wurde. Die Anker der antiken Schiffe wurden nur in Ausnahmefällen außenbords gefahren, in der Regel lagerten sie an oder unter Deck.

Auch das Beiboot war in der Antike bekannt. Die Handelssegler führten ebenso wie die Kriegsschiffe, entweder im Schlepp oder an Deck festgezurrt, ein Beiboot mit. Größere Frachter besaßen mehrere Beiboote, von denen gewöhnlich ein Boot geschleppt oder in Davits »Klar zum Fieren« aufgehängt war. Die Boote leisteten Hilfsdienste im Hafen oder auf Reede und stellten die Verbindung zwischen vor Anker liegenden Schiffen und der Küste her. Für einen längeren Seetörn bei Notfällen waren sie mit Mast und Segel ausgerüstet.

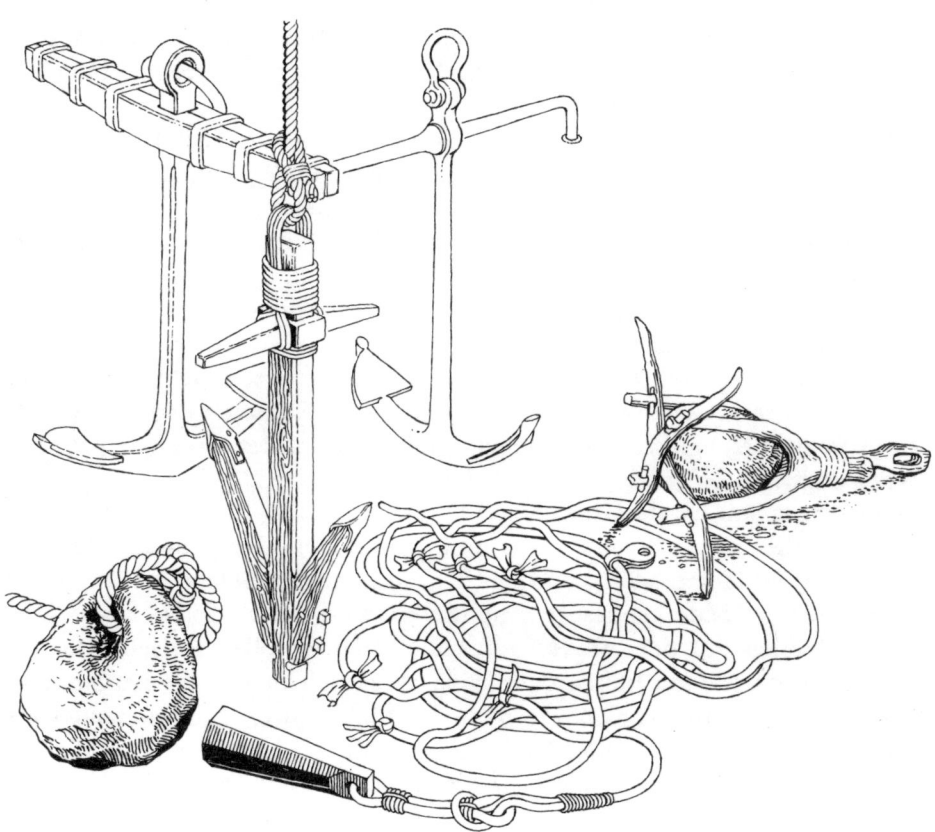

Anker und Lot auf antiken Schiffen.

Schiffahrt und Handel verlagern sich nach dem Osten

Der Niedergang des Römischen Reiches bedeutete nicht das Ende der Schifffahrtsgeschichte im Mittelmeerraum, denn mit Byzanz, dem oströmischen Reich, sowie dem persischen Reich der Sassaniden und dem Reich des Islams entstanden im Osten neue Zentren politischer und wirtschaftlicher Macht, deren Existenz von gesicherten Seeverbindungen abhängig war.

Byzanz (Ostrom) war im eigentlichen Sinne kein festgefügter Territorialstaat, sondern vorrangig immer eine Weltstadt, deren Grundlage über ein Jahrtausend Handel und Schiffahrt bildete. Sie wurde 657 v.u.Z. als griechische Kolonie am Bosporus gegründet. Konstantin der Große, römischer Kaiser von 306 bis 337 u.Z., wählte sie zu seinem Herrschersitz. Seit dieser Zeit trug sie auch seinen Namen: Konstantinopel. Im Jahre 395 löste sich das oströmische Reich mit der neuen Hauptstadt Konstantinopel endgültig vom weströmischen Reich. Die neue Weltmacht umfaßte die Balkanhalbinsel, Kleinasien, die Inseln des Ägäischen Meeres, Syrien, Palästina, Ägypten, die Cyrenaika und mehrere Handelsniederlassungen an der Küste des Schwarzen Meeres, wie Chersonesos. Bewohnt wurde das Reich von Griechen, Thrakern, Illyrern, Syrern, Armeniern, Kopten und weiteren Völkern.

Im Goldenen Horn, einer Bucht des Bosporus, trafen die Schiffe von Kontinenten zusammen, wurden Erzeugnisse aus über hundert Ländern angelandet. Die durch Kriege wechselnd schrumpfenden und sich wieder ausdehnenden Grenzen des Reiches behinderten zu keiner Zeit die rege Fernhandelstätigkeit der griechischen und levantinischen Händler. Sie unterhielten Handelsbeziehungen zu den Anliegerstaaten der nördlichen Schwarzmeerküste, sie segelten nach Arabien und Äthiopien, nach Indien und China. Auch die Verbindungen mit dem Westen, nach Italien, Gallien und Spanien rissen nicht ab. Aus dem Osten holte man Gewürze, Duftstoffe, Edelsteine, Rohseide und Sklaven. Zusammen mit Erzeugnissen der eigenen Produktion wurden sie auf den Märkten des Westens abgesetzt.

Wiederum war es ein Grieche – als Kosmas Indikopleustes (Indienfahrer) ging er in die Geschichte ein –, der im 6.Jahrhundert als Kaufmann von Alexandria aus die Meere befuhr und mit der von ihm verfaßten »Christlichen Topographie« ein bedeutendes geographisches Werk schuf. Schiffer und Kaufleute erhielten mit dem Segelhandbuch einen wertvollen Ratgeber für den Seehandelsverkehr mit Indien und China. Ausgezeichnet ist die Beschreibung der Insel Ceylon (Sri Lanka), die Kosmas Indikopleustes als das Handelszentrum zwischen Ostafrika und China bezeichnet. Der Grieche berichtet auch von der Konkurrenz zwischen byzantinischen und iranischen Kaufleuten im Handel mit Indien. »Der Handel lohne sich«, schrieb der griechische Kaufmann, »denn Indien sei ein kulturell hochstehendes Land mit vielen Handelsplätzen, guten Häfen und blühenden Städten«.

Die byzantinischen Handelssegler waren Fahrzeuge, wie wir sie bereits aus der imperialen Schiffahrtszeit Roms her kennen. Es gab weder Veränderungen bei den Schiffstypen noch Verbesserungen bei der Schiffsausrüstung. Nur die Kriegsschiffe – Dromonen, Pamphilen und Galeeren – übertrafen ihre Vorgänger – Trieren und Liburnen – an Seetüchtigkeit und Kampfkraft.

Bis ins 11.Jahrhundert hinein kontrollierte Byzanz den Welthandel, besaßen Griechen und Levantiner ein Handelsmonopol im Seeverkehr zwischen Europa und dem Mittleren und Fernen Osten. Griechen und Levantiner überstanden Kriege, Pest und Hunneneinfälle. Um ihre Macht aufrechtzuerhalten, arrangierten sie sich auch mit den Arabern. Erst im 12.Jahrhundert gelang es Arabern und Slawen, einen Teil des byzantinischen Handels an sich zu reißen. Nach erfolgreicher Seeverteidigung gegen die Araber 677 und 718 wurde die Hauptstadt des oströmischen Reiches, Konstantinopel, schließlich 1453 durch die Türken von Land aus erobert.

Die arabischen Stämme, die die Halbinsel zwischen Rotem Meer und Persischem Golf bewohnten, waren Anfang des 7.Jahrhunderts noch Nomaden, sogenannte Beduinen, »Wüstenbewohner«. Sie machten im Süden und Norden eine unterschiedliche Entwicklung durch. Der Jemen im Süden zog aus seiner Vermittlerrolle Vorteile, die dieses Gebiet im Handel Ägyptens, Palästinas, Syriens und später, vom 2.Jahrhundert u.Z. an, im Handel aller Mittelmeerländer mit Äthiopien, Indien und China spielte. Waren, die auf dem Seeweg aus Indien und China am Roten Meer eintrafen, wurden im Jemen auf Kamele umgeladen und über die Karawanenstraßen an die Mittelmeerküste Palästinas und Syriens befördert. Der Jemen war ebenfalls Zwischenstation für die Küste des Persischen Golfs und den Hafen Ubulla an der Euphrat/Tigrismündung.

Im 6. und 7.Jahrhundert rangen Byzanz und der Iran um den Jemen. Beide Mächte wollten in den Besitz der Karawanenstraßen gelangen, die die Mittelmeerküste und die Küste des Indischen Ozeans miteinander verbanden. Byzanz bat das verbündete Äthiopien, den Jemen zu besetzen und die Karawanenstraße entlang der westarabischen Küste zu sichern. Die Äthiopier eroberten 525 den Jemen, der anschließende Feldzug gegen Mekka scheiterte jedoch. Im Gegenzug dazu führte der Iran eine Seelandung im Jemen durch. Die Äthiopier wurden vertrieben und der Jemen kam bis 628 unter iranische Herrschaft. Der Transit durch jemenitisches Gebiet war zu dieser Zeit verboten; er lief fortan unter Kontrolle des Iran über den Persischen Golf. Aber trotz einzelner militärischer Erfolge konnte der Iran Byzanz auf längere Zeit keine Gebiete abgewinnen oder gar seinen Handel schädigen. Die Iraner waren seefremd und die Schiffahrt im Indischen Ozean, im Persischen Golf und Roten Meer blieb in den Händen der Araber.

Nachdem sich Byzanz und der Iran in langwierigen Kriegen gegenseitig entkräftet hatten, brachen Mitte des 7.Jahrhunderts die von Mohammed geeinten Beduinenstämme aus der arabischen Halbinsel hervor. Im ersten Anlauf unterwarfen sie ganz Nordafrika bis zur Straße von Gibraltar. Ihre Flotte eroberte 649 Zypern, 654 Rhodos und 670 Kyzikos. Der Weg nach Konstantinopel war damit frei, aber die byzantinische Flotte wehrte den Angriff mit »Griechischem

Feuer« ab. Im 8.Jahrhundert beherrschten die Araber, in Europa Sarazenen genannt, das ganze Südufer und die westlich und östlich angrenzenden Landstreifen des Mittelmeers; 827 gewannen sie Sizilien und 870 Malta. Damit besaßen sie die Kontrolle über das Mittelmeer.

Bis etwa zum 15.Jahrhundert war die Handelsschiffahrt der Araber nahezu die ausschließliche, in jedem Fall die wichtigste Trägerin des Weltseeverkehrs und des Fernhandels. Das Mittelmeer war ein europäisch-arabisches Meer, der Seeweg nach dem Fernen Osten aber wurde auf der vollen Route von den Arabern beherrscht. Die indische Seefahrt war durch die im 12.Jahrhundert beginnende islamische Eroberung Indiens, Malakkas und Indonesiens in die Hände der Araber gefallen. Das arabische Handels- und Seeverkehrssystem erfaßte damit die wichtigsten fremden Waren des mittel- und westeuropäischen Marktes bereits in den Ursprungsländern: Seide in China, Gewürze auf den Molukken, Edelsteine und Perlen in Indien und auf Ceylon, Gold und Sklaven in Afrika.

Die großartige Seefahrt und Flußfahrt der Araber, die Erschließung der Erde lange vor den abendländischen Entdeckungsfahrten, ist nur lückenhaft überliefert worden. Bekannt ist nur, daß Tausende von arabischen Schiffen auf allen Gewässern des Nahen, Mittleren und Fernen Ostens vom 8. bis zum 18.Jahrhundert und selbst bis zum 19.Jahrhundert fast ohne Konkurrenz waren. Auch die Flußfahrt war darin eingeschlossen. So fuhren arabische Händler im 9. und 10.Jahrhundert die Wolga aufwärts bis nach Bulgar, um auf der dortigen Messe russisches Pelzwerk einzukaufen. Ibn Fadhlan, ein zum Islam übergetretener Grieche, unternahm 922 als Gesandter des Kalifen von Bagdad eine diplomatische Reise nach Bulgar, wo er sich längere Zeit aufhielt. In seinen Berichten zeigt sich eine umfassende Kenntnis vom Norden Rußlands und von Westsibirien mit detaillierten Angaben über den russischen Pelzhandel.

Arabische Dau.

Auch den Schiffbau haben die Araber bereichert. Ihre Handelssegler, Daus genannt, besaßen einen Kiel mit aufgesetztem Vor- und Achtersteven. Die Planken wurden auf einem breiten, stark gerundeten Spantensystem befestigt. Die etwa 300 Tonnen großen Schiffe hatten durch ihre günstige Unterwasserform eine umfangreiche Segelfläche, ohne daß sie Gefahr liefen, zu kentern. Vermutlich waren Daus die ersten Kielschiffe der Geschichte überhaupt. Die beiden Masten der Dau trugen an schräglaufenden Rahen je ein Dreiecksegel, das unter dem irreführenden Namen »Lateinersegel« typisch für alle Mittelmeerschiffe wurde. Die Takelage ergänzte ein Vorstagsegel.

Die Dau war über Jahrtausende das Hochseeschiff des Indischen Ozeans; sie existiert als arabische, persische und indische Dau. In Kuweit werden Daus heute noch wie vor tausend Jahren ohne Pläne und Zeichnungen, nur nach Erfahrungswerten und Schätzungen, gebaut. Über die Dau und andere arabische Schiffstypen schrieb der französische Weltreisende de la Varennes (1685–1749):

»Der Hauptspant der Araberschiffe ist korbartig rund, ohne eine Einwölbung, ohne eine Unterbrechung der Rundung zwischen Unter- und Überwasserschiff. Das bedeutet, daß sie ohne Rücksicht auf den Wind volle Segel tragen konnten, ohne durch zu starke Schlagseite dabei in die Gefahr des Kenterns zu geraten. Der Araber legt Vor- und Achtersteven, Kiel und Hauptspant, den breitesten Teil des Schiffes, fest – und über diesen wölbt er seine Planken, verbindet sie und macht sich hierbei ihre Elastizität zunutze. Man sieht, wieviel Gewicht gespart, welche Geschmeidigkeit gewonnen wird.

So waren die Brigantine und die Pinke beschaffen, deren Fassungsvermögen bis zu 300 Tonnen betrug. Die Pinke glich noch der Galeere des 16. Jahrhunderts. Das Vorschiff ziert ein Schnabel, ein Sporn, der einen Ansatzpunkt für den Niederholer des Lateinersegels bildet und im übrigen als Schmuck dient. Sobald die Pinke später für Handelszwecke Verwendung fand und über Gibraltar hinauskam, traten Rahsegel an die Stelle der Lateiner. Die Brigantine hat nichs mit dem kleinen Schiff zu tun, das diesen Namen im 17. Jahrhundert trug. Bei den Sarazenen und Barbaresken war sie einfach ein mit Lateinersegel versehenes Ruderschiff.

Es folgten die Feluke und die Chebeke, beide stark und doch leicht gebaut. Eine Chebeke oder eine Feluke brauchten nur unter ihrer grünen Flagge auf der Höhe von Messina aufzutauchen, und schon ruhte der ganze Verkehr. Die Chebeke war das schönste unter den kleinen Schiffen des Mittelmeers. Die Feluke war nicht mehr als eine kleine Galeere mit einer Mannschaft, die sich auf nur dreißig Leute beschränkte.«

Die italienischen Seestädte und die Kreuzzüge

Das rasche Wachstum der Produktivkräfte brachte seit dem 9. Jahrhundert in Europa eine Loslösung des Handwerks von der Landwirtschaft. Die ersten mittelalterlichen Städte entstanden. Die Entwicklung ging von den Herrschersitzen aus, die als Hoforte eine eigene Verwaltung erhielten. Gefördert wurde die Städtebildung auch in den Sitzen von Bischöfen und Erzbischöfen durch eine rege Bautätigkeit. Schließlich folgten die offiziellen Stadtgründungen, die von den großen Territorialfürsten vorgenommen wurden. Danach wirkte sich die Anziehungskraft der neuen Städte selbst aus: »Stadtluft macht frei!«

Handwerkerzünfte und Kaufmannsgilden gewannen einen großen Einfluß in den Städten. Der Großkaufmann war ein allseits geachteter Bürger, der den Fernhandel aufbaute. Von seegünstig gelegenen Hafenstädten folgte er den Spuren seiner antiken und spätantiken Vorgänger. Dann begann der bewaffnete Kampf um die Freie Stadt oder auch um einen selbständigen Stadtstaat gegen rückständige Landesfürsten. All diese Vorgänge spiegeln sich in der Geschichte solcher Städte wie Venedig, Genua, Köln und Paris wider. Vor allem in den an der Küste oder an Flußmündungen liegenden Städten vollzog sich ein schneller Aufschwung von Handel und Gewerbe, der zu einer Neubelebung der See- und Flußschiffahrt führte.

Die bekanntesten, an der See gelegenen mittelalterlichen Städte, waren Venedig, Genua, Pisa, Neapel, Florenz und Amalfi. Begünstigend für das schnelle Aufblühen der italienischen Seestädte war die Wiederaufnahme der alten Handelsbeziehungen mit Byzanz und dem Orient, wo bereits seit dem Altertum zahlreiche Handels- und Schiffahrtszentren bestanden. Die Schiffe der italienischen Seestädte befuhren mit steigender Intensität die antiken Routen nach Alexandria, nach der palästinensischen und syrischen Küste, nach Thessalonike und nach Konstantinopel.

An dem nahezu fieberhaften Anstieg von Städtebildungen und der Ausbreitung städtischer Macht, dem Wachstum von Manufakturen und Produktionseinrichtungen, aber auch an der ständig steigenden Nachfrage nach Luxusgütern im Europa des 11., 12. und 13. Jahrhunderts, hatten die Kreuzzüge entscheidenden Anteil. Die Pilgerfahrten zum »Heiligen Land« hatten im 4. Jahrhundert in größerem Umfang begonnen, als Kaiser Konstantin neben Rom und Byzanz Jerusalem zum dritten Mittelpunkt der Welt erklärte. Während in den ersten Jahrhunderten die Pilgerzüge über Land geführt wurden, kam es nach der Jahrtausendwende zu einem der größten, über zweihundert Jahre andauernden Seetransportgeschäft der Geschichte.

Die Kreuzzugsheere bewegten sich zu Pferd und zu Fuß quer durch Europa bis nach Italien, wo die Reise über das Mittelmeer begann, die rund vier Wochen dauerte. Aber auch im Norden Europas war man auf seinen Vorteil bedacht. Kurz nach 1000, also noch vor dem ersten Kreuzzug, begannen Pilgerfahrten aus Flandern und Friesland über See zum »Heiligen Land«. In einem Fragment Adams von Bremen, des Historikers und Domherrn, der 1085 starb, werden die Etappen der Seereise nach Palästina genannt: »Von Ripen in Jütland geht es zum Sinfal in Flandern, von da über Prawle Point, England, und Pointe de Saint Mathieu, Bretagne, nach La Coruna, Lissabon, schließlich zur Gibraltarstraße. Von da folgt der Kurs der Ostküste Spaniens über Tarragona und Barcelona nach Marseille, um schließlich über Messina Akkon zu erreichen.«

An den Kämpfen des ersten Kreuzzuges 1097 vor Tarsus waren Freibeuter aus Flandern, Rheinland und Friesland beteiligt. Im Jahre 1102 segelten 200 Schiffe das belagerte Jaffa an, von denen ein Teil vom Niederrhein ausgelaufen war. Fünf Jahre darauf traf eine Flotte von »Bussen« mit 7000 Pilgern aus England, Dänemark, Flandern und Antwerpen in Akkon ein. Mit dem zweiten Kreuzzug, 1147, setzten die großen Seeunternehmen der Niederdeutschen und Engländer ein, die sich den Pilgerzügen der französischen und deutschen Könige anschlossen. Die rheinischen Schiffe segelten am 27. April 1147 von Köln ab und vereinigten sich am 19. Mai in Dartmouth mit den Engländern. Die ganze Kreuzfahrtflotte zählte 164 Schiffe mit rund 10000 Mann. Am 23. Mai ging die Flotte von Dartmouth aus in See, passierte am dritten Tag die Westspitze der Bretagne, die allerdings im Nebel nicht gesichtet, aber durch Lotungen und eine Veränderung der Meeresfarbe festgestellt wurde. In Oporto gelang es Alfons I. von Portugal mit reichen Versprechungen von Geld und Beute, die Kreuzfahrer für den Sturm auf das damals noch im maurischen Besitz befindliche Lissabon zu gewinnen. Ende Oktober fiel die Stadt. Die Beute war groß, und viele Kreuzfahrer blieben für immer in der Stadt. Nun wurde Lissabon zum südlichen Endpunkt der flandrischen, friesischen und rheinischen Handelsschiffahrt.

Die bekannteste und berühmteste Kreuzzugsfahrt von der Nordseeküste aus begann 1217 während des vierten Kreuzzuges. In den letzten Maitagen sammelten sich rund 50000 Mann – die meisten von ihnen lehenlose Ritter und Leute niederen Standes – an der Maasmündung, um sich auf 112 friesische und rheinische Seefahrzeuge einzuschiffen. In Dartmouth vereinigten sich die Schiffe mit einer etwa gleich starken englischen Flotte, um die Fahrt auf der bekannten Route zum »Heiligen Land« anzutreten. Als Teilnehmer der Reise führt die Chronik außer Engländern, Rheinländern und Friesen noch Maasländer, Westfalen und Sachsen an.

Während der sieben Kreuzzüge von 1096 bis 1270 wurde gleichermaßen die byzantinische wie die arabische Seefahrt im östlichen Mittelmeer zurückgedrängt. Nach dem vierten Kreuzzug war Venedig bereits im Besitz eines levantinischen Kolonialreiches einzigartiger Größe. Die anderen italienischen Seestädte, voran Genua, versuchten, Venedig den Rang abzulaufen. Sie stritten nicht nur miteinander, sondern sie führten auch Kriege gegeneinander, um einen Kreuzzug organisieren oder eine Kolonie in Syrien und Palästina gründen zu können. An der Spitze standen eindeutig Genua und Venedig.

Der Handelsgeist und die Gewinnsucht seiner Kaufleute hatten den Schiffen Genuas während der Kreuzzugszeit den Weg nach Tunis, Rhodos, Akkon, Tyrus, Samos, Lesbos, Konstantinopel, nach der Krim, Trapezunt und über Gibraltar hinaus nach Rouen und Brügge gewiesen. Um 1340 führten genuesische Kaufleute die doppelte Buchhaltung ein, um 1370 gründeten sie die Seeversicherung. Und dennoch wurde die Stadt übertrumpft – von Venedig! In der Lagunenstadt waren 16000 Arbeiter im Arsenal, der Werft, beschäftigt, 3300 Handelsschiffe mit 36000 Mann Besatzung wurden in Dienst gehalten. Der gesamte Seeverkehr im Mittelmeer unterlag, nach dem Seesieg Venedigs über Genua 1379 bei Chioggia, venezianischer Kontrolle.

Das Mittelmeer besaß durch seine geographische Lage eine Sonderstellung im Welthandel. Die italienischen Seestädte, vor allem Venedig, knüpften sowohl die Verbindungen über die Araber nach dem Mittleren und Fernen Osten als auch über deutsche Kaufleute nach dem europäischen Norden. Die Organisation des deutschen Handels bis zur Hansezeit ist nur wenig bekannt. Süddeutsche Handelsgesellschaften, wie die Große Ravensburger Gesellschaft, vermittelten die Waren über die Alpen und den Rhein nach Köln, wo die Waren, die nicht in Deutschland blieben, nach Flandern, England und Skandinavien weiterverschifft wurden. Der direkte Warenverkehr zwischen Mittelmeer und Nordsee über den Atlantik war im 11. und 12. Jahrhundert noch gering. Im 13. Jahrhundert segelten zum ersten Mal genuesische Schiffe nach Brügge in Flandern, im 14. Jahrhundert arrangierten sich die italienischen Seestädte unter Führung Venedigs mit der Hanse. Der Stapelplatz wechselte später von Brügge nach Lissabon. Gestapelt wurden die Waren Nord- und Südeuropas, Arabiens, des Mittleren und Fernen Ostens.

Die italienischen Seestädte brachten auf ihren Schiffen die Produkte der Mittelmeerländer, wie Öl, Wein, Oliven, Orangen, Parfüme und Brokate, aber auch die von den Arabern eingetauschten Waren, wie Schmuck, Perlen, Edelsteine, Seide, Baumwolle, Prozellan, Pfeffer, Zimt, Ingwer und Nelken. Der Norden lieferte mit flämischen, englischen, friesischen und später mit Hanseschiffen Hölzer, Erze, Metalle, Wolle, Wachs, Häute und Pelze Waren seiner Heimat. Auch Sklaven wurden gehandelt; sie kamen aus Afrika und von der Nordküste des Schwarzen Meeres. Messen, die seit dem 11. Jahrhundert in einigen europäischen Städten stattfanden, förderten den Warenaustausch. So beteiligten sich im 12. und 13. Jahrhundert Kaufleute aus Italien, Frankreich, Deutschland und England an der Messe in der französischen Champagne. Die begehrtesten Artikel boten Venezianer und Genuesen an: Luxusgüter und Gewürze aus dem Orient.

Über die Schiffe jener Zeit, sowohl über die Kreuzfahrerschiffe als auch über die späteren Frachtensegler, gibt es ausreichendes Quellenmaterial. Alle Forschungen erbringen den Beweis dafür, daß während der Kreuzzüge eine gegenseitige Beeinflussung des Schiffbaues von Nord und Süd stattgefunden hat. Die Fahrten aus der Nordsee und vom Niederrhein wurden mit Koggen unternommen, die größer waren als die Urkoggen der Friesen. Das bezeugen alte Chroniken und zeitgenössische Quellen. Die stärkste Beladung mit 1500 Mann insge-

samt, 375 auf dem einzelnen Schiff, weisen die vier Schiffe des Kölner Zuges von 1189 auf. Die meisten Angaben deuten auf eine Durchschnittsbelegung von hundert Mann pro Schiff. Die Zustände an Bord lassen sich kaum beschreiben. Die Schiffe, mehr hoch als lang gebaut, besaßen Aufbauten mit mehreren Decks. Auf einer Fläche von einem halben Meter Breite und knapp zwei Meter Länge mußten zwei Personen – Kopf gegen Fuß liegend – Platz finden. Von einem großen Schiff, der Rocheforte, die den König von Frankreich an Bord hatte, sind uns die Daten überliefert worden. Das Schiff war 36 Meter lang, 13,3 Meter breit und besaß eine Wasserverdrängung von 550 Tonnen.

Die Kreuzfahrerkoggen sind reine Transporter gewesen. Es fehlten ihnen lediglich die später typischen Kastellaufbauten. Vor- und Achterschiff waren gleichartig geformt; sie liefen spitz auf Bug- und Hecksteven zu, die das durchlaufende Oberdeck überragten. Die Takelage bestand aus einem Mast, der ein viereckiges Rahsegel trug. Gerade die Takelage war das typische Merkmal, an dem sich die christlichen, vor allem die nordischen Schiffe, von den lateinersegeltragenden Schiffen der Araber unterscheiden ließen. Bei Windstille und wenn es auf besondere Eile ankam, wurden diese Koggen noch mit Riemen vorwärtsbewegt. In alten Urkunden bezeichnete man Schiffe, die zwar Segel trugen und dennoch häufig mit Riemen angetrieben wurden, als Busse. Vermutlich wurde das Wort von Bucca, der Frachtergaleere des Mittelmeers, abgeleitet.

Der Süden, vor allem Venedig, entwickelte die Bucca zur Navis (Nau) und diese zu einem immer größer werdenden Segelfrachter. Schließlich verzichtete man sogar auf das bewährte Lateinersegel und ersetzte es durch das große viereckige Rahsegel des Nordens. Es gab im Mittelmeer bereits im 13. Jahrhundert, vermutlich aber schon mit Beginn der Kreuzzüge, Dreidecker mit hohen Kastellaufbauten. Sie hatten anfangs noch Seitensteuer, einen breiten Steuerriemen auf jeder Bordseite, und fuhren zwei, manchmal auch drei Masten. Der Bau dieser großen und schwerfälligen Schiffe, sie wurden als Karacken bezeich-

net, war eine Folge der größer werdenden Transportanforderungen in der Kreuzzugszeit.

Bug und Heck waren rund. Unter dem Vorderkastell befanden sich an den Bordwänden Seitenluken mit aufziehbaren Toren für das Einschiffen der Pferde. Bei einer Wasserlinie von etwas über 30 Metern betrug die Höhe vom Kiel bis zum obersten Deck des Achterkastells 15 Meter, der Tiefgang 6 Meter. Der Mittelteil des Schiffes senkte sich bis auf 10 Meter über dem Kiel. Diese Vertiefung, die auch für Koggen typisch war, hieß in der deutschen Sprache die Kuhl oder die Well. Typisch für den Süden war der kraweelbeplankte Schiffskörper, den alle griechischen und römischen Frachter, die Galeeren, Nauen und Karacken, besaßen. Später übernahm auch der Norden anstelle der bis dahin üblichen Klinkerbeplankung diese Bauweise. Im 15. Jahrhundert blieb nur noch ein Unterschied bei den großen Frachtenseglern des Südens und des Nordens: Der Norden beschlug die Wanten außenbords, der Süden binnenbords.

Die italienischen Seestädte haben ebenfalls zur Entwicklung des Seerechts beigetragen. In Venedig gehörten die Frachtschiffe oder Anteile an ihnen Einzelpersonen, die sich für eine Fahrt mit den Ladungsbesitzern, dem Kapitän und der Schiffsbesatzung in einer Gesellschaft zusammenschlossen. Später schieden die Schiffsleute aus der Gesellschaft aus, blieben jedoch am Transportgeschäft beteiligt. Sie erhielten einen Frachtanteil, den sie selbst zum Ver-

*Handelsschiffstyp
der italienischen Seestädte.*

Rahsegler des Mittelmeers.

kauf bringen konnten. Bei einem Totalverlust – Schiff oder Fracht – verlor die Schiffsbesatzung ihren Anspruch auf Heuer. Das in der Antike üblich gewesene Seedarlehen verlor mehr und mehr an Bedeutung. Man ging zu einer echten Seeversicherung über, bei der nur das Risiko der Seefahrt selbst versichert wurde.

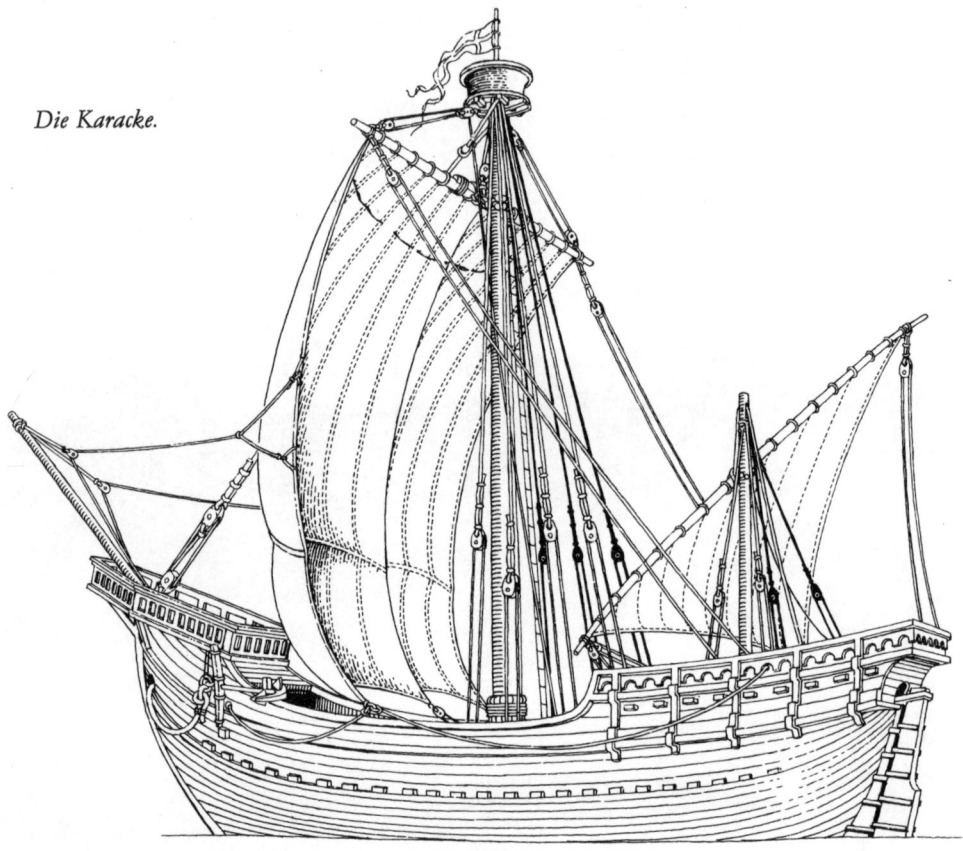

Die Karacke.

Im 14. Jahrhundert kam zum ersten Mal der Rechtsbegriff der Quarantäne auf, gedacht als eine Schutzmaßnahme gegen die Einschleppung der Pest. Das Wort Quarantäne leitet sich aus dem Zeitraum von 40 Tagen ab, die Zeitspanne, für die das Schiff mit Menschen und Waren isoliert wird, um versteckte Krankheiten erkennen zu können.

Die Vormachtstellung der italienischen Seestädte und auch Venedigs im Mittelmeer und ihre Monopolstellung im Orienttransit wurden durch den Vorstoß der Türken in den Mittelmeerraum ernsthaft gefährdet. Die Türken überfluteten unaufhaltsam Kleinasien und Griechenland. Im Jahre 1453 fiel das gegen die Araber zweimal erfolgreich verteidigte Konstantinopel. Danach wandten sich die Türken zum Südufer des Mittelmeers und eroberten Syrien. Im Jahre 1517 wurde Alexandria genommen, danach ganz Ägypten unterworfen.

Auch die wichtigsten Inseln im östlichen Mittelmeer fielen in türkische Hand, so Chios 1566, Zypern 1569 und schließlich Rhodos. Mit diesen Eroberungen trafen die Türken den Lebensnerv der italienischen Seestädte. Diese verloren nicht nur alle ihre Positionen im Mittelmeer, sondern durch die Blockierung der Dardanellen auch die Verbindung zu den Anliegern des Schwarzen Meeres. Der Transitanschluß zum Indischen Ozean, zu den Karawanenstraßen der Araber, war schon vorher verlorengegangen. Das Ende einer bemerkenswerten Epoche war gekommen.

Die Ausstrahlung der südlichen Handels- und Gewerbetätigkeit, ausgelöst von den Kreuzzügen und im wesentlichen von der Seefahrt getragen, hat auch die Entwicklung in Mittel- und Nordeuropa beeinflußt. In diesen Gebieten bildete sich nach den Kreuzzügen, soweit sie von der Nordsee ausgingen und von rheinischen, friesischen und flämischen Kaufleuten und Schiffern organisiert worden waren, der Städtebund der deutschen Hanse. Seine Mitglieder verstanden ihr Geschäft nicht schlechter als die italienischen Seestädte.

Der Städtebund der Deutschen Hanse

Die vorhansische Zeit

Seit dem 10. und 11. Jahrhundert hat es sowohl in der Nordsee als auch in der Ostsee eine rege Handelsschiffahrt gegeben. Für den Nordseeraum übernahmen die Friesen den Seeverkehr der Römerzeit und bauten ihn weiter aus. Die Grundlage des Seeverkehrs bildete der Rheinhandel mit Rhein- und Moselweinen sowie bunten Wollgeweben vom Niederrhein. Stapelplatz für diese Waren war Dorestadt an der Rheinmündung, das als Handels- und Hafenstadt das Erbe von Vechten übernommen hatte. Von hier liefen die Seeverbindungen nach England, Norwegen, Dänemark, aber auch in die Ostsee nach Gotland und Südschweden. Die Friesen galten über ein halbes Jahrhundert, bis zum Ende des 10. Jahrhunderts, als die Seeleute des Nordens. Die Nordsee hieß zu dieser Zeit das Friesische Meer.

Während des 11. Jahrhunderts wurde Tiel an der Waal der bedeutendste Hafen und Stapelplatz an der Nordsee. Die Ursache dafür war nicht die besonders günstige Lage, sondern einfach eine zufällige Erbschaft des von den Wikingern zerstörten Dorestadt. Die Zeit Tiels ging dann auch zu Ende, als die am Nieder- und Mittelrhein gelegenen Städte mit eigener Gewerbeproduktion in den Handel eintraten. Der mächtige Aufschwung Kölns ließ Tiel zu einem unbedeutenden Landflecken verkümmern.

Gegen Ende des 11. Jahrhunderts hatte sich in Köln eine zahlreiche und wohlhabende Kaufmannschaft etabliert, die in einer Gilde zusammengeschlossen war. Kölner Kaufleute und Schiffer sind in England zum ersten Mal 1157 erwähnt, Heinrich II. stellte sie damals im Handel den Franzosen gleich. Unter Richard Löwenherz erreichten sie 1194 Abgabenfreiheit und unbeschränkten Verkehr in ganz England.

Den Kölner Kaufleuten entstand eine ernsthafte Konkurrenz in den niederländischen Schiffsherren. Die flandrischen Kaufleute stapelten ihre Waren in Brügge, vor allem Tuche, die sie in England gegen Wolle tauschten. Zum Rheinverkehr hatte Brügge kaum Beziehungen, hier dominierte Gent. Um die Wende vom 11. zum 12. Jahrhundert wuchs Utrecht zur größten niederländischen Stadt nördlich der Maas heran. Die Stadt legte Mitte des 12. Jahrhunderts eine Gracht (Graben) nach der Ijssel und dem Lek an, der Neue oder Vaartsche Rhein, der eine Verbindung zum Niederrhein ermöglichte. Aufschluß über die in Utrecht zusammenlaufenden Warenströme gibt eine Zollrolle aus dem Jahre 1122: Rheinabwärts kamen Getreide und Wein, für die Rückfahrt luden die Schiffe Heringe. Als Seefahrer liefen als erste die Friesen Utrecht an, »die, welche Salz bringen und aus dem Osten kommen«. Angeführt sind weiter Kaufleute aus Sachsen, die Erze, vermutlich vom Harz über Bremen, heranbrachten. Und schließlich werden Dänen und Norweger erwähnt. Die Zollrolle beweist, daß die seewärtigen Beziehungen Utrechts vornehmlich in nordöstliche Richtung wiesen.

Über den Norwegenverkehr der Deutschen gibt eine Rede Königs Sverre Auskunft, die er 1186 zu Bergen hielt. Er dankte darin den Engländern, die Weizen und Honig, Mehl und Tuch ins Land brächten, ebenso dankte er den Leuten von Orney, Shetland, Faroe und Island, die Leinwand und Flachs einführten. Dagegen wandte er sich heftig gegen die Deutschen. Sie kämen zahlreich und auf großen Schiffen und brächten soviel Wein, daß der Preis nicht höher als der beim Biere läge. Die Folge sei eine unsinnige Berauschung der Bevölkerung und damit verbunden Schlägereien und Blutvergießen. Zum Schluß gibt er den deutschen Südmännern den Rat, sich schleunigst davonzumachen, weil sie für den Wein auch noch Butter und Dörrfisch davonführten, was »zur großen Verödung und Benachteiligung des Landes« beitrage.

Der Endpunkt der Nordseefahrt im Osten war die Eider. Die Elbe bildete zu jener Zeit mehr eine Grenze als eine Schiffahrtsstraße. An der Eider gab es zwei Häfen: den jetzt verschwundenen Ort Huchlstiaeth (Huchelstath), von dem der Verkehr weiterging nach Haithabu, dem alten Handelszentrum der Wikinger, und den nach der Normannenzeit neu entstandenen Hafen Ripen, ein Zentrum des rheinisch-dänischen Seehandels.

Der Seeverkehr im west- und nordeuropäischen Raum war vom 11. bis zum 13. Jahrhundert auf den Austausch einheimischer Erzeugnisse gerichtet. Von einem »Welthandel« oder auch nur von einer ständigen Seeverbindung zwischen Nordsee und dem Mittelmeer konnte keine Rede sein. Wenn gelegentlich orientalische Waren auf den Märkten auftauchten, dann kamen sie über die Alpen und den Rhein. Die von der deutschen und niederländischen Küste ausgehenden Fahrten nach London, Ripen und dem norwegischen Bergen verliefen entlang den Küsten. Was in der Nordsee geschah, war also weniger Seeschiffahrt als vielmehr Küstenschiffahrt.

Daß die Nordseeschiffer mehr konnten, bewiesen sie nicht nur bei den Kreuzzugsfahrten, sondern auch mit einer Entdeckungsfahrt in die arktischen Gewässer. In seinem vierten Buch »Die Beschreibung der Inseln des Nordens« berichtet Adam von Bremen über eine Nordfahrt friesischer Seeleute im 11. Jahrhundert. Sein Gewährsmann war Erzbischof Adalbert von Bremen, der Norwegen, Island und die »im äußersten Nordwesten liegenden Inseln« zu einem nordischen Patriarchat vereinigen und dem Bremer Erzbistum unterstellen wollte.

»Die friesischen Seeleute hatten sich zu einer Genossenschaft zusammengetan«, so berichtet Adam von Bremen nach den Schilderungen des Erzbischofs, »um die Wahrheit der bei den Friesen herrschenden Meinung zu erkunden, daß man, von der Wesermündung direkt nach Norden steuernd, keinem Land begegne, sondern nur den unermeßlichen Ozean vor sich habe. So gelangten sie, zwischen Britannien und Dänemark nordwärts segelnd, zu den Orkaden, dann, diese zur Linken, Norwegen zur Rechten lassend, in langer Fahrt nach dem ›eisigen‹ Island. Von da noch weiter nach Norden segelnd, gerieten sie plötzlich in die düstere, kaum mit den Augen zu durchdringende Finsternis des erstarrenden Ozeans. Sie glaubten vom Strudel erfaßt in den ungeheuren Abgrund gerissen zu werden, der Ebbe und Flut erzeugt, indem er die Gewässer abwechselnd hinunterschlingt und wieder hervorspeit.«

Vermutlich waren die Friesen an der Ostküste Grönlands in eine Eisdrift geraten. Die Flotte wurde hier auseinandergerissen, nur wenigen Schiffen gelang es, durch angestrengtes Rudern und mit Hilfe einer Strömung sich zu befreien. Die weiteren Erzählungen der glücklich nach Bremen zurückgekehrten Friesen gehören ins Reich der Phantasie. Sie wollen eine Insel mit goldenen Schätzen gefunden, Menschen ungewöhnlicher Größe – »Cyclopen«, schrieb Adam von Bremen – mit riesenhaften Hunden gesehen haben. Einer der Schiffsgenossen sei den Hunden zum Opfer gefallen, darum mußten sie auch die Schätze zurücklassen.

Die älteste, auf persönlichem Erleben beruhende Schilderung einer Ostseefahrt stammt von dem Norweger Ottar und dem Sachsen Wulfstan. Der Norweger segelte von Skiringssal, im südlichen Norwegen gelegen, in fünf Tagen nach Haedum, dem Hafen der Dänen. Dort schiffte sich Wulfstan, vermutlich ein in Schleswig lebender Sachse, an Bord ein, der die weitere Reise schildert. Nach dem Bericht Wulfstans lag das Wendenland während der ganzen Reise zu ihrer Rechten, an Steuerbord also, an Backbord passierten sie die dänischen Inseln Langeland, Laaland, Falster und Schonen, bis dann das Schiff Bornholm erreichte, das damals einen eigenen König hatte. Nach dieser Reise zählt Wulfstan die schwedischen Länder und Inseln Blekinge, More, Öland und Gotland auf. »Das Wendenland reicht bis zur Weichselmündung«, schreibt er und fährt fort: »Die Weichsel, ein großer, aus dem Wendenland kommender Strom, berührt östlich das Witland, das den Esten gehört. Sie mündet in das Estmeer, das Frische Haff. Von Osten her fließt in das gleiche, fünfzehn Meilen breite Meeresbecken die Elbing, sie entströmt einem See, an dessen Gestade der Handelsplatz Truso liegt.« Von dem Estenland berichtet Wulfstan, daß es viele Städte hat, »jede unter einem eigenen König«, und »reich an Honig, Fischen und schnellen Pferden« ist. Von Schleswig bis Truso dauerte die Reise in ununterbrochener Segelfahrt sieben Tage und sieben Nächte.

Arabische Münzfunde im Ostseegebiet – über 100 000 Dirhams aus dem 9. und 10. Jahrhundert – haben Historiker auf eine rege Seehandelstätigkeit von Ostseeslawen, Dänen und Schweden schließen lassen, denn hier fanden sich die arabischen Münzen besonders reichlich. Doch in Wirklichkeit waren es die Waräger, die ihre Waren – Pelzwerk, Fische, Wachs, Honig, Bernstein und Sklaven – bis nach Bulgar, bis Astrachan an der Wolga, Kiew und Dnepr und selbst bis nach Konstantinopel brachten. Sie ließen sich mit Silbermünzen bezahlen, denn andere orientalische Tauschwaren haben im Raum der Ostsee kaum eine Rolle gespielt. So wenig wie die Nordsee war die Ostsee an einen atlantischen Seeverkehr angeschlossen.

Seit dem 11. Jahrhundert haben wir, dank der Aufzeichnungen Adams von Bremen, bessere Kunde von den Verkehrswegen im Ostseegebiet. Der bedeutendste Handelsplatz des dänischen Reiches und gleichzeitig Verbindungspunkt mit dem Westen war Schleswig. Das Ende des 12. Jahrhunderts aufgezeichnete Schleswiger Stadtrecht spricht von Kaufmannsgästen aus Sachsen, Friesland, Island und Bornholm. Adam von Bremen bezeichnet Schleswig als den Ausgangspunkt der Schiffahrtsrouten in die Ostsee: »Von diesem Hafen aus pflegen Schiffe nach Sclavanien oder Schweden oder Samland, ja bis Griechenland hin entsandt zu werden.«

Sclavanien war das Wendenland, »reich an Waffen, Männern und Früchten. Auf einer Insel in der Odermündung liegt hier der große Handelsplatz Jumne (Jomsburg). Außer Slawen wohnen dort noch andere Nationen, Griechen und Barbaren, und auch den sächsischen Kaufleuten sei es gestattet, unter gleichem Recht sich niederzulassen, nur dürften sie das Christentum nicht öffentlich bekennen. Lange wurde Jumne mit Julin, dem heutigen Wollin gleichgesetzt. Nach neueren Deutungen wurde Jumne von einer Dänenflotte angegriffen und völlig zerstört. In der Sage vom versunkenen Vineta ist die Erinnerung an Jumne erhalten geblieben.

Die zweite von Adam erwähnte Schiffahrtslinie führte von Schleswig nach Schweden. Die Chronik überliefert als Häfen bis zum 10. Jahrhundert Birka, bis gegen Ende des 12. Jahrhunderts Sigtuna, und nach seiner Zerstörung durch Seeräuber 1187 Stockholm. Die Anwesenheit deutscher Kaufleute in Sigtuna wird durch eine Runenschrift bestätigt, in der von »Gildebrüdern der Friesen« die Rede ist.

In Samland konzentrierte sich der Seehandel mit den Preußen; ein bestimmter Hafen wird von Adam nicht genannt. Aber er schreibt von den Verbindungen der Samländer mit Schweden, von ihrem Pelzhandel – sie tauschten Tuch gegen Marderfelle ein – und er rühmt die Freundlichkeit der Preußen gegenüber Schiffbrüchigen. Die Tuche, vermutlich aus England oder Flandern, lassen auf eine Seeverbindung zwischen Ostsee und Nordsee schließen.

Wenn Adam von Bremen von »Griechen« schreibt und von Schiffen, die »bis Griechenland hin entsandt« wurden, so meint er damit die Waräger und Rußland, denn Griechenland und Rußland fallen für ihn zusammen. »Von Jumne aus fortsegelnd, landet man in vierzehn Tagen in Ostrograd in Rußland. Dessen Hauptstadt ist Kiew, eine Nebenbuhlerin des Szepters von Konstantinopel, eine der herrlichsten Zierden Griechenlands.« Es ist die vierte und die wichtigste Seeverbindung, die von Schleswig ausging. Nach Adam dauerte die Fahrt von Dänemark nach Rußland bei günstigem Wind einen Monat.

Die Segler liefen auf der Route bestimmte Zwischenstationen an: Jumne, später Julin oder Bornholm, die Insel Gotland und schließlich die Newa. Nur auf schwer befahrbaren Wasserstraßen, über Newa, Ladogasee und Wolchow, gelangten die Waren nach Nowgorod, dem Zentrum des Pelzhandels im Norden Rußlands. Endpunkt der Seeschiffahrt war die Newa oder auch die Wolchowmündung am Ladogasee. Von hier bis Nowgorod wurde der Verkehr durch Leichter vermittelt. Ein zweiter und viel befahrener Weg führte zur Mündung der Düna, von dort mit Leichtern weiter über Polozk und Smolensk, dann über einen Wolok, eine Schiffsschleppstelle, in die Lowat und über den Dnepr abwärts nach Kiew.

Ende des 11. und Anfang des 12. Jahrhundert existierte also bereits ein Seeverkehrsnetz in der Ostsee, das in wesentlichen Zügen dem späteren der Hanse glich. Die Hauptlinie führte von der jütländischen Halbinsel, von Schleswig aus, nach Gotland, der Newa und der Düna. Von ihr zweigten Nebenlinien ab, die teils als nautische Zwischenstationen, teils als eigene Märkte Bedeutung hatten, wie die Insel Bornholm, Jumne an der Odermündung, Samland an der Weichselmündung und Sigtuna in Schweden.

Mit dem Tode Knuts des Großen (1017–1035), der Dänemark, England und Norwegen unter seiner Krone vereinigte, setzte ein allmählicher Zerfall des Dänenreiches ein. Hundert Jahre nach Knuts' Tode war bereits kein dänisches Schiff mehr auf der Ostsee sicher, denn was die Dänen den Wenden angetan hatten, zahlten diese nun in gleicher Münze heim. Im Jahre 1135 wurde Konnungahela, die damals bedeutendste Hafen- und Handelsstadt Norwegens, von einer Wendenflotte überfallen und verwüstet. Tausende von Dänen brachte man als Gefangene ins Wendenland, allein 7 000 Dänen sollen auf dem Sklavenmarkt verkauft worden sein. Auf die Wenden wirkte sich zu dieser Zeit schon die deutsche Expansion nach Osten aus. Als Bischof Gerold von Oldenburg-Eutin die Wenden zur Annahme des Christentums und zur Abkehr vom Piratentum bewegen wollte, erwiderte ihm Fürst Pribislaw von Wagrien: »Was bleibt uns übrig, als unser Land zu verlassen und aufs Meer zu gehen, auf den Wogen zu wohnen? Ist es unsere Schuld, wenn wir als Landflüchtige die See beunruhigen und vom Raube an den seefahrenden Kaufleuten der Dänen leben?«

Im Jahre 1147 übernahmen deutsche Feudalherren unter Führung Heinrichs des Löwen, Herzog aus dem bayrischen Geschlecht der Welfen, einen Eroberungsfeldzug gegen die Ostseeslawen. Die Kirche segnete ihn als »Kreuzzug gegen die Wenden« ab. Bereits vorher war Wagrien von Heinrich unterworfen und kolonialisiert worden. Die Kreuzritter griffen nun gleichzeitig die Obodriten und die Liutizen an. Obwohl die Obodriten versprachen, das Christentum anzunehmen, endete jener »große Feldzug mit unbedeutenden Ergebnissen«, wie der deutsche Historiker Helmold von Bosau (1120–1177?), Pfarrer in Bosau/Holstein, schrieb. In einem neuen Feldzug 1160 eroberte Heinrich der Löwe dann das gesamte Territorium der Obodriten, aus dem 1170 das zum Deutschen Reich gehörende slawische Fürstentum Mecklenburg wurde.

Zehn Jahre später unterwarf Heinrich der Löwe auch Pomorje, das als Pommern Reichsfürstentum wurde. Diese slawischen Fürstentümer wurden im 12. und 13. Jahrhundert von Deutschen kolonialisiert. Auf die Einladung des Hol-

Historische Ansicht von Wisby auf Gotland.

Eine Quelle hansischen Reichtums: Riga an der Düna.

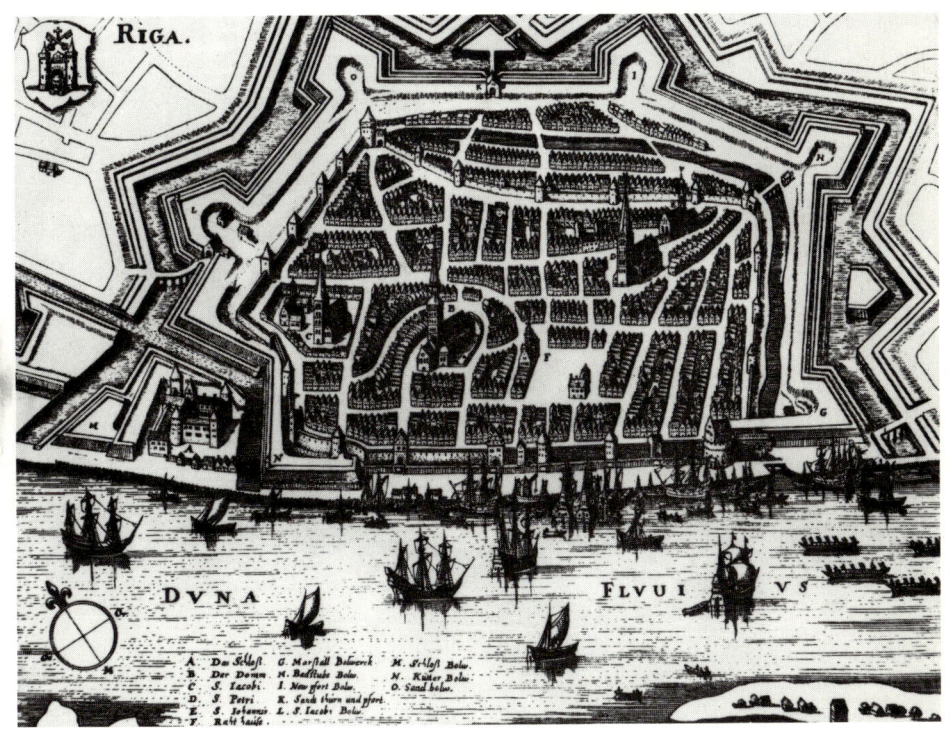

*Koggensiegel der Hansestädte Wismar 1256,
Bergen 1276, Lübeck 1280, Stralsund 1329,
Kiel 1356 und Danzig 1400.*

194

Hamburger Hafenbild aus dem Stadtrecht von 1497.

Köln, führend im Englandhandel.

Lübeck, die ungekrönte Königin der Hanse.

Nikolaifleet während der Ebbe.

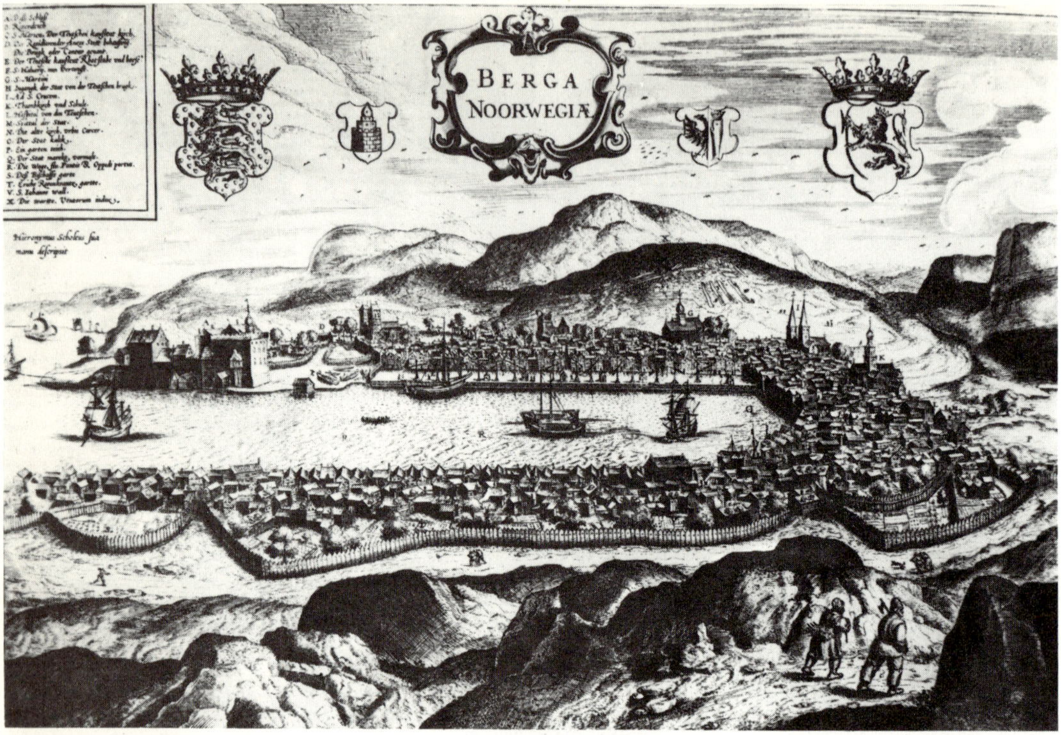

Historische Ansicht von Bergen in Norwegen.

Hof eines Hansekontors in der »Tyske Brügge«.

Der Belfried von Brügge,
80 Meter hoch,
stammt aus dem 13. Jahrhundert. ▷

198

Hanseholken aus dem 15. Jahrhundert.

200

steiner Grafen Adolf II. von Schauenburg strömte, wie Helmold berichtet, eine Vielzahl von Kolonisten aus Flandern und Holland, Westfalen und Friesland nach Holstein.

Im Jahre 1143 wurde Lübeck gegründet. Die Stadt erhielt ihren Namen nach dem alten, am Zusammenfluß der Trave und Schwartau gelegenen Handelsplatz, dem ehemaligen Sitz des Wendenkönigs. Hier hatte bereits eine deutsche Kaufmannskolonie existiert, die aber 1138 von einer Flotte der Ranen (Rügener) zerstört worden war. Lübeck wurde an der Stätte des slawischen Ortes Bucu errichtet, zwischen Trave und Wakenitz, einer außerordentlich verkehrsgünstigen Stelle. Auch bot sich hier den Schiffen ein großer und sicherer Ankerplatz.

Lübeck ist der erste deutsche Seehafen an der Ostsee. Wenn die Stadt auch vier Jahre nach ihrer Gründung während des »Kreuzzuges gegen die Wenden« von dem Obodritenfürsten Niklot überfallen und die im Hafen liegenden Schiffe zerstört wurden, so konnte doch Helmold für die Mitte des Jahrhunderts feststellen: »Der Markt von Lübeck wuchs von Tag zu Tag, und die Schiffe seiner Kaufleute mehrten sich.«

Speicher zu Lübeck.

1157 wurde der Holsteiner Graf gezwungen, die Stadt an Heinrich den Löwen abzutreten. Der Herzog richtete Zoll- und Münzstätten ein und entsandte Boten nach Dänemark, Schweden, Norwegen und Rußland, um den dortigen Kaufleuten freien und gesicherten Handel in Lübeck anzubieten. Eine Urkunde aus dem Jahre 1163 bezeugt bereits einen regen Seeverkehr zwischen Lübeck und Gotland. Heinrich bestätigt den Gotländern das Recht des sicheren und zollfreien Verkehrs im Herzogtum Sachsen; sie sollten nur recht fleißig nach Lübeck kommen! Neben den ausländischen Schiffen waren es vor allem sächsische und westfälische Kaufleute, die sich lübischer Schiffe für ihre Fahrten bedienten. Das Hauptziel dieser Fahrten war Gotland.

Nach der Gründung Lübecks verstärkte sich der Zustrom deutscher, vor allem westfälischer Kaufleute nach Gotland. In Whisby bildete sich, von der gotländischen Landgemeinde getrennt, eine deutsche Stadtgemeinde. Außer Kolonisten, die auf lübischen Schiffen das »gotische Ufer« ansegelten, kamen nach wie vor viele Kaufleute zu einem vorübergehenden, geschäftlichen Aufenthalt nach Gotland. Ende des 12. Jahrhunderts bildete sich auf der Insel die »Gotländische Genossenschaft der deutschen Kaufleute«. Ihre Mitglieder, »der gemeine Kaufmann«, wahrten in dieser Organisation ihre Interessen.

Whisby auf Gotland war vor allem wegen der kostbaren russischen Pelze der bevorzugte Handelsplatz deutscher und westeuropäischer Kaufleute. So war es ganz natürlich, daß viele Kaufleute bis nach Nowgorod, dem russischen Pelzzentrum, vorstießen. Urkundlich belegt ist das Auftreten deutscher Kaufleute in Nowgorod für die zweite Hälfte des 12. Jahrhunderts. Nach einer vorübergehenden Stockung des Handels kam es 1199 zu einem ersten Handelsvertrag mit Deutschen, Gotländern und »der ganzen lateinischen Zunge«.

Der zweite Zugang zum russischen Handel bildete die Dünamündung. Mit der gewaltsamen Christianisierung Livlands durch den Schwertbrüderorden nahm die Entwicklung hier einen anderen Verlauf. Zahlreiche Ansiedler aus Sachsen, Friesland und Westfalen wurden ins Land geholt. 1201 gründete Bischof Albert als wichtigen Handelsstützpunkt für Gotländer und Lübecker Kaufleute Riga. Im Jahre 1211 erhielten die Gotländer Zollfreiheit und andere Vorrechte bei einem Besuch der Dünamündung, 1229 regelte ein Handelsvertrag den Verkehr der »Kaufleute vom gotischen Ufer« und der Stadt Riga mit Smolensk. Lübeck entwickelte einen Direktverkehr mit Riga unter Umgehung Gotlands. Die Lübecker Kaufleute erwarben 1231 in Riga einen eigenen Kaufhof als festen Stützpunkt für ihren Handel.

Ende des 12. Jahrhunderts hatte sich die direkte Seeverbindung Lübeck–Whisby zur hauptsächlichsten Verkehrsader in der Ostsee herausgebildet. Lübeck war das Ausgangstor deutscher und niederländischer Waren nach dem Osten, Whisby der Knotenpunkt, von wo die Seewege nach der Newa, der Düna, nach Schweden und Finnland abzweigten. Dieses Seeverkehrssystem unterlag Anfang des 13. Jahrhunderts einer schweren Belastung durch die dänischen Expansionsbestrebungen.

Nach dem Sturz Heinrichs des Löwen war Lübeck unter kaiserliche Oberhoheit gestellt worden. Friedrich I. bestätigte in einem Privilegienbrief die Zollfreiheit fremder Schiffsbesucher, der Russen, Gotländer, Normannen (Norweger) und »der anderen Völker des Ostens«. Doch die Reichsgewalt war schwach. Der Dänenkönig Waldemar II. eroberte Holstein und richtete seinen Blick auf Lübeck, »denn er wußte, daß sein Name weithin getragen würde, wenn er über eine solche Stadt herrsche.« Lübeck wurde dänisch, weil »ringsumher das ganze Land Waldemar zu Gebote stand, so daß weder zu Wasser noch zu Lande irgendein Ausweg offen war.«

Dem deutschen Kaiser Friedrich II. – der Staufenherrscher war mehr König beider Sizilien als deutscher König und Kaiser – standen die nordischen Verhältnisse so fern, daß er 1224 dem Dänenkönig alle Eroberungen »jenseits der Elbe und Elde und in ganz Slawien« bestätigte. Waldemar, der bereits alles Land bis zur Oder unterworfen hatte, landete bald darauf in Estland und bedrohte Riga an der Dünamündung. Doch die Gefangennahme Waldemars und die Niederlage des dänischen Heeres 1227 bei Bornhöved brachte auch für Lübeck die Befreiung von der dänischen Fremdherrschaft. Und noch etwas für Lübeck Bedeutsames war geschehen: Der Stadt war 1226 Reichsfreiheit gewährt worden. Damit hatte sie ihre politische Selbständigkeit auch gegen die Willkür deutscher Fürsten gewonnen.

Entstehung und Konsolidierung der Hanse

Der Name Deutsche Hanse für den Bund der Seestädte an Ost- und Nordsee, dem auch viele bedeutende Handelsstädte des Binnenlandes angehörten, wurde im 14. Jahrhundert allgemein gebräuchlich. In einer Versammlungsurkunde aus dem Jahre 1358 wird zum ersten Mal vom Bund der »stede van de dudesche Hense« gesprochen. Die Grundlage der Hanse war der Zusammenschluß deutscher Kaufleute in Genossenschaften zur Durchsetzung gemeinsamer Handelsinteressen im Ausland.

Das Wort Hanse stammt aus dem Altgotischen und bedeutet soviel wie Schar oder Haufen. Wahrscheinlich ist es auf Gotland in den Sprachgebrauch der Kaufleute eingeflossen. Im Mittelalter war es ein häufig verwendetes Wort sowohl in der deutschen als auch in der englischen Sprache.

Die Entstehung des Städtebundes fällt in das 13. Jahrhundert. Vom 11. bis zum 13. Jahrhundert bildeten sich auf dem Territorium Deutschlands, ebenso wie im übrigen Europa, eine große Anzahl von Städten, darunter auch die See- und späteren Hansestädte Lübeck (Stadtrecht 1143), Hamburg (Stadtrecht 1189), Rostock (Stadtrecht 1218), Wismar (Stadtrecht 1229), Stralsund (Stadtrecht 1234) und Greifswald (Stadtrecht 1250). Mitte des 14. Jahrhunderts waren es bereits über 3000 Städte, die miteinander oder auch mit ausländischen Städten Handelsbeziehungen unterhielten.

Mit dem Zerfall der Feudalherrschaft und dem Niedergang der kaiserlichen Zentralgewalt in Deutschland gab es seit dem 13. Jahrhundert keine Institutionen mehr, die die Handelsinteressen der Städte im In- und Ausland hätten schützen können. Die Territorialfürsten, unter deren Botmäßigkeit die Städte entstanden waren, zeigten sich an der Stärkung der Städte überhaupt nicht interessiert. So organisierten sich viele Städte in Bünden, um mit der gemeinsamen Kraft des Bundes ihre wirtschaftlichen und zu einem Teil auch ihre politischen Interessen wahrzunehmen.

Der bedeutendste Städtebund im Raum der Ost- und Nordsee war vom 13. bis zum 16. Jahrhundert die Deutsche Hanse, der aber, trotz des Namens, nicht nur deutsche Städte angehörten. Die Geburtsstätte der Hanse liegt an der deutschen Ostseeküste, die bedeutendste Stadt des Bundes war Lübeck, eine ungekrönte Königin. Das Anfangsziel des Städtebundes bestand darin, die Handelsbeziehungen mit dem Osten zu erschließen und zu vertiefen, um in einem einheitlichen Seeverkehrssystem den Warenaustausch zwischen den Haupthan-

Der Stalhof zu London.

delsplätzen Lübeck, Whisby, Riga und Nowgorod in der Ostsee und den Haupthandelsplätzen Hamburg, Brügge und London in der Nordsee zu vollziehen.

Bis zu Beginn des 13. Jahrhunderts war Köln führend im Englandverkehr gewesen. Im Jahre 1226 gelang es Lübeck und kurze Zeit später auch Hamburg, in diesen Verkehr einzudringen. Heinrich III. von England erteilte 1226 Hamburg und 1267 Lübeck das Recht zur Gründung einer eigenen Hanse, »in derselben Weise, wie die Kölner sie haben und gehabt haben«. Damit konnten Hamburg und Lübeck, ebenso wie Köln, neben Kaufleuten der eigenen Städte auch Kaufleute anderer Städte in ihre Hanse aufnehmen.

Aus der anfänglichen Handelskonkurrenz dieser drei Gruppen bildete sich bald eine Gemeinschaft im Englandverkehr, und die Gildehalle der Kölner verwandelte sich in eine Gildehalle der Deutschen. Vorher war es bereits in Brügge zu einer Einigung für den im Nord-Ostseeverkehr wichtigen Handel mit Flandern gekommen. Zum ersten Mal verhandelten eine Lübecker und eine Hamburger Abordnung zugleich für die rheinisch-westfälischen Städte Köln, Dortmund, Soest und Münster sowie für eine Interessengruppe »von Kaufleuten, die Gotland besuchen«.

Bald schon wandten sich die erstarkenden Seestädte gegen die allgemeinen Genossenschaften von Kaufleuten des römischen Reiches deutscher Nation.

Im Jahre 1299 beschlossen Abordnungen der Städte Lübeck, Rostock, Wismar, Stralsund, Hamburg und Lüneburg auf einer gemeinsamen Beratung in Lübeck, »daß fortan auf Gotland kein Siegel des gemeinen Kaufmannes mehr gehalten werden sollte«. An Stelle der Genossenschaften der Kaufleute traten nun die Städte. Die Geburtsstunde des Städtebundes der Deutschen Hanse hatte geschlagen.

Es ist einfach unmöglich, alle Mitglieder des Bundes mit ihren Eintritts- und Austrittsdaten aufzuführen. Mehrere erhaltene Dokumente und Listen mit den Namen von Hansestädten sind zeitbedingt und enthalten nicht alle Namen. Sie sind, da sie zu verschiedenen Zeiten und aus unterschiedlichen Gründen aufgestellt wurden, nicht einmal miteinander vergleichbar. Weil mehrere Listen 70 Städte aufführen, erklärt sich auch der manchmal vorkommende Name »Siebzig Städte« für den Hansebund. Vermutlich gehörten dem Bund während seiner Blütezeit über 100 Städte als ordentliche Mitglieder an.

Die bekanntesten Hansestädte an der Ostseeküste waren: die wendischen Häfen Lübeck, Wismar, Rostock und Stralsund; die pommerschen Häfen Greifswald, Anklam, Demmin, Stettin und Wollin; die preußischen Häfen Kolberg, Danzig, Elbing, Pillau und Königsberg; die Häfen in Livland Whisby, Riga, Reval und Narva; sowie der Hafen auf Gotland.

Die bekanntesten Hansestädte an der Nordseeküste waren: die Häfen an Elbe und Weser Hamburg, Bremen, Stade und Buxtehude; die Seehafenstädte am Rhein Köln, Duisburg, sowie Wesel und die Städte am Ufer der Zuidersee Kampen, Staveren und Harderwijk.

Als Binnenstädte spielten im Bund Dortmund, Soest, Münster und Osnabrück im rheinisch-westfälischen Raum eine größere Rolle. Von den übrigen Binnenstädten hoben sich noch Lüneburg, Braunschweig, Hannover, Magdeburg, Halberstadt, Goslar, Hildesheim, Halle, Breslau und Krakau hervor. Sehr zahlreich, wenn auch nicht von besonderer Bedeutung im Bund, waren die märkischen Städte Berlin, Brandenburg, Frankfurt a. O., Stendal, Salzwedel, Prenzlau, Pasewalk und viele weitere kleine Städte.

In den bedeutendsten ausländischen See- und Handelsstädten unterhielt der Bund ständige Kontore, so in Nowgorod, Stockholm, Bergen, London und Brügge.

Ein althansischer Spruch gibt die wichtigsten Städte für den Bund wider: »Lübeck ein Kaufhaus, Köln ein Weinhaus, Braunschweig ein Zeughaus, Danzig ein Kornhaus, Hamburg ein Brauhaus, Magdeburg ein Backhaus, Rostock ein Malzhaus, Lüneburg ein Salzhaus, Stettin ein Fischhaus, Halberstadt ein Frauenhaus, Riga ein Hanf- und Butterhaus, Reval ein Wachs- und Flachshaus, Krakau ein Kupferhaus, Whisby ein Pech- und Teerhaus.«

Der hansische Handel beruhte, ebenso wie der vorhansische, zunächst einmal auf der russischen Pelzausfuhr über Gotland nach dem niederländisch-rheinisch-westfälischen Raum. Das verlangte eine durchlaufende Verbindung von der Ostsee in die Nordsee, die ebenso in umgekehrter Richtung für die Exportgüter der Nordseeländer nach dem Osten nutzbar sein mußte. Das konnte durch die Umsegelung der Halbinsel Jütland erfolgen – was mehrere Tage Zeitverlust und das Durchsegeln dänischer Gewässer einschloß – oder durch die Überquerung der Halbinsel über einen Transitlandweg an möglichst schmaler Stelle. Über Jahrhunderte war dieser kürzeste Landweg von der Eider (Huchelstath) nach Schleswig verlaufen, doch nach der Gründung Lübecks änderten sich die Verhältnisse. Der Verkehr wurde südwärts zu Elbe und Trave gezogen, der Aufschwung Lübecks zog den Aufschwung Hamburgs nach sich.

Die Ursprungssiedlung Hamburg, am Ausfluß der Alster in die Elbe, wurde bis zum 11. Jahrhundert durch Wikinger und Wenden mehrmals zerstört. Zur Zeit Adams von Bremen war sie »in eine Einöde verwandelt«. Das an der Schwinge, einem Nebenfluß der Elbe nördlich von Hamburg gelegene Stade, schien als Hafenstadt die besseren Voraussetzungen zu besitzen. Ende des 10. Jahrhunderts schon urkundlich erwähnt und 1038 mit Marktprivilegien ausgestattet, unterhielt Stade im 11. und 12. Jahrhundert bereits Schiffahrtverbindungen mit den Niederlanden, England und Dänemark. Erst als der baltische Transit auf die Elbmündung gezogen wurde, mußte Stade Hamburg seine führende Rolle lassen.

Ein halbes Jahrhundert nach der Gründung Lübecks erlaubte der Holsteiner Graf Adolf III. 1189 die Anlegung einer Neustadt an der Alster bei Hamburg »als einen passenden Hafen für die von allen Seiten ringsum kommenden Kaufleute«. Die Gründungsurkunde verwies auch auf den Eigenhandel der Hamburger, auf die in Holstein angekauften Wagen- und Schiffsladungen von Holz, Asche und Getreide. Die Trotzreaktion des Erzbischofs von Bremen, der den Landungszwang für alle in die Elbe einlaufenden Schiffe nach Stade anordnete sowie einen stiftbremischen Zoll oberhalb der Schwingemündung erheben ließ, konnte weder den Niedergang Stades noch den Aufschwung Hamburgs aufhalten.

Der andere Weg, der Seeweg um die Halbinsel Jütland herum, wurde von Schiffern und Kaufleuten nur ungern befahren. Es war bei den Seglern jener Zeit, abgesehen von Zeitverlust und Strandrecht, auch kein reines Vergnügen, bei anhaltenden Nordwestwinden aus dem Kattegat ins Skagerak zu kreuzen. Riemen als Antrieb gab es nicht mehr an Bord. Erst als der dänische König die Umlandfahrer vom Strandrecht in seinem Reich befreite und Zollvergünstigungen gewährte, begannen niederländische Seefahrer Skagen zu umsegeln, um in direkter Fahrt aus der Nordsee Schonen zu erreichen, den großen Heringsmarkt in der Ostsee.

Umgekehrt scheuten lübische Kaufleute anfangs das Risiko der Umfahrt auf eigenen Schiffen. Lieber brachten sie ihre Waren über die kurze, sichere Landstraße nach Hamburg, um sie dort mit Hamburger Schiffen auf die Reise nach England und den Niederlanden zu schicken. Damit gewannen die Hamburger einen großen Vorsprung im Nordseehandel. Die Ostseestädte – nachweisbar ist es für Lübeck, Wismar, Rostock, Stralsund, Whisby und Riga – nahmen erst um die Wende zum 14. Jahrhundert die Direktfahrt zu den Nordseeländern auf. Je mehr die Hanse an Bedeutung gewann, um so mehr wurde die Verbin-

dung zwischen Ostsee und Nordsee zum schwachen Punkt des hansischen Seeverkehrs, gleichgültig ob diese Verbindung über die jütländische Landenge
oder durch den von dänischen Inseln beherrschten Ostseeausgang verlief. Die
Haltung Dänemarks zur Hanse entschied über Wohl oder Wehe des hansischen
Kaufmanns.

Die Konsolidierung des Städtebundes, etwa bis 1370, vollzog sich weiterhin
in Abhängigkeit von den Rohstoffimporten aus dem Osten. Dabei fiel der Handel zwischen Rußland und Westeuropa weniger durch seinen Umfang als durch
den Wert seiner Waren ins Gewicht. Die Schiffsabfahrten auf den einzelnen
Routen, wie sie in einem Lübecker Zolldokument aus dem Jahre 1368 enthalten sind, vermitteln einen Einblick in die Ostseeschiffahrt jener Zeit. Allerdings handelt es sich nur um lübische Schiffe.

Im Verlauf des Jahres 1368 wurden 51 Schiffe zur Dünamündung sowie 33
nach Gotland und Stockholm entsandt. Bei den heimkehrenden Schiffen war
das Verhältnis nahezu umgekehrt; 50 Schiffe kamen von Stockholm und Gotland, 33 von Livland. Von insgesamt 846 auslaufenden Seglern gingen nicht weniger als 184 nach Wismar, 56 nach Stralsund, 68 nach Stettin, 115 nach Danzig,
78 nach zumeist kleineren Häfen in Mecklenburg, Pommern und Preußen.
Nach Schonen wurden 182 Schiffe abgefertigt. Die verbleibenden 163 Abfahrten gingen nach Norwegen, England und den Niederlanden. Die Hauptaus-
fuhrprodukte, zum Teil in mecklenburgischen und pommerschen Zwischenhäfen geladen, waren Getreide, Fische, Bier, Butter, Tuche, Salz sowie Spezerei-
und Kramwaren. Nur sehr wenige Schiffe kehrten direkt nach Lübeck zurück.
Es ist zu vermuten, daß sie mit Produkten aus Rußland und Schweden nach
Nordseehäfen befrachtet wurden. Beweisen läßt es sich für 1368 nicht, weil die
Angaben über den einkommenden Verkehr nach Lübeck unvollständig sind.
War Lübeck im 14. Jahrhundert führend im Ostseeverkehr, so war es Hamburg
für den Seeverkehr in der Nordsee. Das Hamburger Pfundzollbuch von 1369
gibt Auskunft über die Aktivitäten Hamburger Kaufleute und Schiffer. Die Ge-
samtmenge des seewärtigen Exports betrug im Jahre 1369 rund 9 000 Last
(18 000 Tonnen). Über die Hälfte der Ausfuhr entfiel auf Bier, das in der Stadt
selbst erzeugt wurde. An zweiter Stelle befand sich Getreide mit 2 000 Tonnen,
welches aus der näheren Umgebung der Stadt, aus Holstein und Niedersachsen, kam. Nennenswert war die Ladung von Holz, Leinwand und Tuch aus
Niedersachsen und der Altmark, von Eisen und Kupfer aus dem Harz. Von
Ostseeprodukten fiel nur der schonensche Hering mit 900 Tonnen ins Gewicht; das früher so zahlreiche Lübecker Transitgut bestand nur noch aus etwa
500 Tonnen schwedischen Eisenerzes.

Leider sind in dem Pfundzollbuch nicht die Bestimmungshäfen genannt,
nach denen die insgesamt 598 Hamburger Schiffe abgefertigt wurden. Doch
dürfte der größte Teil der Ladung für niedersächsische und friesische Häfen bestimmt gewesen sein. Wie weit der engere Seeverkehrskreis der Hamburg-Bre-
mer-Schiffahrt reichte, geht aus einem Beschluß der Hansestädte während der
Handelssperre mit Flandern 1360 hervor, in dem Hamburg, Stade und Bremen

die Bier- und Holzausfuhr westwärts nur bis zum Vlie, der Zufahrt zur Zuidersee, gestattet war. In der Zuidersee schloß sich ein lokaler Seeverkehrskreis an, dessen Zentrum der Markt von Deventer bildete.

Den westlichen Endpunkt der Hamburger und auch der Bremer Schiffahrt bildete Brügge. Bei der Stadt am Swin handelte es sich im 14. Jahrhundert um das Handelszentrum Europas, wo die Warenströme aus Ost und West, Nord und Süd zusammenflossen. So passierten im Jahre 1306 allein 1 000 Rheinschiffe, die in Köln mit Wein, in Duisburg mit Holz und Getreide beladen worden waren, den Zoll zu Lobith. Soweit die Waren nicht auf dem Stapel zu Dordrecht verkauft oder nach England weitergeleitet wurden, steuerten sie als Zielhafen Brügge an. Das von den holländischen Grafen verlangte Stapelrecht für Dordrecht gab der Stadt eine Monopolstellung für die Seeschiffahrt aus der Rheinmündung. Der erhobene Zoll füllte die gräflichen Kassen.

Die Rolle Hamburgs im hansischen Handel mit Brügge wird durch das Recht Hamburger Schiffe, überall im Swin und auch in allen anderen flandrischen Häfen ohne jede Einschränkung anlegen zu dürfen, deutlich. Hamburg war es auch, die als erste Stadt eine Hanse am Swin bildete, gelegen in Ostkerke, einem kleinen Ort zwischen Sluis und Damme am Westufer des Swins. Welche Bedeutung der Hamburger Bierschiffahrt in Brügge zukam, geht aus einer Brügger Notiz des Jahres 1350 hervor, in der aus der bevorstehenden Ankunft der Bierkoggen auf ein alsbaldiges Sinken des flandrischen Geldkurses geschlossen wird.

Die Hamburger Bierschiffe gingen demnach zeitgleich in See, durchsegelten als Flotte die Nordsee und gingen entweder »binnen dunen«, das hieß durch Watt und holländisches Wasserstraßensystem, oder »buten dunen«, das hieß auf direktem Seeweg, nach Brügge. Die Vermutung, daß für wertvolle Güter die Binnenfahrt, für Massengüter dagegen die Außenfahrt bevorzugt wurde, ist nicht nachzuweisen. 1345 strandete ein Hamburger Segler vor der Maasmündung, war also »buten dunen« gesegelt und hatte durchaus wertvolle Waren an Bord, neben Getreide schwedisches Pelzwerk und Kupfer, Rigaer Wachs und Goslarer Kupfer.

Bremens Schiffahrt, älter als die Hamburgs, war der Konkurrenz der Elbestadt nicht gewachsen. Ungünstige Wasserverhältnisse auf den Weserneben- flüssen zog die Warenströme des natürlichen Bremer Hinterlandes nach Hamburg ab. Auch die Verschlechterung des Bremer Biers im 14. Jahrhundert kam der Elbestadt zugute. Dennoch ist Bremen neben Hamburg die einzige deutsche Nordseestadt, die im flämischen Schiffahrtsreglement von 1350 für den Brüggeverkehr aufgeführt ist und auch eine eigene Schiffahrtshanse am Swin unterhielt. Stade, die einstige Nebenbuhlerin Hamburgs, erklärte 1368, daß sie überhaupt kein Schiff in See habe. Dagegen besaßen flämische, friesische und holländische Schiffe einen überaus großen Anteil am Seeverkehr der Nordsee.

Die Route Livland–Lübeck–Hamburg–Brügge war zwar die Lebenslinie des hansischen Seeverkehrs, der »Brunnquell des hansischen Reichtums«, aber al-

Deutsche Brücke zu Bergen.

lein mit den kostbaren Gütern des Ostens wäre ein ständiger, großer Schiff-fahrtsbetrieb nicht auszulasten gewesen. In der Ostsee wie in der Nordsee wur-den die Schiffe mit den Produkten des eigenen Hinterlandes beladen; sie bildeten das Substrat der hansischen Schiffahrt. Und ein Drittes kam hinzu: der Heringshandel auf der dänischen Halbinsel Schonen und der Stockfischhandel in der norwegischen Stadt Bergen.

Alljährlich vom 25. Juli, dem Jakobstag, bis zum 29. September, dem Micha-elistag, versammelten sich vom 13. bis zum 16. Jahrhundert Tausende von Händlern auf der bis 1658 dänischen Halbinsel Schonen, dem äußersten Süd-westzipfel des heutigen Schwedens. Während dieser Zeit wurde der Hering im südlichen Sund in solchen Massen gefangen, daß er den damals gewiß nicht ge-ringen Bedarf ganz Europas deckte. Wenn der Heringsfang selbst auch vorwie-gend dänischen Fischern vorbehalten blieb, so sicherten sich doch viele Hanse-städte Handelsrechte und Privilegien. Lübeck, Rostock und Stralsund besaßen auf Schonen sogar die höchste Gerichtsbarkeit über »Hals und Hand«.

Den bedeutendsten Anteil am Heringshandel hatten nach den Pfundzollein-nahmen auf Schonen im Jahre 1369 die Städte Lübeck, Stralsund, das niederlän-dische Kampen, Wismar und Rostock. Diese Städte kauften drei Viertel des Fanges auf. Lübeck, das 1368 182 Schiffe nach Schonen geschickt hatte, ließ 1369 bereits 212 Schiffe auslaufen. Der jährliche Heringshandel war verbunden mit Warenmessen, auf denen Produkte aus Ost und West angeboten wurden. So lieferten Hamburger Kaufleute Lüneburger Salz und aus der eigenen Produktion gutes Hamburger Bier. Das Warenangebot richtete sich nach den Heimathäfen der am Heringshandel beteiligten Kaufleute. Aus den Niederlanden kamen Salz, Tuch, Leinwand und Wein, aus den wendischen Städten Salz, leere Tonnen und Bier, aus den preußischen Städten Holz und Mehl.

Ein Edikt des norwegischen Königs von 1316 regelte den Handel für den Stapelplatz Bergen, den bedeutendsten Hafen Norwegens jener Zeit. Danach war die Ausfuhr norwegischer Stapelwaren, vor allem Stockfisch, nur gegen die Einfuhr von Mehl, Malz und anderes »schweres Gut«, das bedeutete Getreide, gestattet. Diese Bestimmung, die dem getreidearmen Norwegen die erforderliche Zufuhr an Brot- und Futtergetreide sichern sollte, ermöglichte es den vier wendischen Ostseestädten Lübeck, Wismar, Rostock und Stralsund als Ausfuhrhäfen ihres getreidereichen Hinterlandes, eine Sonderstellung im Norwegenhandel zu erlangen. Der aufgekaufte Stockfisch ging über die Hansestädte ins deutsche Binnenland oder auch direkt nach Westeuropa, nach England und Flandern. Um 1350 wurde das »Deutsche Kontor zu Bergen« gegründet. Die Deutschen hatten Engländer, Flamen und auch die Norweger selbst aus dem Stockfischhandel verdrängt.

Streitigkeiten mit Flandern und Brügge sowie ständige Ärgernisse mit Dänemark und Norwegen machten den Genossenschaften des »gemeinen Kaufmanns«, aber auch den einzelnen Hansestädten klar, daß sie allein nicht in der Lage waren, ihre Handelsinteressen mit genügendem Nachdruck gegen feudale Willkür zu vertreten. Auf der Lübecker Tagfahrt im Januar 1356 sprachen sie erstmals von der Gesamtheit der Städte, vom Bund der »stede van de dudesche Hense«. Auch vor 1356 hatten sich Kaufleute, Stadtbürger und Einzelstädte schon als gleichberechtigte Partner bei Privilegien im Ausland betrachtet, die den Deutschen erteilt worden waren. Nun aber fanden die Städte zu einer Rechtsgemeinschaft, womit sie die Summe aller deutschen Rechte im Ausland vertraten. Bald schon sollte der Städtebund auf die erste ernsthafte Bewährungsprobe gestellt werden.

Im Juli 1361 landete der Dänenkönig Waldemar Atterdag auf Gotland und besetzte Whisby. Das war nicht nur ein Affront gegen die Hanse, sondern auch gegen Schweden. In einem Ratsschreiben Lübecks an Reval hieß es zu diesem Vorfall, »daß es niemals so nötig gewesen sei für alle Kaufleute und Seefahrer, Widerstand zu leisten«. Die Städte schlossen ein Bündnis mit Schweden, Norwegen und den Grafen von Holstein, aus dem sie jedoch keinen militärischen Nutzen ziehen konnten. Auch die meisten Hansestädte zeigten wenig Kriegsbereitschaft. Die Orlogflotte wurde allein von den wendischen Städten gestellt: 52 Schiffe mit knapp 3 000 Mann Besatzung, davon 27 Koggen, der Rest waren kleinere Schiffe.

Der Krieg verlief für die Hanse ungünstig. Ihre Kriegsflotte wurde vor Helsingborg von der dänischen Flotte überrascht, geschlagen und zum Teil erbeutet. Dem dänischen König gelang es anschließend in geschickten Verhandlungen, die preußischen und die niederländischen Städte von den wendischen

Städten zu trennen. Doch er war inkonsequent in seiner Politik. Nach dem Krieg behandelte er die preußischen Städte nicht besser als die wendischen, förderte sogar das Piratentum gegen alle hansischen Schiffe und brachte damit die Städte erneut gegen sich auf. Im November 1367 kam es zur Kölner Konföderation, zum Bündnis der Hansestädte gegen den Dänenkönig.

Die Orlogflotte von 1367 war zahlenmäßig schwächer, aber in der Kampfkraft stärker als die von 1361. Sie repräsentierte die Gesamtheit der Städte. 42 Schiffe, zumeist Koggen, wurden von den wendischen, preußischen und livländischen Hansestädten und von niederländischen Städtegruppierungen gestellt. In der Vereinbarung zwischen den einzelnen Städten hieß es, daß die zum Krieg gegen Dänemark zu stellenden Koggen mit jeweils 100 gut bewaffneten Leuten bemannt sein sollten, darunter mindestens 20 Schützen mit starken Armbrüsten.

Die Flotte der Hanse fand keinen ernstlichen Widerstand. König Waldemar verließ Anfang April 1367 sein Reich, und schon im Sommer 1368 eroberte die Hanseflotte Kopenhagen, den größten Teil von Schonen, Moen, Falster und Laaland. Die Niederländer verwüsteten indessen die Küste Norwegens, das auf die Seite Waldemars übergegangen war. Im folgenden Jahr fiel Helsingborg, die beherrschende Festung des Sundes. Die Passage zwischen Ostsee und Nordsee war wieder frei.

Am 24. Mai 1370 wurde zwischen dem dänischen Reichsrat und der Kölner Konföderation der Frieden von Stralsund geschlossen. Der Städtebund erhielt nicht nur seine alten Rechte im dänischen Reich, darunter auf Schonen bestätigt, sondern ihm wurden auch als Friedenspfand die vier befestigten Sundschlösser Skanör, Falsterbo, Malmö und Helsingborg mitsamt zwei Drittel ihrer Einnahmen für die Dauer von 15 Jahren übergeben. Die Friedensverhandlungen mit Norwegen fanden erst nach vielen Verzögerungen 1376 ihren Abschluß.

Die Erfolge der Hanse im zweiten Waldemarischen Krieg erregten Aufsehen im feudalstaatlichen Europa. Ein Städtebund hatte der führenden Macht Skandinaviens seinen Willen aufgezwungen. Für anderthalb Jahrhunderte stellte die Hanse die führende Handelsmacht Europas dar. Aber auch politisch hatte ihre Stimme an Gewicht gewonnen.

Handel des Bundes und Kampf gegen das Piratentum

Nach dem Frieden von Stralsund kontrollierte die Hanse den gesamten Seehandel Nordeuropas. In ihren Hauptfahrgebieten, der Ostsee und der Nordsee, gab es keine ernsthafte Konkurrenz mehr. Der Austausch mit dem Mittelmeerraum, soweit er über See lief, erfolgte in Brügge, später in Lissabon. Bis zu diesen Städten brachten die Kaufleute aus Venedig und den anderen italienischen Seestädten ihre Waren. Und so wenig die Hansestädte das Mittelmeer befuhren, so wenig befuhren die italienischen Schiffe die Nord- und Ostsee. Eine

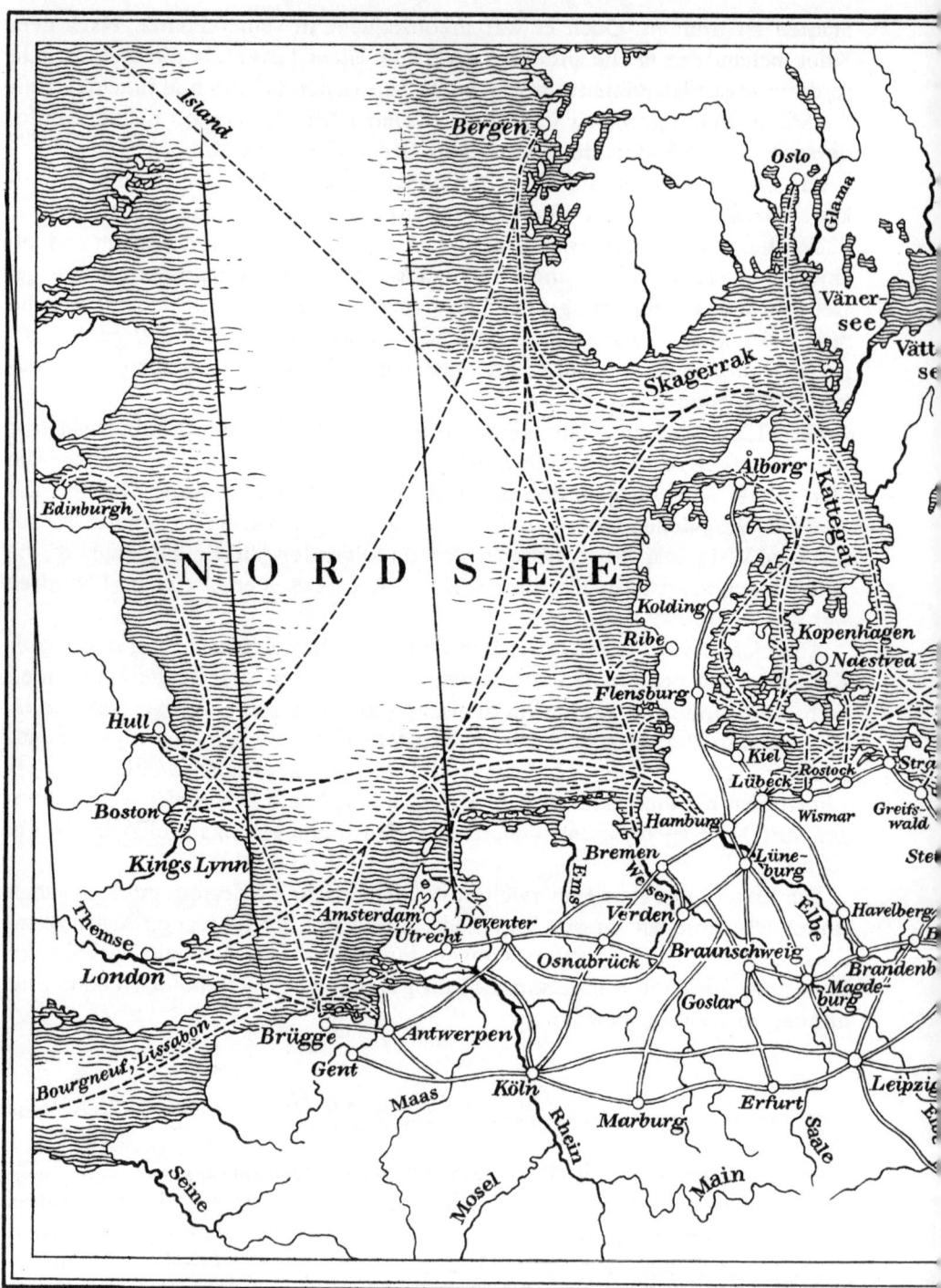

Handelswege der Hanse.

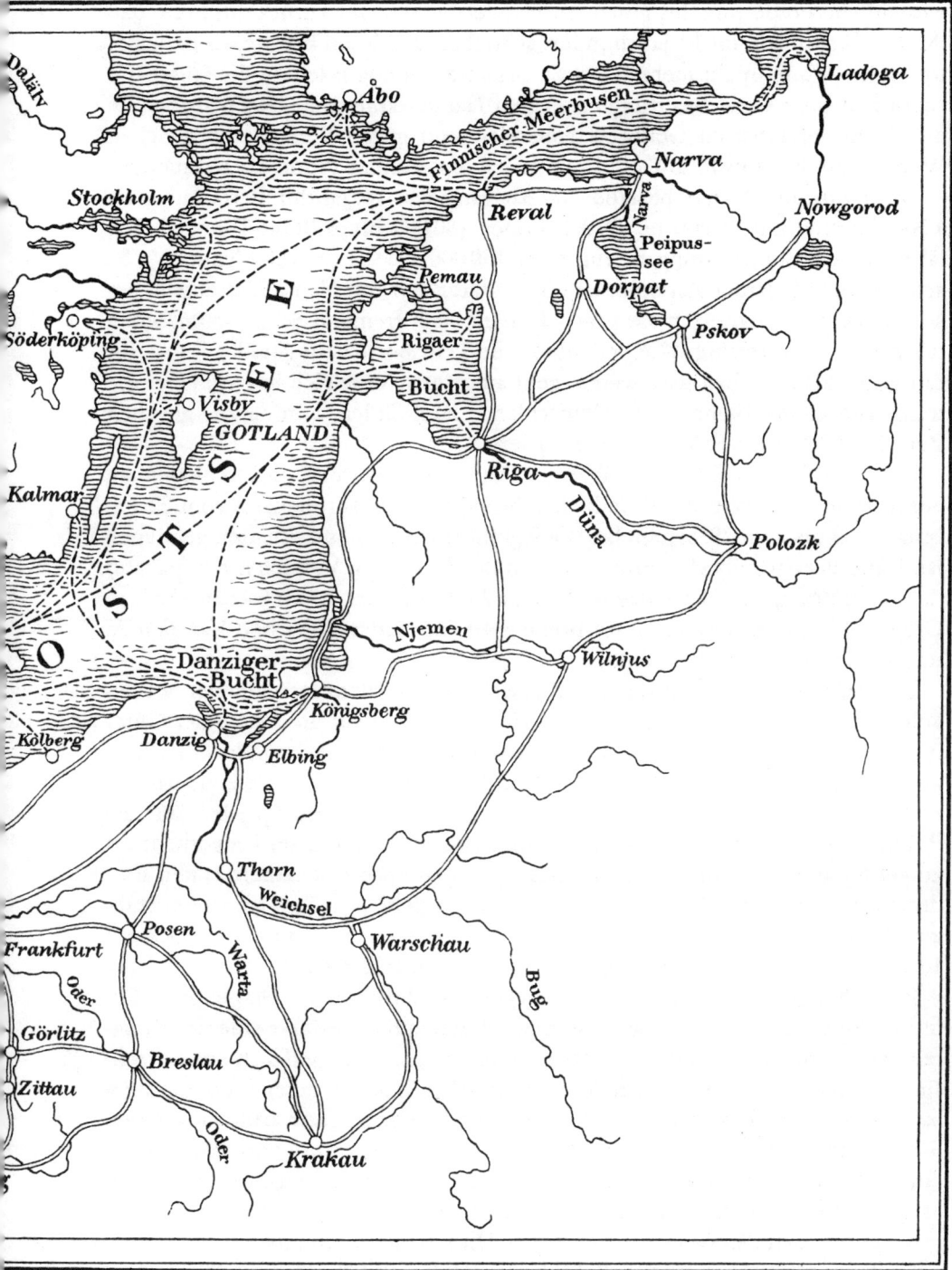

Dalälv

Åbo

Finnischer Meerbusen

Ladoga

Narva

Stockholm

Reval

Narva

Nowgorod

Söderköping

Pernau

Peipus-
see

Dorpat

Pskov

Rigaer

Riga

S T S E E

Bucht

Visby

GOTLAND

Riga

Düna

Polozk

Kalmar

O

Njemen

Wilnjus

Danziger
Bucht

Königsberg

Kolberg

Danzig

Elbing

Thorn

Weichsel

Posen

Warschau

Frankfurt

Oder

Warta

Bug

Görlitz

Breslau

Zittau

Oder

Krakau

213

wesentliche Förderung des gesamten Handels war darauf zurückzuführen, daß der Großkaufmann im 14. Jahrhundert schreiben und lesen konnte. Er brauchte nun seine Waren nicht mehr selbst zu begleiten, sondern leitete die Geschäfte schriftlich über seine Beauftragten in den Handelskontoren. Die Ware wurde zu einem vereinbarten Geldwert gehandelt und gegen Waren zum gleichen Wert getauscht. Wurde in Geld bezahlt, galt das Kölner Pfund als Valutabasis.

Die Flotte der Hanse bestand am Ausgang des 14. Jahrhunderts aus etwa 1 000 Schiffen mit 40 000 bis 50 000 Lasten (80 000 bis 100 000 Tonnen). Die jährliche Transportleistung betrug etwa 150 000 Lasten (300 000 Tonnen). So sehr die Städte darauf achteten, daß ihre Waren nur mit Hansefahrzeugen verschifft wurden, charterten sie gegen Entgelt auch fremden Schiffsraum, wenn der eigene nicht reichte. Wie bedeutend die Transportleistungen der Hanse für mittelalterliche Verhältnisse waren, geht aus einem Vergleich hervor: Über die wichtigste Landverkehrsstraße Deutschlands zum Süden wurden zur gleichen Zeit nur 1 200 Tonnen Güter transportiert.

Eine ungefähre Vorstellung über den Anteil der Ost- und Nordseehäfen am Seeverkehr ermöglicht die Pfundzollrechnung, wie sie für die Zeit vom 22. Februar 1368 bis zum 29. September 1369 geführt worden und erhalten geblieben ist. Danach steht Lübeck unumstritten an der Spitze. Im Vergleich zur Stadt an der Trave betrug der Umschlag in Wismar 26, in Rostock 16, in Stralsund 51, in Greifswald 6, in Hamburg 72, in Bremen 10, im niederländischen Kampen 25 und in Amsterdam 22 Prozent.

Die Angaben lassen nur bedingt Rückschlüsse auf den tatsächlichen Seeverkehr zu, weil sich die Zahlen auf den Wert und nicht auf die Masse der Güter beziehen. Außerdem sind die Schiffstransportleistungen von städtischen Reedereien, die im Verkehr zwischen Fremdhäfen erbracht wurden, überhaupt nicht erfaßt. Bei einer realen Auswertung aller verfügbaren Quellen läßt die Pfundzollrechnung die Wichtigkeit Bremens und Rostocks im Seeverkehr als zu gering, die von Hamburg und Stralsund als zu hoch erscheinen. Einen Eindruck von der Bedeutung der Hansestädte vermitteln auch ihre Einwohnerzahlen. So gehörten 1380 Lübeck mit 21 500, Hamburg mit 11 868 und Rostock mit 10 875 Bürgern zu den zehn größten Städten Deutschlands.

Ein wichtiges Mittel der hansischen Handelspolitik war das Stapelrecht. Damit war der Zwang verbunden, bestimmte Waren auf den Markt einer bestimmten Stadt zum Verkauf oder zur Ausfuhr zu bringen. Das ließ sich am einfachsten durchsetzen, wenn die Stadt an einem Fluß oder an einer Flußmündung lag. So richteten Köln, Brügge, Dordrecht und Bergen schon frühzeitig einen Stapelzwang ein. Die Konzentration der seewärtigen Ein- und Ausfuhr in einem Mündungshafen stärkte den Verkehr zum Wohle der eigenen Stadt, weil es ausländischen Kaufleuten untersagt blieb, auch wenn es technisch möglich gewesen wäre, flußaufwärts weiter in das Hinterland zu kommen.

In Bremen bemühte man sich 1376, die Wasserverhältnisse auf Weser und Nebenflüssen zu verbessern, um ein Stapelrecht für zu verschiffendes Getreide zu schaffen; Hamburg versuchte dieses im 15. Jahrhundert. Eines der wichtigsten Ausfuhrgüter Lüneburgs war das Lüneburger Salz. Als Hamburger Schiffe 1385 begannen, Lüneburger Salz auf direktem Weg um Jütland herum in die Ostsee zu exportieren, bauten die Lübecker in den Jahren 1391 bis 1398 einen Kanal zwischen der Stecknitz und der Delvenau. Dieser erste Kanal zwischen Ostsee und Nordsee verband die Trave mit der Elbe und erfüllte seinen Zweck. Der Gegenversuch Lübecks, durch einen Kanal von der Elbe über den Schalsee seine Salzausfuhr auf Wismar zu lenken, blieb in den Anfängen stecken. Den Stapelzwang setzten die Hansestädte nicht nur gegeneinander durch, sondern sie dehnten ihn auch auf ausländische Häfen aus, so auf die Fischausfuhr in Bergen und auf Schonen.

Als die Hansekaufleute nach dem Frieden von 1370 wieder nach Bergen zurückkehrten, hatten sich die Engländer dort festgesetzt. Sie wurden gezwungen, ihre Niederlassung unter Zurücklassung bedeutender Warenvorräte zu räumen. Auch spätere Versuche englischer Kaufleute, den Verkehr mit Bergen wieder aufzunehmen, scheiterten am Widerstand der Hanse. Die Ein- und Ausfuhr Bergens blieb fast ausschließlich den wendischen Hansestädten vorbehalten. Weder die Beschwerden der anderen Städte noch der Versuch Bremens, ausländische Güter nach Bergen zu transportieren und mit hansischen Privilegien zu decken, hatten Erfolg. Die Hansetage zu Lüneburg 1412 und zu Lübeck 1418 bestätigten die alte Ordnung.

Auf Schonen besaßen die Hansestädte seit 1370 nicht nur wie früher eine wirtschaftliche Übermacht, sondern mit dem Pfandbesitz der Sundschlösser auch eine politische Machtstellung. Sie verboten kurzerhand den Engländern, Schotten und Walisern, später auch den Flamen und Brabantern, Heringe auf Schonen einzusalzen. Eine völlige Verdrängung der nichthanseatischen Städte aus dem Heringshandel ist dem Städtebund allerdings nicht gelungen. Der Betrieb auf Dragör blieb immer für Fremde offen, und im Kampf gegen die Vitalienbrüder war auch fremde Hilfe willkommen.

Der Messeverkehr auf Schonen ging von Jahr zu Jahr immer weiter zurück. Zu Beginn des 15. Jahrhunderts wurde er gänzlich eingestellt. Der um diese Zeit üblich gewordene direkte Seeverkehr zwischen den preußischen Städten und den westlichen Häfen der Nordsee, der vor allem auf der Getreideverschiffung beruhte, versetzte ihm den Todesstoß. In dieses Transportgeschäft stieg auch der Deutsche Ritterorden ein, jenes eigentümliche kirchlich-ritterliche Staatswesen, das seiner bisherigen Expansionspolitik – Kampf gegen Polen und Litauen, Missionierung und Kolonisierung des Ostens – eine neue Aufgabe hinzufügte: Betrieb einer Seereederei als Mitglied der Hanse. Eine Großhandelsorganisation in Königsberg verschiffte Bernstein, eine zweite in Marienburg Getreide. Vertreter des Ordens saßen in Brügge, England und Schottland.

Am frühesten erlangte die Getreidefahrt von Danzig nach England große Bedeutung. Nach einer schweren Hungersnot in England 1390/91 und erneut 1410 sollen allein 300 Getreideschiffe zum Laden nach Danzig gekommen sein.

Außer Getreide importierten die Engländer aus der Weichselmündung Schiffbauholz, Eibenholz für Bogen, Pech, Teer, Asche und andere Waldprodukte. Die Seetransporte wurden nicht allein von Schiffen des Deutschen Ritterordens und der preußischen Hansestädte abgewickelt, sondern die Danziger Reede war ein Treffpunkt aller Flaggen. Ständig im Verkehr von Danzig nach England, Schottland und Flandern waren Schiffe aus Bremen, Hamburg, Kampen, Flandern, Friesland, Holland, Lübeck und Whisby.

Vor allem beteiligten sich die englischen Kaufleute und Schiffer selbst am Geschäft. Die häufigen Gastreisen englischer Prinzen und Ritter, ihre Beteiligung an den Kriegs- und Raubzügen des Ordens, hatten zu einer engen Verbindung zwischen England und dem Orden geführt. Das Passagegeschäft mit den vornehmen Seereisenden, sowohl deutschen als auch fremden Rittern, hatte nicht zuletzt Lübecks Reichtum begründet. Es war die Parallele zu den italienischen Seestädten während der Kreuzzüge zum Heiligen Land. Hier waren es die im Namen des Kreuzes unternommenen Fahrten 'gen Osten!

In der Hoffnung, aus der Konkurrenz der beiden Städte Vorteile für sich ziehen zu können, besuchten englische Schiffe auch häufig Stralsund. Eine Stralsunder Chronik jener Tage berichtet, wie die englischen Schiffe Anno 1381 auf dem Gellen gegenüber Dornbusch (einem Landvorsprung der Insel Hiddensee) zu liegen pflegten. Schuten vermittelten den Verkehr nach und von Stralsund, »und so verstellt waren die Straßen der Stadt mit den Warenstapeln der englischen Kaufleute, wie in der Meßzeit«.

Die direkte Fahrt aus der Ostsee nach Westeuropa litt unter dem Mangel einer raumfüllenden Rückfracht. Die Schiffe waren gezwungen, die Heimreise in Ballast anzutreten, wenn sie nicht noch Zwischenreisen unternahmen. Gerne segelte man darum nach Westfrankreich, um Wein in Fässern zu laden. Doch erst mit dem Transport des französischen Baiensalzes nach dem europäischen Nordosten gewann die Westfahrt für die Hansestädte der Ostsee an Bedeutung.

Die westfranzösische Küste zwischen der Loiremündung und der Gironde ist eine uralte Stätte der Salzgewinnung. Besonders die unmittelbar südlich der Loiremündung gelegene Bai von Noirmoutier war mit ihrem Salinenbetrieb schon während der Karolingerzeit bekannt. Das Salz wird hier in der Weise gewonnen, daß das Seewasser durch ein System von Gräben in viereckige flache Teiche geleitet wird, wo es durch natürliche Verdunstung kristallisiert. Zwar gab es weitere Baienorte, aber gerade die Bai von Noirmoutier war im 14. und 15. Jahrhundert jedem hansischen Seefahrer bekannt.

Das erste ausdrückliche Zeugnis für die Reise eines hansischen Schiffes nach der Bai stammt aus dem Jahre 1370. Es war ein Lübecker Segler, der das Salz auf englische Rechnung verfrachtete. In den siebziger Jahren des 14. Jahrhunderts wurden die Baienfahrten dann allgemein üblich. Gewöhnlich segelten die Schiffe mit Getreide, Holz, schonenschem Hering und Bergener Stockfisch nach England oder Flandern. Nach dem Löschen versegelten sie in Ballast nach der Bai, um mit einer Salzladung in die Ostsee zurückzukehren. Wein als Zusatzladung wurde in La Rochelle oder Bordeaux an Bord genommen und gewöhnlich in Flandern oder England gelöscht. Nur selten waren Weinladungen für eine Ostseestadt bestimmt.

Die Handelsbeziehungen der Hanse und ihre Schiffahrt wurden immer wieder durch Kaperei und Piraterie geschädigt. Die Akten der hansisch-flandrischen und der hansisch-englischen Beziehungen sind mit Klagen über diese Seeräubereien angefüllt. Im Jahre 1378 fielen 23 hansische Schiffe den vom französischen König mit Kaperbriefen ausgerüsteten normannischen Freibeutern in die Hände. Die Kaufleute im Brügger Hansekontor schrieben an die Städte, »die Piraten lägen jetzt so stark vor dem Swin, der Maas und dem Marsdiep, daß ihnen keine noch so große Flotte entgehen könne«.

Nach Beilegung der hansisch-flandrischen und der hansisch-englischen Streitigkeiten in den neunziger Jahren schien die See befriedigt, doch schon 1410 klagten die Kaufleute aus Brügge erneut über die »wie ein Wespenschwarm vor dem Swin liegenden Piraten aus Schottland und England, Holland und Seeland, Frankreich und Calais, – die Friesen und Vitalienbrüder nicht zu vergessen!«

In der Ostsee standen die Dinge nicht besser. Als nach Waldemar Atterdags Tod die Thronstreitigkeiten zwischen den skandinavischen und mecklenburgischen Fürstenhäusern begannen, stellten beide Seiten Kaperbriefe an Freibeuter aus. Der Kaufmann aber wußte, »daß es bald übel um die See stehen werde«. Zum Schutz der Schiffahrtswege legten Lübeck und Stralsund im Jahre 1376 Fredekoggen in See, doch Rostock und Wismar – heimliche Förderer der Kaper – verweigerten jede Kostenbeteiligung. Als nach dem Tode des alten Herzogs Albrecht von Mecklenburg die Kaper auf die dänische Seite übergingen, beteiligten sich auch Rostock und Wismar an der Befriedung der Ostsee.

Nach der Gefangennahme König Albrechts von Schweden 1389 schlossen die Fürsten Mecklenburgs mit Ritterschaft und Städten ein Bündnis zum Kampf gegen die dänische Königin Margarete. Schon im Herbst 1390 entsandten Rostock und Wismar die ersten Kaperschiffe, nachdem sie hatten verkünden lassen, ihre Häfen all denjenigen zu öffnen, »dy uff ir eygen ebenture wellen keren und varen, das riche czu Denemarken czu beschedigen«. Der Aufruf hatte großen Erfolg. Das Hauptkontingent der entstehenden Kaperflotte stellten Rostock und Wismar, die Führung übernahm der mecklenburgische Adel. Die meisten Führer der Vitalier oder Vitalienbrüder – der Name leitete sich von der Aufgabe ab, das belagerte Stockholm mit Lebensmitteln, Viktualien, zu versorgen – waren mecklenburgische Adlige, wie zeitgenössische Urkunden belegen. Sie hatten ihr Raubrittertum vom Lande auf die See verlegt.

Schon während der ersten Fahrt nach Stockholm 1391, bei der Bornholm und Gotland erobert wurden, fielen den Vitalienbrüdern unzählige Kauffahrer zum Opfer. Die Stralsunder allein nahmen über 100 Vitalienbrüder gefangen und ließen sie – samt ihren adligen Führern – köpfen. Die Rostocker und Wismaraner antworteten mit der Klage, daß die Schiffe in durchaus rechtmäßigem Kaperkrieg gegen die Dänen ständen und unter den Hingerichteten »vele bedderver lude« gewesen seien, die dem Kaufmann keinen Schaden zugefügt hätten.

In der folgenden Zeit hatte der Kaufmann böse Jahre. Die Hansestädte mußten die Schonenreisen für drei Jahre völlig einstellen. Die Folge war ein He-
ringsmangel, der sich in ganz Europa bemerkbar machte. Ostern 1393 überfiel
eine Vitalienflotte von 18 Schiffen Bergen in Norwegen. Bei dieser Aktion wurden die Männer erschlagen, die Stadt geplündert und »weder Frauen- noch Kir-
chenrecht ward geachtet«. Auch hier handelte es sich um eine Aktion der
Mecklenburger Herzöge, denn die Führer der Flotte waren zwei Angehörige
des Fürstenhauses, die das Land König Albrecht huldigen ließen. 1394 glückte
den Vitalienbrüdern ein Überfall auf Malmö, bevor sie das immer noch belagerte Stockholm mit Lebensmitteln versorgten.

Als König Albrecht 1395 aus der Gefangenschaft entlassen und Stockholm
von der Hanse als Pfandbesitz übernommen worden war, entfiel jeder völkerrechtlich vertretbare Grund für das Ausstellen von Kaperbriefen. Doch das
Mecklenburger Fürstenhaus gab nicht auf. Herzog Erich von Mecklenburg
setzte sich mit den Vitalienbrüdern in Whisby auf Gotland fest und das Treiben ging weiter. Erst nach dem Tode Erichs gelang es einer vereinten Flotte
des Deutschen Ritterordens und der Hansestädte Whisby zu erobern. Der
Hochmeister des Ordens gewährte den Vitalienbrüdern freien Abzug und Gotland fiel »für ewige Zeiten an den Deutschen Ritterorden«. Tatsächlich setzten
sich einige der adligen »Schnapphähne« danach zur Ruhe. Doch erst 1400, nach
einer Jahr um Jahr sich wiederholenden Seebefriedung durch die Hansestädte,
war die Ostsee wieder einigermaßen vor Piraten sicher. Sie hatten ihr Revier in
die Nordsee verlegt.

Ein Teil der Freibeuter war schon nach dem Ende des legalen Kaperkrieges
an die friesische Nordseeküste versegelt, wo sie bei dem Friesenführer Keno
ten Broke und dem Grafen von Oldenburg, Konrad II., bereitwillig Aufnahme
fanden. Nach dem Zugang der versprengten Vitalienbrüder aus der Ostsee soll
die Stärke der Likedeeler, wie sich die Seeräubergenossenschaft nannte, rund
1500 Mann betragen haben. Sie lauerten vor Elbe und Weser, vor dem Zuidersee, vor Maas, Schelde und Swin, vor der englischen und norwegischen Küste
auf ihre Opfer. Hauptgeschädigte waren wiederum die Hansestädte, aber auch
flämische und englische Kauffahrer. Im Mai 1398 schrieb das Brügger Kontor
an den Lübecker Hansetag, die von Keno ten Broke gehegten Likedeeler seien
von Norwegen am Swin vorbei in die Hoofden gesegelt und hätten wohl 14 bis
15 heimkehrende vollbeladene Spanien- und Frankreichfahrer weggenommen,
außerdem einen Danziger Bergenfahrer und einen Englandfahrer. Durch einen
gefangengenommenen Schiffer ließen sie die höhnische Botschaft übermitteln:
»Sie seien Gottes Freunde und aller Welt Feinde, ausgenommen derer von
Hamburg und Bremen, denen wollten sie keinen Schaden tun!«

Der Hansetag zu Lübeck beschloß, energische Maßnahmen gegen die Pira-
tenplage zu ergreifen. Im Jahre 1400 kam es zu einer ersten Expedition nach
Ostfriesland, die von Hamburg und Lübeck getragen wurde. Die hansische
Chronik berichtet von 80 getöteten und 24 gefangenen Seeräubern, über die in

Emden Blutgericht gehalten wurde. Ein Teil der Piratenstützpunkte wurde zerstört und Keno ten Broke gezwungen, Geiseln zu stellen. Anschließend verteilten sich die Likedeelerschiffe auf die friesische, holländische und norwegische Küste, um so noch erbitterter Hamburger Kauffahrer anfallen zu können. Doch die Hamburger gaben sich mit dem errungenen Teilerfolg nicht zufrieden. Im März 1401 gelang es ihnen, Klaus Störtebeker, einen der berühmt-berüchtigten Führer der Likedeeler, vor Helgoland zum Kampf zu stellen. In dem harten Gefecht verloren 40 Likedeeler das Leben, 73 wurden als Gefangene nach Hamburg gebracht und am 20. Oktober auf dem Grasbrook zu Hamburg hingerichtet. Noch vor Ablauf des Jahres traf das gleiche Schicksal Godeke Michel, den Hauptführer der Likedeeler, und Wigbold, einen Magister der sieben freien Künste. Auch sie wurden mit ihren Gesellen nach Hamburg gebracht und auf dem Brook enthauptet.

Die Köpfe der hingerichteten Likedeeler, insgesamt 150, wurden an der Elbe »up ene wisch« gesteckt«, »to eme tekene, dat se de zee gerovet hadden«. Mit diesem Schlag gegen die Likedeeler, vor allem mit dem Tod ihrer beiden bekanntesten Führer, war der Kern der Likedeeler vernichtet worden, die Seeräuberei in Nord- und Ostsee aber noch lange nicht beendet. 1406 stellte die Hanse erneut eine Flotte unter Bremer Führung gegen die Piraten auf, 1407 kämpften Likedeeler auf Seiten der Friesen gegen Holland, 1408 besiegten die Bremer den Grafen von Oldenburg und zerstreuten eine Kaperflotte aus Friesen und Likedeelern. Die Hamburger köpften 1408 den gefangengenommenen Likedeelerführer Plukkerade mit 9 seiner Gesellen auf dem Grasbrook. Diese Beispiele könnte man beliebig fortführen.

In der Ostsee führten Danzig und Lübeck wiederholt Aktionen gegen Seeräuber durch. 1407 mußte der Deutsche Ritterorden die besetzte Insel Gotland an Dänemark zurückgeben, 1410 wurde er bei Grunewald von der polnisch-litauischen Union vernichtend geschlagen. 1412 starb die Dänenkönigin Margarete, und bald darauf stellten Fürsten wie Städte den Seeräubern neue Kaperbriefe aus. Das alte Spiel begann von neuem.

Blüte, Kriege und Zerfall des Bundes

Seit Beginn des 15. Jahrhunderts erhielt die Baienfahrt für die Hansestädte eine ständig wachsende Bedeutung. Gewöhnlich versammelte sich die Baienflotte während der Dezember- und Januartage im Swin vor Brügge, um im Februar Segel zu setzen und westwärts die französische Küste anzusteuern. Das Verbot der Winterschiffahrt wurde für diese Fahrt außer Kraft gesetzt. Nach Übernahme der Salzladung traten die Schiffe im März oder April die etwa zweimonatige Heimreise zu den Ostseehäfen an. Im Spätsommer oder Herbst gingen sie dann wieder mit Getreide, Holz und anderen Gütern nach Flandern und England in See. Die Jahresrundreise war geschlossen.

Nach den Statistiken betrug die Zahl der hansischen Baienfahrer 30 bis

50 Schiffe, in manchen Jahren auch mehr. Da sich auf der Rückreise der mit Fredekoggen gesicherten Baienflotte auch viele Flandern- und Englandfahrer anschlossen, wurden bei der Sunddurchfahrt manchmal bis zu 100 Schiffe gezählt. Für die Salzfahrt setzte man nur große und seetüchtige Fahrzeuge ein, die Ladungsmenge einer Baienflotte soll im Durchschnitt 5 000 Last (10 000 Tonnen) betragen haben. Eine gleich große Menge Salz transportierten fremde, vor allem holländische Schiffe in die verschiedenen Ostseehäfen. Etwa die Hälfte der Baienschiffe wurde in den preußischen und livländischen Hansestädten bereedert, aber auch die wendischen Städte waren am Salzhandel beteiligt. Im Jahre 1427 befanden sich unter 36 hansischen Baienfahrern, die im Sund von dänischen Kaperfahrzeugen aufgebracht worden waren, 15 Danziger und 12 Wismaraner Schiffe. In anderen Jahren stellte Lübeck rund ein Drittel aller Schiffe.

Der fast ununterbrochene Kaperkrieg im Kanal zwischen Engländern, Franzosen und Spaniern kostete die Hanse Jahr um Jahr hohe Verluste. Der hansische Gesandte klagte die Engländer 1417 an, nicht weniger als 10 Baienfahrer weggenommen zu haben. Die größere Gefahr drohte jedoch von Spanien und von Kastilien. Schon König Heinrich III. von Kastilien hatte 1398 eine Navigationsakte erlassen, wonach fremde Schiffe in spanischen Häfen nur dann Ladung übernehmen durften, wenn keine einheimische Tonnage zur Verfügung stand. Die Kastilier brachten alljährlich zur Sommerzeit eine stark armierte Flotte mit Wolle, Eisen und Wein auf den Markt nach Brügge. Doch nicht hier lag der Konfliktstoff.

Grund für den Ausbruch des Kaperkrieges zwischen Kastilien und der Hanse war die Weinverschiffung von La Rochelle aus durch hansische Kaufleute, die dem Weinhandel Kastiliens Abbruch tat. Als in dem Hundertjährigen Krieg zwischen Frankreich und England (1337–1453) 1416 einige von den Engländern gecharterte Hansekoggen an der Belagerung von Harfleur teilnahmen, erklärte Johann II., Nachfolger Heinrichs III., als Verbündeter Frankreichs die Hanse zu Feinden Kastiliens. Die königliche Flotte rüstete zum Kampf gegen die westwärts segelnden Hansekoggen.

Im November 1419 verließ eine Flotte deutscher und flämischer Schiffe den Hafen Sluis, neben Baienfahrern auch Kauffahrer, die für La Rochelle und Lissabon bestimmt waren. Auf der Höhe von La Rochelle, die Lissabonfahrer hatten sich bereits von der Flotte getrennt, wurden die Schiffe von einer kastilischen Kriegsflotte überfallen. Nach erbittertem und blutigem Kampf brachten die Kastilier 40 Kauffahrer auf, die Besatzungen schickte man nach Hause. Während die Flamen mit Kastilien einen Vergleich schlossen, bei dem die Kastilier ihnen Schadenersatz zahlten, begann zwischen der Hanse und Kastilien ein über Jahrzehnte währender, immer wieder aufflackernder Kaperkrieg.

Die Hanse setzte dennoch sowohl die Baienfahrt als auch die Weinfahrt nach La Rochelle mit stark armierten Koggen oder in gesicherten Geleiten fort. Aber es war ein eingeschränkter Handel, der weder den Weinhändlern von La Rochelle noch den hansischen Kaufleuten den alten Gewinn brachte. Als Gegenmaßnahme verfügte die Hanse deshalb ein Aufkaufsverbot für spanische Wolle, das die kastilischen Bauern und Händler empfindlich traf. Es dauerte 24 Jahre, bis der Streit endgültig beigelegt war, und der hansische Seeverkehr dann bis zum Ende des 15.Jahrhunderts fast ungestört bis in die Bucht von Biskaya getragen werden konnte.

Im Zusammenhang mit den kastilisch-hansischen Streitigkeiten wuchs der Zulauf von Hansekoggen auf den Hafen von Lissabon. Danziger Schiffe, die schon seit dem Ende des 14.Jahrhunderts zu den ständigen Gästen des Hafens gehörten, klagten allerdings viel über englische Seeräubereien vor der portugiesischen Küste. Die ersten hansischen Kontore wurden 1454 in Lissabon eröffnet. Im Jahre 1456 erteilte der portugiesische König, Alfons V., einer 20 Fahrzeuge starken Hanseflotte mehrere Vergünstigungen, die sich auf persönlichen Schutz, Gerichtsbarkeit, Beschleunigung der Schiffsabfertigung und andere Dinge bezogen. Auch Salzschiffe werden häufiger in den alten Hafenlisten erwähnt, darunter als Kapitän der Holk SENT JORRIS Paul Beneke, der berühmte Freibeuter. Eine dänische Klageschrift von 1462 behauptet sogar, daß die Danziger vor Ausbruch ihrer Fehde mit Dänemark mit 52 schwer beladenen Schiffen von Lissabon kommend durch den Öresund gesegelt seien.

Zwischen der Hanse und Dänemark hatten über lange Jahre freundschaftliche Beziehungen geherrscht, die dem Handel zugute kamen. Als Erich von Pommern, der seiner Mutter Margarete auf den Thron gefolgt war, als erster Unionskönig der skandinavischen Reiche nach Schleswig griff, nahmen die Städte eine ablehnende Haltung ein. Sie konnten unmöglich zustimmen, daß der wichtige Landtransitweg zwischen Hamburg und Lübeck unter dänische Kontrolle geriet. Innere Wirren in den wendischen Städten ließen ein energisches Eingreifen allerdings nicht zu. Vorübergehend kam es sogar zu einem Bündnis der Städte mit Erich, denn seit 1416 entsandten die Holsteiner Grafen Kaperschiffe gegen die dänische Küste. Übergriffe auf hansische Kauffahrer blieben nicht aus, und so legten die Hansestädte mit Zustimmung Erichs Fredekoggen in See. Doch auch Dänemark nahm Kaper in Dienst. Der gesamte Seehandel erlitt, ähnlich wir zur Zeit der Vitalienbrüder, großen Schaden.

Als Erich zur Kenntnis nehmen mußte, daß er von Seiten der Städte keine Unterstützung in der Schleswigfrage erwarten konnte, schränkte er die hansischen Privilegien ein. Bei den Verhandlungen von 1423 forderte er außerdem einen zusätzlichen Sundzoll. Die Schiffe sollten nicht nur, wie bis dahin üblich, beim Anlaufen eines Sundhafens Zoll entrichten, sondern auch bei jedem Passieren der Meerenge. Zudem, so argumentierte der König, seien die Schiffe größer geworden. Hätten sie vor Jahren nur 40 bis 50 Last geladen, so seien es jetzt bis zu 200 Last. Als die städtischen Unterhändler die Forderungen des Königs zurückwiesen und auch den Bündnisvertrag gegen Holstein ablehnten, verfügte Erich die Beschlagnahme hansischer Schiffe und Waren, erließ ein Ausfuhrverbot und rüstete zum Krieg.

Im September 1426 vereinigten sich die sechs wendischen Städte Lübeck,

Wismar, Rostock, Stralsund, Hamburg und Lüneburg zum Krieg gegen Dänemark. Die pommerschen Städte schlossen sich an, während die preußischen
nur dann zu einer Unterstützung bereit waren, wenn die Sundfahrt frei blieb.
Die Hansestädte an der Nordseeküste, mit Ausnahme Hamburgs, blieben dem
Bündnis überhaupt fern.

Die Orlogflotte der wendischen Städte, 26 Koggen und 10 kleinere Schiffe
mit einer Streitmacht von 12 000 Mann, erlitt Anfang Juli 1427 im Gefecht mit
einer dänisch-schwedischen Flotte eine Niederlage. Eine hansische Baienflotte,
die im Vertrauen auf die Orlogflotte den Sund passieren wollte, fiel zum größten Teil in dänische Hände. Auch die Belagerung Kopenhagens, von einer neu
aufgestellten Flotte und schwimmenden Batterien im Jahre 1428 begonnen,
blieb ohne Erfolg. Allerdings scheiterte auch 1429 der Versuch einer dänischen
Flotte, Stralsund einzunehmen. Anschließend gingen beide Seiten zu einem
umfassenden Kaperkrieg gegeneinander über.

Der Kern der Kaper beider Seiten waren Freibeuter aus Ostfriesland, die
schon lange das Erbe der Likedeeler angetreten hatten. Ein Teil war schon seit
Kriegsbeginn im Geschäft. Nun setzte ein verstärkter Zulauf aus der Nordsee
ein. Den größten Ruf erwarb sich Bartholomäus Voet, der mit seiner Kaperflotte und 2 000 Freibeutern von der mecklenburgischen Küste aus operierte.
Er eroberte Fehmarn und schlug die norwegische Flotte. Zweimal, im August
1428 und im Mai 1429, überfiel, plünderte und verbrannte er Bergen. Auch für
die außerhalb des Bündnisses stehenden Hansestädte kannte er keine Scho-
nung, so hielt er 30 gekaperte preußische Schiffe gegen Lösegeld in seinen
Stützpunkten fest. Und die Schiffe der Städte, die die Kaperbriefe ausgestellt
hatten, wurden von den Kapern der Gegenseite aufgebracht.

Während der Kriegsjahre stellten die Städte die Bergen- und Schonenfahrt,
die wendischen Ostseestädte außerdem die Westfahrt ein. Innerhalb der Ostsee segelten die Schiffe nur noch in gesicherten Konvoiflotten. Jedes einzelne
Schiff nahm für einen möglichen Enterkampf zusätzlich Bewaffnete an Bord,
und besonders stark armierte Fahrzeuge deckten die Kauffahrer gegen anlau-
fende Feind- oder Kaperschiffe. Trotz der Sundsperre, von Dänemark und den
wendischen Städten gleichermaßen verhängt, wurde die Meerenge von den
Preußenstädten, von Holländern und Engländern immer wieder durchbrochen.
Das Salz im Osten wurde dennoch knapp und teuer.

So stellte das Lüneburger Salz, über Lübeck verschifft, das Hauptgut in der
ostwärtsgehenden Fahrt dar. Aus einigen Jahren sind Lübecker Angaben über
diese Fahrten erhalten geblieben. Im Oktober 1428 ging eine große Flotte,
überwiegend mit Travesalz beladen, nach Reval. Gleichzeitig trafen 110 Schiffe
mit Travesalz, Tuch und flämischer Ware von Lübeck in Danzig ein. Im folgenden Jahr traten beide Flotten mit preußischen Waren beladen die Rückreise an.
Für das Jahr 1430 liegen genaue Daten vor: Im März versegelte eine größere
Flotte von Reval nach Lübeck. Am 10. Juli gingen 23 Schiffe, gedeckt von 6 Ka-
perschiffen, von Lübeck nach Reval, wo sie am 31. Juli eintrafen. Die Heimreise wurde am 5. November angetreten. In Danzig war schon am 2. Juli eine

Konvoiflotte von 40 Schiffen aus Lübeck unbehelligt im Hafen eingetroffen.

Wenn man den florierenden Osthandel Lübecks sieht und liest, daß die Travestadt als Führerin des Bundes 1428 der preußischen Schiffahrt die geforderte Freigabe der Sundfahrt verweigerte, ist es schwer, an die Uneigennützigkeit des Lübecker Rates zu glauben. Die Salzpreise stiegen auf das Doppelte, und die Lübecker Zolleinnahmen erhöhten sich von 1 602 lübischen Pfund 1428 auf 4 271 lübische Pfund 1429. Auch Hamburg, mit Lübeck über den Landtransit verbunden, zog Nutzen aus dem Krieg, während die Rostocker und Stralsunder Kaufleute so schwere Geschäftsverluste erlitten, daß sie einen Vergleich mit dem Dänenkönig anstrebten.

Aber auch König Erich war, aufgrund seiner militärischen Mißerfolge gegen Holstein und der wirtschaftlichen Notlage seines Landes, an einer Beendigung des Krieges interessiert. So kam es 1432 zu einem Waffenstillstand und 1435 nach längeren Verhandlungen über die hansischen Privilegien zum Frieden von Wordingborg. Die Sundzollfrage, die Ursache des Krieges, blieb im Friedensvertrag ausgeklammert.

Der König hatte nicht auf seine Lieblingsidee, die seine immer leeren Kassen mit Geld füllen sollte, verzichtet. Die Erhebung des Sundzolls ist zum erstenmal für 1429 sicher bezeugt. Die preußischen Städte zahlten den Zoll, die Bremer, ebenso die Engländer und die Holländer sowie alle Nichthansestädte. Nur die wendischen Städte blieben verschont. Wenn eines ihrer Schiffe auf der Höhe des königlichen Schlosses Örekrog bei Helsingör auf dem Achterkastell die Flagge seiner Heimatstadt zeigte, durfte es die Enge ungehindert passieren. Alle anderen Schiffe mußten beidrehen und zahlen. Der Sundzoll, Ergebnis einer königlichen Machtprobe, hat sich unter den verschiedenen politischen Verhältnissen bis über die Mitte des 19. Jahrhunderts erhalten.

Seit Beginn des 15. Jahrhunderts bedrohten die Holländer das Seehandelsmonopol der Hansestädte in der Ostsee. Die Tagfahrten der Hanse von 1417 und 1418 sowie die Tagfahrten von 1423 und 1425 beschäftigten sich eingehend mit der wachsamen holländischen Konkurrenz. Die Herausforderung der Holländer begann mit dem Getreidehandel. Die holländischen Kaufleute umgingen das Stapelrecht der Städte und nahmen direkte Verbindung mit den Produzenten auf. Das gekaufte Getreide wurde an abgelegene Stellen, in den sogenannten Klipphäfen, auf flachgehende Schiffe verladen. Solche Klipphäfen waren zum Beispiel die Ankerliege- und Anlegeplätze zwischen der Insel Poel und dem Mecklenburger Festland, der Bug zwischen der Insel Hiddensee und Rügen, die Doberaner Wiek und andere Punkte der mecklenburgischen und pommerschen Küste. Auch auf der Unterelbe bedienten sich die Holländer solcher Klipphäfen.

Noch gefährlicher schien Lübeck das Eindringen der Holländer in den russisch-flandrischen Verkehr. Zunächst waren die Holländer nur als Frachtfahrer auf hansische Rechnung in die Ostsee gekommen. Doch der Schritt vom Frachtfahrer zum Fahrer auf eigene Rechnung war nicht groß, und so taten die

Holländer ihn dann auch. Natürlich stellten die holländischen Kaufleute ihre Waren nicht auf dem Stapel zu Brügge aus, der unter hansischer Kontrolle stand, sondern auf anderen niederländischen Märkten. Dem Antrag Lübecks auf den Hansetagen, den holländischen Handel in Livland zu verbieten, wurde von den livländischen Städten nur halbherzig zugestimmt; der Antrag, sie auch als Frachtfahrer auszuschalten, scheiterte am Widerstand der preußischen und livländischen Städte. Aber auch als Frachtfahrer umgingen die Holländer den Stapelzwang in Brügge.

Verbote konnten das Problem nicht lösen. Der Stapel zu Brügge, für den sich ganz besonders Lübeck einsetzte, wurde zum neuralgischen Punkt des gesamten Hansehandels. Die Versandung des Swin, die ungenügende Fahrwasserregulierung von Sluis bis Brügge, machte die Schiffahrt nach Brügge navigatorisch gefährlich. Der Kaufmann aber, und das war das entscheidende, wollte sich nicht länger an Brügge, den einzigen Handelsplatz seiner Waren, binden lassen, da sich in den benachbarten niederländischen Provinzen Holland, Brabant und Seeland entschieden bessere Handelsmöglichkeiten als auf dem Zwangsstapel zu Brügge boten. So entwickelte sich nicht nur auf den offiziell zugelassenen Messen in Antwerpen, sondern auch auf »wilden Stapeln« nichtflandrischer Städte ein reger Handelsverkehr.

Die wirtschaftlichen Gegensätze zwischen Holland und der Hanse erhielten mit der von den Burgunder Herzögen ausgehenden Vereinigung der Niederlande zu einem Einheitsstaat im 15. Jahrhundert auch politischen Charakter. Die Hanse fühlte sich als Repräsentantin aller deutschen Städte, unabhängig davon, daß auch nichtdeutsche Städte dem Bund angehörten. Die Küstenstädte zwischen Weser und Schelde, vor allem in Friesland und Holland, hatten immer schon eine Sonderstellung eingenommen. Mit wenigen Ausnahmen gehörten sie nicht zur Hanse. Nach der Vereinigung Hollands und Seelands im Jahre 1433 mit Burgund fühlten sich die erstarkenden niederländischen Städte als Angehörige eines nichtdeutschen Staates in die natürliche Gegnerschaft zu einem deutschen Städtebund versetzt, der sich in ihre Angelegenheiten einzumischen versuchte.

Als die Hanse 1434 ihre Verbote gegen den holländisch-seeländischen Handel erneuerte und sogar verschärfte, war eine kriegerische Auseinandersetzung unvermeidlich geworden. Verhandlungen und Stillhalteabkommen verzögerten den offenen Ausbruch des Konflikts. Doch die hansische Baienflotte, die zu Beginn des Jahres 1438 vom Swin ausgelaufen war, hatte von Burgund nur noch ein bedingtes Geleit zugesichert erhalten. Auf ihrer Rückreise wurde sie am 29. Mai 1438 von einer weit überlegenen holländischen Kriegsflotte angegriffen. Dabei wurden 23 preußische und livländische Baienfahrer aufgebracht, 11 wendischen Baienfahrern gelang die Flucht. Der ausgebrochene Krieg wurde wie üblich als Kaperkrieg ausgetragen. Hamburg und Bremen suchten wieder einmal »Utligger«, drohten gar den anderen Hansestädten, daß die Utligger ihre Schiffe als Feindschiffe behandeln würden, wenn sie Waren aus Holland oder Seeland an Bord hätten. Die wendischen Ostseestädte sperrten in Übereinstimmung mit dem dänischen Reichsrat den Niederländern die Sunddurchfahrt.

Ein Versuch der holländischen Kriegsflotte, die Durchfahrt zu erzwingen, scheiterte an der wendischen Orlogflotte, die die Sundschlösser in ihren Besitz gebracht hatte. Aber schon 1440 gewährte der neue Unionskönig Christoph III. (1439–1448), nachdem er die drei nordischen Reiche wieder unter seine Herrschaft gezwungen hatte, den Holländern freien Verkehr in seinem Reich. Es war ein politischer Schachzug, um sich dem drückenden Einfluß der Hanse zu entziehen, und er gelang. Die Furcht, ihre erheblichen Handelsvorteile in den nordischen Ländern zu verlieren, zwang die Städtevertreter an den Verhandlungstisch. Im August 1441 wurde in Kopenhagen ein zehnjähriger »Stillstand« geschlossen, in dem Holländer wie Hansestädte einander freien Verkehr zusicherten, »wie er von alters her« bestanden habe. Die »kürzlich eingeführten Beschränkungen« seien aufzuheben. Der Stillstand von Kopenhagen ist von Jahrzehnt zu Jahrzehnt verlängert worden. Er bestimmte für den Rest des 15. Jahrhunderts das Verhältnis zwischen den Niederlanden und dem deutschen Städtebund.

Die Versuche der Hanse, mit internen Geboten und Verboten den Westhandel weiter auf Brügge zu konzentrieren, scheiterte am natürlichen Verlauf der Dinge. Antwerpen zog mit seiner freien Handelsverfassung die kostbare Stapelware, wie Pelze, Felle, Wachs, Metalle, Wolle, Hanf, Flachs, Tuche und Leinen, auf seine Märkte, während sich Amsterdam gleichzeitig zum größten Getreidemarkt der Niederlande entwickelte.

Die Hanse war noch mit der Verteidigung ihrer alten Rechte in den Niederlanden beschäftigt, als in Preußen Ereignisse eintraten, die ihre Ostseefahrt gefährdeten. Im Jahre 1440 hatten sich 15 Städte, darunter Danzig, Elbing und Thorn, mit 53 Adligen im »Preußischen Bund« zusammengeschlossen, um ihre volle Mitbestimmung im Ordensstaat durchzusetzen. Die Gegenmaßnahmen des Ordens beantworteten sie mit der Loslösung vom Ordensstaat; sie unterstellten sich dem polnischen König Kasimir IV. (1447–1482). In dem 1454 ausbrechenden Krieg führten die preußischen Hansestädte Kaperkrieg gegen den Deutschen Ritterorden, während die übrigen Hansestädte neutral blieben.

Der Dänenkönig Christian I. (1448–1481) ergriff Partei für den Orden – die nordische Union war mit dem Tod König Christophs wieder zerfallen –, und Danzig verbündete sich mit Schweden. Die Livländer hielten dagegen zum Orden und schlossen ein Bündnis mit Dänemark. Dieses Wirrspiel wirtschaftlicher und politischer Gegensätze ließ die Ostsee zu einem Tummelplatz der Kaperei und Piraterie werden. Der Krieg wurde 1466 mit dem zweiten Thorner Frieden beendet. Hatte der erste Thorner Frieden dem Orden nach der Niederlage bei Tannenberg nur geringe Gebietsverluste gebracht, so mußte er 1466 Westpreußen an Polen abtreten. Der Hochmeister, mit dem ihm verbliebenen Teil Ostpreußens, wurde Lehnsherr der polnischen Krone. Damit war der Orden als Machtfaktor in der Ostseepolitik ausgeschieden, an seine Stelle trat das Königreich Polen.

Der polnische Seehandel lief nahezu ausschließlich über Danzig. Die Stadt wurde vom polnischen König, ähnlich wie auch Elbing und Thorn, mit großzügigen Privilegien ausgestattet. Neben einem großen Landbesitz erhielt sie volle Autonomie in allen Fragen der Handels- und Schiffahrtspolitik. Die Stadt bestimmte Öffnung und Schließung der Seeschiffahrt, sie übte Recht in Handels- und Schiffahrtsangelegenheiten und sie besaß das Gästerecht, das Strandrecht und anderes mehr, während der polnische König auf den Bau von Befestigungen innerhalb des Stadtgebietes und auf die Gründung von Konkurrenzstädten verzichtete. Danzig erschloß sich, sowohl für Export- als auch für Importwaren, ein ökonomisch leistungsfähiges und politisch relativ geschlossenes Hinterland. Damit waren für den Aufschwung Danzigs bessere Voraussetzungen gegeben, als sie der Ordensstaat jemals hätte gewähren können oder wollen. Die Stadt blieb zwar Mitglied der Hanse, aber es war vorauszusehen, daß ihre Politik den Interessen Lübecks und der anderen wendischen Hansestädte zuwiderlaufen würde.

Auch die livländischen Städte gerieten immer mehr in Widerspruch zu Lübeck. Der alte hansische Spruch »Gast handele nicht mit Gast«, mit dem den Holländern der Ankauf von Flachs und Getreide direkt beim Produzenten auf dem flachen Land untersagt worden war, sollte, von Riga ausdrücklich 1459 erklärt, nun auch für die Kaufleute der Hanse Anwendung finden. Das mußte besonders die lübischen Kaufleute treffen, die über zwei Jahrhunderte im Gebiet der Düna freien Handel getrieben hatten. Der größte Widerspruch zwischen den wendischen und livländischen Kaufleuten tat sich im Rußlandhandel auf. Die livländischen Städte hatten im Jahre 1436 Bestimmungen erlassen, nachdem dieser Handel nur noch über Reval, Riga und Dorpat als Stapelplätze abgewickelt werden durfte. Damit gewannen die livländischen Städte den entscheidenden Einfluß in den Kontoren von Nowgorod, Pleskau und Plozk, während Lübeck seine bis dahin eingenommene Schlüsselstellung verlor.

Mitte des 15. Jahrhundert waren auch die hansisch-englischen Beziehungen äußerst gespannt. Die englischen Kaufleute »Merchant Adventurers« (Wagende Kaufleute), forderten im Ostseehandel die gleichen Rechte, wie sie die Kaufleute der Hanse in England genossen. Im Mai 1449 überfielen englische Kaper eine heimkehrende niederländisch-hansische Baienflotte von rund 100 Schiffen, darunter 16 Lübecker und 14 Danziger Koggen. Eine neue Gewalttat der Engländer, die Wegnahme von 18 lübischen Baienfahrern 1458, blieb ebenfalls ohne ernsthafte Reaktion Lübecks, dem es nicht gelang, eine einheitliche Politik der Hanse gegen England durchzusetzen. Erst als König Christian I. 1467 Danziger Kaper in Dienst nahm, die als Repressalie gegen englische Übergriffe auf Island englische Schiffe im Sund aufbrachten, kam es 1469 zum Krieg.

Es war ein Kaperkrieg, der mit wechselndem Erfolg geführt wurde. Besondere Anstrengungen unternahmen die Hansestädte Lübeck, Hamburg und Danzig, die gut ausgerüstete Fredeschiffe gegen England entsandten. Der Ruhm eines Schiffes und eines Kapers hat die Zeiten überdauert: das »grote Kraweel« von Danzig – ursprünglich ein französischer Segler, dann umgetauft in PETER VON DANZIG – und sein Kapitän, der »harte Seevogel« und Freibeuter Paul Beneke. Nach erfolgreichen Kaperfahrten befehligte er später die hansische Orlogflotte, landete an der englischen Ostküste und hatte wesentlichen Anteil am militärischen Erfolg der Hanse in diesem Krieg.

Der Friedensvertrag von Utrecht im Jahre 1474 bestätigte der Hanse noch einmal ihre alten Privilegien. Auch Schadenersatz zahlten die Engländer. Statt einer Geldsumme übergaben sie dem Bund den Stalhof zu London und die Handelshäuser in Boston und Lynn zu ständigem Eigentum. Außerdem waren die Mißstände abzustellen, über die sich der deutsche Kaufmann seit langem beklagte. Der Friede zu Utrecht war der letzte nennenswerte Erfolg, den die Hanse in ihrer aktiven Machtpolitik erreichen konnte.

Die Zerrissenheit des Städtebundes und sein einsetzender Zerfall zeigten sich bereits bei den Vorverhandlungen zum Utrechter Frieden. Wenn auch Köln, das sich auf die Seite Englands gestellt hatte, durch »Verhansung« – das hieß Ausschluß aus der Hanse – zur Kapitulation gezwungen werden konnte, so waren doch die Interessengegensätze zwischen den wendischen und preußischen Städten nicht zu überbrücken. Der Streit ging vor allem zwischen Lübeck und Danzig um die Beziehungen zu England und den Niederlanden. Danzig war an Direktbeziehungen interessiert, Lübeck wollte die Kaufleute beider Länder aus der Ostseefahrt hinausdrängen. In den Auseinandersetzungen erklärten die Lübecker schließlich, daß »de rad to Lubeke der ghemenen stede hovet nicht lenghe« sein wolle.

Der allgemeine Niedergang des Städtebundes setzte Anfang des 16. Jahrhunderts ein. Über Jahrhunderte hatten die Städte, unabhängig von Kaiser und Reich, im Interesse ihres Seehandels eine eigenständige Politik gemacht. Sie bekriegten Dänemark und Schweden, Holland und England, sie schlossen Bündnisse mit Königen, setzten sogar selbst Könige ein und ab. Ein letztes Mal versuchte sich Lübeck als Königsmacher in der sogenannten Grafenfehde 1534/35. »Zwei Grafen als von Lübeck gemachte Könige« sollten in Dänemark und Schweden den Thron besteigen. Doch die Kraft der vom Reich isolierten Städte reichte gegen das erstarkende Bürgertum in den nationalen Königreichen nicht mehr aus. In der Grafenfehde kamen weder die lübischen Grafen auf den Königsthron noch sperrten die Dänen den Holländern den Sund, worauf es Lübeck besonders abgesehen hatte. Die Hanse, und das war in diesem Fall das nur noch von Rostock und Wismar unterstützte Lübeck, erlitt eine Niederlage. Die nationale Kaufmannschaft in Dänemark verlangte, den Fernhandel des Landes in die eigenen Hände zu nehmen und die Monopolstellung der Hanse zu brechen. So begründete der dänische König die Aufhebung der hansischen Privilegien damit, daß es genügend Kaufleute in Dänemark gäbe, um die Versorgung des Landes mit Waren sicherzustellen.

Im Verlauf des 16. Jahrhunderts wurden fast alle Hansekontore durch die Gastländer geschlossen, die den hansischen Kaufleuten gewährten Privilegien aufgehoben. Angefangen hatte es bereits 1494 mit der Schließung des Kontors in Nowgorod durch den russischen Zaren Iwan III. Er setzte überdies die 49 dort ansässigen hansischen Kaufleute fest, ließ sie nach Moskau bringen und für ihn tätig werden. Den Schlußpunkt setzte Königin Elisabeth I., als sie 1598 den Stalhof in London schließen ließ. Es war das Ende der politischen Tätigkeit des Städtebundes.

Die schärfsten Handelskonkurrenten der hansischen Kaufleute waren die Seekaufleute der Niederlande und Englands. Die Holländer und Seeländer hatten außerdem auf Kosten der Hanse einen großen Vorteil erreicht, als seit 1425 die riesigen Heringsschwärme urplötzlich nicht mehr durch den Sund in die Ostsee, sondern nun regelmäßig zur südlichen Nordsee vor die niederländische Küste zogen. Die Bedeutung des Heringshandels zeigt sich allein an der Zahl von etwa 3 000 Schiffen, die jährlich von der holländischen und seeländischen Küste zum Fang ausliefen.

Zu einem Teil hat die Uneinigkeit der Städte zum Niedergang der Hanse beigetragen. Entscheidend für den Verfall aber war die politische und wirtschaftliche Zersplitterung des Reiches, der Umstand, daß hinter dem Bund kein größerer zentralisierter Staat stand, wie in den Niederlanden und in England. Der Dreißigjährige Krieg beschleunigte den endgültigen Zerfall des Bundes. Der größte Teil der deutschen Ost- und Nordseeküste fiel in die Hände fremder oder eigener Potentaten, die den Seehandel nicht förderten, sondern hemmten.

Und schließlich: die Zeit von Stadtstaaten und Stadtbünden war historisch beendet, die Schaffung bürgerlicher Nationalstaaten stand auf der Tagesordnung. Die Schiffahrt aber in Ost- und Nordsee wurde ebenso wie die des Mittelmeeres durch die atlantische Seefahrtsepoche abgelöst.

Reederei, Schiffer und Befrachter

Die vorhansische Zeit in Deutschland kannte noch nicht die Institution einer Seereederei. Urkunden und Rechtsaufzeichnungen, besonders die ältesten deutschen Seerechte vom Ende des 13. Jahrhunderts, lassen nur den Rückschluß zu, daß zu der Zeit, wo der Kaufmann noch selbst »über Sand und Meer« zog, eine Arbeitsteilung an Bord der Schiffe bestand. Die grobe Schiffsarbeit wurde vermutlich von den Söhnen oder vom leibeigenen Gesinde des Kaufmanns verrichtet. Aus der Karolingerzeit liegt ein Zeugnis vor, nach dem der friesische Seehändler »sich seiner ihm zu eigen gehörigen Knechte« zur Schiffsarbeit bediente.

Spätere Spuren deuten in den Beziehungen zwischen Schiffseigentümern und Schiffsmannschaften auf genossenschaftliche Verhältnisse hin. Um Nachturlaub mußte nicht nur beim Schiffer, sondern auch beim Schiffsvolk nachgesucht werden. Die Heuer wurde direkt von den Befrachtern bezahlt, wobei Schiffseigentümer und Befrachter gewöhnlich ein und dieselbe Person waren. Außerdem gab es die »Führung«, also das Recht der Mannschaft, eine bestimmte Warenmenge frachtfrei mitzuführen. Auch die Existenz eines Schiffsrates, zu dem Schiffsherr, Schiffsvolk und an Bord befindliche Befrachter bei bestimmten Gelegenheiten zusammentraten, läßt auf eine Schiffsgenossenschaft schließen. Eine exakte Nachzeichnung der Entwicklung in vorhansischer Zeit ist bei der Dürftigkeit der vorhandenen Unterlagen kaum möglich.

Zu Beginn der Hanseschiffahrt rüstete der Kaufmann sein Schiff entweder allein oder in Partnerschaft mit mehreren Kaufleuten aus. In manchen Fällen übernahm der Kaufmann oder einer der Kaufleute aufgrund speziell erworbener Kenntnisse auch die Schiffsführung. Gewöhnlich aber bestellte man einen nautischen Fachmann, den Steuermann, gegen einen Anteil am Frachtgewinn zur Führung des Schiffes und der Mannschaft. Da der Schiffsführer auch über ausreichende seemännische und nautische Kenntnisse verfügen mußte, wurde nur selten einer der Mittbesitzer zum ständigen Seefahrer. Schon der Name »schipphere« zeigt seine Doppelstellung. Als Miteigentümer des Schiffes ist er ein Herr, was ihn von Steuermann und Mannschaft unterscheidet. Aber er ist ein Schiffsherr, und das unterscheidet ihn von den übrigen Miteigentümern. Später wurde das Wort schipp-here zusammengezogen zu schipper, noch später wurde daraus der Schiffer.

Bis ins 16. Jahrhundert hinein ist eine Bezahlung des Schiffers in Form einer Heuer oder Führung nicht bezeugt. Der Schiffer war demnach weniger ein Beauftragter seiner Mitreeder als vielmehr ein selbständiger Unternehmer, der zur Aufbringung des Betriebskapitals Teilhaber und Partner suchte. Das ältere hamburgische und lübische Schiffsrecht kannte nur zwei Partner; doch gab es auch Partenreedereien mit mehreren Partnern, die gleiche oder verschiedene Anteile am Schiff besaßen und nach dem Verhältnis ihrer Parten an Gewinn oder Verlust beteiligt waren.

In der Regel gab der Schiffer den Anstoß zum Bau eines Schiffes. So heißt es im hansischen Seerecht des 16. Jahrhunderts: »Kein Schiffer soll sich erdreisten, ein Schiff anfangen zu bauen, es sei denn, daß er seine Freunde alle habe«. Freunde, also Partenbesitzer, das waren in den Hansestädten gewöhnlich Kaufleute, die verfügbare Gelder günstig anlegen wollten, aber auch Handwerker, die an Bau und Ausrüstung des Schiffes Anteil hatten oder Fleischer, Bäcker und Bierbrauer, die den Proviant lieferten. Die gebräuchlichste Partenaufteilung waren ½, ¼, ⅛ und 1/16 Anteile. So gehörten 1449 von einem lübischen Baienfahrer, dessen Wert 2 000 lübische Mark und dessen Frachtgewinn auf einer Reise ebensoviel betrug, dem Schiffer ¼, einem Mitreeder ⅛, einem zweiten Mitreeder ¼ und 1/16 und fünf weiteren je 1/16 des Schiffes.

Die ursprüngliche Identität zwischen Reeder und Befrachter, die bis zum 12. Jahrhundert in Deutschland allgemein gegeben war, existierte auch noch in den Anfängen der hansischen Schiffahrt. Im Verlauf der Zeit wurde es jedoch immer mehr zur Ausnahme, daß Kaufleute, die einen Schiffspart erworben hatten, einen entsprechenden Teil des Schiffes mit eigenen Waren befrachteten. Außer bei Massengütern wie Getreide und Salz war es für den Kaufmann schon aus Risikogründen günstiger, kostbare Stapelware auf mehrere Schiffe zu verteilen. Bei dem saisonmäßigen Schiffahrtsbetrieb in der Hansezeit fiel die Befrachtung gewöhnlich zeitlich und örtlich zusammen. Der Stalhof zu London, die deutsche Brücke zu Bergen und die verschiedenen anderen Hansekontore boten Schiffern und Kaufleuten Gelegenheit, über Angebot und Nachfrage Frachtverträge zu schließen. Auch in den Hansestädten selbst bildete der freie Frachtabschluß die Regel.

Seit 1445 besaßen die lübischen Bergenfahrer ein Organ, aus vier Frachtherren gebildet, das die Frachtabschlüsse zwischen Befrachter und Schiffer vermittelte. Später findet sich ein solches Organ auch in Hamburg, Rostock und Wismar sowohl für die Flandern- als auch für die Livlandfahrt. Die Frachtherren nahmen zunächst die Anmeldungen der Befrachter entgegen. Sobald sie übersehen konnten, wie groß der Bedarf an Schiffsraum sein würde, traten sie mit einer entsprechenden Anzahl von Schiffern in Verbindung. Sie vereinbarten die Höhe der Frachtraten und schlossen die Frachtverträge ab, die sich gewöhnlich auch auf die Rückfracht erstreckten. Für jedes Schiff wurde eine Liste mit den zu verladenden Gütern angefertigt, die sogenannte »Rulle«, die dem Schiffer zusammen mit dem Frachtvertrag, dem sogenannten »Zerter«, als Beweisdokument übergeben wurde. Nur wer in der Rulle aufgeführt war, durfte seine Güter in das Schiff abladen, und umgekehrt wurde das Löschen der Güter vom Warenempfänger oder seinem Beauftragten an Hand der Rulle kontrolliert.

Die hansische Schiffahrt kannte keine Seeversicherung, wie sie im Mittelmeergebiet bereits seit dem 14. Jahrhundert bestand. Dabei waren die Gefahren für Schiff und Ladung im Nord- und Ostseeraum kaum weniger groß als im Süden. Auch wenn man die bedingte Seetüchtigkeit vieler kleinerer Schiffe, mangelhafte nautische Ausrüstung und Kenntnisse, die nur unzureichende Bezeichnung der Fahrwasser und ähnliche Dinge außer Betracht läßt, bleiben doch die nahezu ununterbrochenen Seekriege, die Kaperei und Piraterie, Repressalien, Arreste und Beschlagnahmen in fremden Häfen, die sowohl für Schiffer als auch Befrachter stets ein hohes Risiko bedeuteten. Und seit der Zeit, da der Kaufmann als Befrachter seine Waren nicht mehr selbst begleitete, war er auch auf die Ehrlichkeit und Zuverlässigkeit des Schiffers angewiesen.

Allerdings verlangte die hansische Gesetzgebung vom Schiffer die getreue Ausführung des Frachtvertrages. Nach einem Erlaß von 1418 konnte der Befrachter den Schiffer bei Nichteinhaltung des Frachtvertrages haftbar machen. Dem ungetreuen, mit der Ladung flüchtigen Schiffer drohte sogar der Tod. Verkaufte der Schiffer sein Schiff vor Vollendung der Reise, mußte er seinen Befrachtern ein Ersatzschiff chartern; erkrankte er, hatte er einen Vertreter zu stellen. Im 15. Jahrhundert bemühte sich die Hanse, die Seetüchtigkeit der Schiffe gesetzlich zu garantieren. Auf den Werften wurde durch zwei geschworene »Wraker« Bauaufsicht geführt, die außerdem durch Markierungen vorn und achtern den zulässigen Tiefgang der Schiffe deutlich zu machen hatten.

Aber auch die Ansprüche des Schiffers gegenüber den Befrachtern wurden durch das Seerecht der Hanse gesichert. Der Schiffer hatte im Bestimmungshafen das Recht, die Ladung solange nicht auszuliefern, bis ihm die volle Frachtgebühr bezahlt worden war. Bei Schiffbruch konnte er einen Frachtanspruch auf das gerettete Gut erheben; eine Zahlung nach zurückgelegter Wegstrecke erfolgte, wenn der Schiffer sich außerstande sah, den Bestimmungshafen zu erreichen. Nach hamburgischem und lübischem Recht besaß der Schiffer Anspruch auf Fautfracht, das war die halbe Frachtsumme, wenn der Befrachter die vertraglich festgelegte Fracht nicht zur Abladung brachte oder wieder entladen ließ. Die volle Fracht war zu zahlen, wenn die Gegenorder des Befrachters erst nach Auslaufen des Schiffes eintraf. Auch für Verluste, die durch Nichteinhaltung der Ladefrist entstanden, war der Befrachter verantwortlich.

Wenn auch die Bezeichnung Havarei dem hansischen Seerecht fremd war, so gab es doch gesetzliche Regelungen, die dem später aufkommenden Begriff der besonderen, der großen und der kleinen Havarei entsprachen. Grundsätzlich galt das Prinzip, daß Schiffsschäden allein vom Schiffer, Ladungsschäden nur von den Befrachtern zu tragen waren. Unter besondere Havarei wurden Unfälle und Schäden an Schiff und Ladung gezählt, die ohne eigene Absicht entstanden waren. Kollisionen fielen zum Beispiel bei der Hanse unter besondere Havarei. Wenn der am Unfall schuldige Schiffer schwor, daß er nicht absichtlich gehandelt hatte, brauchte er nur die Hälfte des Schadens zu ersetzen; leistete er den Eid nicht, so haftete er für den Gesamtschaden.

Weiterentwickelte Seerechte unterschieden zwischen einem einfachen Zusammenstoß und einem Zusammenstoß mit nachfolgendem Schiffsuntergang. Bei einem Schiffsuntergang erfolgte die Schadensfestlegung nicht zu gleichen Hälften, sondern nach dem Größenverhältnis der Kollisionsgegner. Die Havareigrundsätze fanden keine Anwendung bei Untergang und Strandung eines Schiffes oder bei Aufbringung durch Seeräuber. Auch die durch fremde Anker verursachten Schäden fielen nicht unter besondere Havarei, der schuldige Schiffer hatte vollen Schadenersatz zu leisten.

Beim Seewurf, dem häufigsten Fall der großen Havarei, durfte der Schiffer einen Teil der Ladung über Bord werfen, um sein Schiff aus Seenot zu retten. Waren Befrachter an Bord, so mußte er sie nach ihrer Meinung fragen. Waren sie gegen den Seewurf oder waren überhaupt keine Befrachter an Bord, so mußte der Schiffer zwei oder drei erfahrene Seeleute seiner Besatzung um Zustimmung bitten. Ihre eidesstattliche Aussage über die Notwendigkeit des Seewurfs sicherte dem Schiffer das Recht der großen Havarei. Bei der großen Havarei wurde der Wert von Schiff und Ladungspartien addiert und der Schadenersatz nach den Wertanteilen im Rahmen der Gesamtsumme berechnet. Das gleiche Prinzip fand Anwendung beim Kappen des Mastes oder des Ankerkabels. Große Havarei lag auch vor beim Leichtern nach der Strandung des Schiffes oder beim Lösegelt, das an Seeräuber gezahlt worden war.

Ein typisch mittelalterlicher Anwendungsfall der großen Havarei, auch in der Hanseschiffahrt noch gebräuchlich, war die Zahlung des Lotegeldes (Losgeld). Bei schwerem Sturm oder schwerer See wandten sich die Besatzung des Schiffes und alle, die sonst noch an Bord waren, mit Gebeten an die Heiligen. Für ihre Rettung aus Seenot legten sie das Gelübde zu einer Wallfahrt ab und warfen das Los, wer von ihnen mit der Erfüllung beauftragt werden sollte. Die Kosten für die Wallfahrt wurden durch die große Havarei aufgebracht.

Das Anfallen außergewöhnlicher Kosten, die vorsorglich für die Sicherheit des Schiffes aufgebracht werden mußten, galten als Fälle der kleinen Havarei. Bezahlt wurden auch sie nach den Anteilen am Wert, den das Schiff und die einzelnen Ladungspartien insgesamt darstellte. Ein typischer Fall der kleinen Havarei waren Lotsen- und Schlepperkosten, wenn sie vor unbekannten Küsten oder bei gefährlichen Ansteuerungen in Anspruch genommen wurden. Im Normalfall hatte der Lotse vom Schiffer seine Beköstigung, von den Befrachtern seine Bezahlung zu verlangen. Doch gab es lange Zeit keine einheitliche Regelung, dafür aber häufige Streitigkeiten über die Notwendigkeit der Inanspruchnahme dieser Hilfsdienste zwischen Schiffer und Befrachtern. Die hansische Schiffsordnung von 1447 legte dann endgültig fest, unabhängig von notwendiger oder nicht notwendiger Havarei, daß die angefallenen Kosten zur Hälfte vom Schiffer und zur anderen Hälfte von den Befrachtern zu tragen seien.

Geregelt waren auch Bergepflicht und Bergerecht des Schiffers. Altes Hamburger und Lübecker Schiffsrecht verlangte vom Schiffer beim Untergang oder bei der Strandung seines Schiffes folgende Reihenfolge bei der Bergung einzuhalten: zuerst die Menschen, dann ihre Habe, danach die Schiffsausrüstung und zuletzt die Ladung. Ende des 14. Jahrhunderts gab es im hansischen Recht die Pflicht zur Ladungsbergung, und das hansische Statut von 1418 bedrohte den Seemann bei Verweigerung der Bergung sogar mit Gefängnis, im Wiederholungsfall mit Brandmarkung. Die Schiffsmannschaft hatte aber auch Anspruch auf Bergelohn, »redlichen Arbeitslohn«, der allerdings freier Vereinbarung überlassen blieb. Erst das hansische Schiffsrecht von 1497 enthielt einen allgemeinen Bergelohntarif.

Über die Rentabilität des Reedereigeschäfts gibt es nur wenige detaillierte Angaben, meistens fehlt der Zusammenhang und außerdem sind sie durch Vergleichsschwierigkeiten der unterschiedlichen Währungseinheiten belastet. Einige rekonstruierte Rentabilitätsberechnungen, auf Silberbasis bezogen, und Auszüge aus Reedereigeschäftsbüchern, die pauschale Angaben enthalten, vermitteln dennoch einen Überblick.

Beispiel für einen Holk von 120 Last um 1450:

Baupreis pro Last 12 preußische Mark = 320 Gramm Silber, Gesamtbaupreis 1 440 preußische Mark = 38 400 Gramm Silber. Die Ausgaben und die Einnahmen sind auf eine Rundreise von acht Monaten Dauer zwischen Preußen und Flandern mit Anlaufen von Zwischenhäfen bezogen. Die Auslastung der Tragfähigkeit wurde mit durchschnittlich 80 Prozent angenommen.

Ausgaben	in Gramm Silber
Ausrüstung, Hafenkosten u.ä.	9600
Heuer für 24 Mann in 8 Monaten	11520
(pro Mann und Monat 60 Gramm Silber)	
Kost für 25 Mann in 8 Monaten	8000
(pro Mann und Monat 40 Gramm Silber)	
	29120
Amortisation 10 Prozent	3840
Gesamtausgaben	32960

Frachtgewinn in der Rundreise

120 Last Tragfähigkeit	
−10 Last für Führung	
110 Last zu 80 Prozent ausgelastet	
= 88 Last zu je 424 Gramm Silber Frachtgewinn	37312
Gesamteinnahmen	37312

Nettogewinn

Einnahmen	37312
Ausgaben	32960
Gewinn	4352

In dem überlieferten Handelsbuch des Hamburger Kaufmanns Vicko von Geldersen sind die Ergebnisse aus vier Reedereigeschäften niedergeschrieben. Ohne Berechnung einer Amortisation erzielte Geldersen folgende Nettogewinne:

1. Aus einem Viertelpart an einem Koggen von 1374 bis 1380 im Jahresdurchschnitt 1500 Gramm Silber. Nach Abzug der Amortisation verblieben 1100 Gramm Silber = 20 lübische Mark.
2. Aus einem Viertelpart an einem Holk von 1377 bis 1384 im Jahresdurchschnitt 555 Gramm Silber = 10 lübische Mark. Nach Abzug der Amortisation würde ein Verlust entstehen.
3. Aus einem Drittelpart an einem Koggen von 1379 bis 1387 im Jahresdurchschnitt 2110 Gramm Silber = 38 lübische Mark. Nach Abzug von 10 Prozent Amortisation verbleiben 1000 Gramm Silber = 18 lübische Mark.
4. Aus einem Achtelpart an einem Ewer von 1381 bis 1387 im Jahresdurchschnitt 333 Gramm Silber = 6 lübische Mark. Hier würde eine zehnprozentige Amortisation den Gewinn aufzehren.

Hamburger Kämmereirechnungen geben Aufschluß über ein Reedereigeschäft der Stadt im Jahre 1476. Die Stadt Hamburg besaß einen Halbpart an einem Islandfahrer, der »Hispanier«. Bei einem Aufwand von 1361 lübischen Pfund erbrachte die Islandfahrt einen Bruttogewinn von 1425 lübischen Pfund, also einen Nettogewinn von 64 lübischen Pfund. Das waren 1 290 Gramm Silber. Der Halbpart wurde im darauffolgenden Jahr für 300 lübische Pfund verkauft. Geht man demnach von einem Anlagevermögen von insgesamt 600 lübischen Pfund aus, ergibt sich eine Dividende von rund 11 Prozent.

Es gibt nicht eben wenige rekonstruierte Rentabilitätsberechnungen aus der Hanseschiffahrt, die bei einer acht- oder neunmonatigen Rundreise mit 100 Prozent Gewinn abschließen. Aber diese Beispiele haben alle gemeinsam einen grundsätzlichen Fehler: Sie rechnen ohne Amortisationsrücklagen und mit einer hundertprozentigen Auslastung der Tragfähigkeit während der gesamten Rundreise. Das aber ist eine utopische Annahme, wie die leider nur spärlichen Daten aus Geschäftsbüchern beweisen.

Interessant ist der Vergleich zwischen der Matrosenheuer, dem Arbeitseinkommen verschiedener Berufsgruppen an Land und den Reederanteilen um 1450, berechnet auf 270 Arbeitstage:

Matrosenheuer	540 Gramm Silber
Nichtqualifizierter Tagelöhner	510 Gramm Silber
Bergmann	600 Gramm Silber
Zimmermann (im Rheinland)	864 Gramm Silber
Professor	1800 Gramm Silber
Reeder (nach Beispiel) mit ¼ Part	1088 Gramm Silber
Reeder (nach Beispiel) mit ½ Part	2176 Gramm Silber

Das Reedereigeschäft lohnte sich also, wenn auch nicht gerade für den Seemann, so aber doch für Schiffsherr und Partenbesitzer!

Schiffe der Hansezeit und ihre Besatzungen

Das bekannteste Schiff der Hansezeit ist der Koggen. Bis heute ist es noch allgemein üblich, vom Hansekoggen zu sprechen. Tatsächlich verdankt die Hanse einen großen Teil ihrer Erfolge diesem Schiff, das Handels- und Kriegsschiff zugleich war. Aus der einmastigen Kogge des 13. und 14. Jahrhunderts entwickelte sich der stolze Dreimaster des 15. Jahrhunderts, der Holk. Neben der ursprünglich männlichen Form steht im heutigen Sprachgebrauch auch die weibliche Form: die Kogge und die Holk oder die Hulk.

Der Schiffbau wurde in den Hansestädten ausschließlich auf der Grundlage von Erfahrungen als hochangesehene Kunst ausgeübt, wobei Kiellegung und Stapellauf beachtete gesellschaftliche Ereignisse darstellten, die feierlich begangen wurden. In Europa bildete sich erst im 17. Jahrhundert eine Theorie des Schiffbaus nach mathematisch-physikalischen Gesetzmäßigkeiten heraus. Urkundlich sind Koggen aus Friesland und Wismar erstmalig 1206 und 1210 in englischen Seefahrtsregistern erwähnt worden. Diese frühen Koggen, wie sie auch von Siegeldarstellungen nordischer Seestädte vom Anfang des 13. Jahrhunderts bekannt sind, zeigen noch große Ähnlichkeit mit den Knarren der Wikinger und den friesischen Urkoggen. Es sind Einmastschiffe mit einem gro-

Der Koggen.

ßen viereckigen Rahsegel, die zu Beginn des 13. Jahrhunderts noch das auf der rechten Bordseite angebrachte Steuerruder der Wikingerschiffe führten.

Der Koggen der Hansezeit war ein hochbordiges, klinkerbeplanktes Fahrzeug mit einem kurzen und gedrungenen Schiffskörper. Der fast gerade Kiel war aus einem Stück gefertigt. Die an ihm befestigten Vor- und Achtersteven stiegen steil aufwärts. Um die Verbände des Schiffskörpers zu verstärken, wurden zwischen den Spanten Querhölzer gezogen, die über die Außenhaut hinausragten und gleichzeitig als Decksbalken das durchlaufende, geschlossene Deck trugen. In den späteren Jahren wurde, vielfach als zusätzliche Ausrüstung für die Aufnahme von Bewaffneten, auf einem freistehenden Gerüst vorn und achtern ein kastellartiger Aufbau gesetzt. Auch der Mast trug auf seiner Spitze ein kleines Kastell für den Ausguck. Die Größe des Koggen wurde nach Last berechnet. Eine Last war die Roggenmenge, die mit einem vierspännigen Wagen transportiert werden konnte. Weil diese Menge in den einzelnen Städten unterschiedlich berechnet wurde, einigte man sich auf die Danziger Roggenlast, die wenig mehr als 2 000 Kilogramm betrug und einen Raum von 3,25 Kubikmeter beanspruchte. In Westeuropa und im Mittelmeergebiet, wo der Weintransport eine große Rolle spielte, nahm man die Tonne Wein als Grundmaß für die Tragfähigkeit eines Schiffes. Gerechnet wurde mit einem Faß Wein von 1 000 Kilogramm, einer Masse, die ein zweispänniger Karren laden konnte. Die Koggen des 14. Jahrhunderts konnten gewöhnlich zwischen 50 bis 60 Last aufnehmen, sie besaßen also eine Tragfähigkeit von 100 bis 120 Tonnen.

Seine Entwicklung zum bevorzugten Hochseeschiff des Mittelalters verdankt der Koggen neben seiner einfachen, gut zu bedienenden Takelage vor allem der Einführung des fest mit dem Achtersteven verbundenen Steuerruders, das für einen Koggen erstmals auf dem Elbinger Stadtsiegel von 1242 bezeugt ist. Das alte Seitensteuer konnte weder einem stärkeren Segeldruck standhalten noch war es möglich, mit ihm ein größeres Schiff auf Kurs zu halten. Erst mit dem Stevenruder, das durch eine Ruderpinne bedient wurde, konnten Schiffe und Segelfläche bedeutend vergrößert werden. Über die Herkunft dieser für den Schiffbau revolutionierenden Erfindung besteht Unklarheit. Sie wird sowohl Arabern als auch Friesen, Holländern, Engländern und verschiedenen Hansestädten zugeschrieben. Die älteste Schiffsdarstellung mit festem Steuerruder findet sich auf einem Taufstein aus dem Jahre 1180 in der Kathedrale von Winchester. Es ist also durchaus möglich, daß andere Schiffe noch vor den Koggen das feste Stevenruder besaßen.

Bis vor wenigen Jahren kannte man den Koggen nur aus Chroniken, von Stadtsiegeln oder anderen Abbildungen hansischer Dokumente. Im Jahre 1962 stieß man bei Baggerarbeiten auf dem linken Weserufer bei Bremen auf einen noch gut erhaltenen Koggen, den ersten Originalfund eines Koggen überhaupt. Der Koggen konnte leider nicht im ganzen gehoben und geborgen werden, weil das Holzschiff durch Luft- und Gezeiteneinwirkung rasch verfiel. So wurden in jahrelanger, mühevoller Arbeit 550 Einzelteile bezeichnet, geborgen, konserviert und wieder zusammengebaut. Reste einer Ladung konnten auf dem Schiff nicht festgestellt werden, dafür fand man Werkzeuge wie Zimmermannshammer, Beil, Kalfatermesser und eine Tonne Holzteer. Daraus ist zu schließen, daß es sich bei dem Bremer Koggen um einen noch nicht ganz fertiggestellten Werftneubau handelt. Der Originalfund bestätigt eindeutig die typischen Merkmale von Koggen, wie sie schriftlich und bildlich überliefert sind.

Der Bremer Koggen ist 23,5 Meter lang, 7 Meter breit, 7,5 Meter hoch und besitzt eine Tragfähigkeit von 65 Last. Der Kiel verläuft gerade, die angesetzten Vor- und Achtersteven sind aus starken Hölzern gearbeitet. Fünf Querbalken, die über die Bordwände hinausragen, tragen das geschlossene und durchgehende Deck. Auf dem Achterschiff ist auf einem gerüstartigen Unterbau ein den Rumpf überragendes Kastell errichtet. Das Schiff war noch nicht voll ausgerüstet. So fehlt das Ruder, und auch die Takelage ist nicht vollständig. Die am Achtersteven angebrachten Ruderösen beweisen allerdings eindeutig, daß für den Koggen ein festes Stevenruder vorgesehen war. Dieser Umstand erleichtert auch die zeitliche Einordnung des Koggenbaus, der zwischen 1250 und 1370 liegen dürfte.

Der Koggenfund am Ufer der Unterweser ruft die Erinnerung an die alte bremische Stadtchronik wach, die bereits 1220 von einem »hohen Koggen« auf der Weser berichtet. Der Erzbischof von Bremen hatte unterhalb Bremens auf der Weser eine Kettensperre errichten lassen, um die bremischen Schiffe mit Zoll belegen zu können. Dazu die Chronik: »Aber was taten da der Rat und die Kaufmannschaft von Bremen? Sie warteten eine hohe Flut ab, rüsteten einen hohen Koggen aus, vollkommen mit aller Herrlichkeit, bemannten ihn mit Ratsleuten und anderen guten Leuten, die dazu geeignet waren, gingen unter Segel als ein guter Wind wehte, und segelten die Kette mitten entzwei.«

Der Holk hat im 14. Jahrhundert im Raum der Nord- und Ostsee neben dem Koggen existiert. Er wird in den Chroniken allerdings wenig erwähnt, und wenn er erwähnt wird, so sind keine Unterschiede zum Koggen erkennbar. Noch Anfang des 15. Jahrhunderts war der Koggen, der inzwischen eine Größe um 100 Last erreicht hatte, das dominierende Hochseeschiff der wendischen Hansestädte. Die preußischen Kaufleute dagegen verlangten das größere Schiff und bevorzugten den Holk. Die untere Grenze der preußischen Holke lag bei etwa 90 Last, gewöhnlich trugen sie 120 bis 150 Last, später bis zu 200 Last (400 Tonnen). Im Verlauf des 15. Jahrhunderts verdrängte der dreimastige Holk den einmastigen Koggen auch im hansischen Westen. In der holländischen Ostsee- und Baienfahrt hat sich der Koggentyp, als Koggenscheep bezeichnet, in einer Mischform zwischen niederländischem Küsten- und deutschem Hochseeschiff, bis Ende des 15. Jahrhunderts erhalten. Im Jahre 1475 werden »die schönen neuen Koggen« mit Vorderkastell im Verband einer holländischen Baienflotte ausdrücklich erwähnt. Einzelangaben sind in dem Bericht nicht enthalten.

Die Takelung der hansischen Schiffe bestand bis Mitte des 15. Jahrhunderts auch bei den größten Schiffen grundsätzlich aus einem genau mittschiffs stehenden Mast, der an seiner Querrah ein einziges viereckiges Segel trug. Darin bildete auch der Holk zunächst keine Ausnahme. Der Unterschied zum Koggen war die größere Tragfähigkeit und die organisch mit dem Schiffskörper verbundenen Vor- und Achterkastelle, die beim Koggen fehlen konnten. Die Dreimasttakelung des Holks wird mit dem Einlaufen des französischen GROOTEN KRAWEEL 1462 nach Danzig in Verbindung gebracht. Die preußischen Schiffer sahen mit Erstaunen, daß die geteilte Segelfäche leichter und mit weniger Leuten zu bedienen war als das große Rechtecksegel ihrer Schiffe. Für diese Annahme spricht der Umstand, daß seit dieser Zeit der Holk immer häufiger als

Dreimaster gebaut wurde. An Fock- und Großmast führte er ein viereckiges Rahsegel, am Besanmast das an einer Schrägrah befestigte Lateinersegel. Auch der Übergang von der Klinker- auf die Kraweelbeplankung fällt in diese Zeit.

Die Kraweelbeplankung ermöglichte vor allem den Bau größerer Schiffe als sie bei der Hanse bis dahin üblich waren. So ließ 1488 ein Danziger Reeder ein Kraweel auf Stapel legen, dessen Länge im Kiel 31,5 Meter, über Deck 39,6 Meter, und dessen Breite 12,63 Meter betrug. Mit diesen Maßen und einer Tragfähigkeit von rund 400 Last erreichte das Schiff in etwa die Dimensionen des GROOTEN KRAWEEL.

Der Holk.

Außer Koggen und Holke als ausgesprochene Hochseeschiffe hat es in der Hanseschiffahrt Fahrzeuge mittlerer und kleinerer Größe gegeben, die im Küstenverkehr über kürzere oder längere Strecken eingesetzt wurden. Sie dienten dabei sowohl als Frachter als auch als Kaper- oder Sonderfahrzeug. In alphabetischer Reihenfolge waren das: Balinger, Barke Busse, Ewer, Kraier, Pleyte, Schnicke und Schute.

Der Balinger, ursprünglich ein Walfänger, war ein typisches Kaperfahrzeug der Nordsee, das bei Engländern und Hanseaten nachgewiesen ist. 1428 beklagten sich spanische Kauffahrer über Schäden, die ihnen einige »ostersche ballinghe off zeerovers« zugefügt hätten. Zwei lübische Balinger waren 1453 als Fredeschiffe mit »50 soldeners, 2 bussenschutten, hovetluden und sturluden, schipmans, bosmans, koken unde junckknechten« besetzt. Gelegentlich finden sich Balinger aber auch als Frachter. Der lübische Balinger LILLY, ein 1475 erwähnter Islandfahrer, hatte eine Tragfähigkeit von 80 Last. Außer mit Mast und Segel war der Balinger auch mit Riemen ausgerüstet.

Die Barke, niederdeutsch Bardze, ist als Kaperfahrzeug und als Frachtschiff überliefert. Eine lübische Bardze von 80 Last wird 1449 in der Baienfahrt erwähnt. Häufig wird von »grooten Bardzen« mit starken Besatzungen geschrieben, so 1410 von einer Bardze und einem Balinger, die zusammen über eine Mannschaft von 160 Mann verfügt haben sollen. Bei ihrem Einsatz als Kaperfahrzeug wurde die Barke mit Riemen ausgerüstet. Im Jahre 1418 wird eine Bardze von 32 Riemen erwähnt. Die Bardze des Grafen von Holland soll Mitte des 14. Jahrhunderts sogar 50 Riemen besessen haben, die in Dollen lagerten. Nach den vorliegenden Unterlagen ist anzunehmen, daß die Barke vom 14. zum 15. Jahrhundert eine Entwicklung vom Riemenschiff mit Hilfssegel zum Segelschiff mit zusätzlichem Riemenantrieb durchgemacht hat.

Die Busse, im 12. Jahrhundert ein Riemen-Segelschiff des Mittelmeers, zur gleichen Zeit ein großer nordischer Segelfrachter, tauchte in der Hanseschiffahrt erst zu Beginn des 15. Jahrhunderts auf. Der Name bezeichnete ein relativ kleines Fahrzeug, das in der Küstenfahrt als Frachter, vor allem aber in der Fischerei verwendet wurde. In einigen Fällen ist ihr Einsatz auch als Depeschenboot und als Kaperfahrzeug bezeugt. Über die Größe der Busse gibt es keine genauen Angaben; 1425 wird eine Hamburger »clene buczen« und 1464 die »lutteken buczen van Ripen« erwähnt. Als Fischereifahrzeug hat sich die Nordseebusse bis in das 19. Jahrhundert hinein erhalten. Unter holländischem Einfluß wurde der Name in buis, buyssche, büse oder auch Büsse verändert.

Der Name Ewer ist vermutlich aus dem Wort envare (Einzelfahrer) abgeleitet worden. Bekannt geworden ist er als ein kielloses Wattenfahrzeug mit plattem Boden und Seitenbrettern. Doch wurde er auch als geräumiger Segelfrachter auf See eingesetzt, der in langsamer Fahrt weite Seestrecken zurücklegte. So belegen Hanseakten, daß 1386 ein Stralsunder Ewer vor der Mündung des Swin gekapert wurde, 1393 ein Hamburger Ewer vor Helsingör strandete, und holländische Ewer 1456 in Preußen Ladung nahmen. Ließ sich der Ewer Anfang des 13. Jahrhunderts von einem Mann bedienen, so wird er in den Zolltarifen des 14. Jahrhunderts auf ein Sechstel des Satzes großer Schiffe gesetzt. Von einem Hoorner Ewer ist aus dem Jahr 1456 die Besatzungsliste überliefert. Sie nennt einen Steuermann, einen Hauptbootsmann und sieben Bootsleute. Wahrscheinlich konnte das Fahrzeug 50 Last tragen.

Der Kraier – der Name kommt aus dem westfriesischen und bedeutet soviel wie Lastschiff oder Frachtschiff – ist das kleinere Gegenstück zum Koggen. Er war über ganz Nordwesteuropa verbreitet und hat sich als Schiffstyp bis ins 18. Jahrhundert hinein erhalten. Die Beschreibung eines Stralsunder Kraiers aus dem Jahre 1407 spricht von einem 34 bis 36 Heringslast großen, einmastigen Fahrzeug mit Schanzverkleidung, einem Achterkastell und gewölbter Kajüte. Die Besatzung bestand aus dem Schiffer, vier Bootsleuten und dem Jungknecht. Wie Koggen und Holk fand der Kraier in der gesamten Hanseschiffahrt Verwendung sowie auch in der Baienfahrt. Die Durchschnittsgröße der Kraier lag Mitte des 15. Jahrhunderts bei etwa 60 Last, die Besatzungsstärke bei 12 bis 15 Mann.

Die Pleyte, ein ähnlich schwerfälliges Frachtschiff wie der Ewer, stammt aus niederländischen Küstengewässern. Vor allem Schiffer aus der Zuiderzee befuhren mit dem relativ großen Schiff die Routen in Nord- und Ostsee, setzten es in der Baienfahrt und im Norwegenverkehr ein. Nach vorhandenen Unterlagen lief 1474 ein Haarlemer Pleyteschiff mit 50 Last Salz von Brouage nach Danzig, und 1483 segelte eine Pleyte von rund 80 Last Tragfähigkeit, bemannt mit 16 Mann, von Deventer nach Norwegen. Heute bezeichnet der Name Pleyte eine bestimmte Art von Fischerbooten in der Zuiderzee.

Name und Typ der Schnikke (snicke, snycke) sind vermutlich aus Skandinavien übernommen worden, wo der Name snekkja ein scharfgebautes Ruderboot, einen Zwanzigsitzer, bezeichnete. Die hansische Schnikke war allerdings weder ein Ruder- noch ein Riemenboot, sondern ein kleiner Schnellsegler, der als Aviso, Jacht und Depeschenboot Verwendung fand. Viele Hansestädte unterhielten ständig eine oder mehrere Schnikken, die Schutz- oder Polizeidienste versahen. Erwähnt werden des »rathes snycken« 1462 in Danzig. In den Kämmereirechnungen der Stadt Wismar findet sich 1335/36 die Zeichnung einer Schnikke, ein rankes einmastiges Fahrzeug von etwa 30 Last.

Die Schute, der Name wird seit Jahrhunderten für die verschiedensten kleinen Schiffe verwendet, war in der hansischen Schiffahrt ein kleines Fahrzeug mit Segelausrüstung, das aber auch mit Riemen angetrieben werden konnte. Die Normalgröße der Schute lag zwischen 5 und 15 Last, eingesetzt wurde sie im Küstenhandel auf kurze Entfernungen. So ist sie erwähnt im Handelsverkehr zwischen Lübeck und Ystad, zwischen Rostock und Kalmar und auf ähnlichen Routen und Distanzen. Der Name Schute wurde aber auch für Fischereifahrzeuge in der Ostsee verwendet, außerdem diente sie in bestimmten Formen, ähnlich der Schnikke, als Depeschen- und Begleitboot. In Hamburg sowie in anderen deutschen und niederländischen Nordseestädten war die Schute ein Leichterschiff ohne eigenen Antrieb. Sie wurde gestakt, gerudert oder geschleppt. Heute findet sich in allen Häfen der Welt eine Unzahl von Schutentypen, Laster und Leichter, die meisten jedoch mit Motorenantrieb.

Der Name Schiffskinder (schepeskindere) für die Besatzung und die Institution des Schiffsrates, wie er noch im Hamburger Schiffsrecht von 1497 gefordert wurde, scheint auf patriarchalische Verhältnisse an Bord der Hanseschiffe zu deuten, wie sie auch Jahrhunderte zuvor bestanden hatten. Doch der Name war eine Überlieferung ohne Aussage, und der Schiffsrat, in dem Offiziere, Mannschaften und mitfahrende Kaufleute zusammensaßen, wurde nur bei schwerem Wetter vom Schiffer einberufen. Der Schiffer brauchte die Meinung des Rates für seinen Rechtsanspruch im Fall der Havarei.

Die Zeit genossenschaftlicher Verhältnisse, wo selbst die Desertion straffrei blieb, war vorbei. Das hansische Statut von 1418 sah für den Fall einer Desertion drei Monate Gefängnis vor, der Hansetag von 1482 beschloß, die Strafe für eine Erstdesertion in das Ermessen des Richters zu stellen, im Wiederholungsfall drohte er Stäupung (mit Ruten züchtigen) und danach den Galgen an. Ähnlich verhielt es sich bei Verstößen gegen die Disziplin und bei Ungehorsam. In den älteren Seerechten werden sie kaum genannt, denn der Schiffer besaß keine Strafgewalt. Er durfte zwar einmal mit der Faust zuschlagen, und der Matrose (schepman) war gehalten, den ersten Schlag ohne Gegenwehr hinzunehmen, aber gegen weitere Schläge durfte er sich verteidigen. Dem Schiffer blieb selbst bei »vorsätzlichem Frevel« nur die nachträgliche Klage vor Gericht. Auf dem Hansetag von 1378 wurden Fälle vorgetragen, bei denen der »gute Schiffer« vor seiner meuternden Mannschaft »eilends in das Toppkastell« aufentern mußte, und nicht einmal die Möglichkeit besaß, die Meuterer der gerechten Strafe auszuliefern. Zu einer klaren Entscheidung fanden die Städte nicht, doch legten sie als Strafe bei Nichterfüllung der Dienstpflicht den Verlust der Heuer oder auch den Ausschluß aus dem hansischen Seedienst fest. Erst das hansische Statut von 1418 enthielt die Gehorsamkeitspflicht der Mannschaft gegenüber dem Schiffer, es bedrohte Insubordination mit Gefängnis und im Wiederholungsfall mit Brandmarkung.

Vielfach waren Lohnforderungen Anlaß für Disziplinar- und Gerichtsverfahren. Im Verlauf des 13. und 14. Jahrhunderts waren die schepmans, auch bosmans genannt, von Genossenschaftern zu Lohnarbeitern geworden. Um ihren Lohn aufzubessern und für sich und ihre Familien ein Existenzminimum zu sichern, nutzten die Seeleute häufig die Zwangslage des Schiffers vor dem Auslaufen aus einem ausländischen Hafen, um ihre Lohnforderungen durchzusetzen. Natürlich stellten sich Schiffer und Reeder auf den Standpunkt, und sie setzten ihn auf den Hansetagen durch, daß es sich hierbei um Fälle von Meuterei handele, die mit Verlust der Heuer, mit öffentlicher Züchtigung oder sogar mit dem Tode zu bestrafen seien.

Die Seearbeiter wehrten sich und gründeten zur Durchsetzung ihrer berechtigten Forderungen eine eigene Organisation, die Bruderschaft der gemeinen Bootsleute, die in direktem Gegensatz zu den älteren Schiffergesellschaften stand. Die Gründung dieser Bruderschaften oder Gesellschaften, die in allen größeren deutschen Hafenstädten Ende des 15. Jahrhunderts stattfand, war eine Folge der sozialen Veränderungen an Bord. Sie vollzog die gesellschaftliche Trennung der Schiffsleute vom Schiffer und Reeder, ein Vorgang wie er sich zur gleichen Zeit mit der Gründung von Gesellenverbänden neben den Handwerkerzünften abspielte.

Die Anmusterung der Mannschaft war Sache des Schiffers oder in seiner Vertretung des Steuermanns. Wie bunt in geographischer Hinsicht die Besatzungen zusammengesetzt waren, geht aus der Musterungsliste eines Danziger Kraiers von 1407 hervor, die ein Zeitgenosse wie folgt schildert: »Der Schiffer hat einen Höcker vor dem Beine, und hat bei sich einen alten Zeeländer, namens Balduin, und auch einen kurzen schwarzen Gesellen, der heißt Willam und ist aus Kampen, und ferner ist ein Schiffsmann an Bord, der ist ein Schwede und spricht gebrochen und schlecht Deutsch, und ein weiterer Schiffsmann stammt hier aus Preußen, und der Jungknecht des Schiffes schielt und ist aus Stettin und hat einen kahlen Kopf.«

Die Verpflichtung des Seemanns begann in dem Augenblick, wo er beim Schiffer »in die Kost« kam und die erste Heuerrate erhielt. Die Anmusterung war formlos und erfolgte ohne Vermittlung öffentlicher Stellen. Erst der Hansetag von 1380 legte eine feste Regel für die Auszahlung der Heuer fest. Sie hatte in drei Teilzahlungen zu erfolgen: ein Drittel bei der Ausfahrt, ein Drittel im Bestimmungshafen und das letzte Drittel im Ausgangshafen. Ärger gab es immer wieder bei einer Verlängerung der Reise über den ursprünglich festgelegten Bestimmungshafen hinaus. Das Schiffsrecht einiger Städte legte deshalb für diesen Fall eine Erhöhung der Heuer um einen bestimmten Prozentsatz fest.

Eine Seetauglichkeit oder der Nachweis einer bestimmten Seefahrtszeit brauchte bei der Anmusterung nicht erbracht zu werden. Zeugnisse und Nachweispapiere kamen in der Seefahrt erst im 16. Jahrhundert auf. Die praktische Tauglichkeit während der Reise wurde dagegen sehr ernst genommen. Nach dem Hamburger Schiffsrecht von 1292 und dem lübischen von 1299 drohte dem durch Seekrankheit dienstuntauglich werdenden Seemann der Entzug seiner Heuer. Das hansische Schiffsrecht von 1482 bestimmte, daß ein Steuermann, der nach dem Zeugnis des Schiffers und »zwei guter Männer« seiner Aufgabe nicht gewachsen war, auf eine halbe Matrosenheuer herabgesetzt werden sollte.

Im Winter fuhren die hansischen Schiffe im allgemeinen nicht zur See. Die Fahrenszeit begann im Frühjahr nach dem Eisaufbruch. War die Mannschaft komplett, wurde sie nach altem Brauch in zwei Quartiere (Wachen) eingeteilt. Im 13. und 14. Jahrhundert gab es bei den Angemusterten, ausgenommen Steuermann und Koch, keine Rangeinteilung und unterschiedliche Bezahlung. Sie kam erst mit der zunehmenden Größe der Schiffe im 15. Jahrhundert auf. Neulinge der Seefahrt begannen als Jungknechte oder Jungen. Kern der Besatzung waren die bosmans oder schipmans, sie unterstanden dem hovetbosman (Hauptbootsmann). Deck, Ladung, Segel und Pumpen waren das Feld ihrer Tätigkeit. Seeleute, die »zu Ruder gehen« konnten, besaßen als Rudergänger einen Sonderstatus, ebenso der Koch, der auf lübischen Schiffen schon seit Beginn des 13. Jahrhunderts nachgewiesen ist. Wie der Hauptbootsmann stand auch der Schiffszimmermann, der für die Instandhaltung des Schiffskörpers, besonders für seine Dichtigkeit verantwortlich war, auf einer höheren Rangstufe. Nach dem Schiffer war der Steuermann als sein Stellvertreter die wichtigste Person an Bord. Er war in der Regel als Matrose mehrere Jahre zur See gefahren und verfügte somit über gute praktische Seemannskenntnisse. Als Navigator des Schiffes mußte er aber nicht nur mit Wetter und See vertraut sein, die wichtigsten Kurse, Tiefen- und Strömungsverhältnisse im Kopf haben, sondern auch Kompaß, Gestirnsmessungen und sogar das Lesen beherrschen, um sich nach dem Segelhandbuch vor fremder Küste orientieren zu können. Große Schiffe hatten vielfach zwei Steuerleute an Bord, den »rechten sturman« (I. Steuermann) und den »rof-sturman« (Untersteuermann). Der Name »Roof« deutet an, daß der Untersteuermann sein Quartier nicht wie der I. Steuermann auf dem Achterdeck beim Schiffer, sondern vor dem Mast bei der Mannschaft hatte.

Im Durchschnitt rechnete man zur Hansezeit auf 5 Last Tragfähigkeit einen Mann als Besatzung. Ein Kraier von 60 Last würde demnach außer dem Schiffer 12 Mann, ein Koggen von 100 Last 20 Mann und ein Holk von 200 Last 40 Mann Besatzung gehabt haben. Die Mannschaft lebte in engen Verschlägen im vorderen Teil des Schiffes, »vor dem Mast«, im sogennanten Roof unter Deck, wobei jeder Seemann neben seiner Seekiste seine Matte zum Schlafen mitbrachte. Der Schiffer, der Steuermann, mitreisende Kaufleute und andere »Achtergäste« wohnten »hinter dem Mast« in der Kajüte, die im Achterkastell eingebaut war. Für das Essen an Bord erwähnt das hansische Schiffsrecht als »alte Gewohnheit« den Wechsel von Fisch- und Fleischtagen. An Fleischtagen sollte es Erbsen mit Speck oder eine andere Kochspeise mit Fleisch geben, an Fischtagen Grütze, Bohnen oder ebenfalls eine andere Kochspeise mit »zweierlei gesalzenem Fisch«, Hering und Dorsch oder Kabeljau. Über den Zwieback, einem Hauptnahrungsmittel, hieß es 1387 »... tweebackenbrod, dat hebben mest deel alle scepe ...« Neben Trinkwasser erhielt jeder Besatzungsangehörige eine Portion Schiffbier zugeteilt, im Unterschied zum »guten Bier« war das ein leichtes Dünnbier.

Beginn der ozeanischen Seefahrtsepoche

Die Suche eines Seewegs nach Indien

Das Ziel aller Entdeckungsfahrten, wie sie Ende des 15. Jahrhunderts einsetzten, war die Suche nach einem Seeweg zu den sagenumwobenen Ländern des Ostens. Mit ihren Eroberungen im Nahen Osten hatten die Türken und Araber den Handel mit Indien und dem Fernen Osten unter ihre Kontrolle gebracht. Hohe Abgaben sowie Land- und Seeraub machten den Orienthandel auf den bisher bekannten Wegen und Märkten gefährlich. Zur Sicherung ihres Profits suchten die europäischen Kaufleute deshalb einen Seeweg nach Osten, der außerhalb des türkischen und arabischen Machtbereiches lag. Ein weiterer Grund für die Entdeckungsfahrten war die Gier nach Gold und Silber.

In Westeuropa hatten im 14. und 15. Jahrhundert Warenproduktion und Handel bedeutend zugenommen, der Bedarf an Silber, dem allgemeinen Zahlungsäquivalent, stieg erheblich. Außerdem wuchs die Sucht der weltlichen und geistlichen Fürsten, des Adels und der wohlhabenden Stadtbürger, als Zeichen ihres Reichtums Gold- und Silberschätze anzuhäufen. Als der Import an Gewürzen, Duftstoffen, Seide und Goldschmuck immer geringer, die Preise der Luxuswaren dagegen immer teurer wurden, geizten Könige und Fürsten nicht mit Versprechungen, Wissenschaftler und Phantasten nicht mit Ideen und Abenteurer nicht mit Vorschlägen, den südasiatischen Seeweg zu finden, auf dem arabische, indische, malaiische und chinesische Kaufleute den Osthandel betrieben.

Die Phantasie der gewürz- und goldgierigen europäischen Großen wurde besonders durch den Bericht des venezianischen Kaufmanns Marco Polo angeregt. Im Ergebnis seiner Reisen und seines langjährigen Aufenthalts in China hatte er von märchenhaften Reichtümern im Lande des Großkhans berichtet, von Tempeln und Palästen, deren Dächer mit reinem Gold gedeckt sein sollten, von Zimmern mit goldenen Tischen und vergoldeten Wänden, von roten und weißen Perlen, die es dort in großer Menge gäbe. Der Bericht, eine Mischung aus Phantasie und Wahrheit, der verzerrt und übertrieben in ganz Westeuropa wiedergegeben wurde, schien durch einen herrlichen Palast in Corte del Milione, den Polo nach seiner Rückkehr bauen ließ und durch das große Vermögen, das er in Form von Edelsteinen mitgebracht hatte, bestätigt zu werden.

Es war deshalb kein Zufall, daß alle große Entdeckungen auf dem Weg nach Asien gemacht wurden, gleichgültig, ob die Reisen in östlicher oder westlicher Richtung führten. So entdeckte Christoph Kolumbus auf dem von ihm angenommenen Weg nach Indien 1492 Amerika, und Vasco da Gama umsegelte die Südspitze Afrikas und landete 1498 an der Westküste Vorderindiens. Die größte Leistung vollbrachte ohne Zweifel Fernao de Magelhaes, in Deutschland als Magellan bekannt, der 1519 zur ersten Weltumsegelung auslief, die 1522 vollendet wurde. Er selbst fand bei dieser Reise 1521 den Tod. Entscheidende Voraussetzung für alle diese kühnen Fahrten war die wiedergewonnene Erkenntnis von der Kugelgestalt der Erde.

Einer derjenigen, der die Erde als Kugel darstellte und die Möglichkeit, mit dem Schiff die Erde zu umfahren, bejahte, war der Nürnberger Gelehrte Martin Behaim. Auf den von ihm gefertigten Globus, den er später seiner Heimatstadt Nürnberg schenkte, schrieb er folgenden Text: »Auf diesem Globus ist die ganze Welt nach Länge und Breite ausgemessen, und zwar nach den geometrischen Regeln, die uns Ptolemäus in seiner Geographie überliefert hat. Das übrige hat der fromme Ritter Marco Polo aus Venedig, der 1250 eine Reise nach dem Orient unternahm, aufgeschrieben. Auch der würdige Doktor Johann de Mandarilla hat in seinem hinterlassenen Buch geschrieben, daß die unbekannten Länder des Ptolemäus im Osten liegen, ebenso die Inseln, von denen Spezereien, Perlen und Edelsteine eingeführt werden. Seine Durchlaucht, König Johann von Portugal, hat den südlichen Teil der Erde, den Ptomeläus noch nicht kannte, im Jahre 1485 von seinen Schiffen erkunden lassen, und ich, der ich diesen Globus nach meinen Angaben habe fertigen lassen, war dabei. Auch im Westen ist der Ozean über Gibraltar hinaus befahren worden, weiter als dem Ptolemäus bekannt war, bis zu den Azoren, die von dem ehrenwerten Ritter Jobst de Hütter von Morkirchen und seinen Leuten entdeckt wurden. Das ist mein lieber Schwiegervater, der diese Inseln bewohnt, besitzt und regiert. Auch die weite Welt im Norden – Island, Norwegen und Rußland – ist uns weiter bekannt, als Ptolemäus von ihr wußte. Jährlich fährt man auch dorthin, und so mag niemand daran zweifeln, daß die Welt einfach ist und man überall mit Schiffen hinfahren kann, wohin es auch immer sei.«

Ptolemäus, auf den sich Behaim berief, lebte im 2. Jahrhundert in Alexandria. Er faßte in seinem Werk »Großes astronomisches System« die wissenschaftlichen Erkenntnisse der Antike zusammen. Das von ihm begründete geozentrische Weltsystem wurde erst im 16. Jahrhundert durch die heliozentrische Lehre von Copernicus abgelöst. Nach Ptolemäus sollte die kugelförmige Erde den Mittelpunkt der Welt bilden, um den herum sich Sonne und Planeten bewegten. In seinem zweiten Werk »Geographie« beschrieb er die damals bekannte Erde. Leider sind die achtbändigen Originalaufzeichnungen dieses Werkes verlorengegangen. In erhaltengebliebenen Abschriften und Nachzeichnungen aus dem 10. und 11. Jahrhundert werden als Erdteile Europa, Libyen (Afrika) und Asien genannt, die den Indischen Ozean, das Mittelmeer und das Kaspische Meer als Binnenmeere einschließen. Im Norden wird Europa durch das große Meer nördlich der Britischen Inseln begrenzt und durch ein unbekanntes Land, das bis nach Asien reicht. Als Festlandgrenze nimmt Ptolemäus im Westen den Ozean an und vermutet, daß sich das unbekannte Land im Süden Libyens weit nach Osten über die gesamte südliche Erdkugel bis nach China erstreckt. Es war das bis in die Entdeckerzeit hineingesuchte, unbekannte südliche Festland, die Terra australis incognita. Trotz manch verzerrter Darstellung der damals bekannten oder angenommenen Kontinente und Meere zeigt die Erdkarte des Ptolemäus eine überraschend genaue Eintragung von fast 8000 Orten nach einem von ihm selbst entworfenen Gradnetzsystem.

Die Kirche verketzerte die Lehre von Ptolemäus, indem sie auf der wissenschaftlich überholten Vorstellung von der Scheibengestalt der Erde beharrte. Weil es keine Menschen geben könne, so argumentierten die Vertreter der Kirche, deren Füße nach oben und deren Köpfe nach unten gerichtet seien, auch keine Bäume und Sträucher, die abwärts wachsen, oder Regen, der aufwärts falle, könne es auch keine Kugelgestalt der Erde geben. Das christliche Weltbild zeichnete die Erde als eine runde, ovale oder auch rechteckige Scheibe, die von einem für Schiffe undurchfahrbaren Ozean umgeben war. Mit den im 15. Jahrhundert aufkommenden Zonenkarten bemühte man sich jedoch wieder um eine realere Darstellung des Planeten Erde. Man teilte die Erde, als Scheibe oder auch als Kugel angenommen, in verschiedene Klimazonen ein. Im äußersten Norden gab es unbewohnbare Kaltzonen, gefolgt von der bewohnbaren nördlichen Zone mit den bekannten Erdteilen Europa, Afrika und Asien. Der Streifen in der Kartenmitte stellte die unbewohnbare heiße Zone dar, der sich im Süden die gemäßigte bewohnbare Zone anschloß, der wiederum die unbewohnbare südliche Kaltzone folgte. Bei dieser Darstellung ließ man völlig offen, ob es sich innerhalb der Zonen um Landmassen oder Meere handelte. Erst in der zweiten Hälfte des 15. Jahrhunderts fanden Gelehrte wieder den Mut, die Erdoberfläche mit den bekannten Kontinenten Europa, Afrika und Asien und den sie umgebenden oder eingeschlossenen Meeren entsprechend ihren wissenschaftlichen Erkenntnissen darzustellen.

Das Seegebiet, in das die Europäer nun vorstießen, war schon seit Jahrtausenden von Chinesen und Indern befahren worden. In den ersten Jahrhunderten unserer Zeitrechnung bildeten sich, unter Ausnutzung der Monsunwinde, feste Schiffahrtsrouten von der Chinasee über den Indischen Ozean bis nach Ostafrika heraus, auf denen die alten orientalischen Kulturländer miteinander Handel trieben. Nach den arabischen Eroberungen ging die Vormachtstellung im westlichen Teil des Indischen Ozeans an die Araber über. Ihre Schiffe liefen Indien, Ceylon, Java und China an. In vielen Städten an der südasiatischen Küste errichteten arabische Kaufleute Handelsfaktoreien, wo die Handelsware – ähnlich wie auf den europäischen Märkten der Hansezeit – gestapelt wurde. In einem chinesischen Bericht aus dem 15. Jahrhundert wird über das indische Kalikut berichtet: »Hier gibt es Pfeffer, Rosenöl, Perlen, Weihrauch, Ambra, Korallen ..., aber all dies wird aus anderen Ländern eingeführt. Hier werden Gold, Silber, Baumwollstoffe, blaues und weißes Porzellan, Perlen, Quecksilber, Kampfer und Moschus gekauft, und es gibt hier große Speicher, in denen die Waren lagern ...«

In Südostasien lag der Seehandel dagegen eindeutig in den Händen der Chinesen und Malaien. Vor allem die großen chinesischen Hafenstädte bildeten im 14. und 15. Jahrhundert echte Zentren des Welthandels. Ein venezianischer Kaufmann, der nach Marco Polo China bereiste, behauptete Anfang des 14. Jahrhunderts über Guangzhou (Kanton), daß die Stadt drei Venedigs gleichzusetzen sei, und es dort so viel Waren gäbe, wie in ganz Italien nicht! China exportierte zu jener Zeit vorrangig Seide, Porzellan und Kunsterzeugnisse, während es Gewürze, Baumwolle, Heilpflanzen, Glas und weitere Waren einführte. Bekannt ist die Fahrt einer großen chinesischen Dschunkenflotte im Jahre 1433, die als Expedition sowohl dem Handel als auch der Befriedung der See von Piraten diente. Sie berührte auf ihrer Fahrt zum Westen Hinterindien, Java, Ceylon, die Malabarküste Indiens, Aden und Hormus in Arabien sowie die Somaliküste in Ostafrika. Der Leiter der Expedition und Führer der Flotte Dshöng Ho berichtete seinem Kaiser: »Die Länder jenseits des Horizontes und am Rande der Erde bis zu den westlichsten und nördlichsten Gegenden und möglicherweise auch über ihre Grenzen hinaus wurden nun abhängig. Alle Wege wurden zurückgelegt und alle Entfernungen ausgemessen.«

Auch bei den Malaien standen Schiffahrt und Handel im 14. und 15. Jahrhundert in hoher Blüte. Die Städte auf Java, Sumatra und auf der Halbinsel Malakka bildeten Schiffahrts- und Handelsknotenpunkte im Seehandel zwischen China, Indien und Arabien. Die malaiischen Steuerleute besaßen ausgezeichnete Karten mit genauen Eintragungen von Fahrtrouten und ihren Fährnissen in den Küstengewässern. Sie waren aus diesem Grund als Lotsen sehr gefragt. Die westlichsten Häfen im Orienthandel waren im 15. Jahrhundert die arabischen Städte Kilwa, Mombasa, Malindi, Sofala und die Insel Sansibar an der ostafrikanischen Küste. Die arabischen Kaufleute trieben mit ihren wichtigsten Ausfuhrgütern Elfenbein, Gold und Sklaven, die sie im Tausch gegen Handwerkserzeugnisse von innerafrikanischen Stämmen erwarben, einen lebhaften Handel mit den Anliegern des Indischen Ozeans und den Ländern Südostasiens.

Die bevorzugte Handelsroute führte von der ostafrikanischen Küste, vom Roten Meer und Persischen Golf an die Malabarküste, nach Ceylon und weiter zur Coromandelküste Indiens. Von dort überquerten die Schiffe den Golf von Bengalen, durchfuhren die Straße von Malakka, berührten Palembang auf Sumatra und komplettierten ihre Ladung auf Java mit Gewürzen. Dann steuerten sie das Südchinesische Meer an und gelangten nach gefährlicher Küstenfahrt, vorausgesetzt, sie fielen nicht Seeräubern in die Hände, ans Endziel ihrer Reise, nach Guangzhou. Jedes islamische Schiff wurde hier, im Reich des Himmels, von einem einheimischen Lotsen übernommen und von chinesischen Beamten sorgfältig untersucht. Sie reservierten für ihren Kaiser, den Sohn des Himmels, die kostbarsten Luxusgüter wie Elfenbein, Rhinozeroshorn, Parfüme und Schmuck.

Ein arabischer Lotse, Ahmad íbn Madjid, verfaßte in der zweiten Hälfte des 15. Jahrhunderts »Buch nützlicher Angaben über die Grundlagen der Seefahrt und ihrer Regeln«. Das Werk enthielt eine ausführliche Beschreibung der Reiseroute vom Roten Meer über alle Zwischenstationen bis nach Guangzhou und Taiwan, außerdem Angaben über die zu befahrenden Meeresgebiete, Küstengewässer, Gefahrenstellen, über Windverhältnisse und Meeresströmungen. Besonders detailliert waren die Hinweise für den westlichen Teil des Indischen Ozeans. Vasco da Gama sollte davon profitieren. Arabische Segler haben um 1420 auch die Südspitze Afrikas umsegelt und sind in den Atlantischen Ozean vorgestoßen. Was die Europäer zu suchen begannen, war den Arabern also sehr wohl bekannt.

Kaufleute des Mittelmeers und Kaufleute im Raum der Nord- und Ostsee trafen sich zum gegenseitigen Warenaustausch in Lissabon. Aber nicht nur Lissabon, sondern auch andere portugiesische und spanische Hafenstädte gewannen im 14. und 15. Jahrhundert an Bedeutung. Während die italienischen und hansischen Kaufleute in ihren Monopolstellungen an einem neuen Seeweg nach Osten wenig interessiert waren, drängten die portugiesischen und spanichen Kaufleute auf den Atlantik hinaus, nach Afrika und Indien. Unterstützung erhielten sie von ihren Königen, denn diese hofften auf neue Einnahmequellen. Die meisten Adligen waren, als der Krieg gegen die Mauren zu Ende ging, ohne Beschäftigung. Arbeit verachteten sie; ihr Sinn stand auf Beute, Gold und Ruhm. Aus ihren Reihen kamen dann auch wagemutige Seefahrer, grausame Konquistadoren und habsüchtige Kolonialbeamte. Nicht zuletzt förderte die Kirche die Entdeckungsreisen, sie hoffte auf die Bekehrung der Heiden. So übernahmen Portugal und Spanien die führende Rolle bei der Suche nach den neuen Seewegen: das Kreuz in der Hand, den Goldhunger im Herzen.

Die Portugiesen stießen als erste über Afrika nach Süden vor. Man war sicher, das Märchenland Indien zu finden, sobald es nur gelang, die Südspitze Afrikas zu umschiffen. Dieser Aufgabe hatte sich der Bruder des portugiesischen Königs, Prinz Heinrich mit dem Beinamen »der Seefahrer«, in der ersten Hälfte des 15. Jahrhunderts gewidmet. Er begründete in Sagres eine Ausbildungsstätte für Seefahrer und Kartographen und schickte 45 Jahre lang Schiff für Schiff an die Westküste Afrikas mit der einzigen Aufgabe, weiter nach Süden vorzudringen. Als er am 13. November 1460 starb, hatten die Portugiesen dennoch erst den 8. Grad nördlicher Breite erreicht. Die ersten Etappen der Südfahrt waren die Kanarischen Inseln, 1418 Madeira, 1432 die Azoren und 1434 das gefürchtete Kap Bojador an der marokkanischen Küste, hinter dem die Hitze menschliches Leben unmöglich machen sollte.

Schwere psychische Hemmungen mußten überwunden werden, bis die Umsegelung des Kaps gelang. Der Schildträger des Prinzen Heinrich, Gil Eanes, der 1433 vor dem Kap wieder auf Gegenkurs gegangen war, erhielt vor seinem erneuten Auslaufen von Heinrich dem Seefahrer, der persönlich nie die See befahren hatte, die dringende Ermahnung »... jede Anstrengung zu unternehmen, um das Kap Bojador zu umfahren«, und »wenn er auf der Fahrt auch weiter nichts tun könne, solle er bedenken, daß dies schon genug sei«. »Er könne«,

Christoph Kolumbus.

Die Landung des Kolumbus in Amerika.

Die Schiffe des Kolumbus: Santa Maria, Pinta *und* Nina.

Fernao de Magelhaes.

*Gesuchte Durchfahrt zwischen
Patagonien und Feuerland.*

Von fünf Schiffen kehrt nur die VICTORIA nach Spanien zurück.

◁ ◁ *MAYFLOWER II vor New York.*
1958 wurde in Großbritannien die historische MAYFLOWER von 1620
genau nachgebaut und über den Atlantik gesandt (Bild Seite 251).

Strand bei Kap Comorin (Indien).

254

Cooks ENDEAVOUR, *zur Reparatur in Australien an Land gesetzt.*

James Cook.

Englischer Ostindienfahrer SIR DAVID SCOTT.

Die VEGA im Eis fest. Mit ihr erzwang der schwedische Polarforscher Nordenskjöld 1878/79 die Nord-Ost-Passage.

Die FRAM, ein Spezialschiff für die Fahrt durch das Nordpolarmeer.

sagte ihm der Prinz weiter, »keine so große Gefahr antreffen, daß die Hoffnung auf Rückkehr nicht größer sei«. »Fahrt also zu, und kümmmert Euch nicht um das Gerede, sondern steuert drauflos, soweit Ihr könnt!«

Und sie steuerten drauflos, soweit sie konnten: 1436 entdeckten sie den Goldfluß, 1441 brachten sie die ersten Neger heim, die der Prinz in Lissabon als Sklaven verkaufen ließ, und 1446 wurde Kap Verde umschifft. Die Portugiesen erreichten das dichtbesiedelte Küstengebiet zwischen Senegal und Gambia, wo sie gegen billigen Tand Goldsand, Elfenbein und Gewürze einhandelten. Nun bildete sich in Lissabon eine Handelsgesellschaft, die mit Unterstützung und Beteiligung des Prinzen Heinrich an der westafrikanischen Küste den Großhandel mit Sklaven, Gold, Elfenbein und Gewürzen aufnahm. Die Hoffnung, die gesamte afrikanische Küste auf diese Art und Weise ausplündern zu können, gab dem portugiesischen König nach dem Tode Prinz Heinrichs 1460 einen genialen Gedanken ein: Er übertrug dem Lissaboner Großkaufmann Fernao Gomez ein fünfjähriges Monopol auf den gesamten Afrikahandel mit der Verpflichtung, die westafrikanische Küste alljährlich um weitere 600 Kilometer in südlicher Richtung erforschen zu lassen. Nach Ablauf des Vertrages gingen die neuentdeckten Gebiete in den Besitz der portugiesischen Krone über.

Gomez war ein cleverer Geschäftsmann und fand tüchtige Kapitäne. Sie er-

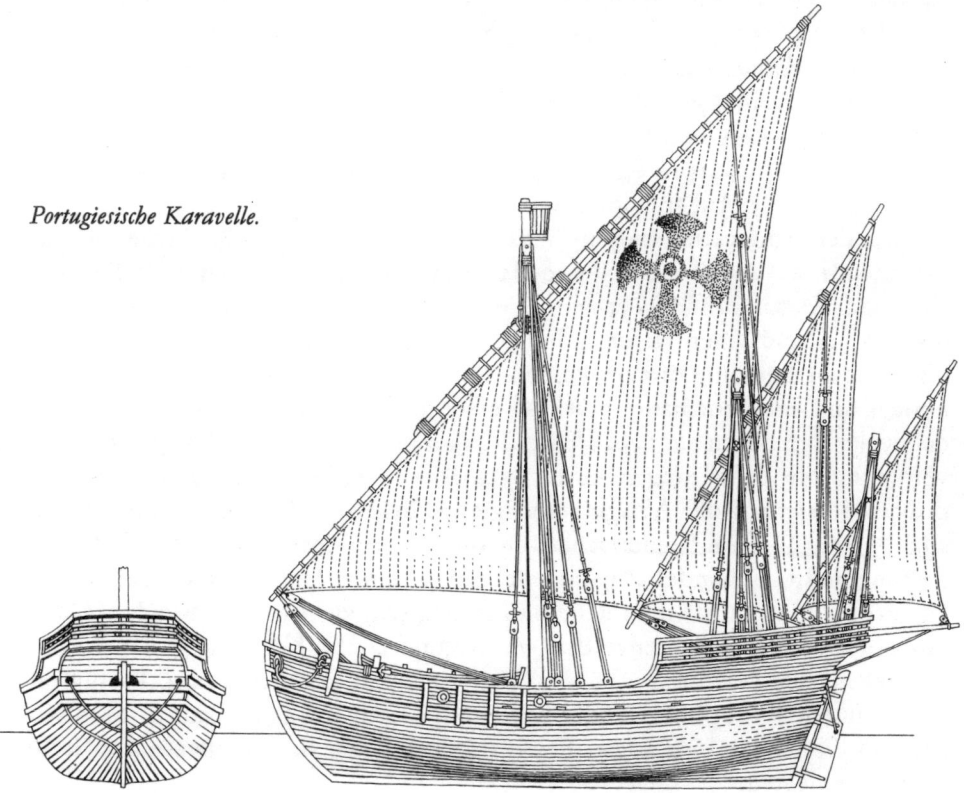

Portugiesische Karavelle.

kundeten bis 1474 die Küste Guineas, befuhren den Niger und überquerten den Äquator. Der Raubhandel machte den Lissaboner Kaufmann zum mehrfachen Millionär, und König Alfons V. brachte der Vertrag tausende Kilometer afrikanische Küste. Die portugiesischen Afrikakarten erhielten bezeichnende Namen, die sich bis ins 20. Jahrhundert erhalten haben: Pfefferküste, Elfenbeinküste, Sklavenküste und Goldküste. Der Weg nach Afrika lohnte sich, Portugal wurde zu einer reichen Händlernation. Doch die Westküste Afrikas war nicht das Endziel. Man wollte nach Indien! 1482/83 wurden der Kongo und die Angolaküste entdeckt, 1485 nahm Martin Behaim an einem weiteren Vorstoß nach Süden teil, und endlich, im Jahre 1488, erreichte Bartholomeu Dias die Südspitze Afrikas. »Kap der Guten Hoffnung« nannte sie der portugiesische König, denn nun lag der Seeweg nach Indien frei vor dem Bug der portugiesischen Karavellen. Dennoch vergingen fast zehn Jahre, bis er befahren wurde.

Am 8. Juli 1497 verließ eine portugiesische Flotte unter dem Kommando von Vasco da Gama (um 1469–1524) Lissabon zur Fahrt nach Indien. Die Flotte bestand aus den Karavellen SANKT GABRIEL als Flaggschiff, SANKT RAFFAEL und BERRIO sowie einem Begleitschiff für die erste Wegstrecke mit Proviant und Wasser für 120 Tage. Mit achterlichem Wind umsegelte da Gama vom 22. bis 23. November das Kap der Guten Hoffnung, dann fuhr er drei Monate die afrikanische Ostküste entlang nach Norden. Als er schließlich in Mombasa einlief, lag der Hafen voll mit arabischen Handelsseglern. Die Araber beantworteten den Einbruch der »Ungläubigen« in ihr Handelsmonopol mit offener Feindschaft. Nach einigen Gewalttaten segelte da Gama weitere sieben Tage nordwärts, bis er am 14. April Malindi erreichte. Da Gama fand hier einen Indienlotsen, angeblich den berühmten Ahmad íbn Madjid persönlich, der die drei Karavellen vom 23. April bis zum 20. Mai sicher über den Indik brachte. Vor Kalikut fielen die Anker, Indien war erreicht!

Nach der Entdeckung Indiens begannen die Portugiesen, die Araber aus der Indienfahrt zu verdrängen. Vasco da Gama, auf seiner zweiten Indienfahrt 1502 zum Admiral Indiens ernannt, ließ durch eine starke Kriegsflotte alle arabischen und indischen Hafenstädte zusammenschießen, die sich den »Ungläubigen« nicht freiwillig öffnen wollten. Nachdem er eine arabische Kriegsflotte besiegt und zerstreut hatte, brachten seine Kriegsschiffe alle arabischen Handelssegler auf, deren sie habhaft werden konnten. Sie wurden ausgeraubt und verbrannt. Mit Eroberungen an der ostafrikanischen, westindischen und ostindischen Küste und der Anlage befestigter Militär- und Handelsstützpunkte festigte Portugal seine Seeherrschaft im Indischen Ozean und seine Vormachtstellung im Indienhandel. Zugleich dehnte es seinen Machtbereich weiter nach Osten aus. 1511 wurde die reiche und strategisch wichtige Hafenstadt Malakka erobert. Durch die Meerenge drangen portugiesische Karavellen 1512 zu den Molukken, den Gewürzinseln, vor. 1516 liefen sie in Kanton ein. Portugiesische Kaufleute knüpften Handelsbeziehungen mit China an, kamen nach Korea und erreichten 1542 sogar die Küste Japans, wo sie die erste europäische Faktorei anlegten.

Mit der Entdeckung des Seeweges von Westeuropa nach Indien und zum Fernen Osten entstand das riesige portugiesische Kolonialreich, das sich von Gibraltar über Afrika und Indien bis zu den Molukken erstreckte. Dem portugiesischen Vizekönig von Indien unterstanden die Gouverneure von Mocambique, Hormoz, Maskat, Ceylon und Malakka. Es entwickelte sich ein profitabler Kolonialhandel zugunsten der portugiesischen Krone, der die Unterdrückung und Ausbeutung der Völker Afrikas und Asiens zur Voraussetzung hatte. Die Ausmaße dieses Handels sprengten alle bis dahin üblichen Vorstellungen. Mittelmeer, Nord- und Ostsee schrumpften zu dem, was sie tatsächlich waren: Randmeere. Bis in die sechziger Jahre des 19. Jahrhunderts blieb der Seeweg um Südafrika die wichtigste Handelsroute zwischen Europa und Asien. Erst mit dem Bau des Suezkanals 1859/69 flossen die Warenströme wieder durch das Mittelmeer.

Die Taten des Christoph Kolumbus und des Fernao de Magalhaes

In Spanien hatte man die portugiesischen Entdeckungsfahrten zur Südspitze Afrikas mit Neid und Argwohn verfolgt. Es war sogar zum offenen Krieg zwischen Kastilien und Portugal gekommen, als eine portugiesische Flotte versuchte, die von Spanien beanspruchten Kanarischen Inseln zu besetzen. Der Papst schlichtete den Streit: Er bestätigte 1479 Spanien den Besitz der Kanarischen Inseln und Portugal seine Ansprüche auf das erkundete Afrika. Spaniens Kraft war zu dieser Zeit durch die Rückeroberung der von den Arabern besetzten Gebiete gebunden. Im Frühjahr 1492 fiel Granada, der letzte arabische Stützpunkt auf spanischem Boden, und noch im gleichen Jahr liefen drei spanische Schiffe aus, um Indien – darunter verstand man ganz Asien – auf westlichen Seewegen zu suchen. Admiral der Flotte war Christoph Kolumbus.

Christoph Kolumbus (Christophoro Columbo, Christobal Colon) wurde 1451 in Genua als Sohn eines Wollwebers und Torwächters geboren. Über seine Jugend ist nur wenig bekannt. Urkundlich belegt ist sein Eintritt als Geselle in die Weberzunft seiner Heimatstadt. Wahrscheinlich ist er als Zwanzigjähriger zur See gekommen. Als er in Portugal auftauchte, besaß er maritime und kartographische Kenntnisse, er soll Ende der siebziger Jahre an einigen Guineafahrten auf portugiesischen Schiffen teilgenommen haben. Wie und wann er auf die Idee kam, Indien auf dem Weg über den Atlantischen Ozean zu erreichen, ist umstritten. Ohne Beweis wird er des geistigen Diebstahls, selbst des Betruges und Mordes beschuldigt. Eine besondere Rolle spielten hierbei ein Brief und eine Karte des florentinischen Arztes und Gelehrten Paolo Toscanelli, der 1474 dem Beichtvater des portugiesischen Königs, Alfons V., schrieb:

»Gern habe ich vernommen, daß Ihr mit Eurem edlen König auf so gutem Fuße steht. Schon oft habe ich über den kürzesten Weg nach Indien, wo die

Gewürze herkommen, gesprochen; denn der direkte Weg über See ist kürzer als jener, den Ihr über Guinea sucht. Ihr teilt mir nun mit, daß der König von mir noch einmal einen Kommentar und eine klare Darlegung darüber zu erhalten wünscht, daß und wie man diesen Weg einzuschlagen vermag. Nun bin ich zwar der Meinung, man sollte das an Hand eines Globus tun, der geringeren Mühe wegen und zu besserem Verständnis will ich den Kurs aber mittels einer Karte erläutern, die einer Seekarte ähnlich ist. Beiliegend die von mir selbst entworfene Karte, auf der der Westen der Ökumene von Irland bis Guinea eingezeichnet ist, samt allen Inseln, die man unterwegs trifft. Gegenüber diesen Inseln, im Westen, ist der Anfang von Indien gezeichnet, mit den Inseln und Orten, zu denen Ihr Euch hinter dem Äquator wenden könnt. Es ist auch bemerkt, in welcher Entfernung und nach wieviel Meilen Ihr zu jenen Ländern gelangt, die vielerlei Gewürze, Spezereien, Edelsteine und Juwelen erzeugen.«

Toscanellis Brief und Karte verschwanden im Staub der königlichen Archive, jedoch ist Kolumbus nachweislich mit ihnen in Berührung gekommen. Angeblich soll er die Karte 1483 bei seinen Verhandlungen mit dem portugiesischen König und seinen Beratern gestohlen haben, Kolumbus selbst behauptete später in Spanien, daß Toscanelli ihm auf seine Bitte eine Nachzeichnung der Karte übersandt habe, der folgende Notiz beigelegen haben soll: »Ich lobe Eure Absicht, nach Westen zu fahren, und ich bin überzeugt, wie Ihr auf meiner Karte bereits gesehen habt, daß der Weg, den ihr nehmen wollt, nicht so schwierig ist, wie man denkt. Im Gegenteil, es ist der Weg nach jenen Gegenden, die ich eingezeichnet habe, ganz sicher.«

Lange Zeit galt die sogenannte »Genuesische Weltkarte« als die Karte Toscanellis, aber dann wurde nachgewiesen, daß sie bereits 1457 in Florenz gezeichnet wurde. Die Karte zeigt, was 35 Jahre vor dem Wagnis des Kolumbus von der Erdoberfläche bekannt war, wie man sich die Lage der Landmassen und ihre Abgrenzung zu den sie umgebenden Meeren vorstellte. Indien (Asien) ist eine dreizipflige Einheit, die Insel darunter ist Ceylon, auffallend die bereits gut gelungene Darstellung des Roten Meeres, während der Süden Afrikas noch unbekannt war, jedenfalls für die Europäer.

König Johann II. von Portugal lehnte das Projekt des Kolumbus – aufgrund des »Rates der Mathematiker«, der alle Pläne für Expeditionen vor der Bestätigung durch den König begutachtete – als undurchführbare Phantasterei ab. Enttäuscht, aber nicht entmutigt, ging der Genuese 1485 nach Spanien, wo es ihm mit Unterstützung einflußreicher kirchlicher Würdenträger gelang, das Vertrauen der spanischen Königin Isabella zu erlangen. Die Idee des Christoph Kolumbus schien dem spanischen Königspaar Ferdinand und Isabella die einzig verbliebene Möglichkeit, dem verhaßten portugiesischen Konkurrenten bei der Entdeckung des Goldlandes Indien doch noch zuvorzukommen. Ein Gelehrtengremium der Universität Salamanca wurde um eine Stellungnahme zu dem Projekt ersucht. Es vergingen Jahre, bis Kolumbus seine Chance bekam, denn die spanischen Gelehrten, ebenso wie ihre portugisischen Kollegen, bejahten zwar die Kugelgestalt der Erde, bezweifelten jedoch die von Kolumbus angestellten Berechnungen über die Entfernung zwischen den Kanarischen Inseln und der asiatischen Küste. Sie hatten übrigens recht! In den Wartejahren, Kolumbus bezog eine bescheidene königliche Rente, gab es immer wieder höfische Querelen über die unverschämten Forderungen des Genuesen, die er bei einem Erfolg seines Unternehmens für sich beanspruchte. Trotz allem kam es am 30. April 1492 zu einem Vertrag zwischen dem spanischen Herrscherpaar und Kolumbus. Den Inhalt des Vertrages hat Kolumbus in Form einer Anrede an das spanische Königspaar seinem Tagebuch vorangestellt: »Allerhöchste, Allerchristlichste, Allermächtigste, Allervortrefflichste Fürsten, König und Königin von Spanien und den Inseln des Meeres, unser Herr und unsere Herrin!

Nachdem Eure Majestäten in dem gegenwärtigen Jahr 1492 den Krieg gegen die Mauren beendet und in der sehr großen Stadt Granada Frieden geschlossen haben, sah ich in diesem selben Jahr die königlichen Banner kraft der Waffen auf den Türmen der Alhambra wehen, und den König der Mauren aus den Toren ziehen, um Seiner Majestät die Hände zu küssen.

Eure Majestäten beschlossen, mich in die Länder Indiens zu senden, um die Fürsten, Völker und Landschaften daselbst kennenzulernen, ihre Verhältnisse, Anlagen und Neigungen zu erforschen, damit man wisse, welche Wege man einzuschlagen habe, unseren allerheiligsten Glauben daselbst zu verbreiten. Sie befahlen uns, nicht auf dem üblichen Weg über Land nach dem Orient zu reisen, sondern Indien auf dem Seeweg in westlicher Richtung zu suchen, was, soviel wir wissen, bisher noch von niemand unternommen worden ist. Demzufolge befahlen mir Eure Majestäten in demselben Monat des Jahres 1492, mit einer Flotte nach Indien zu segeln, bei welcher Gelegenheit ich großer Gnaden teilhaftig werden durfte. Eure Majestäten erhoben mich in den Adelsstand, so daß ich berechtigt bin, mich von nun an Don zu nennen. Sie machten mich zum Großadmiral des Ozeans und zum Vizekönig und beständigen Statthalter aller Inseln und Festlande, die durch mich entdeckt oder erobert werden. Ferner verordneten Sie, daß mein ältester Sohn mein Nachfolger sein soll, und das es solchermaßen bleibe von Generation zu Generation.«

Am 23. Mai 1492 legte Kolumbus den Ratsherren der spanischen Hafenstadt Palos den königlichen Befehl vor, ihm binnen zehn Tagen zwei ordentlich ausgerüstete und bemannte Karavellen zur Verfügung zu stellen. Nach zehn Wochen erhielt er von der Stadt die PINTA und die NINA, zwei 60 Tonnen große Karavellen mit zusammen 50 Mann Besatzung. Dazu charterte er auf eigene Kosten die SANTA MARIA, eine 100 Tonnen große Nao mit 40 Mann Besatzung als Flaggschiff.

Mit dieser kleinen Flotte ging Kolumbus am 3. August 1492 von Palos aus in See. Toscanelli hatte Kolumbus geraten, von Lissabon aus westwärts zu segeln. Wäre er diesem Rat gefolgt, so hätte er wohl, durch ständigen Gegenwind und den Golfstrom behindert, Amerika nie erreicht. Kolumbus schien bessere Kenntnisse zu besitzen. Er segelte zunächst südwärts nach den Kanarischen In-

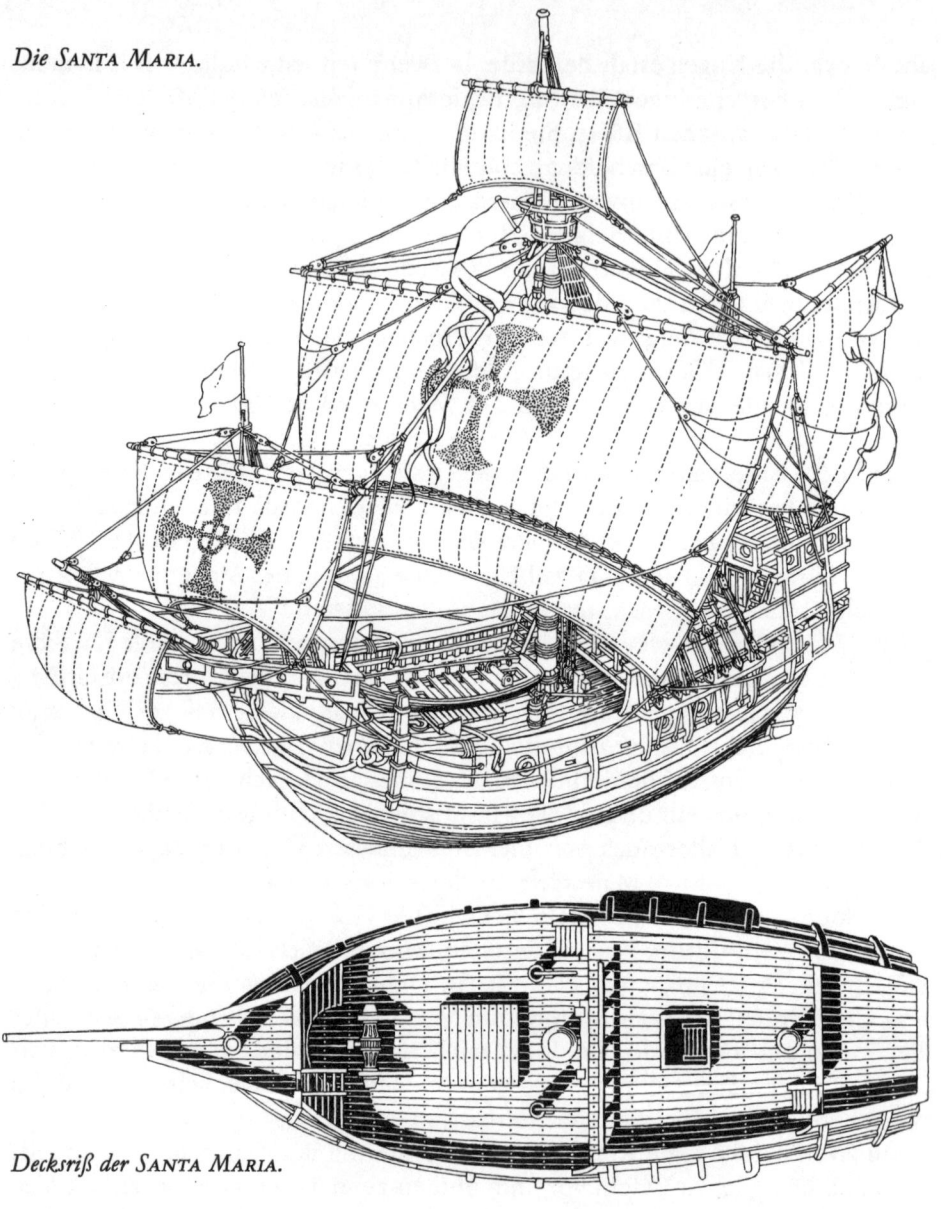

Decksriß der SANTA MARIA.

seln, wo er die Reise für vier Wochen unterbrach, um Reparaturen an der PINTA und eine Umtakelung der NINA auf Rahsegel ausführen zu lassen. Am 9. September brach er dann endgültig zur großen Reise auf. Er erreichte mit einem günstigen Nordostpassat am 12. Oktober eine der Bahama-Inseln, vermutlich die Insel Watling. Die Reise ist vielfach beschrieben worden. Kolumbus selbst hat mit seinem Tagebuch, das in der Überlieferung des Bischofs Las Casas bekannt wurde, die Vorlage geliefert. Danach wurde ein zweites Logbuch geführt, um den Besatzungen eine größere Entfernung als die tatsächlich zurückgelegte Strecke vorzutäuschen. Im Tagebuch ist von der Angst und Unruhe

262

der Mannschaft die Rede, von ihrem Versuch, Kolumbus zur Rückkehr zu zwingen, bis dann im letzten Augenblick »Land in Sicht« kam.

Das Tagebuch beschreibt nicht nur den Verlauf der Seereise, sondern auch die Inbesitznahme der fremden Insel »im Namen des Königs und der Königin« und die Menschen, die auf der Insel lebten: »Sie gehen nackt herum, so wie Gott sie erschaffen hat, Männer wie Frauen, von denen eine noch sehr jung war. Alle, die ich erblickte, waren jung an Jahren, ich sah niemand, der älter als dreißig Jahre war. Dabei sind sie alle sehr gut gewachsen, haben einen schön geformten Körper und gewinnende Gesichtszüge ... Sie führen keine Waffen, sie sind ihnen nicht einmal bekannt. Ich zeigte ihnen Schwerter, und da sie aus Unkenntnis sie bei der Scheide anfaßten, schnitten sie sich ... Sie müssen gewiß treue und kluge Diener sein, da ich die Erfahrung machte, daß sie in Kürze alles, was ich sagte, zu wiederholen verstanden. Überdies glaube ich, daß sie leicht zum Christentum übertreten können, da sie allem Anschein nach keiner Sekte angehören. Wenn es dem Allmächtigen gefällt, werde ich bei meiner Rückfahrt sechs dieser Männer mit mir nehmen, um sie Euren Hoheiten vorzuführen, damit sie die Sprache (Kastiliens) erlernen. Auf dieser Insel traf ich keine Tiere an, bis auf Papageien.«

Kolumbus war überzeugt, eine Insel vor Japan (Cipangu) betreten zu haben. Auch nach seinen weiteren drei Fahrten in den Jahren 1493, 1498 und 1502, die ihn zwischen den Großen und den Kleinen Antillen umher und die Küste Mittelamerikas entlang führten, blieb er bei der Annahme, die Küste Südostasiens entdeckt zu haben, das Land, dessen märchenhafte Reichtümer Marco Polo beschrieben hatte. So bezeichnete er die von ihm entdeckten Länder als Indien und ihre Einwohner als Indianer. Aber auch seine Zeitgenossen waren nicht in der Lage, die neu entdeckten Länder geographisch richtig einzuordnen. Selbst in Portugal war man eine Zeitlang davon überzeugt, daß die Spanier Indien entdeckt hätten.

In den neuen Streitigkeiten zwischen Spanien und Portugal um die Aufteilung der Welt entschied Papst Alexander VI., der von beiden Seiten als Schiedsrichter angerufen worden war, daß Spanien Recht auf alle Gebiete habe, die westlich einer Linie von 100 Leguas (etwa 600 km) westlich der Kapverdischen Inseln verlief, Portugal das Recht auf alle Neuentdeckungen östlich dieser Linie. Diese Linie war identisch etwa mit dem 38. Längengrad West. In der päpstlichen Bulle hieß es: »Aus unserer eigenen Machtvollkommenheit und ohne jede Beeinflussung von irgendeiner Seite, übergeben wir als Träger der höchsten apostolischen Gewalt alle neu entdeckten Länder und Inseln an Sie und Ihre Erben«, (das war in dem einen Fall der spanische, in dem anderen Fall der portugiesche König) »vorausgesetzt, daß sie nicht einem anderen christlichen König gehören. Bei Strafe der Exkommunikation ergeht das Verbot des Betretens dieser Länder und der Handelsbeziehungen mit ihnen ohne unsere ausdrückliche Genehmigung.«

Auf Empfehlung des Papstes kam es 1494 in der spanischen Stadt Tordesillas zu einem Vertrag zwischen Portugal und Spanien über die Abgrenzung ihrer kolonialen Interessensphären. In diesem Vertrag wurde die Trennungslinie jedoch auf 370 Leguas (über 2000 km) westlich der Kapverdischen Inseln festgelegt. Das entsprach in etwa dem 46. Längengrad West, eine folgenschwere Verschiebung, weil die Trennungslinie einen Teil des noch unentdeckten südamerikanischen Festlandes Portugal zusprach. In dem Vertrag von Tordesillas gestanden sich beide Seiten das Recht zu, alle ausländischen Schiffe, die in ihren Gewässern gesichtet würden, zu verfolgen und aufzubringen, sie mit Zöllen zu belegen und die Besatzungen dieser Schiffe nach ihren Gesetzen zu richten.

Bald schon machte sich in Spanien Enttäuschung breit, denn die von Kolumbus entdeckten und bereisten Inseln und Länder brachten nicht den erwarteten Goldsegen. Nach der erfolgreichen Landung Vasco da Gamas in Indien bezeichnete man Kolumbus öffentlich als Betrüger. Ihm wurde das Recht entzogen, als einziger Entdeckungsfahrten in westlicher Richtung zu unternehmen. Auch die ihm vertraglich zugesicherten Einkünfte wurden gestrichen – die vom König mit einem Untertanen abgeschlossenen Verträge bleiben für den König unverbindlich, erklärten die spanischen Kronjuristen – und so starb der Entdecker eines neuen Kontinents am 20. Mai 1506 einsam in Valladolid.

Nach der letzten Reise des Kolumbus 1502 hatte der spanische König mehreren spanischen Adligen die Erlaubnis zu Entdeckungsfahrten über den Atlantik erteilt, um Kolonien zu gründen und Gold und Sklaven zu suchen. Einer von ihnen war Vasco Nunez de Balboa, der 1513 als erster Europäer mit einer kleinen Abteilung die Landenge von Panama überwand und an den Pazifischen Ozean gelangte, den er »Südsee« bezeichnete. Nun begannen die Spanier mit der Suche nach einem Wasserweg, der den Atlantischen mit dem Pazifischen Ozean verband. Aber nicht nur die Spanier, sondern auch die Portugiesen suchten diesen Weg, denn sie hatten im Jahre 1500 die brasilianische Küste entdeckt. Und die gehörte nach dem Vertrag von Tordesillas mit großen Teilen des dahinter liegenden Landes eindeutig zu Portugal.

Es war eine Zufallsentdeckung. Der Portugiese Cabral, Oberbefehlshaber einer Flotte von 13 Schiffen, wurde auf dem Weg nach Indien durch einen schweren Sturm gezwungen, den bekannten Südkurs entlang der westafrikanischen Küste zu verlassen, um freies Wasser zu gewinnen. Dabei entdeckte er, westwärts segelnd, am 22. April 1500 ein unbekanntes Land, das er Santa Cruz nannte. In Höhe der heutigen Provinz Bahia ging Cabral an Land und nahm es für seinen König in Besitz. Während Cabral anschließend seine Fahrt nach Indien fortsetzte, überbrachte ein Schiff dem portugiesischen König die gute Nachricht. Doch auch die Spanier wußten um die Existenz Brasiliens, denn der ehemalige Kapitän der NINA, Vicente Yanez Pinzon, war auf einer südlichen Erkundungsfahrt bis zur Mündung des Amazonas gelangt. Die Spanier setzten die Südfahrt entlang der ostamerikanischen Küste fort und gelangten 1516 bis zum La Plata. Hier nun befanden sie sich wieder eindeutig in der ihnen vom Papst zugesprochenen Erdhälfte. Die Idee des Kolumbus, auf westlichen Routen nach Asien zu gelangen, erlebte in Madrid ihre Wiedergeburt.

Die Spanier hatten Glück. Im Jahre 1517 kam der Portugiese Fernao de Magalhães nach Spanien und bot dem königlichen Hof das Projekt an, den Ursprung des portugiesischen Reichtums, die Gewürzinseln der Molukken, in westlicher Richtung zu erreichen. Magalhães war 1480 in Saborosa (Portugal) geboren worden. Er hatte als junger Seeoffizier an Indienfahrten und 1511 an der Eroberung Malakkas teilgenommen. Gegen seinen Willen war er nach Portugal zurückbeordert worden, besaß jedoch ausreichende Kenntnisse und Karten über das fernöstliche Seegebiet. Beim portugiesischen Feldzug gegen Marokko eingesetzt und am Bein verwundet – Magalhães hinkte seitdem –, fühlte er sich bei der Festlegung seiner Invalidenrente benachteiligt. Er verließ Portugal und ging nach Spanien. Schon im märz 1518 kam es zu einem Vertrag zwischen Karl I., seit 1516 König von Spanien – ab 1519 als Karl V. Kaiser des Heiligen Römischen Reiches Deutscher Nation – und Magalhaes. Die Hoffnung, Portugals Asienfahrt doch noch entgegentreten zu können, hatte die schnelle Unterschrift herbeigeführt.

In dem Vertrag hatte sich die spanische Krone verpflichtet, Magalhães als Generalkapitän 5 Schiffe mit Besatzung, Ausrüstung und Proviant für zwei Jahre zu stellen. Am 20. September 1519 ging Magalhaes mit seiner kleinen Flotte von San Lucar aus in See. Die 237 Mann starke Besatzung verteilte sich auf die Schiffe Trinidad als Flaggschiff, San Antonio, Conception, Victoria und Santiago, alle in einer Größenordnung zwischen 60 und 120 Tonnen. Die Fahrt führte zunächst über Teneriffa zu den Kapverdischen Inseln. Magalhães hielt dann Südkurs entlang der westafrikanischen Küste bis in Höhe des Äquators, dann überquerte er mit Südwestkurs den Atlantik und erreichte, der südamerikanischen Küste nach Süden folgend, am 13. Dezember 1519 die Bucht von Rio de Janeiro. Vierzehn Tage ankerte die Flotte in der Bucht, um Wasser und Frischproviant zu ergänzen, aber auch, um die angenommene Meerenge zu suchen.

Am 26. Dezember 1519 gab Magalhaes die Suche auf und segelte weiter die Küste entlang nach Süden, bis er am 10. Januar 1520 in der La-Plata-Mündung die Anker fallen ließ. Erneut verbrachte er vierzehn Tage mit der Erforschung der Meeresbucht, ehe er seinen Kurs nach Süden fortsetzte. Ende März 1520 entschied er sich, an der patagonischen Küste auf 49 Grad Süd, im Bereich des heutigen Hafens San Julian, für fünf Monate Winterquartier zu beziehen. Während dieser Zeit entfachten einige spanische Kapitäne eine Rebellion gegen den portugiesischen Generalkapitän. Die Spanier wollten die Umkehr der Flotte erzwingen und hatten bereits drei der fünf Schiffe in ihre Gewalt gebracht. Magalhaes schlug den Aufstand blutig nieder: Einer der Kapitäne wurde mit dem Schwert gerichtet, der zweite auf der Flucht mit dem Dolch erstochen und der dritte an der unbewohnten Küste ausgesetzt. Der Generalkapitän bestimmte neue Kapitäne und zwang die Flotte erneut unter seine Befehlsgewalt.

Als Magalhaes am 24. August 1520 die Segel zur Weiterfahrt setzte, verlor er durch Schiffbruch wenige Tage später sein erstes Schiff, die Santiago. Doch unbeirrt setzte Magalhaes seine Reise nach Süden fort und wurde für seine Standhaftigkeit belohnt. Am 21. Oktober 1520 entdeckte er die Durchfahrt zum Pazifik, die nach ihm benannte Magalhaesstraße. Es dauerte bis zum 28. November 1520, bis Magalhaes die 600 Kilometer lange Passage bewältigt hatte und in den Pazifischen Ozean einfuhr. Doch waren es nur noch drei Schiffe, die die Fahrt entlang der chilenischen Küste nach Norden fortsetzten. Die SAN ANTONIO war von einer Erkundungsfahrt nicht zurückgekehrt. Wie sich später herausstellte, war es dem Steuermann des Schiffes gelungen, die Mannschaft aufzuwiegeln, den Kapitän in Ketten zu legen und das Schiff nach Spanien zurückzusegeln. Dort wurden die Meuterer in den Kerker geworfen.

Fernao de Magalhaes verließ in Höhe des 37. Breitengrades Süd die chilenischen Küste und steuerte nordwestliche Kurse, auf denen er am 24. Januar 1521 im polynesischen Archipel auf 14 Grad, 15 Minuten südlicher Breite und 138 Grad, 48 Minuten westlicher Länge eine unbewohnte Insel entdeckte, die Poka-Poka-Insel. Nach einigen Tagen Ruhe und Erholung für die Mannschaft setzte Magalhaes die Reise mit Nordwestkurs fort. Am 13. Februar überquerte die Flotte den Äquator, am 24. Februar den 12. Breitengrad Nord, ohne eine einzige der unzähligen kleinen Gilbert- und Marshallinseln oder eine Insel der östlichen Karolinen auch nur gesehen zu haben. Nun änderte Magalhaes den Kurs der Flotte auf West und stieß endlich, nach drei Monaten und zwanzig Tagen ununterbrochener Seefahrt, auf die Marianen. Bei der Insel Guam ging er vor Anker. Diesen wohl strapazenreichsten Teil der Reise schildert anschaulich der Magalhaes begleitende Italiener Pigafetta in seinem Tagebuch:

»Wir fuhren drei Monate und zwanzig Tage, ohne Frischproviant zu uns zu nehmen. Der Zwieback war zu Staub zerfallen, voller Maden und Rattendreck. Das Trinkwasser war trübe und übelriechend. Wir aßen selbst das harte Leder der Marsrah, das beständig dem Wetter ausgesetzt war. Es mußte erst tagelang in Seewasser eingeweicht werden, bevor es, in glühender Asche geröstet, genießbar wurde. Ratten bildeten einen Leckerbissen und wurden mit einer halben Krone das Stück bezahlt. Zu allem Unglück kam noch der Skorbut hinzu, an dem neunzehn Mann starben. Hätten uns Gott und seine Heilige Mutter auf dieser langen Fahrt nicht gutes Wetter geschenkt, so wären wir wohl alle in diesem weiten Meer umgekommen. Ich glaube, daß kein Mensch noch einmal wieder eine solche Reise unternehmen wird.«

Schon nach wenigen Tagen Ruhe gab Magalhaes erneut Befehl, die Segel zu setzen. Auf weiterem Westkurs erreichten die drei Schiffe die Philippinen. Den Namen erhielten sie nach dem Sohn Kaiser Karl V., dem späteren König von Spanien, Philipp II. In der Absicht, den ganzen Archipel für den spanischen König in Besitz zu nehmen, fand Magalhaes mit einem Teil seiner Mannschaft in einer bewaffneten Auseinandersetzung mit den Bewohnern einer kleinen Insel den Tod. Da die verbliebene Besatzung nicht mehr zur Bemannung aller drei Schiffe ausreichte, wurde die CONCEPTION versenkt und die Reise mit TRINIDAD und VICTORIA in Richtung auf die Sundainseln fortgesetzt. Am 8. November 1521 war das Ziel der Reise erreicht. Auch wenn es Magalhaes nicht mehr persönlich erlebte, er hatte das dem König gegebene Wort eingelöst. Mit einem Freudensalut aus allen Kanonen wurden die Molukken, die Gewürzinseln, begrüßt.

Die TRINIDAD war auf der langen Reise seeuntüchtig geworden, sie konnte die Heimreise nicht mehr antreten. So wurde das einzig verbliebene Schiff der Flotte, die VICTORIA, voll mit Gewürzen beladen. Auf den Weg über den Indischen Ozean und um das Kap der Guten Hoffnung kehrte sie zum Ausgangspunkt der Reise zurück. Es waren noch 18 Mann, die unter Führung ihres Kapitäns d'Elcano am 6. September 1522 im Hafen von San Lucar an Land stiegen. Die erste Umsegelung der Erde war vollendet, eine Leistung, die selbst die Tat des Kolumbus in den Schatten stellte. Es war der unwiderlegbare Beweis erbracht worden, daß die Erde Kugelgestalt besaß und das Weltmeer, die Ozeane, die kontinentalen Landmassen umspülte und miteinander verband.

Weitere Entdeckungen und Eroberungen

Ein halbes Jahrhundert nach der Entdeckung Amerikas durch Kolumbus hatte Spanien seine Herrschaft über die Antillen, die Landenge von Panama, über Florida, Mexiko und Peru ausgedehnt. Vor allem die Eroberung des Aztekenreiches Mexiko von 1519 bis 1521 durch den spanischen Hidalgo Hernán Cortés (1485–1547) und des Inkareiches Peru durch den Konquistador Francisco Pizarro (1478–1541), ein des Lesens und Schreibens unkundiger ehemaliger Schweinehirt, erschlossen der spanischen Krone den märchenhaften Gold- und Silberreichtum dieser Länder. In Mexiko fanden die Spanier unvorstellbare Mengen dieser Edelmetalle, selbst mit Edelsteinen durchsetztes Mauerwerk. In Peru waren die Dächer und Wände von Tempeln mit Blattgold bedeckt, existierten Straßen mit silbernem Belag. Was Generationen von Azteken und Inkas zusammengetragen hatten, wurde nun geplündert, auf Schiffe verladen und über den Atlantik nach Spanien gebracht. Nachdem die Schätze geraubt, die Ureinwohner ausgeplündert worden waren, begann der Abbau der Edelmetallminen mit indianischen Arbeitssklaven. Allein die Ausbeutung der Silbermine von Potosi in Bolivien brachte ein jährliches Ergebnis von 300 000 Kilogramm reinen Silbers. Im Verlauf des 16. Jahrhunderts stieg die Silbermenge in Europa auf das Fünffache, vier Fünftel des europäischen Gold- und Silberbestandes kamen aus dem spanischen Amerika.

In den dreißiger und vierziger Jahren des 16. Jahrhunderts drangen spanische Konquistadoren nach Chile vor, die Portugiesen eroberten und besetzten Brasilien, und in der zweiten Hälfte des 16. Jahrhunderts setzten sich die Spanier, nach einigen gescheiterten Versuchen, endgültig in Argentinien fest. Nur im Norden machten die spanischen Konquistadoren in Mexiko halt, da sie weiter nördlich keine gold- und silberreichen Orte und Länder mehr vorfanden. Die spanischen Karten jener Zeit enthielten den Vermerk für Nordamerika: »Gebiete, die keine Einkünfte bringen«. Auf dem übrigen amerikanischen Kontinent aber entstanden die spanischen und portugiesischen Kolonien, in denen eine selbständige Entwicklung der amerikanischen Urbevölkerung für immer unterbrochen wurde.

Die Herrschaft Spaniens in den eroberten Gebieten Amerikas war, ebenso wie die Portugals in seinen östlichen Kolonien, blutig, grausam und rücksichtslos. Jedoch gab es Unterschiede in den Methoden der Ausbeutung, die bestimmend für die Entwicklung der überseeischen Besitzungen wurden: Spanien entwickelte den Raubkolonialismus, Portugal den Handelskolonialismus. Während die Spanier ihre Feudalverhältnisse auf die Kolonien übertrugen, den Besiegten dabei Land und Besitz nahmen, sie endlich nahezu ausrotteten und Negersklaven als Arbeitskräfte für ihre Plantagen und Bergwerke einführten, errichteten die Portugiesen auf der Basis von Sklavenarbeit ein Gewürzhandelsmonopol in den eroberten Ländern. Wie die Spanier mit Gold, Silber und Edelsteinen, so verdienten die Portugiesen mit Pfeffer, Zimt und Muskatnüssen riesige Vermögen. Die Preise für die aufzukaufenden Waren wurden durch die Eroberer festgelegt. Der König von Portugal erhielt von jedem Schifftransport dreißig Prozent des Warenwertes, der Pfefferhandel war gänzlich der Krone vorbehalten.

Das riesige portugiesische Kolonialreich, das im Osten vor allem im Kampf gegen die Araber geschaffen worden war, mußte auch im ständigen Kampf gegen die Araber verteidigt werden. Das nur anderthalb Millionen zählende Portugal war dieser Aufgabe auf die Dauer nicht gewachsen. Philipp II. von Spanien nutzte portugiesische Streitigkeiten um erreichte Erfolge bei der Eroberung von Kolonien aus, um sich auch in den Besitz der portugiesischen Krone zu setzen. 1580 vereinigte er das portugiesische mit dem spanischen Reich: Die Welt war spanisch geworden! Mit einer einheitlichen Verwaltung und einer übermächtigen Bürokratie versuchte der spanische Hof, die ungeheuren Reichtümer der kolonialen Ausbeutung für sich zu sichern. Trotzdem gingen Millionen durch Betrug und Korruption in fremde Hände über. Aber nicht nur königliche Beamte, Konquistadoren, Händler und Kaufleute in Spanien und Übersee bereicherten sich, sondern in zunehmendem Maße auch staatlich geförderte französische, englische und niederländische Kaper, die sich auf See einen Anteil von dem geraubten Gut holten.

Um Gold, Silber und Gewürze sicher nach Hause zu bringen, legten Spanien und Portugal ein Stützpunktsystem auf den zu befahrenden Seerouten an und organisierten militärisch formierte Geleitzüge: die Konvoifahrt in Admiralschaften. Im Verlaufe der Zeit kam es zu einer Trennung zwischen reinen Frachtschiffen und bewaffneten Begleitschiffen. Nun wurde es auch privilegierten Kaufleuten gestattet, Fahrten mit Frachtschiffen auf eigene Kosten und eigenes Risiko zu unternehmen. Die Anzahl der Schiffe und die Zusammensetzung des Konvois, die Reiserouten, Abgangs- und Bestimmungshäfen sowie die anzulaufenden Zwischenhäfen wurden jedoch grundsätzlich von den zuständigen staatlichen Stellen bestimmt.

In Portugal ging alljährlich im März oder April von Lissabon aus ein großer

Geleitzug in See. Der Zeitpunkt war so gewählt, daß die Monsunwinde die Überquerung des Indischen Ozeans von der afrikanischen Ostküste zur indischen Westküste begünstigten. Während die Frachtsegler ihre kostbare Gewürzfracht an Bord nahmen, lösten die sie begleitenden Kriegsschiffe die portugiesischen Geschwader vor Indien und Malakka ab. Die abgelösten Kriegsschiffe übernahmen dann den Geleitschutz der beladenen Frachter bei der Heimreise, die unter Ausnutzung der nun westwärts wehenden Monsunwinde angetreten wurde. Auch für die spanische Amerikafahrt wurde die jährliche Abfahrt der Flotte nach den Windverhältnissen festgelegt. Die Reise ging von San Lucar, an den Kanarischen Inseln vorbei, auf der alten Kolumbusroute nach Haiti. Dort teilte sich die Flotte in zwei Geschwader: Das eine Geschwader versegelte nach Veracruz, um die Reichtümer Mexikos an Bord zu nehmen, das andere nach Portobello zur Landenge von Panama. Die aus Peru stammenden Gold- und Silberschätze wurden mit Maultierkarawanen nach Portobello gebracht und hier auf die Schiffe verladen. Beide Geschwader vereinigten sich danach bei Havanna vor Kuba, um gemeinsam die Rückreise über die Azoren nach San Lucar anzutreten.

Die Stärke der Geleitzüge auf dieser über Jahrhunderte beibehaltenen Route schwankte im 16. und 17. Jahrhundert zwischen 50 und 100 Schiffen. In der zweiten Hälfte des 17. Jahrhunderts fielen die Zahlen stark ab. Von 1620 an gelang es den Holländern und von 1650 an auch den Engländern wiederholt, die berühmten jährlichen Silberflotten der spanischen Krone vollständig aufzureiben. Kaper wie Seeräuber hielten sich dagegen lieber an Einzelfahrer, die vom Konvoi abgekommen waren.

Ungeachtet der päpstlichen Bulle über die Vergabe aller noch nicht entdeckten Länder und Inseln an Spanien und Portugal drangen auch Seeleute und Kaufleute anderer europäischer Länder in noch unbekannte Seegebiete vor. Auch sie suchten fremde Länder und Inseln, suchten Gold, Silber, Gewürze und weitere Kostbarkeiten, um sich zu bereichern. So erreichte der nach England übergesiedelte Italiener Giovanni Caboto (1455–1498), als John Cabot in die Geschichte eingegangen, mit dem Schiff MATTHEW auf der Suche nach einer nördlichen Durchfahrt zum Pazifik im Jahre 1497 als erster das nordamerikanische Festland bei Neufundland und Labrador. Mit seinem Sohn Sebastian (1474–1557) befuhr er 1498 die nordamerikanische Küste südwärts bis Kap Hatteras. Nach dem Tod seines Vaters gelangte Sebastian Caboto 1508/09 bis zur Straße und Bai, die später nach Hudson benannt wurden. Im Jahre 1533 zum Gouverneur der »Gesellschaft zur Entdeckung unbekannter Länder und Inseln« ernannt, kam Sebastian Caboto auf die Idee, Nordeuropa in östlicher Richtung umsegeln zu lassen.

Die Engländer, das portugiesisch-spanische Beispiel vor Augen, gaben nicht auf, die Nordwestpassage nach Asien zu finden. Der erste englische Seefahrer, der auf einer Nordfahrt die Westküste Grönlands sichtete, war der berühmt-berüchtigte Freibeuter Martin Frobisher (1535–1576). Er entdeckte 1576 die Südostküste der nordamerikanischen Insel Baffinland, wo er mit seinem Schiff GA-BRIEL in die südliche Bucht einfuhr, die seinen Namen erhielt. Dort traf er auf Eskimos, von denen er einen als Souvenir nach England mitnahm. Der nächste, der im Auftrag der englischen Admiralität die Nordwestpassage zum Pazifik suchte, war John Davis (1550–1605). Er gilt als der Neuentdecker Grönlands. Auf seiner ersten Nordfahrt 1585 kam er weiter als Frobisher, auf seiner zweiten Fahrt 1586 durchfuhr er die nach ihm benannte Davisstraße bis über den 66. Grad nördlicher Breite und schließlich gelangte er auf seiner dritten Fahrt 1587 bis über den 72. Breitengrad nach Norden. Auf einer später unternommenen Fahrt zur Südspitze Amerikas entdeckte John Davis 1592 die Malvinen (Falklandinseln).

Der englische Seefahrer Henry Hudson (1550–1611) unternahm seine Erkundungsreisen nach einer nördlichen Durchfahrt zum Pazifik im Dienste der Vereinigten Provinzen der Niederlande. Auf seiner Fahrt 1699 entdeckte er mit seinem Segelschiff DISCOVERY den Hudsonfluß und 1610 die Hudsonstraße und die Hudsonbai. Seine Berichte über das Tierleben an der kanadischen Küste lösten in Europa die Robbenfängerfahrten aus. Hudson ist 1611 in Kanada verschollen. Nach weiteren erfolglosen Erkundungsreisen erlosch der Glaube an die Möglichkeit über eine Nordwestpassage aus dem Atlantik den Pazifik zu erreichen. Erst 1818, also rund 200 Jahre später, entsandte die britische Admiralität aufgrund von Berichten britischer Robbenfänger, die besagten, daß sich das Eismeer erwärmt habe und deshalb eisfreier geworden sei, erneut zwei Schiffe nach dem hohen Nordwesten: die ISABELLA unter Kapitän John Ross (1777–1856) und die ALEXANDER unter William Edward Parry (1790–1855). Von beiden Seglern wurde die Baffinbai kartographisch aufgenommen, doch wurden sie in der Melvillebai so gefährlich von Packeis umschlossen, daß Ross die Heimfahrt befahl. Im folgenden Jahr fuhr Parry über den Punkt hinaus, den Ross und er schon erreicht hatten. Er segelte über den 110. westlichen Längengrad hinaus und erblickte die McClure-Straße, auf der dann 1852 die erste Passage von Ost nach West gelang.

Die nordöstliche Durchfahrt bereitete den Seefahrern keine geringeren Schwierigkeiten. Auf Vorschlag von Sebastian Caboto rüsteten englische Kaufleute 1533 eine erste Expeditionsflotte von drei Schiffen aus. Doch zwei Schiffe strandeten bei schwerem Wetter schon an der Ostküste der Halbinsel Kola, das dritte, die EDWARD BONAVENTURE, gelangte in das Weiße Meer bis zur Mündung der Nördlichen Dwina, an den Ort, wo 1584 Archangelsk entstand. Der Kapitän des Schiffes, Chancellor, und einige Kaufleute reisten die zweieinhalbtausend Kilometer über Land nach Moskau, wo sie vom Zaren Iwan IV. empfangen wurden. Die Engländer knüpften, vom Zarenhof unterstützt, Handelsbeziehungen an und versprachen, das lästige Handelsmonopol der Hanse durch einen direkten Seeverkehr zur Dwinamündung zu brechen. Nach London zurückgekehrt, gründeten sie die Moskowitische Handelskompanie, die bald darauf ihr Tätigkeit aufnahm.

Die Holländer, in scharfer Handelskonkurrenz zu den Engländern stehend, schickten 1565 Vertreter der »Holländischen Weiße-Meer-Kompanie« in das Weiße Meer. Sie kamen auf ihren Reisen über Land bis an den Ob, wo sie günstige Geschäfte mit Pelzhändlern machten. Im Jahre 1584 versuchten die Holländer, die Nordostpassage zu erzwingen, um ihre Geschäfte auf China und Japan auszudehnen. Sie setzten aber nur ein einziges Schiff ein, das schon in der Jugorstraße vor dem Eis kapitulierte. Auf seiner Rückfahrt strandete es auf den Sandbänken der Petschoramündung. Ende des 16. Jahrhunderts rüsteten holländische Kaufleute mehrere Schiffsexpeditionen aus, mit deren Leitung sie Willem Barents (1550–1597), einen wirklich großen Entdecker, betrauten. Bei der ersten Reise 1594 sollten zwei Schiffe durch die Jugorstraße ostwärts vordringen, während die MERKUR unter Barents die Westküste von Nowaja Semlja nach Norden hinauf segelte. Barents erreichte tatsächlich das Nordende der Insel, doch auf seinem weiteren Vorstoß nach Norden geriet er beim 78. Breitengrad in ein Eisfeld, das ihn zur Umkehr zwang. Die beiden anderen Segler waren durch die Jugorstraße in die Karasee gelangt, hatten dort auch vorübergehend freies Wasser angetroffen, wurden schließlich aber doch durch Eisbarrieren zur Umkehr gezwungen.

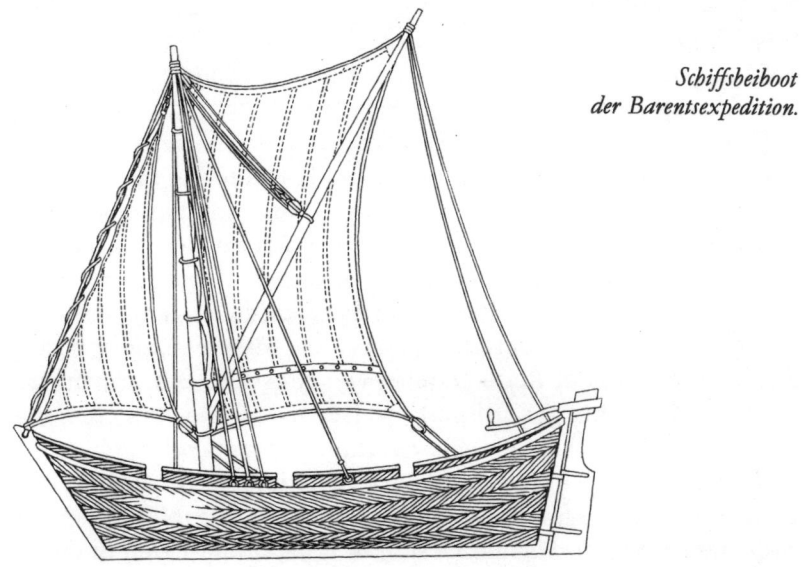

Schiffsbeiboot der Barentsexpedition.

Barents zweite Expedition 1595 brachte weder neue Erkenntnisse noch Entdeckungen. Bei der dritten Fahrt 1596 segelte Barents direkt in den hohen Norden. Nördlich des Nordkaps entdeckte er eine Insel, die wegen eines erlegten Bären den Namen Bäreninsel erhielt. Zehn Tage später wurde Spitzbergen gesichtet, doch machten Eismassen ein weiteres Vordringen unmöglich. Die beiden Expeditionsschiffe kehrten nach der Bäreninsel zurück. Barents erreichte auf dem Heimweg am 17. Juli die Nordostecke von Nowaja Semlja, wo sein Schiff vom Eis eingeschlossen wurde. Mit Treibholz erbaute die Mannschaft eine Blockhütte, und Barents überwinterte mit seinen Männern auf 76 Grad,

271

7 Minuten nördlicher Breite. Als das Schiff im Sommer 1597 nicht aus dem Eis frei kam, gab Barents es auf und versuchte, mit den beiden kleinen Beibooten an die Petschoramündung zu gelangen. Fünf der siebzehn Besatzungsmitglieder, auch Barents, starben auf der Fahrt. Mit dem Tode von Willem Barents hörten die Versuche der Holländer, die Nordostpassage zu erzwingen, auf. Man hatte in Amsterdam herausgefunden, daß man auf dem Weg um das Kap der Guten Hoffnung auch gegen den Willen Spaniens und Portugals am Indien- und Ostasienhandel profitieren konnte.

Im Jahre 1525 soll der russische Gesandte in Rom, Dmitri Gerassimow, dem Schriftsteller Paulus Jovius erzählt haben, daß man auf dem nördlichen Seeweg von Westeuropa nach China gelangen könne. Jovius, der ein Buch über Rußland und die Gesandtschaft Gerassimows veröffentlichte, machte diesen Gedanken dann allgemein bekannt. Es ist nicht ausgeschlossen, daß die Suche nach einer Nordostpassage auf diese Weise ausgelöst wurde. Seit etwa 1580 begannen die Russen selbst, sich für einen Seeweg entlang der asiatischen Nordküste zu interessieren. Kosaken unterwarfen 1581/82 das tatarische Chanat Sibir, 1586 wurde Tjumen als erste russische Stadt in Sibirien gegründet. 1587 folgte Tobolsk, 1604 Tomsk, 1618 Jennissejsk, 1628 Krasnojarsk, 1632 Jakutsk, 1638 Ochotsk und 1648 erreichte der Kosak Deshnjow (1605–1672?) das sibirische Ostkap an der Beringstraße.

Deshnjow hatte schon 1647 versucht, über den Seeweg zu dem geheimnisvollen Fluß Anadyr vorzudringen, doch das Eis hatte ihn zur Umkehr gezwungen. Am 20. Juni 1648 ging er von der Kolymamündung mit einer Flotte aus sieben Kotschen und rund 100 Mann Besatzung erneut in See, um aus dem nördlichen Eismeer in den Pazifik zu gelangen. Kotschen waren kleine Kielboote mit eiförmigen Rumpf, die für Fahrten in eisgefährdeten Gebieten besonders geeignet waren, weil sich der Bootskörper bei Eispressungen nach oben schob. Schon zu Beginn der Reise gerieten vier Kotschen außer Sicht, sie blieben verschollen. Ausgrabungen in Alaska weisen darauf hin, daß die Besatzungen hier eine Zeitlang gelebt haben müssen. Ein weiteres Schiff sank, so daß die gefahrvolle Reise nur noch mit zwei Fahrzeugen fortgesetzt werden konnte. Im September 1648 umsegelten die beiden Kotschen die Nordostspitze Asiens, das Kap, das später den Namen Deshnjow erhielt, und liefen in die Meerenge ein, die Asien von Amerika trennt. Die beiden Schiffe trieben hier auseinander, und Deshnjows Kotsche strandete an der Küste des Beringmeeres. Nach einem zehnwöchigen Marsch erreichten die Schiffbrüchigen »frierend und hungernd, nackt und ohne Schuhwerk« das Ziel der Expedition, den Anadyr. Der Beweis war erbracht, das Amerika durch das Weltmeer von Asien getrennt, ein eigener Erdteil ist.

Peter der Große beauftragte 1725 den Dänen Vitus Bering den von Deshnjow befahrenen Seeweg und die Nordostküste Sibiriens genau zu erforschen. Während seiner zweiten Reise berührte Bering 1741 die Küste Alaskas und entdeckte die Aleuten. Auf der nach ihm benannten Beringinsel, die westlichste im Aleuten-Bogen, kurz vor Kamtschatka, verstarb Bering im Dezember 1741.

Seit 1734 hatten russische Offiziere mit Kotschen die Küste der Karasee, der Jamalhalbinsel, der Obmündung und der Gydanskijhalbinsel erforscht, 1741 folgte die genaue Vermessung der Tamyrhalbinsel. Im selben Jahr drang der Russe Tscheljuskin bis zum Nordkap Asiens vor, das seinen Namen trägt. Schließlich erforschte Dmitri Laptew die gesamte Küste des Ostsibirischen Meeres mit den Mündungen der Indigirka und der Kolyma. Er segelte bis zum Kap Großer Bär. Ein Randsee des Nordpolarmeeres erhielt seinen Namen. Nach diesen Erkundungen besaß man in Rußland detaillierte Aufzeichnungen der ganzen Nordküste Asiens, und ebenso waren die Eisverhältnisse auf dem nördlichen Seeweg bekannt. Dennoch scheiterten in der Folgezeit mehrere Versuche, die Eisbarriere im Nordosten zu durchbrechen. Der russische Leutnant Wrangel gelangte nur mit Hundeschlitten zu der nach ihm benannten Wrangelinsel. Erst dem schwedischen Polarforscher Nils Adolf Erik Nordenskjöld (1832–1901) gelang es 1878/79 erstmals in durchgehender Fahrt mit seinem Schiff VEGA nach einer Überwinterung im Eis die Nordostpassage zu erzwingen. Am 20. Juli 1879 stand er mit seiner VEGA mitten in der Beringstraße.

Nach den großen Entdeckungen des 15. und 16. Jahrhunderts besaß man in Europa ziemlich genaue Kenntnisse über Afrika, Amerika und Asien. Nur die Terra australis, der Südkontinent des Ptolemäus, blieb auch im 16. Jahrhundert noch ein Mythus. 1567 hatte der spanische Vizekönig von Peru eine Expedition zur Suche des Südlandes ausgesandt, sie fand aber nur das Salomonen-Archipel. Eine weitere Expedition 1595 mit vier Schiffen landete auf den Marquesas, danach auf den Santa-Cruz-Inseln. Möglich, daß um 1600 die australische Küste von portugiesischen Seefahrern auf ihren Malakkafahrten gesehen wurde, weitergegeben haben sie ihr Wissen nicht. Die erste Kunde von der Existenz des Südkontinents brachten die Holländer nach Europa. Willem Jansz(oon) stieß 1606 mit seinem Schiff im Golf von Carpentaria auf die Nordküste Australiens.

Bei den Waffenstillstandsverhandlungen 1609 räumte Spanien den Vereinigten Provinzen der Niederlande freie Betätigung in Ostasien ein. Zwei holländische Kapitäne, Schouten und Hartog, umsegelten 1615 die Südspitze Amerikas, das nach der holländischen Stadt Hoorn benannte Kap. Auf der Weiterfahrt nach Java berührte die von Hartog geführte EENDRACHT die Westküste von Australien. Weitere Fahrten holländischer Segler entlang der australischen Küste folgten. Eine systematische Erkundungsfahrt in australische Gewässer unternahm 1642 der holländische Seefahrer Abel Tasman (1603–1659). Mit seinen beiden Schiffen, der HEEMSKERK und der ZEEHAEN, traf er am 23. November 1642 auf eine südlich von Australien liegende Insel, nach ihrem Entdecker später Tasmanien genannt. Nach vier Tagen fuhr man weiter in östlicher Richtung, und am 13. Dezember entdeckte man Neuseeland, wie Tasman glaubte, ein weit nach Süden vorgeschobener Teil Australiens. Um für diese Annahme Sicherheit zu erlangen, segelte er weiter in nordöstlicher Richtung, fand die Tonga- und die Fidschi-Inseln, umfuhr Neuguinea im Norden und lief am 14. Juni 1643 in Batavia, dem holländischen Stützpunkt auf Java, ein. Ohne es zu wissen, hatte Tasman fast ganz Australien umsegelt. Der fünfte, der letzte Kontinent war gefunden und wurde in die Weltkarten eingetragen.

Kampf um Kolonien und ozeanische Seeverbindungen

Die Monopolstellung in der europäischen Gold-, Silber- und Gewürzeinfuhr begründete zwar den Reichtum Spaniens und Portugals, doch bewirkte sie gleichzeitig einen Rückgang der Produktivkräfte. Weder Gold noch Silber und ebensowenig die Wuchereinnahmen des Gewürzhandels konnten die fehlende wirtschaftliche Basis in Spanien und Portugal ersetzen. Deshalb führten die Einfuhren zur Inflation der Währung und Stagnation der Produktion. Der Reichtum aus den Kolonien floß durch die Mutterländer zu den aufblühenden Staaten Westeuropas, vor allem nach Holland und England, von wo die Kolonialmächte alle benötigten Waren bezogen.

Während die Hanse und die italienischen Seestädte der neuen Entwicklung keine Aufmerksamkeit schenkten, waren die Niederlande, Britannien und auch Frankreich bemüht, direkte Handelsbeziehungen mit den neuentdeckten Ländern aufzunehmen. Vergeblich versuchten Spanien und Portugal, ihre Monopolstellung gegen die aufkommende Konkurrenz zu verteidigen. Ende des 16. Jahrhunderts übertraf der verbotene Schleichhandel bereits den offiziellen Handel mit den Kolonien. Besonders Holland und England verstanden es, durch eine rasche Ausweitung von Seefahrt und Seemacht eigene Kolonialreiche zu schaffen. Das geschah nicht zuletzt im direkten Kampf gegen die alten Kolonialmächte. .

Die Niederlande besaßen als einen Teil des spanisch-habsburgischen Weltreiches für den Kolonialhandel in Übersee eine Reihe von Sonderrechten. Als Philipp II. von Spanien die Rechte der Niederländer einzuschränken versuchte, kam es 1568 zum Befreiungskampf der Niederlande von der spanischen Herrschaft, der mit der bürgerlichen Revolution verschmolz. In den über Jahrzehnte andauernden Kämpfen – erst der Friedensvertrag von Münster 1648 beendete den Kriegszustand endgültig – errang der nördliche Teil der Niederlande, die »Sieben Provinzen«, als Vereinigte Provinzen der Niederlande seine Unabhängigkeit. In diesen Auseinandersetzungen stellte sich England auf die Seite der aufständischen Provinzen, denn schon seit Jahren herrschte zwischen Spanien und England ein kriegsähnlicher Zustand. Mit der Forderung nach »Freiheit der Meere« versuchten die Engländer, sich dem spanischen Handelsmonopol und der damit verbundenen Vorherrschaft auf See entgegenzustellen. Das geschah in erster Linie durch eine staatlich organisierte Piraterie, der Kaperei, verbunden mit Sklavenhandel und Schmuggel, aus der auch die englische Krone persönlichen Gewinn zog.

Die große Auseinandersetzung zwischen England und Spanien begann, als nach der katholisch-eifernden Maria Tudor, Gattin Philipp II. von Spanien, 1558 ihre anglikanische Halbschwester Elisabeth den englischen Thron bestieg. Sie förderte alle Unternehmen gegen Spanien und schickte ihre Kaperkapitäne besonders gern in amerikanische Gewässer, um den Spaniern soviel Gold und Silber wegzunehmen, wie die Schiffe auf dem Weg nach England nur tragen konnten. Der erste englische Kapitän, der in die Karibik vorstieß, war der Seeräuber und Sklavenhändler John Hawkins (1532–1595). Er wurde später geadelt und zum Konteradmiral ernannt. Als Kapitän des ehemaligen Hanseschiffes Jesus von Lübeck segelte Hawkins 1563 nach Afrika, machte in Sierra Leone Neger zu Sklaven und transportierte sie über den Atlantik nach Haiti, wo er sie an spanische Sklavenhalter verkaufte. An Hawkins letzter Sklavenfahrt 1567, bei der die Jesus von Lübeck durch Kanonen spanischer Galeonen versenkt wurde, beteiligte sich sein Neffe, der später berühmt gewordene Francis Drake (1540–1596), als Kapitän eines kleinen Schiffes. Auf seiner Kaperfahrt von 1577 bis 1580 umsegelte Drake auf den Spuren Magalhaes Südamerika, plünderte mit größtem Erfolg spanische Schiffe und Hafenstädte an der südamerikanischen Westküste aus und kehrte über den Pazifik und Indik um das Kap der Guten Hoffnung nach England zurück. Das war die zweite Weltumsegelung in der Geschichte.

Während Spanien die Auslieferung des Diebes Drake verlangte, begab sich die englische Königin Elisabeth I. an Bord der Golden Hind, des Flaggschiffes von Drake und erteilten ihm den Ritterschlag. Drake hatte den Ritterschlag wahrhaft verdient: Der Wert der gekaperten Güter soll über zwei Millionen Goldpfund betragen haben. Die Hälfte davon erhielt die Königin, die übrigen Aktionäre erhielten 4700 Prozent ihres Kapitalanteils. Philipp II. von Spanien (1556–1598) bereitete sich nun auf die unausbleiblich gewordene militärische Entscheidung vor. Er gab Befehl zum Bau der »Unüberwindlichen Armada«, mit der spanische Söldner in England angelandet werden sollten, um Elisabeth vom Thron zu stürzen. Auch verhängte er ein Handelsembargo gegen England und sperrte die Häfen seines Weltreichs für englische Schiffe. Vergeblich! Die »Unüberwindliche Armada« König Philipps wurde 1588 in alle Winde zerstreut und Engländer wie Holländer brachen nun erst recht in das spanisch-portugiesische Kolonialreich ein.

Hatte sich im 16. Jahrhundert die koloniale Aktivität der Niederlande, Englands und Frankreichs auf die Suche nach Seeverbindungen beschränkt, die von spanischen und portugiesischen Schiffen noch nicht befahren wurden, sowie auf das Sammeln von Nachrichten und Kartenmaterial über die spanischen und portugiesischen Routen nach Amerika und Indien, so setzte mit Beginn des 17. Jahrhunderts der Erwerb überseeischer Gebiete ein. Doch nun trat nicht mehr die Krone in Erscheinung, die Staatsgewalt also, die bisher die Kaperund Entdeckungsfahrten organisiert hatte, sondern auf privater Kapitalsgrundlage gebildete Handelskompanien. Die niederländische und die englische Ostindienkompanie hatten unter den zahlreichen Handelsgesellschaften, die im 17. Jahrhundert entstanden, die weitaus größte Bedeutung.

Vorbild für die Handelskompanien aller übrigen bürgerlichen Staaten, auch der bereits 1600 gegründeten englischen Ostindienkompanie, war die niederländische Ostindienkompanie. Die Gesellschaft entstand mit direkter Unterstützung der niederländischen Regierung, der Generalstaaten, die mehrere kleine, miteinander konkurrierende Unternehmen im Handel mit Indien zusammenzufassen suchte. Das Ziel war, einem einzigen, starken Unternehmen das Monopol im Indienhandel zu sichern, um unerwünschte Konkurrenz abwehren zu können. Am 20. März 1602 bestätigten die Generalstaaten einen Vertrag zwischen den Direktoren mehrerer Gesellschaften über die Bildung der Ostindienkompanie. In einer besonderen Charta erhielt die Kompanie das Monopolrecht auf Schiffahrt und Handel vom Kap der Guten Hoffnung in östlicher Richtung bis zur Magalhaesstraße. Dieses Recht schloß ein, im Indischen und Pazifischen Ozean jedes ausländische Schiff aufzubringen und zu beschlagnahmen, in den Anliegerländern Festungen und Faktoreien anzulegen, Münzen zu prägen, Truppen zu unterhalten, Kriege zu führen und Frieden zu schließen, alles im Namen des Statthalters der Vereinigten Provinzen der Niederlande. Bis zur Mitte des 17. Jahrhunderts eroberte die niederländische Ostindienkompanie die Mehrzahl der portugiesischen Besitzungen in Indien und wurde damit zur führenden politischen und militärischen Kraft im Raum des Indischen Ozeans.

Die englische Kompanie der Londoner Ostindienhändler, die im Jahre 1600 eine königliche Charta auf das Monopol im Indienhandel erhalten hatte, besaß auf die Dauer von fünfzehn Jahren das Recht des zollfreien Warenexports, aber keine Souveränitätsrechte. Da die Londoner Kompanie im Vergleich zu den Niederländern bedeutend weniger Schiffe, finanzielle Mittel und Menschen besaß, bemühte sie sich mit Unterstützung ihrer Regierung um die Gunst des Großmoguls. Ihr Interesse formulierte die Kompanie in dem Satz: »In Indien billig einkaufen, um in Europa teuer zu verkaufen«. Es war ein Tarnmantel, denn in Wirklichkeit strebten die Engländer wie die Holländer politische und militärische Macht an. Piraterie gegenüber einheimischen und fremdländischen Schiffen nahmen beide Kompanien aus eigener Machtvollkommenheit für sich in Anspruch. Im 17. Jahrhundert konzentrierten sich die kolonialen Gegensätze vorrangig in Indien und Südostasien, in Westindien (Mittel- und Südamerika) und Nordamerika zwischen Spanien und Portugal auf der einen Seite und den Niederlanden, England und Frankreich auf der anderen Seite. Bei dem Kampf um das koloniale Erbe Spaniens und Portugals gab es immer wieder blutige Auseinandersetzungen zwischen Holland, England und Frankreich. In Indien und Südostasien traten die niederländische und die englische Handelskompanie als Befreier der einheimischen Feudalfürsten von der Unterdrückung durch die Portugiesen auf, um anschließend selbst deren Rolle zu übernehmen. In Westindien bestand eine solche Möglichkeit nicht, denn die Spanier hatten die einheimische Oberschicht ausgerottet. Deshalb wurde in Westindien der hier durch die versklavte Bevölkerung erzeugte Reichtum den Spaniern und Portugiesen durch großangelegte, staatlich organisierte Raubzüge auf Land und See abgejagt. In Nordamerika, wo sich weder Spanien noch Portugal festgesetzt hatten, begannen im 17.Jahrhundert vor allem Franzosen und Engländer die indianische Bevölkerung zu verdrängen. Dabei entstand ein neuer Kolonialtyp: Niederlassungen von Siedlern aus den Mutterländern.

Die Niederländer und Engländer waren über die Schwachstellen der Portugiesen in Südostasien genau informiert. Sie entsandten ihre ersten Expeditionen nach Java, Sumatra, Ternate, Banda und zu den Molukken, alles Gebiete, die weit entfernt von den portugiesischen Flottenstützpunkten lagen. Im Jahr 1603 gründeten die Niederländer ihre erste Faktorei auf Java. Natürlich ließen sich die Portugiesen den Einbruch in ihr Kolonial- und Handelsgebiet nicht widerstandslos gefallen: 1605 kam es zur ersten größeren Seeschlacht vor Malakka. Doch die schlecht geführte, vereinigte spanisch-portugiesische Flotte wurde von der niederländischen Flotte besiegt, ebenso blieben die Holländer in zahlreichen weiteren Seegefechten Sieger. Letztendlich wurden die Portugiesen, nicht zuletzt mit Unterstützung der einheimischen Feudalherren, von den Molukken verjagt. In den einsetzenden Streitigkeiten zwischen der niederländischen und englischen Handelskompanie setzten sich die Niederländer durch, die Engländer mußten ihnen die gewürzreichsten Inseln überlassen. Sie zogen sich nach Indien zurück, wo sie 1609 ihre erste Faktorei mit Unterstützung des Großmoguls in Surat gründeten.

Im Jahre 1619 zerstörten die Niederländer die Stadt Djakarta auf Java und gründeten ihr eigenes Handels- und Verwaltungszentrum: Batavia. Die Niederländer fühlten sich in ihrer Machtstellung so sicher, daß sie aufgrund einer erpreßten Aussage englische Kaufleute der Verschwörung beschuldigten und hinrichten ließen. Die einzige Antwort aus London war eine Protestnote der Regierung. Die niederländische Handelskompanie drang inzwischen weiter nach Osten vor, besetzte 1624 Taiwan und brachte den chinesischen und japanischen Handel mit Europa in ihre Hand. Anschließend wandten sich die Niederländer nach Indien und versuchten auch hier, die Engländer zu vertreiben. Im Jahre 1627 gründete die niederländische Kompanie eine Faktorei in Bengalen. Dieses Mal jedoch beantworteten die Engländer das Vorgehen der Niederländer 1635 mit einem englisch-portugiesischen Bündnis. Doch waren die neuen Bundesgenossen viel zu schwach, um die Niederlande an weiteren Eroberungen zu hindern. Als sich Portugal 1640 wieder von der spanischen Krone löste, schloß König Johann IV. mit den Niederlanden einen Friedens- und Bündnisvertrag. Bis er ein Jahr nach der Unterzeichnung in Kraft trat, hatten die Niederländer noch Malakka, Sao Tomé und Angola erobert sowie sich auf Ceylon festgesetzt.

Mitte des 17.Jahrhunderts hatte das feudale Königreich Portugal seinen riesigen östlichen Kolonialbesitz fast vollständig an die in Privatbesitz befindliche niederländische Handelskompanie verloren. Dieser Sieg eines bürgerlichen

Staates, des ersten bürgerlichen Staates der Geschichte, über zwei Feudalstaaten – im Befreiungskampf über Spanien und im Kampf um Kolonien über Portugal – fand im Frieden zu Münster 1648 seine offizielle Bestätigung. Zum einen wurde die Unabhängigkeit der Vereinigten Provinzen der Niederlande bestätigt, zum anderen kam es zu einer Demarkationslinie, ähnlich wie sie zwischen Spanien und Portugal auf Empfehlung des Papstes festgelegt worden war, die den Kolonialanspruch zwischen Spanien und den Niederlanden abgrenzen sollte. Es war ein Sieg der Niederlande und ein Höhepunkt der niederländischen Ostindienkompanie, die in den nächsten Jahren ihren Kolonialbestand mit der Inbesitznahme der Kapkolonie und weiterer portugiesischen Besitzungen in Afrika und Asien abrundete. Im Jahre 1663 gehörten nur noch Goa, Diu und Daman zum Kolonialgebiet Portugals.

Die Niederländer, Engländer und Franzosen hatten in der ersten Hälfte des 17. Jahrhunderts wiederholt versucht, Spanien und Portugal auch ihren Kolonialbesitz auf amerikanischem Boden zu entreißen. Doch diese Gebiete, mit einer dezimierten, grausam unterdrückten Urbevölkerung und importierten Negersklaven, zu großen Kolonialreichen vereint und militärisch gesichert, waren nicht durch ein paar Schiffe und eine Handvoll Soldaten zu erobern. So führten die zu neuen Seemächten aufgestiegenen Staaten Westeuropas, vor allem die Niederlande, England und Frankreich, die schon im 16. Jahrhundert begonnene staatliche Seeräuberei fort, ohne die Versuche aufzugeben, sich an der amerikanischen Ostküste festzusetzen. Im Jahre 1621 wurde die westindische Handelskompanie in Amsterdam gegründet, deren Tätigkeit fast ausschließlich in See- und Küstenraub bestand. In den fünf Jahrzehnten ihres Bestehens von 1621 bis 1674 brachten ihre Kapitäne rund 500 spanische Schiffe auf. Die jährliche Dividende an die Aktionäre der Gesellschaft betrug 400 Prozent und mehr. Was Drake Ende des 16. Jahrhunderts für England war, wurde Pieter Heyn Anfang des 17. Jahrhunderts für die Niederlande. Er nahm 1628 mit einer kleinen Flotte Havanna ein, sperrte die Seeverbindung zwischen Mexiko und Kuba und brachte eine mit Silber im Wert von 12 Millionen Gulden beladene spanische Flotte auf. Für die spanische Krone bedeutete der Geldverlust eine Katastrophe, für Pieter Heyn brachte es die Ernennung zum Großadmiral von Holland.

Seit 1630 versuchte die niederländische Westindienkompanie – nach einem Fehlschlag in Peru – den Portugiesen das Riesenland Brasilien streitig zu machen. Doch hatte die Kompanie damit nur vorübergehenden Erfolg. Bereits 1654 kapitulierte Recife, die letzte niederländische Festung an der brasilianischen Küste. Erfolge konnten die Niederländer dagegen auf den Inseln Tobago und Curacao, die sie 1634 besetzten, verbuchen. Auch Engländer und Franzosen ließen sich auf den von den Spaniern verlassenen Inseln in der Karibik nieder. Die Engländer besetzten 1609 und zwischen 1614 und 1635 Barbados, Nevis, Antigua und Providence. Die Franzosen eroberten etwa in der gleichen Zeit St. Christopher, einen Teil der Insel Hispaniola (Santo Domingo), das davor liegende Tortuga sowie Guadeloupe, Martinique und Französisch-Guayana. Auf Befehl Cromwells, zu dieser Zeit Lordprotektor der in der bürgerlichen Revolution ausgerufenen Republik, eroberten 1655 die Engländer Jamaika.

Die Inseln wurden durch europäische Siedler, ausgediente Soldaten, Piraten und desertierte Seeleute aller Nationen bevölkert, die meist eine auf Sklavenarbeit beruhende Plantagenwirtschaft betrieben. Hauptanbauprodukte der Plantagen waren Zuckerrohr, Baumwolle, Tabak, Kaffee und Kakao. Doch nicht nur Pflanzer mit ihren Familien bewohnten die Inseln, sondern auch Seeräuber und Sklavenhändler fanden hier ideale Stützpunkte. Mitte des 17. Jahrhunderts gab es zahlreiche, geschützt liegende Häfen in der Karibik, von denen aus die spanischen Seeverbindungen bedroht werden konnten. Die Freibeuter, in der Karibik wurden sie Flibustier genannt, brachten nicht nur spanische Schiffe auf, sondern sie drangen auch in die Abfahrtshäfen der Silberflotten und in Städte mit gestapelten Gold- und Silberwerten ein. Von den unzähligen Flibustiern sind einige Anführer berühmt geworden und durch ihre Taten in die Geschichte eingegangen, so der Franzose Jean David Nau aus Olonne, bekannt als Francois L'Olonois, der sich nachts des Admiralsschiffes einer Silberflotte bemächtigte, oder auch der Engländer Henry Morgan, »König der Freibeuter«, der im Auftrag des Gouverneurs von Jamaika Panama eroberte, ausraubte und verbrannte und dafür vom englischen König geadelt wurde. Drake war übrigens an dieser Aufgabe gescheitert.

In Nordamerika unternahm Frankreich die ersten Kolonisationsversuche. Schon 1540, zu dieser Zeit befanden sich 200 französische Kolonisten in Kanada, ernannte der französische König einen Vizekönig für Kanada, Neufundland und Labrador sowie für die angrenzenden Gebiete. Die französische Kanadakompanie erhielt 1600 von Heinrich IV. das Recht, im Gebiet des St.-Lorenz-Stromes Kolonien zu gründen und Handel zu treiben. In den nachfolgenden Jahren erforschten die Franzosen das gesamte Gebiet von den Großen Seen bis zum Golf von Mexiko. Das Land am Mississippibecken erhielt zu Ehren Ludwigs XIV. den Namen Louisiana.

Die Engländer ließen nicht auf sich warten. Jakob I. gewährte 1606 der Plymouthkompanie das Recht auf Grund und Boden in Nordamerika sowie für alles Land nördlich des 40. Breitengrades auf Gründung von Kolonien. Das gleiche Recht erhielt die Londonkompanie für alle Gebiete südlich dieses Breitengrades. Bereits 1607 gingen die ersten Kolonisten an Land. Sie gründeten die Kolonie Virginia in einem Gebiet, das schon 1584 von dem englischen Seefahrer und Seeräuber Sir Walter Raleigh, einem Günstling Elisabeth I., unter dem gleichen Namen für England in Besitz genommen worden war, aber wieder verlorenging. Die Indianer empfingen die Ankömmlinge zunächst freundlich, sie traten ihnen sogar freiwillig einen Teil ihres Bodens ab. Mit dem Zustrom immer weiterer Einwanderer wurde die einheimische Bevölkerung jedoch gewaltsam zurückgedrängt und in sogenannte Reservate verwiesen. Indianer, die sich über die Grenze hinauswagten, durften getötet werden. In Maryland, gegründet 1622, und den nachfolgenden Kolonien, übten die Engländer die gleiche Praxis aus, so daß die Indianer seit 1642 begannen, den bewaffneten Kampf gegen die weißen Eindringlinge aufzunehmen. Die Engländer antworteten mit der Aufstellug von »Straf«-Abteilungen, die Anweisung hatten: »Die Indianer zu Lande und zu Wasser zu töten, sie niederzustechen oder gefangenzunehmen, ihre Häuser niederzubrennen, die Saaten zu vernichten und jegliche anderen Maßnahmen gegen die Indianer zu ergreifen.«

Selbstverständlich waren auch die Niederländer mit Handelskompanien und Kolonisten in Nordamerika vertreten. Im Jahre 1612 drangen sie am Hudson vor, gründeten sie Neu-Amsterdam, außerdem bemühten sie sich um die Ausdehnung und Sicherung eines größeren Kolonialgebietes, Neu-Niederland. Doch in Nordamerika waren die Engländer besser gerüstet als in Indonesien. Sie nahmen den Kampf mit den Niederländern auf, der 1664 mit der Eroberung der niederländischen Besitzungen endete. Ohne Kriegserklärung hatte ein englisches Flottengeschwader die niederländischen Niederlassungen an der Guineaküste zerstört, war dann über den Atlantik gesegelt und hatte Landungstruppen vor Neu-Amsterdam angelandet. Nach Einnahme von Neu-Amsterdam wurde die Stadt in New York umgetauft. Die offizielle Kriegserklärung erfolgte erst im Februar 1665, als die Engländer einen niederländischen Ostindienkonvoi aufbrachten. Es ging um die Vorherrschaft auf See, um Seeverbindungen und Kolonien, der in den drei englische-holländischen Kriegen – 1652/54, 1665/67 und 1672/74 – zwischen beiden Mächten entschieden werden sollte.

Seefahrt der Holländer und Engländer nach Ostindien

Nach ihrer Loslösung von Spanien hatten sich die Vereinigten Provinzen der Niederlande als erste bürgerliche Republik, obwohl nur mit einer Bevölkerung von etwa 2 Millionen Menschen und nur 25 000 Quadratkilometer groß, zur stärksten Wirtschaftsmacht in Europa entwickelt. Den entscheidenden Anteil an der Wirtschaft besaßen Seefahrt, Seehandel, Schiffbau und Fischerei. Amsterdam sei auf Heringsgräten emporgewachsen, behaupteten die Amsterdamer selbst von ihrer Stadt, denn jährlich liefen rund 3 000 Schiffe von der holländischen Küste zum Heringsfang aus. Auch der Walfang, von den holländischen Walflotten in der zweiten Hälfte des 17. Jahrhunderts bei Island und Spitzbergen betrieben, hatte beträchtliche Ausmaße. Allein an der Spitzbergenfahrt beteiligten sich jährlich 200 bis 250 Walfangschiffe, die 1 300 bis 1 400 Wale erlegten.
Im Jahre 1595 war in der holländischen Stadt Hoorn ein neuer Schiffstyp gebaut worden, der in der Folgezeit durch seine außerordentliche Leistungsfähigkeit, seine hohe Geschwindigkeit und geringe Besatzungsstärke maßgeblich zum Aufstieg der niederländischen Seefahrt beigetragen hat: die Fleute. Sie wurde das bekannteste Schiff des 17. Jahrhunderts, das sich innerhalb von wenigen Jahren gegen alle anderen Schiffe durchsetzte. Die Fleute machte die Nie-

derlande zum führenden Schiffbauland Europas, denn man bezog entweder diesen Schiffstyp aus Holland oder man studierte den holländischen Schiffbau, wie es von Peter I., dem Zaren von Rußland, berichtet wird, um Fleuten auf heimischen Werften nachzubauen. Doch nicht nur die hervorragende Qualität der Schiffe, sondern auch die um rund die Hälfte niedrigeren Baupreise im Vergleich zu England und anderen Schiffbauländern, füllten die Auftragsbücher der mehr als 100 holländischen Werften.

Mit einem Bestand von etwa 16 000 Schiffen, das war die Hälfte der gesamten Welthandelstonnage, waren die niederländischen Kaufleute und Reeder die »Fuhrleute Europas« geworden. Mitte des 17. Jahrhunderts lag nahezu der gesamte Seehandel zwischen Nord- und Südeuropa in holländischen Händen: Holländer verkauften das Getreide der Ostseeanliegerstaaten auf den Märkten des Mittelmeerraumes, Mittelmeerprodukte und Transitwaren gelangten ausschließlich durch holländische Vermittlung nach Nordeuropa. Die Hanse war zur Bedeutungslosigkeit herabgesunken, denn 70 Prozent des Ostseehandels und der Schiffahrt beherrschten holländische Kaufleute und Reeder. Die Niederländer verdrängten auch die Engländer aus der Nordfahrt nach Rußland. Jährlich steuerten Dutzende von holländischen Seglern Archangelsk an, um im Tausch russisches Pelzwerk und andere begehrte Waren zu erhalten. Bis zur Mitte des 17. Jahrhunderts gab es für die holländischen Kaufleute und Reeder in Europa keine Konkurrenz.

Den größten Vorteil zog das holländische Großkapital aus dem Kolonialhandel, vor allem dem Ostindienhandel. Die niederländische Ostindienkompanie – die Kaufleute nahezu aller holländischen Städte besaßen Aktien der Gesellschaft – nutzte ihre Monopolstellung gründlich aus. Nach den Eroberungen begann die Ausbeutung der Kolonien. Die Hauptversammlung der Aktionäre wählte einen Rat aus 17 Mitgliedern, eine Art Aufsichtsrat, der seinerseits 4 Direktoren zur Führung der Geschäfte bestimmte. Nur diese Direktoren waren mit allen Einzelheiten des Seehandels und des Geleitzugverkehrs bekannt. Sie legten die Verteilung der Ladung, die Abfahrtszeit und die zu fahrenden Routen sowie die Zwischenhäfen und den Endhafen fest. Ausgangs- und Zielhafen war Amsterdam, wo die Ostindische Kompanie ihren Sitz hatte, ein gewaltiger Gebäudekomplex von Büro- und Lagerhäusern, der das Hafenbild beherrschte.

Wenn eine heimkehrende Ostindienflotte Amsterdam erreichte, wurde die nach Stauplan numerierte Ladung katalogisiert und in den Räumen der Kompanie öffentlich versteigert. Der ganze Vorgang lief so zügig ab, daß 400 Ballen Pfeffer in zwei Stunden verkauft waren. Die Käufer zahlten mit Kreditscheinen auf die Amsterdamer Bank, eine der mächtigsten Kreditanstalten Europas. Die Konvois der Ostindienkompanie segelten gewöhnlich in einer geordneten Formation von 16 bis 20 Schiffen. Im Jahresdurchschnitt verließen drei Geleitzüge Amsterdam mit dem Ziel Batavia, wo sich die Schiffe trennten, um verschiedene indonesische Bestimmungshäfen anzulaufen. Die Ausreisen erfolgten im September, zu Weihnachten und zu Ostern. Die Rückkehr der Schiffe, ebenfalls im Geleit, erfolgte zu verschiedenen Zeitpunkten. Allgemeiner Sammelpunkt war das Kap der Guten Hoffnung, wo sich bis 1647 eine Wasserstation befand und Erholungsmöglichkeiten für die Besatzungen vorhanden waren.

Im Jahre 1652 setzten die Holländer 50 Siedler am Kap der Guten Hoffnung aus, die eine Niederlassung an der Tafelbai gründeten. Es war der Anfang zu einer der bedeutendsten holländischen Kolonien. Die Ostindienkompanie verteilte das Land an ihre Angestellten mit der Verpflichtung, Bauernhöfe zu gründen und die anlaufenden Schiffe mit Nahrungsmitteln und Wasser zu versorgen. Die einheimische Bevölkerung war friedlich und umgänglich, der Boden fruchtbar und das Wild reicher als in den Niederlanden. In wenigen Jahren entstand am Kap eine typisch holländische Stadt. Die Stadt am Kap wurde wirklich zur Station der Guten Hoffnung für alle Seeleute, die auf ihrem langen Seeweg nach Indien und von Indien hier anlegten, um sich im gemäßigten Klima zu erholen und ihr Schiff mit frischem Gemüse, Milchprodukten und Trinkwasser zu versorgen. Die niederländische Flottenstation Kapstadt wurde 1806 zum britischen Cape Town.

Die Schiffe aus Indonesien, mit Gewürzen beladen, trafen gewöhnlich früher am Kap der Guten Hoffnung ein, als die Schiffe aus Siam, China und Japan, die ihren Rückweg wieder über Batavia nahmen. Nur die Schiffe aus Ceylon segelten direkt über den Indischen Ozean zum Kap der Guten Hoffnung. Hatten sich alle Schiffe eines Konvois wieder gesammelt, die Besatzungen sich erholt und die Schiffe waren mit Frischproviant und Trinkwasser versorgt, kehrte der Konvoi über St. Helena und Ascension auf dem bekannten Kurs entlang der afrikanischen Westküste nach Amsterdam zurück. In Kriegszeiten blieb der Konvoi der europäischen Küste fern. Die Schiffe segelten vom Kap der Guten Hoffnung mit nordöstlichen Kursen bis in die Gewässer bei Neufundland, von wo sie mit Ostkurs Island ansteuerten. Unter der Insel wurden sie von einem starken Kriegsschiffgeschwader erwartet, das die Frachter sicher bis zur niederländischen Küste begleitete.

Indonesien war für die niederländische Ostindienkompanie der Dreh- und Angelpunkt ihres Denkens und Tuns. Von hier aus dehnte die Kompanie ihren Einfluß weiter nach China und Japan aus, von hier aus sicherte sie sich aber auch einen zweiten Handelsweg nach Europa. Mit den Arabern hatten die Vertreter der Kompanie wenig Glück, denn diese setzten die holländischen Unterhändler einfach gefangen. Im Iran errangen Beauftragte der Kompanie dagegen die Gunst des Schahs von Persien. Es kam sogar zu einem Militärbündnis zwischen den Niederlanden und dem Iran, um den portugisischen Sperrgürtel am Eingang des Persischen Golfes aufzubrechen. Iranische Truppen eroberten 1622 die Festung Ormuz, und anschließend ließen sich holländische Kaufleute in den großen Handelszentren des Irans und am Persischen Golf nieder. Hier wurden japanisches Porzellan, chinesische Seide, bengalischer Zucker und Gewürze von den Molukken gegen einheimische Kostbarkeiten getauscht. Die meisten Waren gingen weiter, sie erreichten bei Basra den Euphrat und über ihn den Karawanenweg zum Mittelmeer, von wo sie mit Hilfe der niederländischen Konsuln in Smyrna und Aleppo wieder auf Schiffe der Kompanie verladen wurden. Die Schiffe brachten die Waren nach Konstantinopel, Venedig, Marseille oder in Ost- und Nordseehäfen.

Einige Schwierigkeiten hatten die Holländer in China, um sich gegen den portugiesischen Einfluß durchzusetzen. Sie konnten sich weder mit Waffengewalt 1619 vor Macao behaupten, noch mit Gesandtschaften am chinesischen Kaiserhof etwas erreichen. Schließlich erhielten sie 1624 die Erlaubnis, auf Taiwan – die Portugiesen waren 1590 auf der Insel gelandet und hatten ihr den Namen Formosa gegeben – die befestigte Niederlassung Zeelandia anzulegen. Der erbetene Zugang nach Kanton blieb ihnen weiterhin verschlossen. Doch erlangte die Kompanie bald die Kontrolle über die Seewege, die das Reich der Mitte mit Japan, den Philippinen, Indonesien und Malaysia verband. Die holländischen Kaufleute verschafften den chinesischen Waren einen größeren Absatz, als die Portugiesen das vermocht hatten. Hauptprodukte waren chinesische Keramik und Porzellan sowie natürlich Seide.

Beim Porzellanhandel kamen die Holländer auf eine besonders originelle Idee. Von den Produktionsstätten des Porzellans wurden die besten Stücke über Land- und Flußwege nach Kanton transportiert, wo sie mit altchinesischen Motiven bemalt wurden. Die Holländer ließen nun Dekorationen nach europäischer Mode entwerfen, die sie an die Malerwerkstätten am Perlfluß zwischen Kanton und dem Meer lieferten. Die chinesischen Künstler verstanden es äußerst geschickt, ihre alten Themen mit den neuen der »Barbaren« zu verbinden. Blumen, galante und auch religiöse Szenen, Schiffsbilder und viele andere Motive schmückten nun Teekannen und Tassen. Da die Holländer selbst nicht nach Kanton durften, ließen sie das Porzellan nach Taiwan verschiffen. So wurde Zeelandia zu einem riesigen Stapelplatz für chinesisches Porzellan; beispielsweise zählte man 1637 an die 800 000 Einzelstücke.

In Japan wurden die Holländer nach anfänglicher Zurückhaltung freundlich aufgenommen. Der Schogun, »Oberbefehlshaber zur Unterwerfung der Barbaren«, ein erblicher Titel, mit dessen Verleihung der Kaiser sich selbst entmachtet hatte, war des Bekehrungseifers der portugiesischen Missionare längst überdrüssig geworden. Die Neuankömmlinge sprachen nicht über Religion und Himmel, sondern nur über Geld und Handel. Als gute Freunde des Schoguns liehen sie ihm sogar die Unterstützung ihrer Kanonen, um die katholische Gemeinde in Japan zu vernichten. Unter der Bedingung, sich nicht in religiöse und politische Fragen einzumischen, erhielten die Holländer einen Stützpunkt auf der Insel Deshima, die durch eine Brücke mit dem Festland bei Nagasaki verbunden war. Sie waren die einzigen Fremden auf der Insel, ständig umgeben von japanischen Dolmetschern, Hafenarbeitern und Inspektoren, die sie zu entlohnen hatten, aber auch von Geishas, die sie unterhielten, von Polizisten, die sie überwachten und von Bürokraten, die sie schikanierten. Doch alles dies hinderte die holländischen Kaufleute nicht daran, im Japanhandel alljährlich eine Summe zu verdienen, die ziemlich genau dem Stammkapital der Kompanie entsprach. Als die Japaner in den dreißiger Jahren des 17. Jahrhunderts ihre

Vertreter und Kaufleute aus aller Welt zurückzogen und alle Fremden aus ihrem Land verbannten, um nicht durch die »katholische Pest« angesteckt zu werden, blieben die Holländer eine Zeitlang noch die Vermittler eines bescheidenen Warenaustauschs.

In dem Augenblick, da sich England stärker der See und dem Seehandel zuwandte, mußte es zwangsläufig zu der entscheidenden Auseinandersetzung mit den Vereinigten Provinzen der Niederlande, der führenden Seemacht Europas, kommen. Das geschah, als die in der bürgerlichen Revolution siegreich gebliebene englische Bourgeoisie energische Maßnahmen traf, um die britische Handelsschiffahrt zu entwickeln. Das Parlament der von Cromwell regierten englischen Republik – im Verlaufe der Revolution wurden Irland und Schottland England angeschlossen – beschloß 1651 die Navigationsakte, die sich eindeutig gegen die Vereinigten Provinzen der Niederlande richtete. Die Akte bestimmte, daß alle Waren, die von Asien, Afrika oder Amerika nach England eingeführt wurden, nur noch mit britischen Schiffen zu transportieren seien. Güter aus europäischen Ländern durften nur auf Schiffen des Erzeugerlandes oder auf britischen Schiffen nach England befördert werden. Außerdem war es untersagt, Waren von niederländischen Zwischenhändlern zu übernehmen. Die Navigationsakte, die mit einigen Zusätzen und Veränderungen fast 200 Jahre in Kraft blieb, hat wesentlich die Entwicklung Britanniens zur vorherrschenden Seemacht und Schiffahrtsnation gefördert.

Der schon lange Zeit schwelende Konflikt zwischen den englischen und niederländischen Handelskompanien über den Anteil an europäischen Märkten und ihre Rivalität in den überseeischen Kolonien trat mit der Navigationsakte in ein neues Stadium. Die Engländer waren gewillt, ihren Anspruch mit Waffengewalt durchzusetzen, und die Holländer, die ihre Vormachtstellung zur See nicht aufgeben wollten, nahmen die Herausforderung an. Der Anlaß zum Krieg wurde durch England provoziert. Die Engländer verlangten, daß Schiffe fremder Nationen in den »vier Seen um England« englischen Kriegsschiffen als erste den Flaggengruß erweisen sollten. Als die Engländer diese Forderung, die von den Niederlanden abgelehnt worden war, mit Waffengewalt erzwingen wollten, begann 1652 der erste englisch-holländische Krieg, der sich mit wechselseitigem Erfolg bis 1654 hinzog.

Der Krieg führte in den Niederlanden zu einer harten Belastungsprobe der Wirtschaft. Tausende der über alle Meere verstreuten Handelssegler fielen den englischen Kriegsschiffen als Prisen in die Hände, denn im Unterschied zu den Niederländern waren die Engländer gut auf den Krieg vorbereitet. Die Blokkade der niederländischen Küste im Sommer 1653 zeigte die außergewöhnliche Abhängigkeit der niederländischen Wirtschaft vom Außenhandel, sie stürzte das Land nahezu in eine Katastrophe. Im Frieden zu Westminster 1654 mußten die Niederlande die Navigationsakte anerkennen und sich außerdem verpflichten, die der englischen Ostindienkompanie seit 1611 zugefügten Schäden zu ersetzen. Die Interessengegensätze wurden mit dem Friedensvertrag nicht beseitigt. Jahrelang blieb die niederländische Diplomatie bemüht, mit England einen Vertrag abzuschließen, der die Navigationsakte mildern und Hollands erreichten Anteil am Seehandel sichern sollte.

Auch nachdem 1660 in England die Monarchie restauriert und Karl II. König von England geworden war, änderte sich an der Zielstellung der herrschenden Kreise von Adel und Bürgertum nichts: Die Märkte der Welt sollten den Holländern genommen werden und in die Hände der Engländer übergehen. Die neue Navigationsakte, die von Karl II. 1660 unterzeichnet wurde, war für die Holländer noch ungünstiger als die alte Akte. Erneut kam es zum Krieg, der zwar erst 1665 erklärt, aber schon 1664 mit dem Angriff der Engländer auf niederländische Besitzungen an den Westafrikanischen Küsten und der Einnahme von Neu-Amsterdam in Nordamerika begonnen hatte. Dieses Mal hatten sich die Niederländer besser auf den Krieg vorbereitet. Mit einer kampfstarken Kriegsflotte unter dem Oberbefehl des wohl begabtesten Flottenführers jener Zeit, Admiral Michiel de Ruyter, wurde die englische Flotte in der Viertageschlacht vernichtend geschlagen. Als die Engländer die Friedensverhandlungen verzögerten, segelte de Ruyter die Themse aufwärts und bedrohte London. Das löste in England einen Schock aus, der über Jahrhunderte andauerte. Die englische Regierung war gezwungen, am 31. Juli 1667 den Friedensvertrag von Breda zu unterzeichnen.

Der zweite englisch-holländische Krieg brachte eine Wende in den Beziehungen zwischen den beiden bürgerlichen Staaten. Es kam zu einer Abgrenzung ihrer beiderseitigen Einflußsphären: Die Engländer zogen sich aus Indonesien zurück, die Holländer aus Nordamerika. Zum dritten englisch-holländischen Krieg (1672–1674) kam es durch ein Geheimabkommen Ludwigs XIV. mit Karl II. Ziel des Geheimabkommens war die Besetzung der Vereinigten Provinzen der Niederlande durch Frankreich und ihre Zerstückelung. England sollte dabei die Insel Walcheren und einen Teil der flandrischen Küste mit dem Hafen Sluis erhalten. Einen Monat nach Kriegsbeginn standen die französischen Truppen 12 Kilometer vor Amsterdam. »Holland in Not!«, ging der Ruf durch das Land. Die Schleusen wurden geöffnet und die Deiche abgetragen. Die Landtruppen des Gegners kamen zum Stehen. Auf See versetzte de Ruyter der englischen Flotte harte Schläge, während er die französische Flotte nur auf Distanz hielt.

In England riefen die Niederlagen der Flotte und die Zurückhaltung der französischen Geschwader im Zusammenhang mit dem bekanntgewordenen Geheimabkommen König Karls mit Ludwig XIV. den Unwillen des Volkes hervor. Unter dem Druck des Parlaments war Karl II. gezwungen, 1674 den Frieden von Westminster abzuschließen. Die Ergebnisse der englisch-holländischen Kriege der fünfziger bis siebziger Jahre des 17. Jahrhunderts bedeuteten trotz der errungenen Siege auf See eine allgemeine politische und militärische Schwächung der Niederlande als europäische Großmacht sowie eine Begrenzung ihrer Handels- und Kolonialexpansion in Übersee. In den andauernden Kriegen Hollands gegen Frankreich, die nun folgten, war man froh, England als

Bündnispartner zu gewinnen. Damit wurden die Niederlande von England abhängig. Keine hundert Jahre später war die Handelshegemonie in englische Hände übergegangen, die niederländischen Handelsgesellschaften waren bankrott und mußten aufgelöst werden.

Bei seinem Kampf um die Vorherrschaft auf See und die damit erstrebte Handels- und Kolonialhegemonie traf England nach dem Sieg über Holland auf Frankreich. Die See- und Handelskriege zwischen diesen beiden Staaten, die im 17. Jahrhundert begannen, dauerten mit zunehmender Intensität bis zum Ende des 18. Jahrhunderts. Besonders heftig umkämpft waren die Kolonien in Westindien, in Nordamerika und in Indien sowie die Seewege, die zwischen Europa und diesen Kolonien verliefen. Die Hauptaufmerksamkeit der Engländer galt zunächst Indien. Seit dem 15. Jahrhundert hatten die ersten Europäer an der Küste des indischen Subkontinents ihre Niederlassungen gegründet, aber diese Ansatzpunkte reichten weder bei Portugiesen noch bei Holländern tief genug in das Land hinein, um es zu durchdringen und seine Schätze auszubeuten.

Als die Engländer in Indien eindrangen, übte der Großmogul nur noch eine Scheinherrschaft über die vielen Einzelstaaten aus. Die Territorialfürsten verbündeten sich mit den mächtigen Fremden, um ihre Interessen gegen den Zentralstaat durchzusetzen. Das Indische Reich löste sich Stück um Stück auf, und es waren die Engländer, die hieraus den größten Nutzen zogen. Englische Kriegsflotten sicherten den Kaufleuten der Ostindischen Kompanie Anlaufpunkte auf beiden Seiten der indischen Küste. Von Bombay aus überwachte man die Malabarküste und die traditionellen Seewege nach Arabien. Englische Schiffe folgten den Holländern über den Indischen Ozean bis nach Ormuz am Persischen Golf, und englische Kaufleute lenkten in den nächsten Jahrzehnten den Handel mit schwarzen Sklaven, afrikanischem Elfenbein, arabischem Parfüm, orientalischen Perlen und Teppichen vom Persischen Golf nach Indien. An der Ostküste Indiens diente anfangs Madras als Stützpunkt für englische Flottengeschwader. Gegen den Widerstand der niederländischen Ostindienkompanie suchte man von hier aus den direkten Weg nach China. Später wählte die englische Ostindienkompanie einen kleineren Ort im Golf von Bengalen aus, Kalkutta, dessen Lage im Gangesdelta vor den Toren des Mongolenreichs besonders günstig war. Der Naturhafen erlaubte den Umschlag von Handelswaren vom Seeschiff auf Flußkähne oder umgekehrt, und der Wasserlauf des Ganges führte weit in das Innere des Landes.

»Old Lady« nannte man in England die 1600 gegründete Kompanie der Ostindienhändler. Unter dem Ansturm der außerhalb der Kompanie verbliebenen Kaufleute auf die indischen Reichtümer gegen Ende des 17. Jahrhunderts wirkte sie in der Tat alt. Sie konnte ihr Handelsmonopol gegen die konkurrierenden Kaufleute und Reeder, die ganze Flotten an die indische Küste schickten, nicht verteidigen. Als die Outsider dann 1694 eine eigene Ostindische Handelsgesellschaft bildeten, griff der königliche Hof ein, dessen Einnahmen durch die beiderseitige Rivalität geschwächt wurden. Er zwang beide Gesellschaften als Britische Ostindienkompanie zur Vereinigung. Nun erhielt die britische Kompanie auch Souveränitätsrechte übertragen, ähnlich wie sie die niederländische Kompanie schon seit ihrer Gründung besaß. Auch ausländisches Kapital, aus Italien, Spanien, Portugal, Holland und Deutschland, machte sich die Gesellschaft nutzbar. So entstand ein europäisches Konsortium, das unter britischer Vormundschaft die Ausbeutung Indiens betrieb.

Die Britische Ostindienkompanie war ein Staat im Staate. Mehr als tausend europäische Aktionäre wählten 24 Direktoren und einen Präsidenten, die alle britische Staatsangehörigkeit besitzen mußten, als Leitung der Gesellschaft. Im Londoner Sitz der Kompanie, dem India House, arbeiteten 4000 Angestellte, und Tausende saßen in den Büros der Niederlassungen. Die Korruption der Beamten, die während ihrer Tätigkeit für die Gesellschaft riesige Vermögen anhäuften, beschäftigte wiederholt das Parlament. Schließlich wurden die Rechte der Kompanie wieder beschnitten, 1858 wurde sie gänzlich aufgelöst und Indien als reichste britische Kolonie der Regierung direkt unterstellt.

Während der ersten Jahrzehnte des 17. Jahrhunderts wurden die englischen Schiffe noch auf holländischen Werften gebaut. Doch mit Beginn der englisch-holländischen Kriege unternahm die Britische Ostindienkompanie Versuche, Schiffe selbst zu bauen. Reichgewordene Kolonialbeamte legten bei Bombay Werften an, auf denen aus gutem Teakholz schlechte Schiffe gezimmert wurden. Das nichtfaulende Teakholz gab es ebenso wie ungelernte Arbeiter im Überfluß, und die neuen Werftbesitzer dachten an Höchstprofite, nicht aber an Qualität der Schiffe und Sicherheit für ihre Besatzungen. Nach zahlreichen Totalverlusten und Havarien zwang die öffentliche Meinung in Großbritannien das Parlament zur Annahme eines Gesetzes, nach dem Schiffe nur noch auf britischen Werften unter Bauaufsicht von Fachleuten hergestellt werden durften. Es war die Geburtsstunde der Docks am Themseufer, wie das berühmte Blackwall, und eines neuen Schiffstyps, des Indiaman, der das Segelschiff für die Ostindienfahrt werden sollte.

Ausgangshafen für den rund 500 Tonnen tragenden Indiaman war London. Gewöhnlich wurde die Besatzung am Vorabend der Reise noch durch ein paar junge Burschen komplettiert, die unfreiwillig aufs Schiff geschafft wurden. Bevor sie ihren Rausch ausgeschlafen hatten, war der Segler schon auf hoher See. Lissabon, der alte Stapelplatz für den Güteraustausch zwischen Mittelmeer und Nord- und Ostsee, wurde nur noch selten angelaufen. Gewöhnlich ging die Fahrt bis zum spanischen Cadiz, wo man Silber aus Peru übernahm, ein Gut, das die unbedeutenden englischen Waren ergänzte. Die Fahrt ging dann auf den alten portugiesischen und holländischen Kursen entlang der westafrikanischen Küste, an Ascension und St. Helena vorbei, wo man gewöhnlich für ein paar Stunden ankerte, um Frischwasser an Bord zu nehmen und Nachrichten mit heimkehrenden Schiffen auszutauschen. Piraten- und Kaperschiffe waren allgegenwärtig auf der Indienroute. Gegen diese half auch nicht das Kompaniegebet, das über Generationen Kapitäne ihrem Schiffsvolk vorlesen mußten:

»Allmächtiger, barmherziger Gott! Deine Gnade begleite Deine Diener der britischen Kompanie, die in Ostindien Handel treibt ... Lasse sie Erfolg haben bei allen Unternehmen zur See und zu Lande. Sei uns gnädig, die wir inmitten der Wasser von der Welt getrennt sind ...«

Erneute Zwischenstation war die alte holländische Stadt am Kap der Guten Hoffnung, Kapstadt, die, wie alle strategisch wichtigen Inseln und Landvorsprünge, im Verlaufe der nahezu ununterbrochenen Kriege des 18. Jahrhunderts oder in den ersten Jahren des 19. Jahrhunderts in britischen Besitz übergingen (Kapstadt 1806). Kapstadt war für den Seemann der damaligen Zeit ein Paradies. Alle Früchte Europas und der Tropen, Fleisch- und Milchprodukte, preiswert und frisch, ein ausgezeichneter einheimischer Wein und gutes Trinkwasser boten den Fahrensleuten Gelegenheit, sich bei Halbzeit der Reise zu erholen und für kommende Strapazen zu stärken. Vom Kap der Guten Hoffnung gab es für den Seeweg nach Indien drei Routen, die von den Schiffen der Britischen Ostindienkompanie befahren wurden.

Durch die Straße von Moçambique führte ein ziemlich sicherer, wenn auch langer und zeitlich aufwendiger Weg. Er lief die ostafrikanische Küste entlang – ließ Madagaskar im Osten liegen – nach der Insel Sansibar. Von dort aus ging es nordwärts weiter nach Socotra und dann, mit östlichen Kursen über das Arabische Meer, nach Bombay. Der kürzere Weg, der östlich an Madagaskar vorbeiführte, war wegen der französischen Kaper auf der Ile de France (Mauritius) für britische Schiffe zu gefährlich. Erst als die Insel während der napoleonischen Kriege an die Briten fiel, wurde der Seeweg über Mauritius, den Malediven und den Lakkadiven zur üblichen Route nach Bombay. Der Weg zur Ostküste Indiens verlief vom Kap der Guten Hoffnung zunächst weit nach Osten, bevor er mit fast nördlichen Kursen um Ceylon herum nach Madras und Kalkutta führte. Der küstennahe Verkehr wurde, unabhängig von der Parlamentsbestimmung, weiter von ehemaligen Beamten der Kompanie mit auf eigenen Werften erbauten Seglern betrieben. Die Fahrt ging mit Waren aus Afrika, Arabien und dem Iran an Bord von Bombay die Westküste hinab und die Ostküste wieder hinauf bis nach Kalkutta. Hier warteten die Schleichhändler mit Waren aus dem holländischen Indonesien, die sogenannte Zusatzladung für die Rückreise.

Für viele britische Schiffe war Madras oder Kalkutta nicht das Endziel der Reise. Nach dem Löschen ihrer aus Europa stammenden Fracht wurde der Indiaman mit Ballen von Baumwolle und Baumwollwaren, mit Opium und Salpeter für die Weiterreise nach China beladen. Auch jetzt folgten die Briten den alten portugiesischen und holländischen Seewegen. In Geleitzügen zusammengefaßt und von Kriegsschiffen gesichert, überquerten die Segler mit den Monsunwinden den Golf von Bengalen bis nach Penang, einer kleinen Insel an der Einfahrt zur Meerenge von Malakka, die den Kompanieschiffen als Versorgungsbasis diente. Aber Penang war zugleich eine Handelsstation für Opium, auf dessen Verkauf die Kompanie das Monopol besaß. Das Opiumgeschäft ging auf der Insel besonders gut, weil Opium in Indonesien als Heilmittel galt und von Penang aus leicht nach allen Inseln gelangte. Die Briten tauschten das Opium gegen Gewürze und auch Geld ein, um die teuren chinesischen Waren bezahlen zu können. Anfang des 19.Jahrhunderts übernahm Singapur die Aufgaben Penangs.

Nach Passieren der Malakka-Straße ging die Fahrt nach Norden durch das Chinesische Meer, entlang der vietnamesischen Küste bis nach Wampoa in China, dem Vorhafen von Guangdong (Kanton). Die Schiffe warfen auf Reede Anker und warteten auf ihre Einklarierung (Formalitäten zum Einlaufen und Löschen der Ladung), um die Güter auf Flußkähne umzuladen, die sie nach Kanton transportierten. Bevor der kaiserliche Beamte an Bord kam, um die Tragfähigkeit des Schiffes zu vermessen, die Geschenke für den Kaiser und für sich selbst entgegenzunehmen, konnten Tage oder auch Wochen vergehen, denn im Vorhafen Guangdongs (Kantons) wehten die Flaggen vieler Nationen. Nicht selten gab es Ansammlungen von mehr als hundert Schiffen, denn das Reich der Mitte war ein gesuchter Handelspartner, und für den europäischen Seehandel war Kanton das einzige Tor nach China.

Es war die Britische Ostindienkompanie, die dem Seeverkehr mit China nach und nach den Stempel des Rauschgifthandels aufdrückte. Tee und Opium waren seit altersher in China als Heilmittel bekannt und beliebt. Als der Tee die britischen Inseln erreichte, wurde er zum Nationalgetränk. Aus den Salons der Großkaufleute und des Adels gelangte er in die Coffee Houses und weiter in die Wohnstuben der Bürger. Die Anzahl der nach Britannien, vor allem nach England, eingeführten Teeblätter stieg Jahr um Jahr an, und im 19.Jahrhundert bestimmte der Tee den Tagesrhythmus der englischen Familien. Diese Mengen Tee, dazu die teuren Importe von Seide und Porzellan, konnten die Kaufleute der Kompanie nicht mehr mit den bisher üblichen Handelswaren vergüten. So zahlten sie mit Opium.

Opium wird aus den unreifen Samenkapseln des Schlafmohns gewonnen. Das bevorzugte Anbaugebiet des Mohns war und ist Nordindien. Die Briten, die die Herstellung dieses Narkotikums in Bengalen übernommen hatten, verliehen diesem Heilmittel vor allem durch eine Masseneinfuhr nach China eine neue Bedeutung: Opium wurde massenhaft als Rauschgift benutzt. Als der Kompanie 1793 die Öffnung weiterer Häfen sowie das Recht auf Ansiedlung und freier Tätigkeit ihrer Kaufleute verwehrt wurde, versuchte sie sich mit Waffengewalt an der südchinesischen Küste festzusetzen. Der Einbruch mißlang jedoch. Doch die Briten kamen wieder – mit Opium! Und das war stärker als die Kanonen britischer Kriegsschiffe. Ende des 18.Jahrhunderts betrug die Einfuhr von Opium nach China einige tausend Kisten, die Kiste zu 60 bis 70 Kilogramm, 1816 waren es bereits 22 000 Kisten und 1830 mehr als 40 000 Kisten. Die Mandschu-Regierung verbot die Opiumeinfuhr, doch die örtlichen Machthaber, mit hohen Geldsummen von den Engländern bestochen, griffen nicht ernsthaft durch. Was mit dem Tee in England geschehen war, geschah mit dem Opium in China. Nach den Vornehmen geriet das Volk zunehmend unter den Einfluß der Droge. Als die chinesische Regierung mit der Unterbindung des Opiumschmuggels wirklich ernst machte, erklärte ihr die englische Regierung im April 1840 den Krieg. Es gab noch einen zweiten Opiumkrieg im Jahre 1856. In Verbindung mit den inneren Wirren geriet China durch diese Kriege in die Abhängigkeit fremder Mächte. Ein Sieg Großbritanniens? Kaum, denn mit diesen beiden Kriegen leiteten die Briten selbst den Niedergang ihrer Seeverbindungen zum Fernen Osten ein.

Atlantikfahrt europäischer Völker nach Nordamerika

Im Jahre 1497 hatte John Cabot, in englischen Diensten stehend, als erster Europäer bei Neufundland nordamerikanischen Boden betreten. Das sprach sich in Europa herum, und da Cabot von dem ungeheuren Fisch- und Tierreichtum bei Neufundland berichtet hatte, brachten schon bald nach seiner Rückkehr baskische Fischer ihre Netze in den Gewässern der Neufundlandbank aus. Im Auftrag der französischen Regierung fuhr im Jahre 1500 Gaspar Cortereal, ein portugiesischer Seefahrer, zusammen mit seinem Bruder Miquel über Neufundland hinaus. Die Nachricht von den Bergen Grönlands, die sie auf ihrer Fahrt gesehen hatten, brachten sie 1501 nach Frankreich. Von ihrer nächsten Reise 1502 zum Nordosten kehrten beide Brüder mitsamt ihren Schiffen und Männern nicht mehr zurück. Von den zu ihrer Suche ausgeschickten Schiffen sollte keines heimkehren.

Am 21. April 1534 verließ Jacques Cartier, ein königlicher Lotse, mit zwei kleinen Seglern den Hafen von Saint-Malo. Er folgte den Wegen der baskischen Fischer, umsegelte Neufundland und lief in die Straße von Belle Isle ein. Vorübergehend war er vom Eis umschlossen, kam wieder frei und segelte südwärts bis zu einer grünen Bucht, wo ihn »tanzende Wilde« empfingen. An der Mündung des Sankt-Lorenz-Stroms (Saint Lawrence) richtete er ein Kreuz mit dem Lilienwappen des französischen Königshauses auf. Bei seiner Abreise nahm er zwei Häuptlingssöhne mit nach Frankreich. Sie wurden getauft und kehrten mit Cartier auf seiner zweiten Reise 1535/36 nach Kanada zurück. Mit den Indianern als Lotsen fuhr Cartier rund hundert Kilometer den Sankt-Lorenz-Strom aufwärts, wo ihm eine Siedlung mit dem Namen Hochelaga gezeigt wurde. Sie wurde auf Mont-Royal (Montreal) umgetauft, und Cartier nahm das erkundete Gebiet als Neu-Frankreich für seinen König in Besitz. Der Versuch, auf seiner dritten Fahrt 1541/42 eine Siedlung bei Quebec zu errichten, scheiterte am Widerstand der Indianer.

Weitere Siedlungsversuche folgten, doch sie waren nicht von langer Dauer. Dann blieb es für ein halbes Jahrhundert am Sankt-Lorenz-Strom still. Erst 1603 rüstete Samuel de Champlain im Auftrag des französischen Königs zwei Schiffe aus, um den Atlantik zu überqueren und Siedlungsland zu suchen. Der Franzose Champlain hatte bereits 1599 bis 1601 in spanischen Diensten die atlantischen Seewege zu den Antillen und zur mittelamerikanischen Küste befahren. In den Jahren von 1603 bis 1607 erkundete Champlain den Sankt-Lorenz-

Strom bis Saint Louis und die Neu-England-Küste bis Cap Cod. Im Jahre 1608 gründete er mit einer Handvoll Siedlern Quebec, doch der Zustrom an Siedlern aus Frankreich floß nur spärlich. Armand-Jean Richelieu (1585–1642), Kardinal und französischer Staatsmann, beauftragte eine mit dem Staatsmonopol ausgestattete Gesellschaft, die »Kompanie der hundert Teilhaber«, mit dem weiteren Ausbau Neu-Frankreichs. Champlain, seit 1620 Gouverneur von Kanada, rechnete mit einem jährlichen Zuwachs von 300 Siedlern.

Im Jahre 1663 wurde Kanada französische Kronkolonie. Die rund 2 500 Einwohner wurden einer streng katholischen, feudalistischen Verwaltung unter Leitung eines vom König ernannten Gouverneurs unterstellt. Trotz der nur spärlichen Besiedlung bemühten sich die Franko-Kanadier um die Aufnahme von Handelsbeziehungen. Schiffszimmerleute bauten seit 1669 auf selbst angelegten Werften die ersten Segelfrachter, die den Seeverkehr mit den französischen Antillen aufnahmen. Ausfuhrprodukte waren Pelze, Getreide, Leinen und Wolle, eingeführt wurden die dringendsten Bedarfsartikel, die in der eigenen Wirtschaft nicht hergestellt werden konnten. Das allmähliche Vordringen der französischen Siedler nach Süden führte zu Überschneidungen der französischen und der englischen Interessensphären, denn inzwischen hatten auch die Engländer in Nordamerika Fuß gefaßt.

Die ersten englischen Kolonisten hatten 1587 in der von Raleigh gegründeten Kolonie Virginia an der Stelle des heutigen Roanoke gesiedelt. Aber Skorbut, Fieber und ständige Angriffe der Indianer machten ihnen das Leben schwer, und als Drake auf einer seiner Reisen Virginia berührte, schifften sich die Siedler mit Hab und Gut ein und kehrten nach England zurück. Doch der Wunsch, in Amerika zu siedeln, blieb. Der »Virginia-Rat« unternahm den Versuch, die Kolonisation in Virginia zu wiederholen. Im Herbst 1606 überquerten drei Segler unter dem Kommando des englischen Kapitän John Smith mit einigen Siedlern den Atlantik. Smith lief mit seinen Seglern in die Chesapeake-Bay ein und fand in der Gabelung eines Flusses eine naturgeschützte Insel. Hier errichteten die Einwanderer ihre Blockhäuser und sicherten die Siedlung durch Palisaden gegen Angriffe der Indianer. Die erste ständige englische Siedlung erhielt 1607 den Namen Jamestown.

Jedes Frühjahr brachte neue Siedler, Saatgut, Material und Waffen. Die Neuankömmlinge vergrößerten die Siedlungsfläche, drangen in die umliegenden Wälder ein und legten auf den Lichtungen Pflanzungen an, vor allem Tabak.

Virginiatabak erfreute sich in England bald zunehmender Beliebtheit. Ein Siedler, John Rolfe, hatte als erster ein paar Tabakpflanzen angebaut und 1614 den ersten Ballen getrockneter Blätter nach London verschifft. Mit der raschen Verbreitung des Tabakgenusses in Europa dehnten sich die Pflanzungen aus. Im Jahre 1620 wurden 100 000 Pfund getrockneter Tabakblätter verschifft, zu Beginn des Unabhängigkeitskrieges 1777 waren es bereits 100 Millionen.

Der Tabakexport nach England führte zu einem regelmäßigen Seeverkehr zwischen Virginia und London. Wenn die Tabakballen entladen waren, übernahmen die Schiffe junge Männer, die von Filialen des »Virginia-Rates« für die Arbeit auf den Pflanzungen angeworben wurden. In Amerika erhielten die Männer ein Stück Land, auf dem sie einige Jahre unbezahlte Arbeit leisten mußten. Danach ging das Land in ihren Besitz über, und sie hatten die Auswahl auf eines der Mädchen, die der »Virginia-Rat« in ausreichender Menge nach Amerika hinübersandte. Die ersten »Amerikaner« wurden geboren. Seit 1620 wurden aber auch Neger als Sklavenarbeiter von den meist aristokratischen Pflanzern angekauft. Auch sie, mit ihren Kindern, wurden zu »Amerikanern«. Weiß und Schwarz, Herr und Sklave, besiedelten nun das Land, das später als die Vereinigten Staaten von Amerika in die Geschichte eintreten sollte.

Zu den Auswanderern zählten auch zahlreiche Menschengruppen, die sich im Widerspruch zur herrschenden Feudalordnung und zur anglikanischen Königskirche in England befanden. Eine dieser Gruppen erlangte historische Bedeutung: die Pilgrim Fathers (Pilgerväter) unter William Brewster. Ohne besondere Kenntnisse in Schiffsführung und Seemannschaft zu besitzen, charterten diese bürgerlichen Puritaner in Southampton ein Schiff, die rund 180 Tonnen große MAYFLOWER, um den Atlantik zu überqueren und in der »Neuen Welt« eine bessere Ordnung zu errichten. Etwa hundert Menschen waren auf dem Segler zusammengepfercht, der nach 70 Segeltagen 1620 die amerikanische Küste bei Kap Cod in der Nähe von Portland erreichte. Angesichts der amerikanischen Küste verfaßten die Pilgrims noch an Bord der MAYFLOWER den berühmt gewordenen »Kontrakt«, der die Grundlage für die auf bürgerlicher Selbstverwaltung beruhende Verfassung der Neu-England-Staaten darstellte. Ihre Siedlung erhielt den Namen Plymouth.

Weiter nördlich, an der Massachusetts-Bay, ließen sich weitere Puritaner nieder. Seit 1630 lenkte eine spezielle Gesellschaft den Zustrom neuer Einwanderer auf mehrere günstig gelegene Hafenorte, die später große Bedeutung erlangen sollten. Eine Flotte von zehn Schiffen, voll mit Siedlern, Hausgerät und landwirtschaftlicher Ausrüstung, landete bei Boston. Im Zeitraum von 1643 bis 1684 schloß sich Massachusetts mit Plymouth, Connecticut, Rhode Island und New Haven zu den Vereinigten Kolonien von Neuengland zusammen. 1689 kam es zu einem Aufstand gegen die englische Krone, die gezwungen wurde, der Konstituierung einer gesetzgebenden Versammlung in den Neuengland-Kolonien zuzustimmen.

Eine andere protestantische Gruppe, die Quäker (»Gesellschaft der Freunde«), wurde von den Puritanern zunächst abgewiesen. William Penn, ein reicher Quäker, erwarb 1674 bis 1682 Siedlungsland für in England verfolgte Quäker, das sich über weite Gebiete zwischen Eriesee und dem Delaware River erstreckte. Penns Eigentumskolonie, das nach ihm benannte Pennsylvania (Penns Waldland), wurde eine der größten und einflußreichsten Kolonien Neuenglands. In der 1683 gegründeten Quäkersiedlung Philadelphia (Stadt der Brüderlichkeit) fand 1774 der erste und 1775/76 der zweite Kontinentalkongreß statt, auf dem am 4. Juli 1776 die Unabhängigkeitserklärung verkündet wurde.

In den 13 englischen Kolonien, die sich im Verlauf des 17. Jahrhunderts gebildet hatten, – nur Georgia wurde als letzte 1732 gegründet – war die Entwicklung von Handel und Seeverkehr unterschiedlich verlaufen. Handelszentren existierten in den Neuengland-Kolonien Massachusetts, Connecticut, Rhode Island, New Hampshire und in den kapitalistisch orientierten Kolonien New York, New Jersey, Delaware und Pennsylvanien. Aus diesen geographisch nördlich gelegenen Kolonien wurden Überschüsse der Landwirtschaft, Schiffbauhölzer und Fische exportiert, während die Sklavenhalterstaaten des Südens auch schon in der Kolonialzeit Tabak, Baumwolle, Reis und Indigo nach Europa ausführten. Führend im Handel der Südkolonien waren vor Karolina und Georgia Virginia und Maryland. Die Häfen Boston, New York, Rhode Island und Philadelphia waren bereits in der Kolonialzeit Schwerpunkte des Schmuggel- und Sklavenhandels; sie blieben es auch nach der Staatenbildung.

Die Unabhängigkeitserklärung, in der zum erstenmal in der Geschichte der Menschheit grundlegende Menschenrechte rechtlich fixiert wurden, enthielt Grundsätze der politischen Gleichheit, der Volkssouveränität, des Rechts auf Revolution und andere fortschrittliche bürgerliche Forderungen. Der Entwurf war zunächst auf den konservativen Widerstand, besonders in Pennsylvanien, New York, Süd Karolina und Georgia, gestoßen. Der Streit wurde vertagt und erst hundert Jahre später im Sezessionskrieg endgültig entschieden.

Dennoch wurden mit Hilfe der Unabhängigkeitserklärung, wenn auch in den einzelnen Staaten unterschiedlich, den Auswanderern aller Länder und Nationen die Tore geöffnet. Amerika nahm den größten Menschenstrom auf, der je das Meer überquert hatte. Menschen aller Hautfarben, Religionen und Sprachen fanden sich im Schmelztiegel der werdenden amerikanischen Nation. Nach den Engländern und Franzosen waren es vor allem Deutsche und Iren, die dem elenden Dasein zu Hause entfliehen wollten, um sich jenseits des Atlantiks eine neue Existenz aufzubauen. Die ersten deutschen Auswanderer hatten schon 1683, 1709 und 1759 auf Schiffen fremdländischer Flaggen den Atlantik überquert und in Amerika gesiedelt. Die in Deutschland herrschende allgemeine Enttäuschung nach den Befreiungskriegen, denn statt der versprochenen Freiheit und des einigen Vaterlandes herrschten weiterhin Fürstenwillkür und Reaktion, die rasch anwachsende Bevölkerung sowie katastrophale Mißernten waren die Ursachen dafür, daß seit 1820 verstärkt Bauernsöhne und Handwerksgesellen nach Amerika auswanderten.

Waren es Anfang der zwanziger Jahre nur einige Tausend jährlich, so stieg die Anzahl der Auswanderer in den dreißiger Jahren auf 30 000 bis 40 000 Personen an, die sich über holländische und französische Häfen, aber auch über Bremen, auf Seglern aller Flaggen einschifften. Neben den stolzen amerikanischen Dreimastern brachten auch Bremer Barken und Briggs deutsche Auswanderer aus der Stadt an der Weser ins »Land der unbegrenzten Möglichkeiten«. Die Bremer hatten den Amerikanern das Geschäft abgeschaut, die Baumwolle, Tabak und Reis löschten und als lohnende Rückfracht lebende Ladung an Bord nahmen. Zielhafen in Amerika war für lange Zeit das 1682 gegründete Baltimore im Staate Maryland an der Atlantikküste. Es entwickelten sich die Anfänge eines Liniendienstes, in dem 1820 noch die amerikanische, ab 1830 aber schon die Bremer Flagge dominierte. Hamburg stieg, wenn auch vorerst nicht ins Passagiergeschäft, so doch in den Seeverkehr mit den USA ein. Ende der dreißiger Jahre gab es in Bremen jährlich über 300 Schiffsankünfte aus USA-Häfen, in Hamburg etwa 50.

In Irland, das sich seit 1801 zwangsweise in Union mit Großbritannien befand, vollzog sich zu Beginn des 19. Jahrhunderts die Umwandlung zur kapitalistischen Landwirtschaft. Die Landbevölkerung wurde als Pächter oder Feldarbeiter gleichermaßen ausgebeutet. Viele Bauern verloren Haus und Hof, weil sie Pacht und Zins nicht zahlen konnten. Die von der britischen Regierung verhängten Zwangsmaßnahmen führten zwischen 1840 und 1845 wiederholt zu Hungersnöten. Nach Aufhebung der Einfuhrzölle für Getreide wandelten die Großgrundbesitzer ihren Boden in Rinderweiden um, eine Maßnahme, die Hunderttausenden von Landarbeitern die Arbeit nahm. Hunger und Arbeitslosigkeit ließen den Strom der Auswanderer anschwellen. Mitte des 19. Jahrhunderts verließen bis zu 250 000 Iren jährlich die Heimat, um in Amerika ein besseres Leben zu finden. In nur knapp fünfzig Jahren sank die Einwohnerzahl Irlands von 6,5 auf 4,4 Millionen.

Es ist nicht vorstellbar, wie die Auswanderer an Bord gelebt haben müssen. 10 000 bis 20 000 Menschen im Monat, vielleicht 300 bis 500 Menschen am Tag, die Platz auf einem oder zwei Schiffen finden sollten, Schiffe, die im Zwischendeck nur für 100 bis 150 Passagiere Platz boten. Für Makler, Reeder und Kapitän ein glänzendes Geschäft, für die Menschen Angst, Qual, nicht selten Krankheit und Tod. Die Landstraßen nach Cork, der Hafenstadt an der irischen Kanalküste, waren überfüllt mit Trecks. Die Auswanderer führten nicht nur ihr weniges Hab und Gut mit, sondern auch Bettzeug, Fässer und Säcke mit Lebensmitteln für die Überfahrt. Wenn die Überfahrt durch widrige Winde länger als vorgesehen dauerte, erhöhte sich in den luftarmen, überbelegten Zwischendecks noch die Zahl der Toten durch Hunger. Von Cork gingen Abfahrten nach New York, Quebec, Boston und in andere amerikanische Häfen. Manchmal hatten die Einwanderer Schwierigkeiten mit den amerikanischen Behörden, weil die Iren wegen ihrer katholischen Religion nicht in allen Staaten willkommen waren. In solchen Fällen ließen sich die Einwanderer illegal am Sankt-Lorenz-Strom absetzen – kleine Küstensegler besorgten das –, um von dort über Land an das gewünschte Ziel zu gelangen.

Vom hölzernen Segelschiff
zum eisernen Schraubendampfer

Schiffe der Entdecker- und Kolonialzeit

Im Verlauf des 15. Jahrhunderts vollzog das Segelschiff einen entscheidenden Sprung in seiner Entwicklung. Der Einmaster mit einem einfachen Rah- oder Lateinersegel wandelte sich bis zum Ausgang des Jahrhunderts zum Drei- und Viermaster mit 8 bis 12 Rah- und Schratsegeln. Das geschah ohne jede wissenschaftliche Grundlage, es war eine Sache der Erfahrung. Man lernte vom Meister und ahmte nach, was an fremden Schiffen übernehmenswert erschien. Ein bestimmtes Grundwissen über Formen und Proportionen des Schiffskörpers und der Takelage war dabei als Voraussetzung für jeden Schiffbaumeister selbstverständlich.

Ein Schiffstyp der frühen Entdeckerzeit war die Karavelle, mit der Heinrich der Seefahrer die westafrikanische Küste erkunden ließ. Auf der Rückreise nach Portugal mußten die Segler gegen den Nord-Ost-Passat aufkreuzen. Dieser Umstand und die nach Distanz und Dauer immer länger werdenden Reisen dürften wesentlich zur systematischen Entwicklung der Karavelle in der ersten Hälfte des 15. Jahrhunderts beigetragen haben. Nach portugiesischen Handschriften des 13. Jahrhunderts war die Karavelle ursprünglich ein einmastiges Fischereifahrzeug, auf Abbildungen vom Ende des 14. Jahrhunderts wird sie mit zwei Lateinersegeln dargestellt. Die überlieferten Quellen gestatten es jedoch nicht, eine anschauliche oder gar genaue Beschreibung der Fahrzeuge zu geben.

Selbst über die wohl berühmtesten Schiffe der Seefahrtsgeschichte, die Entdeckerschiffe des Christoph Kolumbus, SANTA MARIA, PINTA und NINA, gibt es keine ausreichend präzisen Angaben. Kolumbus selbst bezeichnete sein Flaggschiff, die SANTA MARIA, als Nao und die beiden anderen Schiffe als Karavellen. Nun bedeutet Nao nichts anderes als Schiff, die Bezeichnung gibt also keinen bestimmten Schiffstyp an. Die Ergebnisse der ungezählten, mehr oder weniger ernsthaften Versuche, die SANTA MARIA zu rekonstruieren, lassen vermuten, daß es sich um eine kleine Karacke handelte. Nach den allgemeinen Schätzungen war das Schiff etwa 23 Meter lang, 6,70 Meter breit und hatte einen Tiefgang von 2,80 Metern. Auf seiner dritten Reise urteilte Kolumbus über die SANTA MARIA: »Das Schiff, das ich für meine erste Reise benutzte, war ziemlich unhandig und ging daher im Hafen von La Navidad verloren.«

Die Takelage war vor Antritt der Reise ergänzt und verbessert worden. Der Großmast trug über dem Großsegel ein zweites Rahsegel, das Großmarssegel.

Der Fockmast hatte ein Rahsegel, und am Besanmast wurde das Lateinersegel gesetzt. Dazu kam unter dem Bugspriet ein weiteres Rahsegel, das Sprietsegel, später als Blinde bezeichnet. Über die Takelage schrieb Kolumbus unter dem 24. Oktober 1492 in sein Tagebuch: »Ich ließ alle Segel setzen, das Großuntersegel mit zwei Bonnets (Reffs), das Fockuntersegel, das Sprietsegel, den Besan und das Toppsegel nebst dem Bootssegel auf dem Halbdeck.« Nach dieser Beschreibung muß der Mast des Beibootes als vierter Mast mit einem Lateinersegel aufgestellt worden sein. Die Gesamtfläche wird knapp 350 Quadratmeter betragen haben.

Neben der allgemeinen Ausrüstung führte die SANTA MARIA 4 Zwanzigpfünder, 6 Zwölfpfünder und 8 Sechspfünder als Bewaffnung mit. Außerdem waren für alle Besatzungsmitglieder Ein-Pfund-Handbüchsen vorhanden. Nach den überlieferten Angaben dürfte die Größe des Schiffes etwas unter 100 Toneladas (Ladetonnen) gelegen haben. Die Stärke der Besatzung wird sehr unterschiedlich geschätzt, zwischen 40 und 90 Mann, verbürgte Angaben gibt es nicht.

PINTA, die Bemalte, soll eine Länge von etwa 20 Metern, eine Breite von 7,30 Metern und einen Tiefgang von 2 Metern gehabt haben. Sie trug an Groß- und Fockmast je ein Rahsegel und am Besan das Lateinersegel. Ihre Tragfähigkeit wird mit 60 Toneladas angegeben, die Angaben über die Besatzungsstärke sind wiederum unterschiedlich, sie liegen zwischen 26 und 40 Mann. Und schließlich NINA, die Kleine: Sie trug noch die bei Karavellen üblichen Lateinersegel, die Kolumbus bereits zu Beginn der Fahrt durch Rahsegel ersetzen ließ. Nach den Rekonstruktionen war NINA 17,30 Meter lang, 5,50 Meter breit, und sie soll einen Tiefgang von 1,90 Meter besessen haben. Doch werden es vermutlich einige Zentimeter weniger gewesen sein, denn sonst hätte sie kaum die Untiefen vor der kubanischen Südküste überwinden können. Alle drei Schiffe führten Lebensmittel für ein Jahr an Bord.

Nach den zeitgenössischen Schilderungen und Gemälden müssen die Fahrzeuge de Gamas und Magalhaes ähnlich den Kolumbusschiffen gewesen sein: Karacken und Karavellen in Größenordnungen von 60 bis 120 Tragfähigkeitstonnen. Erst die Galeonen stellten eine Weiterentwicklung dar. Das Geburtsland der Galeone war vermutlich Spanien. Mitte des 16. Jahrhunderts wurde sie aber auch schon in England und Italien gebaut. Das Wort Galeone scheint auf Galeere zu deuten, doch das im Museo Naval in Madrid ausgestellte Modell einer Galeone aus dem Jahre 1540 ist ein reines Segelschiff. Im Unterschied zur Karacke war die Galeone größer und schlanker. Betrug das Längen-Breitenverhältnis bei der Karacke 3 zu 1, so veränderte es sich bei der Galeone auf 4 zu 1. Die für das 16. Jahrhundert typischen Galeonen, sie waren, wie schon die Karacken, bewaffnete Frachter, hatten vier Masten, von denen die beiden vorderen mit Rahsegeln und die beiden achteren mit Lateinersegeln getakelt waren. Rahsegel wurden bereits drei an einem Mast gefahren, über dem Untersegel das Mars- und darüber das Bramsegel. Die Masten selbst hatten eine solche Höhe erreicht, daß sie in drei Teilen, dem Untermast und den beiden aufgesetzten Stengen, angefertigt werden mußten.

Spanische Geleone.

Die spanischen Galeonen brachten nicht nur den amerikanischen Gold- und Silberreichtum über den Atlantik nach Europa, sondern in zunehmendem Maße auch feudale Ritter, Geistliche und Kaufleute nach den Kolonien in Übersee. Mit der Forderung nach Kabinen über der Wasserlinie wuchs die Anzahl der auf dem Achterschiff aufgesetzten Etagen. Ende des 16. Jahrhunderts hatten die Galeonen Abmessungen von rund 40 Metern Länge und 10 Metern Breite erreicht und sie trugen 5 bis 7 Passagierstockwerke auf dem Achterkastell. Die Passagierbeförderung brachte es mit sich, daß eine neue Größenberechnung der Schiffe aufkam. Es reichte nicht mehr, nur den Laderaum nach Anzahl der aufzunehmenden Weintonnen zu berechnen, sondern es müßte nun das gesamte Schiffsinnere einschließlich der Aufbauten ausgemessen und in das mögliche Fassungsvermögen angenommener Weintonnen umgerechnet werden. Rund einhundert Jahre später setzte man an die Stelle der Weintonne das mathematische Raummaß der Registertonne (100 Kubikfuß = 2,8315 Kubikmeter).

Als die Niederländer 1568 den bewaffneten Kampf um die Freiheit ihres Vaterlandes von der spanischen Fremdherrschaft aufnahmen, sperrte Philipp II., König von Spanien und Portugal, allen niederländischen Schiffen die Häfen seines Weltreichs. Nach Vernichtung der »Unüberwindlichen Armada« König Philipps begannen die Niederländer, vor allem Holländer und Seeländer, Spanien und Portugal die ozeanischen Seewege streitig zu machen und selbst Kolonien zu gründen. Die bei diesen Unternehmen eingesetzten Schiffe waren

Flämische Galeone.

ebenfalls Galeonen, gut bestückte Handelssegler, die, in kleinen Flotten zusammengefaßt, Seegegner nicht zu fürchten brauchten. Ein Kupferstich des Hafens von Amsterdam vom Ende des 16. Jahrhunderts zeigt einen holländischen Segler. Er führt erst drei Masten und auch das Bramsegel fehlt noch. Dennoch läßt sich das Schiff mit der erhöhten Back, dem Halbdeck und der flachgehaltenen Galerie mit dem Poopdeck als kleine Galeone bezeichnen. Eine voll ausgebildete niederländische Galeone befindet sich als Modell im Museo Naval Madrid, königstreue Flamen schenkten es 1593 König Philipp. Das Modell zeigt die für Galeonen typischen 4 Masten mit ihrer Takelung; leider sind die Dimensionen nicht maßstabsgerecht. Von den spanischen Galeonen unterschieden sich die niederländischen wie auch die englischen Galeonen deutlich durch das flacher gehaltene Achterschiff, was ihrer Manövrierfähigkeit zugute kam.

Die Überlegenheit der wendigen englischen gegenüber den schwerfälligen spanischen Galeonen erwies sich zum erstenmal 1588 bei dem Sieg der englischen Flotte über die spanische Armada. Der berühmteste englische Schiffbaumeister jener Zeit, Matthew Baker, gab seinen Schiffen einfache, klare Formen und eine wirkungsvolle Takelage. Die Schiffskörper waren flach und scharf geschnitten. Die hohen Kastelle auf Vor- und Achterschiff, sie waren als Folge der Enterkämpfe entstanden, reduzierte er auf ein Minimum. Die Rekonstruktion einer von Baker erbauten Galeone zeigt ein langauslaufendes Galion mit

Englische Galeone.

einem Drachenbild als Symbol, das erhöhte Backsdeck, Quarter- und Halbdeck sowie die achtern aufgesetzte Poop. Fock- und Großmast sind mit Untersegel, Mars- und Bram rahgetakelt, während Kreuz- und Besanmast an schräglaufender Gaffel je ein Lateinersegel führen.

Beherrschte die Galeone als Schiffstyp das 16. Jahrhundert, so wurde die Fleute das berühmteste Schiff des 17. Jahrhunderts. Im Jahre 1595 wurde sie in der holländischen Stadt Hoorn zum erstenmal gebaut. Sie war im Unterschied zur Galeone ein reines Handelsschiff. Durch ihre außerordentliche Leistungsfähigkeit, hohe Geschwindigkeit und geringe Besatzungsstärke hat sie entscheidend zum Aufstieg der holländischen Seefahrt beigetragen. Die Fleute, der Name kommt vom holländischen Wort für »fließen«, wurde aus dem Bojer, einem kleinen Küstensegler des 16. Jahrhunderts, entwickelt. Die Fleute hatte ein Verhältnis von Länge zur Breite von über 4 zu 1, das war für einen Handelssegler ungewöhnlich. Die Bordwände waren knapp über der Wasserlinie stark nach außen gewölbt und wurden erst in Deckshöhe wieder zusammengezogen. Das Deck verlief vom Vorsteven leicht ansteigend zu einem rundgebauten Achterschiff ohne Etage. Auch Bug und Vorsteven der Fleute mit dem Galionsbaum setzten fast rechtwinklig an, so daß ein echtes Vorschiff entstand.
Der Tiefgang der Fleute wurde, aufgrund der flachen Gewässer vor der holländischen Küste, bewußt gering gehalten. Die Masten waren im Verhältnis zur Schiffsgröße höher als bei allen vorherigen Schiffstypen, die Rahen dagegen kürzer. Die Segel wurden so schmaler und länger, dabei unten breiter als oben, also trapezförmig. In ihrer Anfangszeit trug die Fleute als Dreimaster nur 6 Segel: Am Fockmast das Fock- und das Fockmarssegel, am Großmast das Groß- und das Großmarssegel, am Besanmast das Lateinersegel und unter dem Bugspriet die Blinde. Der schwedische Schiffbaumeister und Vizeadmiral Fredrik Henrik Chapman (1721–1808) gibt in seiner weltberühmten »Architectura Navalis Mercatoria« eine Fleute mit folgenden Daten an:
Länge über Steven 132,25 Fuß (schwedisches Fußmaß = 0,2969 m), Breite auf Spant 30,5 Fuß, Konstruktionstiefgang 12 Fuß, Tragfähigkeit 292 schwere Lasten und Deplacement 25 907 Kubikfuß.
Mit der Weiterentwicklung der Fleute zum Pinaßschiff kam an Fock- und Großmast als drittes Rahsegel die Bram hinzu. Auch der Besanmast erhielt an einer Rute über dem Besansegel noch ein Rahsegel, das sogenannte Kreuzsegel. Als Ausgleich gegen die entstehende Luvgierigkeit fuhr man an einem kleinen Mast auf dem Bugspriet zusätzlich ein Rahsegel, die »Bovenblinde« (Obenblinde). Das runde Achterschiff der Fleute wurde beim Pinaßschiff durch ein plattes, eckiges Heck ersetzt, Spiegel genannt.

Der holländische Ostindienfahrer profitierte ebenso wie der englische Indiaman von den ständigen Seekriegen des 17. und 18. Jahrhunderts. Die Erfahrungen, die die Schiffbauer beim Bau der stark armierten Linienschiffe und der schnellen ausdauernden Fregatten machten, wurden vor allem auf die Handels-

Fleute.

segler in der Ostindienfahrt übertragen. Ostindienfahrer waren Handels- und Kriegsschiffe zugleich; man fuhr Ladung und verteidigte sie gegen Kriegsgegner, Kaper und Piraten. Die Takelage wurde nahezu komplett von der Fregatte übernommen, die Bestückung dagegen auf ein Batteriedeck beschränkt. Als Frachtschiff konnte und brauchte der Schiffskörper nicht so scharf geschnitten

Indiaman (Riß nach Chapman).

zu werden wie bei der Fregatte. Das Oberdeck verlief frei von Aufbauten vom
Vorsteven bis zum Schanzdeck. Hier allerdings war eine übermannshohe Quer-
wand gezogen, die durch ein Barrikadengitter noch erhöht wurde. Damit war
ein deutlicher Trennstrich zwischen den im Achterschiff wohnenden Offizieren und Gästen einerseits und der Mannschaft andererseits gezogen. Diese
Bauweise ist vermutlich durch die vielen Meutereien jener Zeit beeinflußt worden, denn Meutereien auf holländischen Schiffen gehörten während einer In-
dienreise zu den Selbstverständlichkeiten der Seefahrt. Die anmaßende Rück-

sichtslosigkeit des Kapitäns und seiner Offiziere, die harten und brutalen Strafen für die zumeist gepreßten Mannschaften bei den kleinsten Vergehen und der berüchtigte holländische Sparsinn auf Kosten anderer machten die Mannschaft aufsässig. Die Schiffe der reichen niederländischen Ostindienkompanie bildeten keine Ausnahme von der Regel, sondern gerade auf ihnen gab es für die harte Arbeit die geringste Heuer und das kärglichste Essen.

Der englische Ostindienfahrer, der Indiaman, war mit dem holländischen Ostindienfahrer nahe verwandt. Nur der Bug war gedrungener und die Takelage genau der englischen Fregatte nachgebildet. Fock- und Großmast trugen drei Stengen: die Mars-, die Bram- und die Royalstenge mit den entsprechenden Segeln. Zusammen mit den Untersegeln Fock und Groß fuhr der Indiaman also bereits 4 Rahsegel an einem Mast. Am dritten Mast, dem Besanmast, hatte das alte Lateinersegel einem Gaffelsegel Platz gemacht, über dem noch 2 Rahsegel gesetzt werden konnten. Trotz der überaus starken Besegelung war der Indiaman aufgrund seines plumpen Rumpfes nicht besonders schnell, er erreichte kaum mehr als 7 bis 8 Knoten Geschwindigkeit, also Seemeilen in der Stunde. Vizeadmiral Chapman hat in seiner »Architectura Navalis Mercatoria« die Hauptdaten eines englischen Ostindienfahrers angeführt:
Länge über Steven 135,50 Fuß, Breite auf Spant 34,66 Fuß, Tiefgang 19,75 Fuß, Tragfähigkeit 314 schwere Lasten und Deplacement 52333 Kubikfuß.

Die ENDEAVOUR, das Schiff, mit dem James Cook die erste seiner drei berühmten Reisen unternahm, ist das erste Schiff eines Entdeckers, von dem genaue Zeichnungen und Beschreibungen vorliegen. Der Segler lief ursprünglich unter dem Namen EARL OF PEMBROKE mit Kohleladungen zwischen England und Skandinavien. Die englische Admiralität, die das Schiff aufkaufte, ließ es vor Beginn der Expeditionsreise sorgfältig vermessen und ausrüsten. Das untere Deck maß vom Vor- bis zum Achtersteven knapp 30 Meter, die Kiellänge betrug 24,80 Meter und die Schiffsbreite 8,90 Meter. Als die ENDEAVOUR am 26. August 1768 auslief, hatte sie mit Besatzung, Wissenschaftlern und Hilfspersonal 94 Menschen an Bord. Das Schiff besaß 5 Anker, 3 Beiboote und 10 Kanonen auf Rahmenlafetten und 12 Drehbrassen als Bewaffnung.

Mit James Cook erlebten die Entdeckungsfahrten im 18. Jahrhundert einen neuen Höhepunkt. Das Ziel dieser Fahrten war der riesige, fast die Hälfte der Erdoberfläche umfassende Stille Ozean mit seinen vielen Inselgruppen sowie die Suche nach dem sagenhaften »Südlichen Kontinent«, dessen Existenz immer noch angenommen wurde.

Die erste Reise Cooks mit der »ENDEAVOUR« führte am 26. August 1768 von Plymouth um Kap Horn nach Tahiti, das er am 12. April 1769 erreichte. Von hier fuhr er nach Süden, umschiffte Neuseeland und entdeckte die nach ihm benannte Cookstraße zwischen den beiden Inseln.

Darüber schreibt er in seinem Tagebuch: »Meine Vermutungen, daß die große Bucht mit einer Durchfahrt in Verbindung stehe, bestätigten sich. Als ich einen der Berge erstieg, stellte sich heraus, daß der Blick auf die Bucht zu-

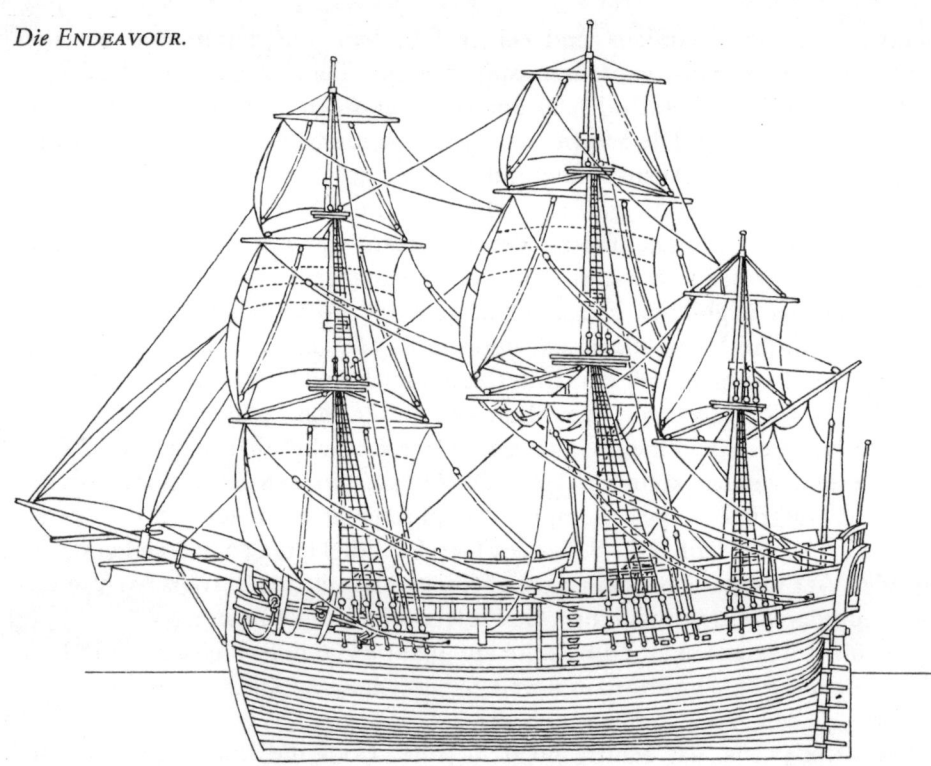

nächst durch noch höhere Berge mit undurchdringlichen Wäldern behindert war. Schließlich wurde ich für meine Anstrengungen reichlich entschädigt, denn von oben sah ich eine Durchfahrt von der östlichen zur westlichen See, etwas östlich vom Eingang der Bucht, in der wir jetzt mit unserem Schiff lagen«.

Es ging aber nicht nur um Entdeckungen bei den Reisen Cooks, wie die nachfolgende Eintragung in das Tagebuch zeigt: »Ich gab der Bucht den Namen Königin-Charlotte-Sund und nahm das umliegende Land feierlich für GEORG III. in Besitz. Nachdem ich auf die Gesundheit seiner Majestät eine Flasche Wein geleert hatte, gab ich die Flasche dem alten Eingeborenen, der mir als Führer gedient hatte und von meinem Geschenk ganz entzückt war«.

Von Neuseeland segelte Cook weiter zur Ostküste Australiens. Er erkundete die gesamte Ostküste bis nach Kap York an der Torrestraße, nannte das Land Neu-Südwales und nahm es für England in Besitz. Danach segelte er um Kap Horn nach Hause zurück. Die zweite Reise trat Cook mit den Schiffen RESOLUTION und ADVENTURE in Richtung auf das Kap der Guten Hoffnung an. Auf der Suche nach der »Terra australis incognita«, dem unbekannten südlichen Land, überschritt er Ende Juni 1772, vom Kap aus südwärts segelnd, den südlichen Polarkreis, ohne Land zu sehen. Darauf setzte er den Kurs nach Neuseeland ab und stieß von hier nochmals über den 71. Breitengrad nach Süden bis an die Eisbarriere der Antarktis vor, wiederum ohne Land zu entdecken.

Matrosen auf der Fockrah beim Segelbergen.

Hölzernes Ankerspill.

◁ Fockmast einer Bark

Vollschiff DEUTSCHLAND, *das erste Schiff der Hapag.*

◁ *Hamburger Segelschiffshafen um 1880.*

Hapagflotte 1867 (altes Gemälde).

Die erste BREMEN.

Schnelldampfer KAISER WILHELM II.

Fünfmastvollschiff »PREUSSEN« *der Laeisz-Reederei,
1912 das größte Segelschiff der Welt.* ▷

310

Er überquerte anschließend den westlichen, dann den östlichen Pazifik bis Feuerland und kehrte um das Kap der Guten Hoffnung herum nach England zurück, das er am 30. Juli 1775 nach über dreijähriger Fahrtzeit wieder erreichte. Mit dieser seemännisch hervorragenden Leistung bewies er endgültig die Nichtexistenz des in diesen Breiten angenommenen Südlandes.

Die dritte Reise Cooks mit den Schiffen RESOLUTION und DISCOVERY führte ihn im November 1776 erneut um das Kap der Guten Hoffnung in den Indischen Ozean und in die Südsee. Auf dem Weg zur nordamerikanischen Westküste entdeckte er die Sandwichinseln. Er segelte dann weiter die amerikanische Westküste entlang bis zum nördlichen Eismeer, wo ihn die Eisverhältnisse zur Umkehr zwangen. Auf dem Rückweg erreichte er 1779 wieder Hawaii, wo er in einem Kampf mit den Inselbewohnern den Tod fand.

Segelschiffe und Seeverkehr

Der Seeverkehr auf den Weltmeeren wurde bis in das 18. Jahrhundert hinein fast ausschließlich vom Kolonialhandel beherrscht. China, Japan und andere unabhängig gebliebene Staaten des Fernen Ostens öffneten dem Fernhandel mit den Europäern nur wenige Märkte. Auf Großer Fahrt luden die Schiffe wie seit Jahrhunderten Kolonial- und Luxuswaren: Edelmetalle, Gewürze, Genußmittel, Medikamente, Farben, Edelhölzer, Pelze und Seide. Erst Mitte des 18. Jahrhunderts wurden die engen Grenzen des monopolisierten Kolonialhandels durchbrochen und erste Merkmale eines Welthandels sichtbar.

Dort, wo außerhalb der staatlich organisierten Schiffahrt Privatreedereien entstanden, wie in den deutschen Hafenstädten und nordischen Ländern, handelte es sich anfangs vielfach noch um Partenreedereien, bei denen Risiko und Gewinn für Schiff und Ladung auf mehrere Einzelpersonen oder Institutionen verteilt waren. Der Gesellschafter, gewöhnlich der Schiffer, beschaffte sich das erforderliche Kapital bei einem unbegrenzten Personenkreis. Nach Abschluß der Reise erhielten die Partner ihren Anteil am Gewinn. Ging das Schiff oder die Ladung verloren oder gab es aus anderen Gründen einen Fehlschlag des Geschäfts, so mußte der Partenreeder mit seinem Anteil dafür einstehen.

Eine Reise von Europa nach China dauerte um 1800 noch acht bis neun Monate, eine Rundreise nach Indien und zurück ein Jahr. Nach Amerika fuhr ein Schiff nicht mehr als zweimal jährlich. Bei diesen Fernfahrten drohten dem Schiff die vielfältigsten Gefahren in Form von Schiffbruch, Seeraub oder Kriegsverlust. Auch die Ladung konnte durch Verderb, Zerstörung oder Veruntreuung verlorengehen. Partenreeder scheuten meistens ein solch großes Risiko. Sie ließen ihre Schiffe lieber auf fest bestimmten Routen in kürzeren Zeitabständen laufen. Typisch für eine Partenreederei in deutschen Häfen war Rostock. Nach der amtlichen Zollstatistik versegelten 1850 aus Rostock 614 Segelschiffe nach Häfen der Ostsee, 786 Segelschiffe nach Häfen der Nordsee und der europäischen Atlantikküste, 277 nach Häfen des Mittelmeers und nur

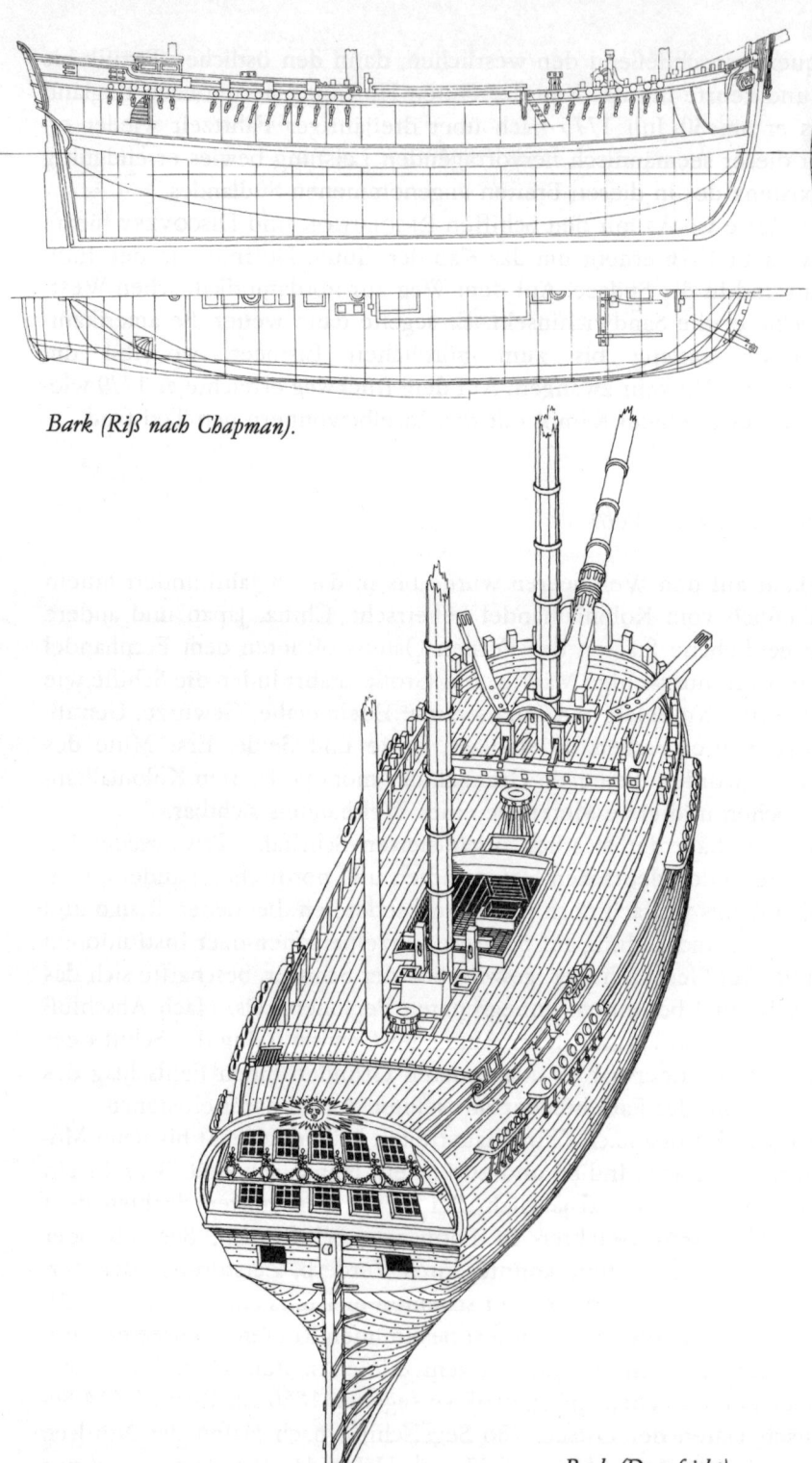

Bark (Riß nach Chapman).

Bark (Draufsicht).

45 Segelschiffe nach Häfen der amerikanischen Atlantikküste. In Hamburg, dem führenden deutschen Hafen an der Nordseeküste, befanden sich Anfang des 19. Jahrhunderts fast alle Segelschiffe in Besitz von privaten Reedern, Reederkapitänen oder Reederfamilien. Im Jahre 1825 liefen bereits 245 Segelschiffe aus Nord-, Mittel- und Südamerika, aus Afrika, Indien und dem Fernen Osten kommend, den Hamburger Hafen an, 1663 Schiffe kamen aus europäischen Häfen.

Die Segelschiffe, die im 18. und auch noch im 19. Jahrhundert die Meere befuhren und den Welthandel in Gang setzten, bestanden aus einer unübersehbaren Vielfalt von Typen, bei europäischen Reedern überwiegend das Vollschiff, die Bark und die Brigg, an der amerikanischen Küste die verschiedenen Arten von Schonern und als krönender Abschluß der großen Segelschiffszeit: der Klipper. In Deutschland war die Brigg lange Zeit der vorherrschende Schiffstyp in der Segelschiffahrt. So waren zum Beispiel Mitte des 19. Jahrhunderts 826 Briggen, 446 Barken und nur 150 Vollschiffe registriert. Später übernahmen die Barken die Führung. 1885 gab es in deutschen Häfen 741 Barken, Briggen dagegen nur noch 331 und Vollschiffe 104.

Die Unterschiede zwischen Vollschiff und Bark waren nur gering. Das Vollschiff fuhr drei mit Rahsegeln vollgetakelte Masten, den Fockmast, den Großmast und den Kreuzmast, wobei am Kreuzmast zusätzlich das Besansegel gesetzt wurde. Wie das Vollschiff führte auch die Bark drei Masten. Nur war der dritte Mast nicht mit Rahsegeln, sondern mit Gaffelsegeln, dem Unter- und dem Oberbesansegel, getakelt. Daher stammt auch die Bezeichnung Besanmast. Vollschiff und Bark fuhren darüber hinaus eine ganze Reihe von Schratsegeln zwischen Klüverbaum und Fockmast sowie an den Stagen zwischen den Masten. Beide Segler wurden für schwere Ladungen, besonders für Kohle und Getreide, eingesetzt, die nicht so viel Fracht einbrachten wie eilige Stückgüter, die der Brigg vorbehalten blieben. Der Schiffskörper unter der Wasserlinie war völliger gehalten, um möglichst viel Ladung aufnehmen zu können. Das ging auf Kosten der Geschwindigkeit, die bei dem zu transportierenden Massengut aber keine besondere Rolle spielte.

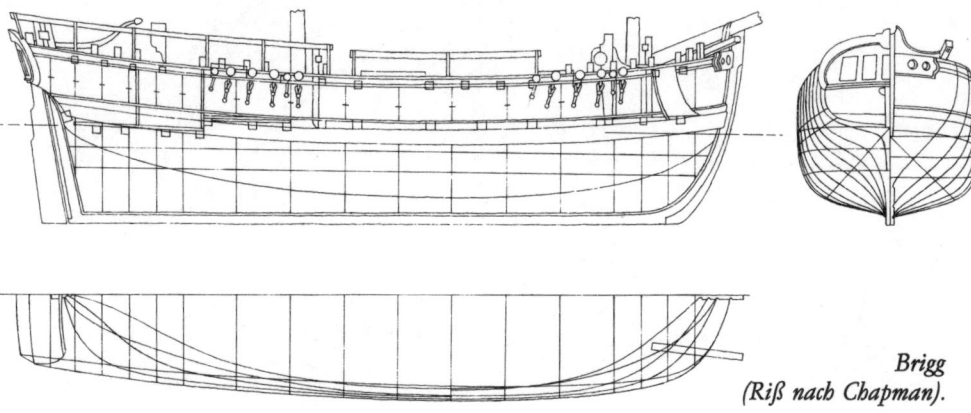

Brigg
(Riß nach Chapman).

Die Brigg war ein scharfgeschnittenes, kleines Segelschiff, die wertvolle Güter schnell zum Zielhafen bringen sollte. Ihre beiden rahgetakelten Masten, Fock- und Großmast, trugen das Untersegel, das Mars-, Bram- und Royalsegel. Außerdem führte der Großmast noch ein Gaffelsegel, das sogenannte Briggsegel. Zwischen dem Großmast und dem Klüverbaum setzte die Brigg drei Stagsegel: Großstag-, Großstengestag- und Großbramstagsegel, und zwischen Fockmast und Klüverbaum noch einmal drei Vorsegel: Fockstagsegel, Klüver und Außenklüver. Bei auffrischendem Wind nahm man in der Regel Royal- und Bramsegel sowie die Stagsegel und den Außenklüver weg. Im Sturm blieb als letztes das gereffte Vormarssegel stehen, um die Brigg steuerfähig zu halten.

Chapman gibt in seiner »Architectura Navalis Mercatoria« die Hauptdaten von Bark und Brigg wie folgt an:

	Bark	Brigg
Länge über Steven	155 Fuß	71 Fuß
Breite auf Spant	39 Fuß	20 Fuß
Konstruktionstiefgang	20 Fuß 6 Zoll	10 Fuß
Tragfähigkeit	521 schwere Lasten	57 schwere Lasten
Deplacement	71 772 Kubikfuß	7 096 Kubikfuß

Der Schoner war ein Produkt der nordamerikanischen Küste. Der nach dem Unabhängigkeitskrieg aufkommende Schiffbau in den USA ging neue Wege. Sie übernahmen nicht nur, wie in Europa geschehen, die Takelage der Kriegsfregatte, sondern, nach dem Beispiel der französischen Fregatte, auch den flach zu Wasser liegenden Schiffskörper. Die ersten amerikanischen Schoner gingen

Schoner.

in Baltimore zu Wasser. Ihr Bug war so scharf geformt, daß er die Wellen durchschnitt, statt ihnen, wie die bisherigen Bugformen, mit vollem Widerstand breit zu begegnen. Hinzu kamen eine schmale Unterwasserlinie, geringer Tiefgang, ein schräges Heck und nach achtern geneigte Masten. Diese mittelgroßen Baltimore-Schoner, deren Länge bei etwa 30 Metern lag, besaßen zunächst zwei Masten, die Gaffelsegel führten. An den Stagen zwischen Fockmast und Klüverbaum fuhr der Schoner drei Vorsegel. Als der Fockmast über dem Gaffelsegel zusätzlich ein oder zwei Rahsegel als Obersegel erhielt, entstand der Toppsegelschoner. Trug der Fockmast nur Rahsegel, ergab das die Brigantine. Diesen ersten Schonertypen wird nachgerühmt, daß sie 18 bis 20 Knoten gelaufen seien, eine bis dahin nie erreichte Schiffsgeschwindigkeit. Die amerikanischen Schoner, die erstmals 1746 als Baltimore-Klipper erwähnt werden, waren bei Piraten, Kaper, Schmugglern, Sklavenhändlern und auch in der USA-Navy gern gesegelte Fahrzeuge.

Die größte Berühmtheit als Segelschiffe erlangten die Klipper. Wenn auch die Schoner aus Baltimore unter der Bezeichnung Baltimore-Klipper in die Schiffahrtsgeschichte eingingen, so dauerte es doch noch rund einhundert Jahre, bis wirkliche Klipper, diese Königinnen der Meere, mit messerscharfem Bug und einer Pyramide von Segeln die See durchschnitten. Geniale Schiffbauer, John Griffiths in New York und Donald McKay in Boston, schufen seit 1845 die ersten amerikanischen Klipper: die RAINBOW, die FLYING CLOUD, die SOVEREIGN OF THE SEAS und WESTWARD HO. Die neuen Schiffe und ihre Schnellreisen rund um den Erdball erregten Aufmerksamkeit in aller Welt. Die Klipper segelten mit Passagieren von New York um das Kap Horn nach Kalifornien, wo man 1848 Gold entdeckt hatte. Die Fahrt ging dann in Ballast von der amerikanischen Westküste nach China, wo frisch geernteter Tee geladen und in einem förmlichen Wettrennen über 16 000 Seemeilen Distanz nach England gebracht wurde. Das erste Schiff mit der neuen Ernte erhielt in London eine hohe Geldprämie. Eine der berühmtesten Wettfahrten war die von 1866: 5 Klipper verließen in kürzesten Abständen den Teehafen Futschu-Fu und trafen nach neunundneunzig bis einhunderteins Tagen Fahrt in London ein. Die beiden ersten, APIEL und TEKPING, die sich auf der ganzen Strecke nicht gesehen hatten, sichteten sich gegenseitig im Kanal und lieferten sich einen Endspurt bis zum Zielhafen. Nach über dreimonatigem Seetörn trennten sie nur ein paar Minuten.

Klipper liefen Geschwindigkeiten von über 20 Knoten. Das Verhältnis von Länge zu Breite betrug 5 zu 1, später mit Stahlkörpern sogar 8 zu 1. Der Klipper hatte gewöhnlich drei Masten, später baute man auch Vier- und Fünfmaster. Während bei den üblichen Segelschiffen die Höhe der Masten auf eine halbe Schiffslänge begrenzt worden war, maßen sie beim Klipper drei Viertel der Schiffslänge. Das erlaubte, an den Masten 5 bis 7 Rahsegel zu führen: das Untersegel, den Unter- und Obermars, die Bram und die Royal. Darüber kamen noch das Skysegel und der Moonscraper. Die RAINBOW, die 1845 in New York

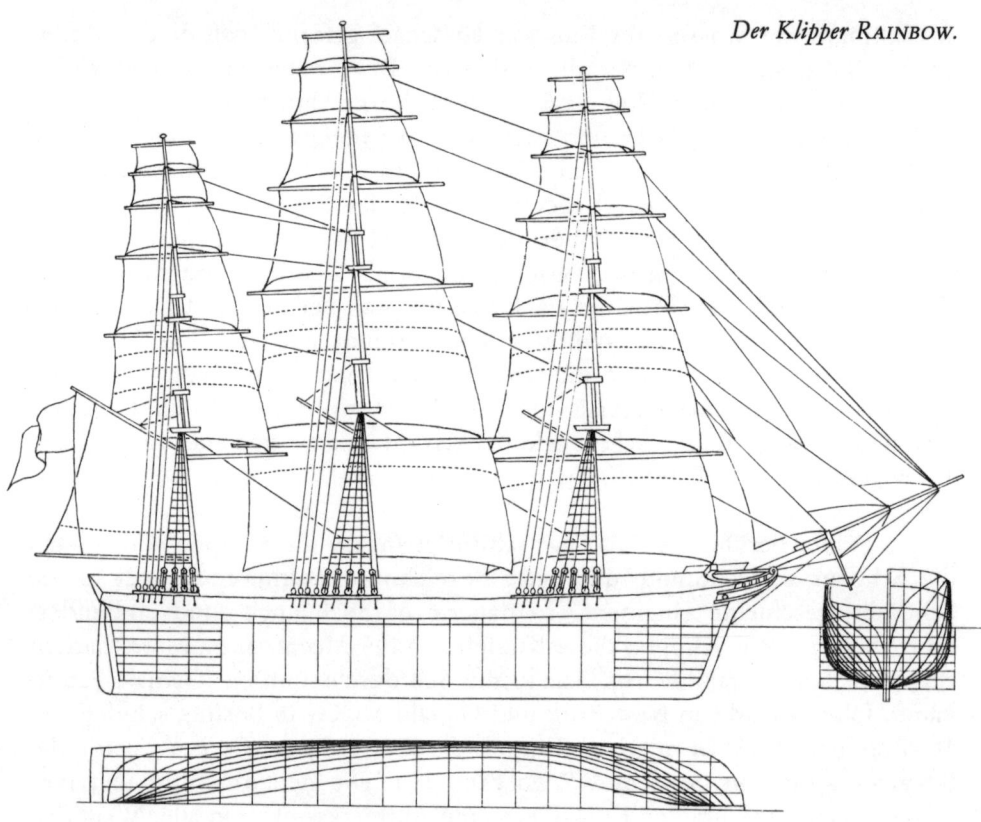

vom Stapel lief, gilt allgemein als der erste Klipperbau. Sie besaß in der vorderen Wasserlinie leicht konkave Linien und einen tiefen Kiel. Ihre Länge in der Wasserlinie betrug 47 Meter und ihre Breite 9,55 Meter. Schnellstes Klipperschiff der Anfangszeit war die FLYING CLOUD, die 1851 vom Stapel lief. Sie war 73,3 Meter lang, 12,4 Meter breit und bewältigte die Reise von New York um Kap Horn nach San Franzisko in der Rekordzeit von neunundachtzig Tagen.

Selbstverständlich ließen die Engländer im Klipperbau nicht lange auf sich warten. Bei Reparatur- und Überholungsarbeiten an amerikanischen Klippern in Londoner Docks wurden die amerikanischen Schiffe genau vermessen, um danach eigene Konstruktionen zu entwickeln. Der wohl weltberühmteste Klipper, die CUTTY SARK, 1869 auf der Werft von Scott & Linton im schottischen Dumbarton aus Holz mit Eisenspanten (Kompositbauweise) erbaut, wurde nach seiner Außerdienststellung konserviert und liegt heute als Museumsstück im Trockendock von Greenwich. In den ersten Jahren ihrer Laufbahn segelte die CUTTY SARK als Teeklipper nach China. Sie schaffte die Reise 1870/71 von London nach Shanghai in achtundneunzig Tagen. Ab 1872 wurde sie in der Australienfahrt eingesetzt. Sie fuhr unter portugiesischer Flagge, erlebte den ersten Weltkrieg, verlor einen Teil ihrer Takelage und fuhr als Schonerbark, bevor sie 1922 – von einem Engländer zurückgekauft – mit ihrer alten Takelage

Der Klipper FLYNG CLOUD.

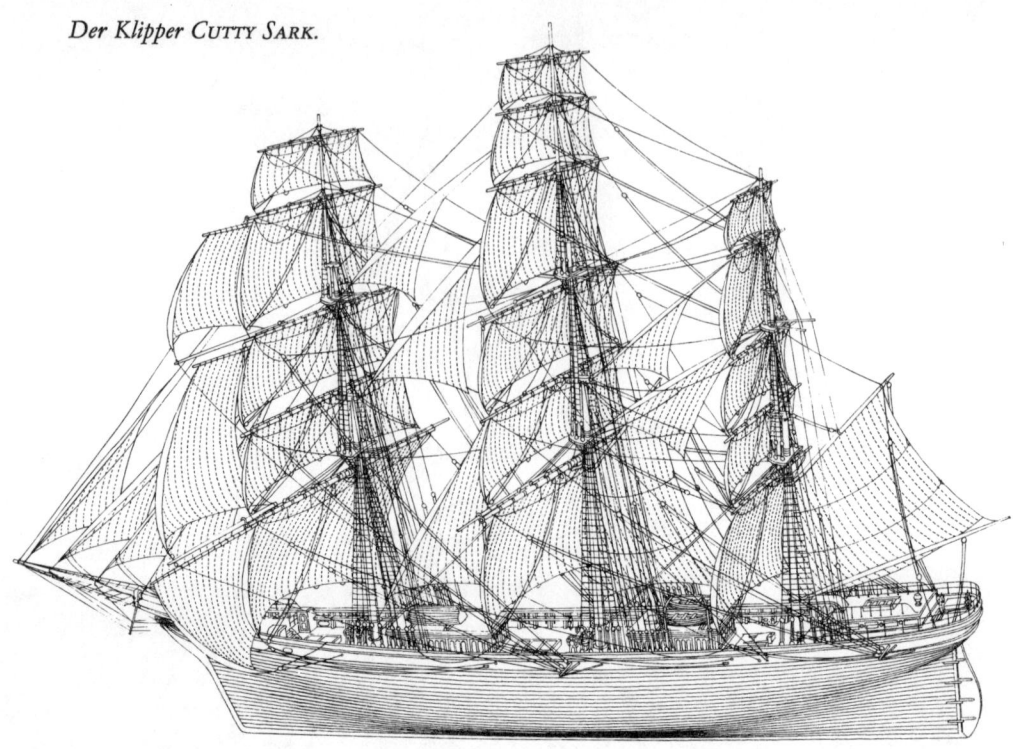

den Ruheplatz in Greenwich erhielt, wo sie alljährlich von Hunderttausenden Besuchern bewundert wird. Die CUTTY SARK war 921 Bruttoregistertonnen groß, 65 Meter lang, 11 Meter breit und hatte eine Raumtiefe von 6,4 Metern. Sie war als Vollschiff getakelt, fuhr am Fockmast fünf, am Großmast sechs Rahsegel, die durch Leesegel ergänzt werden konnten. (Auf der Zeichnung sind drei Leesegel am Fockmast zu erkennen.) Der Kreuzmast trug zu den Rahsegeln zusätzlich Besansegel. Kapitän und Offiziere wohnten achtern, das Deckshaus hinter dem Fockmast war das Quartier für die Mannschaft. Auch die Kombüse war hier untergebracht.

In den siebziger Jahren konstruierte und baute man in England ganz aus Eisen hergestellte Klipper, etwa 2000 Bruttoregistertonnen groß, die als Schnellsegler Auswanderer nach Australien brachten und auf ihrem Heimweg Tee aus China sowie Baumwolle und Jute aus Indien an Bord nahmen.

Die Amerikaner hatten als erste Klipper gebaut, sie rückten auch als erste wieder vom Bau dieser extrem hochgetakelten Segler ab. Als der Ansturm nach Kalifornien abnahm, die Zahl der zu befördernden Goldsucher unter die Hunderttausend sank, wurde das Transportgeschäft mit dem stark bemannten Schnellsegler unrentabel. Nach einer zehnjährigen Hochblüte der Extrem-Klipper baute man ab 1855 die sogenannten Medium-Klipper, die nicht mehr so scharf in der Linienführung waren, weniger Segel setzten und damit weniger Besatzung benötigten. Natürlich waren sie nicht mehr so schnell wie ihre Vor-

gänger, dafür konnten sie mehr Fracht laden, und sie machten das Reederge-
schäft wieder rentabel.

Das 18. Jahrhundert war die große Schiffahrtszeit Englands gewesen. Um
1670 hatte die Welthandelsflotte eine Größe von 3 Millionen Bruttoregistertonnen. Davon besaßen die Niederlande allein 900 000, die Hanse und die skandinavischen Länder zusammen 250 000 sowie Spanien und Portugal ebenfalls zusammen 250 000 Bruttoregistertonnen. Der Anteil Englands an der Welthandelsflotte wuchs von 150 000 im Jahre 1688 auf fast 2 Millionen
Bruttoregistertonnen am Ende des 18. Jahrhunderts. Mit Beginn des 19. Jahrhunderts drängten die Vereinigten Staaten von Amerika nach vorn. Als die
USA in den Napoleonischen Kriegen auf dem Recht bestanden, mit allen kriegführenden Staaten Handel zu treiben, gingen britische Fregatten gegen amerikanische Handelsschiffe vor. Sie brachten die Schiffe als Prisen auf und preßten
die amerikanischen Seeleute zum Dienst auf britischen Kriegsschiffen. Die
USA, die ihre Souveränitätsrechte verletzt sahen, erklärten Großbritannien im
Juni 1812 den Krieg, und die auf See sieggewohnten Briten erlebten bittere
Niederlagen. Der Frieden von Gent 1814 bestätigte die amerikanische Unabhängigkeit von britischer Einmischung.

In der ersten Hälfte des 19. Jahrhunderts folgten weitere Ereignisse und Maßnahmen, die nicht nur dem amerikanischen Seehandel, sondern auch dem
Welthandel zugute kamen: 1813 verlor die britische Ostindienkompanie das
Handelsmonopol im Indienverkehr, 1833 auch für den Chinahandel, 1858
wurde sie gänzlich aufgelöst. Bereits 1793 war die Cromwellsche Navigationsakte aus dem Jahre 1651 gemildert worden, 1849 wurde sie für Überseezufuh-
ren, 1854 auch für die Küstenschiffahrt aufgehoben. Es war der letzte und entscheidende Schritt, um das anmaßende »Rule, Britannia, rule the waves« zu
beschränken. Die Freiheit der Meere im Interesse friedlichen Handels war damit noch nicht durchgesetzt.

Bau, Ausrüstung und Takelung von Segelschiffen

Das 18. Jahrhundert und die erste Hälfte des 19. Jahrhunderts brachten die
höchste Vollendung im Bau hölzerner Segelschiffe. Die entscheidende Voraussetzung für den Bau großer leistungsfähiger Segler war gutes Bauholz. Nur wenige Bäume sind brauchbar, und zudem sind die Art und der Standort der zu
fällenden Bäume wichtig. Im außerenglischen Europa stellte die Eiche das bevorzugte Bauholz für den Schiffskörper, Kiefern- und Fichtenholz das für die
Masten dar. In Indien wuchs und wächst heute noch der für den Holzschiffbau
besonders geeignete, bis 40 Meter hohe Teakbaum, aus dessen Stamm man
schweres, dauerhaftes und hartes Holz gewinnt. Der Teakbaum wird jedoch
noch vom australischen Eukalyptusbaum übertroffen, der bei raschem Wuchs
bis zu 150 Meter hoch werden kann, dessen Holz von großer Dichte und Zä-
higkeit ist. Hinzu kommt, daß er gegen Bohrwürmer immun ist und im Wasser

liegend als nahezu unverwüstlich gilt. Die für den Holzschiffbau ausgewählten Bäume müssen zur richtigen Jahreszeit gefällt werden. Es ist notwendig, den Stamm und auch die zurechtgeschnittenen Bretter und Balken jahrelang austrocknen zu lassen. Nur für die Partien, die sich ständig unter Wasser befinden, kann frisches Holz verwendet werden.

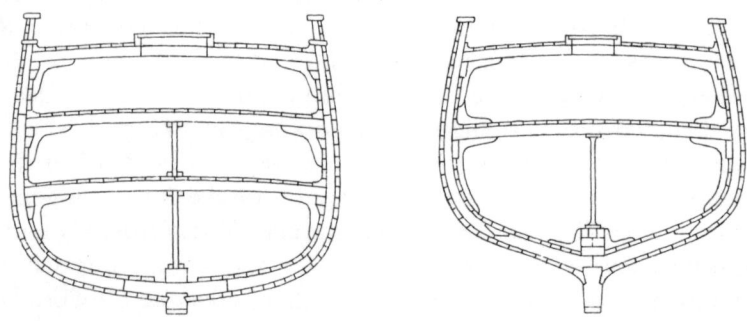

Schnitte durch einen Schiffsrumpf: Normalsegler und Klipper.

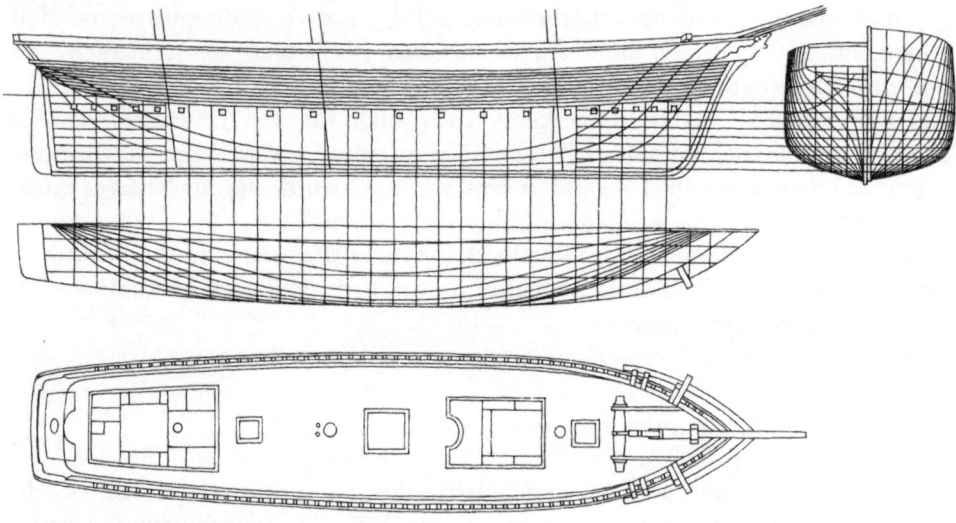

Risse eines hölzernen Segelschiffes.

Solange es beim reinen Holzschiffbau blieb, variierte das Verhältnis der Länge zur Breite des Schiffskörpers zwischen 3 zu 1 und 5 zu 1, abhängig davon, ob das Schiff als Massengutfrachter oder als Schnellsegler eingesetzt werden sollte. Die Tiefe des Laderaumes betrug in etwa die Hälfte der Schiffsbreite, aber auch hier spielte die zu befördernde Ladung eine Rolle. Jedes Schiff war und ist bis heute das Ergebnis eines Kompromisses. Es gibt keine Konstruktion, die alle denkbar guten Eigenschaften, wie hohe Seetüchtigkeit, Tragfähigkeit und Geschwindigkeit, in sich vereint, weil sich diese Eigenschaften zum Teil widersprechen und damit aufheben. Der Schiffbaumeister mußte sich also, ähnlich wie heute, vorher mit seinem Auftraggeber über die Dimensionen und Formen des Fahrzeuges, je nach Zweckbestimmung, einig werden.

Die Grundmaße der zu bauenden Segler wurden in drei Zeichnungen fest bestimmt: eine, die das Schiff in seiner größten Breite senkrecht schnitt; eine zweite, die das Schiff in seiner Länge halbierte; und eine dritte, die den Überwasserteil des beladenen Schiffes vom Unterwasserteil waagerecht trennte. Auf den Schnitt der größten Breite projizierte man parallele Durchschnitte des Schiffskörpers nach vorn und achtern. Das ergab den Spantenriß. Auf der zweiten Zeichnung zog man von der halbierenden Linie in bestimmten Abständen weitere Linien, sogenannte Senten, die den Längsriß des Schiffes bildeten. Den waagerechten Riß auf der dritten Zeichnung ergänzte man durch weitere Horizontaldurchschnitte, wodurch der Wasserlinienplan, der Wasserpaßriß, entstand. Mit diesen drei Rissen waren die Größen- und Formverhältnisse für den Bau des Schiffes auf der Werft verbindlich festgelegt.

Von den Rissen wurden auf dem Fußboden des Plansaales (Schnür- und Mallboden) die Teile des Schiffsgerippes mit Kreide in natürlicher Größe gezeichnet und nach diesen Zeichnungen Schablonen (Mallen) aus dünnen Brettern gefertigt. Diese Schablonen dienten den Schiffszimmerleuten als Vorlage für ihre Arbeit an den Quer- und Längsspanten sowie den Decksbalken. Wenn die Länge des Holzes nicht reichte, mußte es bei besonders langen Teilen zusammengeschäftet werden. Für gekrümmte Teile nutzte man anfangs von Natur aus gekrümmte Hölzer, später konnte man selbst starke Bohlen durch heiße Wasserdämpfe so erweichen, daß sie mit Preßmaschinen dauerhaft die gewünschte Form erhielten.

Der Zusammenbau der bearbeiteten Hölzer erfolgte auf der Helling. Das war – und ist auch heute noch – eine zum Wasser abfallende schiefe Ebene mit Gleitbahn und Stapelklötzen. Fehlte eine gemauerte Helling, so wurden hölzerne Schwellen und Gerüste im vorgesehenen Neigungswinkel für den Ablauf des Schiffes aufgebaut. Der Bau des Schiffes begann mit der Kiellegung. Der Kiel stellt das Rückgrat des Schiffskörpers dar, die am Kiel seitlich angesetzten Krummhölzer, die Spanten, seine Rippen. Dicht unter seiner Oberfläche erhielt der Kiel auf beiden Seiten eine Einkerbung, in der die Kanten des unteren Plankengangs eingespundet wurden. Am vorderen Ende des Kiels wurde ein geschwungener Holzbalken, der Vorsteven, angesetzt, der aufwärts verlaufend Form und Höhe des Vorschiffes bestimmte. Ähnliches geschah am hinteren Ende des Kiels. Nur war der Achtersteven gewöhnlich gerade und verlief steil oder in mäßig stumpfem Winkel nach oben. Beide Steven besaßen wie der Kiel Einkerbungen zur Aufnahme der Plankenenden.

Die Spanten wurden auf dem Kiel befestigt und führten, meist aus drei oder mehr Holzstücken zusammengesetzt, bis zur Randhöhe des Oberdecks. Die Spantenpaare variierten in Form und Größe nach dem Linienriß des Schiffskörpers. Das Spantenpaar auf der größten Schiffsbreite hieß der Hauptspant. Der Abstand der Spanten voneinander durfte nicht größer sein als ihre halbe Breite,

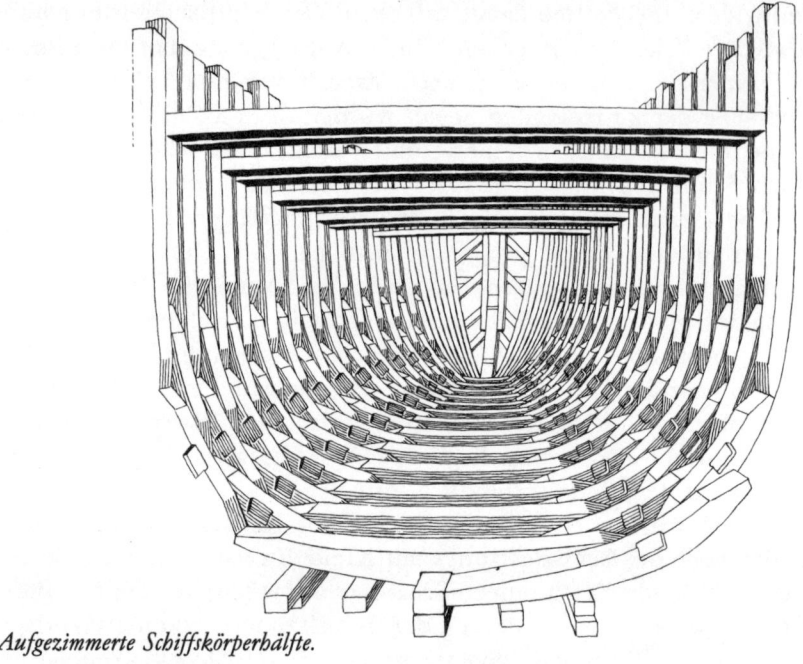

Aufgezimmerte Schiffskörperhälfte.

je nach Schiffsgröße waren das 120 bis 220 Millimeter. Ein weiteres Hauptstück des Schiffsgerippes bildete das Kielschwein (Kielschweif), das aus ähnlich schweren Balken wie der Kiel gezimmert wurde. Das Kielschwein lagerte auf dem Kiel, hielt die Spantenenden in ihrer Lage fest und besaß Aussparungen für die Aufstellung der Masten. Kielschwein, Kiel und Bodenplanken wurden durch starke Bolzen fest miteinander verbunden. Danach brachte man genau in der Rundung (Kimm) der Spanten innen und außen Kimmplanken zur Längsverstärkung an. Noch oben wurde der Spantenverband durch eine schwere Balkenlage (Raffisseen) abgeschlossen, die sich um die ganze innere Wandung herumzog und die querlaufenden Decksbalken aufnahm.

Nach Fertigstellung des Schiffsgerippes begann die Beplankung mit Bohlen von 100 bis 200 Millimeter Stärke. Die dicksten und längsten Hölzer verwendete man in Höhe der Wasserlinie, dünnere und kürzere dort, wo die Belastung geringer war. Die Außenplanken wurden horizontal von unten nach oben an den Spanten befestigt, bis zur Ladelinie abwechselnd mit Metallbolzen und Eichenpflöcken, oberhalb der Ladelinie nur mit Metallbolzen. Vor dem 18. Jahrhundert, als Eisen, Messing und Kupfer im Schiffbau noch keine Verwendung fanden, schlug man die Planken mit Holznägeln fest. Vor dem Anbringen wurden die Planken in einem geschlossenen Raum durch Wasserdämpfe geschmeidig gemacht, damit sie sich der erforderlichen Biegung anpaßten. Die innere Beplankung erfolgte ähnlich und zeitgleich mit der äußeren. Die Planken waren dünner und weniger lang, sie wurden nicht nur horizontal, sondern auch schräg und immer nur mit langen Nägeln befestigt. Die entstandenen Hohl-räume zwischen Innen- und Außenbeplankung blieben bei Handelsseglern frei.

Ehe das Deck aufgenagelt wurde, verband man die Enden des Decksbalken mit fest zusammengeschäfteten Längsbalken, dem sogenannten Leibholz. Die Decksplanken bestanden aus 60 bis 80 Millimeter starken, guten Tannenboh-len, die schon bald nach der Indienststellung des Schiffes mit Sand und Seewas-ser weißgescheuert wurden. Der Decksrand erhielt eine etwa anderthalb Meter hohe, umlaufende Holzwand, das Schanzkleid. Das Schanzkleid wurde durch eine breite Planke abgeschlossen, die Reeling, sie bildete den obersten Rand des Schiffes. Alles, was sich innerhalb der Reeling befand, war »an Bord«.

Mit den an Kiel, Spanten, Steven und Decksbalken befestigten Planken war ein fester Schiffskörper entstanden, aber noch kein wasserdichtes Gefäß. Um das zu erreichen, war die Arbeit des Kalfaterers nötig. Der trieb die sauber an-einanderliegenden Planken wieder mit Keilen auseinander, um in Fäden aufge-dröseltes, kurzgehaltenes und in Teer getränktes Tauwerk mit Hammer und Treibeisen in die Plankennähte einzuschlagen. Weil das Füllmaterial gewöhn-lich etwas tiefer lag als die Außenseite der Planken, füllte er die verbleibende Rille mit heißem Teerpech aus. Das Kalfatern, das alle drei bis vier Jahre wie-derholt werden mußte, hielt Oberdeck und den über Wasser liegenden Teil des Schiffskörpers ausreichend dicht. Das Unterwasserschiff überzog man zusätz-lich mit einer dicken Lage Kohlenteer oder mit einer Schwefelsalbe aus Pech, Gips und Schwefel. Doch setzten sich an dieser Schutzschicht schon nach rela-tiv kurzer Zeit Seegewächse und Schalentiere fest, die beim Segeln einen stär-keren Reibungswiderstand erzeugten und damit die Geschwindigkeit des Schif-

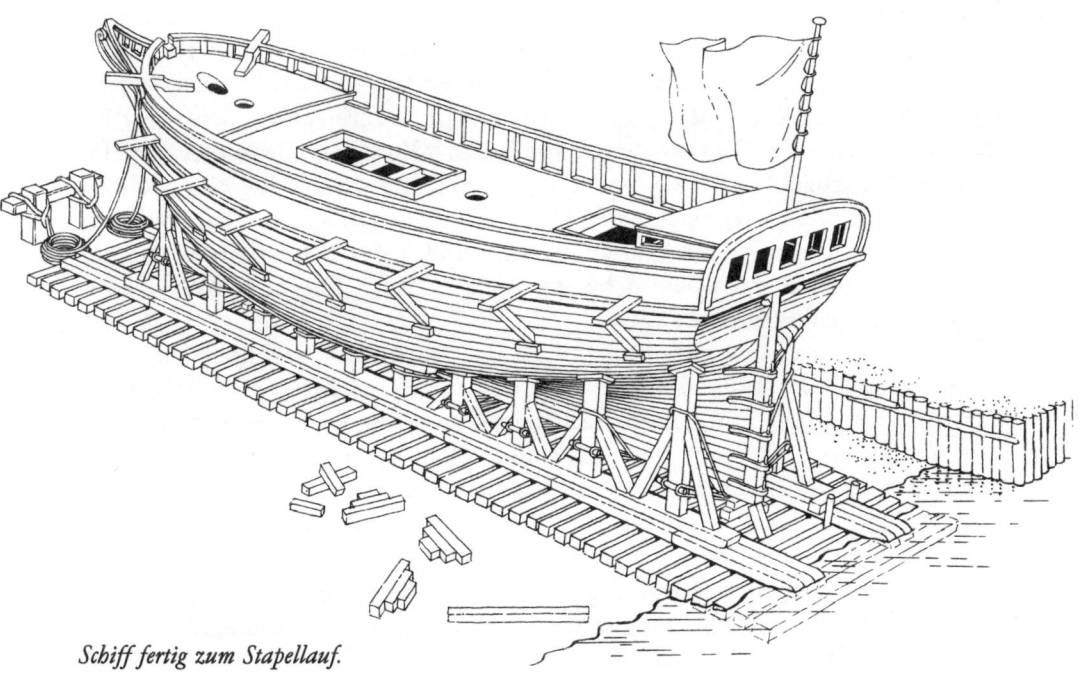

Schiff fertig zum Stapellauf.

fes herabsetzten. Als Gegenmittel beschlug man den frisch geteerten Unterwasserkörper mit Kupferblech. Damit blieb nicht nur der Schiffsboden frei von Bewuchs, sondern auch das Holz frei vom Bohrwurm. Jedoch löste sich das Kupfer schnell im Seewasser auf. Später fand man eine messingähnliche Legierung, die den Ansprüchen einigermaßen genügte und fünf Jahre hielt. In Rußland war ein anderes Mittel zur Konservierung gebräuchlich: Eine Gasflamme wurde unter starkem Druck gegen das Holz gerichtet, wobei in Sekunden eine samtartige völlig geschlossene Oberfläche entstand, die das Holz zuverlässig vor Feuchtigkeit und so vor Fäulnis und Stockung schützte.

Zwischen Deckslegung und Verkupferung wurden gleichzeitig die anderen Arbeiten im Inneren des Schiffes erledigt: das Anbringen der Luken, Niedergänge (Treppen) und Mastspuren, das Aufstellen der Pumpen, Spills und Nagelbänke, das Ausarbeiten der Klüsen und das Einbringen weiterer Schiffsteile und Ausrüstungen. Als letzte Arbeit erfolgte die Aufzimmerung des Spiegels und seine kunstvolle Verzierung und Ausschmückung, die Errichtung der Deckshäuser und Galerien sowie die Ausarbeitung des Galions, des Vorsprungs am Bug, auf dem die Galionsfigur ihren Platz fand. Das Schiff war jedoch damit noch nicht komplett eingerichtet und ausgerüstet. Wenn der Schiffskörper nach dem Anstrich der Bordwände zu Wasser gelassen wurde, fehlten noch das Steuerruder sowie die gesamte Takelage. Erst am Ausrüstungspier wurde aus dem Schiffskörper der seetüchtige Segler.

Der Ablauf des Schiffes von der Helling, der Stapellauf, vollzieht sich heute auf manchen Werften noch ähnlich wie vor 100 oder 200 Jahren. Vor dem Stapellauf werden in Längsschiffsrichtung zwei hölzerne Gleitbahnen unter das Schiff gebaut. Zwischen Schiffsboden und Gleitbahnen montiert man anschließend je nach Größe und Schwere des Schiffskörpers zwei bis vier Schlitten, die den Schiffskörper von den Stapelklötzen übernehmen sollen. Die Gleitbahnen bestrich man mit Talg oder grüner Schmierseife, heute nimmt man Paraffin oder Spezialfette. Am Tag vor dem Stapellauf wird das Schiff von den Stapeln, die es bisher trugen, auf die Schlitten aufgekeilt. Um diese schwere Arbeit zu vermeiden, setzt man heute an Stelle der herkömmlichen Stapel hölzerne Sandtöpfe ein, bei denen durch Auslaufen des Sandes der Schiffskörper auf die Schlitten abgesenkt wird. Die Schlitten werden durch Stopperbalken, früher durch starke Taue, gehalten.

Dann kommt der feierliche Augenblick des Stapellaufs, verbunden mit der Namensgebung, der Taufe des Schiffes. Der Baumeister, heute gewöhnlich der Werftdirektor, hält vor Werftarbeitern und Gästen eine Festansprache, dankt allen und jedem, und bittet einen besonders eingeladenen Gast, das Schiff zu taufen. Früher war es gewöhnlich eine »hochgestellte Persönlichkeit«, die Wein über das Vorschiff goß, heute ist es in der Regel eine Dame, die mit dem zukünftigen Namen des Schiffes in Beziehung steht oder nicht und eine Flasche Sekt am Bug zerschellen läßt. Dabei ruft sie laut den Namen, unter dem das Schiff in Zukunft die Meere befahren soll. Musik, Hurras und Beifall! Dann das Kommando: »Stopper los!« Das Haltetau durchschlug früher ein Zimmermann mit scharfer Axt. Wenn alles funktioniert, setzt sich das Schiff langsam in Bewegung und gleitet, immer schneller werdend, in sein Element. Während das Achterschiff ins Wasser taucht, wird das Vorschiff noch von den Schlitten auf der Gleitbahn getragen. Es ist ein äußerst kritischer Augenblick, denn der ganze Schiffskörper schwebt, nur vorn und hinten gestützt, mit seiner Masse in der Luft. Im Wasser stoppen Anker den freien Auslauf des Schiffes, der über Kilometer gehen würde.

Die wichtigste Arbeit nach gelungenem Stapellauf ist bei einem Segelschiff der Aufbau der Takelage, der Masten, Stengen, Rahen, Gaffeln, Bäume und Spieren. Unter Mast versteht der Seemann nur den unteren Teil des Gesamtmastes; die dünneren Rundhölzer, die dem Mast angesetzt werden und ihm erst die erforderliche Länge geben, nennt er Stengen. Masten und Mastteile werden aus besten Kiefern- oder Fichtenstämmen gezimmert. Aber es ist kaum ein Baumstamm zu finden, der so groß, gesund und fehlerfrei wäre, daß er sich als Mast für ein großes Segelschiff eignen würde, denn er müßte 3 bis 4 Meter im Umfang und 35 bis 40 Meter hoch sein. Deshalb bestehen die Masten der Großsegler gewöhnlich aus vier Teilen: dem Untermast, der Marsstenge, der Bramstenge und der Oberbramstenge.

Bark aufgetakelt.

Der Untermast hat als Kern einen starken viereckigen Balken, der mit 4, 6 oder 8 Außenstücken (Wangen oder Schwelgen) zu einem Rundholz geformt wird. Der Zusammenhalt der verschiedenen Holzstücke wird durch eine Vielfalt eiserner Ringe erreicht, die erhitzt vom dünneren Ende her dem Mast aufgeschlagen werden. Die erkaltenden Ringe schnüren die Wangen so fest an den

327

Vierkantbalken, daß das Ganze eine größere Festigkeit erhält als sie ein natürlicher Baumstamm besitzt. Der eingesetzte Untermast verläuft durch alle Decks bis hinunter zum Kielschwein, wo sein achteckig gezimmerter Fuß eingesetzt wird. Einen zweiten Halt erhält der Mast im unteren Deck. In dem hier eingelassenen Mastloch wird der Mast durch verbolzte Stützbalken und Keile so gesichert, daß er absolut feststeht. Bei weiteren Decks geht der Mast frei nach oben durch, so daß er sich unter Segeldruck nach allen Seiten biegen kann.

Die Verlängerungen des Mastes, die Stengen, können an Bord selbst von der Besatzung aufgesetzt und wieder abgenommen werden. An den Verbindungsstellen, also dort, wo die Marsstenge auf den Untermast und die oberen auf die unteren Stengen aufgesetzt werden, sind Gerüste angebracht, die Marsen oder Salinge. (Marsen haben Bretterdielen, Salinge nicht.) Die Stenge wird in einer viereckigen Aussparung des Gerüstes, direkt vor dem Mast, mit einem Querstück aus Holz oder Eisen, dem Schloßholz, festgesetzt, ruht also auf Mars oder Saling. Weiter oben am Mast befindet sich ein mit Eisen beschlagener und Löchern versehener Holzklotz, das Eselshaupt, durch das die Stenge geschoben und am Mast gehalten wird.

Manövrier- und Steuermannskunst auf Segelschiffen

Steuer und Segel so zu handhaben, daß das Schiff weder lee- noch luvgierig gut durch den Wind geht, bei jedem Wetter segelfähig bleibt und abhängig von Stärke und Einfallwinkel des Windes maximale Geschwindigkeit läuft, das ist Manövrierkunst, die sowohl von der Qualität des Segelschiffes als auch von der seines Kapitäns und der Besatzung abhängt. Es ist nicht eben selten und läßt sich bis heute bei klassifizierten Yachten nachprüfen, daß zwei Schiffe, auf derselben Werft nach den gleichen Rissen gebaut, dennoch durchaus unterschiedliche See- und Segeleigenschaften besitzen. Man weiß nicht den Grund, aber der Seemann weiß, daß Schiffe und allen voran Segelschiffe Lebewesen mit individuellen Charakterzügen sind, die ihre Eigenarten haben. Und die muß der Kapitän und die muß die Mannschaft kennen, soll das Schiff beherrscht werden.

Welchem Kapitän – eingeschlossen der Hobbykapitän – ist es wohl angenehm, von einem Schiff gleicher Art und Größe eingeholt und überholt zu werden? Er wendet alle Raffinessen an, um mehr Winddruck auf die Segel zu bekommen; er segelt raumer oder härter am Wind, wechselt Segel aus und setzt den letzten Fetzen Tuch. Und wenn das alles nichts hilft, ändert er auch heimlich den Kurs, nur um die Schlappe nicht eingestehen zu müssen.

Das Steuerruder, vom Seemann einfach Ruder genannt, benutzt ein guter und erfahrener Kapitän nur bei Kursänderungen oder zum Manöver, denn jede Ruderlage, außer die in Kielrichtung, wirkt sich hemmend auf die Vorwärtsbewegung des Schiffes aus. Bei ordentlich gestauter Ladung und mäßig bewegter See läßt sich ein Schiff allein durch die richtige Segelstellung auf dem ge-

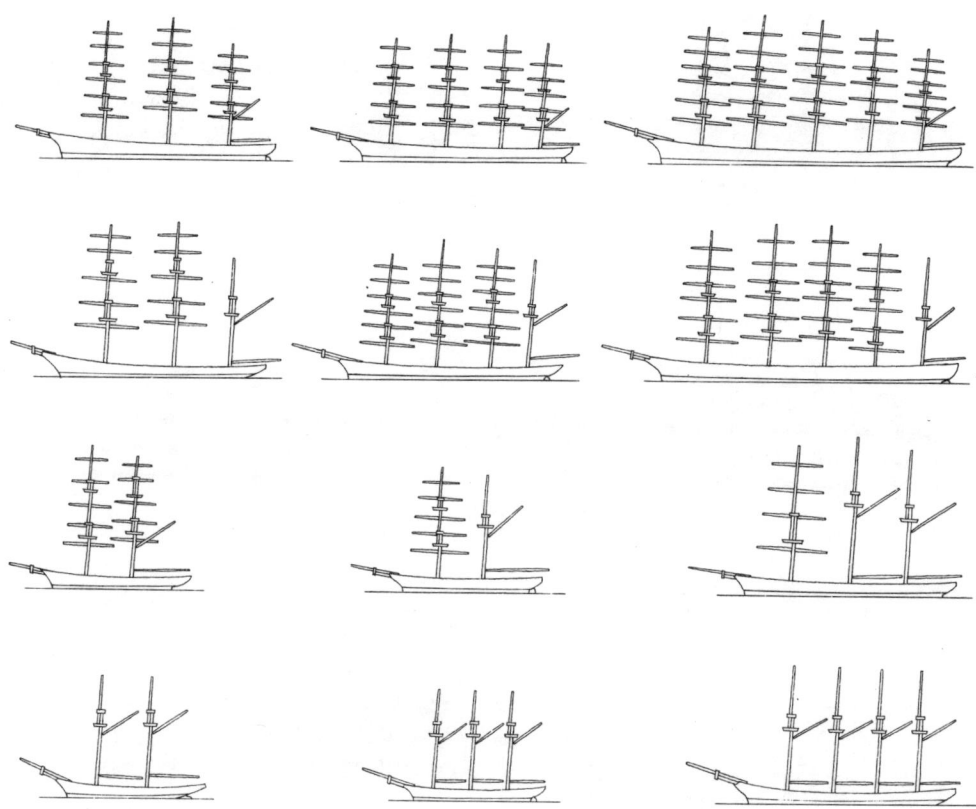

Masten von Segelschiffen, von links nach rechts: Vollschiff, Viermastvollschiff, Fünfmastvollschiff,
Bark, Viermastbark, Fünfmastbark,
Brigg, Brigantine, Barkentine (Schonerbark)
Gaffelschoner, Dreimast-Gaffelschoner, Viermast-Gaffelschoner.

wünschten Kurs halten. Natürlich ist das eine Kunst, denn ein Dreimaster führt an die 20 Segel, von denen jedes einzelne nach Windwirkung unterschiedlich gesetzt werden muß. Der scheinbar günstigste Wind, direkt von hinten, das Schiff segelt dann »vor dem Wind«, läßt sich nicht optimal für die Fahrt des Schiffes nutzen. Die an den Masten hintereinander querstehenden Rahsegel decken sich gegenseitig ab, die Stagsegel erfüllen überhaupt keinen Zweck. Auf einem solchen Kurs setzt man gewöhnlich nur die Rahsegel am Großmast. Eine Steuerung durch das Segel ist unmöglich, das Achterschiff scheert vor dem Wind aus und der Rudergänger hat harte Arbeit. Leesegel können dem Übel etwas abhelfen, doch wenn es geht, verzichtet jeder Kapitän auf ein Segeln vor dem Wind.

Günstig segelt man mit schräg von hinten und auch mit seitlich einfallendem Wind, dem »Backstag-« oder »raumen« und dem »halben Wind«, wie der Seemann diese Windrichtungen bezeichnet. Der Wind läßt sich aber auch dann noch zur Vorwärtsbewegung des Schiffes nutzen, wenn er aus vorlichen Rich-

tungen weht. Das Segel erhält eine Stellung, die in etwa zwischen Kiel- und Windrichtung liegt. Je spitzer der Winkel wird, mit dem der Wind auf das Segel trifft, um so weniger wirkt seine Kraft in Kielrichtung voraus, dafür umso stärker in seitlicher Richtung, denn der Wind folgt dem Gesetz des Parallelogramms der Kräfte. Die Abdrift, das ist die vom Wind verursachte Seitwärtsbewegung des Schiffes, hängt nicht nur von Segelstellung und Takelung, sondern auch von der Bauart und der Geschwindigkeit des Schiffes ab. Flachgehende und langsame Fahrzeuge haben eine größere Abdrift als scharfgebaute Schnellsegler. Normale Rahsegler des 19. Jahrhunderts konnten bis zu 45 Grad »am Wind« segeln, hochgetakelte Klipper liefen sogar auf 30 Grad »hart am Wind«.

Kommt der Wind vorlicher ein als ein Segelschiff »anliegen« kann, muß die Besatzung gegen den Wind ankreuzen, das bedeutet, im Zick-Zack-Kurs gegen die Windrichtung das Ziel ansteuern. Die dazu erforderlichen Wenden – mit dem Bug durch den Wind gehen – sind mit eingefahrener Besatzung relativ leichte Manöver. Sie sind gut ausgeführt, wenn das Schiff mit Hilfe von Ruder und Segeln ohne spürbaren Fahrtverlust die Windseite wechselt. Weil es hierbei für Augenblicke den Wind voll von vorn bekommt, sollte es sich vor dem »über Stag gehen« in guter Fahrt befinden, auch die Segelmanöver müssen genau im richtigen Moment rasch und exakt ausgeführt werden. Schwieriger als die Wende ist das Halsen, bei dem man mit dem Achterstewen durch den Wind geht. Das Manöver wird von Kapitänen nur durchgeführt, wenn die Wende aus irgendeinem Grunde unmöglich ist, denn das Halsen verlangt viel Raum, bringt das Schiff auf einem großen Kreisbogen wieder ein Stück seines Weges zurück und ist außerdem für gaffelgetakelte Segler gefährlich.

Und schließlich müssen Kapitäne und Besatzung von Segelschiffen ein weiteres Manöver beherrschen: das »Beidrehen«. Soll ein Segelschiff ohne die Segel zu bergen zum Stillstand gebracht werden, so ist beizudrehen. Dazu werden die Rahsegel eines Mastes, am besten des achteren Mastes, »umgebraßt« (Brassen sind die Taue, mit denen die Rahen gedreht werden), so daß der Wind auf sie in umgekehrter Richtung trifft. Die vorwärts und rückwärts treibenden Kräfte der verschieden gebraßten Segel heben sich gegeneinander auf. Das Schiff verliert an Fahrt und treibt endlich nur noch vor dem Wind. Beigedreht wurde während der Segelschiffszeit häufig, wenn sich zwei Schiffe auf langem Seetörn begegneten, um Nachrichten auszutauschen. Beidrehen mußte der Kapitän, wenn ein Kriegsschiff dazu aufforderte und seinem Segler einen Schuß vor den Bug setzte oder aber auch in schwerem Sturm, dann allerdings mit gerefften Segeln, um den Sturm »abzureiten«.

Heute, wo die stolzen Drei-, Vier- und Fünfmaster als Nutzfahrzeuge der Vergangenheit angehören, und wo nur noch wenige Segelschulschiffe an Voll-

◁ *Takelung von Segelschiffen, von links nach rechts:*
Vollschiff, Viermastvollschiff, Fünfmastvollschiff,
Bark, Fünfmastbark, Viermastbark,
Brigg, Brigantine, Schonerbrigg, Barkentine (Schonerbark),
Viermastbarkentine (Schonerbark), Fünfmastbarkentine (Schonerbark).

schiffe, Barken, Briggs und Brigantinen erinnern, werden Segelkommandos und Segelmanöver mit neuer Besatzung zunächst »trocken« am Pier oder vor Anker liegend geübt, bevor es auf Fahrt geht. Bei allem Für und Wider: Auf Segelschiffen wachsen Seemannsbeine.

Den Segler bei allen Wetterlagen sicher zu manövrieren war eine gute Sache, doch sollte das Schiff Güter und Passagiere auf ganz bestimmten Routen über See von einem Hafen zu einem anderen Hafen befördern. Dazu mußte der Kapitän auch die Steuermannskunst beherrschen. Während der Segelschiffszeit war der Magnetkompaß für die Schiffsführung ein wichtiges Instrument. Vermutlich ist die Kenntnis von der Richtkraft der Magnetnadel von China durch Vermittlung der Araber nach Europa gelangt, wo der Kompaß zum erstenmal Ende des 12. Jahrhunderts schriftlich erwähnt wird. Nachgewiesen ist die Herkunft der Magnetnadel aus dem Fernen Osten nicht. In dem darüber bis heute geführten Gelehrtenstreit wird ebenso behauptet, daß die Araber die Erfindung von den Europäern übernommen haben. Im Mittelmeer setzte sich der Kompaß im 14. Jahrhundert an Bord aller größeren Seefahrzeuge durch, in Nordeuropa dauerte es bis zum 15. Jahrhundert, ehe er unter der holländischen Bezeichnung Bussole zur selbstverständlichen Ausrüstung der Schiffe gehörte.

Eine überlieferte Gebrauchsanweisung empfahl: »Wenn man die Nordrichtung feststellen will, so bestreicht man eine stählerne Nadel längere Zeit mit einem Stück Magneteisenstein und legt sie dann, in einem Strohhalm gebettet, in eine Schale mit Wasser. Dann führt man ein Ende der Nadel mit Hilfe des Magneteisensteins mehrfach im Kreise herum und entfernt plötzlich den Stein. Die Nadel wird dann, mit einem Ende nach Norden zeigend, bald zur Ruhe kommen.«

In Wirklichkeit zeigt die Kompaßnadel nicht genau nach Norden, sondern nach dem magnetischen Nordpol, der nicht mit dem geographischen Nordpol zusammenfällt. Den Winkel zwischen magnetischem und geographischem Nordpol nennt man Mißweisung oder Deklination. Sie ist, wie schon Kolumbus auf seiner Entdeckungsreise bemerkte, nicht an allen Orten gleich. Im größten Teil des Atlantik weicht die Magnetnadel von der wahren, der »rechtweisenden« Nordrichtung nach Westen ab. Die Mißweisungen sind mit ihren jährlichen Veränderungen in den Seekarten eingetragen. Als Eisen im Segelschiffsbau verwendet wurde, kam es durch die schiffsmagnetischen Kräfte zur Deviation (Ablenkung) der Kompaßnadel, die ebenfalls vom Steuermann berücksichtigt werden mußte, um die genaue Nordrichtung und damit seinen Schiffskurs bestimmen zu können.

Weil man nicht nur nach Norden, sondern nach allen Himmelsrichtungen segelte, verband man schon bald die Kompaßnadel mit der sogenannten Kompaßrose, die 32 Striche als Kurse anzeigte: die bekannten vier Himmelsrichtungen Nord, Ost, Süd und West als Hauptkurse, durch Halbierung der entstehenden rechten Winkel die Hauptzwischenkurse Nordost, Südost, Südwest und Nordwest, durch eine weitere Halbierung die Zwischenkurse Nord-Nordost, Ost-

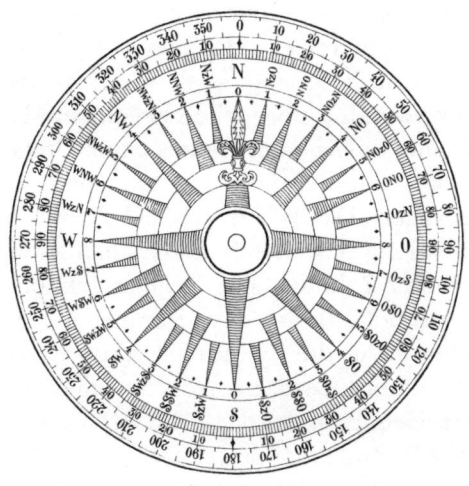

Kompaßrose.

Nordost, Süd-Südost, Ost-Südost, Süd-Südwest, West-Südwest, Nord-Nordwest und West-Nordwest. Eine nochmalige Winkelhalbierung teilte den Vollkreis dann in 32 Striche zu je 11¼ Grad. Die dabei entstandenen neuen Kompaßrichtungen wurden den Hauptkursen und Hauptzwischenkursen »zugeschlagen« und erhielten nach ihnen ihre Namen unter Zusatz der Hauptrichtung, nach der sie abwichen. Zu Nord gehörten so die Striche Nord zu Ost und Nord zu West, zu Nordost die Striche Nordost zu Nord und Nordost zu Ost, und so fort über die ganze Kompaßrose (siehe Abbildung). Weil die Stricheinteilung für das Steuern eines Kurses zu grob war, teilte man auch die Striche wieder in Halbstriche und Viertelstriche ein. Eine zufriedenstellende Lösung brachte aber erst die Einteilung der Kompaßscheibe im 360-Gradsystem.

Um die Möglichkeit des Kompasses voll nutzen zu können, bedurfte es der Seekarten. Sie sind heute Grundlage jeder sicheren Navigation. Auch im Altertum gab es bereits Seekarten, ein Beweis für ihre Existenz liegt allerdings nicht vor. Die erste schriftliche Erwähnung einer Seekarte stammt aus der Zeit der Kreuzzüge: »Im Jahre 1270 machte sich Ludwig der Heilige von Frankreich per Schiff zu seinem Kreuzzug auf. Zwischen Aigues Mortes und Cagliari überraschte ein Sturm die Flotte, und der König befürchtete, daß er weit vom Kurs abgekommen sei. Die Steuerleute holten jedoch ihre Karten hervor und zeigten ihm, daß sie nicht mehr weit vom Hafen entfernt waren.« Etwa aus der gleichen Zeit stammt die älteste erhaltene Seekarte, die Carta Pisana, die nach ihrem Fundort Pisa benannt in der National Bibliothek in Paris aufbewahrt wird.

Die Seekarten, von denen hier die Rede ist, waren nur für Fahrten im Mittelmeer zu gebrauchen, für Fahrten in nördliche und südliche Gewässer waren sie nahezu wertlos, weil sie dort Küstenverlauf und Distanzen verzerrt darstellten. Die Schwierigkeit in der Herstellung von Karten bestand darin, die Kugeloberfläche der Erde auf eine Kartenebene zu übertragen. Man begnügte sich deshalb mit Teilgebieten, deren Wiedergabe als Karte um so ungenauer wurde, je größer und damit umso gekrümmter der darzustellende Teil der Erdoberfläche war. Natürlich wäre es in späterer Zeit denkbar gewesen, den Globus – der erste wurde 1492 von Behaim hergestellt – als wirklichkeitsgetreue Darstellung der Erdoberfläche zu verwenden, aber schon bei einem Maßstab von einer Seemeile zu einem Millimeter bekäme der Globus einen Umfang von 21,6 Metern. So suchte man nach Methoden, Teile der gekrümmten Globusoberfläche auf Kartenebene zu übertragen. Das gelang schließlich mit Hilfe der Projektion, das heißt mit der Abbildung des Globus durch abbildende Strahlen auf einen übergestülpten Kegel oder Zylinder. Die Kegelprojektion ergibt eine flächengetreue Abbildung der Erdoberfläche, doch stimmen die Winkel zwischen Längen- und Breitengraden nicht; die Zylinderprojektion ergibt eine winkeltreue Abbildung, dafür wird die Erdoberfläche jedoch nach den Polen zu immer weiter auseinandergezerrt. Dem Erfinder der Zylinderprojektion, Gerhard Kremer, genannt Mercator, 1512 in Rupelmonde geboren und 1594 in Duisburg verstorben, verdanken wir die erste wirkliche Seekarte, auch als Mercator-Karte bekannt geworden.

Die Mercator-Karte erfüllte alle von der Schiffsführung zu stellenden Forderungen: Die zu steuernden Kurse verliefen in der Karte als gerade Linien, die Kurswinkel schnitten die auf der Karte rechtwinkligen Längen- und Breitengrade, waren also winkeltreu, und schließlich ließen sich die Distanzen auf der Karte genau und einfach messen. Die bei der Zylinderprojektion in Kauf zu nehmenden Abweichungen vom wirklichen Erdbild spielten für die Navigation keine Rolle. Die Meridiane, die in Wirklichkeit an den Polen zusammenlaufen, bilden auf der Seekarte gerade und parallele Linien. Dadurch ist zum Beispiel Grönland auf einer Seekarte etwa viermal so groß wie Australien, obwohl Australien tatsächlich fast dreimal so groß wie Grönland ist. Doch nur weil die Längengrade senkrecht auf den Breitenparallelen stehen und ebenfalls parallel verlaufen, können die Kurse auf der Karte als gerade Linien gezeichnet werden. Bei nicht parallelen Meridianen wären es gebrochene Linien, die für die Navigation schwer tauglich wären.

Die zurückgelegte oder zurückzulegende Entfernung, die auf der gerade verlaufenden Kurslinie der Karte mit einem Stechzirkel leicht abzugreifen ist, wird vom Steuermann in Seemeilen gemessen. Eine Seemeile entspricht einer Breitenminute, das sind etwa 1852 Meter. Zu dieser Größenordnung kommt man wie folgt: Mittlerer Erdumfang = 40000 Kilometer: 360 (Gradeinteilung) = 111,111 Kilometer = 1 Breitengrad: 60 (Breitenminuten) = 1851,85 Meter = 1 Breitenminute oder 1 Seemeile, in der Praxis gerechnet mit 1852 Metern. Während sich der Abstand der Längengrade und Längenminuten auf der Seekarte nicht verändert, weil alle vom Äquator bis zur Höhe der Pole gezogen sind, nimmt der Abstand der am rechten und linken Kartenrand eingezeichneten Breitengrade und Breitenminuten nach den Polen hin zu. Auf 60 Grad nördlicher oder südlicher Breite ist der Abstand bereits doppelt so groß wie am Äquator. Der Steuermann muß die Distanz auf der Breite des jeweiligen Schiffsstandortes messen, will er Fehlrechnungen vermeiden.

Nach Kompaß und Seekarte ist für den Steuermann das Log – früher auch die Logge genannt – ein weiteres wichtiges Instrument der Schiffsführung. Mit dem relativ einfachen Gerät, dem Handlog, wurde während der Segelschiffszeit und wird auf kleineren Schiffen und Sportfahrzeugen heute noch die Geschwindigkeit gemessen, die das Schiff bei der Fahrt durchs Wasser macht. Zum erstenmal wurde das Log 1607 auf einer Reise nach Ostindien erwähnt, Name und Nationalität des Erfinders sind jedoch unbekannt geblieben. Das Handlog hat eine lange dünne Leine, die Logleine, an der mit einem Hahnepoot ein dünnes Brettchen in Form eines Viertelkreises befestigt ist. Der Bogenrand des Brettchens, es heißt Logscheit, ist mit Blei ausgelegt, so daß es sich im Wasser senkrecht stellt. Zum Handlog gehört ein Zeitmesser, das Logglas, gewöhnlich eine kleine Sanduhr, die einen bestimmten Zeitraum anzeigt.

Soll die Geschwindigkeit des Schiffes gemessen werden, wird das an der Logleine befindliche Logscheit vom Achtersteven aus über Bord geworfen. Bei der leicht von einer Rolle ablaufenden Leine bringt der Wasserwiderstand das senkrecht im Wasser stehende Logscheit bald zum Stillstand oder doch fast zum Stillstand. Dennoch läßt man zunächst ein Stück Logleine, den sogenannten Vorlauf, – etwa eine Schiffslänge – ohne Meßknoten abrollen, um das Logscheit aus dem Kielwasser herauszulassen. Der Vorlauf wird durch einen in die Leine eingeflochtenen Tuchlappen abgeschlossen, Zeichen für den Beginn der Messung. Bei laufender Sanduhr werden nun die Knoten gezählt, die alle sieben Meter mit einem Bändsel in die Logleine eingeflochten sind. Das erste Bändsel hat einen Knoten, das zweite zwei, das dritte drei, und so fort. Die fünfte, zehnte und fünfzehnte Marke besteht zur besseren Unterscheidung aus je einem Lederstreifen mit einem, zwei und drei Löchern. Die Anzahl der Knoten in dem Bändsel, das bei Ablauf der Loguhr gerade durch die Hand des Leinenhalters läuft, entspricht der Fahrt des Schiffes in Seemeilen pro Stunde. Das ist auch der Grund, warum man in der nichtmilitärischen Seefahrt bis heute bei Geschwindigkeitsangaben von Knoten spricht, statt von Seemeilen in der Stunde.

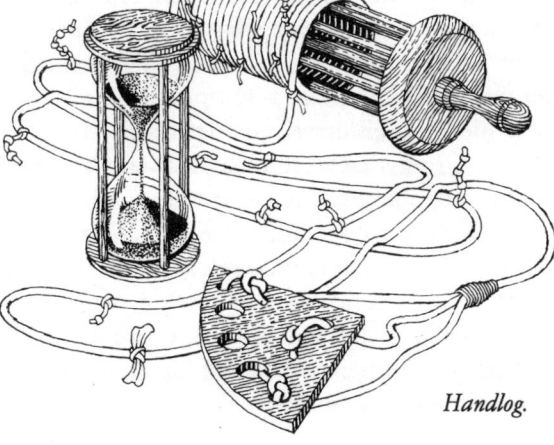

Handlog.

Das Prinzip der Knotenrechnung ist rechnerisch denkbar einfach. Ein Schiff, das eine Seemeile in der Stunde läuft, legt in einer Minute 1 852 : 60 = 30,87 Meter, in einer Sekunde 30,87 : 60 = 0,514 Meter, das ist eine Meridiantertie, zurück. Beim Logscheit rechnet man, daß es nicht völlig auf einer Stelle verharrt, sondern durch die Leine etwas mitgeschleppt wird. So kürzt man die Meridiantertie auf glatte 0,5 Meter. Weil eine Meßdauer von nur einer Sekunde mit zu großen Fehlerquellen behaftet sein würde, nimmt man im allgemeinen eine Meßzeit von 12 bis 16 Sekunden. Der Knotenabstand in der Logleine beträgt immer die Hälfte an Metern wie die Laufzeit der Log-uhr in Sekunden. Bei 14 Sekunden Meßzeit ergibt sich ein Knotenabstand von 14 · 0,5 = 7 Meter.

In der Regel wurde auf Segelschiffen jede volle Stunde gelogt und das Ergeb-nis als zurückgelegte Distanz, zusammen mit Angaben über Wetter, Wind, See-gang und Kurs des Schiffes in die Logtafel eingetragen. Die Summe der gelog-ten Distanz wurde täglich zur Mittagsstunde (12.00 Uhr) aus der Logtafel als Etmal in das Bordjournal übertragen. Manche Kapitäne warteten das Stunden-ergebnis des Logs nicht ab, sondern maßen die Geschwindigkeit ihres Schiffes auch noch zwischendurch an der Reling. Im Laufe der Zeit bürgerte sich hier-für der Name Relingslog ein. Man markierte auf dem Schiff eine bestimmte Entfernung an der Reling, zum Beispiel vom Fockmast bis zum Ruderstand 30 Meter. Auf Befehl warf der Ausguck Back ein Stück Holz über Bord, und der Kapitän zählte die Sekunden, die sein Schiff benötigte, um das Holzstück zwi-schen den Markierungsstellen an der Reling zu passieren. Hatte er 21, 22, 23, 24, 25 als Zeiteinheiten für 5 Sekunden gezählt, dividierte er 30 durch 5 und er-hielt im Ergebnis die Geschwindigkeit seines Schiffes mit 6 Metern in der Se-kunde. Nach der jedem Seemann bekannten Gleichung, »ein Schiff läuft dop-pelt soviel Seemeilen in der Stunde als Meter in der Sekunde«, ergab das 12 Knoten. Sehr genau war die Methode nicht, aber das Ergebnis dieser Neben-beirechnung konnte Ausgangspunkt für eine Verbesserung der Segelstellung oder gar für ein Segelmanöver sein.

Das Addieren der von einem bekannten, festen Ausgangspunkt einer Reise, einem Hafen oder einer Reede, zurückgelegten Distanzen und Kurse auf der Logtafel oder in der Seekarte ergibt den neuen Standort des Schiffes auf See. Der Seemann nennt dieses Verfahren »Koppeln«, und den so gefundenen Standort »Koppelstandort«. Weil der Koppelstandort durch schlechtes Kurshal-ten, Logfehler, Abtrift, Stromversetzung, Ungenauigkeiten der Deklination und Deviation, nur selten mit dem »wahren Ort« identisch ist, gilt der durch das Koppeln ermittelte Standort als »gegißt«, d. h. geschätzt. Kapitän und Steuer-mann nutzen deshalb jede sich bietende Gelegenheit, durch terrestrische oder astronomische Beobachtungen und Messungen den »wahren Ort« ihres Schiffes zu bestimmen. Das geschah in der Segelschiffszeit ausschließlich durch Peilun-gen von in der Seekarte eingetragenen Landobjekten, also durch Rechenverfah-ren der ebenen Trigonometrie, und durch Winkelmessungen von Himmelskörpern, also durch komplizierte Rechenverfahren der sphärischen Trigonometrie.

Für die terrestrische Ortsbestimmung waren mit Kompaß, Seekarte, Log und einem Zeitmesser alle erforderlichen Voraussetzungen gegeben, doch sie war nur bei Landsicht anwendbar. Der mit Koppeln gegißte Standort mußte auf See durch eine astronomische Standortbestimmung sicher gemacht werden. Das erste bekanntgewordene Meßgerät zur Winkelbestimmung von Gestirnen, Astrolabium genannt, wurde im 10. Jahrhundert von den Arabern genutzt, von ihnen lernten es die europäischen Seefahrer kennen. Doch erst als der deutsche Gelehrte Regiomontanus (1436–1476) den Stand von Sonne, Mond und den wichtigsten Planeten auf Jahre im voraus berechnete und in Form astronomischer Tabellen unter dem Namen Ephemeriden herausgab, waren die Voraussetzungen für eine astronomische Ortsbestimmung gegeben. Regiomontanus benutzte für seine Sternbeobachtungen einen verbesserten Winkelmesser, den Jakobsstab, der bald auch an Bord der Segelschiffe eingeführt wurde. Der Nürnberger Martin Behaim, ein Schüler des Regiomontanus, soll Ephemeriden und Jakobsstab 1480 in Portugal bekanntgemacht haben.

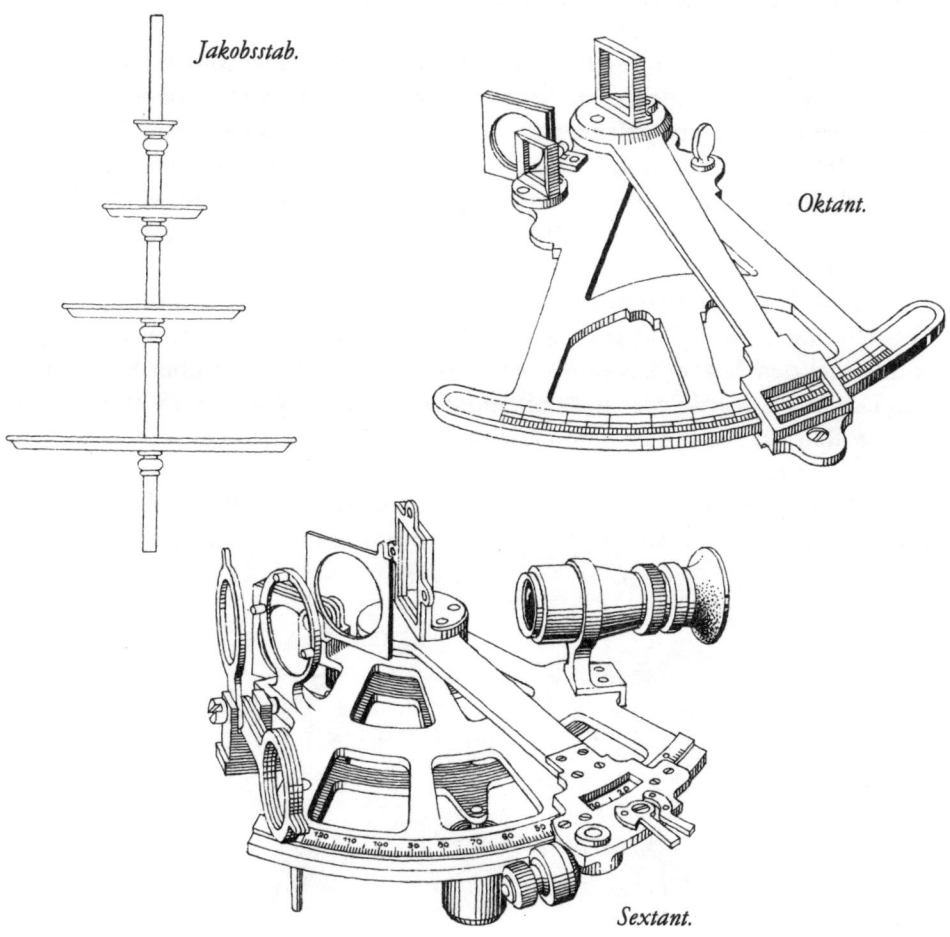

Jakobsstab.

Oktant.

Sextant.

Die Erfindung eines Spiegelinstruments zur Winkelmessung von Gestirnen (1731), als Oktant oder Sextant bezeichnet, und des ersten brauchbaren Chronometers (1761) erlaubten eine fast auf den Meter genaue astronomische Ortsbestimmung. Zur Überprüfung der neuen Instrumente soll die englische Admiralität Ende des 18.Jahrhunderts ein Schiff in See geschickt haben, von dem aus Gelehrte irgendwo im Atlantik eine gekennzeichnete Platte versenkten. Der Kapitän, der von dem Experiment nichts wußte, war vorher angewiesen worden, eine astronomische Ortsbestimmung vorzunehmen. Nach einem längeren Seetörn gelang es dem Kapitän, mit Hilfe astronomischer Besteckrechnungen, den Versenkungspunkt wiederzufinden und die Platte zu bergen. Sei die Geschichte nun wahr oder erfunden, seit dem Ende des 18.Jahrhunderts waren die Steuerleute der Segelschiffe in der Lage, jeden im voraus bestimmten Ort auf See mit ausreichender Genauigkeit anzusteuern. Die Steuermannskunst hatte sich zur nautischen Wissenschaft entwickelt.

Dampfer revolutionieren die Schiffahrt

Schon während der Zeit des Riemenantriebs gab es wiederholt Versuche, seitlich der Bordwände angebrachte Schaufelräder durch Menschen oder Tiere drehen zu lassen, um auf solche Art das Schiff vorwärtszubewegen. So ist auf einem Relief von 527 v. u. Z. eine römische Liburne abgebildet, deren drei Schaufelradpaare von je zwei Ochsen über eine Art Spill gedreht werden. Häufig sind in alten Quellen auch Schiffe erwähnt, bei denen auf Kurbelwellen sitzende Schaufelräder durch Männer bedient werden.

Im Jahre 1543 unternahm der spanische Kapitän de Garay den erfolgreichen Versuch, mit dem 209 Tonnen großen Schiff LA TRINIDAD ohne Riemen und ohne Segel den Hafen Barcelonas zu verlassen und ein Stück über See zu fahren. Das Schiff wurde von zwei Schaufelrädern angetrieben, je 25 Mann drehten ein Rad, mit denen es eine Geschwindigkeit von 4 Knoten erreichte. Obwohl Kaiser Karl V. persönlich dieser Vorführung zusah, wurde de Garay von der Inquisition verhört und verdächtigt, mit dem Teufel im Bunde zu sein. Darauf verzichtete er auf weitere Versuche und trat in ein Kloster ein.

Boot mit Schaufelrädern

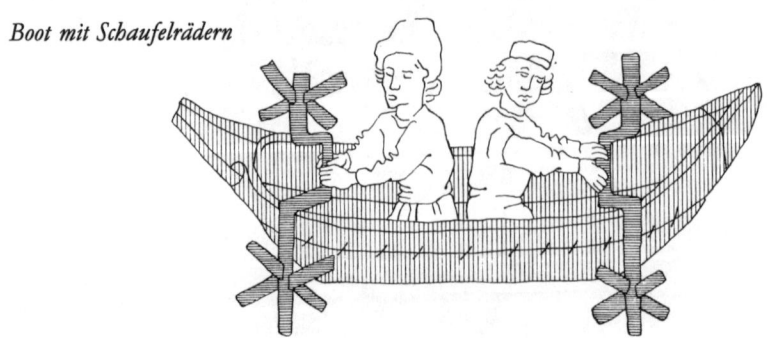

Der Erfinder der atmosphärischen Dampfmaschine, der Franzose Denis Papin (1647–1712), konstruierte und baute ein Boot mit Schaufelradantrieb, mit dem er 1707 die Fulda abwärts fuhr. Aus Angst, daß diese Neuerung ihre Existenz bedrohe, kaperten Weserschiffer in Münden das Boot und zerstörten es. Zwar hatte Papin die Absicht, weitere Versuche mit Dampfantrieb zu machen, doch die Schaufelräder des zerstörten Bootes wurden noch von Menschenhand gedreht, so daß ein schneller Ersatz unmöglich war. Erst nachdem der Engländer Thomas Newcomen (1663–1729) die atmosphärische Dampfmaschine von Papin verbesserte und als dampfgetriebene Wasserpumpe in Bergwerken einsetzte, kam es zu Versuchen, den Dampf auch als Antriebskraft für Schiffe zu nutzen. Jonathan Hulls nahm 1736 ein englisches Patent auf die Seiltransmission eines durch die Newcomensche Dampfmaschine bewegten Heckrades für ein Schiff. Das Projekt gelangte nicht zur Ausführung. Der französische Artillerieoffizier d'Auxiron erhielt auf Antrag das königliche Privileg, 15 Jahre lang auf allen französischen Gewässern Dampfschiffahrt betreiben zu dürfen. Im Jahre 1774 baute er sein erstes dampfkraftbetriebenes Boot, das während der Probefahrt auf der Seine unterging. Der Marquis de Jouffroy baute 1776 ein 40 Fuß langes und 6 Fuß breites Dampfschiff, mit dem er Probefahrten auf dem Boubs unternahm. Sie hatten keinen Erfolg. Mit seinem zweiten Boot, der 40 Meter langen Pyroscaphe gelang es ihm, am 15. Juli 1781 vor Tausenden von Zuschauern eine Stunde lang gegen den Strom der Saône anzudampfen.

Am 27. September 1785 legte John Fitsch der Amerikanischen Philosophischen Gesellschaft in Philadelphia Modell und Beschreibung eines kleinen

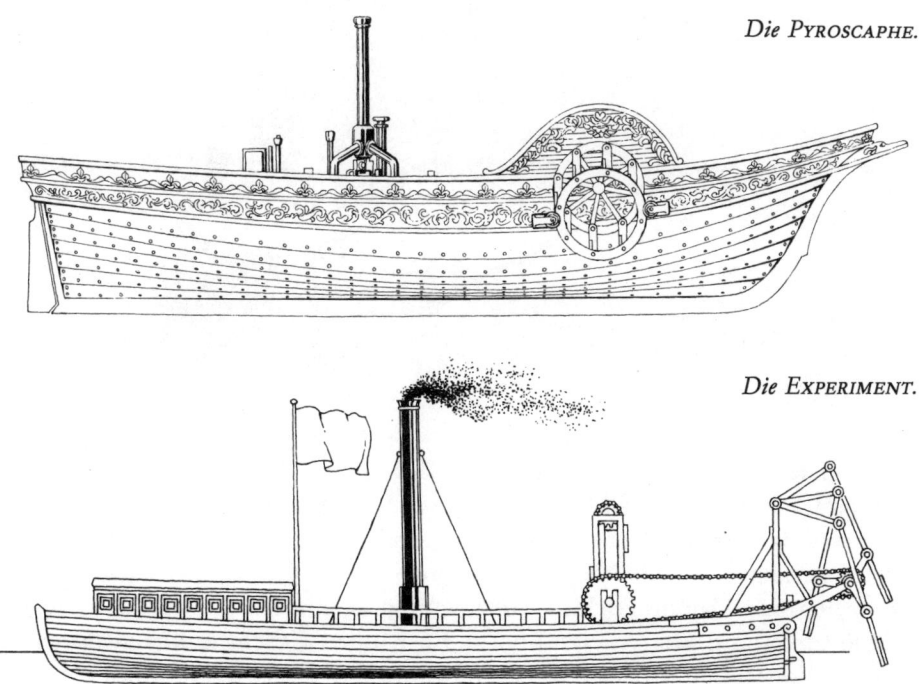

Die Pyroscaphe.

Die Experiment.

Dampfbootes vor. Nach erfolgreichen Versuchen mit diesem Boot auf dem Shuylkill baute er ein zweites Boot, die EXPERIMENT, mit einer Art Heckrad. Die EXPERIMENT erreichte 1787 auf dem Delaware eine Geschwindigkeit von 12 Kilometern in der Stunde. Im gleichen Jahr erhielt Fitsch in Pennsylvanien »das alleinige Recht und die Vorteile, das Dampfboot, das er kürzlich erfunden, eine unbestimmte Zeit lang zu bauen und zu benutzen«. Er eröffnete nun Fahrten zwischen Philadelphia und Trenton. Leider war das Geschäft nicht rentabel, die Dampfschiffahrtsgesellschaft machte bankrott. Trotz seiner erfolgreichen Versuche fand Fitsch niemand, der ihn weiter finanziert hätte. Zerlumpt irrte er durch Philadelphia, 1798 beging er Selbstmord.

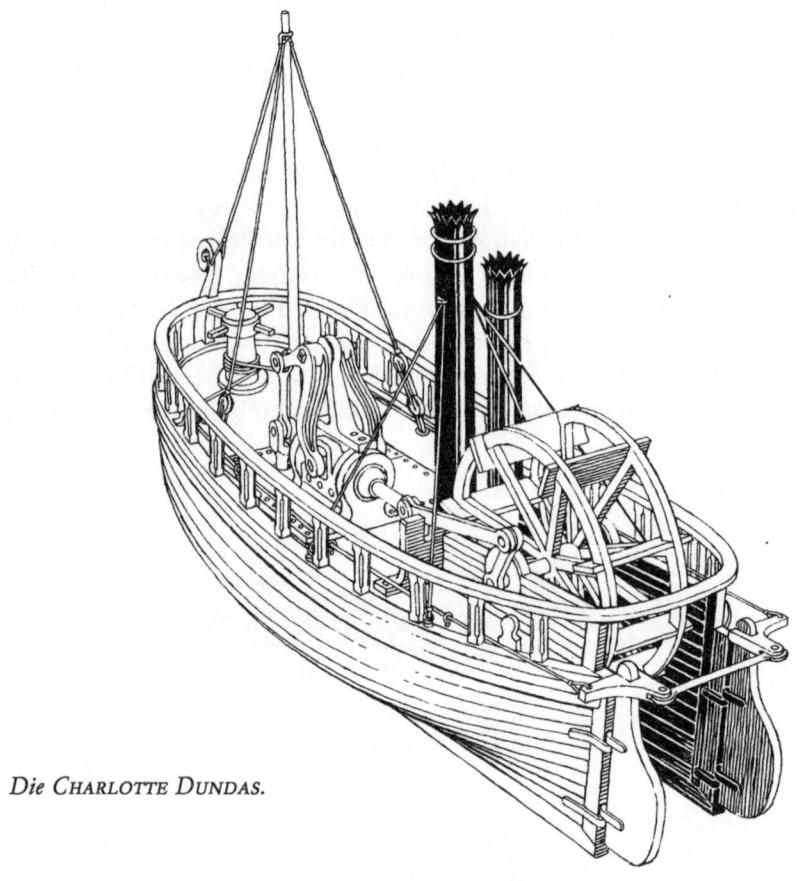

Die CHARLOTTE DUNDAS.

Als erstes brauchbares Dampfboot in Europa gilt die von dem schottischen Dampfmaschinenbauer William Symington 1801 gebaute CHARLOTTE DUNDAS. Bereits 1787 war ein Versuchsboot mit drei Rümpfen, bei dem die Paddelschaufeln zunächst von Männern an einer Winde bewegt wurden, auf eine zweizylindrige Dampfmaschine von Symington umgerüstet worden. Die Maschine trieb das 8 Meter lange Boot mit 5 Knoten Geschwindigkeit durch das Wasser. Von diesem Erfolg begeistert, beauftragte der Großgrundbesitzer Lord

Dundas Symington mit dem Bau eines Dampfbootes. Dundas war Gouverneur des Forth-Clyde-Kanals und suchte nach einem Pferdeersatz zum Schleppen der Kanalboote. Für 7000 Pfund baute Symington die CHARLOTTE DUNDAS, und sie bestand die Probe. Im März 1802 schleppte sie zwei 70-Tonnen-Kähne gegen starken Wind in sechs Stunden über eine Entfernung von 31,4 Kilometer durch den Kanal. Weil die Kanaleigentümer jedoch befürchteten, daß die durch den Schlepper erzeugten Wellen die Ufer beschädigen könnten, wurde die CHARLOTTE DUNDAS nach einiger Zeit in einem Kanalarm stillgelegt und später abgewrackt.

Nicht ganz zu Recht wird der nordamerikanische Kunstmaler und Ingenieur Robert Fulton (1765–1815) als Erfinder des ersten brauchbaren Dampfbootes gepriesen. Es ist nachgewiesen, daß Fulton bei der Probefahrt der CHARLOTTE DUNDAS anwesend war, sich alles genau erklären ließ und Skizzen anfertigte. Er ging anschließend nach Paris und baute dort mit Unterstützung des amerikanischen Gesandten ein kleines Dampfboot, mit dem er 1803 Probefahrten auf der Seine machte. Nach einem Vortrag bei Napoleon 1804 soll der Kaiser angeblich die skeptische Äußerung getan haben: »Was, mit Zigarrenrauch wollen Sie ein Schiff treiben?« In Wirklichkeit veranlaßte Napoleon eine sofortige Überprüfung der Idee durch die Akademie der Wissenschaften, und an seinen Minister de Champagny schrieb er: »Sie haben mich viel zu spät darauf aufmerksam gemacht, daß dieses amerikanische Projekt imstande ist, das Aussehen der Welt zu verändern. Eine großartige Wahrheit steht vor meinen Augen. Sache der Herren der Kommission wird es sein, diese zu sehen und sich zu bemühen, sie zu erfassen. Sobald Bericht darüber erstattet ist und Ihnen zugeht, ist er mir zu übersenden. Sorgen Sie dafür, daß die Angelegenheit in höchstens acht Tagen erledigt ist. Ich bin ungeduldig!«

Es scheint, daß die Kommission die Sache im Sande verlaufen ließ und Napoleon keine Zeit fand, das Projekt weiter zu verfolgen. Als Fulton vom Kaiser ohne Nachricht blieb, ging er 1806 nach New York und baute hier die NORTH RIVER OF CLAREMONT, ein Dampfboot, das unter dem Namen CLAREMONT weltberühmt wurde. Der 180 Tonnen große, 40,5 Meter lange und 5,5 Meter breite Raddampfer mit einer 20-PS-Maschine von Watt begann am 17. August 1807 mit einer Dauererprobung auf dem Hudson. Für die dann regelmäßig befahrene 240 Kilometer lange Strecke zwischen New York und Albany benötigte das Schiff stromaufwärts 32 Stunden, stromabwärts 30 Stunden.

Da die CLAREMONT mit ihren Fahrten auch Gewinn einbrachte, waren sowohl Leistungsfähigkeit als auch Rentabilität von Dampfschiffen im Einsatz auf Flüssen erbracht. Im Jahre 1810 setzte Fulton zwei weitere Dampfer auf dem Hudson ein, 1811 folgte das erste Dampfboot, die NEW ORLEANS, auf dem Mississippi. Das erste im Streckenbetrieb eingesetzte Dampfboot in Europa war die von dem Schotten Henry Bell, unter Nutzung des Patents von Fulton, auf einer Glasgower Werft erbaute COMET. Sie verkehrte regelmäßig zwischen Glasgow und Grennok und verlieh dem Badebetrieb des Henry Bell erheblichen Auftrieb. In Rußland wurde 1815 auf der Newa, in Frankreich 1816 auf

der Seine und in Deutschland 1817 auf der Weser der offizielle Dampfbootver-
kehr eröffnet.

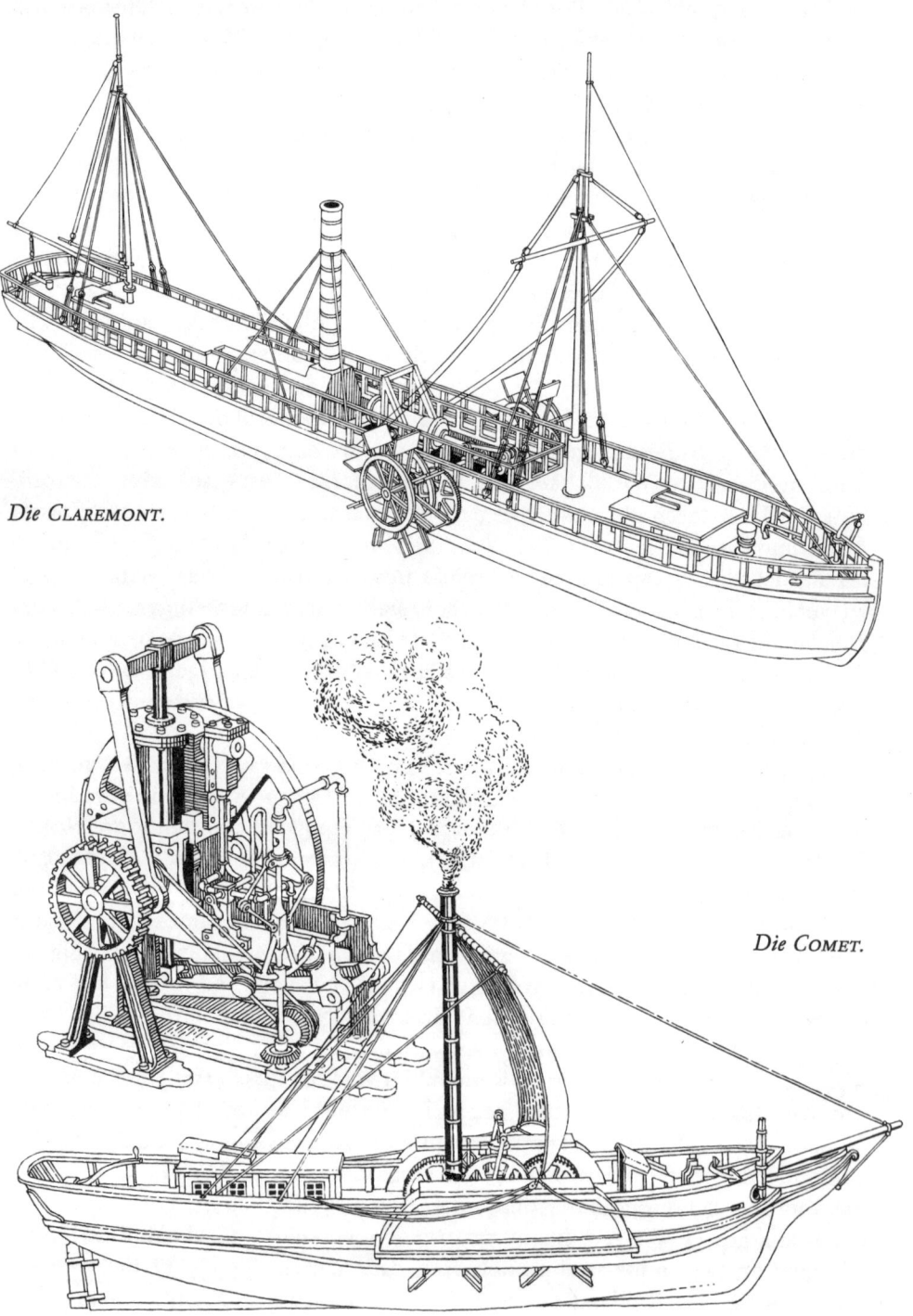

Die CLAREMONT.

Die COMET.

345

Die berühmte CUTTY SARK.

◁ *Holländischer Walfänger dicht am Wind. Gemälde von J. C. Rietschoof.*

Bark DORA, *1881 in Deutschland erbaut.*

Raddampfer um 1840.

Die Viermastbark PASSAT *der Reederei F. Laeisz (3 180 BRT).* ▷

Hapagdampfer BORUSSIA.

ren von Cork nach New York aus, dessen Hafen sie am 22. April erreichte. Der Kohlevorrat von 450 Tonnen war schon lange vor der amerikanischen Küste verbraucht, so daß auf der letzten Wegstrecke die gesamte Inneneinrichtung und auch noch Teile der Takelage verfeuert werden mußten. War die Fahrt der SIRIUS noch ein Abenteuer, so traf nur wenige Stunden später mit der GREAT WESTERN ein speziell für die Atlantikfahrt gebauter Dampfer in New York ein. Die GREAT WESTERN, 72 Meter lang, mit Seitenrädern von 8,5 Metern Durchmesser, hatte am 8. April 1838 mit 7 Passagieren an Bord Bristol verlassen und nur 15 Tage für die Überfahrt nach New York benötigt. Die GREAT WESTERN versah bis 1846 regelmäßig den Dienst zwischen Bristol und New York und schaffte dabei 64 Fahrten über den Atlantik.

Die GREAT WESTERN.

Die GREAT WESTERN, 1320 Bruttoregistertonnen groß, hatte Räume für 148 Passagiere, dazu provisorische Unterbringungsmöglichkeiten für weitere 100 Fahrgäste. Die Besatzung bestand aus 57 Offizieren und Mannschaften. Die Maschinen des Schiffes waren zwei Seitenbalanciermaschinen mit einer Nennleistung von je 225 Pferdestärken. Die Kohlenbunker faßten 800 Tonnen Kohlen, von denen auf der ersten Fahrt nur 455 Tonnen verfeuert worden waren. Die GREAT WESTERN wurde ebenso wie andere Dampfer im Postdienst zwischen England und den USA eingesetzt, der bis 1838 von Paketsegelschiffen besorgt worden war.

Auf Versammlungen der britischen Naturforschergesellschaf 1836 und 1837 fand ein Projekt Unterstützung, das für die Zukunft den Einsatz von 8 Dampfern auf der Linie zwischen England und New York vorsah. Das waren SIRIUS, ROYAL WILLIAM, GREAT LIVERPOOL, UNITET STATES, BRITISH QUEEN, PRESIDENT, GREAT WESTERN und GREAT BRITAIN.

Die GREAT BRITAIN, 3270 Bruttoregistertonnen groß, lief 1843 von Stapel und erhielt als erster Dampfer einen Rumpf, der voll aus Eisen bestand. Der

Schiffskörper war durch fünf Schotten (Querwände) in sechs wasserdichte Abteilungen unterteilt und enthielt Kabinen für 360 Passagiere. Die Seitenräder waren durch eine Schiffsschraube von 4,7 Metern Durchmesser ersetzt worden. Die Maschinenanlage mit einer Nennleistung von 1 014 Pferdestärken verlieh dem Schiff bei seiner Probefahrt eine Geschwindigkeit von 11 Knoten. Dennoch wurde auch dieses Schiff noch mit 6 Masten und einer Segelfläche von 1 421 Quadratmetern ausgerüstet. Am 26. Juli verließ die GREAT BRITAIN mit 60 Passagieren und 806 Tonnen Fracht Liverpool zur Reise nach New York, wo sie nach 14 Tagen und 21 Stunden eintraf. Auf ihrer dritten Reise erlitt sie durch einen Navigationsfehler vor der irischen Küste Schiffbruch.

Die erste britische Paket-Dampfer-Gesellschaft hatte kein Glück. Bereits nach einigen Jahren geriet sie in rote Zahlen, denn die Verwaltung war schlecht, und als mehrere Schiffe verloren gegangen waren, stand sie 1849 vor dem Bankrott. Nun trat Samuel Cunard (1787–1865) an die britische Regierung heran, um mit seiner 1840 gegründeten »British and North American Royal Mail Steamship Companie«, später als Cunard-Linie bekannt geworden, die Postdampferlinie zwischen Liverpool und New York zu übernehmen. Nach längeren Verhandlungen bewilligte die Regierung den von Cunard geforderten jährlichen Zuschuß von 60 000 Pfund; der schon bald darauf auf 100 000 Pfund erhöht wurde. Mit der Übernahme durch Cunard, später Sir Samuel, gewann der regelmäßige Postdampferdienst zwischen Europa und Amerika an Zuverlässigkeit. Das Postwesen über See trat in eine neue Entwicklung ein. 1850 waren es etwa 3 Millionen Briefe, die im Postverkehr zwischen Europa und Amerika befördert wurden, 1870 waren es bereits genau 13 201 446 Briefe.

Die Entwicklung im Schiffbau war nicht nur durch die Einführung des Dampfantriebs, sondern nicht weniger auch durch die Verwendung von Eisen und Stahl als Schiffbaumaterial und durch die Erfindung der Schiffsschraube 1827 durch den österreichischen Techniker Joseph Ressel (1793–1857) gefördert worden. Der Holzschiffbau war den an die Festigkeit zu stellenden Anforderungen der immer größer werdenden Schiffe nicht mehr gewachsen, denn die wirtschaftliche Entwicklung verlangte größere und stabilere Schiffe. Die Druckbelastungen auf See führten zu ständigen Deformationen des Schiffskörpers. Der Holzschiffbau hatte die Grenzen seiner Leistungsfähigkeit erreicht. Darum ging man in England, dem führenden Schiffbauland in Europa, zum Kompositbau (eisernes Spantensystem und hölzerner Schiffsrumpf) und mit der IRON und der GREAT BRITAIN zum Eisenschiffbau über. Der Schiffsrumpf wurde nun aus genieteten Eisenplatten gefertigt. Etwa ab 1860 wurden in England fast nur noch Eisenschiffe hergestellt. Sie hielten nicht nur den Belastungen auf See stand, sondern gaben dem Schiffskörper auch die Widerstandsfähigkeit gegen die Beanspruchungen der arbeitenden Dampfmaschinen. Und schließlich ermöglichten sie die Vergrößerung der Schiffe auf bis dahin nicht gekannte Ausmaße.

Das erste Schiff, bei dem die neuen Möglichkeiten nahezu voll ausgeschöpft wurden, die GREAT EASTERN, wurde allerdings ein Unglücksschiff. Am 1. Mai 1854 auf Kiel gelegt, besaß sie eine Länge von 207 Metern, eine Breite von 25 Metern und einen Tiefgang von 14,5 Metern; vermessen wurde sie mit 18 915 Bruttoregistertonnen. Neben einem Kohlevorrat von 12 000 Tonnen für eine ununterbrochene Fahrt von 35 000 Kilometern konnte sie bis zu 6 000 Tonnen Fracht und 4 000 Passagiere befördern. Die achtern liegende Hauptmaschine leistete 4 888 Pferdestärken, die auf eine Vier-Flügelschraube von 7,3 Meter Durchmesser übertragen wurden. Außerdem hatte das Schiff zusätzlich noch zwei Schaufelräder von 17 Metern Durchmesser, die unabhängig voneinander durch je eine Maschine von 2 000 Pferdestärken angetrieben werden konnten.

Bei einem täglichen Verbrauch von 350 Tonnen Kohlen erreichte das Schiff eine Geschwindigkeit von 15 Knoten. Zur Sicherheit trug es aber auch noch 6 Masten mit einer Segelfläche von 5 450 Quadratmetern. Die Besatzung bestand aus 418 Offizieren und Mannschaften. Das Schiff war so schwer, daß es sich bei seinem Stapellauf am 3. November 1857 auf der Gleitbahn festrannte. Drei Monate Arbeit waren nötig, bis es auf den Schlitten mit Handspaken zollweise zu Wasser gebracht werden konnte. Auf der Probefahrt kostete eine Kesselexplosion zehn Menschen das Leben, auf der ersten Reise nach New York ging der Kapitän über Bord und ertrank. Bei der zweiten Reise lief es vor New York auf einen Felsen und bei der dritten Reise trieb das Schiff nach Verlust der Schaufelräder mit einem Ruderbruch tagelang manövrierunfähig im Sturm auf dem Atlantik. Diese Unglücksserie ließ die Great-Eastern-Companie 1864 mit 6 Millionen Pfund Schulden in Konkurs gehen. Das Schiff wurde verkauft, vorübergehend stillgelegt, danach als Kabelleger, Spekulationsobjekt, Ausstellungsschiff, schwimmendes Hotel, Kohlenlager sowie als Schaustück für eine neugierige Menge eingesetzt und schließlich 1869 abgewrackt.

Segler kämpfen ums Überleben

Der Existenzkampf zwischen Segler und Dampfer währte mehrere Jahrzehnte, er bestimmte die Seefahrt in der zweiten Hälfte des 19. Jahrhunderts. Im Jahre 1850 besaßen in Europa Großbritannien 700, Frankreich 170, Deutschland 77 und Rußland 56 seegehende Dampfer. Noch 1880 entfielen bei einer Welttonnage von 18 Millionen Nettoregistertonnen 14,5 Millionen Nettoregistertonnen auf Segler und nur 3,5 Millionen Nettoregistertonnen auf Dampfer. Selbst ein Schiff wie die GREAT BRITAIN wurde 1882 umgerüstet und fuhr wieder als Segelschiff. Der Dampfer bot zwar den Vorteil einer größeren Unabhängigkeit von Wind und Wetter, doch forderte die Energiequelle – im Normalfall Kohle – vor allem in der großen Fahrt einen solchen Raumbedarf für Brennstoff, daß der bekannte Londoner Universitätsprofessor Lardner äußerte: »Dampfschiffahrt über den Ozean ist ein Unding, denn es kann nicht die Aufgabe der Schiffe sein, nur ihren eigenen Brennstoff übers Meer zu bringen.«

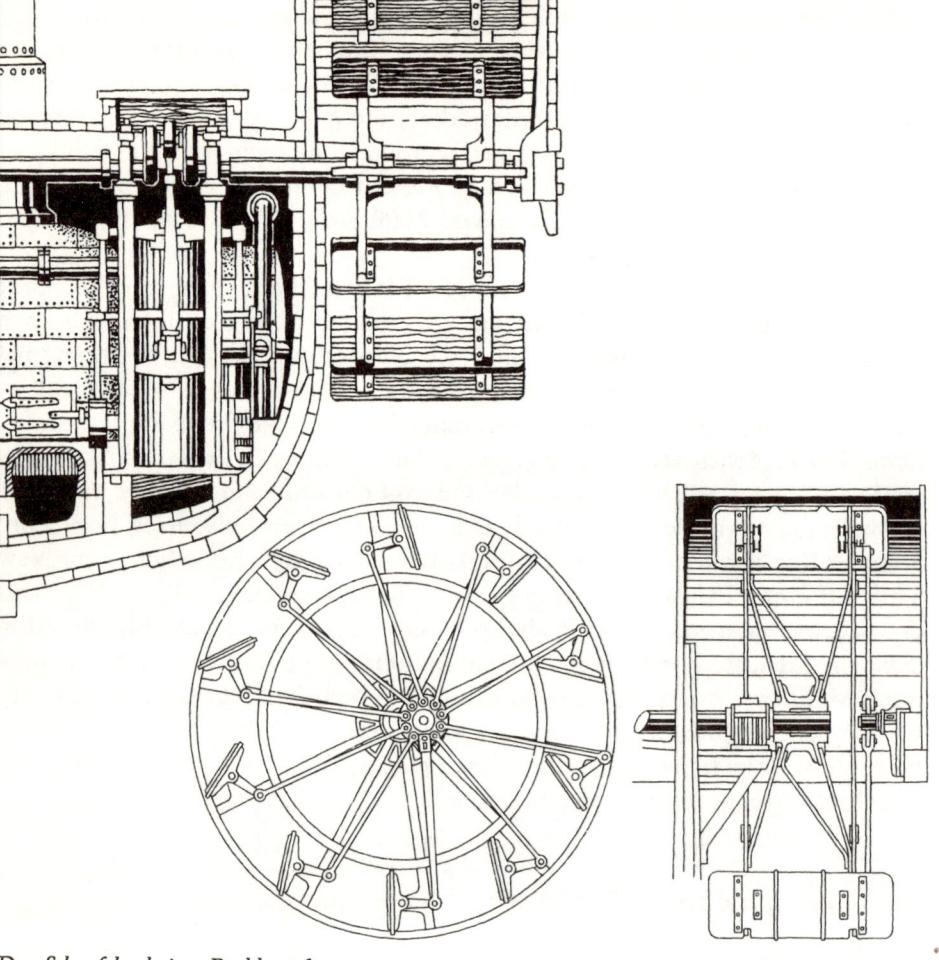

Das Schaufelrad eines Raddampfers.

Der Raddampfer mit seinem enorm hohen Kohleverbrauch war in der Tat keine Konkurrenz für das Segelschiff, das seit 1840 in England ebenfalls aus Eisen gebaut wurde und Dampfkraft für Pumpen und Decksmaschinen nutzte. Das erste eiserne Schiff überhaupt in der Geschichte des Schiffbaus war der Segler IRON SIDES, ein Vollschiff von 260 Tonnen, das 1838 vom Stapel lief. Je mehr Kohle auf einem Dampfer während der Reise verbraucht wurde, um so höher hob sich das Schiff aus dem Wasser, so daß die optimale Eintauchtiefe der Räder nicht konstant gehalten werden konnte. Bei Seegang tauchten die Räder außerdem ungleich ein und beeinträchtigten dadurch die Steuerfähigkeit des Schiffes. Dazu wurden die Räder durch Seegang häufig so schwer beschädigt, daß das Schiff manövrierunfähig in der See trieb. So leitete erst der

Schraubendampfer mit einer erheblich verbesserten Maschine, bei der der Brennstoffverbrauch auf fast ein Fünftel gesenkt worden war, den wirklichen Existenzkampf zwischen Segler und Dampfer ein. Die Eröffnung des Suezkanals 1869 wirkte sich natürlich zugunsten der Dampfer aus, denn die Segler mußten weiterhin den langen Weg um das Kap der Guten Hoffnung nehmen.

Die Segelschiffsreeder gaben nicht auf. Das drohende Schicksal, mit ihren Seglern von der Bühne abtreten zu müssen, führte zu einer Vollendung und Vollkommenheit im Bau von Segelschiffen, die selbst die berühmten Klipper noch in den Schatten stellten. Beim Bau dieser Segler spielten einige deutsche Werften eine besondere Rolle. Als in den fünfziger Jahren das Holz vom Eisen im Schiffbau abgelöst wurde, verblieben die rund 600 Werften entlang der deutschen Küste beim Holz. Für die meisten der mittleren und kleinen Betriebe war der mit dem Eisenbau verbundene Kapitalaufwand nicht zu schaffen, ihre Zeit war abgelaufen. Die deutschen Reeder kauften ihre hölzernen Schnellsegler in Nordamerika und ihre eisernen Großsegler in England. Erst als die deutsche Regierung 1879 den Beschluß faßte, Schiffbaumaterial zollfrei einzuführen, bestellten deutsche Reeder ihre Neubauten auch im Inland und es kam zu einem Aufschwung der deutschen Werftindustrie. Es waren 15 Werften, die in Deutschland den Segelschiffsbau in Eisen und Stahl aufnahmen; darunter »Bremer Schiffbau« in Vegesack, »Rickmers« in Bremerhaven, »Tecklenborg« in Bremerhaven/Geestemünde, »Blohm und Voß« in Hamburg und »Neptun« in Rostock.

Besonders bekannt wurde Rickmers mit der Viermastbark RENE RICKMERS, die 1897 die Strecke von Philadelphia nach Japan, also rund 30 000 Kilometer, mit einem Stundenmittel von 10,6 Kilometern in 118 Tagen zurücklegte. Bei einer späteren Reise verbesserte das Schiff seine Durchschnittsgewindigkeit auf 11,8 Kilometer. Tecklenborg baute die Fünfmastbark POTOSI. Sie lief 1900 auf einer Rekordfahrt nach Valparaiso die größte Tagesleistung, die je von einem Segelschiff erreicht wurde: 1 000 Kilometer in 24 Stunden, also ein Durchschnitt von 22,49 Knoten. Der Cunard-Dampfer MAURETANIA lief im Vergleich hierzu bei seiner Rekordfahrt um das »Blaue Band« 1907 eine Durchschnittsgeschwindigkeit von 25,9 Knoten, und dieser Rekord hatte 22 Jahre Bestand.

Die POTOSI hatte eine Länge von 120,1 Metern, eine Breite von 15,2 Metern und einen mittleren Tiefgang von 7,6 Metern, sie konnte eine Ladung von 6 150 Tonnen befördern. An ihren fünf Masten fuhr sie eine Segelfläche von 4 700 Quadratmetern, also nicht mehr als die hochgetakelten Klipper. Die Untermasten und die Marsstengen waren aus Stahl und in einem Stück gefertigt, die Bramstengen bestanden aus Holz und trugen über Unter- und Oberbramsegeln noch Royalsegel. Die Rahen für Untersegel, für Unter- und Obermars waren ebenfalls aus Stahl, die Rahen für Unter- und Oberbram sowie Royal dagegen aus Holz. Bei der POTOSI war man wie bei den anderen Großseglern bemüht, durch eine niedrige, jedoch breite Takelung den Gesamtsegelschwerpunkt möglichst tief zu legen, damit das Schiff steifer wurde und sich nicht

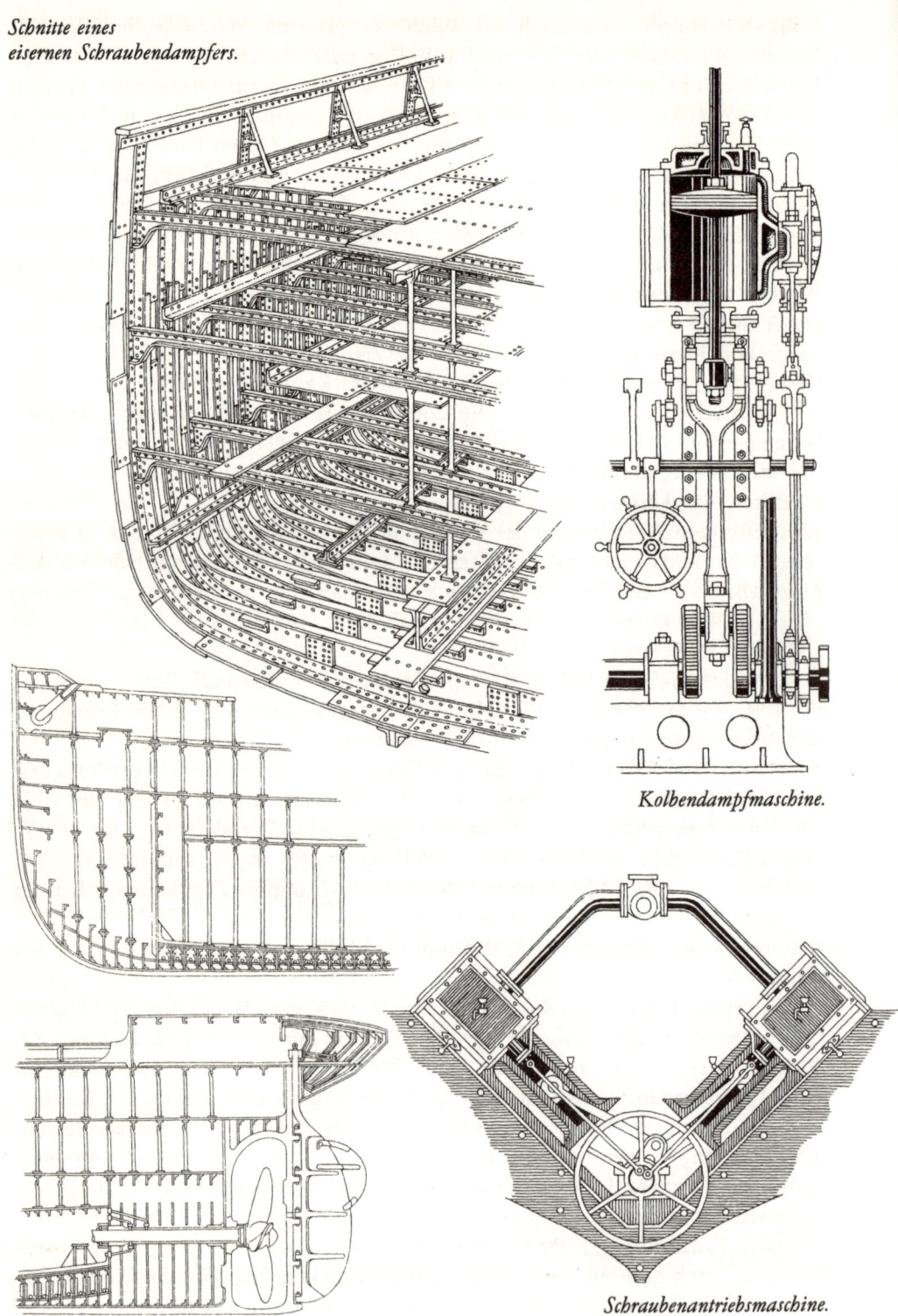

Schnitte eines eisernen Schraubendampfers.

Kolbendampfmaschine.

Schraubenantriebsmaschine.

durch ein starkes Überlegen der Windwirkung entziehen konnte. Dennoch maß bei der POTOSI der Großmast vom Deck bis zum Topp noch 56 Meter. Ein Bootsmann, der auf der POTOSI gefahren war, urteilte über den Segler:

»Die POTOSI war für ihre Größe ungefähr das handigste Schiff, auf dem ich gefahren bin. Nie wurden wir von der Freiwache heraufgeholt. Die Wache konnte das Schiff auch bei schwerstem Wetter allein bearbeiten. Die Segel ließen sich so dicht geien, daß sie schon festgemacht waren, wenn man nur die Gordings dicht holte. Kapitän Hilgendorf, der Teufel von Hamburg, war nicht leicht zufriedenzustellen, aber er war ein glänzender Kapitän und Navigator, und er wußte haargenau, wo der richtige Wind wehte. Wir gingen durch die Le-Maire-Straße (Feuerland), für ein so großes Schiff eine gefährliche Sache. Aber Hilgendorf wußte, was es aushalten konnte: Während der ganzen Reise fierten wir nie die Obermarssegel weg. Natürlich war die POTOSI ein nasses Schiff, und wenn sie durch die schweren Seen jagte, stand das Vor- und Achterschiff gestrichen voll ... Ein Jammer, daß diese Schiffe alle hin sind.«

Das Fünfmastvollschiff PREUSSEN, wie die POTOSI ein stählerner Großsegler der Reederei Laeisz, bei Tecklenborg gebaut, übertraf die POTOSI noch an Größe und Leistung. Sie besaß eine Wasserverdrängung von 11 150 Tonnen und war mit 5 081 Bruttoregistertonnen vermessen worden. Ihre Tragfähigkeit betrug 8 000 Tonnen. Die Güter konnten über 5 Luken im durchlaufenden und mit Ventilatoren entlüfteten Laderaum gestaut und gelöscht werden. Die PREUSSEN fuhr insgesamt 43 Segel, davon allein 30 Rahsegel, mit einer Segelfläche von 6 800 Quadratmetern. Wenn auch nicht im Stunden- oder Seemeilendurchschnitt, so war die PREUSSEN doch auf der Gesamt-Salpeterreise zwischen dem Kanal ab Lizard und den chilenischen Hafenstädten Valparaiso oder Iquique schneller noch als die POTOSI. Der Mittelwert Iquique-Lizard lag um die Jahrhundertwende laut Segelhandbuch bei 88,5 Tagen, die POTOSI schaffte die Strecke durchschnittlich in 68 Tagen, die PREUSSEN in 66,6 Tagen. Der Vorteil dieser Großsegler lag darin, daß sie bei schlechtem Wetter nicht – wie ihre Vorgänger – beidrehen mußten, sondern auch bei schwerem Sturm unter Segel blieben. Sie erreichten die Geschwindigkeit von Dampfern und waren ihnen dabei in der Seetüchtigkeit überlegen. Und dennoch wurden sie Stück für Stück ins Abseits gedrängt.

Der Bestand an Segelschiffen und Dampfern 1869/70:

Land	Segler	Tonnen	Dampfer	Tonnen	Gesamt	BRT
Großbritannien	23 189	4 577 855	3 178	1 112 934	26 367	5 690 789
USA	15 447	1 882 815	1 975	666 412	17 422	2 549 227
Deutschland	4 964	1 242 627	146	102 149	5 110	1 344 776
Frankreich	15 324	931 714	454	142 942	15 778	1 074 656
Italien	18 704	980 938	118	32 100	18 822	1 013 038
Niederlande	1 942	?	43	?	1 985	528 578
Rußland	2 534	?	114	?	2 648	230 229

Die Größenberechnung für Seeschiffe erfolgt seit dem 19. Jahrhundert nicht mehr allein nach der Ladungsfähigkeit eines Schiffes in Tonnen (1000 Kilogramm), die als Wasserverdrängungs- oder Tragfähigkeitstonnen angegeben werden, sondern auch nach dem Raummaß einer Registertonne (2,83 Kubikmeter = 100 englische Kubikfuß). Die Vermessung in Bruttoregistertonnen (BRT) erfaßt den gesamten Schiffsraum, abzüglich der Besatzungs-, Bedienungs- und Maschinenräume, während sich die Vermessung in Nettoregistertonnen (NRT) auf die wirtschaftlichen Nutzräume für Frachtgut und Passagiere beschränkt.

Nur 30 Jahre später, im Jahre 1900, hatte sich das Verhältnis zwischen Segler und Dampfer grundlegend verändert: Rund 16000 Dampfern mit mehr als 22 Millionen Bruttoregistertonnen standen nur noch etwa 12000 Segler mit einem Schiffsraum von 6,5 Millionen Bruttoregistertonnen gegenüber. In Deutschland war die Entwicklung parallel verlaufen. 1900 waren an größeren Schiffen registriert: 145 Segler aus Holz mit 76900 Registertonnen, 163 Segler aus Eisen mit 176630 Registertonnen, 189 Segler aus Stahl mit 234660 Registertonnen. Das waren zusammen 497 Segelschiffe mit 488190 Registertonnen. Dampfer aber gab es zur gleichen Zeit 1205 mit 2158920 Registertonnen.

Die Haupthäfen für die letzten Großsegler waren Hamburg und Bremen/Bremerhaven. Hamburg besaß im Jahre 1900 noch 40 Vollschiffe, 74 Barken, 19 Viermastbarken, eine Fünfmastbark und 11 Dreimastschoner; Bremen/Bremerhaven besaßen zusammen noch 124 Großsegler. Rostock, das einstige stolze Schiffahrtszentrum an der Ostsee, mußte in der Zeit von 1876 bis 1900 einen Abgang von 309 Segelschiffen hinnehmen. Der Stadt verblieben nur noch 20 Barken, 2 Briggs, eine Schonerbrigg und eine Schonerbark. Als die deutsche Regierung Ende der siebziger Jahre einen Ausfuhrzoll auf Getreide erhob, verloren die Rostocker Segler ihre Basisladung und die Rostocker Reeder »verschliefen die Zeit«. Auch in der Entwicklung der Dampfertonnage tat Rostock sich schwer: 1900 fuhren erst 28 Dampfer mit 6798 Registertonnen unter dem Rostocker Greif.

Der Niedergang der Segelschiffahrt war nicht aufzuhalten. Die Dampfer eroberten sich mit ihrer größeren Pünktlichkeit und Schnelligkeit in den Liniendiensten die wertvollste Fracht: Stückgüter und Passagiere nach Übersee. Den Seglern blieb vorerst noch der Transport von Massengütern über weite Entfernungen, bei denen es weniger auf schnelle und pünktliche Ablieferung als vielmehr auf billige Frachtraten ankam. Hauptfahrtgebiete für die europäische Schiffahrt waren in den letzten Jahrzehnten des 19. Jahrhunderts außerhalb der europäischen Küsten die Ostküste Nordamerikas, Westindien, die Westküste Süd- und Nordamerikas, Indien und Australien. Die hauptsächlichsten Güter waren Getreide, Düngemittel, Kohle, Eisenerze, Wolle, Baumwolle und Genußmittel wie Zucker, Kaffee, Tee und Tabak.

In den siebziger und achtziger Jahren des 19. Jahrhunderts, der hohen Zeit der Rostocker Segelschiffahrt, verkehrten bis zu 40 Segler zwischen Europa und dem Fernen Osten. Sie luden in russischen Ostseehäfen Getreide, um es nach Sibirien zu bringen. Auf der Ausreise wurden in deutschen und englischen Zwischenhäfen zusätzlich Stückgüter an Bord genommen, heimkehrend brachten die Schiffe aus chinesischen Häfen Tee, Rohseide, Reis und Gewürze mit nach Europa. Als die wertvolle Stückgutladung an die Dampfer verlorenging, lohnte sich das Transportgeschäft nicht mehr. Auch der Hamburger Reeder Rob. M. Sloman, der 1831 mit 4 Seglern die erste deutsche Überseelinie zwischen Hamburg und New York eröffnet hatte, mußte nach vierzigjährigem Bestehen die Segelschiffslinie nach Nordamerika aufgeben. 1891 hatte er noch 11 Segler mit 10 673 Registertonnen in Fahrt, 1898 verkaufte er die letzten 4 Segelschiffe. Mit ihren Großseglern, die den Dampfern bis zum Schluß Paroli boten, ist die in Privathand befindliche Laeisz-Reederei in die Schiffahrtsgeschichte eingegangen. Noch bei Ausbruch des ersten Weltkrieges unterhielt sie mit 16 Segelschiffen und einer Gesamttonnage von 42 000 Registertonnen eine Linie um Kap Horn nach Chile, bei monatlichen Abfahrten von Hamburg und zweimonatigen von Antwerpen. Grundlage des Geschäfts waren Salpeterladungen von Chile nach Europa. Die beiden letzten Laeisz-Segler fuhren in den dreißiger Jahren des 20. Jahrhunderts in der Australienfahrt.

Man kann nicht über die letzten Segelschiffe schreiben, ohne der Männer zu gedenken, die diese Segler führten und bedienten. Namen von Segelschiffskapitänen sind überliefert, die als begnadete Künstler jeden Wind und jede Strömung auszunutzen verstanden, immer so viel Segeltuch setzen ließen, wie die Stengen eben noch vertrugen und – vielleicht mit etwas Glück – stets guten Wind antrafen, der schnelle Reisen möglich machte. Aus Reedereibüchern und überlieferten Kapitänsberichten läßt sich beweisen, daß es auch Kapitäne gab, bei denen nie eine Ladung überging, nie ein Ladungsbrand entstand, weil sie unabhängig von den damit verbundenen Schwierigkeiten den Mut aufbrachten, zu nasse oder zu heiße Bulkladung abzulehnen und während einer Reise laufend Temperaturmessungen vornehmen ließen. Und es hat ebenfalls Kapitäne gegeben, die ihren Männern trotz des mangelhaften Proviants und der äußerst harten Arbeitsbedingungen ein relativ menschenwürdiges Leben an Bord sicherten. In Glücksfällen für den Reeder und für die Besatzung waren diese Tugenden sogar in einem Kapitän vereint. Doch hat es auch andere Kapitäne gegeben: gewissenlose Subjekte, miserable Segler, teuflische Menschenschinder. Die Geschichte der zahllosen Meutereien an Bord von Segelschiffen spricht ihre eigene Sprache!

Die meisten Seeleute – Männer vor dem Mast, wo ihr Logis lag – stammten längst nicht mehr ausschließlich von der Küste. Sie kamen aus allen deutschen und fremden Landen, in der Regel ein buntes Völkergemisch. Die Bord- und Kommandosprache war ein Durcheinander von englischen, holländischen und plattdeutschen Wörtern und Begriffen. Kleidung, Wolldecke, Matratze und eine Seekiste mit täglichen Bedarfsgegenständen waren die rein persönlichen Dinge, die Koje mußte er im Zwei-Wachsystem mit einem Seemann der zweiten Wache teilen. Bei jedem Segelmanöver wurden gewöhnlich »Alle Mann an Deck« befohlen, hieß es »Enter auf«: Ein Jungmann für die Royal, zwei Leute

357

für die Bram, drei bis vier Mann für die Marssegel. Das Großsegel verlangte zum Bergen schon die gesamte Wache, fuhren doch auf den stählernen Vier- und Fünfmastern kaum mehr als 20 bis 25 Mann Besatzung.

Bei schwerem Wetter mußten die Männer ohne warme Mahlzeiten auskommen, denn trotz Schlingereisen waren die Töpfe nicht auf dem Herd zu halten. Ein Stück Roggen-, seltener Weizenhartbrot, nach längerem Seetörn voller Maden, ein Stück Speck und ein Becher Wasser, das war alles. Das Normalessen bestand aus Erbsen, Bohnen und Linsen, die mit gesalzenem Rind- oder Schweinefleisch aufgekocht wurden. Manchmal gab es Reis, Graupen und Sauerkraut, freitags grundsätzlich Stockfisch und Hartkäse. Das in Fässern gelagerte Trinkwaser, faulig und übel riechend, wurde als Tagesration zugeteilt. Nur die Regengüsse in den Mallungen brachten genug Frischwasser, dann konnte der Seemann auch einmal Arbeitszeug und Kojenbezug waschen. Bei Kap Horn oder nach besonders schwerer Segelarbeit hieß es vom Kapitän manchmal »Besan schoot an«, dann erhielt jeder Mann einen Schluck Rum oder Köhm aus dem großen Faß. Aber das passierte selten!

Nach monatelangem Seetörn und durchstandenen Strapazen landete der unverheiratete Seemann gewöhnlich in den Hafenkneipen bei Alkohol und Frauen. Hier wurde er nach der langen Entwöhnung auf See nur allzubald und allzuleicht ein Opfer von Gangstern und Zuhältern. In fremden Häfen hielt sich das in Grenzen, weil der Seemann dort nur einen Vorschuß auf seine Heuer erhielt. Im Heimathafen oder bei der Abmusterung in einem europäischen oder nordamerikanischen Hafen aber, wo die Heuer voll abgerechnet wurde, zogen ihn Landhaie gewöhnlich schon am ersten Abend total aus. Eine Nacht und der Seemann war um den Lohn einer zwei- bis dreimonatigen Schwerstarbeit betrogen. »Silbern klingt und springt die Heuer ...«, eine Verhöhnung des Seemanns!

Einen Einblick in die Verhältnisse an Bord von Segelschiffen gegen Ende des 19. Jahrhunderts geben die Briefe eines jungen Seemanns an seine Eltern, die im Schiffahrtsmuseum in Rostock aufbewahrt sind. Der erste Brief des Jungen ist voller Stolz, er schreibt den Eltern: »... Mein Schiff ist das größte im gesamten Hafen. Es ist der Dreimaster ›Aequator‹, ein Bremer Schiff. Zuerst fahren wir in Ballast nach England, dort nehmen wir Ladung und dann geht es weiter ... Heute habe ich mir meine Sachen gekauft: Vier wollene Hemden, darunter ein knallrotes, dann eine große grüne Seekiste, einen Ölanzug, eine schottische Mütze, ein Paar blaue Düffelhosen, zwei Paar englische Lederhosen, ein Paar Handschuhe, ein Südwester, ein blauer Überwurfkittel, ein Zugsack für schmutzige Wäsche, eine Matratze mit Kissen, zwei wollene Decken und zwei Messer mit Lederschilden ...«

Im zweiten Brief wird die Aufzählung ergänzt um zwei Paar Schuhe und ein Paar Wasserstiefel sowie verschiedene Artikel des persönlichen Bedarfs. Damit ist das von der Mutter mitgegebene Geld verbraucht, es reicht sogar nicht ganz. Doch der Junge tröstete die Eltern: »... Heute bin ich gemustert worden. Die Reise geht von England nach West- oder Ostindien und dauert anderthalb

Jahre. Auch hat mir der Kapitän versprochen, wenn ich mich gut aufführe, mir fünf Bremer Thaler monatlich zu geben ...«

Auf besorgte Fragen antwortet er im nächsten Brief. »... Wir sind 23 Mann an Bord. Leider sind heute nacht vier Mann davongelaufen. Wir essen, solange wir an Land festliegen, die Woche zweimal Fleisch, zweimal Erbsen, einmal Bohnen, einmal Kohl oder Rüben und des Sonnabens Pflaumensuppe. Morgens trinken wir schwarzen Kaffee mit geschmiertem Schiffszwieback, des Abends essen wir immer warm, meistenteils Bratkartoffeln ... Wir nehmen hier englische Steinkohle, die wir nach Callao in Perú bringen. Bis dahin dauert die Reise etwas über 100 Tage, denn wir müssen um Kap Horn herum ... Unser Schiff ist jetzt voll beladen. Das geschah durch Schuten, die bei uns längsseits kamen, wobei die Kohle in Körbe gepackt und an uns übergeben wurde ...«

Der nächste Brief kommt aus Callao. Das erste große Erlebnis liegt hinter ihm. Anschaulich beschreibt er die Reise: »... Nachdem wir morgens von Cardiff abgelaufen waren, mußten wir am gleichen Nachmittag wieder vor Anker gehen, bis Wind und Strömung dem Schiff zuhilfe kamen. Furchbare Anstrengungen kostete es uns, das Gangspill zu drehen, um den Anker zu hieven, was uns erst nach zehn Uhr abends gelang. Wir waren einige Wochen in See, da erscholl plötzlich der Ruf: Swinfisch, Swinfisch! Es war ein schöner Anblick, diese 6 bis 10 Fuß großen Fische um das Schiff herum schwimmen und springen zu sehen. Unser Obersteuermann kletterte unter den Klüverbaum und band sich dort – mit einer Harpune bewaffnet – fest. Jetzt kam ein solches Ungeheuer dicht unter dem Bug des Schiffes dahergeschwommen. Ein Wurf und die Harpune saß in seinem Rücken. Ihr könnt Euch nicht denken, was der 8 Fuß große Kerl für ein Spektakel an Deck machte, er schnaufte wie ein Elefant. Sein Fleisch ist rot und schmeckt wie Schweinefleisch ...

Wir hatten gerade Kap Horn umschifft, als wir schlechtes Wetter bekamen. Die Wellen schlugen über Deck zusammen, und das Schiff krachte in allen Fugen. Ich will Euch nicht alle die Schrecknisse dieses Sturms schildern, der acht Tage anhielt. Doch eines Nachts um 12 Uhr – unsere Wache lag gerade in der Koje – wurden wir plötzlich geweckt, um das letzte Reff in das Marssegel zu stecken. Da erscholl plötzlich der Ruf: Mann über Bord! Ein Leichtmatrose, mein bester Freund, war keine drei Fuß von mir entfernt von der Rah gestürzt. Schnell enterten wir nieder an Deck. Doch vergeblich blickten wir in die Finsternis. Wir konnten ihn nicht sehen und das Meer antwortete auf unser Rufen nur mit einem dumpfen Brüllen ...«

In einem weiteren Brief beschreibt er die Beladung des Schiffes mit Guano: »Das Guano liegt etwas südlich von hier auf drei Inseln, an manchen Stellen einige hundert Fuß hoch. Es sieht gelb aus und hat einen furchtbar starken Geruch an sich. Selbst wenn wir mit verbundener Nase ins Zwischendeck gehen, halten wir es nicht länger als zwei bis drei Minuten aus. Die Leute, die den Guano graben und laden, sind Chinesen. Jährlich werden Hunderte von ihnen nach hier gebracht und als Sklaven verkauft. Sieben Wochen haben wir hier gelegen, bevor wir nach Callao zurücksegelten, um unser Schiff untersuchen zu lassen. Jetzt segeln wir nach England zurück … Am hellichten Tag holen sie hier Leute von Bord. Die Ronners, wie man diese Menschenräuber nennt, halten nie, was sie den Matrosen vorher versprochen haben. Sie geben ihnen an Land einen Schlaftrunk ein und verkaufen sie an grausame Kapitäne, die sonst keine Leute kriegen. So sind uns vier Matrosen gestohlen worden …«

Über die Rückreise berichtet er seinen Eltern aus London:

»Nach einer langen Reise von 132 Tagen kamen wir glücklich am 15. September in Falmouth an. Beim Kap Horn hatten wir viele schwere Stürme. Wir verloren dabei die große Bramstenge und den oberen Teil des Großmastes mit Rah. Ferner wurde auf einer Bordseite das Schanzkleid weggeschlagen, so daß die See beliebig über Deck spülen konnte und wir auf der Weiterreise bei Decksarbeiten bis zum Leib im Wasser standen. Das Schlimmste aber war ein großes Leck im Vorsteven, das uns zwang, die ganze Reise Tag und Nacht zu pumpen. Beim Kap Horn wollte der Alte sogar Ladung über Bord werfen, um das Schiff zu leichtern … Das Seeleben gefällt mir noch sehr gut, aber ich wollte doch, daß ich erst hier von Bord wäre. Hier gibt es immer Streit und Schlägereien, bald unter uns und bald mit den Offizieren. Der Alte hat uns sogar schon kommen lassen, hat uns die Gesetze vorgelesen und will die Anführer mit Gefängnis strafen lassen. Der Proviant ist auch nicht mehr gut. Butter und andere gute Dinge sind seit einem halben Jahr verschwunden …«

In London wechselte der junge Seemann das Schiff, aber auch auf dem neuen wurde er nicht heimisch. Seinen Eltern schrieb er, daß er zwar gute Heuer auf verschiedenen Dampfern bekommen könne, doch wolle er nicht auf einem Dampfer fahren. Schließlich ging er mit einem Segler von Hamburg aus erneut nach Callao. Wie bunt sich die Besatzung zusammensetzte und wie häufig sie wechselte, darüber gibt ein weiterer Brief Auskunft: »… Von Hamburg liefen wir mit acht Matrosen aus: zwei Preußen, ein Oldenburger, zwei Schweden und drei Dänen. In Cardiff liefen uns die beiden Schweden und zwei Dänen weg. Dafür erhielten wir neu zwei Preußen, einen Holländer und einen Norweger. In Callao liefen davon: drei Preußen, ein Däne und ein Norweger. Für die Reise zu den Guano-Inseln kamen dafür drei Chilenen und ein Peruaner an Bord. Nachdem diese vier Mann in Callao wieder abgestiegen waren, erhielten wir einen Lübecker, einen Schweden, einen Belgier und einen Engelsmann. In Galway wurden der Schwede, der Engelsmann, der Preuße und der Lübecker abgemustert. Dafür kamen ein Holländer, ein Engelsmann, ein Schotte, ein Irländer und ein Amerikaner. Diese letzten und dazu der Belgier gingen in New York von Bord. Nun kamen ein Oldenburger, drei Irländer, ein Schotte und ein Amerikaner, die hier in London wieder abmusterten.«

Auch der Junge selbst suchte sich ein neues Schiff. Es war sein viertes, immer noch ein Segler, von dem er bald darauf endgültig abmustern sollte. Doch das konnte er seinen Eltern nicht mehr schreiben, der Heuerbaas tat es für ihn: »… kann ich nicht umhin, Ihnen die traurige Mitteilung zu machen, daß Ihr Sohn Paul während der Reise von Havre nach New York an einer Art Cholera gestorben ist« … Fünf Jahre fuhr der Junge zur See!

Die Zeit der Dampfschiffahrt

Schiffahrt und Schiffbau im 19. Jahrhundert

Bis zur Unabhängigkeitserklärung der Vereinigten Staaten von Amerika war die Seeverbindung zwischen Europa und den englischen Kolonien in Nordamerika das Monopol britischer Schiffahrtsgesellschaften gewesen, die sich nun der einsetzenden Konkurrenz deutscher, französischer und auch italienischer Reedereien zu erwehren hatten. Als sich Anfang des 19. Jahrhunderts die Länder Lateinamerikas von spanischer und portugiesischer Vormundschaft befreiten, wandelte sich an der gesamten amerikanischen West- und Ostküste der bisherige Kolonialhandel zu einem weltoffenen Handel um. Großkaufleute und Reeder sahen ihre Chance, die Dampfertonnage wuchs und die Leistungsfähigkeit der Schiffe stieg sprunghaft an.

Den Ansprüchen der neuen Entwicklung im Seeverkehr waren die alten Organisationsformen der Schiffahrt, wie sie auch in Deutschland noch bestanden, nicht gewachsen. Die Partenreedereien mußten Aktiengesellschaften und kapitalkräftigen Privatunternehmen weichen. Beispiele für diese Entwicklung in Deutschland waren die Hapag, der Norddeutsche Lloyd und die Privatreeder Laeisz, Sloman, Rickmers und andere Gesellschaften und Einzelreeder. Eine deutsche Schiffahrt gab es bis zur Reichsgründung 1871 nicht. Selbst als 1834 der deutsche Zollverein gebildet wurde, blieben die Küstenstaaten Oldenburg, Hannover, Schleswig-Holstein, Mecklenburg und die beiden großen Hafenstädte Hamburg und Bremen außerhalb dieser Vereinbarung. Diese Länder und Städte schlossen weiterhin isoliert voneinander, nicht selten sogar gegeneinander, Handels- und Schiffahrtsverträge mit ausländischen Regierungen ab.

Weil die Kleinstaaten ebensowenig wie die Stadtstaaten in der Lage waren, die unter ihrer Flagge fahrenden Handelsschiffe wirkungsvoll zu schützen, konnten marokkanische Piraten deutschen Schiffen noch Mitte des 19. Jahrhunderts in der Nordsee vor Elbe- und Wesermündung auflauern. Viele Reeder ließen deshalb ihre Schiffe unter britischer, niederländischer oder dänischer Flagge fahren, um den effektiven Schutz eines Flaggenstaates zu genießen. Einer der Leitgedanken der bürgerlich-demokratischen Revolution von 1848/49, der auch von Seiten der Schiffahrt lebhaft unterstützt wurde, war, diesen Zustand deutscher Ohnmacht zu ändern.

Obwohl die hoffnungsvoll unternommenen Versuche, einen deutschen Einheitsstaat und damit auch eine Flotte unter einheitlicher Flagge zu schaffen ebenso wie die Revolution selbst scheiterten, setzte sich in den nachfolgenden

Jahren die kapitalistische Produktionsweise in Deutschland durch. Die industrielle Warenproduktion wuchs von 1851 bis 1860 um 120 Prozent, und 1870 belegte Deutschland hinter Großbritannien und den Vereinigten Staaten den dritten Platz in der Weltindustrieproduktion. Die mit der industriellen Entwicklung verbundene Steigerung des Import- und Exportbedarfs führte zu einer schnellen Vergrößerung auch der deutschen Handelsflotte. Der Schiffsraum stieg von 500 000 Bruttoregistertonnen im Jahre 1850 auf 999 044 Bruttoregistertonnen im Jahre 1870.

Von größter Bedeutung für das Reedereigeschäft war die Zunahme von Auswanderungen im 19. Jahrhundert. Die Statistiken über englische, irische und deutsche Auswanderer nach Übersee sind bis etwa 1870 unsicher. Nach deutschen Unterlagen sind von 1820 bis 1850 rund 1,6 Millionen Deutsche nach den USA ausgewandert, von 1851 bis 1870 waren es noch einmal 1,2 Millionen. Allein über deutsche Häfen, hauptsächlich über Bremen, schifften sich im Jahre 1854 230 400 Männer, Frauen und Kinder nach New York ein. Aus Bremen kommend, liefen im gleichen Jahr 177 Segler in den Hafen von New York ein, Hamburg hatte 1854 als Auswandererhafen nur wenig Bedeutung, die Ostseehäfen fielen fast völlig aus, so daß deutsche Häfen allein den Auswandererstrom nicht bewältigten. 120 000 Deutsche verließen über ausländische Häfen ihre Heimat. Bevorzugt wurden Le Havre mit über 100 Abfahrten jährlich nach New York, gefolgt von London mit rund 80 Abfahrten und Antwerpen, Rotterdam sowie Amsterdam mit etwa 60 Abfahrten für deutsche Auswanderer. Außer diesen Reisen nach New York verkehrten Auswandererschiffe auch nach Baltimore, New Orleans, Philadelphia und Galveston in den USA und ebenfalls, wenn auch nicht im gleichen Umfang, nach Brasilien und Argentinien in Südamerika sowie nach Australien und Neuseeland. Ab 1871 liegen exakte Zahlen vor:

Von 1871 bis 1900 sind 2 495 659 Menschen aus Deutschland nach Übersee ausgewandert. Das ergibt für die Zeit von 1820 bis 1900 eine Zahl von 5,2 Millionen deutschen Auswanderern. Die Zahl der europäischen Auswanderer insgesamt ist nicht genau erfaßt. Mitte des 19. Jahrhunderts sollen jährlich zwischen 300 000 und 500 000 Menschen ihre Heimat verlassen haben.

Der Höhepunkt der deutschen Auswanderung lag mit über 200 000 Auswanderern jährlich Anfang der achtziger Jahre. Die Zahlen fielen danach auf jährlich 100 000 ab, und 1900 waren es nur noch 24 353 Menschen, die zu 95 Prozent nach den Vereinigten Staaten und zu 5 Prozent nach anderen überseeischen Ländern auswanderten. Die Gesamtzahl der europäischen Auswanderer stieg jedoch weiter an, die Auswanderergebiete hatten sich nur vom Westen nach Österreich, Ungarn, Polen, Rußland und anderen ost- und südosteuropäischen Ländern verlagert. Um 1900 waren von den Auswanderern, die in Hamburg und Bremen ein Schiff nach Übersee bestiegen, nur noch 10 Prozent Deutsche, 90 Prozent waren Ausländer. Die Auswanderer waren es, zuerst die Deutschen, danach die Ausländer, die Hamburg und Bremen ebenso wie den in ihren Häfen beheimateten Reedereien den großen Aufschwung brachten.

Der Auswanderer- und Passagierverkehr über den Nordatlantik hatte auch für die westeuropäischen und nordamerikanischen Großreedereien eine entscheidene wirtschaftliche Bedeutung. Nach Schätzungen betrugen die Passageeinnahmen 1896 aus dem gesamten Nordatlantikverkehr 110 Millionen Mark, die bis 1913 auf 472 Millionen Mark anstiegen. Das entsprach einer Beförderungsleistung von 1 859 000 Passagieren westwärts und 719 000 Passagieren ostwärts. Diese Zahlen zeigen, daß die gut zahlenden Kajütspassagiere zugenommen hatten, aber die Grundlage des Amerikaverkehrs nach wie vor die Auswanderer, die Zwischendeckpassagiere, bildeten. Daran änderte auch das zunehmende Frachtaufkommen nichts, denn noch 1912 entfielen beim Norddeutschen Lloyd 77 Prozent und bei der Hapag 56 Prozent der Einnahmen auf die Personenbeförderung. Doch gab es auch Reedereien, die ihre Schiffe nur im Gütertransport einsetzten.

Die im Nordatlantikverkehr tätigen Reedereien kompensierten die höhere Personenbeförderung in westlicher Richtung mit Frachtgut von Amerika nach Europa. So lieferten die Südstaaten der USA bis zum amerikanischen Bürgerkrieg zwei Drittel der europäischen Importbaumwolle. Der Handel ging fast ausschließlich über Liverpool, dessen Einwohnerzahl im 19. Jahrhundert auf über eine Million anwuchs. Aber der Nebenbei-Transport reichte nicht aus, den ständig steigenden Rohstoffbedarf der europäischen Industriestaaten zu decken. Gegen Ende des 19. Jahrhundert importierten die Europäer rund 50 Prozent ihres Baumwollbedarfs aus den USA, 25 Prozent aus Indien, 12 Prozent aus Brasilien, 6 Prozent aus Ägypten und den Rest aus anderen Ländern.
Schafwolle war ein weiteres Produkt, das nach Europa eingeführt werden mußte. Die zunehmende Industrialisierung hatte das Schaf in vielen europäischen Ländern verdrängt oder den Schafbestand so eingeschränkt, daß die inländische Wollproduktion den Bedarf nicht mehr decken konnte. Vor allem in Australien, aber auch in Südamerika und Südafrika, fand das Schaf bessere Lebensbedingungen vor. In Australien hatte man 1788 die ersten 20 Schafe ausgesetzt, bis 1870 hatte sich ihr Bestand auf über 25 Millionen Stück vermehrt. Durch Klima und Vegetation bedingt, blieben die Schafe das ganze Jahr ohne Hüter und Ställe sich selbst überlassen. Nur die Schur brachte ihren Besitzern Arbeit. Im Jahre 1871 lieferte Australien 567 000 Ballen Wolle nach Europa; damit beherrschte es vor Südamerika und Südafrika den europäischen Markt. Die Schiffahrt fand in der Australienfahrt – die britische Regierung unterstützte die Auswanderung nach Australien finanziell – eine lohnende Aufgabe. Selbst Segelschiffe brachten um die Jahrhundertwende ihren Gewinn.
Obwohl in Europa, besonders in Frankreich und Italien, Rohseide produziert wurde, blieb China wie schon im Altertum und Mittelalter das Hauptlieferland für Seide und Seidengewebe. Die Riesenwälder von Maulbeerbäumen ernährten eine solche Menge von Seidenraupen, daß China nicht nur den eigenen großen Bedarf decken, sondern auch den wachsenden Bedarf Europas befriedigen konnte. Nach Statistiken wurden 1869 insgesamt 3,25 Millionen Kilo-

gramm Rohseide im Wert von 40 Millionen Talern aus chinesischen Häfen nach Europa verschifft. Weitere Seidenexportländer, deren Häfen von europäischen Reedereien angelaufen wurden, waren Japan, Bengalen und der Iran.

Bei den importierten Genußmitteln machte der Zucker mengenmäßig den größten Anteil aus. Im Weltmaßstab belief sich die Zuckerproduktion 1870 auf etwa 18,5 Millionen Tonnen, davon waren zwei Drittel Rohzucker und ein Drittel Rübenzucker. Das wichtigste Rohzucker-Exportland war Kuba, das ein Drittel des Weltbedarfs deckte, während Deutschland und Frankreich die Hauptproduzenten des Rübenzuckers waren. Auch der Kaffeeverbauch stieg in Europa ständig, besonders hoch war er in der Schweiz und in Deutschland. Führend in der Erzeugung von Kaffeebohnen war Brasilien mit 2 Millionen Tonnen, gefolgt von Java mit einer Million Tonnen, Mittelamerika mit 0,750 Millionen Tonnen sowie Ceylon und Westindien mit je 0,500 Millionen Tonnen. Tee war ein Getränk, das besonders in Großbritannien, den Vereinigten Staaten und in Rußland sehr beliebt war. Die Hauptausfuhrländer waren China, Japan, Korea und Indien. Der Tabakgenuß hatte sich im 19. Jahrhundert schon über die ganze Erde verbreitet, angepflanzt wurden Tabakblätter hauptsächlich in den Südstaaten der USA, in Westindien und Mittelamerika. Der pro Kopf Verbrauch betrug in den Vereinigten Staaten, aber auch in Großbritannien, Deutschland, Dänemark und Österreich jährlich mehrere Pfund.

Für Deutschland liegen über das Ansteigen der jährlichen Importe und Exporte von der Regierung ermittelte Zahlen vor:

Jahr	Einfuhr		Ausfuhr	
	in Mio Tonnen	in Mio Mark	in Mio Tonnen	in Mio Mark
1872	13,3	3 464	10,0	2 492
1876	16,6	3 911	12,9	2 604
1880	14,1	2 859	16,4	2 946
1884	17,7	3 284	19,1	3 269
1888	21,8	3 435	20,7	3 352
1892	29,5	4 227	19,8	3 150
1896	36,4	4 558	25,7	3 753
1900	45,9	5 833	32,6	4 555

Von diesen Außenhandelsgütern nahmen zwei Drittel den Weg über See, wobei sich dieses Verhältnis »langsam zu Gunsten der Schiffahrt« verschob, wie es in der Regierungserklärung vom Frühjahr 1900 hieß.

Der seit der Reichsgründung einsetzende Aufschwung des Handels kam voll den Nordseehäfen, vorrangig Hamburg und Bremen, zugute, während die von der Bismarck-Regierung betriebene Zollpolitik die Getreide- und Holzausfuhr von der Ostseeküste so erschwerte, daß Häfen und Reedereien verkümmerten. Die Handelsflotte des deutschen Reiches besaß 1900 einen Schiffsraum von

2,65 Millionen Bruttoregistertonnen; die Ostseeflotte, die 1870 noch die Hälfte der Gesamtflotte Deutschlands ausgemacht hatte, war nur noch mit 218 750 Bruttoregistertonnen vertreten. Lübeck, einst die stolze Königin der Hanse, besaß 1900 noch ein Segelschiff und 26 Dampfer mit zusammen 14 503 Bruttoregistertonnen. Rostock erlitt ein ähnlich bitteres Schicksal: 1870 hinter Hamburg noch mit der höchsten Schiffszahl aller deutschen Häfen vertreten, sank die in Rostock beheimatete Tonnage bis 1900 auf 54 Schiffe mit 23 892 Nettoregistertonnen ab. In Hamburg spottete man: »Rostock versetzte sich selbst in den Ruhestand!«

Die Gesamttonnage der deutschen Handelsflotte nahm bis 1914 weiterhin rasch zu. Kurz vor Ausbruch des ersten Weltkrieges waren rund 4 000 Schiffe mit über 5 Millionen Bruttoregistertonnen Schiffsraum unter deutscher Flagge registriert. Damit belegte die deutsche Handelsflotte mit einem Anteil von 10,8 Prozent an der Welthandelstonnage, die rund 47 Millionen Bruttoregistertonnen umfaßte, den zweiten Platz in der Weltrangliste. Nur Großbritannien verfügte über eine größere Handelsflotte. Das deutsche Kaiserreich hatte gegenüber seinen Mitkonkurrenten erheblich an Boden gewonnen, denn die Vergrößerung der Flotte war nichts anderes als der Ausdruck seiner Expansion auf dem Weltmarkt. Während das Wertvolumen des Welthandels von rund 100 Milliarden Mark im Jahre 1900 auf 160 Milliarden Mark im Jahre 1913 stieg, entwickelte sich der Außenhandel des deutschen Reiches im gleichen Zeitraum von 10,388 Milliarden Mark auf 20,9 Milliarden Mark. Die Spitze behauptete Großbritannien, dessen Außenhandel sich 1913 auf 24,1 Milliarden Mark belief, während die USA mit einem Wertvolumen von 17,7 Milliarden Mark den dritten Platz einnahmen.

Wachsender Welthandel und Seeverkehr führten zu einer Hochkonjunktur im Schiffbau; hier war Großbritannien allen Konkurrenten weit voraus. Im Jahre 1900 wurden in Großbritannien 692 Schiffe mit 1 442 000 Bruttoregistertonnen gebaut, das war mehr als in allen anderen Ländern der Welt zusammengenommen. Von dieser Tonnage kamen 1 127 000 Bruttoregistertonnen unter britischer Flagge und 315 000 Bruttoregistertonnen unter fremder Flagge in Dienst. An der Spitze der Abnehmer standen deutsche Reeder, die 104 000 Bruttoregistertonnen Schiffsraum auf britischen Werften bauen ließen.

Nach Angaben des Germanischen Lloyd liefen im gleichen Jahr in anderen Schiffbauländern vom Stapel:

Staat	Tonnen	davon Tonnen Kriegsschiffe
Vereinigte Staaten von Amerika	358 000	25 000
Deutschland	260 000	56 000
Frankreich	165 000	18 000
Italien	67 000	–

Staat	Tonnen	davon Tonnen Kriegsschiffe
Niederlande	51 000	5 800
Rußland	39 000	32 000
Norwegen	33 000	260
Österreich	25 000	10 600

Ihre dominierende Stellung verdankte die britische Schiffahrt dem früher als in anderen europäischen Staaten begonnenen industiellen Aufschwung, der geographischen Lage des Landes, dem weltumspannenden Kolonialverkehr und der erst mit dem Übergang zum Freihandel 1849 aufgehobenen Navigationsakte. Über die britische Schiffahrt liegen auch die meisten Angaben vor. Von einer auf 30 Millionen Bruttoregistertonnen geschätzten Welthandelstonnage besaß Großbritannien 1901 10,169 Millionen Bruttoregistertonnen, die sich auf 12 755 Schiffen verteilten. Nach einer amtlichen britischen Statistik liefen 1899 insgesamt 359 821 Schiffe mit zusammen 105 188 000 Bruttoregistertonnen britische Häfen an. Der Einfuhr nach Großbritannien stand eine entsprechende Ausfuhr gegenüber. So betrug 1900 allein die Kohlenausfuhr 45 Millionen Tonnen. Rund 90 Prozent der ein- und auslaufenden Schiffe waren britisch.

In den USA betrieb man eine nahezu entgegengesetzte Politik. Der prozentuale Anteil der amerikanischen Flagge am eigenen Außenhandel sank von 23 Prozent 1870 auf 8,9 Prozent im Jahr 1899. Nach einem Senatsbericht vom Sommer 1900 zahlten US-Firmen für den Transport ihrer Außenhandelsgüter im abgelaufenen Jahr 175 Millionen Dollar an fremde Flaggen. Der Bericht nannte als Ursache für den Rückgang der amerikanischen Handelstonnage die zu hohen Bau- und Betriebskosten. Während auf einer amerikanischen Werft die Bruttoregistertonne eines Dampfers 160 Dollar kostete, betrug der Preis auf englischen Werften nur 140 Dollar. Die in den USA höheren Zinsen auf das Anlagekapital verteuerten den Schiffsbetrieb im Vergleich zu britischen Schiffen um 4,60 Dollar pro Bruttoregistertonne; dazu kamen höhere Personalkosten. Schließlich hieß es im Bericht, daß in Europa und Japan jährlich 26 Millionen Dollar Subventionen an Reedereien gezahlt würden, in den USA dagegen nur 998 211 Dollar im letzten Fiskaljahr. Mit der Spekulation auf höhere Subventionen, denn die wurden im Bericht gefordert, kaufte der Pierpont-Morgan-Trust die auf Pari stehenden Aktien der englischen Leyland Reederei zu einem Wert von 145 Prozent auf, das waren 1,76 Millionen Pfund Sterling.

Nimmt man den britischen Schiffbau als Maßstab, so lagen die Dampfergrößen um 1900 zu 55 Prozent unter 2 000 Bruttoregistertonnen, zu 27 Prozent zwischen 2 000 und 4 000 Bruttoregistertonnen, zu 13 Prozent zwischen 4 000 und 6 000 Bruttoregistertonnen und nur 5 Prozent überstiegen diese Größe. Als die »Größten« erregten die mit Staatszuschüssen erbauten luxuriösen Schnelldampfer der großen englischen, deutschen und französischen Reedereien weltweites Aufsehen, nicht ganz zu Recht, wie ein Vergleich des am 4. April 1901 in Belfast vom Stapel gelaufenen Dampfers CELTIC mit dem etwa zur gleichen Zeit bei der Vulcan-Werft abgelaufenen größten Schnelldampfers KAISER WILHELM II. beweist. Der Luxusdampfer des Lloyd war schneller und teurer, die CELTIC größer und wirtschaftlicher.«

Daten	CELTIC	KAISER WILHELM II.
Bruttoregistertonnen	20880	19361
Wasserverdrängung	36700	26000
Länge in engl.Fuß (30,479 cm)	700	707
Breite in engl.Fuß	75	72
Raumtiefe in engl.Fuß	49	41
Maschinenstärke in PS	14000	40000
Geschwindigkeit in Knoten	16,5	23,2
Kajütspassagiere	500	1000
Zwischendeckreisende	2352	800
Besatzung	335	585

Über die Entwicklung von Reederei und Schiffbau im Verlaufe des 19.Jahrhunderts schrieb der Sohn des bekannten Hamburger Reeders Rob. M. Sloman, der selbst Reeder war, in einem Artikel der Hamburger Börsen-Halle vom September 1890: »Nicht allein was Anzahl und Größe der Schiffe anbetrifft, sondern auch in jeder anderen Beziehung ist kaum eine Parallele zwischen der einstigen Reederei und der jetzigen zu ziehen. Alles war verschieden, Material, die Handhabung desselben, die Navigation, kurz es waren die verschiedensten Zustände verglichen mit der Gegenwart. Etwas besonders Charakteristisches war der Umstand, daß es damals mit wenigen Ausnahmen keine Reederei im eigentlichen Sinne des Wortes gab. Es waren mehr Schiffseigentümer als Reeder. Häuser von Bedeutung besaßen stets ein oder mehrere Schiffe: ich glaube fast, man war der Ansicht, daß es zur Stellung derselben gehörte ... Es war zu komisch, wenn Kaufleute glaubten, ein gediegenes Urteil über ein gegebenes Schiff durch seine äußere Beschaffenheit abgeben zu können. Ein bedeutendes Haus stand im Begriff, ein Schiff zu kaufen; der Senior desselben, ein alter Herr, hielt sich für verpflichtet, es zuvor zu besichtigen. Nachdem er Kajüte und was dazu gehört in bester Ordnung befunden, das Schiff überhaupt einen guten Eindruck auf ihn gemacht hatte, wollte er sich noch von der Solidität der Bauart überzeugen, indem er wiederholt mit seinem spanischen Rohr auf das Verdeck stampfte. Da dieses nicht davon bewegt wurde, sprach er das Urteil: ›ein starkes Schiff‹, worauf es gekauft wurde.«

Sloman jr. war offensichtlich nicht nur ein guter Reeder!

Linienfahrt und Passagierverkehr über den Atlantik

Die zunehmende Industrialisierung in Westeuropa und Nordamerika sowie der damit verbundene steigende Export von Fertigerzeugnissen nach Übersee, verlangten in der zweiten Hälfte des 19.Jahrhunderts zwingender als zu früheren Zeiten eine bestimmte Regelmäßigkeit in der Schiffahrt. Zwar gab es viele Einzelreeder, die ihre Schiffe zwischen Europa und Nordamerika fahren ließen, aber sie hielten sich an keine Route und keinen Fahrplan, sondern luden in jeden Hafen die für sie günstigste Fracht. Dem Kaufmann dagegen war es wichtig, seine Waren rasch an den Empfänger zu liefern und die Frachtrate exakt kalkulieren zu können. Er suchte deshalb nach Schiffsverbindungen, auf denen gute und schnelle Schiffe nach einem im voraus festgelegten Fahrplan zuverlässig und in möglichst kurzen Zeitabständen zwischen bestimmten Häfen verkehrten. Ansätze zu einer solchen Linienfahrt, wie diese Form der Schiffahrt bezeichnet wird, hatte es bereits früher bei der Hanse, den italienischen Seestädten und auch in der spanischen Amerikafahrt gegeben. Allerdings waren hierfür rein militärische Gründe maßgebend oder Versuche, bestehende Handelsmonopole aufrechtzuerhalten.

Solange für den Linienverkehr über die Ozeane nur die von Wind und Wetter abhängigen Segler zur Verfügung standen, waren tage- oder wochenlange Verzögerungen, Unsicherheiten, Beschädigungen und selbst der Verlust von Schiff und Ladung nicht auszuschließende Attribute der Seeschiffahrt. Dennoch erzwangen die kapitalistischen Produktionsverhältnisse und der Wille Hunderttausender von Menschen zur Auswanderung nach Übersee, die Aufnahme regelmäßiger Schiffahrtsverbindungen. Weitsichtige Reeder gründeten mit Privat- oder Aktienkapital die ersten Liniendienste, rentabel waren sie allerdings nur mit staatlichen Subventionen für Postbeförderung und einer vollen Auslastung der Schiffszwischendecks mit Auswanderern.

Die erste neuzeitliche Linienverbindung wurde 1816 zwischen New York und Liverpool von der American-Black-Ball-Line eröffnet. Die Reederei setzte auf dieser Route 4 rund 500 Tonnen große Segler ein, die für eine Überfahrt etwa fünfundzwanzig Tage benötigten. Rob. M. Sloman schickte 1836 seine Bark FFRANKLIN auf die erste Linienfahrt nach New York und warb für seine

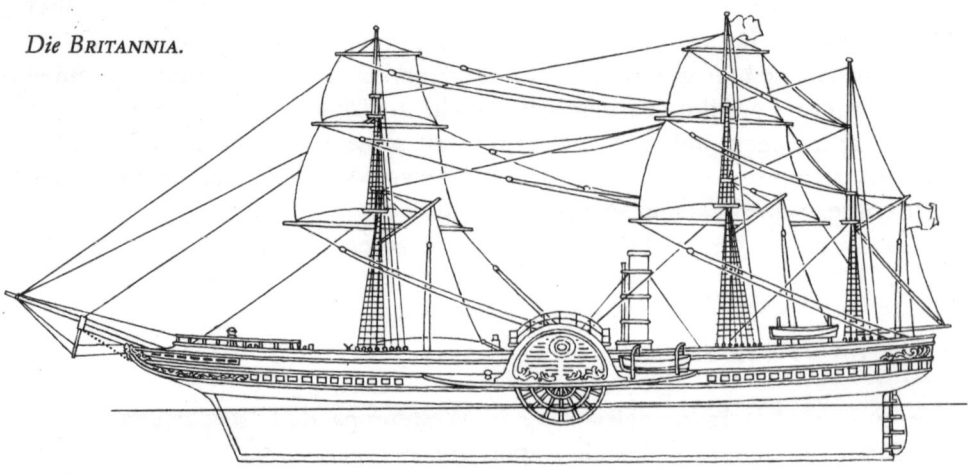

Die Britannia.

368

ebenfalls mit 4 Seglern betriebene Linienverbindung Hamburg–New York um Post und Passagiere. Die erste Dampferlinie über den Nordatlanik wurde 1840 von Cunard zwischen Liverpool und Boston eröffnet, später – mit erhöhten staatlichen Postzuschüssen – war New York der Zielhafen. Der Dienst wurde mit 4 Dampfern, der ACADIA, BRITANNIA, CALEDONIA und der COLUMBIA aufgenommen, bei einer Überfahrtdauer von rund vierzehn Tagen bot die Cunard-Linie im Sommer vierzehntägige und im Winter monatliche Abfahrten. Die Schiffe der Cunard-Linie, hölzerne Raddampfer von 1 156 Bruttoregistertonnen, hatten eine Länge von 63 Metern, eine Breite von 10,5 Metern und einen Tiefgang von 6,9 Meter. Die Maschinen besaßen eine Nennleistung von 440 PS. Bei einem Kohleverbrauch von 31 bis 38 Tonnen pro Tag erzielten die Schiffe eine Geschwindigkeit von 8,5 Knoten. Die Besatzung bestand aus 89 Mann, 115 Passagiere konnten aufgenommen werden.

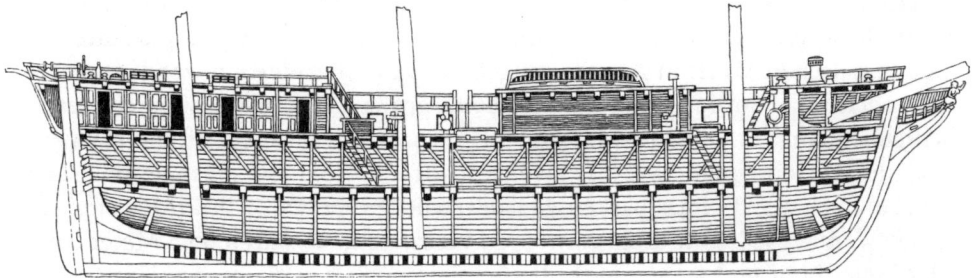

Hapag-Segler DEUTSCHLAND.

Durch die Erfolge dieser Linienschiffsreedereien ermutigt, wurde 1847 in Hamburg die erste deutsche Schiffahrtsgesellschaft, die Hamburg-Amerikanische-Packet-Actien-Gesellschaft (Hapag) gegründet. Das Wort »Packet« leitete sich von den Postsendungen ab, die zu Paketen verpackt an Bord geschafft wurden. Die Hapag nahm 1848 den regelmäßigen Verkehr zwischen Hamburg und New York zunächst mit Segelschiffen, dem Vollschiff DEUTSCHLAND sowie den beiden Barken NORDAMERIKA und RHEIN auf. Noch im gleichen Jahr wurde die Bark ELBE als viertes Schiff hinzugekauft. Die 4 Schiffe zusammen besaßen eine Tonnage von 1 792 Bruttoregistertonnen und eine Aufnahmekapazität für 1 424 Passagiere.

Bereits im Jahre 1841 sollte eine regelmäßige Dampferlinie zwischen Bremerhaven und New York aufgenommen werden, doch das Projekt scheiterte. Die Bremer, den Cunard-Erfolg vor Augen, gaben nicht auf, und auch die Amerikaner waren an einer schnellen Postverbindung zum europäischen Festland interessiert. Als die amerikanische Regierung einen Postvertrag in Aussicht stellte, kam es zur Gründung der Ocean-Steam-Navigation-Company. Die für den Dienst vorgesehenen 4 Dampfer wurden von der amerikanischen Regierung für die Postbeförderung subventioniert und von Bremen finanziert. Bremen forcierte den Ausbau des 1827 angelegten Außenhafens Bremerhaven, begann mit dem Bau der Eisenbahnlinie nach Hannover und schloß Postverträge mit verschiedenen deutschen Staaten ab. Der zweite Dampfer der Gesellschaft, die HERMANN, war noch im Bau, als das erste Schiff, die WASHINGTON, am 2. Juni 1847 von New York aus die Linie nach Bremen/Bremerhaven eröffnete. Der Fahrpreis betrug für jeden der 182 Passagiere der ersten Klasse 120 Dollar und für jeden der 70 Passagiere der zweiten Klasse 60 Dollar.

Doch die Schiffe der Gesellschaft, hölzerne Raddampfer, waren für den Atlantikverkehr entschieden weniger geeignet als die Cunard-Schiffe. Ständige Reparaturen, Schäden und Ausfälle führten zur Aufkündigung des Postvertrages durch die amerikanische Regierung. 1857 ging die Ocean-Steam-Navigation-Company in Konkurs.

Noch im Jahre 1853 hatte der Vorsitzende der Hapag, Godeffroy, erklärt, daß eine Dampfschiffahrtslinie ohne Staatszuschüsse nicht bestehen könne. Doch bereits ein Jahr später veranlaßte die durch den Krimkrieg ausgelöste Konjunktur in der Dampfschiffahrt die Aktionäre der Gesellschaft, 2 Dampfschiffe bei einer englischen Werft in Auftrag zu geben. Deutsche Werften waren zu jener Zeit noch nicht in der Lage, entsprechend große und qualitativ gute eiserne Schraubendampfer zu bauen. Im Mai 1855 wurde das erste Schiff, die HAMMONIA, und im September 1855 das zweite Schiff, die BORUSSIA, fertiggestellt. Die Schiffe, noch als Dreimastbarken getakelt, wurden mit 2 026 Bruttoregistertonnen bzw. mit 2 131 Bruttoregistertonnen vermessen, sie waren 85,3 Meter lang, 11,7 Meter breit und gingen unter Berücksichtigung der Wasserverhältnisse auf der Elbe nur·26 Fuß tief (Hamburger Fuß = 28,461 Zentimeter).

Die HAMMONIA machte 14 Knoten Fahrt, die BORUSSIA 10 Knoten, sie besaßen eine Besatzung von 77 Mann und boten Platz für 510 Passagiere, davon 54 in der ersten Klasse, 146 in der zweiten Klasse und 310 im Zwischendeck. Zu zahlen hatten die Passagiere für eine Überfahrt in der ersten Klasse 120 Taler, in der zweiten Klasse 75 Taler und im Zwischendeck war der Preis abhängig vom Auswandererstrom; er betrug bis zu 50 Taler. Die erste Reise traten beide Schiffe aber nicht nach Amerika, sondern nach der Krim an, wohin sie von der Hapag als Truppentransporter verchartert worden waren. BORUSSIA fuhr für die britische, HAMMONIA für die französische Regierung Soldaten und Nachschub ins Schwarze Meer. Bis zur Aufnahme des Liniendienstes nach New York am 1. Juni 1856 hatten beide Schiffe der Reederei bereits einen Reingewinn von 236 000 Mark eingefahren.

In Bremen war man hartnäckig bemüht, nach der Liquidierung der Ocean-Steam-Navigation-Company, möglichst bald eine neue Dampferlinie von Bremen aus nach New York in Gang zu setzen. Man entschied sich 1857, also noch im gleichen Jahr des Konkurses der alten Gesellschaft, zur Gründung des Norddeutschen Lloyd, einer Schiffahrtsgesellschaft, die durch den Zusammenschluß bereits bestehender Reedereien entstand. Nachdem im Gründungsjahr der Linienverkehr mit kleinen Dampfern nach England aufgenommen worden war, eröffnete der Norddeutsche Lloyd im Juni 1858 mit den vier

Schraubendampfern BREMEN, NEW YORK, HUDSON und WESER den Linienverkehr nach New York. Die Schiffe waren, ebenso wie die der Hapag, auf englischen Werften erbaut worden. Vor Aufnahme des Liniendienstes hatte der Lloyd einen Postkontrakt mit dem Generalpostmeister der USA abschließen können.

Die BREMEN, die als erstes Schiff des Norddeutschen Lloyd am 19. Juni 1858 von Bremerhaven nach New York auslief, war scharf wie ein Klipper gebaut und besaß die volle Takelung einer Bark. Das 2 674 Bruttoregistertonnen große und 97,5 Meter lange Schiff traf nach einer Überfahrtsdauer von 14 Tagen und 13 Stunden am 4. Juli in New York ein. An Bord befanden sich 102 Mann Besatzung, 22 Kajütspassagiere, 93 Zwischendeckreisende sowie 150 Tonnen Fracht und Postgut. Mit der Werbeschrift über die BREMEN liegt ein interessantes Zeitdokument vor.

»Die Kajüten sind mit den besten Bequemlichkeiten und mit feinem Geschmack eingerichtet, die erste wird etwa 160, die zweite 110 Fahrgäste fassen können. Zu beiden Seiten des schönen geräumigen Salons, den die feinsten Möbel und an den Wänden Medaillons mit Ansichten Bremens schmücken, sind die netten Schlafkammern der 1. Kajüte gelegen, welche für je 2 oder 4 Personen eingerichtet sind und außer den sauberen Betten Sophas, Waschtische und verschiedene verschließbare Kasten enthalten. Nicht nur die erste, sondern auch die zweite Kajüte hat ihr besonderes Rauchzimmer für Herren und ein elegantes Damenzimmer. Musikliebhaber finden in der ersten Kajüte ein treffliches Piano, das Schiff besitzt ferner zwei Badezimmer und eine Bibliothek. Das Zwischendeck ist geräumig, luftig und entspricht allen Rücksichten auf Gesundheit, es wird im Ganzen über 401 Personen aufnehmen können.«

Das Anpreisen von Bequemlichkeiten in den Passagierkajüten und die Hervorhebung von »allen Rücksichten auf die Gesundheit« der Zwischendeckreisenden, das waren vor allem Auswanderer, zeigt den Wandel, der sich in der zweiten Hälfte des 19. Jahrhunderts auf der Atlantikroute vollzogen hatte. Waren es bis dahin nur Auswanderer gewesen, die unter erbärmlichen, ja, lebensbedrohenden Umständen im Zwischendeck eines Seglers die Überfahrt ins »gelobte Land« angetreten hatten, so schifften sich nun auch vermögende Europäer zu einer Vergnügungsfahrt nach Amerika und umgekehrt reich gewordene Amerikaner zu einer Erinnerungsreise nach Europa auf einem der neuen schnellen Dampfer ein. Doch nicht sie machten das Atlantikgeschäft für den Reeder rentabel, sondern das taten – wie auch schon vorher – die Auswanderer.

Mit dem Einsatz von Schnellseglern und Dampfschiffen auf der Europa-Amerika-Linie hatte sich die Überfahrtzeit, die zuvor nicht selten hundert Tage und mehr betragen hatte, bedeutend verkürzt. Die Cunard-Dampfer erreichten New York von der Themse aus in durchschnittlich sechzehn Tagen, die Raddampfer der Ocean-Steam-Navigation-Company benötigten zwischen Bremen und New York rund zwanzig Tage, und auch die Reisedauer der modernen

Segler betrug auf der Strecke Bremen–New York nur noch dreiundzwanzig bis sechsundzwanzig Tage und zwischen Hamburg und New York vierundzwanzig bis achtundzwanzig Tage.

In der gleichen Zeit hatten sich die Zustände im Zwischendeck während der Reise spürbar verbessert. Aufgrund verbrecherischer Geschäftspraktiken einiger Reedereien, die Menschen schlechter als Vieh beförderten – es gab Reisen, auf denen 20 bis 25 Prozent der Zwischendeckpassagiere starben –, sahen sich die amerikanische und einige europäische Regierungen gezwungen, Beschränkungen bei der Zulassung für Auswandererschiffe zu erlassen.

Bremen schützte seit 1832 die Auswanderer mit Verordnungen vor allzu cleveren Geschäftspraktiken von Maklern und Spekulanten; Hamburg erließ 1836 eine Verordnung über Proviantierung, Ausrüstung und Einrichtung der Zwischendecks von Auswandererschiffen. Die USA-Regierung forderte 1847, daß jedem Zwischendecksreisenden nach USA-Häfen mindestens eine 14 Quadratmeter große Fläche im Zwischendeck zur Verfügung stehen mußte. Als die Hapag mit ihren vier Seglern ins Auswanderergeschäft einstieg, erhielt auf ihren Schiffen jeder Erwachsene seine eigene Koje. Lattenverschläge trennten Männer von Frauen und Müttern mit Kindern, auch gab es einfache Wasch- und Toilettenräume. Das war längst nicht die Regel auf allen Auswandererschiffen.

In den letzten Jahrzehnten des 19. Jahrhunderts kamen bei den großen deutschen, aber auch bei soliden ausländischen Reedereien, nicht mehr als ein Zwischendeckspassagier auf zwei vermessene Schiffsregistertonnen. Als Schlafstätte dienten Doppelstockkojen. Die Schiffe waren mit Rettungsbooten ausgerüstet und führten ausreichend Proviant und Trinkwasser mit. Eine Vergnügungsreise war die Überfahrt dennoch nicht. Die Schiffsführung achtete auf strenge Disziplin. Die Zwischendecksreisenden mußten um 6 Uhr in der Früh aufstehen, ihre Kojen machen und das Deck säubern. Am Tage hatten sich alle gesunden Personen an Oberdeck aufzuhalten, im Zwischendeck durfte nicht geraucht und auch kein Feuer angezündet werden. Der Besatzung war der Zutritt zum Zwischendeck, den Zwischendecksreisenden der Zutritt zu den Mannschaftsräumen verboten. Diese Maßnahmen ließen die Trunkenheit, Gewalt- und Sittlichkeitsverbrechen, die über Jahrzehnte auf den Aufwandererschiffen üblich waren, erheblich absinken.

Was den Auswanderer an Bord erwartete und was er selbst mitzubringen hatte, war ihm bereits vorher durch den Makler mitgeteilt worden; er konnte es aber auch Anschlägen entnehmen, die in den Häfen gewöhnlich ausgehängt waren. So hieß es auf einem Plakat der Hapag um die Jahrhundertwende: »Jeder Passagier erhält seinen besonderen Platz. Verheiratete Leute kommen mit ihren Kindern in einen Raum; ledige Frauenzimmer in Zimmer für sich allein und ledige Männer in Räumlichkeiten, welche von den anderen gänzlich getrennt sind … Die Passagiere haben sich mit Teller, Tasse, Messer, Gabel, Löffel und Wasserkanne sowie Bett zu versehen. Dies alles ist in Hamburg mit geringen Kosten anzuschaffen.«

Das galt für den Platz auf einem Dampfer, denn wie in der gesamten Schifffahrt verdrängte der Dampfer den Segler auch in der Beförderung von Passagieren über den Atlantik. Im Jahre 1865 liefen in New York an Auswandererschiffen 215 Dampfer, davon 25 aus Bremen und 28 aus Hamburg ein; dagegen 297 Segler, davon 73 aus Bremen und 30 aus Hamburg. Im Jahre 1873 waren es 699 Dampfer, davon 90 aus Bremen und 60 aus Hamburg; dagegen nur noch 49 Segler, davon 28 aus Bremen und 4 aus Hamburg. Ab Ende der siebziger Jahre ist der Passagierverkehr über den Atlantik nahezu ausschließlich von Dampfern durchgeführt worden.

Hapag wird größte Reederei

Die Hapag hatte 1857 2 weitere Dampfer, die AUSTRIA und die SAXONIA, in England bauen lassen, um den gut gehenden Linienverkehr über den Atlantik mit 4 Schiffen betreiben zu können. Doch die AUSTRIA wurde ein Unglücksschiff. Auf ihrer ersten Fahrt – sie fuhr als Truppentransporter auf britische Rechnung nach Indien – mußte sie nach einer Havarie bei schwerem Wetter umdrehen, nach dem Wiederauslaufen zwang eine Maschinenhavarie in der Biskaya sie zur erneuten Aufgabe. In der Linienfahrt nach New York eingesetzt, verursachte sie eine der größten Schiffskatastrophen. Am 13. September 1858 brach bei der Überfahrt nach New York Feuer an Bord aus, das sich rasch über das gesamte Schiff ausbreitete und zum Untergang der AUSTRIA führte. Von der Besatzung und den 420 Passagieren konnten nur 67 Menschen gerettet werden.

Als Ersatz für die AUSTRIA kaufte die Hapag 1860 2 Altschiffe an, die später umgetaufte BAVARIA und die TEUTONIA. Der amerikanische Bürgerkrieg von 1861 bis 1865 brachte zwar einen Rückgang in der Passagierbeförderung, doch wurde der Verlust durch den Transport von Kriegsmaterial mehr als nur ausgeglichen. Die Aktionäre konnten zufrieden sein, denn die Dividende betrug 1860 = 8 Prozent, 1861 = 10 Prozent, 1863 = 8 Prozent, 1864 = 8 Prozent und 1865 = 20 Prozent. In nur fünf Jahren erhielten die Aktionäre über die Hälfte des eingezahlten Kapitals als Zinsen zurück. Mit der Beendigung des amerikanischen Bürgerkriegs stieg die Zahl der Auswanderer sprunghaft an; die Hapag beförderte 1865 über 30000 Passagiere. Das schuf die Voraussetzung, die Schiffsanzahl bis 1868 auf 10 Überseedampfer zu erhöhen. Die Reederei war nun in der Lage, beim Liniendienst nach New York im Sommerhalbjahr wöchentliche Abfahrten zu bieten und einen weiteren Liniendienst nach New Orleans, unter Einzug von Havanna, einzurichten.

Den Deutsch-Französischen Krieg 1870/71 überstand die Hapag ohne Verluste. Der Linienverkehr nach Amerika wurde nur kurz unterbrochen und dann um Schottland herum weitergeführt. Zur gleichen Zeit bereitete man die Eröffnung einer Linie nach Westindien vor. Darüber hieß es in einer Rundschrift vom 31. Dezember 1870: »Mit Beginn des Jahres 1871, nach Herstellung des Friedens und gesicherter geschäftlicher Zustände, wird die projektierte neue

Linie mittels an der Clyde erbauten, mit neuen Maschinen versehenen und auf das eleganteste und dem Clima entsprechend eingerichteten, eisernen Post-Dampfschiffen erster Classe ›BORUSSIA‹, ›BAVARIA‹ und ›TEUTONIA‹ eröffnet werden, und zwar nach der Art, daß am 24. jeden Monats eine Expedition von Hamburg bis Colon mit Anschluß nach allen Häfen des Stillen Ozeans und zurück statt finden wird ...«

Der Gründung des Deutschen Reiches 1871 folgten die »Gründerjahre«; sie machten sich auch in der deutschen Seeschiffahrt bemerkbar. Das Gütervolumen stieg, und neue Reedereien wurden gegründet: 1871 die Hamburg-Südamerikanische Dampfschiffahrts Gesellschaft, die mit 3 Dampfern den Verkehr nach Brasilien aufnahm; ebenfalls 1871 die Kingsin-Linie, die regelmäßige Abfahrten nach dem Fernen Osten bot, und 1872 die Deutsche Dampfschiffahrts-Gesellschaft Kosmos, die einen Liniendienst nach der Westküste Südamerikas eröffnete. Waren die Interessengegensätze zwischen diesen Reedereien nur gering, so kam es aber auch zur Bildung direkter Konkurrenzunternehmen. Für die Hapag entstand 1872 mit der Transatlantischen Dampfschiffahrtsgesellschaft ein gefährlicher Rivale in Hamburg selbst. Den Vorsitz der Gesellschaft übernahm der renommierte Hamburger Reeder Rob. M. Sloman, und bekannt wurde die Gesellschaft unter dem Namen Adler-Linie, da ihre Reedereiflagge einen schwarzen Adler auf rot eingefaßtem weißem Grund zeigte.

Der einsetzende Konkurrenzkampf wurde durch die in den USA einsetztende und langandauernde Wirtschaftskrise verschärft. Auswandererzahlen und Güteraufkommen gingen zurück, Frachtraten und Passagepreise fielen. Die Schiffe beider Reedereien, sowohl die der Hapag als auch die der Adler-Linie, fuhren mit Verlust. Als die Passagierzahl von 50 000 in Jahr 1873 auf 34 000 im Jahr 1874 sank, geriet die Hapag in eine prekäre Finanzsituation; die Adler-Linie aber stand bei dem auf 30 Taler abgesunkenen Passagepreis vor dem Bankrott. Sloman, der bereits 1873 den Vorsitz der Gesellschaft niedergelegt hatte, war gezwungen, selbst seine Segler aus dem Nordamerikaverkehr herauszunehmen. Im Ergebnis des ruinösen Konkurrenzkampfes kaufte die Hapag im März 1875 die Adler-Linie mit 7 größeren Dampfern, allen Vorräten und Einrichtungen auf. Damit hatte sich die Hapag zwar als größte Reederei in Hamburg behauptet, aber Dividende erhielten die Aktionäre in den nächsten vier Jahren nicht mehr. Auch international war die Reederei zurückgefallen. Erst eine Konzentration des Kapitals im Verhältnis von 3 zu 2, das bedeutete eine Herabsetzung von 22,5 auf 15 Millionen Mark, und weitere Finanzoperationen gaben dem Unternehmen die erforderliche Stabilität zurück.

Die Jahre bis 1885 brachten die Reederei kaum weiter. Ihr leitender Direktor, Godeffroy, war 1880 nach über dreißigjähriger Tätigkeit in den Ruhestand gegangen, die neuen Herren aber begannen nur vorsichtig ihr Werk. Die Konkurrenz wußte das zu schätzen. Edward Carr, ein Neffe von Rob. M. Sloman, eröffnete 1881 eine regelmäßige Linie nach Nordamerika. Seine Schiffe, die nur Zwischendeckspassagiere beförderten, wurden bei den Auswanderern rasch beliebt. Sie boten durch den Wegfall der Kajütspassagiere viel mehr Bewegungsfreiheit, und auch die Preise lagen niedriger als bei Hapag, Lloyd oder ausländischen Reedereien. Carr verband sich wenige Jahre später mit der Sloman-Reederei zu der Union-Linie. Trotz einer internationalen Vereinbarung auf der »Conferenz der Nordeuropäischen Linien« über einen einheitlichen Passagepreis von 100 Mark sah die Zukunft für die Hapag nicht eben rosig aus, denn Carr hatte für sich auf der Konferenz einen Ausnahmepreis von 90 Mark durchgesetzt.

Im Jahre 1886 stand die Hamburg-Amerikanische-Packet-Actien-Gesellschaft mit 26 seegängigen Schiffen und 67 716 Bruttoregistertonnen erst an 22. Stelle der Welthandelsflotte. Weit vor ihr rangierten so berühmte Reedereien wie die Penensular & Orien (P & O) in Großbritannien, die Compagnie Générale Transatlantique in Frankreich und die Navigazione Generale Italiana in Italien. Selbst das Bremer Unternehmen, der Norddeutsche Lloyd, war davongezogen, was die Hamburger ganz besonders wurmte. Der Lloyd stellte seit 1881 Schnelldampfer in Dienst, die 1884 eine Größenordnung von über 7 000 Bruttoregistertonnen erreichten und 16 bis 17 Knoten liefen. In Hamburg aber war der letzte Neubau nicht einmal 4 000 Bruttoregistertonnen groß. Folgerichtig nur, wenn der Lloyd 1885 schon 108 174 Personen beförderte, die Hapag dagegen nur 42 158.

Albert Ballin (1857–1918) kam 1886 als Leiter der Passageabteilung zur Hapag, 1888 wurde er in die Direktion berufen. Er forcierte zuerst und vor allem die Passagierfahrt. Auf seinen Vorschlag wurde der Bau von 2 Schnelldampfern beschlossen, von denen einer in England und einer – unter Einfluß Bismarcks und Prinz Wilhelms, des späteren deutschen Kaisers Wilhelm II. – auf der Stettiner Vulcan-Werft geordert wurde. Weitere Aktivitäten folgten, und neue Linien wurden eröffnet. Ende 1888 besaß die Hapag einschließlich der im Bau befindlichen Schiffe, 37 Seeschiffe mit zusammen 106 000 Bruttoregistertonnen.

Die ersten beiden Schnelldampfer, Doppelschraubenschiffe, mit dem ganzen luxuriösen Plüsch und Prunk des zu Ende gehenden 19. Jahrhunderts ausgerüstet, wurden 1889 in Dienst gestellt. Die AUGUSTA VICTORIA (später AUGUSTE VICTORIA (Name der deutschen Kaiserin) benötigte für die Strecke von Southampton nach New York sieben Tage und zwei Stunden. das zweite Schiff, die COLUMBIA, schaffte die gleiche Strecke in sechs Tagen und einundzwanzig Stunden. Mit dem nun einsetzenden Wettrennen über den Atlantik hatte die Hapag, genauer wohl Albert Ballin, das erreicht, was er wollte: die Aufmerksamkeit der europäischen und amerikanischen Öffentlichkeit zu erregen. Wirtschaftlich waren die neuen Schiffe nicht. Der Brennstoffverbrauch für eine Überfahrt lag bei 2 400 Tonnen Kohle, und die Besatzung betrug 250 Mann, die vor allem im Bereich der Maschinenanlage und der Passagierbetreuung tätig waren.

Im Mai 1890 kam das dritte Schiff, die NORMANNIA, und ein Jahr darauf die wiederum bei Vulcan gebaute FÜRST BISMARCK in Dienst. Die 8 430 Bruttoregistertonnen große FÜRST BISMARCK legte im April 1892 die Reise nach New

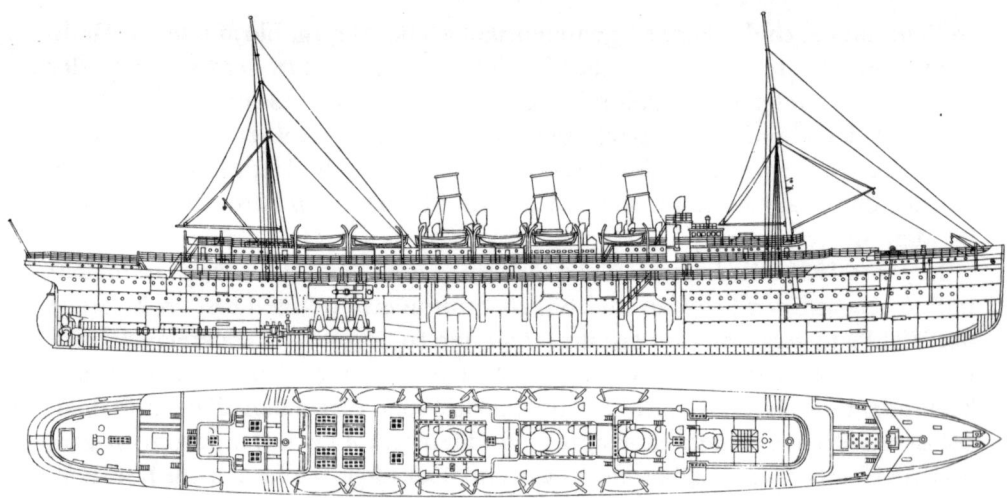

Die FÜRST BISMARCK.

York in sechs Tagen, elf Stunden und vierundvierzig Minuten zurück, das bedeutete eine Rekordfahrt mit einer Durchschnittsgeschwindigkeit von 19,65 Knoten. Die 4 Schnelldampfer und ihre Reisen hatten die Hapag ins Gespräch gebracht, die Passagierzahl stieg von 59 430 im Jahre 1889 auf 125 997 im Jahre 1891. Der Einsatz der Schnelldampfer führte aber auch zu einer Trennung von Passage und Fracht und nicht zuletzt verschärfte er den Konkurrenzkampf auf der Nordatlantikroute.

Die Übereinstimmung der großen europäischen Reedereien, die 1885 auf der Konferenz der nordeuropäischen Linien erzielt worden war, hatte nur bis 1890 gehalten. Danach entbrannte ein mörderischer Ratenkrieg, der den Preis für eine Zwischendecksreise nach New York auf 10 Dollar drückte. Die damit verbundenen Verluste hielt keine der beteiligten Reedereien viel länger als ein Jahr aus. So kam es im Januar 1892 zur Gründung des Nordatlantischen Dampfer-Linien-Verbandes (NDLV), einer Monopolabsprache, die gemeinsam Raten festlegte und die Zahl der Zwischendeckspassagiere nach einem ausgehandelten Schlüssel auf die einzelnen Konferenzreedereien verteilte. Allerdings zogen sich Engländer und Franzosen nach anfänglicher Beteiligung zurück, so daß der Vertrag schließlich nur von der Hapag, dem Norddeutschen Lloyd, der Holland-Amerika-Linie und der Red-Star-Line Antwerpen unterzeichnet wurde, die gemeinsam 35 Prozent des gesamten Auswandererverkehrs bewältigten. Davon erhielt der Norddeutsche Lloyd nach Amerika 46,16 Prozent, von Amerika 44,53 Prozent; die Hapag 28,84 Prozent und 18,47 Prozent, die Holland-Amerika-Linie 9,30 Prozent und 16,32 Prozent sowie die Red-Star-Line 15,70 Prozent nach Amerika und 20,68 Prozent von Amerika.

Diese Konferenzabsprache wurde 1895 durch einen Rückversicherungsvertrag mit britischen Reedereien erweitert. Danach verzichteten die Konkurrenzreedereien auf den Transport von britischen und skandinavischen Auswanderern, während die britischen Reedereien die Beförderung der osteuropäischen Auswanderer voll den Konferenz-Linien überließen. 1896 wurde die Konferenz-Absprache auf Kajütspassagiere ausgedehnt, nachdem bereits 1894 eine Regelung über die Frachtanteile im Stückgutverkehr, zu jener Zeit noch als Paketverkehr bezeichnet, getroffen worden war.

Die Hapag, die sich 1893 den Rufnamen Hamburg-Amerika-Linie zugelegt hatte, wandte sich nach den Prestige-Erfolgen mit ihren Schnelldampfern wieder dem Geldverdienen zu. Sie brachte 1894/95 Schiffe in Fahrt, die nach ihrem mit dem Buchstaben »P« beginnenden Namen als P-Dampfer bekannt und berühmt wurden. Sie konnten bis zu 2 500 Zwischendecksreisende und gleichzeitig bis zu 7 500 Tonnen Fracht befördern. Bei einem extrem niedrigen Kohleverbrauch von 55 bis 60 Tonnen täglich – die Schnelldampfer verbrauchten 250 bis 300 Tonnen – machten sie 13 Knoten Fahrt. Der Einsatz der P-Dampfer steigerte den Betriebsgewinn der Hapag schon im ersten Jahr auf mehr als das Doppelte. Noch im gleich Jahr bestellte die Reederei zu den 5 in Fahrt befindlichen weitere 6 P-Dampfer und stieß kleinere Fahrzeuge ab. Der größte P-Dampfer wurde die PENNSYLVANIA mit 13 333 Bruttoregistertonnen. Mit einer Tragfähigkeit von über 14 000 Tonnen vermochte sie auf einer Reise eine Warenmenge zu befördern, für die der erste Hapag-Segler DEUTSCHLAND sechs Jahre benötigt hätte. Außerdem war sie für die Aufnahme von 2 400 Zwischendecksreisenden und 350 Kajütspassagieren eingerichtet.

Im Jahre 1897 feierte die Hapag ihr 50-jähriges Bestehen; sie konnte sich zu diesem Zeitpunkt bereits größte Reederei der Welt nennen. Die Flotte zählte 58 große Seeschiffe mit rund 250 000 Bruttoregistertonnen, der Aktienkapital betrug 45 Millionen Mark. 344 Rundreisen waren 1896 durchgeführt worden, bei denen 1 808 108 Kubikmeter Güter und 84 250 Passagiere befördert wurden. Interessant auch dieser Vergleich: In der Verwaltung arbeiteten 130 Mitarbeiter, während in der Flotte 4 095 Mann als Besatzung fuhren. Für die Anwerbung von Passagieren, immer noch das Hauptgeschäft, arbeiteten 1 300 Agenturen in ganz Europa.

Die Hapag ruhte sich nicht auf ihren Lorbeeren aus: 1899 wurde Albert Ballin zum Generaldirektor berufen. Bereits vorher war die Hansa Reederei aufgekauft und die Kingsin-Linie mit der Hapag verschmolzen worden. 1900 kam es zu einer Interessengemeinschaft mit der Hamburg-Süd. Verhandeln, Ellbogen und Risikobereitschaft war die Parole des neuen Mannes. 1898 waren 14 und 1899 noch einmal 25 Neubauten bestellt worden, dazu kam der Ankauf von guten Schiffen als Alttonnage bei finanzschwachen Reedereien. Das alles führte dazu, daß die Hapag zur Jahrhundertwende mit 486 528 vorhandenem und 98 660 Bruttoregistertonnen geordertem Schiffsraum nicht nur die größte Einzelreederei der Welt war, sondern auch die Handelflotten ganzer Länder hinter sich ließ: Nach der Hapag rangierten Schweden, Norwegen, Italien, Spanien, Österreich, Japan, Holland, Rußland und Belgien.

Das Jahr 1900 brachte der Hapag einen weiteren Prestigeerfolg. Am 5. Juli 1900 trat die DEUTSCHLAND ihre erste Reise nach New York an. An ihrem Stapellauf hatte der deutsche Kaiser teilgenommen, der spätere Reichskanzler Bülow hatte die Taufrede gehalten. Prahlerisch war schon beim Bauauftrag an die Vulcan-Werft gefordert worden, daß das neue Schiff an Schnelligkeit und Komfort alles bisher dagewesene überflügeln müsse. Das richtete sich nicht zuletzt gegen die Neubauten des Norddeutschen Lloyds, der mit seinem Schnelldampfer KAISER WILHELM DER GROSSE 1897 das »Blaue Band« in seinen Besitz gebracht hatte. Die 16 502 Bruttoregistertonnen große DEUTSCHLAND unterbot zwar nicht diese Rekordfahrt nach Amerika, holte sich aber das »Blaue Band« in umgekehrter Richtung von Amerika nach Plymouth mit einer Reisedauer von fünf Tagen, sieben Stunden und achtunddreißig Minuten. Die Durchschnittsgeschwindigkeit des Schiffes betrug 23,51 Knoten. Mit der DEUTSCHLAND verfügte die Hapag wieder über 5 Schnelldampfer auf der Hamburg-Amerika-Linie.

Für die europäischen Nordatlantik Linien stieg überraschend der amerikanische Großfinanzier J. Pierpont Morgan in das Schiffahrtsgeschäft ein. Er kaufte nacheinander die englischen Leyland-Linien und die Atlantik-Transport-Line auf, stand bei den Verhandlungen mit den namhaften Reedereien American-Line und Red-Star-Line vor einem Abschluß, und auch der Erwerb der renommierten englischen White Star Line schien sicher. Die Reederei-Gruppe Morgans, als International Mercantile Marine Company bekannt, drohte für die Hapag zu einem gefährlichen Konkurrenten zu werden. Ballin entschloß sich, zu verhandeln. Er holte sich die ausdrückliche Genehmigung der deutschen Regierung und des Kaisers, um – auf Druck des Kaisers – auch im Namen des Loyd sprechen zu können, der von sich aus keine Verhandlungen aufnehmen wollte.

Am 20. Februar 1902 wurde der streng geheimgehaltene Vertrag zwischen dem Morgan-Trust und Hapag/Lloyd unterzeichnet; seine Aktionäre informierte Ballin erst danach. Zwar hatte Morgan keine Kapitalbeteiligung an den beiden großen deutschen Reedereien durchsetzen können, aber beide hatten dem Morgan-Unternehmen einen Anteil von ihren Dividenden zu zahlen, wenn diese über 6 Prozent hinaus gingen. Als Gegenleistung hatte sich Morgan verpflichtet, eine bestimmte Summe zu zahlen, wenn die Dividenden unter 6 Prozent blieben. Wie sich bald herausstellen sollte, hatte Ballin ein Verlustgeschäft unterzeichnet, denn die Zahlungen der Hapag überstiegen die des Morgan-Trustes beträchtlich.

Die Berliner Börsenzeitung jubelte zu früh, als sie 1902 schrieb: »Am Tage vor Pfingsten genehmigte die Generalversammlung der White-Star-Line den Verkauf der stolzesten englischen Reederei an das Morgan-Syndikat. Damit erhielt der amerikanische Schiffahrtstrust einen leistungsfähigen Bestandteil, und die Neuorganisation der atlantischen Schiffahrt war perfekt. Nunmehr wurde auch für die deutschen Gesellschaften die Bahn frei, ihr Abkommen mit dem Trust zu publizieren und in vollem Umfang zu zeigen, wie die Deutschen und Amerikaner als gleichberechtigte Bundesgenossen an die erste Stelle der atlantischen Schiffahrt treten.«

Ballin hatte bei seiner Unterschrift auch weitere Konsequenzen, vor allem die Reaktion der Briten, nicht in seine Überlegungen einbezogen. Der deutsch-amerikanische Schritt wurde im britischen Parlament diskutiert, die britische Regierung zahlte höhere Schiffahrtssubsidien. Den größten Nutzen zog hieraus der ärgste Rivale der deutschen Großreedereien, die Cunard-Line. Cunard verpflichtete sich, Aktien nur noch an britische Staatsangehörige zu verkaufen, nur Briten als Direktoren zu berufen und Cunard-Schiffe nur mit britischen Offizieren zu besetzen. Da auch der französische Reederriese, die Compagnie Générale Transatlantique, wie Cunard jede Zusammenarbeit mit Morgan und den deutschen Reedereien ablehnte, setzte ein ruinöser Ratenkrieg auf dem Nordatlantik ein. Morgan hatte sich übernommen. Sein Trust geriet als erster in Schwierigkeiten, die endlich zum totalen Zusammenbruch führten.

Das Wall Street Journal quittierte das Ende: »Der Ozean war zu groß für den alten Mann«! Ballin aber und die Hapag-Aktionäre waren noch einmal davongekommen; der Vertrag wurde in gegenseitigem Einverständnis 1912 aufgehoben.

Im gleichen Jahr machten Ballin und die Hapag erneut von sich reden. Mit IMPERATOR, VATERLAND und BISMARCK waren 3 Riesendampfer in Auftrag gegeben worden. Beim Stapellauf der IMPERATOR 1912 hielt Kaiser Wilhelm II. die Taufrede; es war sein Schiff, das größte Schiff der Welt: 52 117 Bruttoregistertonnen, 4 000 Passagiere, 1 180 Mann Besatzung, 62 000 PS Maschinenanlage, die dem Schiff eine Geschwindigkeit von über 23 Knoten verlieh. Die IMPERATOR ging 1913 in den Liniendienst nach New York, die VATERLAND folgte ein Jahr später, die BISMARCK wurde bis zum Ausbruch des ersten Weltkriegs nicht mehr fertig.

Die BISMARCK war nicht einmal von Stapel gelaufen, als Ballin schon seine Forderung nach erhöhten Poolanteilen stellte. Der Norddeutsche Lloyd lehnte ab, eine englische Zeitung schrieb: »... wenn unsere Herrschaft der Meere bedroht ist, so kommt diese Drohung nicht von den deutschen Dreadnoughts, sondern von Herrn Ballin.« Wieder mischte sich der Kaiser ein und zwang dem Lloyd das Einverständnis ab, für zunächst 15 Jahre eine Interessengemeinschaft auf dem Nordatlantik zwischen Hapag und Norddeutschem Lloyd herzustellen, in der die Gewinne zu 55,8 Prozent an die Hapag und zu 44,2 Prozent an den Lloyd gehen sollten. Der Vertrag wurde nicht wirksam, auch eine Konferenzabsprache mit den übrigen europäischen Amerikalinien kam wegen des ausbrechenden Weltkrieges nicht zustande.

Im März 1914 besaß die Hapag 175 Seeschiffe (ohne Seebäderschiffe) mit 1 038 645 Bruttoregistertonnen Schiffsraum, 19 weitere Schiffe mit 268 766 Bruttoregistertonnen waren geordert. Die Schiffe der Reederei beförderten im Jahre 1913 über 8 Millionen Tonnen Güter und 463 571 Passagiere. 12 Linien bestanden nach Nordamerika, 6 nach Westindien, 4 nach Mexiko, 6 nach Brasilien, 3 zum Rio de la Plata, 5 zur Westküste Amerikas, 3 nach Indien, 4 nach Ostasien und 14 nach Afrika. Dazu kamen gut ein Dutzend weitere Dienste, deren Basis- und Zielhäfen ausschließlich im Ausland lagen.

Der Norddeutsche Lloyd

Der Start des Norddeutschen Lloyd war nicht besonders gut. Noch bevor das vierte Schiff für den Atlantikverkehr, die WESER, in Dienst gestellt worden war und man schon vierzehntägige Abfahrten nach New York angekündigt hatte, brannte am 3. November 1858 der Dampfer HUDSON aus. Die WESER, kaum in Dienst, havarierte im Dezember 1858 auf einer Reise nach New York so schwer, daß sie auch nach erfolgter Reparatur nicht mehr sicher genug erschien und verkauft werden mußte. Und schließlich brach Anfang 1859 die Kurbelwelle der BREMEN. Es blieb nur die NEW YORK, und damit mußte von regelmäßigen Abfahrten vorerst Abstand genommen werden. Die Lloydaktien fielen, der Ruf nach Liquidation ging um.

Als die Darmstädter Bank dem Lloyd Aktien von einer Million Taler bei einem Kurswert von 28 Prozent zum Rückkauf anbot, gab der Lloydvorstand sofort sein Jawort. Vertrauen und Kurse stiegen. Die BREMEN wurde wieder in Dienst gestellt und fuhr zusammen mit der NEW YORK einen kleinen Gewinn ein. Der Generalpostmeister der USA hatte dabei Pate gestanden, denn nach der deutsch-amerikanischen bot er dem Lloyd ab 1860 auch die englisch-amerikanische Postbeförderung an. Das brachte für jede Rundreise knapp 5 000 Dollar ein. Es ging, wenn auch vorerst mit kleinen Schritten, aufwärts. Die Aktionäre des Lloyd erhielten 1861 und in den folgenden zwei Jahren 2 Prozent Dividende; selbst die Hapag war bereit, wieder mit dem Lloyd zu reden.

Im Jahre 1861 wurde die HANSA als drittes und ein Jahr darauf die AMERIKA als viertes Schiff auf der New-York-Linie eingesetzt. Beide Schiffe waren auf englischen Werften gebaut worden. Bei einem Kohleverbrauch von 43 Tonnen täglich liefen sie Geschwindigkeiten um 13 Knoten. Befriedigt hieß es im Geschäftsbericht vom April 1863: »Unsere Dampfer haben sich auch im verwichenen Jahr durch ihre Schnelligkeit rühmlich ausgezeichnet, ohne der Sicherheit irgendwelchen Abbruch zu tun. Die Reisen nach Osten legen sie durchschnittlich in zwölf Tagen, siebzehn Stunden, nach Westen in elf Tagen, sechszehn Stunden zwischen Southampton und New York zurück. Da die amerikanische Regierung die Beförderung der englisch-amerikanischen Post einzig und allein von der Schnelligkeit der Schiffe abhängig macht, so ist es sehr wichtig für uns, den Rang zu behaupten, den unsere Dampfer eingenommen haben.«

Den sieben »mageren« Jahren bis 1863 folgten acht »fette« Jahre bis 1871, in denen Dividenden in Höhe von 10 bis 20 Prozent ausgeschüttet werden konnten. Nur 1870 blieb es bei 5 Prozent. Schon die Einleitung zum Bericht an die Generalversammlung für das erste Erfolgsjahr 1864 gibt satte Zufriedenheit wieder: »Das abgelaufene Geschäftsjahr, das achte des Betriebes, weist so günstige Resultate auf, wie wir sie angesichts der vielen Störungen auf kommerziellem Gebiet wahrlich nicht erwarten durften. Zu desto größerer und aufrichtiger Freude gereicht es uns, zum erstenmal eine Abrechnung vorlegen zu können, welche die oft ausgesprochene zuversichtliche Hoffnung auf eine gedeihliche Entwicklung unseres Institutes zu befriedigen geeignet ist.«

Küstenmotorschiff bei mittleren Windstärken in der Nordsee.

◁ ◁ *Orkan tobt gegen die Küste*

◁ *Motorrettungsboot des holländischen Seenotdienstes*

Frachter in der Biskaya.

Schiff bei hohem Seegang im Atlantik.

Schnelldampfer BREMEN, *der 1929 das Blaue Band für den Norddeutschen Lloyd gewann.*

Kolumbuskaje in Bremerhaven, einst Liegeplatz der großen Luxusliner.

Ein großer Schnelldampfer wird festgemacht.

Fährschiffhafen Saßnitz auf Rügen.

Küstenmotorschiffe und Regelfrachter der fünfziger Jahre.

Der Maashafen in Rotterdam.

Norwegischer Massengutfrachter.

Der Verwaltungsrat – nach den Statuten des Lloyd lag bei ihm bis 1902 die eigentliche Leitung des Unternehmens – nutzte die Gunst der Jahre: Er orderte neue Schiffe, verdichtete den Dienst nach New York auf eine, dann auf zwei Abfahrten in der Woche, und er dehnte sein Liniennetz aus. Am 1. März 1868 eröffnete der Dampfer BALTIMORE die Linie nach Baltimore, ein gemeinsam mit der Baltimore-Ohio-Eisenbahngesellschaft betriebenes Geschäft. Ausgehend wurden Passagiere befördert und heimkehrend sorgte die Eisenbahngesellschaft für Tabak und Baumwolle als Rückfracht. Mitte des Jahres 1868 ging man bereits zu vierzehntägigen Abfahrten auf der Linie über.

Im gleichen Jahr startete der Lloyd Versuchsfahrten nach New Orleans, ab Herbst 1869 wurde der Hafen regelmäßig angelaufen. Lloyds Absicht war dieselbe wie beim Baltimore-Dienst; mehr Passagieranteile im Auswandererverkehr nach den Staaten, mehr Ladungsanteile in der Tabak- und Baumwollverschiffung nach Europa. Havanna war als Zwischenhafen einbezogen. Mit den neuen Linien festigte Bremen seine Stellung als Hauptimporthafen Deutschlands für Tabak und Baumwolle. Ab 1884 wurde der Dienst nicht mehr auf New Orleans, sondern auf Galveston geführt. Die Eröffnung einer weiteren Linie nach Westindien und Mittelamerika – die Dampfer waren schon in England geordert – mußte durch den beginnenden Krieg 1870 zurückgestellt werden.

Und dann waren plötzlich die mageren Jahre wieder da. Nicht der Krieg war schuld, denn 1870 hatte man noch 55 Rundreisen nach New York, 16 nach Baltimore, 9 nach New Orleans, 44 nach London, 34 nach Hull und 12 nach anderen Häfen durchgeführt. Doch der 1871 aufgenommene Westindien-Dienst brachte Verluste in Millionenhöhe. Der Dampfer KÖNIG WILHELM I., der den Dienst eröffnet hatte, strandete 1873 vor der niederländischen Küste. Im Frühjahr 1874 wurde die Linie eingestellt. Auch die New York-Fahrt machte Sorgen. Die Gründerjahre hatten Konkurrenzreedereien hervorgebracht, der erbitterte Ratenkrieg um die Zwischendeckspassagiere erschütterte die Finanzgrundlage des Lloyd. Allein die Mindereinnahmen im Geschäftsjahr 1874 beliefen sich auf 1,7 Millionen Mark. Es konnten weder Dividenden ausgeschüttet noch Abschreibungen vorgenommen werden.

Nach den Verlustjahren folgte das Unglücksjahr 1875 mit zwei Schiffskatastrophen. Der mit über 329 Menschen besetzte Dampfer DEUTSCHLAND geriet am 6. Dezember in der Themsemündung auf eine Sandbank. Die abgegebenen Notsignale wurden von den Rettungsstationen an der englischen Küste nicht bemerkt. Als nach 30 Stunden ein vorbeikommender Dampfer mit der Bergung begann, waren bereits 157 Menschen erfroren, die meisten in der Takelage, in die man wegen der steigenden Flut geflüchtet war. Die Verhandlungen vor dem englischen Seegericht erregten großes Aufsehen. In Deutschland führte der Unglücksfall zum Erlaß von Gesetzen und Verordnungen, um die Schiffssicherheit zu erhöhen. Die Institutionen der Seegerichte, die es in Deutschland noch nicht gab, wurden eingeführt. Nur wenige Tage später, am 11. Dezember

1875, explodierte auf dem Dampfer MOSEL, der auslaufbereit in Bremerhaven lag, eine an Bord gebrachte Dynamitladung: 150 Tote und Schwerverletzte waren zu beklagen. Der Attentäter, ein Versicherungsbetrüger, der eine getarnte Zeitbombe so eingestellt hatte, daß sie erst auf See hochgehen sollte, was den Untergang des Schiffes zur Folge gehabt hätte, beging Selbstmord. Die MOSEL strandete am 9. August 1882 bei Kap Lizard.

Die Verlust- und Unglücksjahre hielten bis 1879 an, denn im Sommer 1879 ging nach einer Kollision mit einem anderen Schiff der Dampfer CONDOR in der Ostsee verloren. Doch ein neuer Direktor, Johann G. Lohmann, sorgte, ähnlich wie Ballin bei der Hapag, für frischen Wind beim Lloyd. Seine große Idee war die Errichtung einer Schnelldampferlinie nach New York. Lohmann war durch einen neuen Dampfer der britischen Guion-Line, die ARIZONA, inspiriert worden, der statt der bis dahin üblichen 12 bis 13 Knoten übergangslos eine Geschwindigkeit von 16 Knoten entwickelte. Im Geschäftsbericht für 1880 teilte Lohmann im April 1881 der Generalversammlung mit: »... zu dem Ende kontrahierten wir im vergangenen Jahre mit der Firma John Elder & Co. in Glasgow einen neuen Postdampfer für unsere New Yorker-Linie, der den Namen ELBE erhalten hat. Das Schiff wird das größte der deutschen Handelsmarine sein und an Schnelligkeit von keinem anderen Dampfer zwischen Europa und Amerika übertroffen werden ...«

Mit dem Bau der Schnelldampfer kam es zu einer raschen Steigerung von Größe und Geschwindigkeit der Schiffe. Die ELBE ging 1881 in Dienst; ihre Rekordfahrten über den Atlantik lagen bei achteinhalb Tagen. Der Generalpostmeister der USA war zufrieden, die Postbeförderung blieb beim Lloyd. Allein die 5 Reisen des Indienststellungsjahres brachten dem Unternehmen einen Reingewinn von 500 000 Mark. Bis 1886 bestellte und setzte die Reederei weitere 8 Schnelldampfer im New York-Dienst ein. Der letzte auf einer englischen Werft gebaute Schnelldampfer, die LAHN, erreichte bei ihren Überfahrten Durchschnittsgeschwindigkeiten von 18 Knoten.

Die ersten auf deutschen Werften gebauten Schnelldampfer waren die SPREE und die HAVEL, die 1890 in Fahrt gingen. Mit 6 963 Bruttoregistertonnen vermessen und einer Maschinenanlage von 12 500 PS lief die SPREE auf ihrer Probefahrt 20,3 Knoten. Der Norddeutsche Lloyd hatte mit diesen neuen Schnelldampfern, von denen er 11 besaß und 3 Abfahrten die Woche nach den USA anbot, die Spitzenposition im Nordatlantikverkehr erobert. Die Passagierzahlen stiegen auf über 200 000 jährlich an. Die Konkurrenten im Geschäft, die französische Générale Transatlantique besaß 4, die Cunard-Line 3 schnelle Dampfer und bei der Hapag ließ Ballin eben den dritten Schnelldampfer in Dienst stellen. Der Konkurrenzkampf entbrannte erneut, staatliche Subsidien flossen, direkt oder indirekt, und jede der nehmenden Seite in Frankreich, Großbritannien und Deutschland behauptete, der Konkurrent erhalte mehr.

Es war die Zeit des beginnenden Imperialismus und des imperialistischen Großmachtdenkens. Deutschland als Mittelmacht strebte nach »einem Platz an der Sonne«, versuchte sich als Kolonialmacht und forderte die Neuaufteilung der Welt zu seinen Gunsten. Ein Interessengebiet des Deutschen Reiches war Ostasien. Um ständig dort präsent zu sein, ermächtigte der Reichstag den Reichskanzler, regelmäßige Reichspostdampferlinien durch geeignete Privatfirmen nach Ostasien aufbauen und unterhalten zu lassen. Dafür wurden bis zu 4 Millionen Reichsmark jährlich zur Verfügung gestellt.

Obwohl schon andere Reedereien traditionelle Linien nach Ostasien unterhielten, so die Kingsin-Linie und Rob. M. Sloman jr. in Hamburg sowie die Bremenhavener Rickmers-Linie, war man sich bei Lloyd so sicher, diesen Auftrag zu erhalten, daß man nach Abschluß der Verhandlungen mit den Vorbereitungen für die Aufnahme des Dienstes begann. Und die Lloyd-Herren hatten recht, mit ihren Verbindungen zu Kaiser und Regierung erhielten sie den Auftrag. Für die Reederei war die Route völliges Neuland. Der Norddeutsche Lloyd verpflichtete sich, wie es im ersten Artikel des Vertrages hieß, eine Linie von Bremerhaven nach China, über einen noch zu bestimmenden niederländischen oder belgischen Hafen, Port Said, Suez, Aden, Colombo, Singapore, Hongkong und Shanghai zu eröffnen. Von Hongkong war eine Anschlußlinie über Yokohama, Hiogo, einen noch zu bestimmenden koreanischen Hafen, Nagasaki und zurück nach Hongkong mit einer Dienstgeschwindigkeit von 12 Knoten einzurichten.

Für den Verkehr nach Australien war eine Linie festgelegt worden, die von Bremerhaven über einen noch zu bestimmenden niederländischen oder belgischen Hafen, Port Said, Suez, Aden, Tschago-Inseln, Adelaide, Melbourne bis Sidney verlief. Hier waren Schiffe mit Mindestgeschwindigkeiten von nur 11,4 Knoten gefordert worden. Eine Anschlußlinie sollte von Sidney über die Tonga-Inseln nach Apia (Samoa-Inseln) und zurück nach Sidney geführt werden, ein Zubringerdienst von Triest über Brindisi nach Alexandrien. Auf den beiden Hauptlinien nach China und Australien waren jährlich 13 Abfahrten in jeder Richtung auszuführen und auf der Zubringerlinie im Mittelmeer als Anschluß an die beiden Hauptlinien jährlich 26 Abfahrten. Als Subvention wurden jährlich 4,4 Millionen Mark festgesetzt.

Am 30. Juni 1886 wurde der erste Reichspostdampfer in Bremerhaven nach China abgefertigt. Das Auslaufen gestaltete sich, wie es im Geschäftsbericht hieß, »... zu einer erheblichen patriotischen Feier, an der Vertreter der obersten Reichs- und bremischen Behörden, Mitglieder des Bundesrates und des Reichstages ... teilnahmen.« Am 14. Juli folgte die erste Abfahrt nach Australien. Die ersten Dampfer, die der Lloyd auf der Route einsetzte, die ODER und die SALIER, hatten bereits eine Fahrenszeit von zwölf Jahren hinter sich, auch die weiterhin eingesetzte Tonnage erwies sich als wenig geeignet. Alle diese alten Dampfer waren auf Passagierverkehr zugeschnitten und besaßen kaum Frachtraum. Noch im ersten Jahr des Dienstes ging die ODER verloren, sie strandete bei Sokotra im Golf von Aden. Fehlende Erfahrung im Fahrtgebiet und allzu leichtfertiger Einsatz von Alttonnage brachten dem Lloyd trotz hoher staatlicher Subventionen Jahresverluste zwischen 0,5 und 1,5 Millionen Mark.

Doch Kaiser Wilhelm II., der nicht nur die Hapag, sondern auch den Lloyd liebte, kompensierte die Verluste durch einen ehrenden Besuch, dinierte auf der FULDA in Bremerhaven und fuhr anschließend – es war der 22. April 1892 – mit dem Lloyd-Dampfer LAHN nach der Jade, um dort eine Parade »Seiner Majestät« Kriegsschiffe abzunehmen.

Der Ostasien-Dienst wurde selbstverständlich nicht aufgegeben. Im Gegenteil, Kaiser und Reichsregierung verlangten vierzehntägige statt monatliche Abfahrten, die Subventionen wurden entsprechend erhöht. Nun aber regte sich die Hapag, denn sie wollte am Geschäft partizipieren. Es kam zu einer Übereinkunft beider Großreedereien, die Ostasienfahrt fünfzehn Jahre lang in Betriebsgemeinschaft zu betreiben. Der Vertrag ging nach drei Jahren in die Brüche: Der Lloyd übernahm wieder allein den Postdienst, überließ der Hapag aber die gesamte Frachtbeförderung. Damit verpaßte er die Zeichen der Zeit, er wurde einseitig zu einer Passagier- und Postreederei sowie zu einem Unternehmen für Truppentransporte.

Im Jahre 1900, während des Boxeraufstandes in China, als sich Chinesen gegen die Ausplünderung ihres Landes durch ausländische Imperialisten und ihre Interventionstruppen zur Wehr setzten, stellte der Norddeutsche Lloyd für das deutsche Truppenkontingent allein 15 von den insgesamt benötigten 21 Dampfern. Er transportierte 20 000 Soldaten, 860 Geschütze und 20 500 Kubikmeter Kriegsmaterial an die chinesische Küste. Bei diesen Transporten hatte die Weser-Reederei nun wirklich Erfahrung, denn schon im Spanisch-Amerikanischen Krieg von 1898 hatte sie große Truppentransporte durchgeführt, und auch die Personalablösungen der im Ausland stationierten deutschen Kriegsschiffe und Heereskontingente besorgte der Lloyd. Auch die Hafenarbeiter in Bremerhaven erwiesen sich als kaisertreu. Während ihre Hamburger Kollegen die Truppentransporter der Hapag bestreikten, übernahmen sie zusätzlich deren Abfertigung an den Lloyd-Kais in Bremerhaven.

Auf dem Nordatlantik hatte sich inzwischen das Verhältnis zwischen den beiden deutschen Großreedereien zugunsten der Hapag verschoben. Zudem hatte der Lloyd 1895 den Schnelldampfer ELBE verloren, der nach einer Kollision mit einem englischen Dampfer gesunken war. 332 Menschen fanden bei dem Unglück den Tod. Die verbliebenen 10 Schnelldampfer waren überaltert, zu einem Teil schon fünfzehn Jahre alt; Lloyd drohte den Anschluß zu verlieren. Also entschlossen sich Verwaltungsrat und Aktionäre, Neubauten auf deutschen Werften in Auftrag zu geben, »die an Größe, Ausstattung und Geschwindigkeit alles bisher dagewesene übertreffen sollten«, eine Formulierung, die sich bei der Bestellung neuer Schiffe in den Werftaufträgen aller großen nordeuropäischen Reedereien von Zeit zu Zeit wiederholte.

Wie sehr die Schnelldampfer als nationale Repräsentation galten, zeigte der Name KAISER WILHELM DER GROSSE und die Anwesenheit des deutschen Kaisers Wilhelm II., der beim Stapellauf des neuen Schiffes 1897 auf der Vulcan-Werft zugegen war. Der Neubau entsprach den Erwartungen seiner Auftraggeber. Mit seinen 197 Metern Länge und 14349 Bruttoregistertonnen paßte er gerade in die auf 200 Meter verlängerte Schleuse am Kaiserkai in Bremerhaven. Das Schiff besaß Raum für 332 Passagiere der ersten Klasse, 343 der zweiten Klasse und 1074 Zwischendecksreisende. Am 19. September 1897 trat es seine Jungfernfahrt nach New York an. Die bekannte Rennstrecke der Schnelldampfer von Southampton bis New York bewältigte es in fünf Tagen, zweiundzwanzig Stunden und dreißig Minuten. Es war eine Rekordfahrt, mit der zum erstenmal ein Lloyd-Dampfer das »Blaue Band« eroberte. Und weil der »Dicke Wilhelm«, wie das Schiff an der Küste genannt wurde, das Band von der Cu-

Die KAISER WILHELM DER GROSSE.

nard-Linie nach Deutschland zurückholte, wurde das Ereignis als nationaler Feiertag begangen. Auf der Hinfahrt fuhr das Schiff mit einer Durchschnittsgeschwindigkeit von 21,35 Knoten; die Rückfahrt, die in der Regel schneller verlief, schaffte der Dampfer mit einem Stundenmittel von 21,91 Knoten.

Es dauerte bis 1901 ehe mit KRONPRINZ WILHELM der zweite neue Schnelldampfer in Dienst gestellt wurde. 1903 folgte mit KAISER WILHELM II. der dritte Neubau. Das 19361 Bruttoregistertonnen große Schiff lief mit einer 40000 PS-Maschinenanlage etwas über 23 Knoten. Wöchentliche Abfahrten mit den neuen Schnelldampfern nach New York konnte der Lloyd aber erst 1907 anbieten, als mit KRONPRINZESSIN CECILIE der vierte Schnelldampfer den Dienst aufnahm. Mit einer Durchschnittsgeschwindigkeit von 23,40 Knoten in westlicher Richtung und 23,58 Knoten in östlicher Richtung war sie geringfügig schneller als ihre Schwesterschiffe. Das »Blaue Band« war mit dieser Geschwindigkeit nicht zu holen, denn das war im gleichen Jahr an den Cunard-Dampfer MAURE-TANIA, der auf dieser Linie eine Durchschnittsgeschwindigkeit von 25,9 Knoten erreichte, gegangen. Die britischen Schnelldampfer waren ebenso wie die von Hapag und Lloyd staatlich subventionierten Prestige-Dampfer vor allem Ausdruck der deutsch-britischen Flottenrivalität, die im Kriegsschiffbau erst lauthals verkündet, in der Handelsschiffahrt bereits praktiziert wurde.

Das Jahr 1907, das 50. Gründungsjahr des Lloyd, war ein Grund für die Reederei, ihre Aktivitäten und Leistungen der Öffentlichkeit vorzustellen. Im Geschäftsjahr 1906/07 (1. 4. 1906–31. 3. 1907) hatte der Lloyd mit 141 größeren Seeschiffen und einem Schiffsraum von 659 285 Bruttoregistertonnen neben Post und Fracht 661 258 Passagiere befördert. An erster Stelle stand der Schnelldampferdienst zwischen Bremen und New York; Postdampferlinien führten von Bremen nach New York, Baltimore, Savannah, Galveston, Kuba, zum La Plata und nach Brasilien. Als Reichspostdampferlinien bezeichnete die Jubiläumsschrift die Verbindungen zwischen Bremen und Ostasien, Bremen und Australien sowie die Zweiglinie Hongkong–Japan–Neu Guinea. Weitere Postdampferlinien verliefen von italienischen Hafenstädten nach New York und von französischen und italienischen Hafenstädten nach Alexandria in Ägypten.

In Ostasien unterhielt der Lloyd ständige Küstenverbindungen, so von Penang nach Delhi, von Singapore nach Delhi, Asahan, Paneh und Penang, ebenfalls von Singapore nach Bangkok und über verschiedene Zwischenhäfen in Indonesien bis zu den Philippinen und Molukken. Von Hongkong aus wurden Bangkok, Swatow, Amoy, Borneo und weitere Häfen bis zum Süden der Philippinen bedient, von Shanghai aus ging eine Linie über die Yangtse-Häfen bis nach Hangkow. Australien endlich wurde mit Lloyd-Dampfern über Neu Guinea mit Japan, Manile und Hongkong verbunden.

Die Entwicklung bis zum ersten Weltkrieg verlief beim Lloyd ähnlich wie bei der Hapag: Den Jahren der Depression folgte ein neuer Aufschwung. Hapag war und blieb die größte Reederei der Welt, der Norddeutsche Lloyd belegte den zweiten Platz. Man stritt miteinander, man einigte sich und war stolz auf »seinen« Kaiser. Mit dem Kaiser ging man den Weg zu Deutschlands Größe, den Weg zum ersten Weltkrieg.

Die letzten Vorkriegsdaten des Norddeutschen Lloyd sind in der nachfolgenden Tabelle erfaßt:

Jahr	Seeschiffe	BRT	Beförderte Fracht	Beförderte Passagiere
1908	136	654 743	3 376 639	458 580
1909	136	684 854	3 498 986	521 122
1910	136	695 772	3 316 633	562 608
1911	128	674 248	5 586 178	514 272
1912	128	708 463	3 710 739	558 671
1913	124	713 333	4 178 133	662 385

Lage der Seeleute auf deutschen Schiffen

Die Bedienung von Dampfern und erst recht die von Schnelldampfern verlangte eine im Verhältnis zu Segelschiffen völlig veränderte Zusammensetzung der Schiffsbesatzung. Mit dem Wegfall der Rahtakelung, wie sie in der Anfangszeit der Dampfer noch üblich gewesen war, ging das seemännische Personal zurück und mit der stärker werdenden Maschinenleistung stieg das technische Personal an. Extrem hoch lag auf den Schnelldampfern auch die Zahl des Bedienungspersonals. Die Reichsstatistik der Seeschiffahrt veröffentlichte für das Jahr 1900 folgende Daten: »Die regelmäßige Besatzung der deutschen Seeschiffe bezifferte sich am 1. Januar 1901 auf 50556 Mann ... Hiervon waren 12922 Mann für Segelschiffe, 773 Mann für Seeleichter und 36861 Mann für Dampfschiffe bestimmt ... Das Dienstverhältnis gliederte sich in 28479 Mann seemännisches Personal, 14582 Mann Maschinenpersonal und 7495 Mann, die zu anderen Verrichtungen (für die Verwaltung, Verpflegung, Aufwartung usw.) bestimmt waren. An Offizieren oder in Offiziersstellungen befindlichen Personen wurden gezählt: unter dem seemännischen Personal 7061 Personen (Schiffer und Steuerleute), unter dem Maschinenpersonal 3178 Personen (Maschineningenieure und Maschinisten) und unter dem übrigen Personal 762 Personen (Ärzte, Zahlmeister usw.).«

Diese allgemeine Übersicht läßt sich am Beispiel ganz bestimmter Dampfer konkretisieren, wobei sich ein Schnelldampfer auf der Nordatlantikroute in der Mannschaftszusammensetzung wesentlich von einem Normaldampfer unterschied. So besaß der Hapag-Schnelldampfer Deutschland eine Besatzung von 547 Mann. Dem Kapitän standen 6 nautische Offiziere für die Schiffsführung zur Seite. Als Seeleute waren 2 Bootsmänner, 6 Quartiermeister, 22 Vollmatrosen, 12 Leichtmatrosen und 6 Schiffsjungen gemustert. Mit Kapitän und Offizieren waren das zusammen 55 Mann seemännisches Personal.

Die 40 000 PS-Maschinenanlage forderte dagegen 252 Menschen zu ihrer Bedienung. Unter der Leitung eines Ingenieurs und eines Obermaschinisten arbeiteten 16 Maschinisten, 4 Elektriker, 12 Assistenten, 12 Oberheizer, 18 Schmierer, 84 Heizer, 96 Trimmer (Kohlenzieher), 6 Schiffsjungen und 2 Materialverwalter. Für die Betreuung, Bedienung und Verpflegung sorgten 1 Zahlmeister mit Assistent und Verwalter, 1 Arzt und 1 Arztgehilfe, 3 Oberstewards, 3 Assistenten, 125 Stewards, 4 Badestewards, 5 Pantrystewards, 10 Stewardessen, 12 Köche, 3 Konditoren, 4 Bäcker, 3 Schlachter, 16 Kochsmaate und 16 Aufwäscher. Zu diesen Personen kamen noch 1 Gepäckmeister, 11 Handwerker, 7 Funker und 12 Musiker.

Als die Renommierdampfer allzu hohe Verluste einfuhren, ohne daß die staatlichen Subventionen erhöht wurden, baute die Hapag auch wieder wirtschaftlich vernünftige Schiffe. Graf Waldersee, ein »P«-Dampfer, besaß bei einer Transportkapazität von 500 Kajütspassagieren, 2 000 Zwischendecksreisenden und 7 500 Tonnen Fracht eine Besatzung von 218 Mann: 1 Kapitän, 5 nautische Offiziere, 8 Unteroffiziere, 22 Matrosen und 3 Schiffsjungen, also

39 Mann seemännisches Personal; 12 Maschinisten und Assistenten, 37 Heizer und Trimmer, also 49 Mann technisches Personal für die 5 500 PS-Maschinenanlage; 2 Zahlmeister, 26 Köche und Aufwäscher, 91 Stewards für die Versorgung (Zwischendecksreisende waren Selbstbediener), 8 Musiker für die kulturelle sowie 2 Ärzte und 1 Arztgehilfe für die medizinische Betreuung, zusammen also 130 Mann sonstiges Personal.

Die Anmusterung für das Dienstverhältnis auf einem Schiff, sie wurde in der Regel für die Dauer einer Reise oder für ein halbes Jahr vorgenommen, gibt ebenfalls einen bestimmten Aufschluß über die Zusammensetzung der Besatzungen. In Bremen wurden zum Beispiel 1900 für 1 582 Schiffe 25 847 Personen angemustert, wobei eine Person im Jahr mehrmals angemustert sein konnte und in Bremen – ähnlich wie in Hamburg – der Passagierverkehr vorherrschte. Von den angemusterten gehörten 8 693 zum seemännischen, 9 047 zum technischen und 8 107 zum Wirtschaftspersonal. Nach den gegebenen Unterlagen läßt sich schlußfolgern, daß sich auf einem Frachtdampfer, der keine Passagiere beförderte, die Besatzung im Verhältnis von 40 Prozent Deck, 50 Prozent Maschine und 10 Prozent Wirtschaft zusammensetzte.

Während in der Segelschiffszeit immer noch ein großer Teil der rein seemännischen Besatzung aus der Küstenbevölkerung kam – in vielen Seemanns- und Fischerfamilien war es Tradition, daß wenigstens einer der Söhne zur See ging –, strömten mit Beginn der Dampferepoche Menschen der unterschiedlichsten Bevölkerungsschichten aus dem Binnenland in die großen Hafenstädte, um hier Brot und Arbeit an Bord eines der großen Schiffe zu finden. Nur junge Männer, die mit dem Ziel Schiffsoffizier und Kapitän zu werden bewußt den Seemannsberuf ergriffen, stammten gewöhnlich noch von der Küste. Das andere Deckspersonal rekrutierte sich vornehmlich aus jungen Burschen, die romantische Vorstellungen von der See hatten oder die Konflikte in der Schule, im Elternhaus oder mit den Gesetzen an Bord brachte. Wenige von ihnen hielten durch, die meisten stiegen nach zwei oder drei Jahren wieder ab oder sie scheiterten in irgendeinem Hafen irgendwo in der Welt.

Beim technischen Personal gab es einen mehr oder weniger festen Kern gut ausgebildeter Facharbeiter sowie die Masse der ungelernten Heizer und Kohlentrimmer. Der Trimmer konnte sich nach etwa einem Jahr zum Heizer qualifizieren. Fast immer bildeten die Maschinenarbeiter auf den Dampfern gegenüber den Decksleuten einen festen Block für sich. Die Fluktuation bei den ungelernten Arbeitern, die in den überhitzten Maschinenräumen vor offenem Feuer eine unvorstellbare Schwerstarbeit unter unzumutbaren Bedingungen zu leisten hatten, war sehr groß. Manchmal blieben sie nur für eine Rundreise oder sogar nur für die Ausreise an Bord, denn viele hatten sich allein deshalb anmustern lassen, weil sie an Land ohne Geld und Beschäftigung waren oder für die geplante Auswanderung die Passage sparen wollten. Die deutschen Übersee-Reedereien, und nicht nur sie allein, heuerten als Heizer und Trimmer am liebsten farbige Arbeiter an: Chinesen, Inder, Indonesier und Neger.

Die dritte Kategorie der Besatzung, das Küchen- und Bedienungspersonal, blieb auf Lastenseglern und Frachtdampfern verschwindend gering. Ein Koch, ein Kochsmaat und ein Steward, mehr hatte ein Normalschiff nicht an Bord. Erst der zunehmende Auswandererverkehr sowie die ständig größer werdenden Passagierdampfer und Luxusliner führten auf diesen Schiffen zu einem Umfang des Küchen-, Bedienungs- und Betreuungspersonals, der die herkömmlichen Bereiche, Deck und Maschine, um ein mehrfaches übertraf. Bei der beruflichen Qualifikation war es ähnlich wie bei den Maschinenleuten. Die Leitung lag in den Händen von erfahrenen Fachkräften, dazu gehörten Zahlmeister, Oberstewards, Oberköche, Handwerker und Spezialberufe. Ausgeführt wurde die Arbeit von angelernten und ungelernten Kräften, nur im Bereich der Kajütspassagiere waren Berufskellner eingesetzt. Für das meiste Wirtschaftspersonal gab es keine geregelte Arbeitszeit. Die Wünsche der Passagiere, ausgenommen die im Zwischendeck, mußten rund um die Uhr befriedigt werden. Gerade hierin erblickten die Kajütsstewards und das mit ihnen zusammenarbeitende Personal ihre Chance, denn die herausspringenden Trinkgelder machten nicht selten das Doppelte der Heuer aus.

Um für ein bestimmtes Schiff und eine bestimmte Tätigkeit an Bord angemustert zu werden, bedurfte es einer Vermittlung: der Heuerstelle. Nur wenige Großreedereien unterhielten eine eigene Heuerstelle, die meisten Reeder bedienten sich privater Heuerbase (niederdeutsch Baas = Herr, Arbeitgeber). Der Seemann war ihnen mit Haut und Haaren ausgeliefert. Die Zustände im Hamburger Hafen und auf vielen der dort beheimateten Schiffe führte am 21. November 1896 zu einem Streik von 17 000 Hafenarbeitern und Seeleuten, der bis Februar 1897 währte. Der Hamburger Senat war gezwungen, am 10. Februar 1897 eine Kommission zu berufen, die sich mit den Mißständen, die zum Aufstand geführt hatten, auseinandersetzte. Die Heuerbase spielten im abschließenden Bericht eine gewichtige Rolle. Gestützt auf die Aussagen der Seeleute, die man als wahr bestätigen mußte, hieß es:

»Der Gebührentarif der Heuerbase sei schon an sich übermäßig hoch und stehe in keinem Verhältnis zu ihrer Mühewaltung, trotzdem werde er oft überschritten, daß seine Innehaltung geradezu die Ausnahme bilde. Ein jeder wisse, daß neben der tarifmäßigen Gebühr der Regel nach eine besondere, oft recht bedeutende Vergütung zu zahlen sei und ein Seemann, der sich hierzu nicht verstehe oder sich gar beklage, keine Aussicht auf künftige Berücksichtigung habe. Es sei fast unmöglich, hiergegen mit Beschwerden an die Öffentlichkeit hervorzutreten, wenn man sich nicht Maßregelungen der schlimmsten Art seitens der Heuerbase aussetzen wolle. Zwischen den Heuerbasen und den Schlafbasen beständen die engsten geschäftlichen Beziehungen, deren Zweck die Ausbeutung der Seeleute sei. Der Heuerbas bevorzugte in erster Linie diejenigen Seeleute, welche bei den ihm befreundeten Schlafbasen wohnen; seine erste Frage gehe deshalb dahin, wo der betreffende Seemann logiere. Wohne er bei Privatleuten oder bei einem Schlafbas, zu dem der Heuerbas nicht in Beziehung stehe, so werde er nicht weiter berücksichtigt. Die Seeleute seien deshalb genötigt, immer wieder diejenigen Schlafbase aufzusuchen, welche von dem Heuerbas begünstigt würden, auf dessen Vermittlung sie zur Erlangung einer neuen Heuer angewiesen seien. Die Folge dieser Unfreiheit in ihren Entschließungen sei Übervorteilung und Ausnutzung durch den Schlafbas, der auf jede Weise bemüht sei, den Seemann zu üppigem Leben und zur Vergeudung seiner mühsam verdienten Heuer zu verleiten. Dabei seien Unterkunft und Verpflegung schlecht und teuer. Das Treiben des Schlafbases werde dadurch unterstützt und erleichtert, daß sein Freund, der Heuerbas, den Seemann solange auf eine neue Heuer warten lasse, bis der letzte Rest des ersparten Geldes vertan und der Seemann auch wohl bis zur Höhe des bei der Wiederanheuerung zu erwartenden Vorschusses bei dem Schlafbas in Schulden geraten sei und dieser nun selbst wünsche, den Mann, an dem nichts mehr zu verdienen sei, wieder los zu werden. Habe der Seemann Schulden bei dem Schlafbas gemacht, so halte der Heuerbas die Vorschußnote ein und händige sie kurzer Hand dem Schlafbas aus ...«

»Auf die Tüchtigkeit der Leute lege der Heuerbas keinen Wert; er sei auch meist gar nicht in der Lage, diese zu beurteilen, da er ausnahmsweise aus dem Seemannsstand hervorgegangen sei. Bevorzugt werde derjenige, der am meisten Geld in die Taschen der Schlaf- und Heuerbase fließen lasse. Durch die Heuerbase werde ein großer Teil unerfahrener Leute angenommen, die die Arbeit nicht verrichten könnten und den übrigen Leuten den Dienst erschwerten. Auswärtige Seeleute würden zur Desertion verleitet, und durch Bestechungen aller Art werde ein häufiger Wechsel der Schiffsbesatzung herbeigeführt, damit eine größere Anzahl von Stellen zu besetzen sei und der Verdienst der Heuerbase sich mehre ...«

»Die Anheuerung der Seeleute,« so wurde weiter ausgeführt, »werde von den Heuerbasen meist in den Wirtschaften vorgenommen, ihre Comptoire seien kaum geöffnet. Die Ausbeutung der Seeleute hätte zwar dadurch erschwert werden sollen, daß die Heuerbase dem Stellenvermittler-Reglement der Polizeibehörde vom 10. März 1893 unterstellt wurden und somit nicht Gast- und Schankwirtschaft in Verbindung mit ihrem Geschäftslokal betreiben dürfen. Die Geschäftsstelle werde scheinbar von der Wirtschaft getrennt, diese auf den Namen eines Familienangehörigen geführt, und in der Wirtschaft vollzögen sich dann die Anheuerungen, meist unter Mitwirkung des Wirtes ...«

Die Seeleute faßten ihre Ausführungen dahin zusammen, daß »das Heuer- und Schlafbaswesen geradezu ihren Ruin bedeute und daß nur durch einen gänzlichen Bruch mit diesem System Wandel geschaffen werden könne. Die Seeleute wünschen zu diesem Zweck die Einrichtung von Heuerbureaus, nach Art desjenigen der Hamburg-Amerika-Linie, tunlichst aber eines einheitlichen Heuerbureaus für sämtliche Reedereien. Die Organisation dieses Bureaus möge ganz den Reedern überlassen bleiben, nur werde Wert darauf gelegt, einen Einfluß auf die Anstellung der Boten zu haben, welche aus den Kreisen der Seeleute genommen werden möchten. Wenn auch die Heuersuchenden in der Reihenfolge ihrer Anmeldung zu berücksichtigen seien, so solle doch der Seemann, wenn er an die Reihe kommt, nicht gezwungen sein, bei der betreffenden Reederei oder dem betreffenden Schiff in Dienst zu treten, sondern befugt sein, ohne Angabe von Gründen eine Reederei oder ein einzelnes Schiff abzulehnen. Ebenso solle auch die Reederei das Recht haben, einen Seemann ohne Angabe von Gründen von der Anheuerung auszuschließen …«

Der Bericht schließt: »Mag sicherlich auch in vielen Fällen die Notlage der Seeleute in dem Hang zu einem verschwenderischen Leben nach den Entbehrungen der Seereise und in eigenem Leichtsinn ihren Grund haben, so ist doch durch die Verhandlungen der Kommission zur Genüge erwiesen worden, daß das Verfahren der Anheuerung durch Heuerbase Mißstände der schlimmsten und bedenklichsten Art gezeitigt hat, wie in solchem Umfang bisher schwerlich bekannt gewesen sind.«

Bei dem Streik der Hamburger Hafenarbeiter und Seeleute war es auch um Lohnforderungen gegangen. Während die nautischen und technischen Offiziere und auch die leitenden Kräfte des Wirtschaftspersonals einen einigermaßen realen Lohn bekamen, sparten die Reedereien rücksichtslos bei den unteren Chargen, besonders bei Matrosen, Heizern und Trimmern. Zwar gab es regierungsamtliche Heuertabellen, aber der Andrang ungelernter Kräfte aus dem Binnenland war groß und der gewerkschaftliche Rückhalt für Seeleute nur schwach. So war die Heuer für die Mannschaften im Deck- und Maschinenbereich seit Mitte der siebziger Jahre stetig gesunken, und sie sank in den neunziger Jahren weiter. Im Jahre 1889 hatte die Matrosenheuer monatlich noch 60,– Mark betragen, 1892 war sie auf 55,– Mark und 1895 sogar auf 50,– Mark gesunken. Im gleichen Verhältnis war die Heuer für Heizer und Trimmer zurückgegangen. Im Streik hatten die Seeleute eine Aufbesserung um 10,– Mark gefordert; sie mußten sich mit 5,– Mark zufriedengeben. Da die Heuer nur für die Dauer einer Reise gezahlt wurde, kamen die Fahrensleute im Jahresdurchschnitt auf nicht mehr als 10 Monatsheuern. Eine Familie konnte der einfache Seemann damit nicht ernähren; denn während sein Einkommen stagnierte, waren die Gehälter der Beamten und Angestellten sowie die Löhne der Fabrikarbeiter auf Grund der ständig steigenden Lebenshaltungskosten nahezu verdoppelt worden.

Eine Übersicht der von der Reichsregierung festgelegten Monatsheuern für die Jahre 1899 und 1900 gibt folgende Tabelle:

Art der Tätigkeit	Monatsheuer in Mark	
	1899	1900
Kapitän		
auf Dampf- und eisernen Segelschiffen in großer Fahrt	335	335
Erste Offiziere		
auf transatlantischen Passagierdampfern	180	190

Art der Tätigkeit	Monatsheuer in Mark	
	1899	1900

Art der Tätigkeit	1899	1900
Zweite Offiziere auf transatlantischen Passagierdampfern sowie Ärzte, Verwalter, Zahlmeister und Offiziere in ähnlichen Dienststellungen	135	128
Dritte Offiziere auf transatlantischen Passagierdampfern sowie Oberstewards und Oberköche	100	100
Vierte Offiziere auf transatlantischen Passagierdampfern	80	80
Maschinisten auf Schiffen, die ein Patent I. Klasse erfordern	335	335
Maschinisten in Stellen, die ein Patent II. Klasse erfordern	180	200
Maschinisten in Stellen, die ein Patent III. Klasse erfordern	110	132
Maschinisten in sonstigen Stellen	90	106
Bootsleute, Köche, Stewards u. a. Seeleute in Stellungen von Unteroffizieren	70	72
Heizer	55	62
Matrosen	50	55
Kohlenzieher, Trimmer	45	54
Leichtmatrosen, Köche, Stewards u. a. Seeleute in Stellungen niederer Ordnung	34	32
Schiffsjungen	17	16

Die geldliche Gleichstellung zwischen Kapitän und I. Maschinisten ist nur scheinbar, denn der Kapitän erhielt vom Reeder zusätzlich das sogenannte Kaplaken in Form einer Sondervergütung oder Gewinnbeteiligung.

Ein Vergleich der von der Regierung festgelegten mit den tatsächlich gezahlten Heuern (nach Angaben des Kaiserlich Statistischen Amtes) zeigt, daß die meisten Reedereien weniger zahlten und nur wenige Großreedereien die Heuersätze einhielten oder geringfügig überboten. Das war möglich, weil sich die Arbeit des Seemanns gegenüber der Segelschiffszeit stark verändert hatte; auf den Dampfern war er zum ungelernten Arbeiter degradiert worden. Der Aufstieg des ausgebildeten Matrosen zum Steuermann und weiter zum Kapitän, der in der Segelschiffszeit für einen guten Seemann die Regel darstellte, war zur Ausnahme geworden. Der seemännische Offiziersnachwuchs wurde auf Segelschulschiffen ausgebildet, die Arbeiten an Deck und im Maschinenraum, die handwerkliche Fertigkeiten erforderten, lagen in den Händen von Spezialisten im Unteroffiziersrang. Zum Rostklopfen, Deckscheuern, Anstreichen, Kesselheizen und Kohleziehen genügten ungelernte Arbeiter, und davon gab es im kaiserlichen Deutschland genug.

Nach der Seemannsordnung vom 1. April 1903 war das Deck- und Maschinenpersonal in zwei Wachen einzuteilen; eine Wache hatte Dienst, die andere Wache hatte Freizeit. Die Wache dauerte vier Stunden: 20.00–24.00 Uhr, 00.00–04.00 Uhr, 04.00–08.00 Uhr, 08.00–12.00 Uhr, 12.00–16.00 Uhr. Die Wache von 16.00–20.00 Uhr wurde in zwei Halbwachen gegangen, damit die Zeiten jeder Wache ein um den anderen Tag wechselten.

Dieses sogenannte englische Wachsystem verlangte in ununterbrochener Reihenfolge vier Stunden Arbeit, vier Stunden Ruhe; es erlaubte keinen durchgehenden Schlaf über mehr als dreieinhalb Stunden. Dennoch bedeutete die gesetzliche Einführung des englischen Wachsystems auf vielen deutschen Schiffen einen Fortschritt, denn sofern keine Umstände eintraten, die »Alle Mann an Deck« verlangten, bekam der Seemann nun 24 Stunden Ruhe innerhalb von zwei Tagen. Vorher war bei mancher deutschen Reederei das sogenannte gemischte Wachsystem üblich gewesen, bei dem der Kapitän während eines Teils der Tagesstunden beide Wachen an Deck hatte. Für den Seemann hieß das innerhalb von 48 Stunden $31^1/_2$ Stunden Wache und nur $16^1/_2$ Stunden Freizeit.

Die Seemannsordnung sah für Dampfer auf transozeanischen Linien beim Maschinenpersonal eine Drei-Wacheinteilung vor, so daß der vierstündigen Arbeit im Maschinenraum eine achtstündige Freizeit folgen konnte. Jedoch hatte die zur Ablösung antretende Mannschaft, bevor sie ihren Dienst übernahm, die Asche an Deck zu hieven und über Bord zu geben. Diese Regelung galt auch auf Dampfern, die im Zwei-Wachsystem fuhren; sie verlangte rund eine Stunde Extraarbeit. Für das Wirtschaftspersonal und für andere Besatzungsangehörige, die nicht durch das Wachsystem erfaßt wurden, gab es in der Seemannsordnung keine gesetzlich festgelegte Arbeitszeit. Die technische Kommission, der die Überarbeitung der Seemannsordnung oblag, hatte sie einfach vergessen.

Die Arbeitszeit im Hafen war auf zehn Stunden beschränkt, doch konnte der Kapitän von der Besatzung Überstunden verlangen. Eine Verweigerung der Überstundenarbeit war praktisch nicht möglich, denn sobald der Kapitän sie als »dringend« bezeichnete, hätte das »Ungehorsam gegen einen Dienstbefehl« bedeutet und wäre gerichtlich bestraft worden. Gewöhnlich wurde im Hafen von 6.00 Uhr morgens bis 20.00 Uhr abends gearbeitet; eingeplant waren dabei neben der einstündigen Mittagspause eine halbstündige Frühstücks- und Vesperpause sowie zwei Überstunden.

Besonders kritisch war die Situation für die nautischen Offiziere. Die Seemannsordnung bestimmte nur, daß ihnen im Hafen und auf Reede eine Ruhezeit von acht Stunden zu gewähren sei. Weil diese Zeit im Zwei-Wachsystem aber nicht zusammenhängend gewährt wurde und bei einer Besetzung mit nur zwei Offizieren auch nicht gewährt werden konnte, waren diese Menschen auch im Hafen nicht in der Lage, sich genügend auszuschlafen. Fälle von Übermüdung nach dem Auslaufen waren die Regel. Manchmal half dann auch der »Mittelwächter« (besonders starker Kaffee) nicht mehr, den Wachoffizier wachzuhalten. In der Urteilsbegründung zu einem solchen Fall, den ein Kapitän vor Gericht gebracht hatte, hieß es: »Wenn der Zweite Offizier nach achtzehnstündiger Arbeitszeit im Hafen später auf der Brücke einschlief, so ist dieses nach der Sachlage entschuldbar, und der Angeklagte war nicht nur berechtigt, sondern sogar verpflichtet, den Kapitän, wie geschehen, zu bitten, ihm die Wache abzunehmen, da er sonst in seinem übermüdeten Zustand durch die dadurch hervorgerufene Unaufmerksamkeit leicht das Schiff hätte in Gefahr bringen können.«

Nach einem Bericht der Seeberufsgenossenschaft nahmen die Unfälle auf Kauffahrteischiffen in den Jahren von 1888 bis 1900 ständig zu. Im Jahre 1900 wurden bei der Genossenschaft 2824 Unfälle registriert, 2219 Seeleute waren verletzt worden, 605 fanden den Tod. Allein bei einem Schiffsbrand in Hoboken am 30. Juni 1900 wurden 147 Seeleute getötet und 34 zum Teil schwer verletzt. Die Seeberufsgenossenschaft übte ihre Aufsichtspflicht zur Unfallverhütung so schlecht aus, daß ein Gutachter schreiben konnte: »... daß man bei der Seefahrt, die vielleicht das gefährlichste Gewerbe ist, das denkbar ist, mit einem Schiffe überseeische Fahrten machen kann, ohne einer Staatsaufsicht zu unterliegen, die auch nur annähernd so wirksam ist als beispielsweise die Überwachung einer ganz gewöhnlichen Kreissäge.« In den Jahresberichten der Seeberufsgenossenschaft aber hieß es seit ihrer Gründung im Jahre 1887 bis zum Jahre 1900 in monotoner Wiederholung: »Strafgelder sind nicht vereinnahmt worden, weil der Vorstand keine Veranlassung zur Verhängung von Ordnungsstrafen fand.«

Die Haltung der Reeder zum einfachen Mann an Bord ihrer Schiffe wird ebenfalls in einer Stellungnahme des Verbandes Hamburger Reeder zum Entwurf der neuen Seemannsordnung von 1903 deutlich. Der Entwurf sah die Beseitigung der übelsten Mißstände in der Unterbringung der Seeleute vor, er gab ihnen »Anspruch auf einen ihrer Zahl und der Größe des Schiffes entsprechenden, nur für sie und ihre Sachen bestimmten, wohlverwahrten und genügend zu lüftenden Logisraum«. In diesem Logis, auch Volkslogis genannt, verbrachte der Seeman seine Freizeit, hier nahm er seine Mahlzeiten ein, und hier schlief er. Es war nach der Reichsgründung Angelegenheit des Bundesrates, die Einzelheiten über Größe und Einrichtung der Logis sowie über Wasch- und Abortanlagen zu bestimmen. Der Bundesrat fragte die Reeder, und diese erklärten, die Vorschriften seien beherrscht von der Tendenz, »dem Schutz der Gesundheit eine einseitige, den sonstigen Verhältnissen nicht genügend Rechnung tragende und vielfach das erforderliche Maß überschreitende Fürsorge zuzuwenden.«

In der Vorschrift, die den Ärger der Reeder hervorgerufen hatte, waren bei neuen Schiffen $3^{1}/_{2}$ Kubikmeter Mindestraum der Logis pro Kopf der Belegung im Logis vorgesehen. Die Zustände auf Dampfern sind in der Tat nicht besser, sondern schlechter als auf Segelschiffen gewesen: enge, dumpfe, übelriechende, nicht zu belüftende Bretterverschläge als Logis, eine Koje für zwei Mann, denn es schlief ja nur der Freiwächter; eine Waschschüssel statt eines Waschraumes sowie ein Plumpsklosett am Heck als hygienische Einrichtungen, mehr gab es nicht für die Mannschaften. Im Unterschied zum Verband der Reeder erklärte ein ärztlicher Sachverständiger: »Wenn jetzt gesetzliche Normen eingeführt werden, die billigen Ansprüchen an die Größe und Einrichtung der Logis, die Größe und Einrichtung der Kojen, an die Heizung und Beleuchtung sowie an die sanitären Anlagen für die Mannschaften genügen, so dürfte manches Unbefriedigende beseitigt werden, ohne daß die Mehrzahl der deutschen Reedereien mit erheblichen Mehrleistungen belastet wird.«

Natürlich versuchten viele Seeleute, vor allem Unverheiratete, den Mißständen an Bord ihrer Schiffe zu entgehen. Sie »segelten achteraus«, dessertierten, bevor der Heuervertrag abgelaufen war, um auf einem besseren Schiff Heuer zu finden oder ganz an Land zu bleiben, was besonders für Amerika zutraf. Die Anzahl der Desertionen von deutschen Schiffen ist nicht genau erfaßt, sie wird jährlich auf rund 5000 Mann geschätzt. Das Hamburger Seemannsamt nannte 1901 für alle Reedereien in Hamburg 1324 Fälle, doch allein die Hapag gab für ihre Schiffe 1461 an. Das Bremer Seemannsamt registrierte 1413 Desertionen, doch auch hier lag die tatsächliche Zahl bedeutend höher. Die häufigsten Desertionen entfielen auf Hamburg, Antwerpen, New York, Baltimore, Buenos Aires, Häfen der amerikanischen Westküste, Melbourne und Sidney. Vor allem waren es Jungen und Männer bis zu 30 Jahren, die ihre Schiffe verließen. Bei den Schiffsjungen und Leichtmatrosen waren es eindeutig die Mißstände an Bord, die zur Desertion führten, denn diese noch wenig seeerfahrenen Leute boten den Heuer- und Schlafbasen – in Amerika waren es die Boardingmaster – mit ihrer geringen Heuer kaum Möglichkeiten zur Ausbeutung.

Über 50 Prozent der Desertionen entfielen auf Kohlenzieher, die den Anforderungen der Arbeit einfach nicht gewachsen waren. Und sie hatten Glück, denn viele, die blieben, begingen Selbstmord oder verreckten im wahrsten Sinne des Wortes im Maschinenraum. Stellvertretend für viele, nur zwei Beispiele auf Schiffen deutscher Großreedereien, des Norddeutschen Lloyd und der Hapag. In einem Spruch des Seeamtes Bremerhaven vom 16. August 1912 wurde festgestellt: »An Bord des Bremer Dampfers KAISER WILHELM DER GROSSE sind während der Reise von New York nach Bremerhaven am 5. August 1912 zwei Überarbeiter, die Kohlenzieher Johann März und Johann Lind, an Herzlähmung infolge Hitzschlags verstorben.«

Nach Aussagen von Besatzungsangehörigen gab es an Bord Mißhandlungen und Überforderungen bei der Arbeit, die in Verbindung mit einer unzureichenden ärztlichen Versorgung zum Tod der beiden Trimmer führten. In New York waren dem ehemaligen »Blaue-Band-Träger« 38 Kohlenzieher davongelaufen, für die der Kapitän 36 sogenannte Überarbeiter anmustern ließ; Menschen, die sich die Überfahrt nach Europa durch Arbeit an Bord verdienen wollten. Gewissermaßen als Entschuldigung für den Tod der beiden Kohlenzieher hieß es im Bericht des Seeamts: »Allerdings soll das Menschenmaterial an Überarbeitern gerade bei dieser Reise nicht gut gewesen sein. Man habe aus Not nehmen müssen, was man an irgend tauglichen Leuten bekam.«

Über die ärztliche Betreuung für die Überarbeiter stellte der Spruch fest, daß

Leute, die sich krank meldeten, vom Arzt Abführmittel und Pillen gegen See-krankheit erhielten und im übrigen an die Arbeit zurückgewiesen wurden. Ob März oder Lind behandelt worden waren, konnte nicht festgestellt werden, »da der Arzt über diese unwesentlichen Konsultationen naturgemäß besondere No-tizen nicht gemacht habe.«

Das Seeamt Hamburg stellte in einem Spruch vom 9. Mai 1913 fest: »Der Trimmer John Richter ist am 13. April 1913 auf dem Dampfer BOSNIA während der Wache von zwölf bis vier Uhr morgens schwer erkrankt und am 19. April verstorben. Nach seiner Erkrankung ist der Trimmer in überaus roher Weise von dem wachhabenden 3. Maschinisten mißhandelt und zu weiterer Arbeit an-getrieben worden. Diese falsche Behandlung des Kranken ist ohne Zweifel von ungünstigem Einfluß auf den Verlauf der Krankheit gewesen.«

Die Hapag, die den 15 Jahre alten und 9 683 Bruttoregistertonnen großen Dampfer bereederte, wurde in dem Spruch des Seeamts nicht einmal erwähnt, obwohl der verstorbene Trimmer weder ordnungsgemäß gemustert noch ärzt-lich untersucht worden war. Das Hamburger Seeamt entzog dem 3. Maschini-

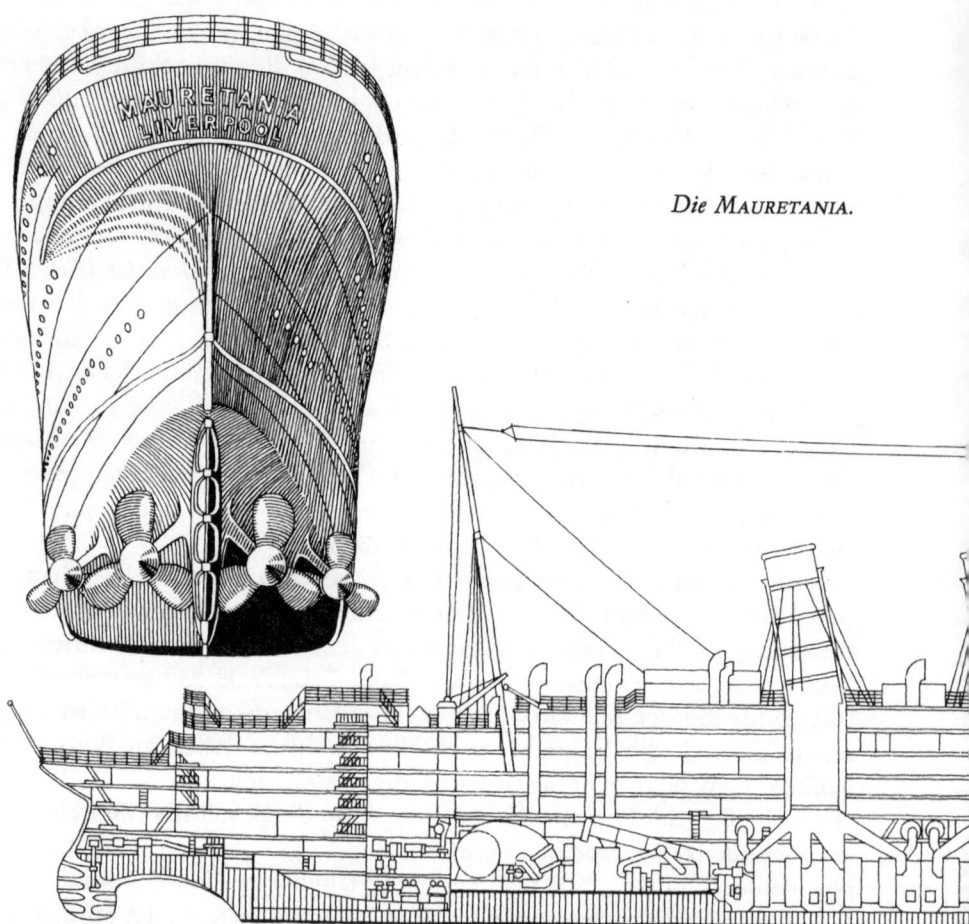

Die MAURETANIA.

sten die Befugnis zur Ausübung des Maschinistengewerbes, doch das Obersee-amt in Berlin annullierte in einer Revisionsverhandlung den Spruch. »Unter Würdigung der schwierigen Stellung, welche Maschinisten heutzutage oft un-ter dem aufsässigen und renitenten Heizpersonal haben«, so entschied es, »ist dem Maschinisten die Befugnis zur Ausübung des Maschinistengewerbes zu belassen.« Die gottgewollte Ordnung war wieder hergestellt: Nicht der Mörder, der Ermordete war schuld!

Kampf um das »Blaue Band des Ozeans«

Das »Blaue Band« als Auszeichnung für den Sieger in Wettfahrten hatte es – nach altem englischen Brauch – schon in der Segelschiffahrt gegeben. Mit der Eröffnung der Dampferlinien über den Atlantik wurde das »Blaue Band des Ozeans« zum Symbol des schnellsten Dampfers mit Westkurs auf der Strecke England – New York, genau vom Leuchtturm Bishop Rock auf den Skilly-In-seln bis zum Ambrose-Feuerschiff. Rekordfahrten in umgekehrter Richtung wurden weniger laut gefeiert.

Die Geschichte des »Blauen Bandes« ist eine Geschichte des Konkurrenz-kampfes der größten Reedereien Nordamerikas, Großbritanniens, Frankreichs, Italiens und Deutschlands, die bis Mitte der dreißiger Jahre mit hohen staatli-chen Zuschüssen immer schnellere, größere und schönere Passagierschiffe als Ausdruck nationaler Repräsentation in Dienst stellten. Zu Beginn der Linien-fahrten über den Atlantik setzten sich gewöhnlich Cunard-Dampfer in den Be-sitz der Trophäe, die sie nur für kurze Zeit an andere britische Reedereien, wie die Collins-Line oder die White-Star-Line, abgaben.

Als im letzten Jahrzehnt des 19. Jahrhunderts Schnelldampfer auf deutschen Werften gebaut wurden, beteiligten sich auch die beiden großen Passagierree-

dereien Deutschlands, die Hapag und der Norddeutsche Lloyd, am Kampf um das »Blaue Band«. Im Jahre 1890 errang der Doppelschraubendampfer der Hapag FÜRST BISMARCK mit einer Durchschnittsgeschwindigkeit von 19,65 Knoten die Trophäe, mußte sie aber schon drei Jahre später wieder an die Cunard-Line abgeben. Dann gelang es dem Norddeutschen Lloyd 1897, mit seinem Neubau KAISER WILHELM DER GROSSE, das »Blaue Band« zu erobern und es 1904 mit einem weiteren Neubau, KAISER WILHELM II., gegen die aufkommende Konkurrenz zu verteidigen.

Doch 1907 ging das Band erneut an Cunard zurück. Der Cunard-Dampfer MAURETANIA, der die Trophäe eroberte, hielt es für die Rekordzeit von zweiundzwanzig Jahren in seinem Besitz. Die MAURETANIA und ihr Schwesterschiff, die LUSITANIA, waren vorläufige Höhepunkte in der Schiffbaukunst. Die MAURETANIA war 31 938 Bruttoregistertonnen groß, 232,3 Meter lang und 26,8 Meter breit. Das Schiff besaß 15 wasserdichte Querschotten, deren Türen sich hydraulisch schließen ließen. Mit einer Besatzung von 812 Offizieren und Mannschaften beförderte das Schiff 563 Passagiere der ersten, 464 der zweiten und 1 138 der dritten Klasse. Das Glanzstück war die Maschinenanlage; sie brachte eine Leistung von 70 925 PS. Während die deutschen Schnelldampfer noch mit Kolbenmaschinen ausgerüstet waren, hatte die MAURETANIA ebenso wie die LUSITANIA einen Dampfturbinenantrieb. Bei der Dampfturbine wird der durch Düsen geführte Dampf gegen Schaufelräder gelenkt und so eine unmittelbare Drehbewegung erzeugt. Mit dieser Anlage lief die MAURETANIA bei der Probefahrt 27,4 Knoten. Während der Überfahrt, bei der sie das »Blaue Band« eroberte, erreichte sie eine Durchschnittsgeschwindigkeit von 25,9 Knoten. Für die Strecke von England nach New York benötigte sie vier Tage, zweiundzwanzig Stunden und neunundzwanzig Minuten.

Das Prestigerennen über den Nordatlantik führte 1912 mit dem Untergang der TITANIC zu einer der größten Schiffskatastrophen aller Zeiten. Die TITANIC war ein Neubau der White-Star-Line von 46 329 Bruttoregistertonnen. Bei einer Länge von 260 Metern und einer Breite von 18 Metern besaß sie 15 wasserdichte Querschotten und 8 Stahldecks. Sie hatte Platz für 3 300 Personen: 860 Offiziere und Mannschaften als Besatzung, 735 Passagiere der ersten, 675 Passagiere der zweiten und 1 030 Passagiere der dritten Klasse. Auf der Jungfernfahrt nach New York, es sollte zugleich die letzte Fahrt werden, waren 2 206 Menschen an Bord.

Die TITANIC geriet auf der Nordatlantikroute am 14. April 1912 in ein stark mit Eisbergen durchsetztes Seegebiet. Trotz empfangener Funkwarnungen drängte der an Bord befindliche Generaldirektor der White-Star-Line, Bruce Ismays, den Kapitän zur Beibehaltung der Höchstgeschwindigkeit. Trotz seiner Verantwortung für Schiff und Menschen, sie konnte ihm auch nicht von seinem Generaldirektor abgenommen werden, und trotz seines Wissens um die drohende Gefahr, setzte der Kapitän des Schiffes, Kommodore Smith, die Geschwindigkeit nicht herab. So stieß die TITANIC um 23.40 Uhr auf 41 Grad, 54 Minuten nördlicher Breite und 50 Grad, 24 Minuten westlicher Länge in dunkler Nacht, bei klarer Sicht und ruhiger See, mit einem Eisberg zusammen, der ihr die Außenhaut vom Vorsteven bis fast zur Schiffsmitte hin aufriß. Durch die sich über mehrere Abteilungen hinziehende Leckage lief das Schiff so voll Wasser, daß es zu sinken begann. Am 15. April 1912, 2.20 Uhr Schiffszeit, versank die TITANIC endgültig, nachdem sie sich nochmals senkrecht aufgebäumt hatte. Das Schiff verschwand langsam über den Flaggenstock am Heck.

Als die auf Grund der ausgestrahlten SOS-Rufe herbeigeeilten Schiffe am Unglücksort eintrafen, waren bereits 1503 Menschen in den Fluten umgekommen, darunter 103 Frauen und 53 Kinder. Nur 703 Menschen konnten aus 15 Rettungsbooten und von 2 Rettungsflößen übernommen und gerettet werden. Die Vorgänge beim Untergang der TITANIC sind in Filmen und in der Literatur vielfach festgehalten worden. Eine Ursache für die vielen Menschenopfer – unabhängig von der moralischen Schuld des Reeders und dem unverantwortlichen Handeln des Kapitäns – war die britische Sicherheitsvorschrift, nach der ein gut geschottetes Schiff nur für die Hälfte der an Bord befindlichen Menschen Rettungsboote mitzuführen brauchte. Nach dem Untergang der TITANIC kam es 1914 zu einer internationalen Konvention zum Schutz des menschlichen Lebens auf See, dem Schiffssicherheitsvertrag, der im Verlaufe der Zeit wiederholt ergänzt wurde. Eine seiner Bestimmungen verlangte die Ausrüstung der Seeschiffe mit Rettungsmitteln für alle an Bord befindlichen Menschen.

Die TITANIC konnte mit ihrer Durchschnittsgeschwindigkeit von 22,5 Knoten überhaupt nicht ernsthaft in den Kampf um das »Blaue Band« eingreifen, denn die modernen Cunard-Dampfer waren ihr mit knapp 26 Knoten weit überlegen. Aber White-Star wollte ins Geschäft kommen. Hatte man schon nicht den schnellsten Dampfer bauen können, so pries man die TITANIC bei der Indienststellung doch als das größte, schönste und überdies als das sicherste Schiff der Welt. Das größte Schiff war sie mit 47 000 Bruttoregistertonnen ohne Zweifel, auch der Luxus dieses schwimmenden Palastes soll unübertroffen gewesen sein, aber mit welchem Recht sprach man vom sichersten, gar vom unsinkbaren Schiff. Die Schiffssicherheitskonferenz, die verbindliche Festlegungen über die Abschottung von Seeschiffen traf, machte die Schiffe sicherer, unsinkbar konnten auch die Experten sie nicht machen!

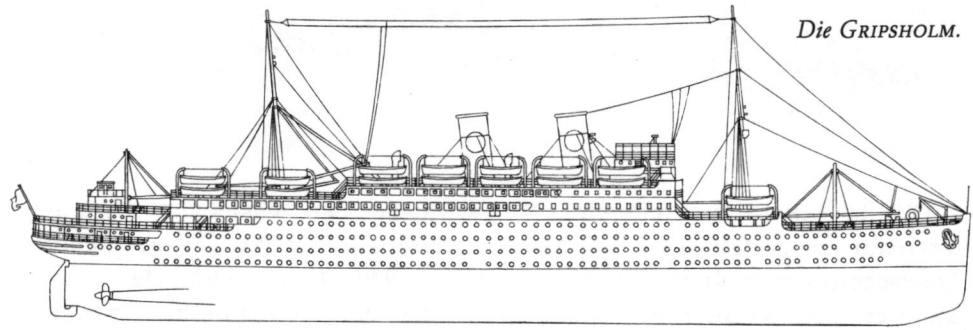

Die GRIPSHOLM.

Während des ersten Weltkrieges standen die meisten Schnelldampfer als Truppentransporter und Hilfskreuzer im Dienst der Seestreitkräfte ihres Landes. Dieser Verwendungszweck hatte schon beim Bau der Luxusliner Pate gestanden und staatliche Subventionen garantiert. Erst geraume Zeit nach dem Krieg begann man erneut mit dem Bau großer und schneller Passagierschiffe. Zunächst lenkte ein relativ kleines Schiff, die GRIPSHOLM, die Weltaufmerksamkeit auf sich. Das Schiff der Svenka-Amerika-Linie war das erste mit Dieselmotoren ausgerüstete Passagierschiff, nachdem der neue Motorantrieb sich schon vorher auf einigen Frachtschiffen bewährt hatte. Mit ihren 18 000 Bruttoregistertonnen und 17 Knoten Reisegeschwindigkeit konnte sich die GRIPSHOLM zwar nicht mit den alten Atlantikriesen messen, auch nicht nach dem »Blauen Band des Ozeans« greifen, doch war sie mit ihrer Einrichtung, die den verschiedenen Stilepochen im Schloß Gripsholm entsprach, ausgesprochen geschmackvoll ausgestattet. Bei nur 320 Mann Besatzung nahm sie 129 Passagiere der ersten, 482 Passagiere der zweiten und 1 006 Passagiere der dritten Klasse auf. Sie wurde später umgebaut und an den Norddeutschen Lloyd verkauft.

Am 15. August 1928 lief in Hamburg die EUROPA und am 16. August 1928 lief in Bremen die BREMEN, beides Neubauten des Norddeutschen Lloyd, vom Stapel. Ein Vertrag über gegenseitige Zusammenarbeit zwischen dem Lloyd und der nach dem Krieg gegründeten United States Mail Steamship Company, der schon 1920 unterzeichnet und noch früher vorbereitet worden war, hatte den schnellen Wiederaufbau der Reederei an der Weser ermöglicht. Die neuen Schiffe, knapp 52 000 Bruttoregistertonnen groß, waren Vierschrauben-Turbinendampfer mit einer Antriebsleistung von 125 000 PS. Auf ihrer Jungfernfahrt nach New York am 16. Juli 1929 entwickelte die BREMEN eine Durchschnittsgeschwindigkeit von 28 Knoten und errang mit einer Rekordfahrt von vier Tagen, siebzehn Stunden und zweiundvierzig Minuten das »Blaue Band«, das sich bis dahin immer noch im Besitz der MAURETANIA befunden hatte.

Die BREMEN von 1928.

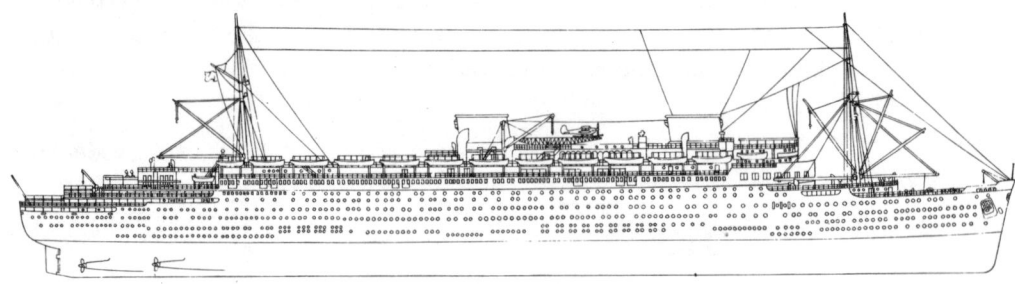

Die BREMEN hatte bereits einen Bugwulst, der den Wasserwiderstand am Vorschiff herabsetzte; sie besaß 11 Decks und wurde durch 14 wasserdichte Querschotts unterteilt. Bei einer Besatzung von 990 Offizieren und Mannschaften, weit mehr als die Hälfte davon Bedienungs- und Betreuungspersonal, beförderte das Schiff 2 224 Passagiere der verschiedenen Klassen. Der Plüsch der Jahrhundertwende war verschwunden, die BREMEN war ein modernes schwimmendes Luxushotel, das selbst den Passagieren der dritten Klasse in ihren Kajüten noch fließendes kaltes und warmes Wasser bot. Als sensationelle Neuigkeit war auf dem Schiff eine Katapultanlage für ein Flugzeug zur Postbeförderung installiert worden. Mit ihm konnte die Laufzeit der Post um rund vierundzwanzig Stunden verkürzt werden.

Die EUROPA mußte zuerst einen Brand überstehen, bevor sie verspätet in Dienst gestellt werden konnte. Am 19. März 1930 trat sie ihre erste Reise über den Atlantik an, dabei unterbot sie den Geschwindigkeitsrekord ihres Schwesterschiffes und übernahm das »Blaue Band«. Drei Jahre später, 1933, verlor sie es an den italienischen Schnelldampfer REX. Höhepunkt und Abschluß der Blaue-Band-Renner bildeten die bis dahin größten und schnellsten Schiffe der Welt: NORMANDIE und QUEEN MARY.

Die NORMANDIE.

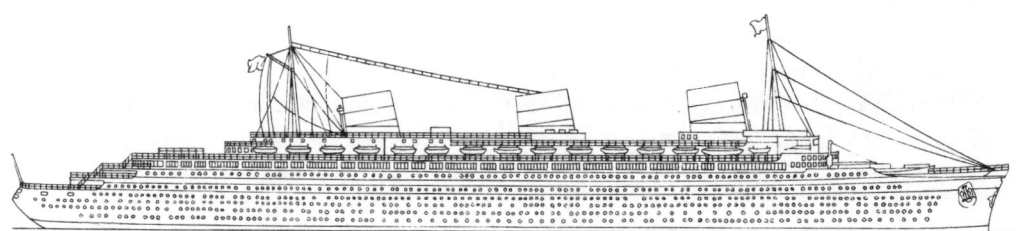

Die NORMANDIE wurde im Januar 1931 auf Kiel gelegt; sie lief im Oktober 1932 vom Stapel und ging im Mai 1935 auf Probefahrt. Dieser Ozeanriese von 83 243 Bruttoregistertonnen gehörte der französischen Générale Transatlantique. Eine Besatzung von 1 345 Mann, davon 972 Stewards und Wirtschaftspersonal, beförderte und versorgte 1 975 Passagiere. Nach dem Brand auf der EUROPA waren 1929 die internationalen Sicherheitsbestimmungen verschärft worden: 1 075 automatische Brandmelder und ein Feuerwehrkommando von 46 Mann übten auf der NORMANDIE eine ständige Brandwache aus. Mit einer Durchschnittsgeschwindigkeit von 31,2 Knoten holte sie sich 1937 das »Blaue Band«; ihre Reise ostwärts betrug nur drei Tage, zweiundzwanzig Stunden und sieben Minuten.

Die QUEEN MARY.

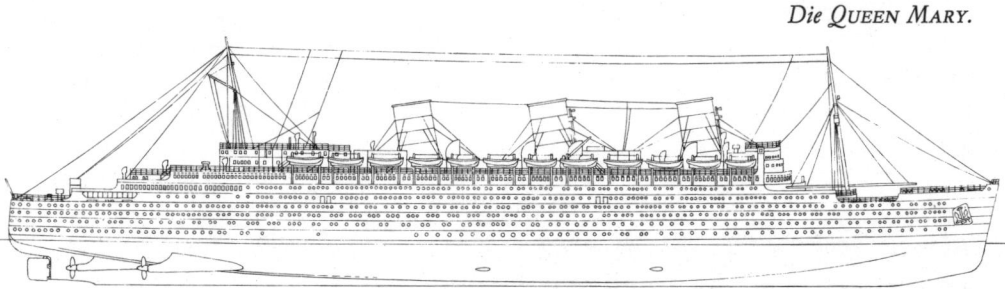

Auch Cunard wollte sich wieder ins Atlantikgeschäft bringen. Noch vor der späteren NORMANDIE, im August 1930, legte er die Baunummer 534 auf Kiel. Ähnlich wie bei der französischen Konkurrenz hemmte die Weltwirtschaftskrise den Fortgang der Arbeiten. Cunard und die White-Star-Line schlossen sich zur Cunard-White-Star zusammen. Doch erst Subventionen der britischen Regierung ermöglichten die Fortsetzung der Arbeiten an der Baunummer 534, die im September 1934 als QUEEN MARY vom Stapel lief. Die Königin von England taufte den Neubau persönlich. Im Kampf mit der NORMANDIE verbesserte sie den West-Ost-Rekord auf drei Tage, zwanzig Stunden und zweiundvierzig Minuten.

Das Schwesterschiff der QUEEN MARY, die QUEEN ELIZABETH, übertraf mit ihren 83 673 Bruttoregistertonnen um ein paar hundert Tonnen sowohl die NORMANDIE als auch die QUEEN MARY. Sie war das größte und schnellste Schiff der Welt, der Endpunkt in der Entwicklung der Schnelldampfer. Bei 1 200 Mann Besatzung konnte sie 2 300 Passagiere aufnehmen. Das Schiff hatte eine Länge von 314,4 Metern, eine Breite von 36 Metern, und es besaß 14 Decks; die Maschinenleistung betrug 200 000 Pferdestärken, die Geschwindigkeit 32 Knoten. Die QUEEN ELIZABETH hat es nur zum potentiellen Träger des »Blauen Bandes« gebracht; die Realität des zweiten Weltkriegs machte das Schiff zum Truppentransporter. Nach dem Krieg war es zu spät, denn die Atlantikrennen waren aus der Mode gekommen. Das Flugzeug war schneller.

Seefahrt im 20. Jahrhundert

Welthandelsflotte und Seeverkehr

Die Entwicklung des Weltseeverkehrs wurde in der ersten Hälfte des 20. Jahrhunderts durch die beiden Weltkriege und die große Weltwirtschaftskrise maßgeblich beeinflußt. Der Weltseehandel stagnierte, der Transport über See verlagerte sich vor allem auf Kriegsmaterial und strategisch wichtige Rohstoffe. Im Jahre 1913 betrug das über See beförderte Gut 300 Millionen Tonnen, im Jahre 1950 waren es über 500 Millionen Tonnen. Für die deutsche Handelsschiffahrt hatten beide Weltkriege katastrophale Auswirkungen. Den hohen Schiffsverlusten in den Kriegen folgte die Auslieferung der noch verbliebenen seetüchtigen Schiffstonnage an die Siegermächte nach den Kapitulationen.

Großbritannien hatte Ende des zweiten Weltkriegs seine über drei Jahrhunderte behauptete und mit allen Mitteln verteidigte Führungsposition in der Seefahrt verloren. Anfang des 20. Jahrhunderts betrug die Handelstonnage Großbritanniens mit gut 10 Millionen Bruttoregistertonnen noch ein Vielfaches seiner Konkurrenten, von denen die USA mit 2 Millionen, Deutschland mit 1,5 Millionen und Frankreich mit einer Million Bruttoregistertonnen folgten. In den ersten Weltkrieg ging Großbritannien mit nahezu 20 Millionen Bruttoregistertonnen. Deutschland mit der zweitgrößten Handelsflotte besaß zu dieser Zeit 5,5 Millionen und die USA 5,3 Millionen Bruttoregistertonnen. BRT-Millionäre waren auch Norwegen, Frankreich, Japan, Italien, Holland und Schweden.

Der erste Weltkrieg, die sich anschließende Weltwirtschaftskrise und die von Deutschland, Japan und Italien erzeugten Spannungsherde in aller Welt führten zu erneuten Veränderungen in der Handelsschiffstonnage bei den führenden Schiffahrtsländern. Im Herbst 1939 lag Großbritannien mit 18 Millionen Bruttoregistertonnen zwar immer noch an der Spitze der Weltrangliste, doch hatten die USA mit 11,9 Millionen Bruttoregistertonnen einen erheblichen Sprung nach vorn getan. Es folgten Japan mit 5,6 Millionen, Norwegen mit 4,8 Millionen, Deutschland mit 4,5 Millionen, Italien mit 3,4 Millionen, Frankreich und Holland mit je 3,0 Millionen, Griechenland mit 1,8 Millionen, Schweden mit 1,6 und Dänemark mit 1,2 Millionen Bruttoregistertonnen.

Die Welthandelsflotte verlor im Verlauf des zweiten Weltkriegs – alle Verluste zusammengerechnet – etwa 31,2 Millionen Bruttoregistertonnen Schiffsraum. Neu gebaut wurden von den Alliierten 39,9 Millionen Bruttoregistertonnen, davon allein in den USA 39,0 Millionen Bruttoregistertonnen, und zwar in der Hauptsache Normenschiffe. Besonders bekannt sind die Frachtertypen »Liberty« und »Victory« sowie der Einheitstanker »T 2« geworden. Infolge der Kriegsabgänge und Neuzugänge sowie der nach dem Krieg erfolgten Ablieferungen, Käufe und Verkäufe ergab sich bis 1950 erneut eine starke Verschiebung in der Reihenfolge der Schiffahrtsnationen. Zum erstenmal nahmen die USA mit 27,5 Millionen Bruttoregistertonnen die Spitze ein, Großbritannien besaß noch 18,2 Millionen, Norwegen 5,5 Millionen, Frankreich 3,2 Millionen, Holland 3,1 Millionen, Italien 2,6 Millionen, Schweden 2,0 Millionen, Griechenland 1,4 und Dänemark 1,3 Millionen Bruttoregistertonnen. Neu in der Weltrangliste erschien Panama mit 3,4 Millionen Bruttoregistertonnen, ein Schiffsraum, der von US-Reedern im Verlauf des zweiten Weltkriegs aufgebaut und unter der neutralen panamesischen Flagge betrieben worden war. Das Beispiel sollte Schule machen. Aus der neutralen wurde eine »billige«, eine »gefällige« Flagge. Bald schon eroberte eine andere »Gefälligkeitsflagge«, die von Liberia, mit weitem Abstand die Spitze aller Flaggenstaaten.

Nach dem internationalen Flaggenrecht bestimmt jeder Staat von sich aus, unter welchen Bedingungen ein Schiff seine Flagge führen darf. Viele Küstenstaaten vergeben das Flaggenrecht, das sowohl Privatrecht als auch öffentliches Recht enthält, nur an eigene Staatsangehörige. Sie erlassen Ordnungen über Anzahl, Bezahlung, Unterbringung und Verpflegung der Besatzungen, regeln Arbeitszeit, Arbeitsschutz und sonstige soziale Fragen, und sie legen die Bedingungen fest, unter denen das Schiff seine »Klasse« erhält, das heißt, seine Zulassung als Seeschiff. Verschiedene Staaten, darunter Liberia und Panama, erteilen das Recht zum Führen ihrer Flagge ohne besondere Auflagen auch ausländischen Personen. Sie ermöglichen damit fremden Reedern nicht nur finanzielle Manipulationen, sondern auch eine nahezu schrankenlose Ausbeutung der Schiffsbesatzungen, weil in ihrem Flaggenrecht kaum einschränkende Bestimmungen für den Reeder enthalten sind.

Auch politische Gründe können zum Ausflaggen führen. Die USA-Regierung nutzte im zweiten Weltkrieg die panamesische Flagge, um ihr eigenes Neutralitätsgesetz zu umgehen, das keine Verschiffungen zu den Häfen kriegführender Staaten gestattete. Doch die US-Reeder begriffen sehr schnell auch den ökonomischen Nutzen; wenige Jahre nach dem Krieg hatten sie bereits mehr als 10 Millionen Tonnen Schiffsraum nach Panama ausgeflaggt. Honduras verdankt ebenfalls seine Existenz als Schiffahrtsland nordamerikanischen Reedern. Die Unitet Fruit Company ließ nach dem Krieg ihre Schiffe fast ausschließlich in Honduras registrieren. Den Wettlauf der billigen Flaggen entschied Liberia eindeutig für sich. Im Jahre 1948 wurde es zum erstenmal mit 2 Schiffen und 772 Bruttoregistertonnen – beide Schiffe gehörten der Farrel-Linie aus den USA – in einer internationalen Statistik erwähnt. Ein Jahr später waren 50 000 und 1950 bereits 245 000 Bruttoregistertonnen Schiffsraum unter liberianischer Flagge registriert. Dann ging es mit mindestens einer Million Tonnen Zuwachs jährlich steil aufwärts. Den größten Anteil an der Flagge Liberias haben nordamerikanische Reeder, die auf diese Art und Weise den von den Gewerkschaften für amerikanische Seeleute erkämpften Heuer- und Arbeitsbedingungen ausweichen. Es ist aber durchaus nicht so, daß unter Billigflaggen nur abwrackreife »Seelenverkäufer« fahren – obwohl solche Schiffe sich auch darunter befinden –, sondern in Liberia ist nicht nur die größte, sondern auch eine der modernsten Flotten der Welt registriert.

Das Ausflaggen ist nicht durch die Amerikaner im zweiten Weltkrieg erfunden worden; die Hapag praktizierte es schon Ende des 19. Jahrhunderts. Den Beweis liefert die 1922 erschienene Biographie des langjährigen Generaldirektors der Hamburger Reederei, Albert Ballin, in der es heißt: »Für die Ballinsche Politik der Verteilung des Risikos und für seine großzügige Auffassung von dem internationalen Charakter der Schiffahrt ist bezeichnend, daß man Ende der neunziger Jahre auch daran ging, die Tätigkeit der Gesellschaft nach dem Auslande zu verlegen. Es war nicht der Wunsch nach einer Verteilung des Risikos allein, was den ersten Anstoß zu dieser Expansion gab, sondern auch die Tatsache, daß die Betriebskosten der Schiffe unter den Flaggen der verschiedenen Länder sehr verschieden waren ...«

Das Argument feierte unerwartete Auferstehung im UNCTAD Schiffahrtskomitee, als die Reeder der sogenannten »Hochlohnländer« das Ausflaggen als einen unverzichtbaren Bestandteil des Wettbewerbsprinzips begründeten und verteidigten. Erst das Ausflaggen mindere den unerträglichen Kostendruck und garantiere die Konkurrenzfähigkeit gegenüber Reedereien von »Billiglohnländern«. Der Seeschiffahrt müsse ebenso wie der übrigen Wirtschaft freistehen, durch die Verlagerung der Produktion an kostengünstigere Standorte ihre Wettbewerbsfähigkeit zu sichern. Die Benutzung von Billigflaggen durch kapitalistische Reedereien hat inzwischen ein solches Ausmaß erreicht, daß die alljährlich von Lloyds Register of Shipping aufgestellte Rangliste der Welthandelsflotte die tatsächliche nationale Tonnage nicht mehr widerspiegelt. Unter den Flaggen von Liberia, Panama, Singapur, Zypern, Hongkong und Honduras – sie umfassen rund ein Drittel der Welthandelstonnage – verstecken sich fast ausnahmslos nordamerikanische und westeuropäische Reeder.

Der Welthandel wird zu 70 bis 80 Prozent durch den Transport von Gütern über See abgewickelt. Die Gütermengen des Weltseeverkehrs sind in der zweiten Hälfte des 20. Jahrhunderts sprunghaft angestiegen: von 500 Millionen Tonnen im Jahre 1950 auf eine Milliarde Tonnen im Jahre 1960, auf 2 Milliarden Tonnen im Jahre 1970 und auf 4 Milliarden Tonnen im Jahre 1980. Von dieser Menge entfallen 75 Prozent auf Massengüter, wie Öl, Erze, Getreide, Kohle, Holz und Zucker sowie 25 Prozent auf Stückgüter. Beim Massengut nimmt Öl seit 1980 bei leicht steigender Tendenz mit über 50 Prozent des Gesamtgutes die Spitze ein.

Im Seetransport sind zwei unterschiedliche Schiffahrtsformen üblich: die Linienschiffahrt sowie die Tramp- und Spezialschiffahrt. Die Linienschiffahrt hatte ihre Basis im Auswanderer- und Passagierverkehr über den Nordatlantik, der heute zur Bedeutungslosigkeit abgesunken ist. 1957 wählten noch etwa

2 Millionen Personen den Seeweg für eine Reise zwischen Europa und Amerika, das waren ebenso viele Seereisende wie Luftreisende. Im Jahre 1970 entfielen von insgesamt 8,27 Millionen Atlantiküberquerungen nur noch 250 000 auf Schiffe, das war ein Anteil von 3 Prozent. In den darauffolgenden Jahren schrumpften die Passagen auf Fahrgastschiffen nahezu auf Null, seit 1980 werden sie statistisch nicht mehr erfaßt. Die großen Luxus-Liner spezialisierten sich auf Kreuzfahrten über die Weltmeere und konnten so überleben. Diese Urlaubs- und Erholungsfahrten in den entsprechend der Jahreszeit klimatisch schönsten Breitengraden, verbunden mit dem Anlaufen interessanter Hafenstädte, erfreuen sich großer Beliebtheit. Bevorzugte Seegebiete sind die Karibische Inselwelt und die westafrikanische Küste. Aus der Linienfahrt wurde die Kreuzfahrt und aus dem Atlantikrenner für wenige Überfahrtstage das bequeme Fahrgastschiff für einen mehrwöchigen Urlaub.

Auch nach dem Ausscheiden des Passagierverkehrs aus der Linienschiffahrt hat sich die Organisationsform erhalten, mehr noch, sie hat sich zum Kernstück der modernen Seeschiffahrt entwickelt. Ein vielfach überlagertes Netz von regelmäßig befahrenen Schiffahrtslinien überzieht heute die Weltmeere und sichert eine ständige Verbindung zwischen den bedeutenden Häfen. Die Schiffe verkehren auf diesen Linien –. vom Abgangshafen über Zwischenhäfen zum Zielhafen – in Zeitabständen von wenigen Tagen. Die Abfahrten werden in einem festen Fahrplan, der traditionsgebunden an die Segelschiffszeit bis heute als »Segelliste« bezeichnet wird, angekündigt. Die wichtigsten Kriterien für einen Liniendienst sind Zuverlässigkeit und Pünktlichkeit, mit der die im Hafen gesammelten Güter – überwiegend Stückgüter – zu den an den Liniendienst angeschlossenen Häfen transportiert werden. Vielfach ist von den Anlaufhäfen ein Zubringer- und Verteilerverkehr zu Nebenhäfen organisiert, sogenannte Transshipment-Verbindungen, um ein größeres Hinterland in den Linienverkehr einzubeziehen.

Einige Großreedereien unterhalten ihre eigenen Liniendienste. In der Regel schließen sich jedoch mehrere Partner zu einem Gemeinschaftsdienst zusammen. Am häufigsten ist die Form der internationalen Schiffahrtskonferenzen, bei denen Absprachen über Fahrtgebiete, Anlaufhäfen und Ladungsquoten, aber auch über die Höhe der Frachtraten, zu gewährende Rabatte und sonstige Bedingungen von Reedern unterschiedlicher Nationalität geführt und streng verbindliche Festlegungen für alle Konferenzteilnehmer getroffen werden. Ein »UN-Verhaltenskodex für Linienkonferenzen«, der am 6. Oktober 1983 in Kraft getreten ist, soll Auswüchse dieses Systems verhindern. Die gegenwärtig bestehenden rund 360 Konferenzen kontrollieren weltweit die wichtigsten Seeverbindungen und transportieren mit eigener Tonnage etwa 80 Prozent des Güteraufkommens im Linienverkehr. Eine Reederei oder eine Reedereigruppe, die nicht Mitglied der Konferenz ist, gilt in dem betreffenden Fahrgebiet als »Outsider«. Wird der Außenseiter von der Konferenz nicht toleriert, kommt es gewöhnlich zu einem ruinösen Ratenkrieg.

Eine einschneidende Veränderung in der Linienschiffahrt brachte die Einführung der Container. Bis dahin waren Linienschiffe bei einer mittleren Rundreise etwa die halbe Zeit auf See, die andere Hälfte lagen sie im Hafen, denn das Laden und Löschen einzelner Kisten und Säcke erforderte viel Zeit. Ein Schiff verdient jedoch nur in der Fahrt, Hafenzeit dagegen ist teuer. Um die Hafenliegezeit der Schiffe zu verringern, wurde der Container, ein genormter Großbehälter von 20, 30 oder 40 Fuß mit einer Nutzlast von 10 bis 30 Tonnen, eingeführt. Er wird im Haus-Haus-Verkehr beim Absender im Binnenland beladen, danach durch Spezialkraftwagen oder Spezialwagen der Eisenbahn zum Hafen befördert, und in einem durch Computer vorprogrammierten Taktablauf an das zu beladende Schiff herangebracht. Das Laden und Löschen der Container erfolgt automatisch an speziellen Liegeplätzen, den Containerterminals, die mit Spezialkränen, sogenannten Portainern, ausgerüstet sind. Da ein Portainer in der Stunde bis zu 60 Container bewegt, wird die Abfertigung des Schiffes nicht mehr nach Tagen, sondern nur noch nach Stunden bemessen.

Auf kleinen und mittleren Entfernungen über See und Land, wie zum Beispiel im europäischen Raum, hat sich das sogenannte Ro-Ro-System (roll-on/roll-off) durchgesetzt. Das System basiert auf einem durchgehenden Transport auf Rädern. Ein Sattelauflieger, der Trailer, wird beim Absender im Binnenland beladen, danach von einer Zugmaschine zum Hafen gebracht und über eine Bug-, Heck- oder Seitenpforte in das Schiff gezogen. Das Schiff befördert den beladenen Hänger zum Bestimmungshafen, wo wiederum eine Zugmaschine den Trailer aus dem Schiff heraus zum Empfänger fährt. Auch bei diesem System werden die Liegezeiten der Schiffe im Hafen erheblich verkürzt.

Die Trampschiffahrt ist die älteste Form der Seeschiffahrt. Im Unterschied zur Linienschiffahrt, bei der die Ware zur fahrplanmäßigen Abfahrtszeit des Schiffes an Bord sein muß, wird in der Trampschiffahrt das Schiff nach Bedarf – abhängig von Menge, Ort und Zeit des Frachtgutes – eingesetzt. Das erklärt auch das Wort Tramp für diese Form der Schiffahrt. Der Tramper kennt keine feste Route, er richtet sich nach der Ladung, und wenn er im Löschhafen keine Waren für die Rückreise in den Heimathafen vorfindet, so nimmt er eine beliebig andere Ladung nach einem neuen Bestimmungshafen. Die Verschiffungsbedingungen sind in der Linienfahrt vorher bekannt; in der Trampschiffahrt werden die Transportbedingungen, als wichtigstes die Frachtrate, abhängig von der Marktsituation zwischen Reeder und Verlader von Fall zu Fall ausgehandelt. Das Ergebnis wird im Chartervertrag festgehalten. Der Name Charter kommt von »carta« (Urkunde), und Chartervertrag bedeutet nichts anderes als Schiffsmietvertrag. Der Chartervertrag kann für einen Teil des Schiffes oder für das ganze Schiff, er kann für die Dauer einer Reise oder für einen längeren Zeitraum abgeschlossen werden. Typisches Frachtgut der Trampschiffahrt sind billige Massengüter.

Aus der klassischen Trampschiffahrt, die nach Umfang und Bedeutung in den letzten Jahrzehnten stark zurückgegangen ist, entwickelte sich mehr und mehr eine Spezialschiffahrt. Das geschah vor allem dort, wo über einen länge-

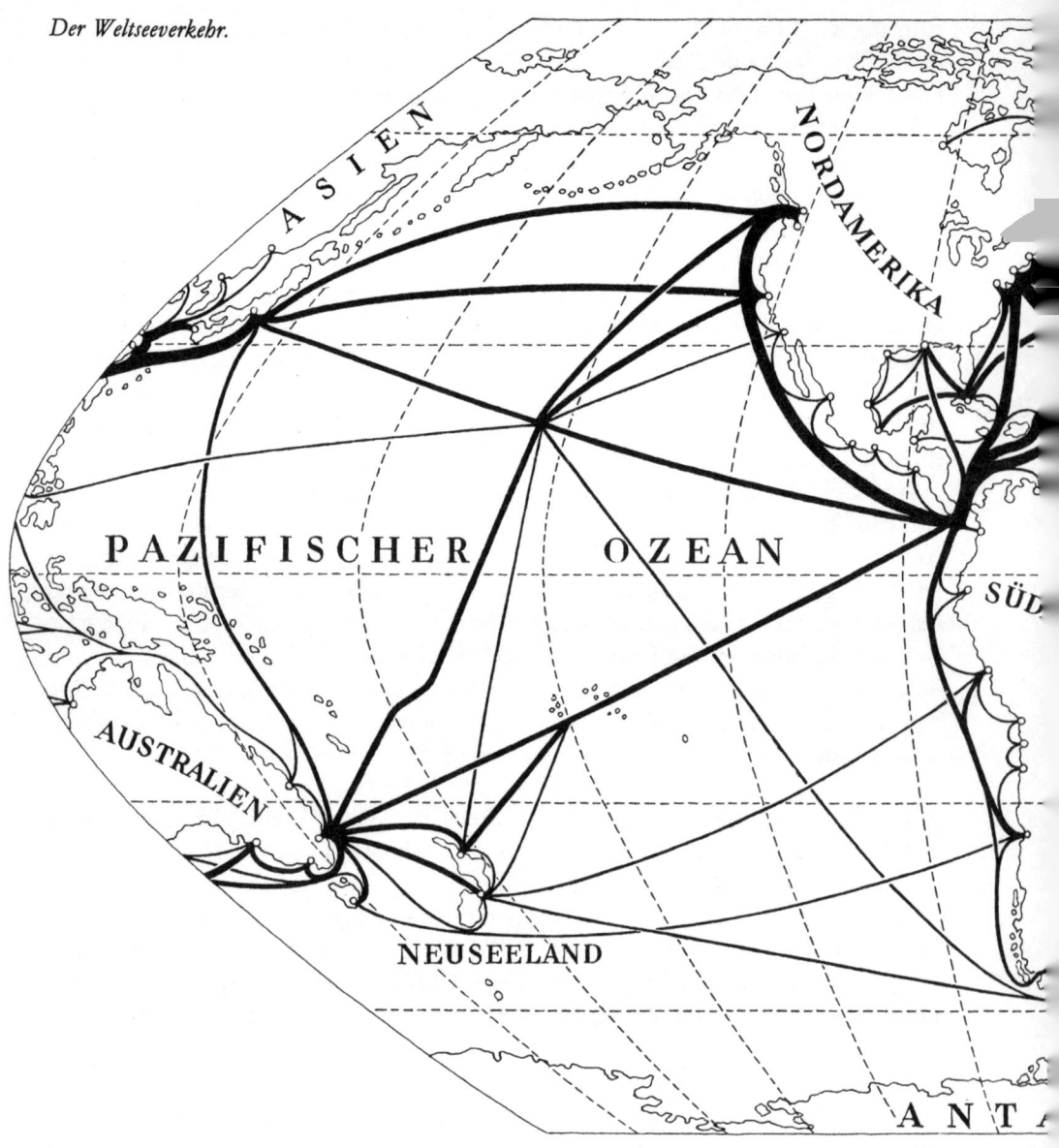

ren Zeitraum ein kontinuierlicher Güterstrom zwischen zwei Häfen vorhanden war. In der Spezialschiffahrt werden vor allem Erdöl, Erze, Holz und Getreide transportiert, die Reeder paßten ihre Schiffe diesen Ladungen an. Der Einsatz der Schiffe verläuft in der Spezialschiffahrt nach den gleichen Prinzipien wie in der Trampschiffahrt. Allerdings ist es heute üblich geworden, für neue große Spezialschiffe Zeitcharterverträge über fünf und mehr Jahre abzuschließen, bevor der Reeder den Bauauftrag für das Schiff an eine Werft vergibt. Da die vielen kleinen Trampreeder, wie sie im 19.Jahrhundert und auch noch Anfang des

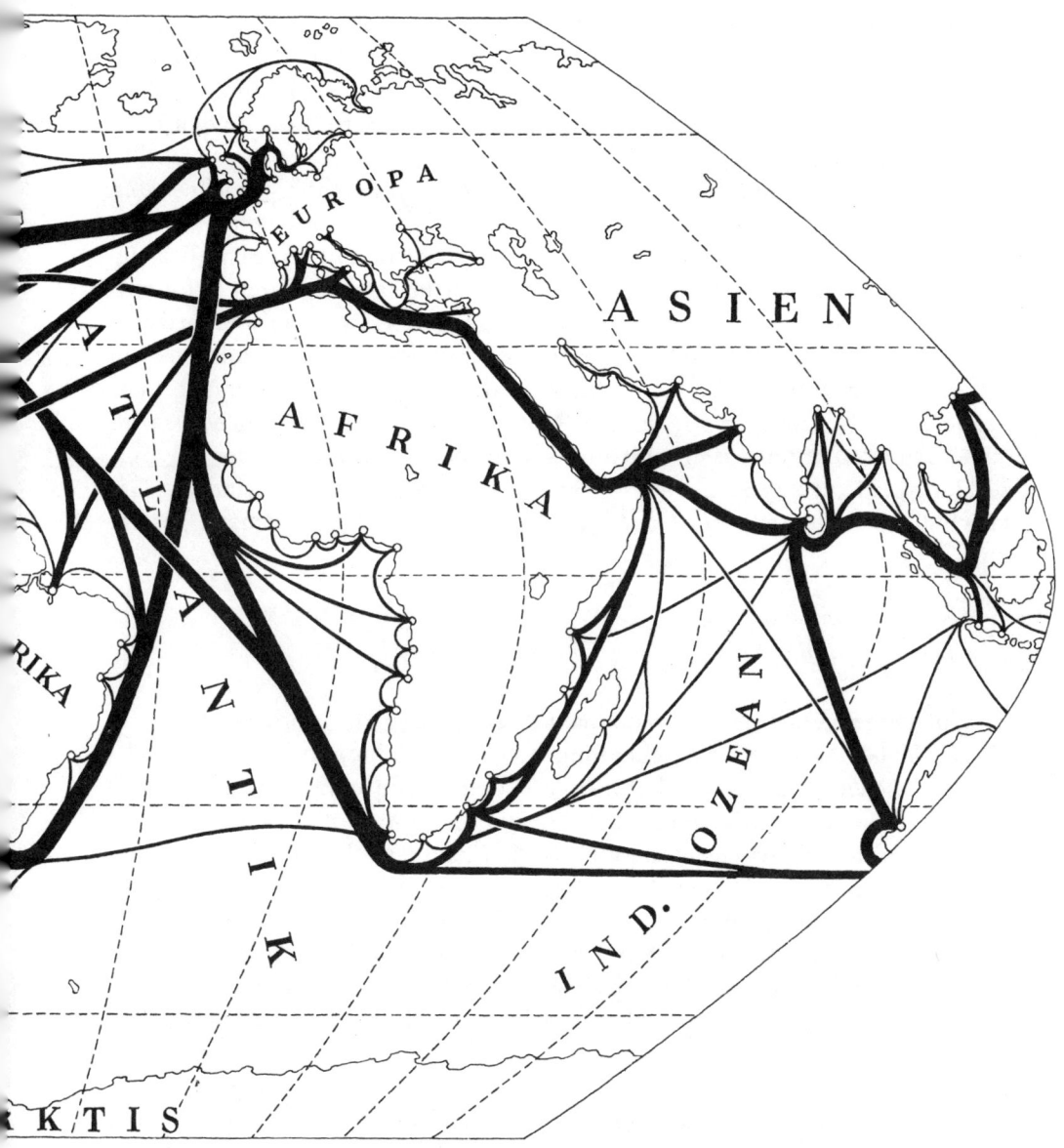

20. Jahrhunderts existierten, nicht die Mittel besaßen, um den bei kapitalkräftigen Großreedereien deutlich werdenden Schritt zur Spezialschiffahrt mitzugehen, sind sie im Konkurrenzkampf unterlegen. Echte Tramper sind selten geworden.

Bereits vor dem zweiten Weltkrieg gab es einige Reedereigesellschaften, die für besonders wertvolle und leichte Güter ihre Schiffahrtslinien durch Fluglinien ergänzten. In den fünfziger und sechziger Jahren sind vor allem britische und skandinavische Reeder verstärkt ins Luftfrachtgeschäft eingestiegen. Nach

Vorliegen positiver Erfahrungen und erwiesener Rentabilität haben weitere Reeder einen kombinierten Schiffs-Luft-Liniendienst im Rahmen ihres eingespielten, weltumspannenden Agenturnetzes aufgezogen. Sie befürchteten zu Recht, daß bei weiterem Zögern die wertvollsten Stückgutfrachten zu den Luftfahrtgesellschaften abwandern könnten.

1970 betrug der Anteil der Luftfracht über den Nordatlantik gewichtsmäßig zwar erst 0,3 Prozent, wertmäßig aber schon 23 Prozent. Mit dem Flugzeug werden vor allem hochwertige Güter, wie elektronische und optische Erzeugnisse, Pharmazeutika, Textilien, Leder und ähnliche leichte Waren befördert. Wie ernst die Situation für die Linienreeder geworden ist, zeigt die Tatsache, daß sich die Tonnen/Kilometer-Leistung im Luftverkehr bei frachtintensiven Gütern seit 1970 im Fünfjahresrhythmus verdoppelt. Nun bieten immer mehr Reedereigesellschaften in Ergänzung ihrer Schiffslinien wöchentliche Frachtflüge nach dem Fernen Osten und zum amerikanischen Kontinent an. Die Entwicklung geht auf diesem Gebiet weiter, schon deshalb, weil der ständigen Geschwindigkeitserhöhung der Containerschiffe wirtschaftliche Grenzen gesetzt sind.

Moderne Seeschiffe

Es gibt keine genaue, übereinstimmende Einteilung der vorhandenen Seeschiffe. Üblich ist eine Unterscheidung nach Verwendungszweck in Handelsschiffe, Fischerei- und Spezialfahrzeuge, Kriegsschiffe und seegängige Yachten. Die Handelsschiffe teilt man in die beiden großen Gruppen der Fahrgastschiffe und Frachtschiffe ein. Zu den Fahrgastschiffen zählen die wenigen, noch im regelmäßigen Passagierverkehr eingesetzten Linienschiffe und die für Urlaub und Erholung bestimmten Touristenschiffe, von denen die größeren auch als Kreuzfahrtschiffe bezeichnet werden. Nach den internationalen Sicherheitsvorschriften ist allerdings jedes Handelsschiff, das mehr als 12 Passagiere befördern kann, grundsätzlich ein Fahrgastschiff. In der Praxis spricht man bei diesen Schiffen von kombinierten Fracht- und Fahrgastschiffen, kurz Kombischiffe genannt.

Vielfältig ist die Unterteilung der Frachtschiffe und noch vielfältiger sind die Mischformen. Es gibt die Trennung zwischen Trockenfrachter und Tanker, aber es gibt sie beide in Form des OBO (Oil-Bulk-Ore)-Carriers auch als Einheit. Das Trockenfrachtschiff wird herkömmlich in Stückgut- und Massengutschiff differenziert, doch baut man auch Schiffe, die beide Gutarten befördern. Mehr und mehr werden Schiffe in Dienst gestellt, die speziell für eine Ladung oder für ein Transportgefäß eingerichtet sind: das Container- und das Ro-Ro-Schiff, das Kühlschiff und das Kühlraumschiff (der Unterschied liegt in der Kühlregelung), die Eisenbahn- und die Autofähre, der Bargecarrier und das Laship (Lighter-aboard-ship), der Kohle- und der Erzfrachter, der Auto- und der Holztransporter. Nicht eben selten sind die Schiffe auch zwei oder drei

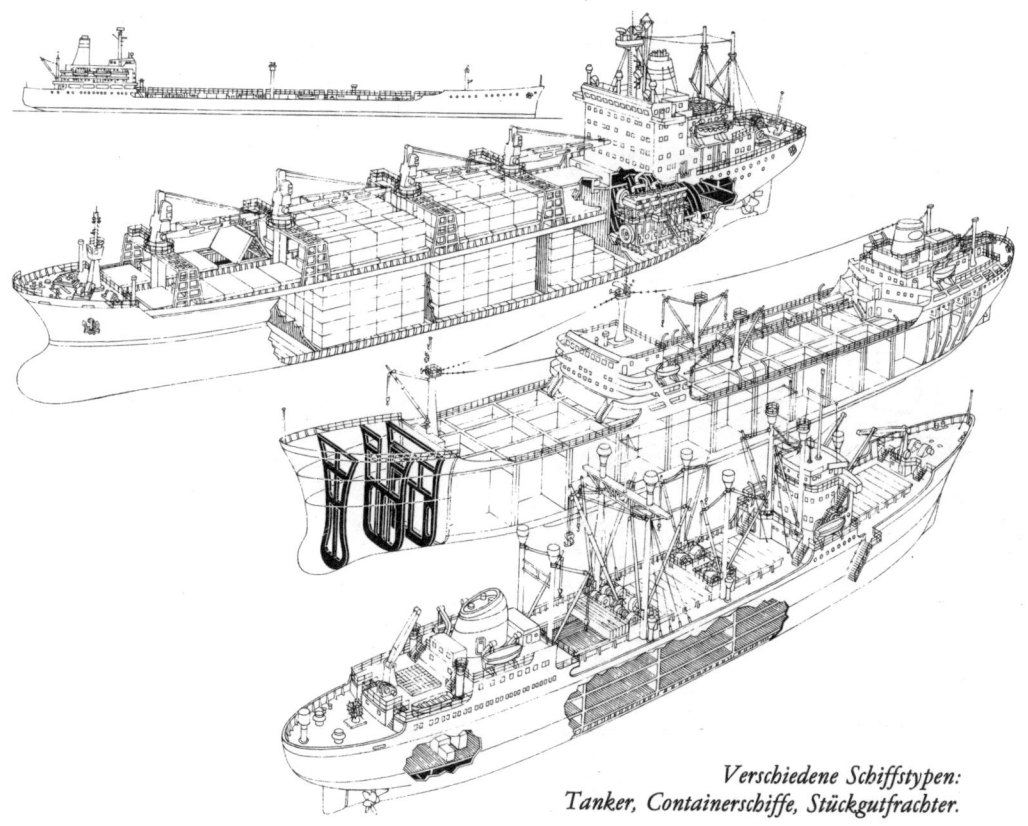

Verschiedene Schiffstypen:
Tanker, Containerschiffe, Stückgutfrachter.

speziellen Ladungen oder Transportgefäßen angepaßt. Es ist in diesem Zusammenhang unmöglich, alle bestehenden Formen zu erfassen.

Lloyds Register nennt in seiner Statistik für 1980 folgende Schiffstypen: Öltanker, Gastanker, Chemikalientanker, OBO-Carrier, Bulk/Erz-Frachter, Stückgutschiffe, Vollcontainerschiffe, Ro-Ro-Schiffe, Fähren, Fahrgastschiffe, sonstige Frachtschiffe und verschiedene Spezialschiffe. Am 1. Januar 1980 entfielen auf die Tankertonnage 338 078 130 Tragfähigkeitstonnen, auf die Trockentonnage insgesamt nur 315 351 232 Tragfähigkeitstonnen. Bei den Tankern beherrscht der Öltanker in allen Größen bis zu 500 000 Tonnen Tragfähigkeit eindeutig das Feld; Gas-, Chemikalien- und Weintanker machen zusammen weniger als 5 Prozent der Tankertonnage aus.

Wenn der Reeder sich darüber klar geworden ist, was für ein Schiff er benötigt, gibt er einer Werft den Auftrag zur Projektierung, Konstruktion und zum Bau des Schiffes. Moderne Werften sind industrielle Großbetriebe, die über mehrere Werkhallen, Docks und Hellinge verfügen. Der eigentliche Schiffbauplatz ist die Helling, von der die Stapelläufe erfolgen; sie ist kranbestückt und führt als schiefe Ebene vom Land ins Wasser. Die Werften stellen die Schiffe

Verschiedene Schiffstypen:
OBO-Carrier, Ro-Ro-Schiff, Flüssiggastanker.

Kühlschiff, Passagierschiff,
Küstenmotorschiff, Schlepper.

nicht mehr allein her, wie das noch im 19. Jahrhundert der Fall war, sie sind heute wertmäßig nur noch zwischen 30 und 50 Prozent am Gesamtbau beteiligt. Hauptantriebsanlage, Hilfsmaschinen, Funk- und Navigationsgeräte sowie die gesamte Ausrüstung von der Elektronik bis zur Kücheneinrichtung werden von Spezialfirmen produziert und der Werft zugeliefert.

MS Aschenberg, ein Ro-Ro-Schiff der DSR-Lines, im Hafen von Kopenhagen.

Das Innere eines Ro-Ro-Schiffes mit dem Lift zum Wetterdeck.

Tosca, ein Autotransporter mit 5 000 PKW Aufnahmevermögen.

Ein LNG Gastanker mit einer Ladekapazität von 80 000 m³.

Ein Ro-Ro-Containerschiff der italienischen Merzario-Lines.

Modernes japanisches Containerschiff Thames Maru
im Hafen von Rotterdam (50 722 BRT).

Containerschiff auf See.

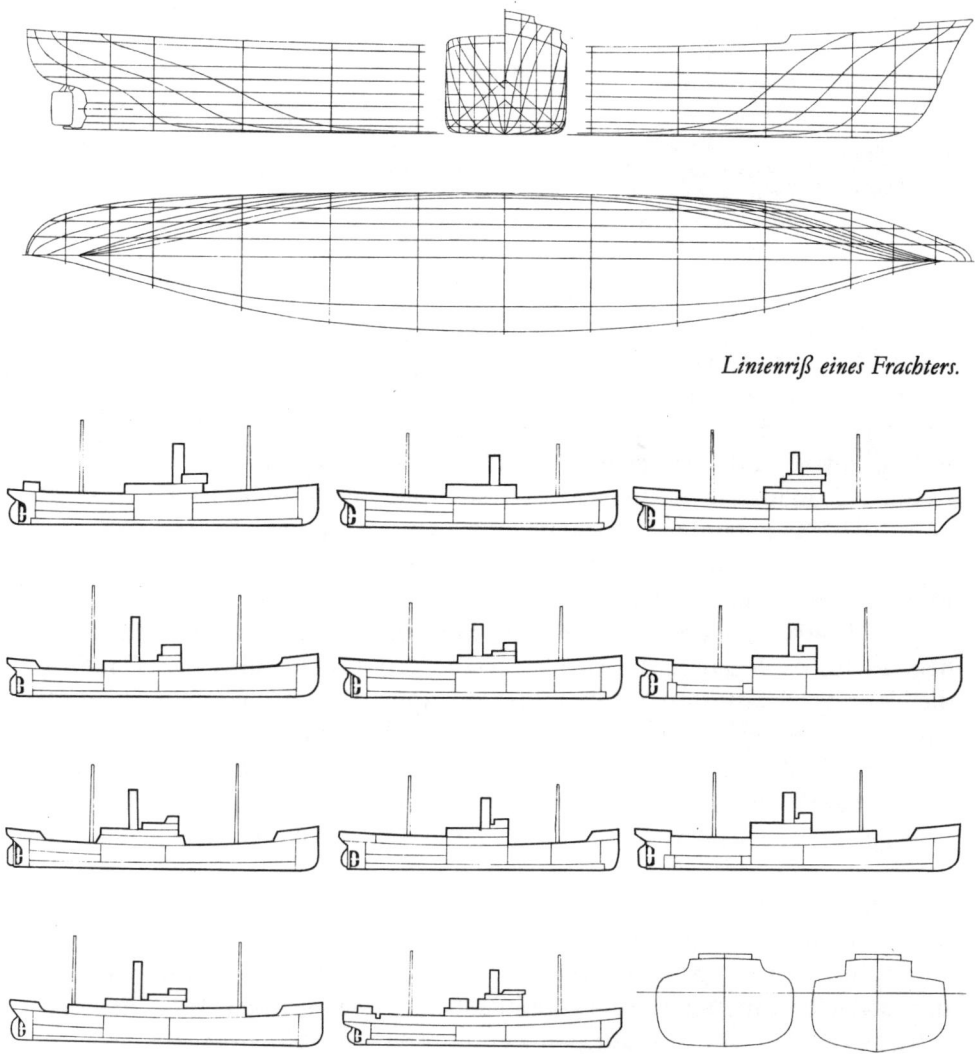

Linienriß eines Frachters.

Schiffstypen nach Rumpfformen, von links nach rechts:
Glattdeckschiff mit zwei Decks, Spardeckschiff, Geschlossener Schutzdecker,
Schiff mit Back und Poop (Eindecker), Sturmdeckschiff, Quarterdeckschiff,
Drei-Insel-Schiff, Welldeckschiff, Quarterdeckschiff mit verlängerter Brücke,
Schiff mit verlängerter Brücke, Backdeck und Poop, Offener Schutzdecker, Türmdecker, Kofferdecker.

Grundlage zum Bau des Schiffes ist das Projekt, das vom Reeder bestätigt werden muß. In ihm werden Verwendungszweck, Hauptparameter, Größe in Brutto- und Nettoregistertonnen sowie in Tragfähigkeitstonnen, die Hauptantriebsanlage und die Hilfsmaschinen, die Geschwindigkeit und der Fahrbereich, die Form und die Unterteilung des Schiffskörpers, die zu verwendenden Werkstoffe, die Anordnung und die Einrichtung der Räume, die Ausrüstung des Schiffes und nicht zuletzt – neben weiteren Einzelheiten – die Gesamt-

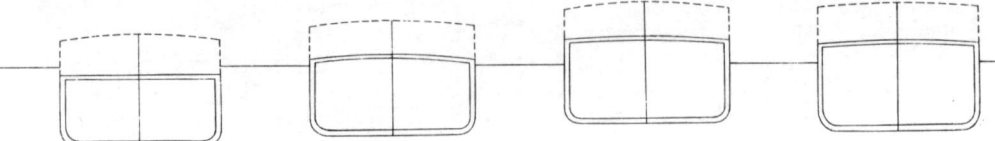

Verschiedene Freiborde, von links nach rechts:
Volldecker, Spardecker Sturmdecker, Shelterdecker.

baukosten verbindlich bestimmt. Es ist für einen Laien nahezu unvorstellbar, wieviel Vorarbeiten geleistet und welche Vielzahl an Zeichnungen in den Projektierungsbüros angefertigt werden müssen, bevor mit der Konstruktion und dem Bau des Schiffes begonnen werden kann. In modernen Büros wird diese Arbeit von Computern geleistet. Die Projektierungsingenieure geben bestimmte Grunddaten und Entscheidungskriterien in eine dem Rechner gemäße Form vor, der daraufhin Varianten errechnet und diese selbständig mit den Vorgaben vergleicht. Bleiben die Varianten unbefriedigend, müssen die Eingangswerte verändert werden.

Nach Bestätigung des Projekts und erteiltem Bauauftrag durch den Reeder beginnt die Werft mit der Konstruktion. Die Zeit des »Schnürbodens«, auf dem die Teile des Schiffes in ihrer natürlichen Größe aufgezeichnet – geschnürt – wurden, um danach Schablonen aus Holz oder Eisenblech zu fertigen, die als Vorlagen für die Arbeit in den Werkhallen dienten, ist auf modernen Werften vorbei. Die Konstruktionszeichnungen werden heute in einem Maßstab von 1:10 mit Spezialkameras fotografiert und als Diapositive auf die Stahlplatten projiziert, wobei das Diapositiv den Schneidprozeß über eine vollautomatische Brennschneidemaschine steuert. Die geschnittenen Stahlplatten werden durch Maschinen in die vorgeschriebene Form gebogen und noch in den Werkhallen zu Sektionen zusammengeschweißt. Anschließend werden die Sektionen – es sind wirklich ganze Schiffsteile – auf Tiefladern oder auch mit Hilfe von Krananlagen zur Helling befördert, wo sie von besonders erfahrenen Schweißern zum Schiffskörper verschweißt werden. Wenn es auch keine Kiellegung im herkömmlichen Sinn mehr gibt, denn Kiel, Bodenwrangen sowie Außen- und Innenboden werden als Bodensektion ebenfalls in der Halle gefertigt, so wird das Schiff doch noch auf Stapel gelegt. Es ruht vom Beginn der Montagearbeiten an bis zum Stapellauf auf mehreren Stapeln kurzer Holzbalken. Zum Stapellauf werden zwei hölzerne Gleitbahnen unter den Schiffskörper gebaut und zwischen Gleitbahnen und Schiffskörper zwei oder vier Schlitten montiert, die die Körpermasse von den Stapelklötzen übernehmen sollen. Die mit Stopperbalken festgesetzten Schlitten rutschen beim Stapellauf entweder auf den Gleitbahnen über Paraffin bzw. Spezialfette oder aber – ganz modern – sie rollen auf Kugellagern ins Wasser. Am Tage vor dem Stapellauf wird das Schiff von den Stapeln auf die Schlitten aufgekeilt. Um diese sehr schwere Arbeit zu vermeiden, setzt man auch an Stelle der bisherigen Holzstapel Sandtöpfe ein, bei

426

denen der Schiffskörper durch das Auslaufenlassen des Sandes auf die Schlitten abgesenkt wird.

Dann kommt der immer wieder feierliche Augenblick des Stapellaufes, verbunden mit der Namensgebung, der Taufe des Schiffes. Der Werftdirektor hält vor den am Bau beteiligten Arbeitern und geladenen Gästen eine kurze Ansprache; ihm folgt die Taufpatin – Taufpaten sind eine Ausnahme geworden – mit dem einstudierten Satz: »Ich taufe dich auf den Namen ›...‹ und wünsche dir allzeit gute Fahrt!« Manchmal schafft sie auch noch den Zusatz: »... und immer eine Handbreit Wasser unter dem Kiel.« Die Flasche Sekt wird nicht mehr geworfen, die Damen zeigten sich allzu häufig ungeschickt und der Aberglaube der Seeleute ist groß, sondern ein Knopfdruck löst den Hebel mit der Flasche Sekt. Sie zerschellt am Bug mit der Sicherheit von 10 000:1. Das den Namen des Schiffes verdeckende Tuch fällt, und das Schiff setzt sich, wenn alles funktioniert, auf das Kommando des Werftdirektors »Stopper los!«, langsam in Bewegung. Immer schneller werdend gleitet es in sein Element.

Dann fallen die Anker, Musik und Beifall verklingen, und die Schlepper bringen das Schiff an den Ausrüstungskai. Dort werden in den folgenden Wochen Hauptantriebsanlage, Kessel und Hilfsmaschine eingebaut sowie Rohrleitungen und Kabel verlegt. Hunderte von Handwerkern sind mit dem Einbau von Zwischenwänden, Treppen, Türen und Fenstern sowie mit der Einrichtung der Räume beschäftigt. Auch an Oberdeck gibt es noch viel Arbeit. Masten, Schornsteine, Ladeeinrichtungen und Lüfter müssen aufgesetzt, Davits und Bootskräne montiert werden. Bis zum Augenblick der Indienststellung herrscht ein solch ameisenhafter Betrieb, daß ein Außenstehender selbst einen Tag vor der Abnahmefahrt nicht glauben kann, daß das Schiff ordnungsgemäß und termingerecht an den Auftraggeber übergeben wird.

Das Schiff wird gewöhnlich in See, nur gelegentlich im Hafen in Dienst gestellt. Reeder und staatliche Aufsichtsbehörden überzeugen sich während der Abnahmefahrt von der vollen Funktionstüchtigkeit und der einwandfreien Bauausführung des Schiffes. Ist das Ergebnis zufriedenstellend, erhält das Schiff vom zuständigen Register seinen Paß, das Schiffszertifikat mit Angaben über Name und Gattung, Heimathafen, Eigentümer, Baujahr und Bauwerft, Registervermessung und Tragfähigkeit sowie ein aus vier Buchstaben zusammengesetztes Unterscheidungssignal für den Flaggen- und Funkverkehr. Außerdem werden bei der Indienststellung noch der Fahrerlaubnisschein, der Schiffsmeßbrief über die Vermessung der Räume, das Freibordzeugnis, der Flaggenschein über das Recht zum Führen der Handels- und Nationalflagge sowie die Klassenzertifikate für Schiff und Maschine und eine ganze Anzahl weiterer Atteste und Bescheinigungen übergeben.

Nach Übergabe der offiziellen Dokumente versammeln sich die Vertreter der Werft und der Reederei – gewöhnlich ist auch die Taufpatin eingeladen – vor der angetretenen Besatzung des Schiffes. Der Werftdirektor oder sein Beauftragter übergibt das Schiff an die Reederei, deren Vertreter der Werft für die Arbeit dankt. Den Abschluß bildet der Flaggenwechsel: Die Flagge der Bau-

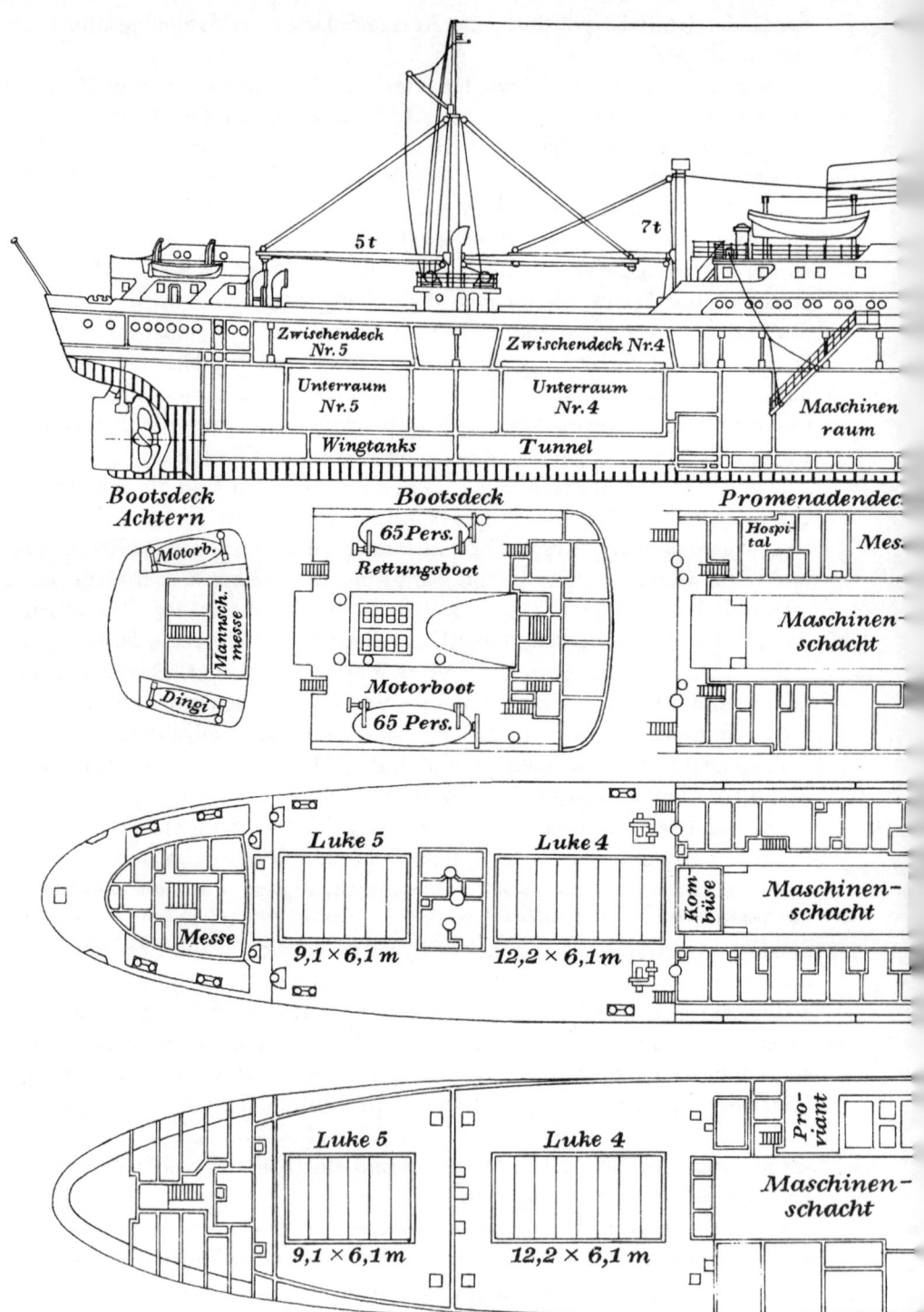

5 t   7 t

Zwischendeck Nr. 5

Zwischendeck Nr. 4

Unterraum Nr. 5

Unterraum Nr. 4

Wingtanks   Tunnel

Maschinenraum

Bootsdeck Achtern

Motorb.

Mannsch.-messe

Dingi

Bootsdeck

65 Pers.

Rettungsboot

Motorboot

65 Pers.

Promenadendec

Hospital   Mess.

Maschinenschacht

Luke 5

Luke 4

Messe

9,1 × 6,1 m   12,2 × 6,1 m

Kombüse

Maschinenschacht

Luke 5

Luke 4

9,1 × 6,1 m   12,2 × 6,1 m

Proviant

Maschinenschacht

428

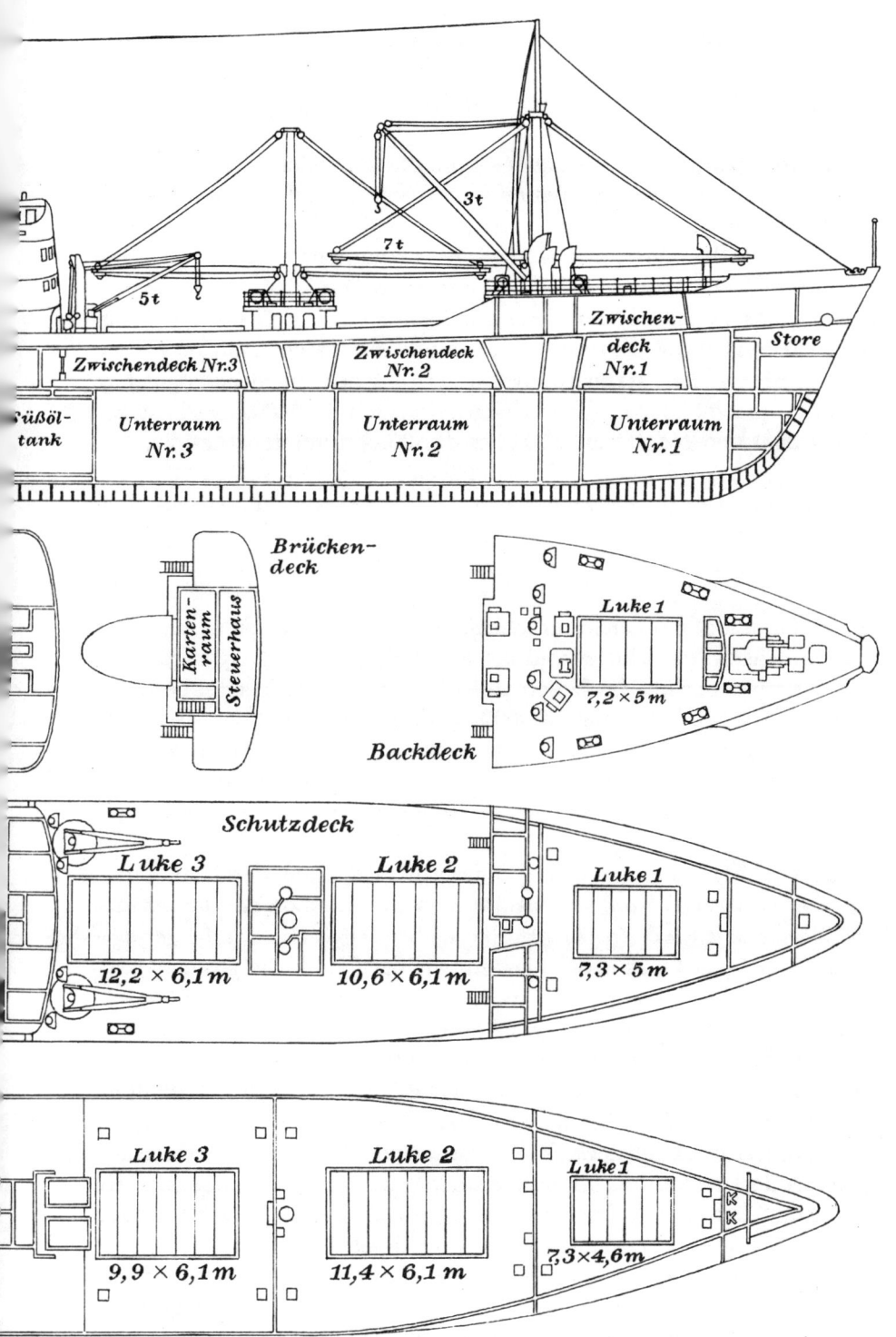

3t

7t

5t

Zwischendeck Nr.3   Zwischendeck Nr.2   Zwischen- deck Nr.1   Store

Füßöl- tank   Unterraum Nr.3   Unterraum Nr.2   Unterraum Nr.1

Brücken- deck

Kartenraum   Steuerhaus

Luke 1

7,2 × 5 m

Backdeck

Schutzdeck

Luke 3   Luke 2   Luke 1

12,2 × 6,1 m   10,6 × 6,1 m   7,3 × 5 m

Luke 3   Luke 2   Luke 1

9,9 × 6,1 m   11,4 × 6,1 m   7,3 × 4,6 m

Generalplan eines konventionellen Frachters.

werft wird niedergeholt und gleichzeitig die Reedereiflagge vorgeheißt. Dieses Zeremoniell wird bis heute so oder ähnlich, abhängig von nationalen Traditionen, bei Stapellauf und Indienststellung eines Schiffes eingehalten.

Fahrgastschiffe, häufig noch Passagierschiffe genannt, dienen der Beförderung von Reisenden auf ganz bestimmten Linien über See oder Urlaubern und Erholungssuchenden bei Kreuzfahrten mit wechselnden Zielen in See. Außer Gepäck und Autos der Reisenden werden auf im Liniendienst eingesetzten Fahrgastschiffen Post und wertvolles Stückgut befördert. Die Auswandererdampfer Mitte des 19. Jahrhunderts, Fahrgastschiffe in einer Größenordnung zwischen 1000 und 1500 Bruttoregistertonnen und mit Geschwindigkeiten um 10 Knoten, brachten ihre Passagiere noch unter sehr primitiven Bedingungen über See. Mit zunehmender Bequemlichkeit erreichten die Fahrgastschiffe im Liniendienst über den Nordatlantik Anfang des 20. Jahrhunderts Größen um 30000 Bruttoregistertonnen und Geschwindigkeiten von 24 bis 26 Knoten. Bis zum Ausbruch des zweiten Weltkrieges wuchsen die »Musikdampfer« auf Größen zwischen 50000 bis 80000 Bruttoregistertonnen mit Geschwindigkeiten über 30 Knoten an. Sie waren die größten und schnellsten Schiffe auf den Weltmeeren.

Der Trend zu immer größeren und schnelleren Fahrgastschiffen ist beendet; die Wirtschaftlichkeit des Schiffes und der Komfort für den Passagier rückten in den Vordergrund. Sowohl das Linienschiff als auch der Kreuzfahrer besitzen heute Größen zwischen 25000 und 30000 Bruttoregistertonnen, und sie laufen Geschwindigkeiten um 25 Knoten. Pläne einiger Reedereien, erneut größere und schnellere Schiffe zu bauen, sind nicht zur Ausführung gelangt. Statt dessen ist der Komfort auf den schwimmenden Luxushotels noch exklusiver geworden.

Die Fahrgastschiffe haben mit ihrem hohen Überwasserteil, den lang durchlaufenden Decksaufbauten und den zahlreichen Rettungsbooten eine unverkennbare Silhouette. Charakteristisch für diesen Schiffstyp ist auch die geringe Anzahl von Deckskränen und Ladebäumen sowie das Fehlen der großen Ladeluken. Im Interesse der seeungewohnten Passagiere sind unter Wasser kreiselgesteuerte Flossenstabilisatoren angebracht, die das Schlingern und Stampfen des Schiffes im Seegang mindern. Für die vielen Decks galt lange Zeit eine international einheitliche Bezeichnung. Das oberste Deck, auf dem sich die Rettungsboote befinden und das nach vorn durch die Kommandobrücke abgeschlossen wird, war das Bootsdeck, für die Passagiere das Sportdeck. Darunter lag das Sonnendeck, fehlte es, folgte unmittelbar das Promenadendeck, auch A-Deck genannt. Das nächste Deck war das Oberdeck oder B-Deck, dann kam das Hauptdeck, mit dem Buchstaben C gekennzeichnet, das den wasserdichten Abschluß des Schiffskörpers nach oben sicherte. Darunter lagen das Zwischendeck (D), das Unterdeck (E) und schließlich das tiefste Wohndeck, das F-Deck. Die untersten Decks waren das Raum- und das Tankdeck.

Diese klassische Schiffseinteilung wird bei modernen Schiffen nicht unbe-

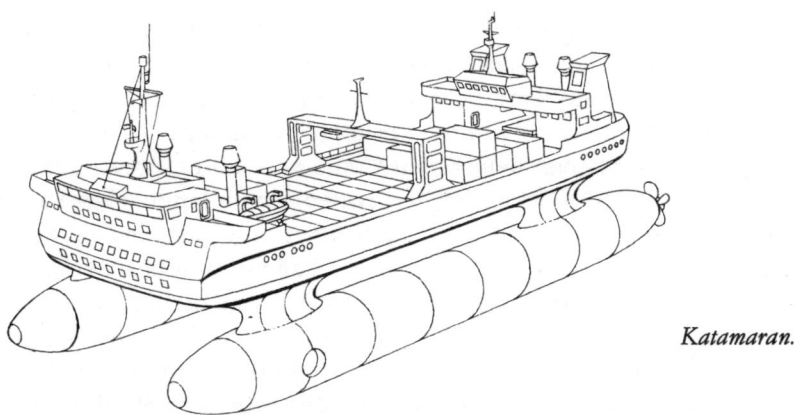

Katamaran.

dingt mehr eingehalten. Vielfach beginnt man bei dem obersten Deck mit der Bezeichnung A und geht alphabetisch weiter bis zum untersten Deck. Die billigeren Kabinen liegen auf den unteren Decks, es sind auf modernen Schiffen aber immer Außenkabinen mit Bullaugen (Rundfenstern); die teureren Kabinen und natürlich die Appartements befinden sich auf den oberen Decks. Bei Mehrklassenschiffen gibt es für jede Klasse getrennt, sonst einheitlich, Speisesäle, Kaffees, Bars, Gesellschaftsräume, Bibliotheken, Schreibzimmer, Rauchsalons, Kinder- und Spielzimmer, die alle auf den oberen Decks untergebracht sind. Auf dem obersten Deck gibt es Swimmingpools, Sport- und Tennisplätze sowie geschützte und gesicherte Kinderspielplätze. Auch Bäder, Saunas, Friseurstuben, Geschäfte für den persönlichen Bedarf sind vorhanden, und selbstverständlich sind auch Arzträume und eine Apotheke an Bord zu finden. Kreuzfahrten werden gewöhnlich von den großen Reisebüros organisiert, die Preise schwanken je nach Schiff und Kabinenklasse.

Stückgutfrachter werden fast immer in Serien von 4 bis 6, bei größeren Aufträgen auch bis zu 8 oder 12 Schiffen bestellt und gebaut. Der Reeder sucht jeweils das optimale Schiff für eine ganz bestimmte Relation mit typischen Ladungsaufkommen, doch das Serienschiff ist billiger, und wenn es universell ausgelegt ist, kann es bei Notwendigkeit auch in anderen Relationen eingesetzt werden. Andererseits befürchtet der Reeder bei der schnellen technischen Entwicklung den moralischen Verschleiß, der sich bei einer länger laufenden Schiffsserie empfindlicher bemerkbar macht als bei wenigen Schiffen. So stellt jeder Schiffsneubau eigentlich einen Kompromiß dar, und wenn das Schiff in Fahrt gekommen ist, weiß der Reeder mit Sicherheit, wie er es zweckmäßiger hätte bauen lassen sollen.

Nachdem die Stückgutfrachter in den fünfziger und sechziger Jahren stetig größer und schneller geworden waren, setzte in den siebziger Jahren eine allgemeine Stagnation bei diesem Schiffstyp ein. Die Aufmerksamkeit der Schiffsbauer und Reeder richtete sich voll auf Containerschiffe und praktikable Mischformen. Stückgutschiffe der achtziger Jahre haben für mittlere Entfernungen eine Tragfähigkeit von 3 000 bis 6 000 Tonnen, für größere Entfernungen bis zu 12 000 Tonnen. Die Geschwindigkeit der kleineren Einheiten liegt bei 12 bis 16 Knoten, die der größeren Schiffe bei 18 bis 22 Knoten. Im Liniendienst nach Australien und Fernost wurden vorübergehend auch noch schnellere Frachter eingesetzt, sie blieben jedoch den Containerschiffen unterlegen.

Die klassischen Stückgutfrachter haben ein umfangreiches Ladegeschirr. An Deck stehen Pfahlmasten mit Ladebäumen, die während der Fahrt umgelegt werden können. Auch die sogenannten Ladepfosten besitzen Ladebäume. Die hohlen Pfosten tragen außerdem Lüfterköpfe und dienen damit gleichzeitig zur Lüftung der Laderäume. Die Tragfähigkeit der Ladebäume oder auch zusätzlicher Bordwippkräne liegt zwischen 2 und 10 Megapond; vielfach sind Stückgutfrachter außerdem mit Schwergutbäumen bis zu 250 Megapond Tragfähigkeit ausgerüstet. Dieses umfangreiche und ausreichend komplizierte Ladegeschirr brauchen die Schiffe heute noch auf vielen Linien, weil es nach wie vor Häfen gibt, die nicht über eine eigene Kranausrüstung verfügen.

Stückgutfrachter besitzen gewöhnlich mehrere Laderäume mit einem oder zwei durchlaufenden Decks. Der große Unterraum reicht bis zum Doppelboden, in dem Tanks für Öl und Wasser eingebaut sind. Bei den sogenannten offenen Schiffen reichen die Ladeluken nahezu über die gesamte Breite des Laderaumes, um Bewegungsfreiheit für eine Kranbeladung zu haben. In den Unterräumen ermöglichen Glattdeckluken die Beförderung des Gutes mit Gabelstaplern. Der oberste Lukenverschluß ist auf heutigen Schiffen fast immer ein mechanisch zu bedienender seefester Stahlschiebeverschluß. Der Konkurrenzkampf zwingt den Stückgutfrachter, nicht nur reines Stückgut, sondern auch Kühlladung und Süßöl, Container als Decksladung und Schüttgut als Basisladung an Bord zu nehmen.

In den letzten 20 Jahren hat sich eine Entwicklung vom Stückgutfrachter über das Semicontainer- zum Vollcontainerschiff vollzogen. 1980 wurden bereits 60 Prozent des allgemeinen Güteraufkommens in Containern transportiert, um die Jahrtausendwende werden es vermutlich 80 Prozent sein. Eindeutig beherrscht das Containerschiff bereits den Liniendienst zwischen Europa, Amerika und dem Fernen Osten. Von 1,5 Millionen Behältern insgesamt waren rund 700 000 Einheitsbehälter Mitte der achtziger Jahre auf diesen Routen im Umlauf. Die Schiffe der 3. Generation, die Ende der siebziger Jahre in Dienst kamen, sind um 50 000 Bruttoregistertonnen groß, besitzen eine Tragfähigkeit von 2 000 bis 3 000 Containern und laufen bei einer Maschinenleistung von über 120 000 PS Geschwindigkeiten zwischen 26 und 32 Knoten. Typische Vertreter dieser Containerschiffs-Generation waren die TOKYO'EXPRESS (Hapag-Lloyd) mit 55 400 Bruttoregistertonnen, 26 Knoten Geschwindigkeit und einer Tragfähigkeit von 3 000 Behältern sowie die ELBE MARU (Japan) mit 51 623 Bruttoregistertonnen, 31 Knoten Geschwindigkeit und einer Tragfähigkeit von 2 000 Behältern. Mit diesen Schiffen ließ sich der Nordatlantik in knapp vier Tagen überqueren, und eine Rundreise von Japan nach Europa und zurück dauerte nicht länger als sechzig Tage. Entgegen angenommener Trendrechnungen sind die Containerschiffe in den achtziger Jahren weder größer noch schneller geworden; die Marktsituation zwang zur wirtschaftlichen Vernunft. Während die Größenordnung sich kaum änderte, ging die Geschwindigkeit wieder auf weniger als 30 Knoten zurück.

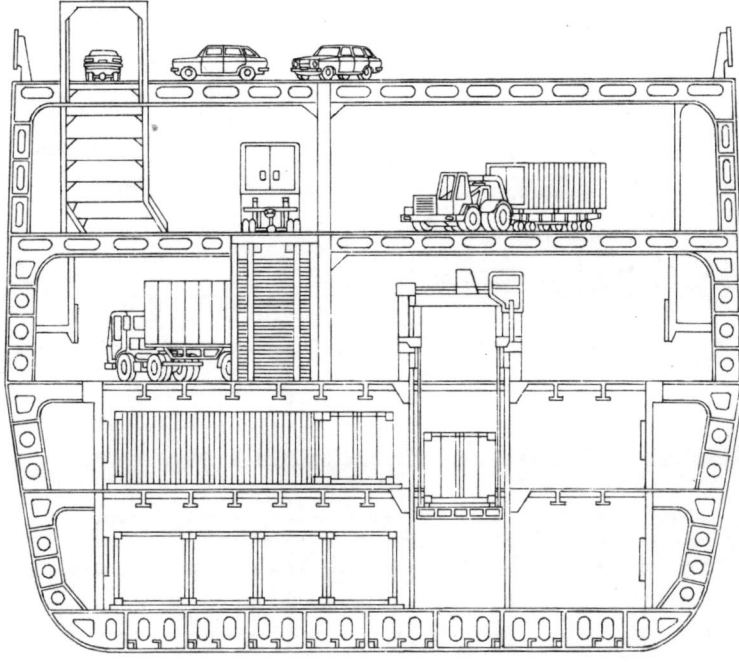

Hauptspant eines Ro-Ro-Schiffes.

Für Liniendienste nach Entwicklungsländern, die über keine Häfen mit besonderen Umschlageinrichtungen verfügen, hat sich das Containerschiff mit bordeigenem Ladegeschirr durchgesetzt. Das Koppeln von zwei Containerkränen ermöglicht zugleich die Vonbordgabe schwerer Kollis. Containerschiffe, die seit Anfang der achtziger Jahre im Westafrikadienst in Fahrt sind, haben eine Größe von 20 000 Bruttoregistertonnen, sind etwa 175 Meter lang, 28,4 Meter breit und gehen weniger als 10 Meter tief. Sie tragen 1 350 Container, davon 100 Kühlcontainer und laufen bei extrem niedrigem Brennstoffverbrauch (Schweröl) 18,7 Knoten. Nicht nur dieses Beispiel zeigt: Das Containerschiff paßt sich an, eine echte Konkurrenz zum Containersystem ist nicht in Sicht.

Das Ro/Ro-Schiff, der Bargecarrier und das Leichterschiff haben sich auf einigen Linien durchaus als zweckmäßig und wirtschaftlich erwiesen, doch können sie das Containersystem nicht ersetzen. Gewöhnlich werden sie nach einiger Zeit mit dem Containerschiff zu einer kombinierten Form verschmolzen. Im Überseeverkehr gibt es nur knapp eine Million Bruttoregistertonnen reiner Ro/Ro-Schiffe; die meisten Ro/Ro-Schiffe werden auf kurzen Strecken als Schwerlaster oder Autotransporter eingesetzt. Führend in der Ro/Ro-Schiff-fahrt ist Japan, es besitzt nahezu die Hälfte aller Autofrachter, und ein Viertel der gesamten Ro/Ro-Tonnage. Im europäischen Raum haben Schweden, Finn-land und die Sowjetunion eine größere Ro/Ro-Flotte.

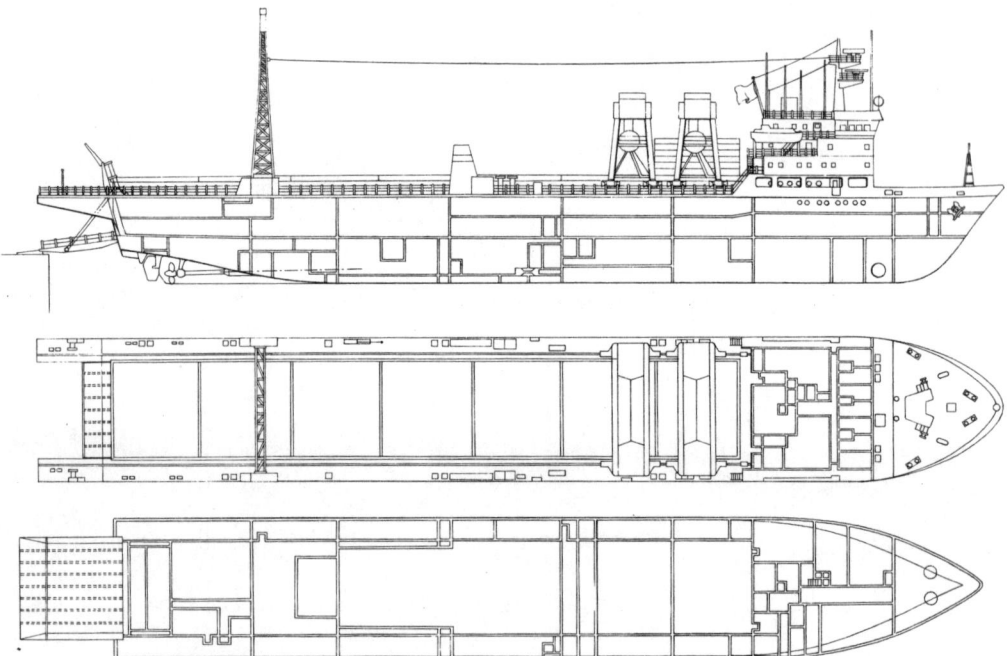

Ms STACHANOWEZ KOTOW.

Eine interessante Mischform zwischen Ro/Ro-, Leichter- und Container-schiff stellt das sowjetische M.S. STACHANOWEZ KOTOW dar. Neben seiner roll on/roll off-Funktion zur Aufnahme von Trailern können auch Leichter in das Schiff eingeschwommen und bis zu 296 Container transportiert werden. Das Schiff ist mit 4874 Bruttoregistertonnen vermessen, hat eine Länge von 139,5 Metern, eine Breite von 20,2 Metern und läuft eine Geschwindigkeit von 14,3 Knoten. Durch eine Ballasttankkapazität von 7100 Kubikmetern kann der Tiefgang zum Einschwimmen der Leichter von 5,15 Metern auf 8,90 Meter va-riiert werden. Zwei verfahrbare Bordkrane von je 350 Megapond Tragkraft er-möglichen zusätzlich die Anbordnahme von Schwerkollis. Das Schiff ist typisch für die Kombination verschiedener Schiffstypen zu einem Träger moderner Transporttechnologien.

Um dem Schiffsstau von Häfen mit wenigen Liegeplätzen zu entgehen, wur-den der Bargecarrier und das Leichterschiff entwickelt. Beim Bargecarrier han-delt es sich um ein Schutenmutterschiff mit 40000 bis 50000 Tonnen Tragfä-higkeit, das 100 Schuten mit je 400 Tonnen Ladung oder 40-Fuß-Container auf-nimmt. Die Schuten werden am Heck oder mittschiffs in eine Flutkammer eingeschwommen und von dort mit einem Bockkran im Schiff gestaut. Eigentlich ist auch der Bargecarrier nichts anderes als ein spezielles Containerschiff, nur braucht er auf keinen Hafenliegeplatz zu warten, sondern kann innerhalb von 24 Stunden ohne Hilfsmittel auf Reede beladen oder entladen werden. Weil die Reedezeiten kurz sind, lohnt sich wie bei Containerschiffen eine höhere Geschwindigkeit, die zwischen 26 und 28 Knoten liegt. Auch das Leichterschiff (Lighter-aboard-ship) ist ein Schutenmutterschiff – Leichter gehen flacher und sind gewöhnlich kleiner als Schuten –, nur werden die Leichter nicht eingeschwommen, sondern mit einem leistungsstarken Heckkran an Bord genommen. Die An-Bordnahme oder Von-Bordgabe eines Leichters dauert nicht länger als 15 Minuten. Für beide Schiffsarten ist typisch, daß sich je ein Satz der Schuten oder Leichter zum Laden bzw. Löschen im Hafen befindet, während das Mutterschiff mit dem dritten Satz unterwegs ist.

Während es kaum noch Stückgüter gibt, die nicht in Containern verschifft werden, bilden Südfrüchte – und hier vor allem Bananen – immer noch eine Ausnahme. Das hat einen einzigen Grund: Die auf See schwimmende Fruchtladung kann zu jeder Zeit nach einem anderen als dem ursprünglich vorgesehenen Hafen umdisponiert werden, wenn dort eine stärkere Nachfrage herrscht. Die meist mittelgroßen Schiffe sind gewöhnlich gegen die Sonneneinwirkung weiß gestrichen und laufen Geschwindigkeiten zwischen 22 und 24 Knoten. Sie werden gern von Passagieren, für die immer mehrere Kabinen im Brückendeck bereitgehalten werden, in Anspruch genommen. Kleine Ladeluken und in der Außenhaut angebrachte Ladepforten sowie holzverkleidete, isolierte Dekken und Wände der gekühlten Laderäume sind spezifische Kennzeichen dieser sehr eleganten Schiffe.

Wenn man früher unter der Bezeichnung Stückgutladung Kisten, Kartons, Säcke, Ballen, Fässer, Rollen, Walzgut und ähnliche Güter verstand, die mit Hilfe von Kränen und Ladebäumen über die Bordwand bewegt wurden, so ist dieser Begriff heute um alles containerisierbare Gut erweitert worden. Und es ist nahezu unvorstellbar, was alles in den großen Behältern transportiert wird!

Eine zweite Art des Trockengutes ist die Bulkladung, darunter werden Schütt- und Massengüter verstanden, wie Kohle, Erze, Düngemittel, Getreide, Zucker, Pellets und andere Güter, die mit Greifern, Bandförderanlagen oder pneumatischen Rohrsystemen geladen und gelöscht werden. Die Bulkladung wird in Bulkcarriern – Massengutfrachtern – befördert. Gewöhnlich haben diese Schiffe keine Zwischendecks, doch gibt es auch Schiffe, deren Tiefladeräume durch ein Deck mit Ladeluken abgeschlossen wird, über die sich durch Querschotten getragene Hochladeräume befinden.

Massengutfrachter befahren in Größen bis 30 000 und 40 000 Bruttoregistertonnen, in der Spezialfahrt auch bis zu 100 000 Bruttoregistertonnen die Weltmeere. Da die Ladung im Unterschied zum Stückgut nicht unbedingt in der möglichst kürzesten Zeit transportiert werden muß, besitzen die Schiffe eine auf Wirtschaftlichkeit angelegte Antriebsanlage, die Durchschnittsgeschwindigkeiten je nach Größe des Schiffes von 15 bis 18 Knoten ermöglichen. Massengutschiffe sind gut zu erkennen, denn die Aufbauten stehen gewöhnlich auf dem Achterschiff und die Schiffe besitzen entweder überhaupt kein Ladegeschirr oder aber Bordkräne mit Greifern. Bulkcarrier, die nur zwischen ausgesuchten Häfen verkehren, benutzen zum Löschen und Laden die speziellen Ausrüstungen der Häfen. Allerdings gibt es auch Schiffe mit fest eingebauter mechanischer Bandförderanlage, die unter den Laderäumen nach achtern verläuft und das Gut an Land gibt.

Für schwere Schüttgüter, zum Beispiel für Erze, werden häufig Spezialschiffe eingesetzt. Da die Schwergutladung wegen ihrer hohen Dichte die Laderäume nur flach füllt, entstehen bei tief gelagerten Ladungen kurze und harte Rollbewegungen des Schiffes im Seegang. Deshalb benutzt man für derartiges Schwergut am liebsten Schiffe mit Hochladeräumen, bei denen im beladenen Zustand der Massenschwerpunkt höher liegt. In den letzten Jahrzehnten hat sich der OBO-Carrier durchgesetzt, der in der Lage ist, gleichzeitig oder wechselweise Öl (Oil), Schüttgut (Bull) und Erze (Ore) zu befördern. Dazu hat er hochgelegene Laderäume für Erze oder anderes Schüttgut sowie Boden- und Seitentanks für Öl. Moderne OBO-Carrier sind fast immer über 100 000 Bruttoregistertonnen groß und laufen Geschwindigkeiten zwischen 16 und 18 Knoten. Beliebt, weil besonders rentabel, ist ihr Einsatz im sogenannten Dreiecksverkehr, wo sie in einer Richtung Öl, auf einer Zwischenstrecke Schüttgut und als Rückfracht Erze laden.

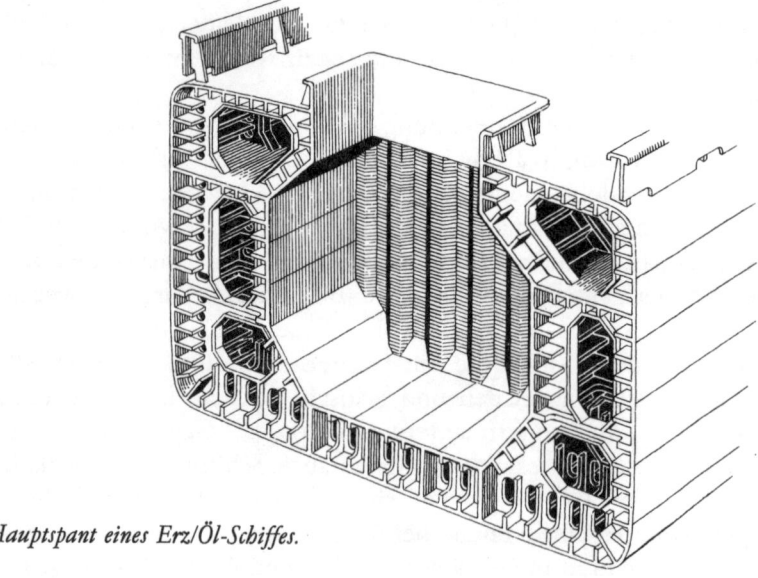

Hauptspant eines Erz/Öl-Schiffes.

Der Tanker ist seit Jahren das absolut größte Schiff auf den Weltmeeren. Als die Fahrgastschiffe vor dem zweiten Weltkrieg die 80 000 BRT-Grenze überschritten, besaßen die Tanker noch eine Durchschnittsgröße von 10 000 bis 12 000 Bruttoregistertonnen. Bis 1952 gab es kein Tankschiff über 32 000 Brut-

toregistertonnen. Danach stieg die Tragfähigkeit bei Tankerneubauten sprunghaft an. Allein 1955 wurden 160 Tanker, jeder größer als 35 000 Tonnen, in
Auftrag gegeben. Für die Größe der Tanker spielte die Tiefgangbeschränkung
im Suezkanal lange Zeit eine entscheidende Rolle. So blieb die Tankergröße
lange Jahre bei etwa 80 000 Tonnen Tragfähigkeit stehen. Als durch die israelische Aggression gegen Ägypten der Suezkanal geschlossen wurde und die Tanker den Umweg um das Kap der Guten Hoffnung nehmen mußten, stiegen die
Tankergrößen schnell auf 150 000, 200 000 und auch auf 300 000 Tonnen Tragfähigkeit an.

Die Steigerung der Schiffsgröße war natürlich abhängig von den Wassertiefen des zu befahrenden Seegebiets und der Lade- und Löschhäfen, richtiger
ihrer Außenreeden, da die Großtanker vielfach an künstlichen Ölinseln vor der
Küste gelöscht werden. So glaubten einige Reeder, Tanker von 400 000, 500 000
und noch mehr Tragfähigkeitstonnen in Fahrt setzen zu müssen, doch als die
Konjunktur nachließ, waren diese Riesen die ersten, die aus Rentabilitätsgrün-
den stillgelegt werden mußten. Anfang der achtziger Jahre waren über ein Viertel aller Tanker mit über 300 000 Bruttoregistertonnen aus dem Verkehr gezogen.

Die großen Tanker bilden eine ständige Gefahr für die Umwelt. Immer wieder kommt es zu Katastrophen, bei denen Großtanker auf Grund kommen, aus-
einanderbrechen oder in Brand geraten. Hunderttausende Tonnen auslaufen-
des Rohöl verseuchen nahezu Jahr um Jahr Meere und Küsten. Daran hat auch
die Spezialschule für Tankerkapitäne in Port Revel, die wohl alle Kapitäne von
Großtankern vor Übernahme ihres Kommandos besucht haben, wenig ändern
können. Der Chef der Trainingsstätte, Jean Graf, charakterisierte die Großtanker als »Badewannen mit Propeller«, die tückisch und haltlos reagieren, »wie
ein Lastwagen ohne Bremsen und mit Mofa-Motor auf eisglatter Straße.«

Tankschiffe sind nicht allein an ihrer Größe zu erkennen, denn es gibt auch
noch viele kleinere Tanker. Äußerlich sehen Tanker den Bulkcarriern ähnlich,
doch haben sie in zwei bis drei Meter Höhe eine über das gesamte Oberdeck
geführte Laufbrücke aus Aluminium. Diese Laufbrücke braucht man, um gefahrlos vom achtern liegenden Deckshaus bis zum Vorschiff des mit niedrigem
Freibord in der See liegenden Schiffes zu gelangen. Das Begehen des ölver-
schmierten und mit vielen Rohrleitungen versehenen Decks ist besonders bei
Seegang gefährlich.

Der Laderaum des Tankschiffes ist durch zahlreiche Querschotten und gewöhnlich zwei durchlaufende Längsschotten in 20 bis 30 Ladetanks unterteilt,
die durch absperrbare Rohrleitungen miteinander verbunden sind. Die meisten
Tanks sind für das Löschen von schweren Ölen bei niedrigen Temperaturen
mit einer speziellen Heizanlage ausgerüstet, die das Öl pumpfähig hält. Neben
den Rohöltankern gibt es eine Vielzahl von Spezialtankern, deren Anteil an der
Tanktonnage sowohl insgesamt als auch auf das einzelne Schiff bezogen nur
klein ist. Hauptnutzer der Produkten- und Chemikalientanker ist die Mineralöl-
industrie mit ihren verschiedenen Raffinerieerzeugnissen, andere Tanker be-

fördern Alkohol, Weine, Fruchtsäfte, Speiseöle und sonstige Arten von Flüssigkeiten. Ein relativ junger Schiffstyp ist der Gastanker. Er besitzt eine Ladefähigkeit von 30 000 bis 120 000 Kubikmetern Flüssiggas, wobei das Transportvolumen von 120 000 Kubikmetern Flüssiggas einem Gewichtsäquivalent von 160 000 Tonnen Rohöl entspricht

Schiffsmaschinen und Schiffsführung

Paddel, Riemen und Segel waren über Jahrtausende das Antriebsmittel für Seefahrzeuge. Das 19. Jahrhundert wurde zum Zeitalter der Dampfer; im 20. Jahrhundert wurde das Dampfschiff mehr und mehr vom Motorschiff verdrängt. Heutige Dampfschiffe werden mit Dampfkolbenmaschinen oder Dampfturbinen ausgerüstet; Motorschiffe dagegen mit Verbrennungsmotoren. Dampfturbinen und Motoren können auch zum Betrieb von Generatoren benutzt werden, deren elektrische Kraft Elektromotore treibt. Das so ausgerüstete Schiff besitzt dann einen turboelektrischen oder dieselelektrischen Antrieb. Auch Gasmotoren und Gasturbinen sind in den letzten Jahrzehnten als Schiffsantrieb eingesetzt worden. Der Kernkraftantrieb, bei modernen Unterwasserschiffen der Kriegsmarinen seit langem selbstverständlich, hat sich bei Frachtschiffen bis heute nicht durchsetzen können. Bis auf die UdSSR, die Atomeisbrecher in Dienst hält, ist es bei wenigen Versuchsschiffen geblieben.

Die Antriebsmaschinen setzen das Schiff in Bewegung, indem sie über eine oder mehrere Wellen die Schiffsschrauben drehen. Es gibt Einschrauben-, Zweischrauben-, Dreischrauben- und auch Vierschraubenschiffe. Normalfrachter sind gewöhnlich nur mit einer Schraube ausgerüstet. Jedes Schiff verfügt neben der Hauptmaschine über weitere Maschinenanlagen, die die Energie für Licht-, Funk-, Klima- und Kühlanlagen sowie für Ladewinden und Decksmaschinen erzeugen, wenn die Hauptantriebsanlage abgeschaltet ist. Es ist üblich, die Antriebsart des Schiffes durch Buchstaben vor seinem Namen zu kennzeichnen: so bedeutet D = Dampfer, M. S. = Motorschiff, T. S. = Turbinenschiff und E. S. = Elektroschiff.

Der wichtigste und verbreiteste Schiffsantrieb ist heute der Dieselmotor, der 1897 von Rudolf Diesel (1858–1913) entwickelt wurde. Der durchschnittliche Ausnutzungsgrad der Brennstoffenergie beträgt bei der Kolbendampfmaschine etwa 15 Prozent, bei der Dampfturbine 25 Prozent, beim Dieselmotor aber 35 Prozent; er läßt sich sogar mit bestimmten Ölen bis auf 45 Prozent steigern. Noch ist die Grenze seiner Leistungsfähigkeit nicht erreicht.

Grundsätzlich arbeitet der Dieselmotor wie ein Dampf-Kolbenzylindertriebwerk: Ein Kolben gleitet in einem Zylinder auf und nieder. Nur ist die Kraft, die das bewirkt, nicht die Ausdehnung, der Druck eines Gases, also nicht ein physikalischer Vorgang, sondern die Verbrennung eines Öl- und Luftgemisches im Zylinder selbst, ein chemischer Prozeß, ja eine Explosion. Der ölgetriebene Dieselmotor ist wie der benzingetriebene Ottomotor ein Verbrennungsmotor. Seine Arbeitsweise ist einfach: In einem Arbeitszylinder wird von einem Kolben Luft angesaugt, auf hohen Druck verdichtet und dadurch stark erwärmt. In die erhitzte Luft wird zu einem genau berechneten Zeitpunkt aus einer Düse Schweröl gespritzt, das sich entzündet und explodiert. Die nun mit größter Kraft erfolgende Ausdehnung des Öl-Luftgemisches »treibt« den Kolben. Zwei Umdrehungen der Kurbel, also vier Kolbenhübe, entsprechen der Folge von Ansaugen, Verdichten, Verbrennen mit Arbeitsleistung und Auspuff. Von diesen vier Hüben erzeugt also nur der dritte Hub tatsächliche Kraft. Eine regulierende und regulierbare Ventilsteuerung besorgt das rechtzeitige Einsetzen der einzelnen Vorgänge. Beim Zweitaktmotor regelt der Kolben selbst Zeitpunkt und Dauer von Lufteinströmung und Auspuff durch Schlitzsteuerung. Das Ausspülen der Verbrennungsgase und das Füllen mit Frischluft werden durch eine Luftpumpe besorgt. Es gibt so nur zwei Takte: den Arbeitshub und den vereinigten Spül-, Ansaug- und Kompressionshub.

Der Dieselmotor hat den großen Vorteil, daß der Brennstoffverbrauch bei voller Maschinenleistung relativ gering ist; das verleiht den Motorschiffen bei hohen Geschwindigkeiten zugleich einen großen Aktionsradius. Der tatsächliche Antrieb des Schiffes erfolgt durch eine oder mehrere Schrauben am Heck. Die Schrauben besitzen 2, 3, 4 oder 6 Flügel, die auf Großschiffen Längen bis zu 2 Metern erreichen. Die Verbindung zwischen der meist in der hinteren Schiffshälfte gelagerten Maschinenanlage und der Schraube außerhalb des Schiffskörpers stellt die Schraubenwelle her, früher ein stetes Sorgenkind des Leitenden Ingenieurs oder Maschinisten.

Die Schraube wird auf dem konischen Ende der Welle aufgesetzt und gegen Verdrehung mit einem Keil befestigt, das Sichlösen bei Rückwärtsfahrt verhindert eine große, stromlinienförmig verkleidete Mutter. Die Welle, bei großen Schiffen eine zusammengesetzte Wellenleitung, muß bei ihrem Lauf durch das Schiff gelagert oder gestützt werden, zugleich muß der Schub der Schraube so auf das ganze Schiff übertragen werden, daß weder der Schiffskörper verformt wird noch die Welle »wandern« kann. Das verlangt sowohl Traglager als auch Drucklager. Bei voller Beanspruchung »verdrillt« sich die Welle, es kommt zu einer Phasenverschiebung, einem Unterschied in der Verdrehung des vorderen Wellenendes gegen das hintere, der eine volle Umdrehung erreichen kann. Verständlich, daß die Welle aus bestem Material gefertigt sein muß.

Das achterne Ende der Welle, die eigentliche Schraubenwelle, besitzt einen Bronzeüberzug und läuft im nach schiffsaußen führenden Stevenrohr in einem Lager aus Pockholz, denn ein Holzlager ist gegen eindringenden Schmutz und Sand nicht so empfindlich wie ein Metallgleitlager. In den letzten Jahren verwendet man immer häufiger Weichgummilager mit Schmiernuten, in die die Fremdkörper gespült werden, ohne das Metall der Welle zu beschädigen. Die Welle eines Großschiffes ist etwa einen halben Meter dick, in vielen Fällen hohlgebohrt wie ein Kanonenrohr, denn »der Kern nimmt nicht viel Kräfte auf«, wie die Physik lehrt. Auch die Traglager als Zwischenlager sind hohl ausgeführt; sie werden mit Seewasser gekühlt. Auf gar keinen Fall dürfen sie heißlaufen, nicht einmal warmgehen, weshalb sie ununterbrochen geölt und geschmiert werden müssen, früher von Hand, auf heutigen Schiffen automatisch. Die gesamte Welle mit Lagern und Zubehör ist durch den Wellentunnel umschlossen.

Das Schiff soll nicht nur vorwärts und rückwärts laufen, sondern es soll auch in eine ganz bestimmte Richtung gesteuert werden. Dazu braucht es eine Ruderanlage, denn bei der Größe heutiger Schiffe und den hohen Fahrtgeschwindigkeiten ist das Ruder – der Laie spricht vom Steuer – nicht mehr unmittelbar von Menschenhand zu bewegen. Die Arbeit wurde schon während der Dampferzeit von einer Rudermaschine übernommen, neu hinzugekommen sind moderne Ruderformen, wie Balance-, Schwebe- und Stromlinien- oder auch das Aktivruder. Das bekannteste unter den neuen Rudern ist das Flettner-Ruder, bei dem die Hauptarbeit des Ruderlegens der Strömungskraft des Wassers überlassen wird. Mit Drehung des Steuerrades, eines kleinen Handrades, oder mit der Betätigung der Druckknopfsteuerung, bewegt die Rudermaschine nicht etwa das große Schiffsruder, sondern nur ein kleines in oder und hinter ihm angebrachtes Ruderblatt. Die durch den Anstellwinkel des Ruderblattes erzeugte Strömung drückt dann das eigentliche Schiffsruder in die Stellung, die der Rudergänger auf der Brücke wünscht.

Die Rudermaschine selbst ist auf großen Schiffen eine respektable Anlage. Der Kraftzustrom – gewöhnlich aus einem Elektromotor – erfolgt so lange, wie das Handrad gedreht oder der Druckknopf niedergedrückt wird. Die Kraft dreht zwei Schneckenwellen, die in dem am Heck über dem Ruder befindlichen Ruderquadranten, einem mit Zahnrandung versehenen Kreisviertel, eingreifen. Bei geraden Kursen auf hoher See wird in der Regel die Selbststeueranlage des Schiffes eingeschaltet, automatischer Pilot oder auch eiserner Steuermann genannt. Die Anlage überträgt den am Steuerkompaß festgelegten Kurs elektrisch unmittelbar auf den Ruderquadranten. Der eiserne Steuermann fängt Wind- und Welleneinwirkungen oder andere Kräfte, die auf den Kurs des Schiffes Einfluß nehmen könnten, geschickter und feinfühliger ab, als es der beste menschliche Rudergänger zu tun vermag.

Die Schiffsführung erfolgt von der Kommandobrücke aus; sie liegt an der Vorderkante des vordersten, obersten Decks der Schiffsaufbauten, um einen möglichst ungehinderten und freien Blick nach voraus zu garantieren. Von den ungedeckten Enden der Brücke, den Brückennocken, die gewöhnlich noch über die Seitenwände des Schiffes hinausragen, ist auch die freie Sicht nach achteraus gegeben. Der gedeckte mittlere Teil der Brücke ist das Ruderhaus mit vorlichen und seitlichen Sicht- und Klarsichtfenstern: die Führungszentrale des Schiffes. Hinter dem Ruderhaus liegen das Kartenhaus und der Funkraum. Diese Gestaltung der Kommandobrücke hat sich so bewährt, daß sie, nur in Nuancen verschoben, auf allen Frachtschiffen anzutreffen ist. Hier oben ist der Platz des Kapitäns und des wachhabenden Offiziers.

Das Ruderhaus enthält alle wichtigen Geräte zur Schiffsführung: den Maschinentelegraphen zur Übermittlung der von der Brücke befohlenen Maschinenmanöver nach dem Maschinenraum; den Steuerstand mit Steuerrad, Kurskompaß, Kurstafel und Ruderlagenanzeiger; die Selbststeueranlage; das Radargerät, das alle Gegenstände auf der Meeresoberfläche in einem Umkreis von rund 50 Seemeilen erfaßt; den Kursschreiber, der die gesteuerten Kurse automatisch auf einem Papierstreifen festhält; den Flaggenschrank mit allen erforderlichen Flaggen; die Rauchmeldeanlage, die jedwede Rauchbildung aus jedem Raum des Schiffes anzeigt; den Kontrollkompaß für den Wachoffizier; die Schiffsuhr, die Kommandosprechanlage, diverse Sprachrohre und andere Apparaturen.

Die zunehmende Automatisierung an Bord der Schiffe war verbunden mit einer analogen Reduzierung der Besatzung. Normal sind heute auf einem 10 000 Bruttoregistertonnen großen Stückgutfrachter zwischen 28 und 32 Mann Besatzung; es gibt aber auch schon Containerschiffe mit einer Beförderungskapazität von 1 000 Containern, die nur noch 18 Mann an Bord haben, und schließlich laufen Versuche, Schiffe mit weniger als 10 Mann über die Weltmeere zu führen.

Der Kapitän ist in allen gegebenen Fällen bis heute der allein verantwortliche Führer des Schiffes. Er ist der Vorgesetzte der gesamten Besatzung und trägt die volle Verantwortung für Ladung und Passagiere. Herkömmlich ist die Einteilung der Besatzung in nautisches und technisches Personal; je stärker die Besatzung reduziert wird, umso weniger ist diese Trennung allerdings noch einzuhalten. Stellvertreter des Kapitäns ist der Erste Offizier, der wie der Kapitän im Besitz des höchsten nautischen Patentes sein muß. Auf großen Schiffen war er früher vom Wachdienst befreit, denn er ist das »Mädchen für alles« an Bord. Er regelt den Dienst der nautischen Offiziere und der Decksbesatzung, er ist dem Kapitän gegenüber für die Navigation, die Instandhaltung – Maschine ausgenommen –, die Seetüchtigkeit und Sicherheit des Schiffes verantwortlich. Die übrigen nautischen Offiziere unterstützen den »Chiefmate« bei seinen Aufgaben: Der Zweite Offizier ist Ladungsoffizier, der Dritte Offizier Navigationsoffizier und der Vierte Offizier wird überall dort eingesetzt, wo man ihn gerade braucht. Auf Schiffen, auf denen der Erste Offizier Wache geht, ist in der Regel kein Vierter Offizier an Bord.

Der Bootsmann, die seemännische Nummer Eins an Bord, ist Chef der Decksmannschaft. Unabhängig davon, ob er wie herkömmlich dem Ersten Offizier oder wie bei vielen Reedereien üblich geworden, dem Leitenden Ingenieur unterstellt ist, er führt die unmittelbare Aufsicht bei den Instandsetzungsarbeiten an Deck und außenbords. Ihm werden, je nach der Diensteinteilung durch den Ersten Offizier, für die Tagesarbeiten eine Anzahl von Matrosen und Decksleuten zugeordnet, die die Instandsetzungsarbeiten, wie Rostklopfen, Farbewaschen und Malen, ausführen müssen. Besonders ausgewählte Matrosen sind im Wachdienst als Rudergänger eingesetzt. Das Verpflegungs- und Bedienungspersonal untersteht auf Frachtern ebenfalls dem Ersten Offizier.

Die nach dem Kapitän wichtigste Person an Bord eines Schiffes ist ohne jeden Zweifel der Leitende Ingenieur, kurz »Chief« genannt. Ihm obliegt die Verantwortung für die gesamte Maschinenanlage. Er ist wie der Kapitän grundsätzlich vom Wachdienst frei, dafür aber auch wie der Kapitän ohne Zeiteinschränkung immer im Dienst. Wie beim Wachdienst der nautischen Offiziere auf der Brücke, versehen drei technische Offiziere den Wachdienst in der Maschinenzentrale, dem Maschinenkommandostand. Der Erste Ingenieur, er ist Stellvertreter des Chiefs und Vorgesetzter des Maschinenpersonals, ist für die Hauptantriebsanlage verantwortlich. Der Zweite Ingenieur trägt gewöhnlich die Bezeichnung »Eisbär«, denn er kümmert sich um Kühlanlagen, so wie der Dritte Ingenieur sich um die Decksmaschinen kümmert. Für die E-Anlagen ist der Elektro-Ingenieur zuständig. Die Zahl der Unteroffiziere und Mannschaften regelt sich im technischen Bereich herkömmlich nach der kW-Höhe der Hauptantriebsanlage.

Eine nicht zu unterschätzende Rolle spielt an Bord auch der Funkoffizier, es ist eine Ein-Mann-Rolle. In seinem kleinen Funkraum hält er die Verbindung des Schiffes mit der übrigen Welt aufrecht. Seegehende Schiffe müssen auf großer Fahrt nach internationalen Vorschriften als Minimum an Bord haben: Hauptsender, Notsender, Rettungsbootsender, Allwellenempfänger, Notempfänger und Auto-Alarmgerät. Über diese Pflichtausrüstung hinaus besitzen die meisten größeren Frachter noch einen Kurzwellensender für Telegraphie und Telephonie, der einen Funk- und Sprechverkehr zwischen dem Schiff und beliebigen Bord- und Landfunkstellen erlaubt. Funktelegramme und Telephongespräche des Seemanns nach Hause und umgekehrt der Angehörigen mit dem Schiff gehören heute zu den Selbstverständlichkeiten.

Bei den im Dienst befindlichen 18-Mann-Schiffen gibt es folgende prinzipielle Funktionsaufteilung: ein Kapitän als Schiffsführer und Vorgesetzter der Besatzung; ein Erster nautischer Offizier für See- und Hafenwachdienst, Vorgesetzter der nautischen Offiziere sowie des Verpflegungs- und Bedienungspersonals; zwei nautische Offiziere für See- und Hafenwachdienst, Ladung, Sicherheit, Navigation, Gesundheitswesen; ein Koch für Küchenarbeiten und zwei Bedienungskräfte für Service, Reinhaltung der Messe, Gänge und Wohnräume; ein Leitender technischer Offizier für die Instandhaltung des Gesamtschiffsbetriebes, Vorgesetzter des technischen Offiziers und des Elektrikers; ein technischer Offizier für Inspektion, Wartung und Instandsetzung; ein Elektriker für Inspektion, Wartung und Instandsetzung; ein Funkoffizier für den Funk- und Verwaltungdienst; ein Schiffsbetriebsmeister als Leiter der Mehrzweckfachkräfte, sechs Mehrzweckfachkräfte für See- und Hafenwache, Wartung und Instandsetzungsarbeiten nach einem vom Kapitän bestimmten Rahmen.

Dem Kapitän sind unmittelbar unterstellt: Der Erste nautische Offizier als sein Stellvertreter, der Leitende technische Offizier, der Funkoffizier, der Schiffsbetriebsmeister. Voraussetzung für das 18-Mann-Schiff sind eine weitgehende Automatisierung der Brücken- und Ladeeinrichtung sowie eine wachfreie Maschinenanlage, denn im Unterschied zu den nautischen Offizieren versehen die technischen Offiziere keinen Wachdienst, sondern befinden sich in Rufbereitschaft. Bei einer solch reduzierten Besatzung, die für jeden einzelnen Mann eine erhöhte Belastung bedeutet, werden drei Besatzungen zwei Schiffen zugeordnet. Die Einsatzzeit einer Besatzung beträgt in der Regel zwei Reisen, danach wird sie für die Dauer einer Reise abgelöst.

Die schematische Einsatzdarstellung geht von einer zweimonatigen Rundreise im Liniendienst Europa–Japan oder einer analogen Reisedauer aus. Dann würden sich die drei Besatzungen A, B und C auf die beiden Schiffe I und II wie folgt verteilen:

Monat	Schiff I	Besatzung	Schiff II	Besatzung
Januar/ Februar	1. Rundreise	A	1. Rundreise	C
März/April	2. Rundreise	A	2. Rundreise	B
Mai/Juni	3. Rundreise	C	3. Rundreise	B
Juli/August	4. Rundreise	C	4. Rundreise	A
September/Oktober	5. Rundreise	B	5. Rundreise	A
November/Dezember	6. Rundreise	B	6. Rundreise	C

Das Schiff einer nahen Zukunft – auch und gerade das Großschiff – wird vermutlich mit weniger als 10 Mann Besatzung auskommen, denn es wird vollautomatisiert sein. Eine Vielfalt speziell für dieses Schiff entwickelter technischer Neuheiten, auf der Grundlage von Computern, elektronischen Steuergeräten und Robotern, führt zu grundsätzlichen Verbesserungen im Informations-, Überwachungs-, Steuer- und Ladungssystem. Zur Kommandozentrale gehören Radargeräte, die ununterbrochen die Lage des Schiffes zu seiner Umgebung darstellen; Bahnregler übernehmen die automatische Schiffsführung auch in engen Fahrwassern. Die Steueranlage ist mit einer Seekarte gekoppelt, auf der ständig der genaue Standort des Schiffes ablesbar ist. Auf der Brücke wird nur noch ein Mann benötigt, der Wachoffizier, der als Zeichen seiner Wachbereitschaft in Minutenabständen einen sogenannten »Totmannknopf« drückt.

Nach den Berechnungen soll das Schiff folgende Besatzung haben: 1 Kapitän, 3 Wachoffiziere, 1 Anlageningenieur, 1 Funk- und Verwaltungsoffizier und 1 Koch, 2 Bedienungskräfte. Bei dieser 9-Mann-Besatzung wird davon ausgegangen, daß sämtliche Wartungs- und Instandhaltungsarbeiten im Hafen von Spezialtrupps durchgeführt werden.

Häfen, Hafenbetriebe und »Schiffsklarierung«

Die Häfen im Alterum und im Mittelalter waren fast ausnahmslos Naturhäfen. Als berühmte antike Seehäfen sind uns Tyros, Rhodos, Karthago, Alexandria, Roms Hafen Ostia und Byzanz bekannt, auch die von Karthagern und Griechen angelegten Hafenstädte Barcelona und Marseille bildeten Zentren des damaligen Seeverkehrs. Von wenigen Ausnahmen abgesehen, wurden die natürlichen Bedingungen der Seehäfen nur durch einige künstliche Anlagen ergänzt: Man befestigte das Ufer oder legte wohl auch ein Hafenbecken an. Die einmal errichteten Hafenanlagen reichten in Verbindung mit den zahlreich vorhandenen Arbeitskräften jahrhundertelang für den relativ geringen Güterumschlag aus. Für die Hafenstädte des mittelalterlichen Seeverkehrs galten die gleichen Voraussetzungen. Die Situation veränderte sich grundsätzlich mit dem Übergang zur kapitalistischen Warenproduktion, die in der Seeschiffahrt den Übergang vom hölzernen Segelschiff zum eisernen Dampfschiff brachte. Hatten bis dahin solche Seehäfen die günstigste Lage, die weiter im Binnenland an Flußläufen gelegen waren, so wurde vielen von ihnen gerade diese Lage jetzt zum Verhängnis. Wenn sie nicht die Mittel aufbrachten, die Zufahrt von der See zum Hafen den rasch wachsenden Schiffsgrößen anzupassen, versandeten die Häfen, und einst blühende Hafenstädte verkümmerten. Dafür zogen die Seehäfen, die den Forderungen der Schiffahrt nachkamen, den Handel verstärkt auf sich und wurden zu echten Welthäfen.

Die Spitze der Welthandelshäfen nahmen um die Mitte des 19. Jahrhunderts London, Liverpool, New York und Hamburg ein. Im Bereich der Nord- und Ostsee hatten Bedeutung: Amsterdam, Rotterdam, Bremen, Hamburg, Rostock, Kopenhagen, Danzig, Riga, Petersburg, Stockholm, London, Hull, Liverpool, Belfast und Dublin; an der Küste des Atlantischen Ozeans: Lissabon, Le Havre, Bordeaux und Nantes; im Mittelmeer: Marseille, Genua, Livorno, Messina, Neapel, Triest und Istanbul. Afrika kannte nur eine bedeutende Handelsstadt: Alexandria. In Asien zogen den Seeverkehr auf sich: Shanghai, Hongkong, Jokohoma, Singapur, Kalkutta, Bombay und Batavia (Djakarta); in Australien waren es Sydney und Melbourne. An der amerikanischen Küste waren die größten Häfen: San Francisco, Valparaiso, Buenos Aires, Montevideo, Rio de Janeiro, Bahia, Veracruz, Havanna, New Orleans, Philadelphia, Baltimore, New York, Boston und Quebec.

In den letzten hundert Jahren und besonders stark in den letzten Jahrzehnten hat sich eine zunehmende Spezialisierung der Häfen vollzogen. Der Bau von Spezialschiffen zog notwendigerweise den Bau von speziellen Anlagen in den Häfen nach sich. Container- und Ro-Ro-Schiffe, Bargecarrier und Tanker, ebenso Schiffe mit Getreide- und Südfruchtladungen werden heute fast ausnahmslos an besonders ausgerüsteten Kais und Anlagen abgefertigt. Erneut ist die Anpassung der Häfen zu einem Maßstab ihrer Wettbewerbsfähigkeit und damit zu ihrer Existenzfrage geworden. Die Fahrwasser und Hafenbecken müssen vertieft, in vielen Fällen verbreitert und neue Kais, Schuppen und Anlagen errichtet werden. Wer diesen Forderungen nicht Rechnung trägt, die notwendigen Investitionen scheut, verliert seinen Platz als Welthafen. Im harten Konkurrenzkampf sucht man für die Ware den für sie günstigsten Weg.

Häfen sind nach ihrer Lage, ihren Aufgaben und den Bedingungen ihrer

Nutzung unterschiedlich. Nach ihrer Lage gibt es Binnen- und Seehäfen, natürliche und künstliche Häfen; nach ihren Aufgaben Umschlaghäfen (sie schließen den Passagierverkehr mit ein), Industriehäfen, Werfthäfen, Fischereihäfen, Kriegsmarinebasen sowie Schutz- und Nothäfen. Natürlich liegen Seehäfen alle an der See, doch gibt es erhebliche Unterschiede: Die einen Häfen liegen direkt am Meer, die anderen an Flußmündungen oder auch an Flußstellen, die bis zu 100 Kilometer und mehr von der See entfernt sind. Als Vorbedingung sollen Häfen den an ihren Kais liegenden Schiffen Schutz vor Wind, Seegang und starker Strömung bieten. Bei einem natürlichen Hafen ergibt sich das schon aus seiner Lage, beim künstlichen Hafen muß ein ausreichender Schutz erst durch Molen, Wellenbrecher und andere Kunstbauten geschaffen werden. Für viele Häfen hat der Einfluß der Tide (Gezeiten) Bedeutung, weil durch Ebb- und Flutstrom und das damit verbundene Fallen und Steigen der Wassermassen der Lade- und Löschbetrieb erschwert werden kann. Häfen, die diesen Bedingungen ausgesetzt sind, wie Hamburg und Rotterdam, nennt man Tidehäfen. Sind dagegen die Liegeplätze der Schiffe durch Kunstbauten vom Einfluß der Tide abgeschirmt, wie in London und Bremerhaven, spricht man von Dock- oder Schleusenhäfen. In den Häfen einiger Randmeere, wie zum Beispiel in Rostock als Ostseehafen, fehlt der Einfluß der Tide gänzlich.

Entscheidend für einen Seehafen ist auch seine Verbindung zum Hinterland, die Möglichkeit, Export und Importgüter schnell und sicher über Schiene und Straße, oder auch über natürliche und künstliche Wasserwege vom Absender zum Hafen oder umgekehrt vom Hafen zum Empfänger befördern zu können. Lange Zeit war die Mündungszone schiffbarer Flüsse der bevorzugte Standort großer See- und Hafenstädte. Die damit verbundenen Vorteile sind auch heute nicht völlig aufgehoben. Rotterdam als größter Hafen der Welt beweist es, doch spielt die Binnenschiffahrt nur noch bei Massengütern eine größere Rolle. Bereits seit dem Anschluß der Häfen an das Eisenbahnnetz wurden wertvolle Stückgüter vorrangig mit der Bahn befördert; in jüngster Zeit ist der Kraftverkehr auf kurzen und mittleren Strecken zu einem ernsthaften Konkurrenten der Eisenbahn geworden.

In vielen Welthäfen gibt es besonders abgegrenzte Bezirke, die unter der Bezeichnung Freihafen zollamtliches Ausland darstellen. Hier werden eingeführte Güter gelöscht und gelagert, um sie zu veredeln und danach zollgünstiger ins Binnenland zu bringen oder im Reexport zollfrei wieder auszuführen.

Nicht jeder Seehafen ist Welthafen. Ein Welthafen muß wesentliche Teile des Außenhandels seines Landes und als Transithafen auch Teile des Außenhandels anderer Länder regelmäßig mit den wichtigsten Märkten in Übersee sowohl im Import- als auch im Exportgeschäft verbinden. Je günstiger seine Lage zum Meer ist, um so besser kann er diese Aufgabe erfüllen. Die Meereslage der Häfen war historischen Entwicklungen unterworfen. Abhängig von den Warenströmen über See zwischen verschiedenen Ländern und später zwischen verschiedenen Erdteilen bildeten sich ganz bestimmte Seestraßen heraus, deren Verlauf durch nautische Kenntnisse, meteorologische Bedingungen und schiffbauliches Können beeinflußt wurde. Für den Hafen war entscheidend, wie er zu den Hauptverkehrsstraßen des Welthandels lag. Eine der einschneidensten Veränderungen brachte zum Beispiel die Entdeckung Amerikas mit der anschließenden Verlagerung des Seeverkehrs auf den Atlantik für die bis dahin führenden Seehäfen des Mittelmeeres und der Ostsee mit sich. Wenn die Meereslage auch nicht allein für den Aufstieg oder Niedergang eines Hafens entscheidend war, so besaß sie doch über eine lange geschichtliche Periode erstrangige Bedeutung.

Ein wichtiger Faktor für die Leistungsfähigkeit des Hafens waren über Jahrhunderte die natürlichen Bedingungen seiner Anlage, die sogenannte Uferlage. Solange die Produktivkräfte auf niedriger Stufe standen und die Kenntnisse und Fähigkeiten der Menschen nur ausreichten, die vorhandenen Gegebenheiten durch einfache Kunstbauten geringfügig zu verbessern, war eine günstige Uferlage überhaupt erst die Voraussetzung zur Einrichtung eines Hafens. Vor der Jahrhundertwende begann man damit, die befestigten Ufer, die Kais, als Liege- und Umschlagplätze für die Schiffe, durch Kaizungen, die sogenannten Piers, zu verlängern; in den ersten Jahrzehnten dieses Jahrhunderts legte man schließlich die ersten künstlichen Häfen an offener Meeresküste an. Damit verlor die Uferlage durch den technischen Fortschritt an Bedeutung.

Bei der Einschätzung des Hinterlandes für den durch Meeres- und Uferlage bestimmten Hafen muß man die Unsicherheit und Primitivität der Landstraßen berücksichtigen, wie sie noch bis ins 19. Jahrhundert hinein bestanden. Das Fehlen guter Straßen beschränkte das Hinterland der meisten Häfen auf die Hafenstädte und ihre nächste Umgebung. Lag der Hafen am Ufer eines längeren Stromes, so wurde das Einzugsgebiet durch die Flußschiffahrt erweitert. Es waren deshalb vorrangig an Flußmündungen gelegene Stadtstaaten, die im Altertum und Mittelalter Seeschiffahrt betrieben. Dieses Stadtdenken hat sich — obwohl politisch und wirtschaftlich längst überholt — bei einigen großen Hafenstädten bis in unsere Tage hinein als Rudiment erhalten.

Mit dem raschen industriellen Aufschwung im Verlauf des 19. Jahrhunderts und der verkehrsmäßigen Erschließung großer Wirtschaftsräume durch Eisenbahn und Kraftverkehr haben sich die Bedingungen für die Seehäfen zum Hinterland grundsätzlich verändert. Ein Welthafen muß heute über ein großes Einzugsgebiet verfügen und dabei nicht nur Stadtgrenzen, sondern auch Ländergrenzen überspringen. Umgekehrt können sich Industrie- und Rohstoffzentren, die über keinen günstig gelegenen Hafen verfügen, mit dem Fortschritt von Wissenschaft und Technik an beliebiger Meeresküste einen für ihre Zwecke benötigten Hafen künstlich erbauen. Und es gibt genügend Nationen, die — sofern ihr Land eine maritime Lage besitzt — von dieser Möglichkeit Gebrauch machen. Das schließt nicht aus, daß bestimmte Welthäfen durch Meeres- und Uferlage sowie durch ein verkehrsgünstig gelegenes Hinterland Vorteile gegenüber Nachbarhäfen besitzen.

Die Hauptaufgabe von Seehäfen ist der Umschlag von Gütern aus dem Seeschiff auf einen Binnenverkehrsträger oder umgekehrt. Diese Aufgabe ist verbunden mit dem Prüfen, Wiegen, Zählen und Sortieren der Ware. Wenn erforderlich, werden die Waren zwischengelagert oder im Auftrag des Kunden für längere Zeit auf Lager genommen. Jeder Hafen übernimmt darüber hinaus Dienstleistungen für das Schiff in Form von kleineren Reparaturen, Reinigungsarbeiten, Versorgung mit Brennstoff, Wasser, Ausrüstungsgegenständen und Proviant sowie sonstige vom Kapitän des Schiffes erteilte Aufträge. Auch auf die Wünsche der Schiffsbesatzungen ist der Hafen eingestellt: Wäschereien, Friseure, Ladenstraßen mit Einkaufsmöglichkeiten für den persönlichen Bedarf und andere Einrichtungen warten auf den Besuch des Seemanns. Nur selten übt ein Hafen diese verschiedenen Funktionen in eigener Verantwortung aus, in den meisten Häfen gibt es ein Dutzend und mehr Hafenbetriebe, die diese Aufgaben übernehmen und selbständig ausführen.

So nützlich und angenehm die eine oder andere Dienstleistung für das Schiff oder die Besatzung sein mag, das wichtigste Kriterium für die Wechselbeziehung zwischen Schiff und Hafen ist die Dauer der Hafenliegezeit des Schiffes. Kurze Hafenliegezeiten beschleunigen den Umlauf des Schiffes und wirken sich ökonomisch günstig für den Reeder aus; lange Liegezeiten kosten dagegen zusätzliches Geld für den Reeder – die Selbstkosten eines normalen Frachters belaufen sich pro Tag auf über zehntausend Mark – und vermindern den einsetzbaren Schiffsraum. Da einerseits jeder Hafen bestrebt ist, als »schneller Hafen« Schiffe auf sich zu ziehen, andererseits aber die Diskontinuität der Schiffsankünfte keine gleichmäßige Auslastung der Hafenkapazität zuläßt, ergeben sich bei schneller Be- und Entladung für den Hafen einmal erhebliche Arbeitsspitzen und darauf folgend wieder eine ungenügende Auslastung der Anlagen. In der Weltschiffahrt gilt jedoch der Grundsatz, daß der Liegeplatz auf das Schiff wartet und nicht das Schiff auf den Liegeplatz. Entzieht sich ein Hafen dieser Forderung, verliert er alsbald seinen Ruf als Welthafen und wird gemieden, oder – sofern der Hafen eine Monopolstellung in seinem Land einnimmt – die Reeder verlangen für das Anlaufen des Hafens einen Zuschlag und für nicht termingerechte Abfertigung ein nach Verzugstagen berechnetes Überliegegeld. Das belastet den Preis der Ware.

Ein großer Seehafen besteht in der Regel aus verschiedenen Hafenbecken, in denen die Hauptgutarten Stückgut, Schüttgut und Öl umgeschlagen werden. Häfen, die internationale Bedeutung anstreben, besitzen darüber hinaus Spezialanlagen für Container und Trailer, für den Umschlag von Südfrüchten, Hölzern, Metallen und verschiedenen Arten des Schüttgutes, wie Kohle, Erze und Düngemittel. Bei gegebener Uferlage werden die Hafenbecken in das Land hineingebaggert, die Kais bei Notwendigkeit und Möglichkeit durch Piers in das Wasser hinein verlängert. Die Anlage der Becken und des Hafens insgesamt soll einen ungehinderten Schiffsverkehr in beiden Richtungen ermöglichen. Wichtig ist auch eine sinnvolle Einordnung des Schienen-, Straßen- und Binnenwasserverkehrs zu den Kais und Lagerschuppen sowie zu den Freilagerflächen, um ankommende Güter wahlweise unmittelbar auf das Seeschiff, über eine Schuppenrampe oder ein Freilager umschlagen zu können. Der gleiche Prozeß muß auch in umgekehrter Richtung bei einer von See kommenden Ladung vollziehbar sein.

Im herkömmlichen Stückgutumschlag befördern die Kaiarbeiter die Güter mit Flurfördergeräten aus den Lagerhallen bis unter den Kran, wo sie auf Palette oder im Stropp als Hieve am Kranseil angeschlagen werden. Der Kranführer bringt die Hieve über die Bordkante in den Laderaum, in dem Stauerleute (Schauerleute) sie ordnungsgemäß und seefest verstauen. Diese bis vor kurzem noch streng eingehaltene Arbeitstrennung ist mit dem Trend zur Bildung großer, unifizierter Ladungseinheiten vielfach aufgegeben worden. Das Laden und Löschen des Schiffes wird heute als einheitlicher Arbeitsgang angesehen, der von einer »Gang« oder von mehreren »Gangs« – bei gleichzeitiger Arbeit an verschiedenen Luken – unter Aufsicht eines Vorarbeiters (Gangleiter) oder eines Meisters (Schiffsmeister) geleistet wird. Die Stärke einer »Gang« ist abhängig von der umzuschlagenden Gutart, beim Laden sind gewöhnlich mehr Männer in der »Gang« als beim Löschen. In einem schnellen Hafen arbeitet an jeder offenen Luke eine »Gang«. Parallel zum Kaiumschlag kann mit bordeigenem Ladegeschirr auch Gut aus Hafenschuten oder Binnenkähnen übernommen oder von Bord gegeben werden.

Während des Umschlagprozesses werden weitere Tätigkeiten ausgeführt, wie das Zählen oder Checken (Zählen nach Größensortierung) sowie das Wiegen der Güter. Auch Qualitätskontrollen werden während der Lade- und Löscharbeiten vorgenommen. Um eine schnelle Abfertigung der im Liniendienst fahrenden Schiffe zu sichern, werden die für den Export nach Übersee bestimmten Liniengüter bereits vorher im sogenannten Sammelschuppen auf die einzelnen Liniendienste verteilt. Die im Linienverkehr eingehende Importware wird ebenfalls kurz zwischengelagert. Für die verschiedenen Operationen verfügen die Seehäfen über eine Lagerwirtschaft, zu der neben Sammelschuppen, Verteiler- und Operativschuppen, Schuppen für langfristige Lagerungen und – im Interesse und Auftrag des Kunden – Handels-, Industrie-, Transit- und weitere Speziallager gehören.

Der Containerumschlag auf den Containerterminals läuft computergesteuert vollautomatisch ab. Werden Container an herkömmlichen Kais ohne Portainer (Containerbrücken) umgeschlagen, so verlangt der Lade- und Löschvorgang die gleiche Zeit wie der Umschlag anderer Einheitsladungen. Container, die nicht im Haus-Haus-Verkehr laufen, sondern erst im Hafen be- oder entladen werden, bringen zwar noch Vorteile, rechtfertigen aber nicht die hohen Investitionen für ein Containerterminal. Der Port-Port-Verkehr bildet nur eine Ausnahme im Containereinsatz. Beim Ro/Ro-Verkehr werden die Schiffe, ähnlich wie in einem Fährhafen, durch Bug-, Heck- oder Seitenpforten über niveauausgleichende Ladebrücken be- und entladen. Wie beim automatischen Containerumschlag fehlen auch hier die herkömmlichen Hafenarbeiter; eine Handvoll Kraftfahrer auf Zugmaschinen rollen die Trailer auf das Schiff bzw. aus dem Schiff. Auch der Schüttgutumschlag auf oder vom Lager wird heute in der Regel durch vollautomatische Anlagen vollzogen, ebenso der Ölumschlag. Der Tanker pumpt das Öl im Löschhafen über ein Rohrsystem an Land, von wo es über Pipelines oder mit Kesselwagen über Schiene und Straße zur verarbeitenden Industrie befördert wird.

Der gesamte Produktionsablauf in einem Hafen wird durch eine Zentrale, gewöhnlich ein umfangreicher Dispatcherapparat, gesteuert. Hier laufen alle Informationen, zum Teil über Fernsehanlagen, zusammen, und von hier werden alle Beteiligten – Hafenkapitän, Lotse, Zoll- und Paßbehörde, Hafenarzt, Stauerei, Schiffsversorgung, Hafenspediteur und Schiffsmakler – rechtzeitig über Telefone, Sprechanlagen, Fernschreiber oder Funk informiert. Beim Auftreten von Störungen oder Verzögerungen werden notwendige Umdispositionen oder auch endgültige Entscheidungen getroffen.

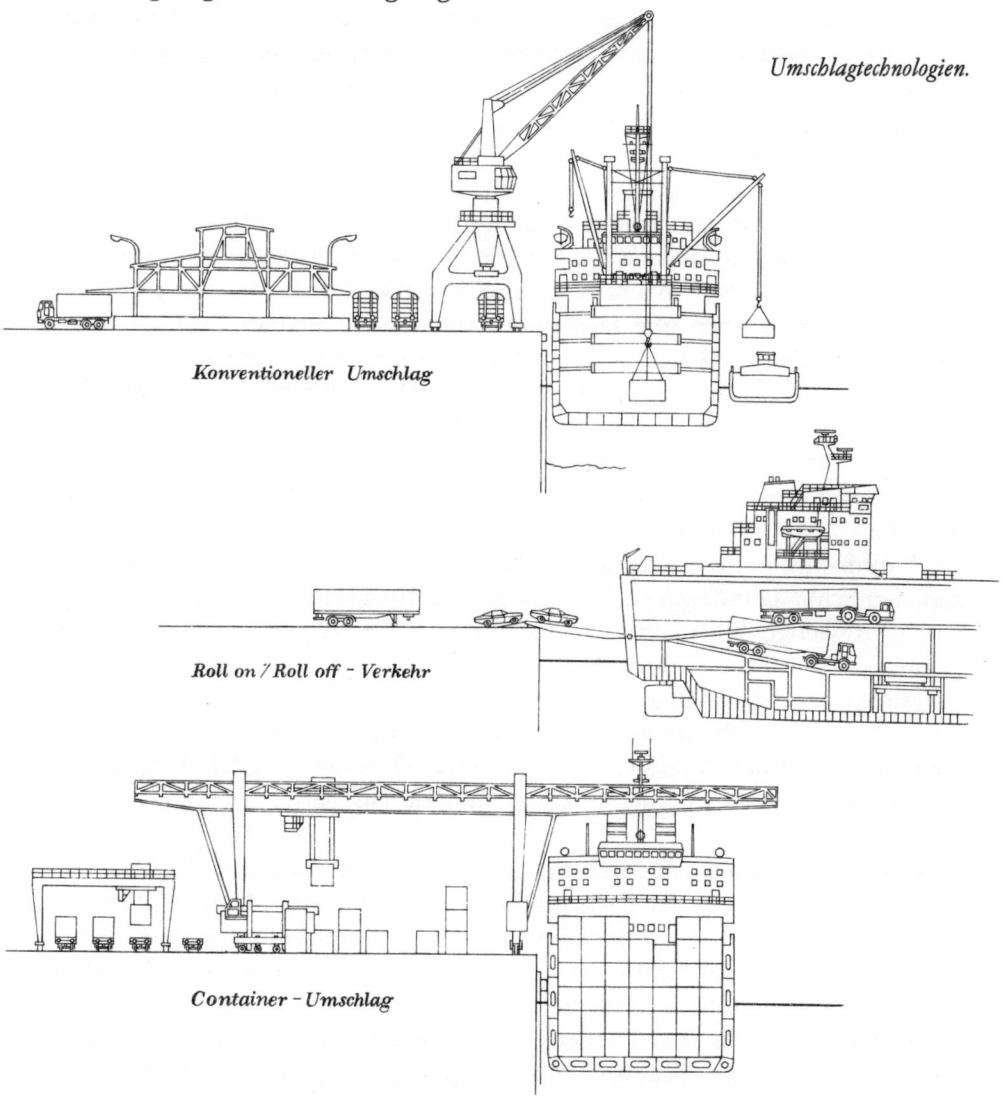

Umschlagtechnologien.

Konventioneller Umschlag

Roll on / Roll off - Verkehr

Container - Umschlag

Als Mittler zwischen Handels- und Transportgeschäft entstand im Verlauf der Arbeitsteilung die Spedition. Eine ihrer vielfältigen Formen ist die in den meisten Häfen vorhandene Seehafenspedition. Beim Export adressiert der Versender seine Ware an den Seehafenspediteur, der den Umschlag in das vorgesehene Schiff organisiert. In manchen Fällen bleibt dem Spediteur auch die Auswahl der Reederei überlassen, er bucht dann die Ladung beim Agenten des von ihm ausgesuchten Reeders und bereitet die Verschiffungsdokumente vor. Bei einlaufenden Schiffen nimmt der Seehafenspediteur die Waren für seinen Auftraggeber in Empfang, läßt sie verzollen, bei Auftrag auch Qualitätskontrollen durchführen und leitet sie nach den ihm übergebenen Dispositionen weiter. Abhängig von den vereinbarten Kauf- und Lieferbedingungen liegt die Vergabe des Speditionsauftrages beim Verkäufer oder Käufer der Ware. International üblich sind »cif«-, »c&f«- und »fob«-Geschäfte. Beim »cif«-Geschäft trägt der Verkäufer Kosten (cost) und Versicherung (insurance) der Fracht (freight); beim »c&f«-Geschäft entfällt für den Verkäufer die Versicherung, und beim »fob«-Geschäft liefert der Verkäufer die Ware nur frei (free) an (on) Bord (board) des Schiffes.

Auch die Schiffsmaklerei entstand mit der Arbeitsteilung in der Schiffahrt. Bis zu Beginn des 18. Jahrhunderts war der Kaufmann zugleich Eigentümer des Schiffes, er begleitete seine Ware über See. In der Einheit von Kaufmann und Reeder sowie im Besitz mehrerer Schiffe, bestellte der Reeder seine Kapitäne als Vertrauenspersonen, die fast immer am Handelsgeschäft beteiligt waren. Der Kapitän kümmerte sich im Zielhafen nicht nur um die vielen Formalitäten beim Ein- und Auslaufen, sondern besorgte auch die Rückfracht für das Schiff. Mit zunehmendem Seehandel und größer werdenden Schiffen suchte sich der Reeder in den von seinen Schiffen angelaufenen Häfen einen Geschäftsfreund, den Schiffsmakler, der anstelle des Kapitäns die Schiffsabfertigung und Ladungsbeschaffung übernahm. Der Makler wurde ebenfalls Verbindungsmann des Kaufmanns, der für seine auszuführenden Waren ein gutes Schiff oder geeigneten Schiffsraum suchte. Die heutigen Schiffsmaklereien haben diese typischen Tätigkeiten beibehalten: Sie vermitteln als Befrachtungsmakler geeignete Ladung für die Schiffe ihrer Auftragsreederei, oder sie erledigen als Klarierungsmakler die Formalitäten bei Ankunft und Abfahrt der Schiffe und betreuen Schiffe und Besatzungen während der Hafenliegezeit. Große Maklerfirmen mit zahlreichen Angestellten betreiben auch beide Tätigkeiten mit Erfolg, doch hat sich allgemein eine Spezialisierung durchgesetzt.

Wenn ein Schiff beim Seehafen »angedient« ist, und der Hafen das Schiff »akzeptiert« hat, wie es in der Fachsprache heißt, nimmt der Makler Verbindung mit der Reederei auf, um die voraussichtliche Ankunftszeit, das »eta« (estimated time of arrival) des Schiffes zu erfahren. Der Makler teilt dem Reeder dabei auf Grund der Hafensituation die voraussichtliche Dauer der Liegezeit des Schiffes im Hafen mit. Anschließend informiert der Makler die zuständigen Behörden und beteiligten Hafenbetriebe über die Ankunft des Schiffes mit Anga-

ben über Vermessungsgröße, Tiefgang, Import- oder Exportladung und besondere Wünsche des Reeders nach zusätzlichen Dienstleistungen. Es ist in den
Häfen unterschiedlich, zumeist abhängig von ihrer Lage zum offenen Meer, wo
die ersten offiziellen Vertreter an Bord des ankommenden Schiffes gehen und
wo die »Einklarierung« beginnt. Steht die Ansteuerung zum Hafen unter Lot-
senzwang – das ist bei Welthäfen die Regel – können Paß- und Zollbehörden
sowie der Hafenarzt mit dem Lotsenversetzboot auf Reede hinausfahren und
ihre Amtshandlungen an Bord vollziehen, noch während das Schiff unter Lot-
sen- und Schlepperassistenz zu seinem Liegeplatz im Hafen gebracht wird.

Der Vertreter der Paßbehörde kontrolliert die Musterrolle und die Seefahrts-
bücher der Besatzung, der Vertreter der Zollbehörde führt die Zollkontrolle
und den Zollverschluß durch. In den meisten Häfen erfolgt Paß- und Zollüber-
prüfung zusammen. Der Hafenarzt überprüft das Schiffsgesundheitszertifikat,
das Hygiene- und Rattenattest sowie die internationalen Impfausweise der Besatzung und stellt fest, ob Verdacht auf ansteckende Krankheiten (Pest, Pok-
ken, Cholera u. a.) gegeben ist. Wenn ja, muß das Schiff mit der berüchtigten
gelben Flagge im Topp 40 Tage unter Quarantäne auf Reede verbleiben. Sind
alle Kontrollen anstandslos überstanden, wird das Schiff von den staatlichen
Behörden für den Hafen freigegeben.

Im gleichen Augenblick tritt der Makler in Aktion, gewöhnlich ist auch er bereits mit dem Lotsenversetzboot an Bord gekommen. Der Kapitän übergibt
dem Makler den Meßbrief des Schiffes, die für den jeweiligen Hafen erforderlichen Ladungspapiere, weitere Unterlagen und ergänzt die Daten durch mündli-
che Aussagen. Danach stellt der Makler eine Deklaration aus, die u. a. enthält:
Schiffsname, Eigner, Nationalität, Unterscheidungssignal, Name des Kapitäns,
Maße des Schiffes, Ankunftszeit auf Reede und im Hafen, Abgangs- und Bestimmungshafen, Ladung und zur Verfügung stehende Lösch- und Ladezeit
und weitere das Laden und Löschen betreffende Einzelheiten. In die Deklaration werden ebenfalls Aufträge des Kapitäns über auszuführende Reparaturen,
Bestellung von Bunker (Brennstoff), Proviant und Wasser, Gestellung von
Gangway-Wachen oder sonstige Personalforderungen aufgenommen.

Nachdem die Deklaration von Kapitän und Makler unterschrieben ist, übermittelt der Makler erforderliche Daten an die staatlichen Hafenbehörden und
erteilt die Aufträge an die Hafenbetriebe. Gleichzeitig informiert er die Reederei über die Ankunft des Schiffes im Hafen, den Beginn der Umschlagarbeiten
sowie über den wahrscheinlichen Zeitpunkt des Auslaufens. Eine gleiche Infor-
mation gibt er dem zuständigen Makler der Reederei im nächsten Bestimmungshafen des Schiffes. Nach Beendigung der Umschlagarbeiten setzen die
Formalitäten zur Abfertigung des Schiffes ein. Wieder tritt der Makler in Aktion: Das Schiff wird »ausklariert«!

Wichtige Seekanäle

Kanäle sind künstliche Wasserstraßen, die natürliche Seewege verkürzen oder Meere miteinander verbinden. Ihre bekanntesten Vertreter sind der Suezkanal, der Panamakanal und der Nord-Ostsee-Kanal. Der Große-Seen-St.-Lorenz-Seeweg und die transkontinentale Wasserstraße der UdSSR sind nur bedingt als Seekanäle anzusehen, doch haben sie für die Volkswirtschaften Nordamerikas bzw. der UdSSR große Bedeutung. Jeder Kanal hat seine eigene Geschichte.

Die älteste Geschichte besitzt der Suezkanal, der meistbefahrene Kanal der Welt. Pharao Sesostris I. (1971–1928 v. u. Z.) ordnete die Aushebung eines »Ta Tenat« (Durchstich) an, der vom östlichen Nilarm über Wadi Tumilat und die Bitterseen zum Roten Meer führen sollte. Unter seinem Nachfolger, Amenemhet II. (1929–1895 v. u. Z.), wurde das große Werk vollendet. Doch nur hundert Jahre später war der Durchstich wieder versandet und vergessen. Königin Hatschepsut (1501–1480 v. u. Z.) griff die Idee einer Direktverbindung vom Nil zum Roten Meer erneut auf und ließ den Graben für die Fahrt ihrer Flotte zum Lande Punt wieder ausheben. Doch der neue Durchstich versandete noch rascher als der alte. Unter Ramses II. (1290–1224 v. u. Z.) wurde der »Ta Tenat« erneut schiffbar gemacht, aber auch diesem Versuch war kein dauerhafter Erfolg beschieden.

Nach Herodot (484–425 v. u. Z.), dem griechischen Geschichtsschreiber, hat Pharao Necho den Kanalbau wieder aufnehmen lassen – 120 000 Sklaven sollen dabei ums Leben gekommen sein – vollendet wurde der Durchstich nicht. Ebenso scheiterte der Versuch des Perserkönigs Dareios I. (522–485 v. u. Z.), eine Wasserstraße zwischen Nil und Rotem Meer anlegen zu lassen. Erst die Ptolemäer, die makedonisch-griechischen Herrscher in Ägypten von 323 bis 30 v. u. Z. schufen einen Kanal, der über 200 Jahre Bestand hatte und noch für die römische Seeschiffahrt des frühen römischen Kaiserreiches nach Indien, Südarabien und Ostafrika von großer Bedeutung war. Es ist überliefert, daß nach der Seeschlacht bei Actium (31 v. u. Z.) ägyptische Kriegsschiffe durch den Kanal ins Rote Meer entkamen. Bald darauf verfiel er. Und noch einmal kam es im 7. Jahrhundert u. Z. unter arabischem Einfluß zu einem Versuch, Mittelmeer und Rotes Meer durch eine künstliche Wasserstraße miteinander zu verbinden, doch 767 wurde der ausgehobene Graben auf Weisung des Kalifen Mansur wieder zugeschüttet.

Es war der deutsche Gelehrte G. W. Leibniz (1646–1716), der Ende des 17. Jahrhunderts den Plan vorlegte, die Verbindung zum Roten Meer mit einem Durchstich der Landenge Port Said–Suez wieder herzustellen. Doch fand er mit seinem Vorschlag bei Ludwig XIV. (1638–1715) genausowenig Resonanz, wie Voltaire (1694–1778) und Montesquieu knapp 100 Jahre später bei Ludwig XVI. (1754–1793). Napoleon (1769–1821) nahm die Entwürfe mit auf seinen Feldzug nach Afrika, dazu einen Vermessungsingenieur, der an Ort und Stelle die erforderlichen Vermessungen durchführen sollte. Doch der ägyptische Feldzug scheiterte, und Napoleon verlor sein Interesse am Kanalprojekt.

Mit der schnellen Entwicklung des Welthandels und Seeverkehrs zu Beginn des 19. Jahrhunderts zeigte sich immer stärker die Notwendigkeit des Kanals. Im Jahre 1846 kam es in Paris zur Gründung einer Gesellschaft, der Société d'études, die das Geld für die Vermessungsarbeiten bereitstellte. Nach gegenseitigen Intrigen der an der Gesellschaft beteiligten französischen, britischen und deutsch-österreichischen Gruppen, vergab der Vizekönig von Ägypten, Said Pascha, 1856 die Konzession für den Bau und den Betrieb des Kanals bis zum Jahre 1868 an den französischen Ingenieur und Unternehmer F. de Lesseps. Nach einigem politischen und finanziellem Gerangel wurde 1858 in Paris die vom französischen Kapital beherrschte und ägyptischem Recht unterstehende Compagnie Universelle du Canal Maritime des Suez gegründet.

Der Bau des Kanals begann 1859, er wurde 1869 vollendet. Die Bauarbeiter stellte Ägypten, bis 1864 hauptsächlich Sklaven aus dem Sudan, kostenlos und ohne jede Technik zur Verfügung. Mit Hacken wurde der Boden gelockert und mit bloßen Händen die Erde zur Böschung aufgeworfen. Als 1864 die Sklaverei in Ägypten aufgehoben wurde, mußten die Arbeiten für sechs Monate unterbrochen werden. Später wurde der Kanalbau mit Lohnarbeitern aus aller Herren Länder fortgesetzt. Die Kanalgesellschaft hat keine Totenlisten geführt, aber nach neuzeitlichen Berechnungen der ägyptischen Regierung kostete der Bau des Suezkanals – wie schon einmal in der Pharaonenzeit – über 120 000 Menschen das Leben. Ägypten blutete während der Baujahre auch finanziell aus. Der Vizekönig von Ägypten verkaufte 1875 seine Kanalaktien, das waren 44 Prozent der Gesamtaktion, an die britische Regierung, die damit entscheidenden Einfluß auf die Kanalgesellschaft gewann. Das erforderliche Geld, 3 976 580 Pfund, hatte sie sich bei Rothschild in Frankreich geliehen. Im Jahre 1882 baute Großbritannien die Suezzone zum militärischen Stützpunkt aus.

Der Suezkanal ist ein schleusenloser Niveaukanal, der auf gleichem Wasserniveau Mittelmeer und Rotes Meer verbindet. Gezeiteneinwirkungen im Mittelmeer und Wasserstandsschwankungen im Roten Meer bleiben unter zwei Meter, spielen für die Schiffahrt deshalb keine Rolle. Der Durchstich durch die Landenge folgte einer natürlichen Senke unter Einschluß des Großen und Kleinen Bittersees sowie des Timsahsees. Die Fahrrinne zwischen Port Said im Norden und Suez im Süden ist 160 Kilometer lang, die Spiegelbreite beträgt 80 bis 153 Meter, die Sohlenbreite 45 bis 100 Meter, die Wassertiefe bei Mittelwasser 13,3 Meter. Diese Daten, sie waren gültig bis zu Beginn der achtziger Jahre, erlaubten Schiffen bis zu 60 000 Tonnen Wasserverdrängung den Kanal gefahrlos zu passieren.

Die Fahrt durch den Suezkanal verkürzt gegenüber dem Seeweg um das Kap der Guten Hoffnung die Distanzen von Nordeuropa nach dem Fernen Osten um 25 Prozent, nach Indien um 40 Prozent und nach Ostafrika sogar um über 50 Prozent; aus dem Mittelmeer und dem Schwarzen Meer kommend, liegen die Einsparungen höher als 60 Prozent. Es sind also handfeste wirtschaftliche Gründe, wenn die Reeder aller Nationen ihre Schiffe durch den Kanal schikken. Im Jahre vor seiner vorübergehenden Schließung, 1966, passierten 21 250 Schiffe mit 241,9 Millionen Tonnen Güter den Kanal, das waren achtmal mehr als 1938 und zehnmal mehr als 1913.

Am 26. Juni 1956 nationalisierte die ägyptische Regierung den Suezkanal. Abgesehen von ihrem souveränen Recht zu diesem Schritt gab es auch mehr als genug politische und wirtschaftliche Gründe. Obwohl der Kanalgesellschaft eine Entschädigung angeboten und auch bezahlt wurde, kam es zu einer von den USA unterstützten und von Israel mitgetragenen Invasion Großbritanniens und Frankreichs gegen Ägypten. UNO-Beschlüsse und internationale Proteste zwangen die Invasoren zum Rückzug; die nur kurz unterbrochene Kanalfahrt lief weiter. Nur 11 Jahre später, am 5. Juni 1967, bombardierten israelische Flugzeuge ägyptische Städte und auch die Kanalanlagen. Der Kanal wurde gesperrt, und 15 eingeschlossene Schiffe rosteten 8 Jahre lang im Großen Bittersee, bevor der Kanal am 5. Juni 1975 wieder eröffnet wurde.

Inzwischen hatte sich der Seeverkehr zum Mittleren und Fernen Osten, wichtiger noch die Ölschiffahrt vom Nahen Osten nach Westeuropa mit immer größer gewordenen Tankern, auf den Seeweg um das Kap der Guten Hoffnung eingepegelt. Nach den erforderlichen Instandsetzungsarbeiten gehörten zwar die Stückgutfrachter bald wieder zu den regelmäßigen Benutzern des Kanals, aber für die neuen großen Tanker und Bulkcarrier reichten Tiefe und Breite der Fahrwasserrinne nicht mehr aus. Eine wichtige Einnahmequelle Ägyptens drohte zu versiegen. So vergab die ägyptische Regierung noch 1975 einen Milliardenauftrag an eine japanische Firma, um den Kanal auf 20,4 Meter zu vertiefen und auf 285 Meter zu verbreitern. Mit diesen Dimensionen ist der Kanal, von wenigen Tankerriesen abgesehen, wieder für alle Schiffe passierbar.

Der Panamakanal durchschneidet die Landenge von Panama zwischen dem Atlantischen und dem Pazifischen Ozean in einer Länge von 81,6 Kilometern, einer Breite von 100 bis 200 Metern und einer Mindesttiefe von 12,5 Metern. Von der Atlantikküste aus führt er von Colon als Niveaukanal über 12,4 Kilometer durch Mangrovensümpfe zu den Schleusen von Gatun. Die Schleusen, drei aufeinanderfolgende Doppelkammerschleusen mit je 8,65 Meter Hubhöhe, heben die Schiffe hier um 26 Meter auf die Scheitelstrecke des Kanals. Der hochliegende Abschnitt ist durch das Stauen des Rio Chagres schiffbar gemacht worden. Ein 2,35 Kilometer langer Staudamm staut 32 Meter über dem Meeresspiegel 1400 Millionen Kubikmeter Wasser, genug, um Schleusenhub und Wasserniveau im Kanalbett zu sichern. Auf der Scheitelstrecke, sie ist 51,2 Kilometer lang, fahren die Schiffe mit eigner Kraft 26 Meter über dem Meeresspiegel bis zum Gaillard-Durchstich, wo sich das Fahrwasser auf 91,5 Meter verengt und zwischen 80 Meter hohen Bergen hindurchführt. Am Ende dieses Abschnitts bringt eine einstufige Doppelkammerschleuse von 9,14 Meter Hubhöhe die Schiffe bei Pedro Miguel auf das Niveau des Stausees von Miraflores, der – kleiner als der Gatun-See – durch die Stauung des Rio Grande entstanden ist. Das Schiff passiert die Talsperre, deren Wasserspiegel 16,86 Meter über dem Meeresspiegel liegt, wieder mit eigener Kraft. Bei Miraflores senken dann zwei weitere Doppelkammerschleusen mit je 9,14 Meter Hubhöhe die Schiffe in den auf Meeresniveau liegenden pazifischen Auslaufkanal. Dieser letzte 17,7 Kilometer lange Abschnitt führt wiederum als Niveaukanal durch eine flache Tropenlandschaft nach Balboa-Panama in den Pazifik. Die Normalzeit einer Durchfahrt liegt zwischen acht und zehn Stunden.

Auch der Panamakanal hat seine Geschichte: eine Geschichte der Spekulation und Korruption, des finanziellen und politischen Betruges. Den Gedanken an eine künstliche Wasserstraße durch die mittelamerikanische Landenge hatte schon Karl V. (1500–1558), doch sein Sohn, Philipp II. (1527–1598) bedrohte jeden, der das Kanalprojekt auch nur erwähnen sollte, mit Inquisition und Feuertod: »Was Gott als Einheit erschaffen, darf der Mensch nicht trennen!«, meinte der Erbe aller spanischen Besitzungen in Amerika. Alexander von Humboldt (1769–1859), der von 1799 bis 1804 Mittelamerika bereiste, griff die spanischen Überlegungen des 16. Jahrhunderts wieder auf. Er stellte Vermessungen an und skizzierte fünf Varianten, von denen er die Nikaraguaroute bevorzugte. Simon Bolivar (1783–1830), der Befreier Südamerikas, befürwortete 1826 auf dem Panamerikanischen Kongreß die Panamaroute, er schlug vor, den Kanal als ein Gemeinschaftswerk der Völker Lateinamerikas zu erbauen.

Als 1848 vor Sakramento an der Westküste Nordamerikas Gold gefunden wurde, trieb der Goldrausch Tausende und aber Tausende von Menschen über See und Land nach Kalifornien. Die USA, die von Kolumbien das Recht auf zollfreie Nutzung der Landenge von Panama erworben hatten, schickten nicht nur Klipper um Kap Horn zum Goldland, sondern bauten auch die »Panama Railroad« von der Ost- zur Westküste des Kontinents. Wohl dachte man in den USA an einen Durchstich der Landenge, aber bei dem Vorhaben paralysierten sich die Regierungen der USA, Großbritanniens und Frankreichs gegenseitig.

Das Kanalprojekt wurde zum Spekulationsobjekt. Über einen Mittelsmann erwarb ein französischer Leutnant mit dem unauffälligen Namen L. N. B. Wyse – der Name stand für Lucien Napoleon Bonaparte – die Baukonzession von Kolumbien. L. N. B. wollte nicht bauen, er hatte die Konzession gegen eine spätere Beteiligung Kolumbiens an den Einnahmen der Kanaldurchfahrten kostenlos erhalten, er wollte sie so hoch· wie möglich verkaufen. Es gelang dem cleveren Napoleonssprößling, Lesseps für das Vorhaben zu gewinnen, unter dessen Vorsitz sich 1879 in Paris ein internationales Gremium mit einem möglichen Durchstich der mittelamerikanischen Landenge befaßte. Zwar war die Mehrheit der Versammlung für die Nikaraguaroute, dafür aber besaß L. N. B. keine Konzession, so behauptete er einfach, nach Panama ließe sich ein reiner Niveaukanal bauen. Lesseps ließ sich täuschen, und unter seinem Einfluß stimmten 78 der 138 Delegierten für die Panamaroute. Die »Compagnie Universelle du Canal Interocéanique« des Herrn Lesseps übernahm für 10 Millionen Francs die Baukonzession.

Die zweiten Spekulationsgewinner waren die Gesellschafter der »Panama Railroad«. Sie verkauften die Bahn, deren Bau sie 8 Millionen Dollar gekostet hatte, für 20 Millionen Dollar an die Kanalgesellschaft. Der mit diesen finanziellen Vorbelastungen begonnene Kanalbau kam nur zögernd voran. Nichts stimmte: die Projektierungsberechnungen nicht, die Kostenvoranschläge nicht, die genannten Termine nicht und vor allem Lesseps Behauptung nicht, der Kanal könne als Niveaukanal gebaut werden. Lesseps verlor die Glaubwürdigkeit, und die Kanalgesellschaft geriet in Schwierigkeiten. Nach einer mißglückten Lotterieaktion flog das Unternehmen 1888/89 auf; 800 000 Aktionäre, überwiegend Kleinaktionäre, waren um ihr Geld gebracht. In sieben Jahren Bauzeit hatte die Gesellschaft 1,5 Milliarden Francs verausgabt, doppelt soviel wie geplant, aber nur ein Drittel der Arbeiten waren ausgeführt. Für die Bestechung von Ministern, Parlamentariern, Beamten, Journalisten und Aufsichtsratsmitgliedern war mehr Geld ausgegeben worden als für die Arbeit selbst. In dem von der Regierung eingeleiteten Prozeß, die Volksempörung hatte ihn erzwungen, waren führende Parlamentarier und Politiker verwickelt. Nur fünf Angeklagte, darunter Lesseps, erhielten Haftstrafen, in einem Wiederaufnahmeverfahren gingen alle Angeklagten straffrei aus.

Nach diesem in die Geschichte eingegangenen Skandal war in Frankreich an eine Fortsetzung der Arbeiten nicht mehr zu denken; die Zeit der USA war gekommen. Ein 1903 zwischen den USA und Kolumbien unterzeichneter Vertrag sah für die Überlassung der Bautrasse an die USA eine einmalige Abfindung von 10 Millionen Dollar und eine jährliche Pachtsumme von 250 000 Dollar vor. Als das Parlament von Kolumbien mit der Ratifizierung des Vertrages zögerte, griff der damalige Präsident der USA, Theodore Roosevelt (1858–1919), zur Selbsthilfe. Er ließ dem Führer der panamaischen Nationalisten Amador, einem verworrenen Schwärmer, für einen Aufstand gegen Kolumbien die militärische Unterstützung der USA zusagen und ein Handgeld von 100 000 Dollar aushändigen. Amador war gerade erst aus den USA nach Panama zurückgekehrt, als auch schon das US-Kriegsschiff Nashville vor Colon kreuzte und Roosevelt das Telex an den US-Konsul in Panama absetzte: »Erhielten Nachrichten über Aufstand auf der Landenge. Informieren Sie schnell und ausführlich das Departement.«

Der Konsul antwortete: »Aufstand hat noch nicht begonnen. Wie man sagt, soll er abends beginnen.« Wenig später konnte er dann berichten: »Aufstand brach heute um 6 Uhr abends aus, kein Blutvergießen. Heute nacht wird die Regierung gebildet.« Während die Einwohner Panamas den Aufstand friedlich verschliefen, hielt Amador vor seinen Getreuen eine kurze Rede: »Die ganze Welt ist über unseren Heroismus erstaunt. Noch gestern waren wir Sklaven Kolumbiens, und heute sind wir frei. Der Präsident Theodore Roosevelt versprach uns Hilfe. Ich begrüße Euch, freie Söhne Panamas. Es lebe die Republik Panama! Es lebe Roosevelt! Es lebe die amerikanische Regierung!« Im Anschluß an die Reede erhielten die »Mitkämpfer« des Aufstandes in aller Offenheit 50 Dollar Teilnahmeprämie.

Die USA hatten es eilig mit dem Bau; bereits 1904 erfolgte die Aufnahme der Arbeiten am Kanal. Nach den 1,5 Milliarden Francs, den die französische Ka-

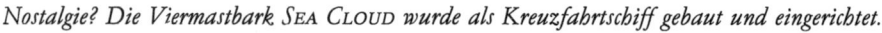

Frankfurt–Express der Hapag-Lloyd AG, 58 385 BRT, Containerkapazität 3 045.

◁ *Sowjetischer Atomeisbrecher Arktica, erreichte 1977 als erstes Schiff den Nordpol.*

Nostalgie? Die Viermastbark Sea Cloud wurde als Kreuzfahrtschiff gebaut und eingerichtet.

Das Leichterschiff (Lighter-aboardship = Lash) MÜNCHEN

Großtanker NEIVA, *ein 300-Tausend-Tonnenriese.*

Rotterdam, der größte Hafen der Welt.

Die Victoria- und Albertdocks des Londoner Hafens.

460

MS Dresden, ein Semicontainerschiff der DSR-Lines Rostock.

MS Albert Maersk, ein Vollcontainerschiff der Maersk Line Kopenhagen.

Umschlag auf Hongkong-Reede.

Verdienter Rostocker Hafenarbeiter.

◁ *Ein Ro-Ro-Containerschiff wird in Rostock nach Australien abgefertigt.*

nalgesellschaft ausgegeben hatte, kostete die Fertigstellung des Kanals den USA noch einmal die gleiche Summe. Im Jahre 1914 lief das erste Schiff in den Kanal ein, und die US-Regierung begann mit der Umwandlung des 16 Kilometer breiten Kanalgebietes in ein amerikanisches Militärprotektorat. Der Streit um die Kanalzone zwischen dem rechtmäßigen Eigentümer Panama und der Okkupationsmacht USA nahm im Verlaufe der Zeit immer schärfere Formen an. Blut floß. Unter dem Einfluß der Weltöffentlichkeit kam es durch Vermittlung der UNO schließlich 1977 zu einem Vertrag, einem Kompromiß, nach dem die USA innerhalb von 30 Monaten 70 Prozent des Kanalgebietes zu räumen hatten. Unter ihrer Kontrolle bleiben bis 1999 die reinen Kanalbetriebszonen, während die verbliebenen Militärzonen zum Teil von den USA, zum Teil von den USA und Panama gemeinsam verwaltet werden. Am 1. Januar 2000 wird die gesamte Kanalzone der Souveränität Panamas unterstellt, wobei die USA in militärischen Angelegenheiten ein Interventionsrecht behalten.

Der Suezkanal verbindet Atlantik und Indik und ist für den Seeverkehr zwischen Europa und dem Osten nahezu unentbehrlich; der Panamakanal verbindet Atlantik und Pazifik und besitzt für die USA erstrangigen handelspolitischen und strategischen Wert. Außerdem wirkt er sich befruchtend auf den pazifischen Seeverkehr aus. Dagegen hat der Nord-Ostsee-Kanal als Verbindungsweg zwischen zwei Nebenmeeren nur eine beschränkte lokale Bedeutung. Von den etwa 80 000 Fahrzeugen, die den Kanal jährlich durchfahren, sind 60 000 kleiner als 500 Bruttoregistertonnen. Es handelt sich fast ausschließlich um Fischerei- und Küstenmotorschiffe der jütländischen Küste. Die meisten Handelsschiffe, sie transportieren rund 60 Millionen Tonnen Güter jährlich durch den Kanal, führen die Flagge der UdSSR, Polens, Finnlands, Schwedens, Norwegens, der DDR oder der Niederlande; sie sparen auf dem Weg zwischen Ostsee und Rotterdam rund 240 Seemeilen ein. Über 50 Prozent der Handelsschiffstonnage wählt dennoch den Weg um Jütland, denn die jetzigen Kanaldimensionen lassen die Passage größerer Schiffe nicht zu.

Der erste künstliche Wasserweg durch die jütländische Landenge war der zwischen 1391 und 1398 erbaute Stecknitzkanal. Lübeck transportierte auf dem Graben Lüneburger Salz mit getreidelten Kähnen, um die Fischfangplätze der Ostsee mit Salz zu versorgen. Als Mitte des 16. Jahrhunderts das Baiensalz aufkam, ging es mit dem Stecknitzkanal rasch zu Ende. Den nächsten nennenswerten Kanal erbauten die Dänen: den Eiderkanal. Er führte unter Einschluß natürlicher Wasserläufe über 173 Kilometer von der Außeneider zur Kieler Förde. Der Bau von 6 Schleusen und Durchsticharbeiten auf 43 Kilometer Länge für eine Wassertiefe von 3,45 Meter erforderten eine siebenjährige Bauzeit von 1777 bis 1784. Bei günstigem Wind segelte man, sonst wurden die Schiffe von Pferden getreidelt.

Nach den Kriegen Preußens gegen Dänemark und Österreich 1864 und 1866 war Schleswig-Holstein preußisch geworden. Doch dauerte es noch bis 1886, bevor der 1864 vom preußischen Kabinett gefaßte Beschluß zum Bau des Nord-Ostsee-Kanals als Gesetz im Reichstag verabschiedet werden konnte. Bei dem Streit um Sinn und Wert des Kanals zwischen Militärs und Wirtschaftsexperten siegten die Militärs, und sie bestimmten auch die Daten des Kanals. Am 3. Juni 1887 erfolgte die Grundsteinlegung in Brunsbüttel, und am 20. Juni 1895 passierte das erste Schiff, die HOHENZOLLERN, den Kanal. In Kiel paradierten zur Eröffnungsfeier 53 Kriegsschiffe, denn für sie war der Kanal in letzter Konsequenz gebaut worden. Das bewiesen allein schon die Dimensionen: Der 98,650 Kilometer lange Kanal besaß eine Wassertiefe von 9 Metern, eine Sohlenbreite von 22 Metern und eine Spiegelbreite von 67 Metern. Der Kanalquerschnitt war 109 Quadratmeter größer als der des Suezkanals.

Als die Zeit der »Dreadnoughts« und des Wettrüstens zur See begann, beschloß der Reichstag 1907 den Umbau des Kanals. Die Kanaldimensionen sollten den neuen Schlachtschiffen angepaßt werden. Die Arbeiten, von 1908 bis 1914 mit einem Kostenaufwand von 242,3 Millionen Mark durchgeführt, gaben dem Nord-Ostsee-Kanal eine Wassertiefe von 11 Metern und eine Sohlenbreite von 44 Metern. Die alten Schleusen wurden durch je zwei neue Schleusen in Brunsbüttel und Kiel-Holtenau ergänzt. Sie waren 330 Meter lang, 45 Meter breit und 14 Meter tief. An verkehrswichtigen Übergängen wurden die Drehbrücken durch Hochbrücken ersetzt.

Obwohl für die Marine erbaut, hat der Kanal weder im ersten noch im zweiten Weltkrieg strategische Bedeutung erlangt; unbeschädigt überstand er beide Kriege. Erst die zunehmende Vergrößerung der Handelsschiffe brachte der Kanalbehörde Sorgen. Die Durchfahrtsgenehmigung ist zwar auf Schiffe bis zu 9,5 Meter Tiefgang, 235 Meter Länge und 32,5 Meter Breite beschränkt, doch zerstört der Sog der großen Schiffe die Kanalböschung. Bei einer Durchfahrt werden rund 100 000 Tonnen Sand aufgewirbelt, obwohl die Höchstgeschwindigkeit auf 11 Knoten begrenzt ist. Existenzfrage also: Ausschluß der großen Schiffe oder Anpassung! Man entschloß sich 1967 für den Umbau auf eine Sohlenbreite von 99 Metern, die mit der Verbesserung aller übrigen Daten entsprechend dieser Größe modernen Stückgutfrachtern weiterhin die Passage des Kanals ermöglichen wird.

Der Große-Seen-St.-Lorenz-Seeweg ist nach jahrzehntelangen Verhandlungen zwischen Kanada und den USA auf der Hauptstrecke von Montreal am St.-Lorenz-Strom zum Ontariosee in den Jahren von 1955 bis 1959 erbaut worden. Seitdem können Seeschiffe vom Atlantik 3 768 Kilometer weit über Erie-, Huron-, Michigan- und Oberen-See in den nordamerikanischen Kontinent hineinfahren, sofern sie die Maße der kleinsten Schleuse mit 222,5 Metern Länge, 22,85 Metern Breite und 8,25 Metern Tiefe nicht überschreiten. Im Unterschied zu einem Seekanal gibt es keine Durchfahrt zu einem anderen Meer oder Meeresteil, sondern nur die Rückkehr auf dem gleichen Weg zum Nordatlantik. Die Schiffahrtssaison beträgt witterungsbedingt etwa 225 Tage in der eisfreien Zeit.

Während Kanada schon lange den Bau des Seeweges anstrebte, zeigten sich die USA erst mit den 1940 gemachten Erzfunden auf der Halbinsel Labrador an dem Projekt interessiert. Die führenden Stahlwerke der USA haben ihre Standorte fast alle an den Großen Seen, der neue Wasserweg war deshalb nahezu ideal für den Transport der Labradorerze. Der Kanal wird pro Jahr von 7 000 bis 8 000 Schiffen genutzt, die von ihnen transportierten Gütermengen betragen rund 80 Millionen Tonnen, davon 70 Prozent im Überseehandel.

Die von 1932 bis 1970 ausgebaute transkontinentale Wasserstraße der UdSSR verbindet »fünf Meere«: das Weiße Meer, die Ostsee, das Kaspische Meer, das Asowsche Meer und das Schwarze Meer. Ähnlich dem Großen-Seen-St.-Lorenz-Seeweg stellt die transkontinentale Wasserstraße der UdSSR eine Kombination zwischen natürlichen und künstlichen Wasserläufen dar, auf der seegängige Flußschiffe oder flachgehende Seeschiffe bis zu 5 000 Tonnen Tragfähigkeit verkehren können. Das Kernstück des Gesamtsystems ist die Wolga, die »Hauptstraße Rußlands«, wie Gorki sie einst nannte.

Von Natur aus ist die Wolga nicht eben schiffahrtsfreundlich. Eisfrei ist sie nur 200 bis 260 Tage im Jahr; im Frühjahr weitet das Schmelzwasser den Fluß zum See aus; läßt das Schmelzwasser nach, verflacht das Flußbett. Um die Wolga zu einer guten Schiffahrtsstraße zu machen, bedurfte es der menschlichen Nachhilfe, der Errichtung von Staustufen. Der Plan »Große Wolga«, schon vor dem zweiten Weltkrieg aufgestellt und in Angriff genommen, wurde in den fünfziger Jahren vollendet. Der Wolga-Don-Kanal, der Wolga-Ostsee-Kanal und der Moskaukanal (Moskau-Wolga-Kanal) verbinden die Zentrale der UdSSR tatsächlich mit den »fünf Meeren«. Und der Veteran unter den künstlichen Wasserstraßen der UdSSR, der 227 Kilometer lange und 4,5 Meter tiefe Weißmeer-Ostsee-Kanal, verbindet über Onegasee, Swir, Ladogasee, Newa und Belomorsk das Weiße Meer mit der Ostsee. Ein Niveauunterschied von 108 Metern machte den Einbau von 19 Schleusen erforderlich. In den siebziger Jahren wurde der Kanal modernisiert.

Epilog

Wann der Mensch die See zum erstenmal befuhr, auf diese Frage kann die Wissenschaft keine exakte Antwort geben. Spuren einer ursprünglichen Seefahrt – rund 20 000 Jahre alt – lassen sich an verschiedenen Küsten und Flußmündungen aufnehmen. Folgt man ihnen über Meer und Land durch die Jahrtausende, so zeigt sich der große Einfluß, den See und Seefahrt auf die Förderung menschlicher Kultur und Zivilisation ausgeübt haben. Dieser Prozeß ist nicht abgeschlossen, er geht weiter. Wohl läßt sich die Entwicklung stören, auch Rückschläge sind nicht auszuschließen, doch berührt das Verhältnis Mensch und Meer immer und überall die Grundfrage menschlicher Existenz auf unserem Planeten. Denn der Mensch kam aus dem Meer, nur mit ihm kann er leben!

Schiffahrtskaleidoskop

Rückblick auf 30 Jahre DDR-Seeschiffahrt

(1949) Auf der Warnowwerft Warnemünde wird am 1. Mai die Schiffbauhalle 1 eingeweiht. Im Dieselmotorenwerk Rostock beginnt die Fertigung von Dieselmotoren. Die Seefahrtsschule Wustrow nimmt am 5. Mai den Lehrbetrieb auf. Das Fahrwasser zum Hafen Wismar wird von Wracks geräumt und ausgebaggert. Die Deutsche Schiffahrts- und Umschlagzentrale (DSU) wird gebildet. Die Häfen Rostock, Wismar und Stralsund haben bis Jahresende 2 Millionen Tonnen Güter umgeschlagen.

(1950) Die Kali-Kippanlage im Hafen Wismar (Jahreskapazität 700 000 Tonnen) wird in Betrieb genommen. Die Deutsche Schiffsrevision und -klassifikation (DSRK) nimmt am 1. April ihre Tätigkeit auf. Der III. Parteitag der SED (20.–24. Juli) beschließt den Ausbau der Warnowwerft und der Mathias-Thesen-Werft (Wismar) zu leistungsfähigen Schiffbaubetrieben und »... die Schaffung einer neuen Hochseehandelsflotte«. Am 13. Oktober wird der Dampfer VORWÄRTS, ex GRETE CORDS, ex JOHANN AHRENDS (Baujahr 1903, 1250 tdw, 917 BRT) als erstes Handelsschiff der DDR in Dienst gestellt. Reeder ist die DSU. Der Seehydrographische Dienst und das Lotsenwesen werden gebildet.

(1951) An der Universität Rostock wird die technische Fakultät für Schiffbau eröffnet. Das Deutsche Kontor für Seefrachten (ab 1955 VEB Deutfracht) wird gegründet. Die VORWÄRTS und der ebenfalls von der DSU bereederte Seeleichter FORTSCHRITT, ex QUISTORP IV (Baujahr 1904, 750 tdw, 503 BRT) haben zusammen etwas mehr als 9000 Tonnen Güter über See befördert. In den Seehäfen wurden 2,6 Millionen Tonnen Güter umgeschlagen.

(1952) Die seit 1947 bestehenden Hafengemeinschaften werden in die volkseigenen Betriebe (VEB) Seehafen Rostock, Wismar und Stralsund umgewandelt. Der VEB Deutsche Seereederei (DSR) entsteht, er übernimmt von der DSU den Dampfer VORWÄRTS sowie die Schlepper CARL und SASSNITZ. Der Beruf des Matrosen wird als Lehrberuf anerkannt. Der VEB Deutsche Seebaggerei Rostock (DSB) und der VEB Schiffsbergung und Taucherei Stralsund nehmen die Arbeit auf.

(1953) Die Neptunwerft Rostock beginnt mit dem Serienbau von Frachtschiffen. Das Seefahrtsamt der DDR wird gegründet. Die DSR übernimmt von der DSU den Seeleichter FORTSCHRITT. Die Deutsche-Seebaggerei stellt den ersten dieselelektrischen Eimerketten-Schwimmbagger und zwei Spülschuten in Dienst.

(1954) VORWÄRTS und FORTSCHRITT werden außer Dienst, zwei auf der Neptunwerft gebaute Dampfer, ROSTOCK und WISMAR, von der DSR in Dienst gestellt. Die Schiffe besitzen eine Tragfähigkeit von je 4465 Tonnen. Die ROSTOCK verläßt am 30. November als erstes Schiff unter DDR-Flagge die Ostsee, passiert den Nord-Ostseekanal und eröffnet den Seeverkehr nach Alexandria. Am 23. Dezember folgt als weiterer Zugang das auf der Mathias-Thesen-Werft gebaute Motorschiff STRALSUND, Tragfähigkeit 1450 Tonnen.

(1955) Der Dampfer VORWÄRTS wird nach gründlichem Umbau den »Jungen Pionieren« als Schulschiff übergeben. Als Dank sammeln die Jungen und Mädchen 1,5 Millionen Mark, 38,5 Tonnen Schrott, 650 Tonnen Buntmetall und 300 Tonnen Papier. Dafür wird der Dampfer THÄLMANN-PIONIER gebaut, der 1957 zur Auslieferung gelangt. Auf der Peenewerft Wolgast und der Elbewerft Boitzenburg läuft die Serienfertigung von

Kümos an: 6 Küstenmotorschiffe werden noch 1955, 9 weitere 1956 und 1957 von der DSR in Dienst gestellt.

(1956) Die DSR, die bis dahin nur Trampfahrt trieb, beginnt mit der Linienschiffahrt. Mit der Finska Angfartygs Aktiebolaget (FAA) wird ein Gemeinschaftsdienst zwischen Rostock und Helsinki, Kotka und Turku eröffnet. Die Linie Rostock – Rotterdam – Antwerpen wird ausgehend und heimkehrend mit eigenen Schiffen regelmäßig befahren. Die DSB stellt weitere Schlepper und einen Eisbrecher (Eisvogel) in Dienst. Im Seehafen Wismar wird der Umschlag von Erdöl aufgenommen.

(1957) Die beiden ersten auf der Warnowwerft erbauten 10000-Tonnen-Motorfrachtschiffe (Typ IV) werden als FRIEDEN und FREUNDSCHAFT von der DSR in Dienst gestellt. Bis 1961 kommen 10 weitere Schiffe des Typs IV unter DDR-Flagge. Die FREUNDSCHAFT tritt am 13. Dezember als erstes DDR-Schiff die Reise zum Fernen Osten an. Die 33. Tagung des ZK der SED (16.–19. Oktober) beschließt den Bau eines Überseehafens in Rostock-Petersdorf. Am 26. Oktober erfolgt der erste Spatenstich.

(1958) Es beginnt der Ankauf von Gebrauchttonnage: THOMAS MÜNTZER, HEINRICH HEINE und THEODOR KÖRNER sind die ersten Schiffe. MS HEINRICH HEINE eröffnet im Mai den mit der ägyptischen Staatsreederei UAMC vereinbarten Gemeinschaftsdienst zwischen Wismar und Alexandria. Weitere Liniendienste werden zwischen Rostock und Riga/Klaipeda sowie zwischen Wismar und Dures (Albanien) eingerichtet. Mit dem in Leningrad gebauten Motortanker LEUNA I eröffnet die DSR die Tankschiffahrt.

Das Wachstumstempo der Flotte genügt nicht den Anforderungen des Außenhandels, nur 18 Prozent der in eigener Transportverfügung befindlichen Güter werden mit der eigenen Flotte befördert. Durch Initiative des Kosmetikwerkes »Steckenpferd« ausgelöst, stellen 2000 Exportbetriebe aus der Übererfüllung ihrer Pläne 280 Millionen Valutamark für den Ankauf weiterer Schiffe zur Verfügung. Als erstes Schiff der Aktion wechselt MS KAP ARKONA unter die DDR-Flagge. Im Seehafen Wismar geht eine neue Getreideumschlaganlage mit einer Jahreskapazität von 800000 Tonnen in Betrieb. Der Durchstich des Seekanals zum neuen Überseehafen Rostock erfolgt am 7. Oktober, 13 Monate früher als vorgesehen.

(1959) Schiffe der DSR laufen zum ersten Mal die Häfen Algier, Aden, Colombo und Port Sudan an. Mit MS NORDSTERN (840 tdw) stellt die DSR das erste Schiff einer 23 Einheiten umfassenden neuen Kümo-Serie in Dienst, das letzte Schiff soll bis 1963 von der Peenewerft ausgeliefert sein. Der VEB Schiffsversorgung und der medizinische Dienst Schiffahrt werden gebildet. Der Seehafenumschlag beläuft sich auf 3,819 Millionen Tonnen.

(1960) Vom Geld der Aktion »Steckenpferd« werden 8 Frachtschiffe und das Fahrgastschiff STOCKHOLM der Schwedisch-Amerika-Linie erworben. Die STOCKHOLM wird auf den Namen VÖLKERFREUNDSCHAFT umgetauft. Ende des Jahres verfügt die DSR über 47 Schiffe mit 196898 BRT Schiffsraum. MS FREUNDSCHAFT eröffnet den Verkehr mit Südamerika. Am 30. April macht MS SCHWERIN als erstes Schiff in dem noch in Bau befindlichen Rostocker Überseehafen fest. Der Stückgutumschlag läuft an, es folgt der Umschlag von Massengut und Öl. Bis Jahresende werden 470000 Tonnen Güter umgeschlagen.

(1961) Die DSR eröffnet mit der Polska Zegluga Morska einen Gemeinschaftsdienst nach Westafrika, der unter dem Namen UNIAFRICA operiert. Als erstes Schiff der Typ IX-Serie wird der Massengutfrachter LÜBBENAU in Dienst gestellt. Bei insgesamt 14 Neuzugängen besitzt die DSR Ende des Jahres 61 Schiffe mit 334877 Tragfähigkeitstonnen. Im Überseehafen Rostock wird der Umschlag von Südfrüchten aufgenommen.

(1962) Mit Indienststellung der Kühlschiffe MS FRITZ REUTER und MS JOHN BRINKMANN nimmt die DSR die Kühlschiffahrt auf. Als erstes Schiff der Serie Typ X wird MS EDGAR ANDRÉ in Dienst gestellt. Der Gemeinschaftsliniendienst Cuba-Baltic-Continent-Freight-Service (Cubalco), an dem Reedereien Kubas, Polens, der Tschechoslowakei und der DDR beteiligt sind, wird gebildet. Die drei Seehäfen werden zur VVB Hafenwirtschaft zusammengeschlossen und die Vereinigung dem Rat des Bezirkes Rostock unterstellt.

(1963) Der VI. Parteitag der SED (15.–21. Januar) legt fest: »Die Kapazität der Hochseeflotte und der Häfen ist auszubauen.« Zu diesem Zeitpunkt werden etwa ein Drittel der DDR-Außenhandelsgüter mit eigener Tonnage befördert. Die DSR besitzt 82 Schiffe mit einer Tragfähigkeit von 482 424 Tonnen. Der Liniendienst nach Indien wird aufgenommen. Die Deutsche Seebaggerei überführt Bagger und Schuten zum Auslandseinsatz nach Warna.

(1964) Reorganisation der Seeschiffahrt der DDR: Mit Wirkung vom 1. Januar wird die Direktion Seeverkehr und Hafenwirtschaft (DSH) gebildet, der Handelsflotte, Häfen und alle unmittelbar in der Seeschiffahrt tätigen Betriebe unterstellt sind. Als 100. Schiff der Handelsflotte wird MS Wilhelm Florin in Dienst gestellt. Die Flotte erreicht in diesem Jahr mit 110 Schiffen eine Größe von 688 625 Tragfähigkeitstonnen. Eine Partei- und Regierungsdelegation unter Walter Ulbricht besucht den Überseehafen Rostock, der in diesem Jahr 5,818 Millionen Tonnen Güter umschlägt.

(1965) Der Ministerrat der DDR beschließt, den 13. Oktober, den Tag der Indienststellung des ersten Handelsschiffes der DDR, alljährlich als Tag der Seeverkehrswirtschaft zu begehen. Es wird u. a. die Ehrung von Mitarbeitern als »Verdienter Seemann« vorgesehen. Das Institut Seeverkehr und Hafenwirtschaft wird als wissenschaftlich-technisches Zentrum der Seeschiffahrt gebildet.

(1966) Mit MS Hellerau kommt der erste spezialisierte Holzfrachter in Dienst. Auf der Warnowwerft läuft der teilautomatisierte Frachter vom Typ XD, MS Rostock, von Stapel. Am 29. Dezember stellt die DSR das 150. Schiff in Dienst. Damit besitzt die Reederei eine Gesamttonnage von 912 156 Tragfähigkeitstonnen. Einheiten der technischen Flotte werden zu weiteren Auslandseinsätzen nach Bulgarien und Albanien überführt.

(1967) In der Ostafrikafahrt kommt es zu einem Gemeinschaftsliniendienst der DSR mit der POL (Polnisch-Ozean-Linie), dem BALTAFRICA. MS Rostock wird in Dienst gestellt. Mit der Übernahme von MS Blankenburg (Typ XD) am 13. November überschreitet die Tragfähigkeitstonnage der Deutschen Seereederei die Millionen-Grenze. Ende des Jahres sind es 162 Schiffe mit 1 021 245 tdw. Der Überseehafen Rostock erhält von der Warnowwerft den 100-Mp-Schwimmkran »Goliath«.

(1968) Am 30. Juni trifft der erste Container-Zug von Dresden kommend im Rostokker Überseehafen ein. Die Container werden auf MS Falke geladen, das mit wöchentlichen Abfahrten nach Großbritannien den regelmäßigen Container-Verkehr eröffnet. Indienststellung des auf der Leningrader Admiralitätswerft erbauten 5 400 PS-Eisbrechers Stephan Jantzen, der gleichzeitig als Hochseeschlepper dient. Die Deutsche Tallierungsgesellschaft m. b. H. und die Wirtschaftszweigakademie werden als Institutionen der Direktion Seeverkehr und Hafenwirtschaft gebildet.

(1969) Die DSR wird Mitglied der ältesten Reedereivereinigung, der renommierten Indien-Pakistan-Konferenz. Sie tritt dem Gemeinschaftsliniendienst zu den Häfen an der Ostküste Südamerikas, dem BALTAMERICA, bei. Mit MS Wismar wird der erste speziell für die Afrikafahrt gebaute Frachter in Fahrt gesetzt. Die DSH nimmt für alle Betriebe eine eigene Computeranlage in Betrieb. Der Jahresumschlag der Seehäfen überschreitet 10 Millionen Tonnen; im Überseehafen Rostock sind es seit Inbetriebnahme 50 Millionen Tonnen Güter.

(1970) Am 1. Januar wird eine zweite Reederei, der VEB Deutfracht – Internationale Befrachtung und Reederei, gebildet. Der Betrieb hat die Aufgabe, Spezial- und Massenguttransporte mit eigener und fremder Tonnage für den eigenen Außenhandel und für fremde Auftraggeber durchzuführen. Er übernimmt von der DSR 11 Massengutfrachter, 8 Tanker, 2 Erz/Ölschiffe und 4 Kühlschiffe. Die DSR profiliert sich mit 16 Liniendiensten zu einer reinen Linienschiffsreederei. Bis Ende des Jahres befördern beide Reedereien 8,51 Millionen Tonnen Güter. Die Konzentration aller technischen Flottenkapazitäten führt zur Bildung des VEB Bagger-, Bugsier- und Bergungsreederei.

(1971) Der erste Containerzug aus der ČSSR trifft im Hafen Rostock ein. MS ORLA eröffnet den Liniendienst nach Algerien, der zusammen mit der Compagnie Nationale Algerienne de Navigation als Gemeinschaftsdienst zwischen Wismar und Algier betrieben wird. Die DSR übernimmt von der Warnowwerft den Schnellfrachter KARL MARX. Die Seeverbindung nach Vietnam wird in einen regulären Liniendienst zwischen Rostock und Haiphong umgewandelt. Die technische Flotte beginnt mit der Gewinnung von Baukies aus der Ostsee, der Hopperbagger OSTSEE ist beim Bau des Nordhafens Gdańsk eingesetzt.

(1972) Eine Partei- und Regierungsdelegation unter Führung von Erich Honecker besucht den Seehafen Rostock und läßt sich an Bord des MS BLANKENBURG vom Präsidenten der DSH, Heinz Neukirchen, über Probleme der Seeverkehrswirtschaft informieren. Im Hafen Haiphong wird MS HALBERSTADT bei einem Luftangriff von einer US-Rakete getroffen. DDR-Handelsschiffe laufen erstmalig australische Häfen an. BALTAFRICA tritt der internationalen East-Africa-Conference (EAC) bei. Mit Solidaritätsgütern für das chilenische Volk verläßt MS FERDINAND FREILIGRATH am 29. Dezember Rostock. In Valparaiso wird das Schiff vom Präsidenten Chiles, Salvador Allende, begrüßt.

(1973) Die DSR und die britische Reederei European Unit Routs unterzeichnen eine Fahrplangemeinschaft für den Containerverkehr zwischen Hamburg und Tilbury. UNI-AFRICA wird Mitglied der internationalen Continent-West-Africa-Conference (CO-WAC). Die DSR wird Mitglied der Far-Eastern-Freight-Conference (FEFC). Zwischen den Regierungen der DDR und Polens wird die gemeinsame Wirtschaftsorganisation INTERPORT vereinbart, der die Häfen beider Länder angehören. Im Überseehafen Rostock wird die hundertmillionste Tonne seit Bestehen umgeschlagen.

(1974) Auf Beschluß der Regierung werden in der DDR die Vereinigungen der Volkseigenen Betriebe (VVB) zu Kombinaten umgebildet. Als eines der ersten entsteht aus der bisherigen Direktion das Kombinat Seeverkehr und Hafenwirtschaft (KSH). Die Leitung des Kombinats verschmilzt mit der Leitung der Handelsflotte, die als Deutfracht/Seereederei unter der alten Kurzbezeichnung DSR firmiert. Mit dem Ro/Ro-Schiff INSELBERG wird der Ro/Ro-Verkehr zwischen Rostock, Helsinki und Kotka eröffnet. Als neuer Liniendienst zum Mittleren Osten wird der Middle-East-Service (MES) gebildet. Der Gemeinschaftsdienst der DSR mit indischen Reedereien zwischen der Adria und dem westafrikanischen Golf (AWAG) wird Mitglied der Mediterranean-Middle-East-Conference (MEDMECON). Mit dem Motortanker HEINERSDORF (88 399 tdw, 46 930 BRT) stellt die DSR ihr bis dahin größtes Schiff in Dienst. Die Handelsflotte verfügt nun über insgesamt 194 Schiffe mit 1 734 298 Tragfähigkeitstonnen. Der Umschlag in den drei Seehäfen beläuft sich Ende des Jahres auf 16,322 Millionen Tonnen.

(1975) Die Vertreter von 22 Reedereien der Indien/Pakistan/Bangladesh-Konferenz tagen erstmalig in der DDR. Der von der DSR mit Reedereien der UdSSR, Polens und Bulgariens gebildete Gemeinschaftsdienst zwischen Häfen des Kontinents und des Mittelmeeres UNILEVANT nimmt seinen Dienst auf. Der auf der Peenewerft erbaute Eimerketten-Schwimmbagger GREIFSWALD, der eine Arbeitstiefe von 24 Metern besitzt, wird in Dienst gestellt.

(1976) In der Direktive des IX. Parteitages der SED wird die Aufgabe gestellt, die Handelsflotte weiter zu modernisieren und bis 1980 auf eine Kapazität von 2 200 000 bis 2 300 000 Tragfähigkeitstonnen zu bringen. Die ersten Semi-Containerschiffe (Typ Mercator) werden in Dienst gestellt; ebenfalls ein spezielles Schwergutschiff. Im Rahmen einer Solidaritätsaktion laufen DDR-Schiffe angolanische Häfen an; DDR-Lotsen nehmen dort ihre Tätigkeit auf.

(1977) Für Seeleute wird die 40-Stunden-Arbeitswoche eingeführt. Sie erhalten als Schichtarbeiter 24 Tage Urlaub im Jahr. Die DSR wandelt ihren Liniendienst nach Hull/ Goole in einen Ro/Ro-Dienst um; der Gemeinschaftsdienst zwischen Rostock und Riga wird auf Container- und Ro/Ro-Basis umgestellt. Die Vertiefung des Seekanals zum Überseehafen Rostock auf 13 Meter Wassertiefe ist abgeschlossen.

(1978) Mit dem jugoslawischen Massengutfrachter KOSMAJ (70 000 tdw) macht das bis dahin größte Schiff im Seehafen Rostock fest. Das polnische Kühlschiff JOSE MARIA RAMON ist das 40 000. Schiff, das den Hafen seit Bestehen anläuft. INTERPORT vermittelt 1,6 Millionen Tonnen Güter zum Umschlag an polnische Häfen, da die Kapazitäten der DDR-Häfen mit 17,6 Millionen Tonnen voll ausgelastst sind.

(1979) Im Jubiläumsjahr der Republik erreichte die Handelsflotte einen Bestand von 194 Schiffen mit zusammen 1 898 349 Tragfähigkeitstonnen. Die Schiffe brachten eine Jahrestransportleistung von 12 070 700 Gütertonnen. Die Seehäfen schlugen 25 763 132 Tonnen um, Rostock allein 19 894 089 Tonnen. Der Universalhafen mit einer Tauchtiefe von 13 Metern wurde von Schiffen unter 30 Flaggen aus aller Welt angelaufen. Es gibt keinen Stillstand: Modernisierung und Ausbau von Flotte und Häfen gehen weiter!

Die Tonnenmillionäre
in der Welthandelsflotte 1985

Flagge	Schiffszahl	BRT	tdw
Liberia	1750	58 455 099	114 132 149
Japan	4116	36 836 019	59 119 008
Panama	3873	35 107 488	59 637 294
Griechenland	2111	30 376 709	53 160 686
UdSSR	3030	19 138 033	25 754 174
USA	996	16 235 991	25 496 660
Norwegen	694	16 097 727	28 869 338
Großbritannien	966	14 569 003	23 202 575
VRChina	1029	8 920 092	13 489 276
Frankreich	361	8 384 911	14 288 287
Italien	812	8 344 567	13 934 151
Zypern	699	6 607 219	11 719 817
Singapur	555	6 296 767	10 813 200
Indien	434	6 198 044	10 144 763
Südkorea	671	6 064 433	10 468 668
Spanien	689	5 860 887	11 616 211
Hongkong	245	5 838 497	9 611 533
BRD	1077	5 617 785	8 826 409
Brasilien	415	5 594 336	9 250 787
Dänemark	559	5 085 787	8 269 678
Niederlande	667	4 164 125	6 167 146
Taiwan	202	3 736 640	6 107 614
Schweden	334	3 382 554	5 165 150
Türkei	525	3 272 760	5 609 194
Bahamas	109	3 168 644	5 550 606
Philippinen	445	3 135 625	5 131 631
Saudi-Arabien	243	3 036 486	5 058 090
Polen	298	2 835 612	3 993 278
Jugoslawien	316	2 673 125	4 099 242
Rumänien	269	2 647 518	4 109 589
Kuweit	93	2 249 181	3 459 272
Belgien	103	2 200 015	3 801 298
Finnland	195	2 085 112	3 125 481
Argentinien	196	2 053 905	3 111 076
Australien	96	1 953 729	3 112 368
Iran	134	1 832 386	3 186 785
Malaysia	264	1 621 446	2 394 670
Indonesien	691	1 545 150	2 265 849
DDR	189	1 296 740	1 722 944
Mexiko	103	1 284 837	2 055 367
Algerien	76	1 246 794	1 872 479
Kanada	191	1 236 000	1 868 552
Bulgarien	120	1 203 801	1 804 043
Portugal	86	1 106 114	1 929 692
Malta	143	1 061 061	1 633 944

Schiffahrtsinformationen international

- Hapag-Lloyd AG feierte 1980 zehnjähriges Bestehen. Im Juli 1970 hatten die Aktionäre der beiden Reedereien Hapag und Lloyd der lange geplanten Verschmelzung zugestimmt. Nach 123 Geschäftsjahren hörte die Hapag, nach 113 Geschäftsjahren hörte der Norddeutsche Lloyd auf zu bestehen.

- Anfang 1980 befanden sich 221 Schiffe mit 2,69 Millionen BRT von Reedereien der BRD unter Billigflaggen, bevorzugt waren die Register von Liberia, Zypern und Singapur.

- Japans Schiffahrtsgesellschaften erhalten von 1980 bis 1987 staatliche Subventionen in Höhe von 33,5 Milliarden Yen (300 Yen = 1 US-Dollar). Für das Finanzjahr 1980 wurden 6,64 Milliarden Yen bereitgestellt.

- Der letzte der 2750 von den USA im zweiten Weltkrieg erbauten Liberty-Frachter, die 1943 in Dienst gestellte JEREMIA O'BRIEN (7607 BRT, 10900 tdw), wird in San Francisco generalüberholt, um endgültig als Museumsschiff vor Anker zu gehen.

Kriegsfrachter LIBERTY.

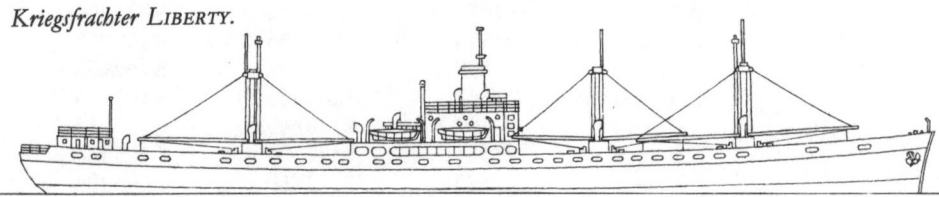

- Die Ende Januar 1980 beendete UNCTAD-Konferenz über die Schließung der »offenen Register« (Billigflaggen) blieb ohne Ergebnis. Es gelang nicht, die verschiedenen Parteien zu einem Kompromiß zu bewegen. Eine weitere Konferenz wurde in Aussicht genommen.

- Das Merchant Marine Comittee des USA-Repräsentantenhauses hat einen Gesetzentwurf verabschiedet, der jährlich 1,5 Milliarden Dollar an Subventionen für die US-Handelsflotte vorsieht. Dadurch soll eine rasche Erweiterung der Flotte begünstigt werden.

- Einer der letzten in Japan gebauten Supertanker, die SEAWISE GIANT, ist mit 560000 tdw und 440 m Länge das größte Schiff der Welt.

- Die Zahl der Öltanker ist weiter rückläufig. 1980 waren noch 3354 (jeder über 10000 tdw) in Fahrt, damit hat sich die Zahl der Schiffe gegenüber dem Vorjahr um 250 und die Tonnage um etwa 5 Millionen Tragfähigkeitstonnen verringert. Die Durchschnittsgröße beträgt 100000 tdw.

- Ähnlich dem Flugschreiber im Cockpit moderner Jets soll es künftig Fahrtschreiber auf den Kommandobrücken von Seeschiffen geben. Das Gerät soll alle Informationen über Kurs, Geschwindigkeit und Kommandos festhalten, ebenso das Radarbild auf Videoband. Ein entsprechender Antrag liegt der Schiffahrtsorganisation der UNO vor.

474

- Am 26. August 1980 hat das 100 000. Schiff seit der 1975 erfolgten Wiedereröffnung des Suezkanals die 160 Kilometer lange Wasserstraße passiert. Der Kanal ist inzwischen von 12 auf 17 Meter vertieft worden. Vollabgeladen können Schiffe bis 150 000 tdw, teilabgeladen bis zu 260 000 tdw und im Ballast bis zu 380 000 tdw den Kanal durchfahren.

- Zwischen Panama und Japan laufen Verhandlungen über den Bau eines neuen Panamakanals, etwa 20 km westlich des jetzigen Kanals gelegen. Er soll schleusenfrei gebaut werden und Schiffen bis zu 500 000 tdw die Durchfahrt gestatten. Die Kostenvoranschläge liegen zwischen 8,3 und 20 Milliarden Dollar.

- Bei der Mitsubishi Heavy Industries Nagasaki sind 2 Massengutfrachter von je 75 000 BRT in Bau, deren Kessel für den Dampfturbinenantrieb nach einem völlig neuartigen Konstruktionsprinzip mit Kohlen befeuert werden.

- Nach UNO-Materialien sind 1979 in den Häfen der Welt etwa 7 Milliarden Tonnen Güter umgeschlagen worden, davon in 1 500 Welthäfen allein 6,5 Milliarden.

- Liberia erhöhte zum 1. Januar 1981 seine Registriersteuer für Fremdflaggenschiffe auf 30 Cent je Ladetonne und Jahr. Im liberianischen Schiffsregister waren Ende 1980 rund 75 Millionen BRT eingetragen.

- Jeder dritte Tanker ist eine potentielle Gefahr für die Umwelt. Die Hälfte der entdeckten Mängel, so berichtete die amtliche britische Untersuchungskommission, hätte zu verheerenden Explosionen und Umweltschäden führen können. Die Risiken resultieren sowohl aus technischen Mängeln als auch aus mangelnder Qualifikation des Personals.

- Die Welteisbrecherflotte besaß Mitte 1980 191 Einheiten mit zusammen 562 238 BRT. Führend war die UdSSR mit 38 Schiffen (213 674 BRT), gefolgt von Kanada mit 27 Schiffen (107 878 BRT), den USA, Finnland und Schweden.

- Die Tonnage der Billigflaggen, zu denen vorrangig Liberia, Panama, Zypern und Singapur gehören, hat sich in den letzten 10 Jahren mehr als verdoppelt. Sie umfaßte 1980 114,3 Millionen BRT, das entspricht einem Anteil von 27,2 % der Welthandelsflotte.

- In BRD-Häfen haben Seeleute 1980 rund 2,4 Millionen DM an Heuernachzahlungen erstreikt. Betroffen waren dabei vor allem Billigflaggen, 17 % dieser Schiffe gehörten BRD-Reedern.

- Kohlefeuerung und Dampfturbinen sind für Hochseeschiffe in der Energieausnutzung gegenwärtig die wirtschaftlichste Lösung, das wurde bei einem nationalen Ausscheid für zukunftsweisende Schiffsantriebe in Frankreich festgestellt. Für Segelschiffe gäbe es begrenzte Einsatzmöglichkeiten.

- Im Jahre 1981 sind nur noch 7 Tanker im Bau, 4 davon in Japan. Die auf japanischen Werften gebauten Tanker sind 200 000 tdw groß und haben nur noch 24 Mann Besatzung. Alle technischen Einzelheiten der Fahrt werden in einem Journal automatisch festgehalten.

- Im Mai 1981 waren 240 seegehende Handelsschiffe (über 300 BRT) mit insgesamt 8 148 345 tdw stillgelegt. Das bedeutet eine Zunahme gegenüber dem Vorjahr von 47,4 %.

- Japanische Werften konnten 1980 ihre Produktion um 30 % auf 6,1 Millionen BRT erhöhen. 46,5 % aller in der Welt fertiggestellten Schiffe entfielen auf Japan. Außer Japan konnten nur die UdSSR und Brasilien die Produktion von Schiffstonnage steigern.

- Auf der Balticwerft in Leningrad lief ein kernenergiegetriebenes Lash-Schiff, die Ros-sija, von Stapel, das für den Einsatz im hohen Norden zugleich als Eisbrecher ausge-legt ist. Die Rossija, 60 000 tdw, entwickelt mit ihrer 40 000-PS-Anlage eine maximale Geschwindigkeit von 20 Knoten. Sie kann wahlweise 80 Leichter (450 tdw) oder 1 300 Container (20-Fuß) laden. Ein zweites Schiff desselben Typs ist in Cherson auf der Schwarzmeerwerft in Bau.

- 75 bis 80 % aller Seeunfälle sind auf menschliches Versagen zurückzuführen. Neben Qualifikationsmängel der nautischen Schiffsoffiziere vor allem unter Billigflaggen spielt die zeitliche Überforderung des Wachpersonals eine Rolle. Das wurde auf dem 4. internationalen Symposium über Schiffsverkehrsdienste festgestellt.

- Nach sechsjähriger Vorarbeit legte die IMCO (UNO-Organisation) die erste interna-tionale Konvention über Standards für Ausbildung, Befähigungsnachweis und Wach-dienst der Seeleute fest. Die Konvention tritt – nach Unterzeichnung von minde-stens 25 Mitgliedern der IMCO – vermutlich 1983 oder 1984 in Kraft.

- Der weltgrößte Bulkcarrier Senwa Maru (194 400 tdw) der japanischen Großreederei Showa Line hat seine Jungfernfahrt mit 18 Mann Besatzung von Japan über Austra-lien und Europa nach Brasilien erfolgreich beendet. Seine Daten: 300 m lang, 50 m breit, Tiefgang 18 m und Geschwindigkeit 17 kn.

- Das nach Stellplätzen größte Containerschiff der Welt, die Frankfurt Express, lief Ende Januar 1981 von Stapel. Hapag Lloyd nimmt mit diesem Schiff Abschied von den Höchstgeschwindigkeiten der bisherigen »Express«-Schiffe, die allzuviel Brenn-stoff verbrauchten. Der Neubau (58 000 BRT) nimmt 3 045 Container (20-Fuß) auf, ist 287,70 m lang, 32,20 m breit und besitzt einen maximalen Tiefgang von 13 m. Bei einer Höchstgeschwindigkeit von 24,6 kn beträgt seine Dienstgeschwindigkeit 23,5 kn. Ende Juni lief das Schiff zu seiner Erstreise nach dem Fernen Osten aus.

- Wochen und Monate brauchen Schiffe in chinesischen Häfen, bevor sie abgefertigt sind und wieder auslaufen können. Das gilt besonders für Schanghai, dem größten Hafen der VR China. Eine Verbesserung der Situation ist nicht abzusehen.

- Der Hafen von Bombay ist nach wie vor verstopft. Im Sommer 1981 warteten Stück-gutfrachter bis zu 40 Tage auf einen Liegeplatz, Massengutfrachter bis zu 100 Tage.

- Die chinesische Staatsreederei China Ocean Shipping Company übernahm am 12. Au-gust 1982 von der Schlichting-Werft in Lübeck das erste Vollcontainerschiff Fenhe. (1 152 Stellplätze).

- Vom Tokioter technologischen Institut ist ein sogenanntes Flossenschiff gebaut wor-den. Das 3,8 m lange Testboot wird durch eine 0,66 m lange Flosse aus Gummi und Kunstharz angetrieben, die der Schwanzflosse des Delphins nachgebildet ist. Gegen-über dem herkömmlichen Schraubenantrieb sollen 30 % Kraftstoff eingespart werden.

- Führend im Containerumschlag waren 1981 die Welthäfen Rotterdam mit 2 100 000, New York mit 1 860 000, Hongkong mit 1 564 247, Kobe mit 1 563 364, Gaoxiong (Tai-wan) mit 1 124 707, Singapur mit 1 121 500 und Hamburg mit 906 874 Containern.

- Nach einer Reise von 21 Tagen ist im Hafen Gent am 8. Oktober 1982 über die Trans-sibirische Eisenbahn der erste Container aus Yokohama angekommen. Im September war die Millionengrenze auf der Transsib überschritten worden.

- Einen Rückblick auf 60 Jahre Seeschiffahrt der UdSSR gab der zuständige sowjetische Schiffahrtsminister Gushenko auf einer Pressekonferenz in Moskau. Er sagte u. a.: »Nachdem wir praktisch fast bei Null angefangen hatten, durchliefen wir die Etappen des Wiederaufbaus, der Rekonstruktion und Entwicklung und hatten zu Beginn des

Großen Vaterländischen Krieges eine Seeflotte von 2 Millionen tdw und beförderten 1940 über 32 Millionen Tonnen Ladung ...«

Im Krieg verlor die Flotte 370 Schiffe mit etwa 1 Million tdw«, führte Gushenko weiter aus. Dank großer Anstrengungen hatte die Sowjetunion 1960 wieder eine Seeflotte von 4,159 Millionen tdw, 1980 seien es bereits 18,532 Millionen tdw gewesen. Die Handelsflotte befördere über 230 Millionen Tonnen Güter im Jahr, ihre Schiffe liefen 1 200 Häfen in 24 Ländern an.

- Nach dem 1980 bei Nippon Kokan Co. in Japan erbauten Segeltanker SHIN AITEKU MARU sollen 1984 zwei Segel/Motorfrachter (je 2 100 tdw) in Dienst kommen. Die für Erz- und Stahltransporte in japanischen Küstengewässern vorgesehenen Schiffe sind mit einem Dieselmotor ausgerüstet, der über einen Computer mit einem Vorsegel (14,5×9,5 m) und einem Achtersegel (12,0×8,0 m) verbunden ist. Je nach Bedarf und Windverhältnissen werden die Segel automatisch gesetzt und eingerollt.

- Am 1. Mai 1983 ist ein 19 000 m² großer Packschuppen im Überseehafen Rostock in Betrieb genommen worden. Er ist das Kernstück eines in den letzten Jahren entstandenen 280 000 m² umfassenden Terminals für den Ro/Ro-Verkehr und Containerumschlag.

- Nahezu ein Drittel der unter liberianischer Flagge fahrenden Tanker und Erz/Bulkschiffe – 125 Einheiten mit 23,4 Millionen tdw – lag zu Beginn 1983 beschäftigungslos an den Pfählen, gefolgt von der griechischen Flagge mit 98 Schiffen und 11,1 Millionen tdw.

- Die Containerkapazität der Welthandelsflotte hat sich von 1970 bis 1982 verachtfacht, sie beträgt 1982 1,53 Millionen TEU (20-Fuß-Einheiten).

- Anfang 1984 soll das erste britische Handelsschiff, das über computergesteuerte Flügelsegel windgetrieben wird, bei der britischen Tankschiffsreederei Rowbotham getestet werden.

- Einen 10 000-Tonnen-Unterwassertanker, der 100 kn Geschwindigkeit erreichen soll, hat Professor Sh. Saji von der Hochschule Kobe entworfen. Das Antriebssystem besteht aus einer am Schiffsrumpf angebrachten Düse, die von einem supraleitenden Elektromagneten umgeben ist, der von flüssigem Helium auf minus 273,15 Grad gehalten wird. Einströmendes Seewasser wird mit Elektroden in Schwingungen elektrisch aufgeladen. Wenn der Elektromagnet mit dem so entstehenden Magnetfeld reagiert, wird das Wasser im rechten Winkel zurückgestoßen und der Tanker vorwärtsbewegt.

- Hongkong und Hamburg kämpfen um den Geschwindigkeitsrekord im Containerumschlag. Hongkong schaffte an einem Vollcontainerschiff einen Stundendurchschnitt von 99 Behältern, Hamburg überbot diese Leistung an einem Schiff des gleichen Dienstes mit 113 TEU in der Stunde.

- Nach »Lloyds Register of Shipping« ist die Welthandelsflotte 1982/83 gegenüber dem Vorjahr um 2,15 Millionen BRT oder 0,5 Prozent auf 422,6 Millionen BRT geschrumpft. In den Vorjahren war sie ständig gewachsen.

- Vor einem New Yorker Gericht hatte sich (1983!!!) ein Kapitän wegen unmenschlichen Verhaltens gegenüber seiner Schiffsbesatzung zu verantworten. Er hatte Matrosen bei Disziplinarverstößen im Nordatlantik kielholen lassen. Das Gericht verurteilte den Kapitän zu Gefängnis und erkannte ihm das Recht zur Führung eines Seeschiffes ab. In der Urteilsbegründung hieß es, Kielholen sei in der Seefahrt schon lange nicht mehr Brauch.

- Im Wochenzirkular der BIMCO (internationale Schiffahrtsorganisation) Nr. 31 vom 3. August 1983 hieß es, daß am 26. Juli 1983 ein Schiff in Conakry am hellichten Tage von etwa 100 Piraten überfallen wurde. Gegen den Widerstand der Besatzung brachen die Räuber 23 Container sowie mehrere Luken auf und entwendeten die darin enthaltenen Güter. Das gleiche wiederholte sich am 27. Juli. Polizei und Behörden griffen nicht ein. »No notable intervention«, steht wörtlich im Zirkular.

- Die BRD-Regierung sieht keine Veranlassung, die internationale Seerechtskonvention zu unterzeichnen, solange noch Chancen für eine Verbesserung der Bestimmungen über den Tiefseebergbau bestünden. Die Bundesregierung will sich mit anderen Staaten, darunter den USA und Großbritannien in dieser Frage beraten.

- Bis Ende 1986 soll bei Mukran auf der Insel Rügen ein Hafen entstehen, Endpunkt für eine Eisenbahnfährverbindung, die zwischen dem litauischen Hafen Klaipeda und Mukran eingerichtet wird. Wenn mit der Inbetriebnahme des sechsten Fährschiffes 1989 die endgültige Ausbaustufe erreicht sein wird, werden jährlich 5,3 Millionen Tonnen Güter über die 273 Seemeilen (510 Kilometer) lange Strecke befördert. Alle acht Stunden macht dann eine Fähre im Hafen fest, die in vier Stunden 103 Waggons an Land gibt, bzw. an Bord nimmt. Mit 20 Stunden Fahrt über See sind die Züge dreimal schneller als auf dem normalen Schienenweg.

Register